刘顺 著

唐代的儒学与文学

上 册

中华书局

图书在版编目（CIP）数据

唐代的儒学与文学/刘顺著. —北京：中华书局，2024.1
（2025.9重印）
ISBN 978-7-101-16019-2

Ⅰ．唐… Ⅱ．刘… Ⅲ．①儒学–研究–中国–唐代②中国文
学–古典文学研究–唐代 Ⅳ．①B222.05②I206.42

中国版本图书馆 CIP 数据核字（2022）第 231778 号

书　　名	唐代的儒学与文学（全二册）	
著　　者	刘　顺	
责任编辑	林玉萍	
装帧设计	刘　丽	
责任印制	韩馨雨	
出版发行	中华书局	
	（北京市丰台区太平桥西里 38 号　100073）	
	http://www.zhbc.com.cn	
	E-mail:zhbc@zhbc.com.cn	
印　　刷	三河市中晟雅豪印务有限公司	
版　　次	2024 年 1 月第 1 版	
	2025 年 9 月第 2 次印刷	
规　　格	开本/920×1250 毫米　1/32	
	印张 26⅝　插页 4　字数 660 千字	
印　　数	1501–2500 册	
国际书号	ISBN 978-7-101-16019-2	
定　　价	168.00 元	

目　录

上　册

下　册

序

丁　放

　　刘顺教授的《唐代的儒学与文学》即将由中华书局出版,向我索序,我自知对此问题思考不深,无法对刘著的价值与意义做深入的揭示,并非作序的最佳人选,但觉得既蒙其真诚相约,又觉得与其相识交往多年,与他有过合作(刘顺曾跟随我作过博士后合作研究,也是我主持的国家社科基金重大招标项目的主要参与者之一),故勉为其难,谈几点粗浅的看法,也算是对我们学术友谊的纪念吧。

　　儒学与文学关系的考察,乃是唐代文学研究的基础问题,数十年来,虽无通论性的研究专著问世,但举凡作家作品研究、流派研究、地域家族研究、体式技法研究以及政治观念与事件研究,于此问题均有不同维度与层面的涉及,可谓成果丰硕。故而,唐代儒学与文学的通论性研究,须在一个已有良好学术积累的基础上,尽可能地系统并深化相关问题的解读,才有可能后出转精。同时,中古史研究在历史书写、中央与地方(乡里、藩镇)、制度与实践、日常治理及政治文化诸领域所展现出的极高水准,也让此项研究的开展,面临着极大的挑战。再则,此问题必然与政治学、汉语史、中哲史、思想史等学科存在着难以回避的交叉重叠。因此,这是一个贯通文史哲等学科的综合性研究成果,对作者的学术素养要求非常高,刘顺本科为政教专业,硕士阶段专业方向为国际汉学,博士阶段受业于著名学者胡晓明兄门下，又曾在陈引驰教授门下从事博士后研究，从知识背景看，刘顺的确是从事这一学科交叉研究的合适人选，他的这种学科交叉研究的尝试，也获得了相当的成绩，概括地说，《唐代的儒学与文学》学术创获，主要有以下几个方面：

一、以政治生活为中介考察儒学与文学的多重关系，并以"一统体制与有效治理"间的难题作为理解政治生活的基本视角，以此确定儒学的时代样态、影响及其所应对的挑战与回应的方式，从而避免对儒学过度文本化的解读倾向。

二、在唐代文学文本的分析中，既注重文学与政治一般性关系的考察，也注重其作为"政治行动"的意义。而在关注儒学对文学观念、主题、体式、风格乃至认知模式之影响的同时，也关注文学作为"一种思想的方式"的价值。

三、在文学体式及功能等问题的考辨上，以汉语史研究的相关结论为据，以中古汉语所可提供的语言学条件作为文学文本分析的基础参照，并由此考察文学书写的规则、技法、限度及其与儒学相互适应的方式。

总之，《唐代的儒学与文学》一书，对唐代的政治、儒学与文学的关系的考察，新义迭出，比如：唐代前期的儒学以《五经正义》的修订为其最高成就，传统的义疏学自此而衰。为李唐提供合法性论证、构建国家治理的观念与制度、营造政治文化并回应具体的政治诉求，成为唐初儒学最为核心的问题，礼乐则为重点领域。再如，本书认为儒家文论主张比德连类、物先感随的观念得以延续。儒学、政治、文学的互动，既催生了新的文学体式，文学也呈现出相应的独立品格。又如，该书指出，"安史之乱"后，儒学对于道德、人性、制度、历史的思考，加速了礼乐儒学向心性儒学的过渡。此时期的文学，制诰、章表奏疏等政令文的影响更强，"古文"的影响也一时为盛；文与道、心与物之关系的考量逐步焦点化，诗歌领域中佛学诸因素的影响，则形成了对儒家"感物"诗学的强势冲击。在一个缺乏"确定感"的时代,中唐的诗文在风格上也呈现全新的时代特点。这些看法都是经过深思熟虑的有得之见。

刘顺为人忠厚,为学勤勉,知识面较宽,又刚过不惑之年,正是出成果的大好年华,愿刘顺以此书为新的学术起点,继续商量旧学,培养新知,结出更多的灿烂的学术果实。

导　言

　　思想与文学的互动研究是古典文学研究中的常规话题,但因此类研究的关注焦点多以呈现思想对于文学的单向影响为主,思想自身的被关注度每每成为此项研究合法度的标尺。而中国哲学史与思想史的研究范式,也在研究对象与核心问题的选择上展现出对于文学研究的样板效应①。唐代儒学与文学的相关研究,在前期(初盛唐)与后期(中晚唐)的阶段考察上,均可感受到此种研究范式的强

---

① 思想与文学的研究勾连史学、哲学诸学科,牵涉甚广且尤赖文学体验与哲理思索的有效结合,故佳作虽众,但亦留存颇多须再作考辨的问题。已有成果中,代表性论著主要有:孙昌武《禅思与诗情》、陈允吉《佛教与中国文学论稿》、陈引驰《中古文学与佛教》、林伯谦《中国佛教文史探微》、胡遂《佛教禅宗与唐代诗风之发展演变》、贾晋华《古典禅研究》、萧驰《佛法与诗境》等关于佛教与文学关系的考察;孙昌武《道教与唐代文学》、李丰楙《忧与游:六朝隋唐仙道文学》关于道教与文学关系的研究;查屏球《唐学与唐诗——中晚唐诗风的一种文化考察》、杜晓勤《初盛唐诗歌的文化阐释》、陈弱水《唐代文士与中国思想的转型》对子学与文学关系的分析;葛晓音《诗国高潮与盛唐文化》、孟二冬《中唐诗歌之开拓与新变》、唐晓敏《中唐文学思想研究》、刘宁《唐宋之际诗歌演变研究》、朱刚《唐宋古文运动与士大夫文学》、田耕宇《中唐至北宋文学转型研究》对中唐文学与儒释道关系的综论;海外则以辛嶋静志《佛典语言及传承》(裘云青、吴蔚琳译)、平野显照《唐代文学与佛教》(张桐生译)对佛教语言的研究,包弼德《斯文:唐宋思想的转型》(刘宁译)对于"文"之研究为代表。

势影响。文学在受其引导的同时，也造成了问题与方法上的高度交叉甚或雷同。与中古史研究在理论与方法及问题与材料上的持续推进不同，唐代文学研究在步入二十一世纪以来，虽然在某些领域依然保持了较高的学术水准，但已越来越缺少能够引领或示范古典文史研究的成果与魄力。相较于研究人员数量萎缩的挑战，观念与方法的转型可能更为迫切。因此，"唐代儒学与文学"的考察尝试以问题与方法的调整为研究的起点。

一

今日思想史与哲学史的书写传统中，相较于中后期儒学的广受关注，"唐代前期的儒学"（七世纪前期—九世纪前期）似乎成了被学界遗忘的"洼地"。思想史与哲学史研究对观念之体系性与原创性的偏好，挤压了"思想平庸期"被关注的可能性，深受此范式影响的文学史研究，也难以保持对唐代前期儒学应有的同情与尊重。虽然，对思想地标的聚焦极易呈现思想平滑而连续的历史脉络，并进而满足研究者把握"共相"的学术旨趣，但被思想遮蔽的历史形态，却通常以其"执拗的低音"[①]提示"连续性"陷阱的不可忽视[②]。回眸传统，在原有的思想资源中寻求解决之道本是思想应对问题与危机的惯例。故而，"思想的平庸期"似乎更能见出思想的弹

[①] 此一说法源自王汎森《执拗的低音：一些历史思考方式的反思》（生活·读书·新知三联书店，2014年）第25页的相关论述，主要指易被学术研究所忽略的思想（话语）实践生活的历史面向。

[②] "连续性"的追求一旦变改，则研究领域随之产生变化。"连续性的这些形式一旦被束之高阁，便打开了整个领域。这是一个宽广的，然而又是一个可确定的领域：它是由实际陈述（口头的书面的）的整体在它们的散落和各自所特有的层次上构成。"（福柯著，谢强、马月译《知识考古学》，生活·读书·新知三联书店，1998年，第27页）

性与限度①。相较于思想新变时的语词翻新与体系突破，"平庸"的思想恰恰会因其与日常生活的高度交织，而为理解社会生活的一般面貌与日常心态提供稳定的观察框架。以与文学的关系而言，思想的"平庸"并不意味着对文学约束力的减弱，相反，却极易表现为对文学的制度性覆盖。与此同时，对"平庸"思想的考察，也能为文学在主题选择、功能定位、观念呈现及风格认同上的诸多特点提供合理且不脱语境的解释。回向儒学历史实践的考察，其内在的学术理路，必然要求研究者清理出儒学在特定历史时期的复杂样态。"唐代前期的儒学"自思想的原创性而言，或许难以在思想与哲学的英雄谱或点将录中赢得一席之地，但构建共同体的历史挑战，却让儒学在弥合隋唐之际的地域、种族与文化差异的过程中获得了高度制度化的生存空间②。哲学史或思想史标尺中的"平庸"，本难掩盖"平庸"的思想在社会与政治生活中的异彩纷呈，但"时代背景"的标签粘贴法，却总会成为哲学史与思想史研究范式在文学研究中所植入的难以清理的痕迹，从而将"聆听低音"的研究尝试虚化为另一类的标签或口号。唐代前期的儒学与文学问题的研究若无法有效展

---

① "思想的平庸期"是指在初盛唐历史时期，"思想似乎失去了批评的对象，而沦落为一种依附于经典的知识，并在考试制度的挟迫下，被简化为一些无意味的文本或公式，只是作为记忆和背诵的内容存在"。参见葛兆光《中国思想史》第二卷，复旦大学出版社，2001年，第75页。

② 陈启智在《中国儒学史·隋唐卷·绪论》中表达了对过往唐代儒学研究的某些疑问："亦有认为唐代儒学的最大成就，就是经学的统一，而这又恰恰成为禁锢人们思想的桎梏。好像大唐的文治武功、富甲天下、恩威远被、万国来朝，都是从佛教的诵呗声中、道教的符箓青烟里演绎出来，惟与儒学的民本思想、治国安邦之策没有任何联系。余自从学以来，疑之久矣。"（汤一介、李中华主编，北京大学出版社，2011年，第1—2页）陈先生的质疑使其《中国儒学史·隋唐卷》的写法，特别是前半期有了明显的变化。而陈先生所提出的问题，也是本书在写作过程中所一直尝试聚焦的问题。

现儒学在特定历史时期的复杂样态,此研究的立脚处则必将"下临无地"。

<h1 style="text-align:center">二</h1>

中晚唐的儒学在哲学史与思想史研究中,一直是广受关注的历史时段,唐代儒学与文学的相关考察,亦同样以此时段为研究的焦点领域。但由于在问题与方法的调整与更新上,并不足以形成与哲学史对话的可能,甚而亦并无反思的高度自觉,中晚唐的儒学与文学研究遂呈现出话题上的交叉与重复。"常规的话题"在较长时段的学术史视野中,极易呈现出与"常规方法""常规偏好"高度叠合的"常规面向"。"似曾相识"加固着"常规话题"研究的合法性,但也潜滋暗长着思想的惰性并进而过早地耗尽话题的生命力。最近数十年来的中晚唐儒学与文学研究虽然取得了甚为丰硕的研究成果,但在处理儒学与文学之关联时,却每每聚焦于诸如"修辞明道""歌诗合为时而作"的诗用层面或"文本于天"的文道层面,即或研究者大多有关注书写者之个性与遭际及形式与技法的自觉,因研究范式固化所造成的儒学之历史特性常为"观念之共性"所替代的研究态势也难以根本扭转。甚而,对于儒学历史特性的忽视,不过是研究者对"思想与文学"之研究如何深化缺少反思热情的特定表征。儒学一如其他思想,本为应对问题而生,此问题或为直接之人生、社会问题,亦可为间接之学术问题,理解儒学要在于理解其所欲应对之问题;而其所欲回应之基本问题通常又凝缩为数对核心概念之关系,如天人、利义、情性与群己等。由此,儒学的历史特性即通常展现于核心观念的历史样态与应俗而变中,儒学与文学的内在关联也奠基于此。在儒学作为知识、价值甚至信仰之基本框架的时代,今日的文学史研究似乎过度强调了"文学的纯粹性";抑或学科分化过程中对于"文学"边界意识的强化,弱化了文学研究跨界的冲动与

自觉。在古典文学研究标示边界的同时，常常会忽视在思想与文学互动的研究中研究理路偏于静态的异中之同，即注重探究文学"为何写""写什么"而较少触及"思想如何内在于文学"与"文学如何呈现与引导思想"间的内在关联。故而，研究者在处理思想转型与文学转型的关联问题时，常会留下难以弥合的缝隙。似乎在某种意义上，作为"思想者的文学家"依然是文学史研究上的一个虚位已久的空位。而由此问题自然延伸而及的"政治与文学"关系的讨论，则更难见到较有系统且可为文学或周边学科提供有益参照的研究成果①。作为一种具有覆盖效应的思想资源，儒学对于政治生活的影响，既体现于其对政治观念与政治行动合法化的能力，也展现在其所能提供的制度、仪式与器物诸层面。儒学在为政治与社会生活提供话语言辞参与构建社会共识的同时，也深度影响着社会群体的感知框架与感觉世界。故而，对于政治社会而言，儒学的影响全面而深入。与之相应，中晚唐时期政治对于儒学的影响，则多在于问题设定与言说方式之正统与异端的标划。在相互的期待与制约中，儒学与政治生活会呈现出一体与疏离交织的历史样态，而文学（语言）则是思想与政治相互作用的基本方式。由此，政治／思想的文学维

---

① 文学与政治问题的讨论在近数年来重新成为一个值得讨论的问题，刘锋杰教授的努力颇值称扬，但其研究领域以二十世纪为主，且其理论反思也有再作检讨的空间（参见刘锋杰等《文学政治学的创构——百年来文学与政治关系论争研究》，复旦大学出版社，2013年）。而古典文学领域此类问题的研究以方法论而言则较少理论反思的自觉（参见李巍《近三十年初唐政治与文学关系研究综述》，《古籍整理研究学刊》2014年第1期）。而陆扬《清流文化与唐帝国》中的一段表述亦值得关注："清流文化涉及的一个重要方面是语言与政治的关系，这是当下中国史研究中一个非常薄弱的环节。我们生活在只认可赤裸裸的权力的时代，虽然日常生活里，人们仍不断要从刻板的官方文字中咀嚼出政治风向的滋味，而对在古代的政治和礼仪空间中曾拥有至高权威的文辞表达，反而失去了敏感，这是令人遗憾的。"（北京大学出版社，2016年，第15页）

度以及文学的思想/政治维度,若不能得到深度考量,而依旧止步于
对"政治与文学"关系的常规理解,思想与文学的考察,也不免推进
乏力①。虽然唐代的儒学与文学之问题目前尚无系统之研究,但本
研究无意于以"填补空白"为研究的合法性依据②,而是尝试通过以
儒学的核心概念为考察视角,描述唐代前期儒学在天人、文质、情性
诸观念层面对文学的影响,儒学对于政治与社会问题的回应,以及
文学在应和儒学的同时因其强大的书写传统而向儒学提出应变之
要求的历史过程。但此种尝试的目标设定,却因其所遭遇的难题,
而不得不在具体研究过程中大打折扣。

① "唐代文学与政治"关系是唐代文学研究较为薄弱的领域,文史互证依然是较
   为通行的研究方法。目前学界较有影响且较有系统的研究成果主要有:陈
   寅恪《元白诗笺证稿》,袁行霈、丁放《盛唐诗坛研究》,卞孝萱《唐人小说与政
   治》,胡可先《唐代重大历史事件与文学研究》,孙琴安《唐诗与政治》,傅锡壬
   《牛李党争与唐代文学》,戴伟华《唐代使府与文学研究》,方坚铭《牛李党争与
   中晚唐文学》,陆扬《清流文化与唐帝国》,曲景毅《唐代"大手笔"作家研究》。
   历史学界在文书行政及诏令王言等领域的研究虽非与"文学与政治"直接相
   关,但在具体问题上的研究及开拓研究领域的自觉却颇值关注。本书第三章
   第一节对此有较详细的综述。
② 初盛唐的文学研究一直是唐研究的热点问题,但以"儒学与文学"为题并作系
   统考察者则主要见之于邓小军教授《唐代文学的文化精神》的前半部分。邓
   著重点考察了儒学在培养、形成唐代文学之文化精神中的重要作用,对"河汾
   之学"予以特别强调,但在考察方式上与本研究所欲尝试的方式有明显的差
   异。涉及此问题研究而较为重要者,尚有杜晓勤《初盛唐诗歌的文化阐释》、
   尚定《走向盛唐》以及葛晓音《诗国高潮与盛唐文化》的部分章节。但由于并
   非专题考察,故而,虽然以上著作在各自所欲讨论的问题上各擅胜场,但在唐
   代前期儒学与文学问题上,则并无太过系统、深入的研究。在某种意义上儒
   学与文学的系统考察依然是唐研究的一个空白。

三

　　"思想与文学"研究的难题不仅在于文学研究需要面对周边学科，特别是历史学与哲学的挑战①；同时也在于研究者必须予文本以足够的尊重，以语体、语法、韵律诸问题上的研究作为"思想与文学"研究深浅度的重要标尺。"术"（技法分析）的边缘化，或许是现代学术建立以来，古典文学研究最易观察而得的一个结论。思想、价值与情感分析的强势，一度压制了对文本技术分析的空间。但"术"在古典文论研究中，并不只是关涉文本分析技法的局部问题，而是与其研究的范围与领域、观念与方法以及其学科位置存有系统的关联。"术"的边缘化，降低了古典文论研究的学术含量，导致其难以有效、彻底地回应内部问题，也无法为周边学科提供知识与方法等层面的有效支持。"写什么"与"为何而写"通常会成为文学研究关注的焦点，而"如何写"及其与"写什么"之间的内在关联却常常被研究者存而不论。忽视技法分析的文学研究，既无法避免"感悟与印象式批评"的指责，也难以达成知识增量的研究目标，且其学科特性亦常会被"思想史"与"文化史"的光芒所掩盖。魏建功《中国纯文学的形态与中国语言文学》曰：

　　　　中国语言里的音乐特质形成文学上形态自然的变迁。一部文学史单从文字记载的表面上去说，抓不着痒处；单讲文字意义的内容，岂非是"社会史""思想史"的变象了吗？那是区区所谓"形而上"的，世之君子其可离去"形而下"的实质乎哉？虽然，人不能须臾离了空气，却不肯仔细了解空气；我与讲中国文

---

① 哲学的挑战在于提示研究者在选择研究方法、研究视角的反思意识以及文献解读中的理论素养；历史学的挑战则在于对历史学基本理论与知识接受以及对于"历史感"的清醒，注意语境还原与理论提炼之间的平衡。

学的人讨论形态问题情形,亦有此感。[①]

"思想与文学"的研究若欲回归文本及文学本位,就必然涉及"如何写"的技法问题,故而,语法与韵律诸问题的考察,应为其研究的题中之意。但技法层面的研究虽在最近十年逐渐成为文学研究的热点,以问题意识及研究成果的广度与深度而言,却依然是文学研究中较为薄弱的环节[②]。"技法"层面的分析及其与思想的内在关联,将成为"唐代的儒学与文学"研究难以跨越的障碍。而若同时论及"思想与文学"研究所内含的文学对思想的反向影响,研究者须考察文学在思想生产、呈现与传播上的诸多问题,则此项研究几乎成为不可完成的任务。

---

① 《魏建功语言学论文集》,商务印书馆,2012年,第441页。

② 二十世纪下半叶以来在韵律问题上影响较大的研究成果有蔡瑜教授的《唐诗学探索》、卢盛江《文境秘府论研究》、赵昌平《初唐七律的成熟及其风格溯源》、杜晓勤《齐梁诗歌向盛唐诗歌的嬗变》、彭国忠主编《唐代试律诗》;诗歌体式上则有葛晓音《先秦汉魏六朝诗歌体式研究》,孙力平《中国古典诗歌句法流变史略》,吴小平《中古五言诗研究》,松浦友久《中国诗歌原理》(孙昌武、郑天刚译),高友工、梅祖麟《唐诗三论》(李世跃译),蔡宗齐《汉魏晋五言诗的演变——四种诗歌模式与自我呈现》(陈婧译)等研究成果。

第一章 认同的构建与唐初的儒学 及文学(武德、贞观时期)

汉末以迄隋唐,数百年来,华夏政治的历史走向,震荡于种族与文化两极。自种族言,典午南渡,中国历史进入五胡十六国时期,北方诸族相继统治华北逾三百年。内藤湖南认为此时期的特点为周边各族受汉文化滋养而崛起,并进而反作用于华夏内部,影响华夏文明之进程[①];自文化言,学术中心自中央移于地方,其传承寄托遂以世族大族为主[②],经典解释权亦由一统转为离散,子学复起,国家在政治共识领域的控制力减弱,权力合法性遭受质疑[③]。种族与文化在长时期的历史演进过程中,合而为文化问题即以文化而非血统判定种族。周边族群作用于华夏内部,既为华夏文明的浩劫,亦为华夏吸纳他族文化精粹以成就新面貌、展现新活力的重要契机。惟种族、文化每与地域相连,故华夏自分析而再成一统,以相应的思想资源整合文化(种族)与地域问题必为其关键所在。北魏之后,天下三分,江左、山东、关中政治文化区域鼎立,而终以关中势力胜出为结束。有效解决地域文化分歧,构建话语共识随之成为新王朝初期

---

① 参见内藤湖南著、夏应元等译《中国史通论·绪言》,社会科学文献出版社,2003年,第6页。

② 参见陈寅恪《隋唐制度渊源略论稿》,商务印书馆,2011年,第20页。

③ 参见王夫之《读通鉴论》卷一九,中华书局,2008年,第565页。

的核心问题,唐初的儒学也因之以政治问题的回应作为自我呈现的基本方式。文学也自然不免在政治与儒学的双重影响之下,明确观念、确立典范并引导文坛,但语言学条件及文学传统的制约却为文学相对于政治与儒学的疏离,提供了一定的历史条件。

第一节　历命在唐:唐初的合法性论证

合法性证明是一切存有权力分配与运作之社会生活的基本事实,以中国传统社会而言,部族或族群首领之权力乃至王权、皇权,均非自然合法,而尤赖于所生活于其中的合法性传统及其提供合法性论证的能力。相比于暴力须依赖于目的引导与证成方始合法[1],权力的合法性尚有不得依赖于目的而须自其诞生过程立论的维度。借用当下的政治学概念,传统中国的权力合法性证明关涉正当性与证成性两大论证进路。作为“回溯性”概念,正当性关注权力的来源与谱系,而证成性作为“前瞻性”概念则更注重权力的效用与目的。虽然在传统中国的政治生活中,并无正当性与证成性的两分表述,但在权力合法性的论证过程中,两者却自然相互为用,服务于权力的运作,李唐政权自莫能外。皇权的更迭既是权力主体的更替,也是政治共识话语均衡的重建。合法性论证所试图攫取的非仅为军国权力的运用,而尤在于共识话语的制定与解释权力的总揽。总体性的共识话语作为社会生活的基本解释系统与价值框架,总会在权力的具体展开过程中产生自我调整的需要。由于此话语均衡须借助于一系列的语辞符码,故而,合法性论证的历史过程常伴随有既

---

[1] 参见汉娜·阿伦特著、郑辟瑞译《共和的危机》,上海人民出版社,2013年,第104页。

植根于传统又迎合于时代新变的话语体系的产生。谶言、星象、礼仪、门第、事功及关于未来生活的许诺所相互支撑的符码系统，即是中古共识话语资源的基本构成，关涉"天人"与"群己"诸关系而尤以前者为焦点。为唐承隋祚与太宗登基提供合法性论证是唐初重建共识话语平衡的起点，虽然传统社会的共识话语因其神秘性格与普遍姿态具有强大的自我复制功能，故稳定而持久，且话语均衡的重建通常表现为话语权力的易主而非话语结构的根本变动，但易代之际合法性论证话语的形态与谱系的变化，依然足以传递出知识结构、民众心理与权力关系互动复杂而鲜明的历史信息。

一　"李氏当王"：合法性论证之一

谶言、谶语为秦汉间方士所编织的隐语，有所谓"诡为隐语，预决吉凶"之说，西汉季年大行于世。因谶言假托神灵天意，所决者又多与国祚帝运相关，其造作与流布所产生的社会效应极为可观，故而动荡之世，谶言遂成为社会势力角力的话语场。隋末李渊发兵晋阳即号应谶而起，温大雅《大唐创业起居注》卷上云：

> 帝自以姓名著于图录，太原王气所在，虑被猜忌，因而祸及，颇有所晦。时皇太子在河东，独有秦王侍侧，耳语谓王曰："隋历将尽，吾家继膺符命……然天命有在，吾应会昌，未必以此相启。今呈励谨，当敬天之诚，以卜兴亡。自天佑吾，彼焉能害；天必亡我，何所逃刑？"①
> 又有《桃李子歌》曰："桃李子，莫浪语，黄鹄绕山飞，宛转花园里。"案：李为国姓，桃当作陶，若言陶唐也。配李而言，故云桃。花园宛转，属旌幡。汾晋老幼，讴歌在耳。忽睹灵验，不

① 温大雅撰、仇鹿鸣笺证《大唐创业起居注笺证》，中华书局，2022年，第14—15页。

胜欢跃。帝每顾旗幡笑而言曰："花园可尔，不知黄鹄如何。吾当一举千里，以符冥谶。"自尔已后，义兵日有千余集焉。[①]

李氏名入图录，新莽之世已然，李通父子"刘氏复兴，李氏为辅"之谶言盛于一时，及东汉末年，又有"老君当治，李弘应出"的谶言兴起而盛行于魏晋以迄隋唐间。

> 今祖述李叟，则教失如彼；宪章神仙，则体劣如此。上中为妙，犹不足算，况效陵、鲁，醮事章符，设教五斗，欲拯三界，以蚊负山，庸讵胜乎？标名大道，而教甚于俗；举号太上，而法穷下愚，何故知邪？……至于消灾淫术，厌胜奸方，理秽辞辱，非可笔传。事合氓庶，故比屋归宗，是以张角、李弘，毒流汉季；卢悚、孙恩，乱盈晋末，余波所被，实蕃有徒。爵非通侯，而轻立民户；瑞无虎竹，而滥求租税。糜费产业，蛊惑士女，运迟则蝎国，世平则蠹民，伤政萌乱，岂与佛同？
>
> 刘勰《灭惑论》[②]

"李弘应出"之谶，出于有原始道教之称的"李家道"[③]。自东晋至南北朝，史籍所录以"李弘"为名而起者次数有九，地域分布甚广，遍及南北东西，且有"氐""蛮"之族裹挟其中者。北魏寇谦之清整道教时，抨击"李弘应出"之言"惑乱万民、蚁聚众人"，与刘勰南北呼应，足见此谶影响之巨。大业时，"李氏将兴"的谶言复起，"桃李子"而外，又有慧化尼"东海十八子，八井唤三军，手持双白雀，头上戴紫云"[④]的歌辞流行。此谶与周隋禅代时，神尼智仙"儿（杨坚）当大

① 温大雅撰、仇鹿鸣笺证《大唐创业起居注笺证》，第46页。

② 严可均辑《全上古三代秦汉三国六朝文》，中华书局，1999年，第3309页。

③ 参见方诗铭《释"张角李弘毒流汉季"——"李家道"与汉晋南北朝的"李弘"起义》，《历史研究》1995年第2期，第40—51页。

④ 温大雅撰、仇鹿鸣笺证《大唐创业起居注笺证》卷三，第194页。

贵,从东国来"的预言颇有雷同之处。杨、李均称关中郡望,以关陇为势力根基。智仙之谶所谓"从东国来",实有示好旧齐势力借重山东的意图。而佛教徒造此谶言,亦寄托山东、关陇佛法经周武灭佛后气势将尽之际,"佛法当灭,由儿兴之"(《续高僧传》卷二六)的期待。"东海十八子"的谶言亦出于女尼,但"东海"较之区域相对模糊的"东国",则另存有道教的因子①,精心造作的痕迹宛然。此外,"白雀"的传说亦非仅发端于"白雀者,王者爵禄均则至"②的符瑞传统,隋末另有"白衣天子出东海"的传言,此"白雀"之白与"白衣"之白相互指涉,为中古时期一独特的政治意象。李氏郡望关陇,谱系上追西凉李暠。《三十国春秋·西凉传》有"是月,白雀翔于靖恭堂,暠颂之"③的记载。西凉兴起西北,据五行系统的五方帝或五色帝理论,西方五行属金,五色尚白。李渊白雀之瑞与"白衣天子"的谶言,虽有借重弥勒教派"弥勒下生"之意④,但也难掩李氏对于本土已有传统的利用。与此同时,由于杨广夺嫡,亲杨勇的山东势力颇受排挤,炀帝登基后信任江淮人士,又形成关陇与江淮相互对抗的复杂局势⑤,李渊所可利用的势力便以关陇、山东为基本构成。"道君出世"遂与"弥勒下生"并辔而行,"白衣老君"常见唐时载籍乃为时势使然。

谶言诡为隐语,常为社会势力谋求政治收益的手段,但谶言的效用制约于社会势力的关系结构、文化传统以及社会心态诸因素。

---

① 魏斌《仙堂与长生:六朝会稽海岛的信仰意义》,《唐研究》第十八卷,北京大学出版社,2012年,第99—125页。
② 《宋书》卷二九,中华书局,2003年,第843页。
③ 《太平御览》卷一七六,中华书局,2006年,第857页。
④ 参见孙英刚《南北朝隋唐时代的金刀之谶与弥勒信仰》,《史林》2011年第3期,第56—68页。
⑤ 何德章《江淮政治地域与隋炀帝的政治生命》,《魏晋南北朝史丛稿》,商务印书馆,2010年,第85—102页。

以"李氏将兴"谶语而言,其所以收效甚大,周隋之时"李贤、李穆族最盛"实为要件①。而谶语造作时,对于关陇与山东地域间文化传统、大业末年社会现实以及民众心理的精心利用也起到了重要的助推作用。由于中古之际地域关系结构的复杂以及汉末以来刘氏的影响犹存,与"李氏将兴"之谶同行于世者,又有"刘氏主吉"之说。《隋书》卷三八《刘昉传》曰:

> (昉)常云姓是"卯金刀",名是"一万日",刘氏应王,为万日天子。朕训之导之,示其利害,每加宽宥,望其修改。口请自新,志存如旧,亦与士彦情好深重,逆节奸心,尽探肝膈。②

谶言"诡为隐语",或源于经,或师乎圣,或借灵于神怪妖狐,展现形态有别,但神化谶主"应天顺人"并无二致。由于谶言具有极强的鼓动效应,不同的"谶主"之间即有正统与异端之辨。"刘氏主吉""卯金刀""刘氏当王"诸谶较"李氏将兴""李弘当世"更为久远,南北朝时已是非刘政权的禁忌。杨隋时,刘、李之谶并起,刘昉应王不过为诸事例之一端。炀帝时"发使四出,搜天下书籍与谶纬相涉者,皆焚之",但及李唐建国,山东豪杰犹有以"刘氏当王"相号召者。《旧唐书》卷五五《刘黑闼传》云:

> 会高祖征建德故将范愿、董康买、曹湛、高雅贤等将赴长安,愿等相与谋曰:"王世充以洛阳降,其下骁将杨公卿、单雄信之徒皆被夷灭,我辈若至长安,必无保全之理……唐家今得夏王,即加杀害,我辈残命,若不起兵报仇,实亦耻见天下人物。"于是相率复谋反叛……范愿曰:"汉东公刘黑闼果敢多奇略,宽仁容众,恩结于士卒。吾久常闻刘氏当有王者,今举大事,欲收夏王之众,非其人莫可。"遂往诣黑闼,以告其意。黑闼大悦,杀

---

①陈寅恪《读书札记》,生活·读书·新知三联书店,2001年,第26页。
②《隋书》卷三八,第1134页。

牛会众,举兵得百余人,袭破漳南县。①

高鸡泊的山东豪杰以"刘氏当王"的谶言为联众抗李的口号,应谶并起的刘、李至此分道扬镳。贞观初刘师立事件,贞观末刘洎事件、刘道安事件、刘兰成事件均与"刘氏当王"的谶言相关。李唐王室行警告与诛杀之权而外亦欲禁行图谶,以正统与异端的区隔确立"李氏应王"谶言的唯一性。贞观二十年(646),太宗禁毁《三皇经》即可视为此理念的具体践履,虽"刘氏当王"之谶在李唐末年影响犹存,但李唐试图独占谶言话语资源的姿态却始终如一。

二 "历数在唐":合法性论证之二

奠基于天人合一与天人感应基础上的天文(星占)之学历时久远而影响迄清末不衰。天文星象之学影响所及,遍布政治、军事、礼仪、农事以及婚丧嫁娶等日常生活,故而星象之学实隐含古人生活的根本秘密,由此,星象及其推衍所及之"历数"的观测与掌控即成为引领族群或国家政治生活的重要事件。义宁二年(618),隋恭帝禅位李渊,诏曰:

> 相国唐王,膺期命世,扶危拯溺,自北徂南,东征西伐,总九合于一匡,决百胜于千里。纠率夷夏,大庇氓黎,保乂朕躬,繄王是赖。德侔造化,功格苍旻,兆庶归心,历数斯在。②

历数所在,即天命所在,《论语》载尧舜禅位之事:

> 尧曰:"咨!尔舜!天之历数在尔躬,允执其中。四海困

---

① 《旧唐书》卷五五,中华书局,2002年,第2258—2259页。
② 温大雅撰、仇鹿鸣笺证《大唐创业起居注笺证》,第54页。

穷,天禄永终。"①

尧之为政"历象日月星辰,敬授人时",及舜即位,"天之历数"移至虞舜,则"历数"实为政之尤要者。由此而下,典籍班班可考。"历数"的影响,并不仅在于其所具有的政治象征意义,《晋书·律历志》曰:

> 昔者圣人拟宸极以运璇玑,揆天行而序景曜,分辰野,辨躔历,敬农时,兴物利,皆以系顺两仪,纪纲万物者也。然则观象设卦,扐闰成爻,历数之原,存乎此也。逮乎炎帝,分八节以始农功,轩辕纪三纲而阐书契,乃使羲和占日,常仪占月,臾区占星气,伶伦造律吕,大挠造甲子,隶首作算数。容成综斯六术,考定气象,建五行,察发敛,起消息,正闰余,述而著焉,谓之《调历》。……是故天子置日官,诸侯有日御,以和万国,以协三辰。至乎寒暑晦明之徵,阴阳生杀之数,启闭升降之纪,消息盈虚之节,皆应躔次而无淫流,故能该浃生灵,堪舆天地。②

掌历数者有颁朔之权,管控社会生活的基本节律。故而,革命者必颁朔,常隐含权力所及处日常生活当步调一致的预期。当"环球同此凉热"的权力期待,通过改元颁朔甚或基本节日的制定不断渗入百姓的日常生活之际,政治共同体的认同情感也随之被构筑。"历命"其本在"命",其象在历,而历数依天象而成。日月星辰等天象即人世政治活动时序节奏制定的重要依据,由此,依稀仿佛间的"历命"即借"天象"而得一可见可述的表现。当"历数"作为权力合法性的重要符码,已成为知识人知识结构的基本组成时,关于"天象"的观测与解读遂成为理解政治走向的关键线索:

----

① 朱熹《四书章句集注》,中华书局,2003年,第193页。
② 《晋书》卷一七《律历志》,中华书局,1996年,第497—498页。

> 隋季版荡,客游河北。时窦建德始称夏王,其下中书侍郎
> 凌敬,学行之士也,与君有旧,君依之数月。敬知君妙于历象,
> 访以当时休咎。君曰:"人事观之足可,不俟终日,何逮问此?"
> 敬曰:"王生要当赠我一言。"君曰:"以星道推之,关中福地
> 也。"敬曰:"我以为然。"君遂去,还龙门。①

凌敬与王绩对谈之时,李渊已入居关中,王绩客游河北而曰"以星道
推之,关中福地也",虽不免有故为造作、取媚新朝的嫌疑,但自无损
一般之真实。以天象作为鼎革的依据,上古之世已然,以星象而论,
最为著名者莫过五星会聚:

> 张耳败走,念诸侯无可归者……甘公曰:"汉王之入关,五
> 星聚东井。东井者,秦分也。先至必霸。楚虽强,后必属汉。"
> 故耳走汉。②

五星为金木水火土五大行星,东井为二十八宿南方七宿之首,黄道
广度约30度,为二十八宿中跨度最大者。"五星聚东井"之象据黄一
农推定实为高祖二年(前205)四五月间,而五星最接近时,金星位
在参宿③。汉王入关,五星相聚是汉儒的伪托④,但五星或四星聚作
为特异天象是易代革命的征兆,却是中古知识界的常识:

> 《星传》曰:"四星若合,是谓太阳,其国兵丧并起,君子忧,
> 小人流。五星若合,是谓易行。有德受庆,改立王者,奄有四
> 方;无德受罚,离其国家,灭其宗庙。"今案遗文所存,五星聚者

---

① 吕才《王无功文集序》,王绩著、韩理洲校点《王无功文集》,上海古籍出版社,
　　1987年,第2—3页。
② 《史记》卷八九,中华书局,1999年,第2581页。
③ 黄一农《社会天文学史十讲》,复旦大学出版社,2004年,第64页。
④ 对于此次"五星聚东井"古人亦有疑者,参见《北史》卷三一,中华书局,2003
　　年,第1118页。

有三：周汉以王齐以霸，周将伐殷，五星聚房。齐桓将霸，五星聚箕。汉高入秦，五星聚东井。齐则永终侯伯，卒无更纪之事。是则五星聚有不易行者矣。四星聚者有九：……案太元十九年、义熙三年九月，四星各一聚，而宋有天下，与魏同也。鱼豢云："五星聚冀方，而魏有天下。"荧惑入舆鬼。占曰："兵丧。"太白犯南河。占曰："兵起。"后皆有应。①

虽然《宋书》亦言及五星聚有不易行者、四星聚有易行更纪者，五星相聚非定为易代之征，然若尺度稍宽，所谓不易者亦有所易，如齐为五霸之一，实亦周王朝权威失坠的象征。故而，五星或四星相聚之象，常对应地上的重大政治纷争则无异议。

在对五星相聚的层累书写之中，五星相聚又有明主出世之兆，故有"吉象"之称：

> 五星皆从而聚于一舍，其下之国，可〔以〕重致天下。礼、德、义、杀、刑尽失，而填星乃为之动摇……四星合，兵丧并起，君子忧，小人流。五星合，是为易行，有德，受庆，改立大人，掩有四方，子孙蕃昌；无德，受殃若亡。五星皆大，其事亦大；皆小，事亦小。②

虽以五星聚为凶相者代不乏人③，然司马迁五星相聚为"吉象"之说，乃以"明主出世"为立言之标准，"吉象"之吉取决于德之大小，故政变者常引以为助。武德九年（626）六月庚申，李世民杀太子建成、齐王元吉。此一事件为唐初政权合法性论证颇为棘手之问题，

①《宋书》卷二五，中华书局，2003年，第735—736页。
②《史记》卷二七，第1320—1321页。
③ 参见瞿昙悉达撰、常秉义点校《开元占经》卷一九（中央编译出版社，2006年，第218页）和顾炎武著、黄汝成集释《日知录集释》卷三〇（上海古籍出版社，2006年）。

"五星相聚"遂应时登场。《全唐诗·凡例》:谓"唐高祖赐秦王诗云:'圣德合皇天,五宿连珠见。和风拂世民,上下同欢宴。'……明胡震亨谓唐初无五星联聚之事,疑其伪托,今删去。'"① 胡震亨以唐初未曾出现五星联聚的星象,遂认定《赐秦王诗》为伪作,但胡震亨的分析,却可能忽略了社会心态对诗歌写作的影响。虽然武德末年确实未曾发生五星联聚的天象,《赐秦王诗》在个体真实上错误明显,但却不足以断定此诗为假。毕竟,此诗可以解读为作诗者以五星联聚为政治姿态的特定表达,故天象或假而姿态则真。而另据《旧唐书》卷七九,武德九年五月(按:《通鉴》为六月己未)傅奕密奏"太白见秦分,秦王当有天下",高祖以状示太宗,太宗乃密奏建成、元吉淫乱后宫。未久遂有玄武门之变。太白经天之象为"天下革,民更王"② 之兆,如此,即使五星联聚为伪托,武德九年政局变动亦有天象可征。玄武门政变,李世民杀建成、元吉,旋又诛二人子嗣,酷烈至极,故其登基之后耿耿于此。政变后人事关系的重新平衡,是影响贞观政治的重大问题,前朝杨广夺嫡激成日后隋亡之局,太宗自非全无了解,故而答房玄龄之问,太宗引尧、舜、周公为例,表明以天下为公的姿态,但尧舜废丹朱、商均,周公诛管、蔡名正言顺,与太宗杀建成、元吉在合法性上差异明显。

贞观十四年,太宗欲观国史:

> 玄龄等遂删略国史为编年体,撰高祖、太宗实录各二十卷,表上之。太宗见六月四日事,语多微文,乃谓玄龄曰:"昔周公诛管、蔡而周室安,季友鸩叔牙而鲁国宁,朕之所为,义同此类,盖所以安社稷、利万人耳。史官执笔,何烦有隐?宜即改削浮词,直书其事。"③

①《全唐诗》(增订本),中华书局,1999年,第1页。
②《汉书》卷二六,中华书局,2006年,第1283页。
③吴兢撰、谢保成集校《贞观政要集校》,中华书局,2003年,第391页。

虽太宗登基后即对建成、元吉行追封、改葬之礼,但至贞观十四年,太宗犹不能释怀,欲史官改削玄武门事件。因而,无论《赐秦王诗》出于李渊,抑或秦王属臣托名伪作,"五星联聚"于太宗意义实为重大。由于历命之说,以天人合一、天人感应为思想基础,故而天象之变预兆人事之变,人之行事亦可感应上天而明之以历数星象:

> 十四年,太宗将亲祀南郊,以十一月癸亥朔,甲子冬至。而淳风新术,以甲子合朔冬至……国子祭酒孔颖达等及尚书八座参议,请从淳风。又以平朔推之,则二历皆以朔日冬至,于事弥合。①

"甲子朔旦冬至",日月经纬度相同,五星相聚于同一方位,在中古政治领域是王朝的重要祥瑞之一②。许敬宗《百官贺朔旦冬至表》曰:

> 臣闻乾坤资始,上元开历象之端,日月还流,朔旦正璇衡之本。事韫有形之表,理遂无物之先,故能运彼玄枢,财成庶类,丽兹黄道,孕育群生。惟圣则天,允执在躬之历;惟皇作极,必叶履端之契。所以《书》称敬受,《易》曰明时,克正降平,无非此道。伏惟皇帝陛下……肇一元于甲子,致希世之贞符,挟五始于长至,播光前之茂礼……臣等生属寿昌,累逢祉福,至于今庆,旷古无俦,何幸如之!亲承旦暮,不任欣跃之至。③

自图书爰始,往圣未睹,惟存于传闻之间的"甲子朔旦冬至"瑞兆出现于贞观之年,寓意太宗朝的国家治理可与尧舜比隆。强大的"前

---

① 《新唐书》卷二六,中华书局,2003年,第536页。
② 参见孙英刚《"朔旦冬至"与"甲子革令":历法、谶纬与隋唐政治》,《唐研究》第十八卷,第21—48页。
③ 《文苑英华》卷五七〇,中华书局,2003年,第2928—2929页。

瞻性"瑞兆,为存有先天缺陷的太宗政局提供了强大的合法性证明。与此同时,唐代郊祀制度中星官神位的核心地位也足以为星象在唐代的影响提供佐证①。

三　柱下陇西之流:合法性论证之三

《新唐书》卷七○上《宗室世系表上》记述李唐的世系,文繁难征,其汉世而上的系谱尤要者,可略述如下:李氏本出赢姓,为帝颛顼之苗裔,世为大理,以官命族为理氏;及商末理微子利贞逃难于伊侯之墟,食木子得全,遂改理氏为李氏。利贞六世孙老聃,周平王时为太史,秦时李昙为赵柏人侯,死葬柏人西,其四子中崇为陇西房,玑为赵郡房;汉世多以军功称名于世,最著者为李广、李陵祖孙。虽中古时期"攀附先世"与"伪冒士籍"为士族谱牒撰写的常态②,然自皇帝权力合法性的角度而言,重视"冢中枯骨"则其来有自:

> 太史公读秦楚之际,曰:初作难,发于陈涉;虐戾灭秦,自项氏;拨乱诛暴,平定海内,卒践帝祚,成于汉家。五年之间,号令三嬗,自生民以来,未始有受命若斯之亟也。昔虞、夏之兴,积善累功数十年,德洽百姓,摄行政事,考之于天,然后在位。汤、武之王,乃由契、后稷修仁行义十余世,不期而会孟津八百诸侯,犹以为未可,其后乃放弑。秦起襄公,章于文、缪,献、孝之后,稍以蚕食六国,百有余载,至始皇乃能并冠带之伦。以德若彼,用力如此,盖一统若斯之难也……然王迹之兴,起于闾巷,合从讨伐,轶于三代,乡秦之禁,适足以资贤者为驱除难耳。故愤发其所为天下雄,安在无土不王。此乃传之

① 赵贞《唐代祭天礼仪中的星官神位》,《唐研究》第十八卷,第49—74页。
② 参见仇鹿鸣《"攀附先世"与"伪冒士籍"——以渤海高氏为中心的研究》,《历史研究》2008年第2期,第60—74页。

所谓大圣乎？岂非天哉，岂非天哉！非大圣孰能当此受命而帝
者乎？①

太史公认为自古以来王道绍统者，必经数世累功积德始有资格，而
汉高祖以泗水亭长、泼皮无赖的身份，提三尺剑数年即得天下，一
改权力更迭的旧传统，可谓自我作古。太史公释之以"天命"，实为
难得其解而推之于杳渺难测者。及班彪著史，犹以天命作为解释
的依据："世俗见高祖兴于布衣，不达其故，以为适遭暴乱，得奋其
剑，游说之士至比天下于逐鹿，幸捷而得之，不知神器有命，不可以
智力求也。悲夫！"②布衣闾巷的出身，是高祖得天下论证中难以绕
开的难题。"王侯将相宁有种乎"的言论又易于引发他人的觊觎之
心，故而，谱牒再造即成为汉室以感生之迹神化高祖而外，标榜自
我合法性的必要举措，"汉为尧后"的说法因之而起。《汉书·高帝
纪》曰：

> 刘向云战国时刘氏自秦获于魏。秦灭魏，迁大梁，都于丰，
> 故周市说雍齿曰："丰，故梁徙也。"是以颂高祖云："汉帝本系，
> 出自唐帝。降及于周，在秦作刘。涉魏而东，遂为丰公。"③

刘向"汉为尧后"之说填补了汉室血统的先天不足，有效勾连了"当
朝贵胄"与"冢中枯骨"，被刘邦兴汉颠覆的传统由此又重归平衡。
及"汉为尧后"之说依赖经纬谣谶与郊庙祭祀等方式行布天下时，其
社会影响极为广大深远④。汉唐间王朝更迭多以"禅让"为名并追赠
"新王"父祖、累陈"新王"功德，即是此传统影响的历史表现。

---

① 《史记》卷一六，第759—760页。
② 《汉书》卷一〇〇，第4208—4209页。
③ 《汉书》卷一下，第81页。
④ 参看杨权《新五德理论与两汉政治——"尧后火德"说考论》（中华书局，2006
　　年）第五章的相关论述。

隋唐之际，"李氏将兴"与"刘氏主吉"两谶并起，虽李唐捷足得鹿，但"刘氏主吉"的影响犹存。消弭刘氏的影响遂与李唐政局的稳定高度相关。由于"汉为尧后"之说依托《春秋左传》，故李唐修订《五经正义》时遂旧题再议。孔颖达以刘氏源出刘累信而有征，以尧为先祖则渺而无据。汉儒既引《左传》为证，唐儒遂考《左传》本条与上下之文不类，为汉儒取媚当世增文所致。虽孔疏此见，刘炫、刘焯已发其端，但与官修之典的采纳及认证相较，其影响实难同日而语。如此，"汉为尧后"之说被挖墙脚立失根本。唐儒又进而论"汉世受命"之谶尤不足据：

> 《公羊传》曰："有以告者，曰：'有麕而角者。'孔子曰：'孰为来哉？孰为来哉？'反袂拭面，涕沾袍，曰：'吾道穷矣。'"说《公羊》者云：麟是汉将受命之瑞，周亡天下之异，夫子知其将有六国争强，秦项交战，然后刘氏乃立。夫子深闵民之离害，故为之陨泣。麟者，太平之符，圣人之类。又云：麟得而死，此亦天告夫子将没之征也。案：此时去汉二百七十有余年矣。汉氏起于匹夫，先无王迹，前期三百许岁，天已豫见征兆，其为灵命，何大远乎？言既不经，事无所据，苟佞时世，妄为虚诞，故杜氏序云："至于反袂拭面，称吾道穷，亦无取焉。"盖贱其虚诬，鄙其妖妄，故无所取之也。①

《五经正义》多引纬书②，然其断断于此，坐实"刘氏匹夫"的论断乃是其基本意图。在"汉为尧后"之说的影响逐步消歇的历史过程中，《五经正义》的影响应无可出其右者。

李唐讥汉室"追攀先世"，但其自身谱系的构造不但"追攀先世"

---

① 孔颖达《春秋左传正义》，北京大学出版社，1999年，第1674页。
② 朱彝尊撰、林庆彰等点校《经义考新校》卷二四四《群经》，上海古籍出版社，2010年，第4403页。

层累谱系且又"伪冒士籍"归宗陇西，较汉室有过之而无不及。李唐"追攀先世"，自称伯阳之裔，并引李广、李陵入世系，虽有北朝传统的影响，但应谶之需则是其要因所在。"老君当治、李弘应出"的谶言为六朝名谶，杨隋时犹影响不衰：

> 隋大业七年辛未，炀帝亲驾征辽，楼观道士岐晖谓门弟子曰：天道将改，吾犹及见之，不过数岁矣。或问曰：不知来者若何。曰：当有老君子孙治世，此后吾教大兴，但恐微躯不能久保耳。后数年，隋果乱。
>
> 大业十三年丁丑，老君降于终南山，语山人李淳风曰：唐公当受天命。淳风由是归唐。①

李渊居太原时，自以名应图谶，每不自安。太原兵起，李氏名应图谶遂成凝聚群雄之利器。及李唐代隋，天命所在的李渊归宗老君："武德三年五月，晋州人吉善，行于羊角山，见一老叟，乘白马朱鬣，仪容甚伟，曰：'谓吾语唐天子，吾，汝祖也。今年平贼后，子孙享国千岁。'高祖异之，乃立庙于其地。"②老君去武德已有千年，李渊既自认老君之后，则"认祖归宗"之谱牒构造自不免于自家真实之世系"斩草除根"，以求"移花接木"。武德及贞观时的崇道举措，高宗时也得以维系。李治为其子取名李弘，以应"李弘应出"的谶言，足以见出对老君资源的有意利用。虽贞观时法琳曾言李唐之李"非陇西柱下之流"，但关于李氏祖源的历史记忆，在李唐对于老君"体制性"的强势追攀下悄然变改，至高宗朝，李唐"拥真人之阀阅"似乎已成为唐人的常识。但此"祖源记忆"的常识化过程，却暗含有政治理念"尊祖"还是"从圣（孔子）"的纠葛。故而，当太宗修撰《五经义疏》时，消弭老、孔间的隔碍即成儒者的

---

① 谢守灏《混元圣纪》卷八，《道藏》第17册，上海书店，1988年，第854页。
②《唐会要》卷五〇，中华书局，2017年，第865页。

历史使命:

> 案此经有至德、敏德、孝德,《老子》亦有三等之德。案《老子·道经》云"道可道,非常道"。河上公云:"谓经术政教之道,非自然长生之道。常道当以无为养神,无事安民,含光藏曜,灭迹匿端,不可称以道。"……此敏德则《老子》云"可道"之道"非常道"、"下德不失德"之德,亦一也。故河上公云"政教经术,有名号之君所行"。以其三皇五帝为政,皆须仁义顺时,故郑云"敏德,仁义顺时也"……其《老子》又云:"失德而有仁,失仁而有义,失义而有礼。"礼专据三王之时,故云洞五九礼阙邮。若然,仁义在礼前德后,则五帝与三王俱有仁义,故《礼记》云:"尧、舜率天下以仁而民从之。"[1]

《道德经》中的政论言辞甚多,《汉书·艺文志·诸子略》以其为"君人南面之术"。以"道德"为君道帝王之术,可视为汉世以上知识群体的常识。魏晋以降,玄风扇炽而佛学亦争胜于思辨清谈之场,老君政论遂隐而不彰。李唐时,孔门政论已成为共识话语的大宗,老君的政论须经重新阐释,才能维持"尊祖""从圣"之间的平衡。虽然,唐儒重提河上公之说并借谶为断,所遵循的依然是汉儒的解经传统,但唐室以儒道双行为治国之本的理念则渐成风气。唐玄宗注《孝经》、注《道德经》颁行天下以为教化之用,以此传统言,不过稍踵事增华而并非自乱方寸抑或别出心裁[2]。

《隋书》卷三三《经籍志·史部·谱篇序》云:

> 后魏迁洛,有八氏十姓,咸出帝族。又有三十六族,则诸国之从魏者;九十二姓,世为部落大人者,并为河南洛阳人。其中国士人,则第其门阀,有四海大姓、郡姓、州姓、县姓。及周太

---

① 郑玄注、贾公彦疏《周礼注疏》卷一四,北京大学出版社,1999年,第350页。
② 参见葛兆光《中国思想史》第二卷,复旦大学出版社,2001年,第100—101页。

祖入关,诸姓子孙有功者,并令为其宗长,仍撰谱录,纪其所承。又以关内诸州,为其本望。[1]

李唐自称西凉嫡裔并改赵郡郡望为陇西,即为宇文泰上述政策的产物。但北周及杨隋时,入关的洛阳鲜卑若元氏、长孙氏、斛律氏俱称河南人,已违背西魏明帝二年(558)入关迁洛胡族"改河南郡望为京兆郡望"的诏令。此外,当时入关的山东汉人也多称山东郡望,故而宇文泰的政策北周时并未贯彻始终。唯有入关的核心群体即所谓六镇武人集团多称关内郡望,李虎家族本为赵郡柏人之"破落户"或"假冒牌",称陇西成纪[2];杨忠家族改山东称弘农;代北窦炽家族称扶风。六镇武人集团,遵循宇文泰的政策,保持关陇郡望,既可与入关的旧齐士人、江左士人以及河南胡人相区别,又可因地域与身份的相近而凝结成高度认同的集团。虽然集团内部纷争不免,但此集团凝聚对于维持各自家族的利益则尤为必要。后世史家所论及的"关陇集团"其核心即为此六镇群体。李唐自称陇西郡望,虽有中古庶族小姓伪冒世族的社会心态的影响,但郡称陇西对于李氏所具有的军事及政治意味恐其是做出此种选择的根本原因。此外,唐室虽自称陇西,然大修河北昭庆的建初陵与启运陵,刻意彰显与赵郡李氏的关联,以期与山东集团形成地理、情感、立场相近的认同,亦可为"陇西柱下之流"所标榜的意义另增佐证[3]。

① 《隋书》卷三三,第990页。
② 陈寅恪《唐代政治史述论稿》,上海古籍出版社,1999年,第11页。
③ 参见沈睿文《唐陵的布局——空间与秩序》,北京大学出版社,2009年,第14—39页。

四　戡黎升陑:合法性论证之四

中古前期王朝的更迭以禅让为经典模式①,无论承前朝者为累代功臣之后,抑或即为有大功于天下的本人,"戡黎之功"与"前朝之臣"乃共同要件。但及杨坚取代北周,其虽为柱国之家,然较之宇文觉取代西魏实无明显的功绩可言:

> 古来得天下之易,未有如隋文帝者,以妇翁之亲,值周宣帝早殂,结郑译等,矫诏入辅政,遂安坐而攘帝位。②

既无功德可称,杨隋的正当性惟托之于摄政身份与符瑞、谶言及"天命"的造作。大业末年,李渊起兵太原,不足一年即取隋恭帝而代之,天下犹为群雄逐鹿的态势。李唐代隋虽以禅让行之,但实难言戡黎之功,政权的正当性亦有天然缺陷。而李渊的"摄政之身份",则为"新王"由"臣"而"君"的转换提供了历史依据。义宁二年(618)五月隋恭帝禅位诏曰:

> 相国唐王,膺期命世,扶危拯溺,自北徂南,东征西伐,总九合于一匡,决百胜于千里。纠率夷夏,大庇氓黎,保乂朕躬,繄王是赖。……当今九服崩离,三灵改卜,大运去矣,请避贤路,兆谋布德,顾己莫能,私僮命驾,须归藩国。③

虽然隋恭帝禅位诏中"自北徂南,东征西伐"的赞誉,以李渊的实际影响而言实为过誉,但"相国唐王"的身份却为"戡黎升陑"的功德营

---

① 参见徐冲《中古时代的历史书写与皇帝权力的起源》(上海古籍出版社,2012年)第一章。
② 赵翼撰、王树民校证《廿二史札记校证》,中华书局,2005年,第332页。
③ 温大雅撰、仇鹿鸣笺证《大唐创业起居注笺证》,第189页。

造提供了恰当的书写条件。武德二年,李渊令国子学立周公、孔子庙各一所,四时祭祀。武德七年,复以周公为先圣,孔子配享,尊奉周公之意至为明显。由于中古前期的国史书写中"禅让后起元＋开国群雄传";中古后期的国史书写中"禅让前起元－开国群雄传"成为一套论证"新朝"正当性的书写策略。故而,有学者以李唐前期书写策略属于后者①,但如此处理,似未能有效解释李唐早期所修国史在书写模式上的复杂性,以及今日通行新旧《唐书》书写策略中"禅让前起元－开国群雄传"的特殊结构。而若注意到杨隋与李唐禅代时,杨坚与李渊均非有大功可述的独特性,并进而将玄武门政变纳入考量视野,则武德崇周公、贞观崇孔子以及历史书写中所出现的书写策略的变动或可得到一个大体合理的解释。

相比于李渊崇敬周公,强调"相国"身份及"由臣而君"过程的自然合理,贞观二年停祭周公,则意味着太宗对此正当性模式的抵制。虽然"周公"作为符号可为"戡黎升陑"提供合法依据,但与"诛管、蔡"行动叠加的"周公"却不断提醒唐人玄武门政变的血腥与惨烈——"周公"的存在恰恰成为贞观朝政治正当性的否定。而名为禅让实为"篡位"的历史现实,也使得周公"摄政"渐失其正面意义。

> 小人在列,为蠹则深;巨猾当枢,怀恶必大,侍中检校户部尚书清苑县开国男刘洎,出自闾伍,言行罕称,于国无涓滴之劳,在朕匪枌榆之旧。……今行御进状,奏洎乃与人窃议,窥窬万一。谋执朝衡,自处霍光之地;窥弄兵甲,擅总伊尹之权。猜忌大臣,拟皆夷戮。朕亲加临问,初犹不承,傍人执证,方始具伏。此如可恕,孰不可容?且皇太子治春秋鼎盛,声溢震方,异汉昭之童幼,非周成之襁褓,辄生负图之望,是有无君之心。论其此罪,合从孥戮,但以凤经任遇,不忍枭悬。宜免家累,赐其

---

① 参见徐冲《中古时代的历史书写与皇帝权力的起源》第二章。

自尽。①

贞观二年后,在不触及玄武门之变时,太宗很少正面提及魏晋以来被视为典范人物的周公——传统的正当性模式中禅让一环已无法有效回应太宗所面临的历史难题。如此,贞观时期的正当性惟能诉诸于太宗的历史功绩。"贞观元年,宴群臣,始奏《秦王破阵》之曲。太宗谓侍臣曰:'朕昔在藩,屡有征讨,世间遂有此乐,岂意今日登于雅乐。然其发扬蹈厉,虽异文容,功业由之,致有今日,所以被于乐章,示不忘于本也。'"②贞观元年,政变的余波犹存;群心未定之时,借宴会群臣之机奏《秦王破阵》,展示秦王的功德,既以笼络昔日的藩邸旧臣,复可震慑观望之人,贞观朝合法性的自我标示自此方向明确。后此曲增改为《七德之舞》。白居易《七德舞》诗曰:

> 元和小臣白居易,观舞听歌知乐意,乐终稽首陈其事。太宗十八举义兵,白旄黄钺定两京。擒充戮窦四海清,二十有四功业成。二十有九即帝位,三十有五致太平。③

太宗在大唐创业过程中的不世功勋,在《七德舞》的持续展演中,不断内化为唐人对于隋末唐初的历史记忆。导演者、表演者以及参与者、旁观者在如此隆重、华美的展演中,被裹挟入《七德舞》的历史叙事与情感氛围之中,贞观朝的认同感在此过程中被非逻辑地强化。太宗在贞观时期留下的多首作品,如《六马图赞》《经破薛举战地》《还陕述怀》与《七德之舞》,一同构成了联动的文本群,当"草昧英雄起,讴歌历数归。风尘三尺剑,社稷一戎衣"④成为太宗的经典形象,而昔日同经创业之难的建成、元吉在大唐的创业故事中逐渐消

---

① 《全唐文》卷八,第92—93页。
② 《旧唐书》卷二八,第1045页。
③ 朱金城笺校《白居易集笺校》,上海古籍出版社,2016年,第140页。
④ 钱谦益笺注《钱注杜诗》卷一〇,上海古籍出版社,1979年,第322页。

失，李渊的形象在历史书写中逐步定型为"因子成事"时，玄武门之
变即获得了最好的历史辩护。"二九之龄"成为太宗不朽功业的符
号，太宗贞观十年之后的文字中依然念念于此：

> 朕以二九之年，属天下丧乱，毒流区夏，祸遍郊畿，群雄则
> 蜂骇云兴，猛将则风驱雾合。年二十有四，慷慨京邑，电发中
> 原，震荡三川，扫清八荒，及至壮年，获临宝位。
>
> 李世民《述圣赋序》①

贞观二十三年，太宗病逝，在《遗诏》中犹不免提及"拂衣于舞象之
年，抽剑于斩蛇之地"的创业往事。当太宗的功业辉耀贞观之时，
"隋末群雄"即成为这场历史大剧中必不可少的配角。由此，亦可推
见唐代国史修撰必须在高祖"禅让前起元－开国群雄传"与太宗"夺
嫡＋开国群雄传"之间寻得平衡，若以唐史起于义宁或武德为判断
有无"开国群雄传"，则不易解答高祖与太宗之际所面临的正当性
论证的差异。"隋末群雄"存在的必要，逐步挤压了"周公"的存在空
间。无法为贞观朝正当性提供历史依据的"周公"，甚或其所属的辉
煌的"周代"在贞观君臣对于"尧舜"的礼赞中身影暗淡：

> 陛下贞观之初，动遵尧、舜，捐金抵璧，反朴还淳。②
> 征蹈履仁义，以弼朕躬，欲致之尧、舜，虽亮无以抗。③
> 我闻以德服物，信非虚说。比尝梦见一人云虞、舜，我不觉
> 竦然敬异，岂不为仰其德也！向若梦见桀、纣，必应斫之。④

在贞观君臣追踪上古，不断高自标树的历史进程中⑤，"周公"被自

---

① 吴云、冀宇校注《唐太宗全集校注》，天津古籍出版社，2004年，第138页。
② 吴兢撰、谢保成集校《贞观政要集校》，第538页。
③《新唐书》卷九七，第3876页。
④ 吴兢撰、谢保成集校《贞观政要集校》，第218页。
⑤ 参见廖宜方《唐代的历史记忆》，台大出版中心，2011年，第55—139页。

然而合理地遗忘。后高宗《永徽令》曾一度改祀"圣周师孔",似乎与长孙无忌等人对"周公辅成王"故事的借重有关。但显庆二年(657)七月,许敬宗奏议,复祀"圣孔师颜","周公"在中古政治生活中曾有的影响逐步凋零,而武周时期的提升则是其在唐代非常态的"反弹"。与"革命"替代"禅让"成为王权更迭的典范形式同步,思想史领域"周孔"亦为"孔孟"所替代——贞观朝正当性论证的影响可谓巨大。

五　太平天子:合法性论证之五

政治权力的合法性既可自"发生的进路"入手,着力于正当性的论证;亦可由"目的进路"入手,以证成性为论述要点[1]。虽然在中古的政治生活中,并无正当性与证成性的自觉区分,但在实际的政治生活中,证成性自然而然地成为与正当性并行的合法性叙述进路。前瞻性的证成性固然无法为"新王"推导出回溯性的正当性,但政治权力本身对于证成性的依赖及证成性话语所可能产生的引导与覆盖效应会在一定程度上掩盖正当性的缺陷。以目的性进路而言,政治合法性的论证,首先表现为"理想未来"的设定。

何晏《论语集解》之《八佾》第三"子谓《韶》:'尽美矣,又尽善也。'谓《武》:'尽美矣,未尽善也'"条:

孔(安国)曰:"《韶》,舜乐名也,谓以圣德受禅,故曰尽善也……《武》,武王乐也,以征伐取天下,故曰未尽善也。"[2]

郑(玄)注:"《韶》,舜乐也,美舜自以德禅于尧;又尽善,谓太平也。《武》,周武王乐,美武王以此功定天下;未尽善,谓未

---

[1] 参见周濂《现代政治的正当性基础》,生活·读书·新知三联书店,2008年,第42—44页。

[2] 何晏集解、皇侃义疏《论语集解义疏》,商务印书馆,1937年,第43页。

致太平也。"①

　　皇侃《疏》：天下万物乐舜继尧，而舜从民受禅，是会合当
时之心，故曰尽美也。揖让而代，于事理无恶，故曰尽善也……
天下乐武王从民伐纣，是会合当时之心，故尽美也。而以臣伐
君，于事理不善，故云未尽善也。②

在以上诸家的注解中，《韶》尽善尽美无异议，而对于《武》未尽善的
解读，却有"以征伐取天下"的正当性进路与"未致太平"的证成性进
路的差异，由此差异可以明确看出注者及其所属政治群体政治理念
与政治诉求的不同。而《五经正义》于"《武》之未尽善"则认同郑玄
的注解。以《武》之"未尽善"为文德未具使然，既绕过了"以征伐取
天下""以臣伐君"的正当性问题，复使"新王"的证成性进路获得了
经典与历史经验的指导：

　　贞观初，太宗从容谓侍臣曰："周武王平纣之乱，以有天
下，秦始皇乘周之衰，遂吞六国，其得天下不殊，何祚运长短若
此之相悬也？"尚书左仆射萧瑀进曰："纣为无道，天下苦之，故
八百诸侯不期而会。周室虽微，六国无罪，秦氏专任智力，蚕食
诸侯。平定虽同，人情则异。"上曰："不然，周既克殷，务弘仁
义；秦既得志，专任诈力。非但取之有异，抑亦守之不同。祚之
修短，意在兹矣。"③

太宗以武王与始皇取天下不殊，当出于对先唐以来言说传统的刻意
漠视。于此所传递出的信息则在于对于"起点"问题的搁置，如何能
致"尧舜之太平"方是贞观朝政治生活的核心话题④。"太平"的政治

───────────

① 何晏集解、皇侃义疏《论语集解义疏》，第13页。
② 何晏集解、皇侃义疏《论语集解义疏》，第43页。
③ 吴兢撰、谢保成集校《贞观政要集校》，第250页。
④ 吴兢撰、谢保成集校《贞观政要集校》，第323页。

理想,发端于《公羊》学,后经东汉古文经学家之手充实完善,目的与路径兼具①。魏晋以来,"太平"理想又为道教所利用,成为道教千年王国的梦想②。故而及唐初时,"太平"之说已糅合儒家、谶言、方术及道教文化甚或佛教弥勒信仰的诸多因子,实为中古影响巨大的政治文化理念。

当权力的更迭完成,进入政治运作的具体过程时,证成性在政治合法性论证中的位置也随之提升,当政者政绩的展现即成为合法性论证的主要手法。此亦为目的论进路的方式之二:

> 太宗自即位之始,霜旱为灾,米谷踊贵,突厥侵扰,州县骚然。帝志在忧人,锐精为政。崇尚节俭,大布恩德。是时,自京师及河东、河南、陇右,饥馑尤甚,一匹绢才得一斗米。百姓虽东西逐食,未尝嗟怨,莫不自安。至贞观三年,关中丰熟,咸自归乡,竟无一人逃散,其得人心如此。加以从谏如流,雅好儒学,孜孜求士,务在择官,改革旧弊,兴复制度,每因一事,触类为善……由是官吏多自清谨。制驭王公、妃主之家,大姓豪猾之伍,皆畏威屏迹,无敢侵欺细人。商旅野次,无复盗贼,囹圄常空,马牛布野,外户不闭。又频致丰稔,米斗三四钱,行旅自京师至于岭表,自山东至于沧海,皆不赉粮,取给于路。又山东村落,行客经过者,必厚加供待,或发时有赠遗。此皆古昔未有也。③

虽然太宗登基经历了玄武门的血腥政变,但宫廷内部的权力更替并未引发外廷的剧烈动荡,武德贞观间的权力交替大体平稳。故而,

---

① 陈苏镇《〈春秋〉与"汉道":两汉政治与政治文化研究》,中华书局,2011年,第617页。

② 孙英刚《"太平天子"与"千年太子":6—7世纪政治文化史的一种研究》,《复旦学报》2010年第6期,第42—50页。

③ 吴兢撰、谢保成集校《贞观政要集校》,第51—52页。

贞观之初所继承的是高祖武德九年来的政治遗产。内忧外患的时局与人心安定的两歧书写,却传递着武德朝国政的窳败与太宗朝政治的清明。或许这段文字的书写者并无明显的抑扬之意,但字里行间自行流露的情感却更能说明一般性的历史真实。政治稳定,经济繁荣,"天可汗"的称号,四夷宾服络绎朝贡的盛况,为贞观朝涂抹上令人目眩的色彩。伴随盛世来临的郊庙祭祀乃至最高等级的封禅均成为"贞观之治"的展演。在一幕幕盛大、华美演出的推波助澜中,遥不可及的"太平"理想,终于转化为贞观时的地上生活,"太平天子"的荣耀属于蓝图的践履者——唐太宗。据《新唐书》卷三五记载,贞观十七年秋八月,凉州刺史李袭誉献瑞石,上有铭文曰:

> 高皇海出多子李元王八十年太平天子李世民千年太子李治书燕山人士乐太国主尚汪谭奖文仁迈千古大王五王六王七王十凤毛才子七佛八菩萨及上果佛田天子文武贞观昌大圣延四方上不治示孝仙戈八为善

铭文无断句亦多含混处,但前半部分则较为清楚。太宗对此铭文甚为重视,遣使致祭并认同铭文"太平天子"的指称。据孙英刚的论断,此石上铭文与贞观后期李治立为太子的政治事件关联紧密,可视为李治立嫡的正当性依据之一。当立储进入胶着之态时,太宗"太平天子"的身份成为确认李治"千年太子"地位的合法性资源,足可推见政治生活中证成性的巨大影响。

结　语

唐初的合法性论证因武德与贞观两朝权力更迭较为独特的历史语境,呈现出异于中古前期以及杨隋之世的特点。在正当性与证成性不同侧重的论证过程中,魏晋以来有关皇帝权力起源的历史书写模式发生了异变,而权力更迭的模式也出现了由"禅让"向"革命"

的回归。唐初的合法性虽然在形式上并无迥异于其他王朝之处,但具体内容以及论证方式在继承传统基础上的新变,却为唐初的政治及文化生活增添了更多的历史变态。

第二节　构建共同体:唐初的尧舜记忆

在唐初特别是贞观朝的文献中,作为上古"圣王"的尧舜屡被提及。虽然尧舜的典范化先秦之时业已完成,但唐初对于"尧舜"的记忆与言说,却殊非儒家政治理念的通性表述,"尧舜"记忆的唤起与强调,不断彰显着唐初迥异于北宋以"三代"为追慕对象的历史语境①。迄典午南渡至杨隋一统,数百年的族群互动,形成了华夏地理板块与政治文化的南北分立,两汉以来精心维持的胡汉间的地理与文化边界亦由之崩溃。当天下三分归于一统的历史契机再次降临之时,震荡于种族与文化(地域)两极的华夏民族必然面临着如何重建共同体的历史挑战。杨隋在种族、地域、阶层诸问题上应对乏力,二世而亡,虽有炀帝举措失当之因,然此问题之复杂亦有以致之。李唐承隋而立,问题犹存。自理论层面而言,涉及李唐政治的正当性、合法性及政治文化之构想;自现实层面而言,则有关于胡汉间山

---

① 对于"共相"的寻求,似乎是思想史研究的天然偏好,在"共相"的框架中,思想的历史平滑而连续,一目了然,易于把握。但"共相"的寻求又似乎在不断设置"连续性"的知识陷阱,消弥着"知识考古"的冲动。韩愈的《原道》是中唐思想史上一篇重要文献,只是这篇文献在后世的强大影响,却让"道统"成为观察儒家政治文化的基本视角,尧舜至文武周公间的一惯性,掩盖了可能存在的政治观念或政治文化的断裂。廖宜方《唐代的历史记忆》曾有专章论及唐初的尧舜记忆,但其所论聚焦于儒家政治理念的通性层面,而于唐初的历史问题与言说语境则未多着墨。

东、江左与关陇三大地域间以及社会阶层间的有效区分与弥合，故而李唐欲消弭分歧，凝聚认同，则须寻获一可能的途径而后可——唐初的"尧舜"记忆生长于两汉以来的言说传统、胡汉间的历史互动与"德治原则"下可以预期的未来想象——构建共同体的历史挑战构成了"尧舜记忆"的唤起机制，也因此成为理解"尧舜记忆"的重要支点。

一　中古前期的言说传统

尧舜的典范化经《尚书》《论语》《孟子》之层累而成，西汉武帝崇儒，《公羊学》大兴，"尧舜"遂成政治生活的核心语词，历两汉而影响不衰。政治文化的巨大惯性左右着汉唐间权力更迭的合法化路径与模式，汉人政权如是，突破地理边界、尝试完成"通过仪式"的胡族政权亦如是。以权力的更迭而言，尧舜禅让与汤武革命是其基本模式，但在中古时期的历史语境中，"尧舜禅让"则具有压倒性的影响。"昔大道为公，以能而授，故尧咨尔舜，舜以命禹。自曹、马已降，其取之也，则不然。若乃上出禅书，下陈让表，其间劝进殷勤，敦谕重沓，迹实同于莽、卓，言乃类于虞、夏。且始自纳陛，迄于登坛。彤弓卢矢，新君膺九命之锡；白马侯服，旧主蒙三恪之礼。徒有其文，竟无其事。此所谓虚设也。"[1]虽然，魏晋而下，权力之更替号禅让而有名无实，但"尧舜禅让"降低权力更迭之社会成本与满足政治叙事之道德性与连续性想象的符号价值，对于权力更迭多发生于内部的中古中国而言无可替代。影响之下，中古时期国史关于权力起源的书写遂形成"禅让后起元＋开国群雄传"与"禅让前起元－开国群雄传"两大传统。"中原逐鹿"的汤武革命模式在"尧舜禅让"的言说洪流中则颇受压制：

---

[1] 刘知几著、浦起龙通释《史通通释》，上海古籍出版社，2011年，第115页。

世俗谓汉高起于布衣,而有天下,此未达其故也。夫刘承尧统,旷世继德,有蛇龙之征,致云彩之应,五纬上聚,天人俱协,明革命之主,大运所钟,不可以非望求也。然狂狡之徒,所以颠蹶而不已者,诚惑于逐鹿之说,而迷于天命也。故有踵覆车之轨,蹈衅逆之踪,毒甚者倾州郡,害微者败邑里,至乃身死名颓,殃及九族,从乱随流,死而不悔,岂不痛哉!《春秋》之义,大一统之美,吴楚僭号,久加诛绝,君子贱其伪名,比之尘垢。[1]

高祖以泗水亭长之微,提三尺剑,不数年而定天下,后世遂有以"天下"可以力取而以"逐鹿"相倡者。道武帝的诏书则以汉高祖有血胤之贵复上应天命,代秦而立,殊非力取。与此相应,南朝亦以"逐鹿"为乱臣贼子之口实。南北联动,"中原逐鹿"之说几成异端,血流漂杵的"汤武革命"也在"天命所钟"的言说框架中成为以天命为主导的另类禅让模式——诞生于族群间权力互动的"禅让"记忆构建了理解权力互动的基本框架。东汉末年以来南北间的权力更替无论夹杂了多少野蛮与血腥、虚伪与欺诈,却无法不借助此框架以完成权力的合法化过程。当权力的更替复与胡汉血缘与文化的冲撞相叠合之时,"尧舜记忆"被逐步放大,并进而影响华夷角色身份的相互观照与自我定位。

族群间的历史互动通常伴随着"自我同质化"的想象及对他族的边界意识,在漫长的互动过程中凝聚而成的华夏认同既依赖于生活方式所标识的文化边界,也依赖于滑动而不失清晰的地理疆界。当地理疆界无法阻挡胡族进入中原腹地的脚步时,文化的边界意识随之反弹。虽然"夷狄之有君,不如华夏之无也"的关系原则虚枵而蛮横,但初入中原,在身份转换中战战兢兢的胡人自然而然地接受

---

[1] 严可均辑《全上古三代秦汉三国六朝文》,中华书局,1999年,第3511页。

了此项原则。似乎弓马娴熟的胡人并未能迅速消解自我族群在面对汉文明时的自卑之感①。汉人主导的华夷关系结构限定了胡族的角色身份,在此关系结构中,胡人欲成为历史进程名实俱符的主导者,一个有效的方式即血统的汉化,由此,祖源记忆的重建遂成为必要。祖源记忆所构建的类血缘关系,是形成族群根基性情感认同的重要因素,故而,不同的族群的文化边界中即包含差异明显的祖源记忆。当胡族无法颠覆华夷关系的阐释结构时,重建祖源记忆,强化胡汉间的同源共祖即可淡化血缘冲突并进而满足权力合法化的论证需要。在此过程中,"尧舜"成为印证族群谱系真实性的基本元素。《魏书·序纪第一》:

> 昔黄帝有子二十五人,或内列诸华,或外分荒服,昌意少子,受封北土,国有大鲜卑山,因以为号。其后,世为君长,统幽都之北,广漠之野,畜牧迁徙,射猎为业,淳朴为俗,简易为化,不为文字,刻木纪契而已,世事远近,人相传授,如史官之纪录焉。黄帝以土德王,北俗谓土为托,谓后为跋,故以为氏。其裔始均,入仕尧世,逐女魃于弱水之北,民赖其勤,帝舜嘉之,命为田祖。②

在华夷族群的历史互动中,修改祖源记忆、更定族群谱系以追攀强势族群之祖系是弱势族群表达认同、寻求生存空间的重要策略。由于上古时期文献罕存,邈远时空中的历史往事多依赖于口耳相传,族群的谱系又必然地呈现出同源而分流的枝状结构,故而,族群间的谱系追攀存有足以应对生存危机的言说空间。在中古华夏族群对于族群谱系的理解中,无论是司马迁的《史记》系统,抑或戴德的

---

① 刘琨在永嘉六年(312)致石勒的信中,以"无戎人而为帝王者"为胡汉之共识(《晋书》卷一〇四,中华书局,1996年,第2715页)。胡人在此时也大体认同刘琨的说法,参见《晋书》卷一〇四,《晋书》卷一二一。

② 《魏书》,中华书局,2003年,第1页。

《大戴礼记》系统,黄帝与尧舜均为族群记忆中身份稳定的先祖。"少典产轩辕,是为黄帝。黄帝产玄嚣,玄嚣产蟜极,蟜极产高辛,是为帝喾。帝喾产放勋,是为帝尧。黄帝产昌意,昌意产高阳,是为帝颛顼。颛顼产穷蝉,穷蝉产敬康,敬康产句芒,句芒产蟜牛,蟜牛产瞽叟,瞽叟产重华,是为帝舜,及产象,敖。颛顼产鲧,鲧产文命,是为禹。"[1]在戴德的帝系图中,帝舜为昌意之后,鲜卑追黄帝少子昌意为始祖,于帝尧之系统而言,昌意是元嚣"出走的兄弟"[2];以帝舜之系统而言,则昌意一系为谱系之正统——"尧舜记忆"提示着华夏与鲜卑同族共源的兄弟族群身份。而始均在尧舜之世的功绩则又成为鲜卑与华夏命运关联的又一例证。与此相类,其他胡族亦多效仿此法,匈奴赫连勃勃自认"大禹之后",曾有诏曰:

> 朕之皇祖,自北迁幽朔,姓改姒氏,音殊中国,故从母氏为刘。子而从母之姓,非礼也。古人氏族无常,或以因生为氏,或以王父之名。朕将以义易之。帝王者,系天为子,是为徽赫实与天连,今改姓曰赫连氏,庶协皇天之意,永享无疆大庆。系天之尊,不可令支庶同之,其非正统,皆以铁伐为氏,庶朕宗族子孙刚锐如铁,皆堪伐人。[3]

赫连勃勃以"北迁幽朔"的本族为大禹之胤,与以黄帝、尧舜相标榜的华夏之族实为兄弟之群,自是"出走的兄弟"之另类翻版。羌人自认"其先有虞氏之裔"、氐人自认"有扈氏之苗裔",鲜卑慕容部自认为"有熊氏之苗裔",相近的行为取向背后,有着大体相近的族群心态。

与重建祖源记忆、标示汉族血统不同,汉人"圣王"血统的夷狄化是胡人族群自我合法化论证的另一方式。在《孟子》中有一段关

---

[1] 王聘珍撰、王文锦点校《大戴礼记解诂》,中华书局,1983年,第126页。
[2] 参见王明珂《英雄祖先与弟兄民族》(中华书局,2009年)第一章的论述。
[3]《晋书》卷一三〇,第3206页。

于"舜生于诸冯,迁于负夏,卒于鸣条,东夷之人也。文王生于岐周,卒于毕郢,西夷之人也"①的言论。此段言论,试图表明君王的德行事功更重于血统,因而在华夏关于权力合法性的理论表述中,实另存一区分于华夷血统的德行话语。中古胡族在构建华夷同族的血缘谱系之外,亦以此一话语系统,对抗"夷狄之有君,不如华夏之无也"的主流立场,"奈何以华夷之异,有怀介然。且大禹出于西羌,文王生于东夷,但问志略何如耳"②。虽然此时期的权力更迭模式压制"中原逐鹿"的暴力革命,但"英雄并起"所导致的权力中心的多元化状态,却与华夏自春秋以来的"一体化"进程相左,亦难与胡族关于华夷同源的想象合拍,故而,"天下尽入尧封"即成为"志略何如"的判定标准③:

> 坚引群臣会议,曰:"吾统承大业垂二十载,芟夷逋秽,四方略定,惟东南一隅未宾王化。吾每思天下不一,未尝不临食辍铺,今欲起天下兵以讨之。略计兵杖精卒,可有九十七万,吾将躬先启行,薄伐南裔,于诸卿意何如?"
>
> 坚曰:"非为地不广、人不足也,但思混一六合,以济苍生。天生蒸庶,树之君者,所以除烦去乱,安得惮劳!朕既大运所钟,将简天心以行天罚。高辛有熊泉之役,唐尧有丹水之师,此皆著之前典,昭之后王。"④

王猛临死时曾告诫苻坚勿轻言伐晋,但"混一六合"却是中古语境中前秦政权自我合法化的必要途径。因前秦之败而兴起的北魏,同样也对"荒域之外,犹未宾服"念兹在兹;偏于一隅的赫连勃勃大夏政权,也以"统一天下,君临万邦"自任。无论是认同尧舜的华夏血统,

---

① 赵岐注、孙奭疏《孟子注疏》,阮元校刻《十三经注疏》,中华书局,2003年,第2725页。

② 《晋书》卷一〇八,第2813页。

③ 孔颖达《尚书正义》卷三,北京大学出版社,1999年,第65页。

④ 《晋书》卷一一四,第2911、2914页。

还是强调其异域身份,胡族政权的合法性论证都无法跳脱"尧舜"话语的笼罩。"尧舜记忆"为胡族的生存提供了话语空间,但也设定了胡族政权之政治行为的可能限度。以李唐的立场而言,"尧舜"作为共有的历史记忆,深度影响了中古时期的胡汉互动,而类血缘关系的构建尝试亦传递出胡汉民族由分立到融合并进而在新的一体化模式下重建边界的历史期待。

二 王化无外:重建胡汉关系的尝试

"边界"是族群自我确认的重要因素,其形成与维持以特定的资源竞争为核心推力而受制于族群间的势力消长与生存策略。在漫长的族群互动中,华夷间的文化与地理边界滑动且略显模糊,而王化无外的"天下中心主义"与此疆彼界的"族群中心主义"之间又常有纠缠,从而使得华夷"边界"的表述呈现出"现实态"与"理想态"的叠合。"中国"的族群意识,本即产生于西周以来的族群间互动,在"尊王攘夷"以应对族群生存危机的过程之中,华夷"边界"的"现实态"逐步定型化。《汉书·匈奴传下》曰:

> 是以《春秋》内诸夏而外夷狄。夷狄之人贪而好利,被发左衽,人面兽心,其与中国殊章服,异习俗,饮食不同,言语不通,辟居北垂寒露之野,逐草随畜,射猎为生,隔以山谷,雍以沙幕,天地所以绝外内也。是故圣王禽兽畜之,不与约誓,不就攻伐;约之则费赂而见欺,攻之则劳师而招寇。其地不可耕而食也,其民不可臣而畜也,是以外而不内,疏而不戚,政教不及其人,正朔不加其国;来则惩而御之,去则备而守之。其慕义而贡献,则接之以礼让,羁縻不绝,使曲在彼,盖圣王制御蛮夷之常道也。[1]

---

[1]《汉书》卷九四下,第3834页。

虽然在"边界"滑动甚或模糊的上古"中国",族群内部的自我认同难言清晰明确,看似经典的表述,常不过为精英层的类型想象,而尤难认之为族群内的共识,或以之为族群内的基本生活方式。但此种表述,却不断凸显夷夏之防并强化夷夏间的区隔意识。在班固看来,夷狄与诸夏本性不同,言语不同,生活方式亦不同,强求其同,只会造成诸夏的自我烦扰。山河地理构成了天然的华夷疆界,诸夏之人理应尊重此种区隔,人为的设施也应强化内外有别的区分意识。然而,无论是自然的山河地理还是人为的长城边塞在难以阻挡塞外游牧民族南下争夺中原资源的脚步的同时,也限制了华夏民族开拓外部资源的可能。故而,族群间的关系互动亦由之产生另一足以和"族群中心主义"抗衡的言说传统——"中国"君王"天下共主"的身份自觉,"唯天下至圣……溥博如天,渊泉如渊。见而民莫不敬,言而民莫不信,行而民莫不说。是以声名洋溢乎中国,施及蛮貊;舟车所至,人力所通;天之所覆,地之所载,日月所照,霜露所队;凡有血气者,莫不尊亲,故曰配天"[1]。"圣王"之声教行于天下,夷不同夏,但可化为夏,消弭区隔、天下一家的太平图景,所待者圣王而已!然而,理想型的话语表述,某种意义上亦不过是华夷分享资源方式的另类探索,或是以朝贡体系为表征的资源互享,或是"颁行正朔"变游牧为农耕,以彻底改变高度流动的游牧民族对中原破坏性的掠夺方式,只是具体方式的采纳不得不依赖于族群间的势力消长及生存策略的选择。但大体而言,"夷夏有别"与"王化无外"的混响型构了上古时期华夷关系的处理框架,而此时期地理边界的大体稳定又确保了诸夏所主导的关系框架的有效性。

"五胡乱华",典午南渡,华夷关系进入了全新的历史时段。随着胡族深入中原内部,原有的地理边界丧失效用,文化边界的经典表述似乎也无法应对胡族在汉化过程中行为方式的变迁,而血统的

---

[1] 朱熹《四书章句集注》,中华书局,1983年,第38页。

区分在胡汉通婚交融的冲击之下也作用有限,就连曾经成为胡族典型生活方式的逐草游牧亦因胡人疏离部落传统构建官僚国家的尝试而发生变改——曾经作为"攘夷"之对象的周边族群已成为今日难以区分的"兄弟"——胡汉互动的新局遂使胡汉关系框架的重新构建成为必然。虽然随着隋唐大一统国家的建立,汉人重新成为历史进程的主导者,但杨隋二世而亡与李唐王室胡汉混血及政权胡汉混合的现实,均提醒唐初君臣当以新的视角打量胡汉关系。由于诸夏"中国"意识的形成缘于西周幽王死于犬戎以来的华夷关系互动,故而在唐初胡汉关系的处理中,标举"尧舜"、超越"夷夏之防"的西周①,既是对于中古期"尧舜"言说传统的自然承继,也是有效凝聚胡汉的重要手段。但是,原有的"敌我"化为兄弟,并不意味着"边界"的消失,在曾经的土地上拒绝认同的"族群"以及为追寻生存资源移动而来的族群又成为新的"他者"——李唐王朝必须在对族群互动历史的回眸中,建构合理的族群关系框架。

> 画野分疆,山川限其内外;遐荒绝域,刑政殊于函夏。是以昔王御俗,怀柔远人,义在羁縻,无取臣属。渠搜即叙,表夏后之成功;越裳重译,美周邦之长算。……有隋季代,黩武耀兵,万乘疲于河源,三年伐于辽外。构怨连祸,力屈货殚。……朕祗膺宝图,抚临四极,悦近来远……要荒藩服,宜与和亲。其吐谷浑已修职贡,高句丽远送诚款,契丹靺鞨,咸求内附。因而镇抚,允合机宜。分命行人,就申好睦,静乱息甿,于此乎在。布告天下,明知朕意。②

在杨隋统一中国的过程中,北周余部存身突厥,北齐余部流亡东北

---

① 王明珂《华夏边缘:历史记忆与族群认同》,浙江人民出版社,2013年,第168页。
② 许敬宗编、罗国威整理《日藏弘仁本文馆词林校证》,中华书局,2001年,第246页。

亚,故而杨隋对周边屡动干戈实为维护政权安全的必要举措,而华夏族群对于自有资源的保护也需要防御性"边界"的存在。只是手段的有效性与持久性常依赖于族群担负行为成本的能力,当族群的领导者将作为资源分享手段的"天下一家"观念错认为族群间关系的应有形态而一力践行时,常常导致灾难性后果的产生。武德二年,李渊颁布《命行人镇抚外藩诏》,重申"夷夏之防"。"夷夏之防"注重地理边界的屏障与防御效用,文化策略相对保守,不求改变"他者"族群的生活方式,而试图通过"御敌于国门之外"保证自有资源的安全。但是"夷夏之防"效用有时限且会束缚华夏族群拓展生存资源的脚步,故而难敌"天下中心主义"的反弹,只能行于一时。贞观四年,李世民颁布《大赦诏》,华夷关系的处理原则已发生明显改变:

> 天生蒸民,树之司牧,莫不仰膺灵命,克嗣宝图,用能永享鸿名,常为称首。朕君临八方,于今四载,凤兴夜寐,无忘暑刻。履薄驭朽,思济黔黎,推心至诚,庶几王道。上荷苍昊之眷,下藉股肱之力,宇内休平,遐迩宁泰。率此区域,致之仁寿,惵彼獯戎,为患自昔,轩昊以来,常罹寇暴。是以隆周致泾水之师,强汉受白登之辱,武夫尽力于关塞,谋士竭虑于庙堂,征伐和亲,无闻上策。有隋灾乱,凭陵转甚,疆场之萌,曾无宁岁。朕韬干铸戟,务在存养。自去岁迄今,降款相继,不劳卫霍之将,无待贾晁之略,单于稽首,交臂藁街,名王面缚。归身夷邸,襁负而至,前后不绝。被发左衽之乡,狼望龙堆之境,萧条万里,无复王庭。惟颉利挺身,逃窜林穴,天网云布,走伏何所。大同之世,谅在兹日。①

"天下大同"的想象无法安放固化的"此疆彼界"意识,虽然内中国而

---

① 《全唐文》卷五,第60页。

外诸夏，内诸夏而外夷狄依然为天下大同的前提，但在太平之世，则天下大小远近若一，此"边界"自然随之消失。贞观二十一年，李世民在论及自我功业时，以"自古皆贵中华，贱夷狄，朕独爱之如一"作为自己功过古人的原因之一，"王化无外"的原则首尾一贯。在儒家的思想语境中，华夷一家的大同理想，自西汉以来，实以主三世说、张复仇之义的公羊学为主导。西汉公羊学的政治理念主张"天下未遍合和，王者不虚作乐"[1]，治理天下当先行教化后兴礼乐，故而认同以尧舜为典范的"以德化民"之道而以孔子为尧舜之道的承述者[2]。当贞观朝的政治理念体现出对《春秋》公羊学的明显服膺之时，华夷关系的处理原则自莫能外[3]。

　　以"军事征伐"与"推行正朔"为基本践行方式的"天下一家"理念为唐初处理族群关系，构建有序的共同体生活提供了高度开放的话语空间。"剑"与"犁"的相互支持尝试转化族群间原有的资源分享方式，以开放共享的相互依赖替代封闭独占的暴力对抗，但是这种必须以华夏为主导的族群互动方式，常常遭到试图保持自我族群流动性与基本生活方式的族群的对抗。族群互动强化着华夏意识，同样也刺激着他者族群的自我认同：

　　　　突厥人户寡少，不敌中国百分之一，所以常能抗拒者，正以随逐水草，居处无常，射猎为业，人皆习武。强则进兵抄掠，弱则窜伏山林，唐兵虽多，无所施用。若筑城而居，改变旧俗，一

---

[1] 苏舆撰、钟哲点校《春秋繁露义证》卷一，中华书局，1992年，第20页。

[2] 参见陈苏镇《〈春秋〉与"汉道"：两汉政治与政治文化研究》第二章。

[3] 贞观二年，李世民停祭周公，抬升孔子，殊有深意。公羊学"大复仇"之义，亦可在太宗的言论中寻得佐证："往者国家草创，太上皇以百姓之故，称臣于突厥，朕未尝不痛心疾首……今者暂动偏师，无往不捷，单于款塞，耻其雪乎！"（《旧唐书》卷六七，第2480页）

朝失利,必将为唐所并。①

　　朕治此地,与中国民族订立条约。供给无数金银粟(?)丝
(?)之中国人,言语阿谀,复多财富。彼等迷于温言及财富,复
招引异族与之接近。及远人与之接近,遂亦习为奸诈。良善聪
明之人,良善勇敢之人,决不受其诱惑,即使有堕落者,而彼等
欲将其亲族或民族中清醒之人引入左道,尤决非易事。噫! 吾
突厥民众其不能自制为其温言财富所惑而沦亡者,何可胜数?

《苾伽可汗碑文》②

他者族群对于"华化"的警惕,同样导源于族群间对于血腥而漫长的
资源争夺史的记忆。当资源的匮乏、占有与分配的不公无法得到长
久而合理的解决时,族群间以暴力方式分割资源就会重新成为互动
的基本方式。贞观朝的"天下一家"理念,试图通过类血缘性根基情
感的培养、官僚体制的开放、资源空间的开发、生产方式的移植等诸
多方式构建以李唐为主导的族群关系结构。借助"国际间力量互动
消长"的有利形势,李唐建立了维系数十年的"天下"体系,但此种体
系的基础过于薄弱,当秩序的主导者无法有效维持力量结构的平衡
时,族群间必将开始新一轮的争夺以重建平衡③。

三　以德化民:"诸夏"自我认同的构建

　　共同体的自我认同自长时段角度视之,依赖于可以产生根基
性情感的共有记忆,但以具体的历史时段而论,共有的历史记忆、现
实抑或想象的"边界"均无法替代共同体内部建立于资源合理共享

①杜佑《通典》卷一九八,中华书局,2003年,第5440页。

②林幹《突厥与回纥史》,内蒙古人民出版社,2007年,第305页。

③巴菲尔德著、李剑译《危险的边疆——游牧帝国与中国》,江苏人民出版社,
　2012年,第184页。

之上的一体之感——资源的生产与分配方是构成共同体日常生活
的核心要素,共同体的基本权力关系亦因此成为必要。当资源生产
处于平稳状态之时,共同体的凝聚尤其依赖于资源的分配,但非均
衡却是共同体无法摆脱的基本样态,故而共同体的领导者必须通过
合理而有效的方式维持内部资源分配的相对均衡。此即要求共同
体的领导者必须展现出"权力运行公共性"的自觉,但权力的私化与
颓废在权力缺乏有效制约的传统中国似乎又总是与共同体的生活
形影相随。故而,如何保持"权力的公共性"左右着共同体的历史命
运。唐初庞大的帝国内部存在着宏观层面的地域、阶层之别,微观
层面的家庭、个体之别,差异纷繁复杂,而帝国的行政能力又存有极
大的局限,杨隋之殷鉴不远,唐初君臣对于尧舜的频繁言说与记忆,
对于共同体内部而言,所传递的是"以德化民"的德治主义原则。

　　"以德化民"和"以礼为治"作为汉儒的基本政治学说,分别以
"尧舜"与"周公"为典范,前者强调道德的感染力,后者注重礼法的
约束与教导。而两者的不同又植根于人性观念的不同:

> 　　贞观四年……征曰:"不然,凡人在危困则忧死亡,忧死亡
> 则思理,思理则易教。然则乱后易教,犹饥人易食也。"太宗曰:
> "善人为邦百年,然后胜残去杀。大乱之后,将求致理,宁可造
> 次而望乎?"征曰:"此据常人,不在圣哲。若圣哲施化,上下同
> 心,人应如响,不疾而速,期月而可,信不为难,三年成功,犹谓
> 其晚。"太宗以为然。封德彝等对曰:"三代以后,人渐浇讹,故
> 秦任法律,汉杂霸道,皆欲理而不能"……征曰:"……若言人渐
> 浇讹,不返纯朴,至今应悉为鬼魅,宁可复得而教化耶?"德彝等
> 无以难之……太宗每力行不倦,数年间,海内康宁。[①]

封德彝认为三代以后,人性浇薄,无向善之心,故为政者当约之以礼

---

① 吴兢撰、谢保成集校《贞观政要集校》,第36页。

法。但魏征则认为古今人性本无不同，或为善或为恶，不碍本性中本有之善端，人皆有向善之性，民风是否可化，端赖为政者举措得当与否。虽然对于"权力公共性"的追求在汉末以来的政治乃至日常的社会生活中一直存有影响①，魏征的言论实为北朝政治文化传统之嗣响，但封德彝"人渐浇讹"的观念，在隋唐之际殊非特例，甚至可说是北方中国特别是北齐域内的主流观念。卢思道入隋之后有《劳生论》行世，认为近代以来，人无礼让之风，家多苟且之行，笔墨间流淌着对于人性的深深绝望②。在"以邻为壑"的共同体中，"以德化民"高自标置而徒为虚谈。若贞观四年李世民采纳了封德彝的建议，"乱世用重典"的刑治会成为合理的选择。"以德化民"并不否定"以礼为治"，只是认为前者更为根本且是后者得以成为可能的前提。虽然李唐之世《周礼》已为儒家之圣典，但隋唐之际中古中国由权力多元化向君主集权化过渡的历史走向，却实际弱化了《周礼》的影响③。故而，唐初君臣对于"以德化民"的坚持，既可视作对数百年来的政治文化实践传统的尊重，亦可视为"不井田，不封建，不肉刑，而欲行周公之道，不可得也"④慨叹下的理智选择。

　　"以德化民"的原则强调"内治反理以正身，据礼以劝福。外治推恩以广施，宽制以容众"⑤，以为教化可行、天下安宁的前提在于为政者"立身以德"："朕以万机暇日，游心前史。仰六代之高风，观百王之遗迹，兴亡之运，可得言焉。每至轩昊之无为，唐虞之至治，未尝不留连赞咏，不能已已……夫人有强躁宽弱之志，愁乐贪欲之心，思情聪哲之才，此乃天命其性，有善有不善者也。由是观之，尧、

① 谷川道雄著、李济沧译《隋唐帝国形成史论》，上海古籍出版社，2004年，第89页。

② 严可均辑《全上古三代秦汉三国六朝文》，第4110页。

③ 陈寅恪《隋唐制度渊源略论稿》，第101页。

④ 王通著、张沛校注《中说校注》，中华书局，2013年，第271页。

⑤ 苏舆撰、钟哲点校《春秋繁露义证》卷二九，第254页。

舜、禹、汤躬行仁义，治致隆平，此禀其性善也。幽、厉、桀、纣，乃为炮烙之刑……此其受于天不善之性也。夫立身之道，在乎折衷，不在乎偏射……为君之道，处至极之尊，以亿兆为心，以万邦为意。理人必以文德，防边必以武威。"①共同体瓦解的内部威胁常来自为政者群体私利取向的无限膨胀，"立身以德"在缺乏权力运行透明度的中古中国即成为可能而可行的选择。"以德化民"试图将资源共享的生活共同体转化为德行共享的伦理共同体，以节制自我欲望的方式解决资源的分配争端。因而，"立身以德"必与"施恩于人"相辅而行：

> 臣历观前代，自夏殷周及汉氏之有天下，传祚相继，多者八百余年，少者犹四五百年，皆为积德累业，恩结于人心。岂无僻王？赖前哲以免尔。自魏晋已还，降及周隋，多者不过五六十年，少者才二三十年而亡，良由创业之君，不务广恩化。当时仅能自守，后无遗德可思……固当思隆禹汤文武之道，广施德化，使恩有余地，为子孙立万代之基。岂欲但令政教无失，以持当年而已。且自古明王圣主，虽因人设教，宽猛随时，而大要惟以节俭于身，恩加于人，二者是务。
>
> 马周《陈时政疏》②

"推恩于人"对于为政者阶层而言，即权力与资源的共享；于共同体成本运行之实际承担者的底层而言，即轻徭薄役、节税减刑。由于底层绝对的弱势地位，"推恩于人"的效用取决于为政者对于共同体运行规律的理解。然而，以阶层方式存在的为政者群体作为社会关系结构的组成部分，天然地具有自我生产与复制的社会生物学倾向，与此倾向相应的则是社会阶层结构的固化以及由此而来的社

---

① 吴云、冀宇校注《唐太宗全集校注》，第125—126页。
② 《全唐文》卷一五五，第1586页。

会成本的几何级增长。家天下时代的共同体领袖欲延长家族的统治寿命,就必须保持阶层流动的开放性以抑制层级结构的固化进度,由此,"贤能主义"便随之成为为政者"立身以德"的制度性保障。"朕遐想千载,旁览九流,详求布政之方,莫若荐贤之典,是以元凯就列,仄微可以立帝功;管隰为臣,中人可以成霸业。朕缅怀曩烈,虚己英奇。断断之士,必升于廊庙;九九之术,不弃于闾阎。犹恐在阴弗和,独善难夺,永言髦杰,无忘鉴寐。"(李世民《荐举贤能诏》)①对于唐初统治者而言,"贤能主义"需要打破地域与门第的限隔,建立以官方为主导的贤才标准。李世民对于张行成"天子四海为家,不容以东西为隘"言论的认可、《氏族志》的修订以及科举制度的推行,均表明了践行贤能主义的自觉。德治主义的原则,让唐初的政治生活具有了理想主义的鲜明色彩,"权力公共性"亦得到了有效的维持,但是过于依赖于主体自觉的政治原则,自然难敌社会生物学的自利取向——李唐的社会危机在贞观之治的盛世繁荣中潜滋暗长。

结　语

　　唐初的尧舜记忆凝聚了李唐君臣对于政治文化传统、中古中国的历史走向以及共同体生存规律的基本共识,并进而决定了唐初的政治文化走向。在对唐尧虞舜之上古圣治的回眸中,李唐开始了对文质彬彬、淳朴自然的共同体生活图景的追寻,与汉代并足而立的另一个伟大的时代也将由此开启。

---

①《全唐文》卷五,第68页。

第三节　唐初的经学统一

唐代经学的统一是贞观时期政治层面文德转向的重要工作之一。经过唐人的努力，自魏晋南北朝以来二水分流的儒学终于江河入海，在版本、义疏乃至音读等方面均达到高度一致，儒学也由此进入大一统时期。唐代为中国中古与近世的转折点[①]，其经学同样具有总结与开新的两重特征，魏晋而后极为兴盛的义疏之学至此时已呈衰亡之势[②]。而若细究经学演变发展的历史脉络，其间虽有魏晋南北朝以来因政治与地域之限隔而产生的大分立，但经学大分立之前的小分流却是由来已久。夫子身后，儒分为八，各有专长，门户遂立。近人刘师培据清儒王中的考证，认为"从孔子的学生算起，到西汉末年为止，《书》学有孔子的子孙和雕漆开一派传授；《易》学出于商瞿一派的传授；《春秋》学的传授、'三传'均出于子夏一派，荀子则是《穀梁》《左传》的直接传授者"[③]。刘氏所论虽未必尽确，但儒学门户自孔后而立确为实情。春秋、战国动荡之世，孔门后学承是时士人以知识见重天下，且可朝秦暮楚、周游天下的大势，叠以自身之努力，遂使先秦儒学再达高峰。及秦起西北，以武力一统中国，法苛政严，儒学遭空前之祸。"及至秦之季世，焚《诗》《书》，坑术士，六艺从此缺焉。"[④]汉之前期，治国行黄老之道，然文帝之时，已立一经

[①] 此种时期划分方式，参见内藤湖南著、夏应元等译《中国史通论·绪言》，社会科学文献出版社，2004年。

[②] 乔秀岩《义疏学衰亡史论》，生活·读书·新知三联书店，2018年，第126页。

[③] 许道勋、徐洪兴《中国经学史》，上海人民出版社，2006年，第42页。

[④]《史记》卷一二一，第3116页。

博士，及至武帝建元五年(前144)，五经博士立，儒学渐趋兴盛。清儒皮锡瑞即以武帝之世为经学昌明之时。"自兹以后，专门之学兴，命氏之儒起。六经五典，各信师承，嗣守章句，期乎勿失。西都儒士，开横舍，延学徒，诵先王之书，被儒者之服，彬彬然有洙泗之风焉。"①但经秦火之祸，经籍多亡，儒学流传，初以口耳为主，加以春秋以降，文字变迁②，汉代经学遂有今、古文之分。文字有异之外，经学今、古文复存说解上的众多差异。为了争取政治权力的支持，经学两大派别之争自刘歆力倡古文立官学而大炽。派际之争外，又有派内家法与师法之异。"汉人治经，各守家法；博士教授，专主一家⋯⋯汉人最重师法。师之所传，弟之所受，一字毋敢出入；背师说即不用。师法之严如此。"③但无论两汉之时儒学内部之争如何激烈，自汉武帝时，公孙弘因《春秋》而白衣为天子三公，天下后学靡然相从，至有黄金满籯不如一经之说。东汉之时，经生即使不得重用，亦有出身，汉末太学生达三万人，经学盛极一时。桓、灵之世，太学废弛，经学始衰。及魏迁汉鼎，虽亦曾立太学、置博士，但"东汉以后学术文化，其重心不在政治中心之首都，而分散于各地之名都大邑。是以地方之大族盛门乃为学术文化之所寄托⋯⋯而汉族之学术文化变为地方化及家门化矣"④。故而，曹魏的举措收效有限。"自黄初以来，崇立太学二十余年，而寡有成者，盖由博士选轻，诸生避役，高门子弟，耻非其伦，故无学者。虽有其名而无其人，虽设其教而无其功。"⑤曹氏国祚不永，于经学史而言，曹魏时期的重要影响在于确

①江藩纂、漆永祥笺释《汉学师承记笺释》，上海古籍出版社，2006年，第3页。
②关于秦汉之际，文字变迁之剧，可参见吕思勉《秦汉史》第十九章第二节(上海古籍出版社，2005年)。
③皮锡瑞《经学历史》，中华书局，2004年，第45—46页。
④陈寅恪《金明馆丛稿初编》，生活・读书・新知三联书店，2001年，第147—148页。
⑤《三国志》卷一五，中华书局，2006年，第464页。

立了郑玄经注的历史地位。及司马氏立国,王肃之学因其偏重现实问题之解决的学术态度,与郑学成相争之态,而流行于晋初。终晋之世,郑学王学间的差异作为不同诠释方法的意义被逐步凸显,章句之学衰而义疏之学渐行。至五胡乱华、晋室东渡,两汉经学的旧传统衰没,几无后继之人:

> 汉初,传《易》者有田何,何授丁宽,宽授田王孙,王孙授沛人施雠、东海孟喜、琅邪梁丘贺。由是有施、孟、梁丘之学……梁丘、施氏、高氏,亡于西晋。孟氏、京氏,有书无师……及永嘉之乱,欧阳,大、小夏侯《尚书》并亡……《齐诗》,魏代已亡;《鲁诗》亡于西晋;《韩诗》虽存,无传之者。唯《毛诗郑笺》,至今独立……其后贾逵、服虔并为训解。至魏遂行于世。晋时杜预又为《经传集解》。《穀梁》范甯《注》、《公羊》何休《注》、《左氏》服虔、杜预《注》俱立国学;然《公羊》《穀梁》但试读文而不能通其义,后学三传通讲,而《左氏》惟传服义。[①]

晋元帝立学校、简省博士,置《周易》王弼,《尚书》郑玄,《古文尚书》孔安国,《毛诗》郑玄,《周官》《礼记》郑玄,《春秋左传》杜预、服虔,《论语》《孝经》郑玄博士各一人。所立博士之中,无一人为汉十四博士所传,故皮锡瑞以为今文经学之师法至此而绝。儒学遂入南北对立之时期。

一　南北对立时期的经学交流

自北魏立国,与南朝对峙,南北朝的分立自此而始。经学亦因

①《隋书》卷三二,第912—933页。

之而有"南学""北学"之分①。"大抵南北所为章句,好尚互有不同。江左,《周易》则王辅嗣,《尚书》则孔安国,《左传》则杜元凯。河洛,《左传》则服子慎,《尚书》《周易》则郑康成。《诗》则并主于毛公,《礼》则同遵于郑氏。南人约简,得其英华;北学深芜,穷其枝叶。"②"北学"多守汉儒说经之风,略为保守;而"南学"承洛下之风,经玄风之洗礼,讲求"礼玄双修",多生新变。南北分立垂数百年,然南北儒学的交流并未因地域之限而中断,数百年来南北学者常有交流、互生影响,屡见不一见。南北虽所尚互有不同,但此为举其大端而言,学者之中并通南、北者夥矣。以《左传》为例:"张吾贵字吴子,中山人也……曾在夏学,聚徒千数,而不讲《传》。生徒窃云:'张生之于《左氏》,似不能说。'吾贵闻之,谓曰:'我今夏讲暂罢,后当说《传》,君等来日,皆当持本。'生徒怪之而已。吾贵诣刘兰,兰遂为讲《传》。三旬之中,吾贵兼读杜、服,隐括两家,异同悉举。"③《北史·儒林传》同样提及:"又有姚文安、秦道静,初亦学服氏,后兼更讲杜元凯所注。"④检《魏书》卷七二:"(贾)思同之侍讲也,国子博士辽西卫冀隆为服氏之学,上书难《杜氏春秋》六十三事。思同复驳冀隆乖错者十一条。互相是非,积成十卷……(思同)卒后,魏郡姚文安、乐陵秦道静复述思同意。"⑤后姚文安成难服虔《春秋传解》七十七条,名之曰《驳安》,李崇祖又申明服氏,名曰《释谬》。而卫冀隆死后,又有浮阳刘休和复申卫氏之说。与北朝士人多兼通

①学术因地域而生差异,由来已久,先秦时期即有齐、鲁及南方学者之分。自东汉魏晋之时,谈及南北之分,常为河之南北(参见唐长孺《读〈抱朴子〉推论南北学风的异同》,朱雷、唐刚卯选编《唐长孺文存》,上海古籍出版社,2006年,第400—428页)。而南北朝时期之"南""北"之分,则以秦岭、淮河为界。
②《北史》卷八一,第2709页。
③《北史》卷八一,第2714—2715页。
④《北史》卷八一,第2709页。
⑤《魏书》卷七二,第1616页。

服、杜相类,南朝亦颇多两学兼长者。"灵恩先习《左传》服解,不为
江东所行,及改说杜义,每文句常申服以难杜,遂著《左氏条义》以明
之。时有助教虞僧诞又精杜学,因作《申杜难服》,以答灵恩,世并行
焉。"[1]及至南陈,复有儒者王元规对自梁以降《左氏》学者以贾逵、
服虔义驳难杜预之一百八十条,逐加辨析,了无疑滞。

在《易》学方面,永嘉乱后,王弼易学传入南方,但南方并非王学
一统天下。"永嘉之乱,施氏、梁丘之《易》亡,孟、京、费之《易》人无
传者,唯郑康成、王辅嗣所注行于世,江左中兴,《易》唯置王氏博士,太常
荀崧奏请置郑《易》博士,诏许。值王敦乱,不果立。而王氏为世所重。"[2]江
左学风承汉,吴亡十数年后,陆机入洛,然犹不擅玄学。《太平御览》
卷八八四载陆机初入洛,至河南偃师,遇一少年,置《易》投壶,言论
清发,妙得玄微。陆机心服其能,但不知何以对答,遂提纬古今,总
验名实,而此少年亦多不解。天明之后,陆机询问旅馆女主人,方知
所遇者为王弼[3]。由此可知,江左与洛下学风有牛头、马角之差。陆
氏之学承汉,王弼不省;王氏则玄风斯畅,陆机难晓。由江左之学承
汉,则郑康成《易》注存于江左,当易于理解。及至晋室南渡,洛下风
习因之而行江左:

> 上国众事,所以胜江表者多,然亦有可否者。君子行礼,不
> 求变俗,谓违本邦之他国不改其桑梓之法也。况其在于父母之
> 乡,亦何为当事弃旧而强更学乎?吴之善书,则有皇象、刘纂、
> 岑伯然、朱季平,皆一代之绝手。如中州有钟元常、胡孔明、张
> 芝、索靖,各一邦之妙。并用古体,俱足周事。余谓废已习之
> 法,更勤苦以学中国之书,尚可不须也。况于乃有转易其声音
> 以效北语,既不能便良,似可耻可笑。所谓不得邯郸之步,而有

---

[1]《梁书》卷四八,中华书局,2003年,第677页。
[2]陆德明撰、黄焯汇校《经典释文汇校》,中华书局,2006年,第8—9页。
[3]《太平御览》卷八八四,第3926页。

訇訇之嗤者,此犹其小者耳。乃有遭丧者而学中国哭者,令忽然无复念之情。昔钟仪、庄舄不忘本声,古人韪之。孔子云:丧亲者若婴儿之失母,其号岂常声之有!宁令哀有余而礼不足。哭以泄哀,妍拙何在?而乃治饰其音,非痛切之谓也。又闻贵人在大哀,或有疾病服石散,以数食宣药势,以饮酒为性命。疾患危笃,不堪风冷,帏帐茵褥,任其所安。于是凡琐小人之有财力者,了不复居于丧位,常在别房,高床重褥,美食大饮,或与密客引满投空,至于沉醉。曰:"此京洛之法也。"不亦惜哉!余之乡里先德君子,其居重难,或并在衰老,于礼唯应缞麻在身,不成丧致毁者,皆过哀啜粥,口不经甘。时人虽不肖者,莫不企及自勉。而今人乃自取如此,何其相去之辽缅乎![1]

风气如斯,则学风亦难持中立[2],相较江左王氏《易》之大盛,北方王氏《易》学之传播则不及郑氏《易》学。"凡是经学诸生,多出自魏末大儒徐遵明门下。河北讲郑康成所注《周易》……河南及青、齐之间,儒生多讲王辅嗣所注《周易》,师训盖寡。"[3]王氏《易》注之传播虽逊郑注,但南北两方王、郑《易》注并存,则为不争之事实。与南北学者常兼通《左传》服、杜,且多相辩难相类,南北《易》学学人亦有论争。魏时,出于徐遵明门下的学人卢景裕于高洋所召集之朝士面前讲《易》,身为同门的李崇祖当庭发难,其父李业兴也助子相攻,至互相诋诃,疾声厉色。但卢氏从容应对,使得李氏父子无隙可寻。南方辩难之风则尤较北方为盛:

> 《易》本卜筮之书,故末派寝流于谶纬,王弼乘其极敝而攻

---

① 葛洪著、杨明照校笺《抱朴子外篇校笺(下)》卷二六,中华书局,1997年,第12—19页。

② 朱雷、唐刚卯选编《唐长孺文存》,第409页。

③ 《北齐书》卷四四,中华书局,2003年,第583页。

之，遂能排击汉儒，自标新学。然《隋书·经籍志》载晋扬州刺史顾夸等有《周易难王辅嗣义》一卷，《册府元龟》又载顾悦之《难王弼易义》四十余条，京口闵康之又申王难顾，是在当日已有异同。王俭、颜延年以后，此扬彼抑，互诘不休。①

陈时，曾受业于周弘正的国子助教张讥，某次于周氏国学开讲《周易》之时，与之辩难，弘正为之所屈。时亦任教于国学的弘正四弟周弘直助兄申理，张讥认为事关名理辨正，兄弟亦不得相助，遂诃弘直。后周弘正尝谓人曰："吾每登坐，见张讥在席，使人懔然。"②南北学者对于不同学说的自觉了解与掌握以及南北学者之间以及彼此内部的相互论难，使得此际的经学虽因政治、地域之关系而存对立，但声息相通，互动不绝。蔚为风气的申难之风，加深了南北学者对于不同学说异同的理解；往复论答，则进一步提升了学者的学术兴趣并锻炼了南北学者的学术包容力。而经解本身也在以彼之长攻彼之短，采彼之长补己之短中逐步寻求统一。毕竟经解的统一，仅靠公权力的操作实难达成，相反建立在学者学术理性基础上的互动与取舍，却极易形成知识界追求经解统一的普遍心理。正是经学本身所自然具有的合流倾向，以及此时期南北学者的共同努力，为隋唐经学的统一奠定了基础。

南北经学除《左传》与《易》所尚不同之外，《书》北方尊郑玄注，南方则尊孔安国注。在南北的学术互动中关于《书》的辩难最为罕见。据《北史·儒林传》："齐时，儒士罕传《尚书》之业，徐遵明兼通之。遵明受业于屯留王聪，传授浮阳李周仁及渤海张文敬、李铉、河间权会，并郑康成所注，非古文也。下里诸生，略不见孔氏注解。武平末，刘光伯、刘士元始得费甝《义疏》，乃留意焉。"③孔安国所注为

---

① 《四库全书总目》，中华书局，1965年，第3页。
② 《南史》卷七一，第1751页。
③ 《北史》卷八一，第2708页。

《古文尚书》，其在北方不见流传，盖因终汉之世，《古文尚书》未能列为官学，加之司马立国行王肃之学[1]，而王氏与郑氏之学每有异同，故郑玄《书》注虽综合今文、古文，然洛下之地，其流传不及王注，当可想见。及晋室南渡，王氏之学在河北本较微弱的影响力自然降至冰点。直至北周武平末，北方的刘炫（光伯）、刘焯（士元）方得南人费甝《义疏》，孔安国注疏始传北方。而在南方，郑氏注疏的流传却远过于孔氏注疏之在北方。"永嘉丧乱，众家之书并灭亡，而古文孔传始兴，置博士；郑氏亦置博士一人。"[2] 于此可见，南渡伊始，郑玄义疏在南方依然具有较强的影响力，直至南朝末期，方因《古文尚书》大兴而渐衰。而在北方原本难觅踪影的《古文尚书》，在周末隋初也开始逐渐流传。"（《古文尚书》）近至隋初，始流河朔。其为正义者，蔡大宝、巢猗、费甝、顾彪、刘焯、刘炫等。其诸公旨趣，多或因循帖释，注文义皆浅略，惟刘焯、刘炫最为详雅。"[3] 二刘接触《古文尚书》较南方学者晚之又晚，但两人注疏后来者居上，已为集大成者。可见南北学术的交流不因地域分割而中辍，却因国家一统趋向之大势已明，而更具合流的特点。

　　《左传》《易》《书》南北各有所尚，却均有兼擅之人，加之国家一统在即，学术合流加速，及至周末隋初南北经学虽然有所尚之不同，但所尚却难保即为所长，已于《古文尚书》的流传可见。除却学者自觉的学术互动之外，国家间的使节往来，以及因南北王朝之兴亡所造成的南北士人群的地域间流动，也同样加强了南北间的学术文化交流：

---

① 陆德明撰、黄焯汇校《经典释文汇校》，第13页。另王肃魏时又有《尚书孔氏传》行世，且据《隋书·经籍志》："晋世秘府所存，有《古文尚书》经文，今无有传者"，则晋时《古文尚书》孔注行于司马政权之核心区当为有据。

② 陆德明撰、黄焯汇校《经典释文汇校》，第14页。

③《全唐文》卷一四六，第1474页。

> (东魏)天平四年,(李业兴)与兼散骑常侍李谐、兼吏部郎
> 卢元明使梁。梁散骑常侍朱异问业兴曰:"魏洛中委粟山是南
> 郊邪? 圆丘邪?"……梁武问业兴:"《诗·周南》,王者之风,系
> 之周公;《召南》,仁贤之风,系之邵公。何名为系?"……梁武
> 又问:"《尚书》'正月上日,受终文祖',此时何正?"①

朱异与梁武帝以南方所行经学为据,向李业兴为首的东魏使臣发问,挑起论辩。双方讨论的范围涉及"三礼"、《诗》《书》,李业兴以北学作答,义理可观。除南北学术交流之外,周与北齐之间,亦有国家层面的学说往还。北周武帝时"朝廷既行《周礼》,公卿以下多习其业,有宿疑窒滞者数十条,皆莫能详辨。天和三年,齐请通好,兵部尹公正使焉。与齐人语及《周礼》,齐人不能对。乃令(熊)安生至宾馆与公正言……公正于是具问所疑,安生皆为一一演说,咸究其根本。公正深所嗟服,还,具言之于高祖。高祖大钦重之"②。周、齐以及南朝鼎立之时,各政权均试图表明己方为华夏文化正朔之所在,故周行《周礼》、齐纳士人,而梁则大兴礼乐。使臣往来每兴学术之争,惟其事关重大,各方莫不严阵以待。相比于南北士人个人间的相互辩难,国家层面的学术之争无疑更能广聚人才,将学术研究推向深化。随着政权之间力量的此消彼长,南北士人也多因战乱而离别故土,投身他国,而在此过程中,尤以南方士人入北为甚。颜之推本居江陵,为萧绎散骑侍郎奏舍人事。后江陵为周人所破,颜氏被荐往弘农为官,但中途颜氏奔齐,但齐复灭于北周,"至此三为亡国之人"的颜之推最终入周,后又任职于隋。同样身为南人而入北朝的还有沈重等人,文学史中所常提之庾信则更可为代表。

南北朝时期的政权分立,虽然造成了经学的南北两分,但通过南北士人之间的相互论难以及国家层面的朝聘等形式,南北经学依

然保持着良性的互动。正是通过不同层面的学术辩难以及南北士
人因政权兴亡而被迫流动所造成的南北学说的彼此传承,南北经学
在长期二水并流之后,终于迎来了江河入海的重要契机。

二　杨隋时期的经学统一

及隋一统南北、中国重新走向统一之时,儒学的传承对比南北
朝时期已发生重要变化。北学渐衰而南学渐盛:

> 《隋书·经籍志》于《易》云:"梁、陈,郑玄、王弼二注,列于
> 国学。齐代,惟传郑义。至隋,王注盛行,郑学浸微。"于《书》
> 云:"梁、陈所讲,有郑、孔二家。齐代,唯传郑义。至隋,孔、郑
> 并行,而郑氏甚微。"于《春秋》云:"《左氏》唯传服义。至隋,杜
> 氏盛行,服义浸微。"①

南北经学,《诗》《礼》同遵郑氏,惟其他三经各有所尚,但到隋朝之
时,北方学者所长三学影响日微,南方三学则影响日盛。皮锡瑞认
为造成北学浸微的重要原因在于,北人笃守汉学,本近质朴;而南人
擅谈名理,增饰华词,表里可观,雅俗共赏。所以南朝虽灭于北朝,
但南方经玄学洗礼之学风犹足以转移风气,使北人舍旧学而从之。
然皮氏之论乃是从南北学风的不同立论,但学风的养成在当时则需
名儒的引导与权力的提倡。细究经学在隋代所展现出的极为明显
的南朝化倾向,南方名儒的大量入北与隋朝两代帝王振兴儒学的系
列举措,均起到了重要的推动作用。

据《周书·儒林传》及《隋书·儒林传》,周灭江陵以及隋平建
康后,江南名儒入关者有沈重、王元规、张讥、沈德威、萧该、包恺、
元善、褚辉、鲁世远、张冲、何妥等多人。而周灭北齐,名儒入周者惟

---

① 皮锡瑞《经学历史》,第196页。

熊安生。隋时,北方儒者则有辛彦之、房辉远、马光①、刘炫、刘焯、
王孝绪。在人数上南方学者略多于北方,另北方学者中刘炫、刘焯
沾染南风已深,孔颖达在《尚书正义·序》中认为:"(刘)焯乃织综
经文⋯⋯若其言必托数,经悉对文,斯乃鼓怒浪于平流,震惊飙于静
树⋯⋯(刘)炫嫌焯之烦杂,就而删焉。虽复微稍省要,又好改张前
义,义更太略,辞又过华。"②据此看来,南方学风已盖过北方。陈磊
认为,由于北方儒学的传播主要以私学为主,在唐修八史中,除进入
《隋书·儒林传》的学者外,北方儒者共四十二人,其中受业于私家
的占61.9%,出身家学者仅7.1%,出身官学者则无一例。与此相反,
南方学者受业于官学者则有25.8%,家学出身者也占25.8%。在南
方的儒学流传中官学与家学起到了十分重要的作用。北学为南方
之风笼罩,学多出私家为其重要原因之一:

> 北周灭齐,隋灭梁、陈,都曾下令将衣冠人士迁徙入关。这
> 种带有鲜明政治色彩的迁移究竟引发了怎样的结果,是可以从
> 不同角度去理解的。从儒学的流传来看,由于北方的儒学教育
> 主要存在于民间,其传播方式以民间的私人讲授为主,迁徙之
> 后,北齐境内有大量的儒生还是继续留在了河北(作者按:文帝
> 时征召山东儒生,遂有马光等六人应召亦可为一证)。而梁陈
> 的儒学主要流传于国学,儒学之士大多集中于建康、江陵,衣冠
> 入关使他们大部分进入了北方,南方的儒学也就随之北传。因
> 此,可以说齐地衣冠人士入关所造成的儒学在北周的流传远不
> 及梁陈在隋代北方的影响。③

---

① 当时随马光入关者尚有五名山东儒者,但"皆鄙野,无仪范,朝廷不之贵也"
　(《隋书》卷七五,第1717页)。
② 孔颖达《尚书正义·序》,第3页。
③ 陈磊《论南北朝至唐初的儒学传播方式及其特点》,《史林》2005年第6期,第
　16—20页。

南方儒学的传播方式以及入关后人数上的相对优势，一定程度上造就了南风较盛的局面。然南方学风本经玄风洗礼，又有与佛学来往论战的经历，相较北学的相对保守，无疑更能适应隋时思想领域的儒、释、道三学并行。此外，经疏音读上的南朝化倾向也是构成南风弥盛的重要原因，此一点在论述唐初经学的统一时将详细论及。

隋朝建立伊始，文帝即广开学校，延召儒生，力图大兴儒学：

> 高祖膺期纂历，平一寰宇，顿天网以掩之，贲旌帛以礼之，设好爵以縻之，于是四海九州强学待问之士靡不毕集焉。天子乃整万乘，率百僚，遵问道之仪，观释奠之礼。博士罄悬河之辩，侍中竭重席之奥，考正亡逸，研覈异同，积滞群疑，涣然冰释。于是超擢奇隽，厚赏诸儒，京邑达乎四方，皆启黉校。齐、鲁、赵、魏，学者尤多，负笈追师，不远千里，讲诵之声，道路不绝。中州儒雅之盛，自汉、魏以来，一时而已。①

南北朝以来，戎马倥偬，经籍离散，学舍破散，文帝一统天下，力图振兴儒学，遂大兴官学。但自汉末以降，学术中心移于地方家族。虽然在正史中北方儒者中有家学之渊源者不过7.1%，但自永嘉乱后，洛下政治核心区的高门世族多渡江而东，非核心区的世家大族则多立坞堡于黄河两岸。北魏时期，坞堡武装解散，然各地强宗大姓对于聚居区域仍然具有实际的控制力。北方宗族意识尤强，"北土重同姓，谓之骨肉，有远来相投者，莫不竭力营赡，若不至者，以为不义，不为乡里所容"②。而南方宗族意识则较为淡薄。北齐时卢思道聘陈，陈朝君臣设酒相待，宾主双方联句作诗。"有一人先唱。方便讥刺北人云：'榆生欲饱汉，草长正肥驴。'为北人食榆，兼吴地无驴，故有此句。思道援笔即续之曰：'共甄分炊米，同铛各煮鱼。'为

①《隋书》卷七五，第1706页。
②《宋书》卷四六，第1391页。

南人无情义,同炊异馔也。故思道有此句,吴人甚愧之。"[1]北人强烈的宗族意识以及南朝及齐地士人普遍的"内齐外周"心理,弱化了齐地衣冠对于隋朝的认同。北周末年,尉迟恭能够举兵反杨的一个重要原因,即为尉迟恭有效地利用了山东人的此种心理。尉迟恭的失败也使山东势力遭到了重大的打击[2]。直至炀帝时期,关陇韦云起仍以山东士人"好为朋党"为由上书,请求查究。炀帝遂令有司推勘,流放山东士人数名。在宗族意识与齐地文化情结的交织下,文帝大兴官学所取得的"齐、鲁、赵、魏,学者尤多,负笈追师,不远千里,讲诵之声,道路不绝。中州儒雅之盛,自汉、魏以来,一时而已"(《隋书》卷七五)的盛况,或许不过为史家出于振兴儒学之目的,以古说今而已。毕竟在唐初的儒林中,仅有盖文达一人出自隋代地方官学。其实自文帝立学以来,官学在士人中的影响力颇为有限。至仁寿元年(601),文帝诏以"天下学校生徒多而不精,唯简留国子学生七十人,太学、四门及州县学并废"。对于文帝此次废学,《隋书·儒林传序》以为是因"高祖暮年,精华稍竭,不悦儒术,专尚刑名"所致[3],而叶适则另有看法:

> 仁寿元年减国子学生,止留七十人,太学、四门、州县学并废。当时国子千数,则所散遣者数千万人,岂不骇动。虽有谏者,皆不听。史臣以为其暮年精华稍竭致然。时方遣十六使巡省风俗,而诏以为徒有名录,空度岁时,未有德为代范,才任国用。良由设学之理多而未精……则所谓精华将竭,有所厌怠者亦未然。盖其心实谓空设学校,未足以得人耳。[4]

---

[1]《太平广记》卷二四七,中华书局,2003年,第1915页。

[2]齐地士人以及江南士人的"内齐外周"心理,可参见黄永年《六至九世纪中国政治史》,上海书店,2004年,第40—76页。

[3]《隋书》卷七五,第1706页。

[4]《文献通考》卷四一,中华书局,1986年,第391页。

南北朝时期南北经学虽然来往频繁、互动不绝,但国家层面的儒学复兴与统一却非朝夕可成。

炀帝即位之后,重开学校,征辟名儒,南北学者汇集京、洛,"使相与讲论得失于东都之下,纳言定其差次,一以闻奏焉"①。其中来自南方的名儒有徐文远、包恺、褚辉、陆德明、鲁世达等人。经此论辩,南学最终胜出北学,赢得最高权力的认可。南人诸儒后被授予国学博士或助教,任教于京、洛一带,影响日盛。"时人称文远之《左氏》、褚辉之《礼》、鲁(世)达之《诗》、陆德明之《易》,皆为一时之最。"②而学通南北、博及古今的刘炫、刘焯更为此间翘楚,为后学所景仰,在唐初孔颖达统一《五经》注疏时,《诗》《书》取自二刘者颇多,且在刘焯的著述中已存《五经述议》,则刘氏或亦有一统《五经》义疏的设想。南方学人陆德明虽以《易》称于世,但其始于陈而修定于唐初的《经典释文》一书③,所采底本已与唐初所修《五经义疏》底本同同,亦可为南北两方学者并有一统经学构想之证,则经学一统已为大势所趋。

三　贞观时期的版本正定

秦朝一统六国,混一区宇,为求"书同文"的效果,遂创秦篆而立为官方文字,但民间通行的却是"徒隶之书",加以秦火之祸,经书在汉代的释读极为困难,部分造就了汉代经学的今、古文之争。西汉之世,并未推行官方层面的文字校订工作,加之今、古文之争与学派内部的家法、师法之异,汉代经学典籍未有统一的版本。东汉时

---

① 《隋书》卷七五,第1707页。
② 《旧唐书》卷一八九,第4943页。
③ 陈克明以为此书最终完成时间为唐初(参见李斌城主编《唐代文化》第五编第
　　二章,中国社会科学出版社,2002年),本文从陈说。

蔡邕"以经籍去圣久远,文字多谬,俗儒穿凿,疑误后学……奏求正定六经文字"①。灵帝准其奏,于熹平四年(175)镌刻六经于太学之外,四方多有取则。但东汉末年,洛阳已非学术中心,熹平石经亦很快残于战火,即在当日,统一六经文字的效果恐亦难如人意。而魏晋南北朝以来,政权分立,地域分割加以学术中心移之家门,家法众多各有所秉,文字讹误尤胜往昔。隋炀帝时曾令曹宪等撰《桂苑珠丛》,注《广雅》,整齐文字,但更有成效、于后世经学产生极大影响的却是开始于唐贞观四年的颜师古对于五经版本的正定。

颜师古(581—645),名籀,以字行,京兆万年人,北齐名儒颜之推之孙。"师古少博览,精故训学,善属文。"②贞观四年,太宗以经籍去圣久远,文字讹谬,令颜师古于秘书省考定《五经》。颜氏利用秘书省珍藏的大量经籍,以晋、南朝宋以来的古今本为底本,悉心校正,用时逾两年,选校《周易》《尚书》(兼采今、古文)、《毛诗》《礼记》《左传》等五种为《五经》定本,奏上。太宗随即召集众儒详议,诸儒"各执所习,共非诘师古。师古辄引晋、宋旧文,随方晓答,谊据该明,出其悟表,人人叹服"③。贞观七年,太宗"颁其所定书于天下,令学者习焉"④。至此,唐初经学的文字统一工作大体结束。颜氏所定《五经》文本,以官方法定的文本形式,成为中央官学以及地方各州县学校的标准教材,科举考试用书亦准此。在今天所发现的敦煌所藏典籍中,亦可见到颜氏校本的影响。"颜师古考定的白文'五经',曾由太宗下诏'颁于天下,命学者习焉'。敦煌本'五经',除《易》《左传》外均有白文,其来源应该与此有关。"⑤但由于唐时"《五经》

①《后汉书》卷六〇下,中华书局,2011年,第1990页。

②《新唐书》卷一九八,第5641页。

③《新唐书》卷一九八,第5641—5642页。

④吴兢撰、谢保成集校《贞观政要集校》卷七,第384页。

⑤张弓主编《敦煌典籍与唐五代历史文化》,中国社会科学出版社,2006年,第48页。

定本"未有刻本,经籍流传以传抄为主①。经学定本印行甚晚,加之唐代纸张获取不易②,致有定本与习本之异。"初,太宗以经籍多有舛谬,诏颜师古刊定,颁之天下。年代既久,传写不同。开元已来,省司将试举人,皆先纳所习之本;文字差互,辄以习本为定。义或可通,虽与官本不合,上司务于收奖,即放过。"③习本因传抄或有舛谬,但一以官本为定则为惯例,颜氏五经定本于唐教育与科学影响之巨,不言而明。在完成五经文字的正定之后,《五经》义疏的统一也因科举考试之急需以及王朝政治文化构建之需要而迫在眉睫。

四　五经义疏的统一

贞观之时统一《五经》义疏的直接原因在于科举考试的急切需要。而据郑樵《通志·选举略一》:"炀帝始建进士科……唐人贡士之法,多循隋制"④,则隋时进士之科已立,南北朝以来经书义疏的繁杂已成为隋时亟待解决的问题:

> 会上(文帝)令国子生通一经者,并悉荐举,将擢用之。既策问讫,博士不能时定臧否。祭酒元善怪问之,(房)晖远曰:"江南、河北,义例不同,博士不能遍涉。学生皆持其所短,称己所长,博士各各自疑,所以久而不决也。"祭酒因令晖远考定之,晖远览笔便下,初无疑滞。或有不服者,晖远问其所传义疏,辄为始末诵之,然后出其所短,自是无敢饰非者。所试四五百人,

---

① 至后唐明宗时方有雕版经学印行,参见《册府元龟》卷六〇八,中华书局,2003年,第7304页。
② 唐代纸张获取不易,详见吕思勉《隋唐五代史》第二十二章《唐五代学术相关论述》(上海古籍出版社,2005年)。
③ 封演撰、赵贞信校注《封氏闻见记校注》,中华书局,2005年,第12页。
④《通志》卷五八,中华书局,2017年,第705页。

数日便决,诸儒莫不推其通博,皆自以为不能测也。①

经书义疏的歧出,已经成为取士的重要障碍,统一义疏因时代之需成为朝野共识。其中兼通南北的刘炫、刘焯所制诸义疏,多为缙绅所重,而出身南方的学者陆德明的《经典释文》也在修订之中。但炀帝时期由于政局急转直下,遂与统一经学的历史机遇失之交臂。

贞观时期的儒学义疏统一,同样以科举考试之需为其契机。在颜师古校订五经定本后,太宗"又以儒学多门,章句繁杂,诏国子祭酒孔颖达与诸儒撰定《五经》义疏,凡一百七十卷,名曰《五经正义》,令天下传习"②。科举考试是唐代取士的重要手段,也是国家推行文德政治、建构士人知识背景、培养国家所需人才的必然选择。因此,贞观时期的儒学统一工作对于有唐以降儒学的发展演变具有重要意义。而在孔颖达主持编定《五经正义》以前,陆德明《经典释文》业已完成,其所采用的底本与《五经正义》大体相同:《易》,以王弼注为主、辅以韩康伯注;《书》,用孔安国传;《诗》,用毛亨传、郑玄笺;《礼》,用郑玄注。只有《左传》为《经典释文》所无,由于《经典释文》集先儒解经之大成,后人卢文弨赞之曰:"先儒之精蕴赖以留,俗本之伪文赖以正,实天地间不可无之书也。"③由于隋世南学已盛,孔颖达《五经正义》的底本以南学为主亦是对学术演变大势的顺应。

若将南北朝以迄唐初的儒学传承情况予以总结,可列表如下④:

①《隋书》卷七五,第1716—1717页。
②《旧唐书》卷一八九,第4941页。
③卢文弨著、王文锦点校《抱经堂文集》卷二《重雕〈经典释文〉缘起》,中华书局,1990年,第24页。
④此表兼采陈磊《试析隋及唐初的儒学统一》(《孔子研究》2001年第6期)一文中所列南北儒学所尚对比表。

表一：

南北朝	《易》	隋朝	唐《周易正义》
南方	王弼注	王注盛行	王注为主 韩注为辅
北方	郑玄注	郑学浸微	

表二：

南北朝	《书》	隋朝	唐《尚书正义》
南方	古文，孔安国传	孔、郑并行	行孔传
北方	郑玄注	郑氏甚微	

表三：

南北朝	《左传》	隋朝	唐《春秋正义》
南方	杜预注	杜氏盛行	用杜注
北方	服虔注	服氏浸微	

表四：

南北朝	《诗》	隋朝	唐《毛诗正义》
南方	毛传，郑笺	毛传，郑笺	毛传，郑笺
北方	毛传，郑笺		

表五：

南北朝	《礼记》	隋朝	唐《礼记正义》
南方	郑玄注	郑学得立	用郑玄注
北方	郑玄注		

　　由以上诸表可见，除《礼》《诗》因南北同遵郑注，唐初照行不变外，《易》《书》《左传》则并废北行南，表现出明显的南朝化倾向。如同上文多次言及，经学自隋以来，业已展现出南学化的倾向，而此次经学统一则为政治层面对于经学南朝化倾向的官方认可。皮锡瑞

认为,经学统一,北学并入南学,天下遂有南学而无北学矣。但"南朝化"本身也具有动态化的特征,南北朝以来的"南朝化"其实是"北方化了的南朝化"。虽然唐初的经学统一如同钱穆及唐长孺先生所言,是一次以"南学为主体的统一",但仔细推究孔颖达《五经正义》序中的表述,依然可以看出北学在经学统一过程中的影响:"(《易》)江南义疏,十有余家,皆辞尚虚玄,义多浮诞……奉敕删定,考察其事,必以仲尼为宗;义理可诠,先以辅嗣为本;去其华而取其实。"①江南《易》疏多家,但因其辞义玄虚与浮诞为孔氏所不取。相反,王注被采用正因其相较而言的质朴。在《周易正义》中,孔氏虽以王注为主,但并没有步趋王注,而是在对汉代易学的回眸中表达了自身的学术见解。特别是在"象"的理解上,孔疏与王注有较大的不同,"孔疏之所以如此详细地分析和介绍取象,说明他认为取象是《周易》的重要体例,实际上是对王弼派鄙视取象的一种批评"②。

"(《书》)古文经虽然早出,晚始得行,其辞富而备,其义弘而雅,故复而不厌,久而愈亮,江左学者,咸悉祖焉。近至隋初,始流河朔,其为正义者,蔡大宝、巢猗、费甝、顾彪、刘焯、刘炫等。其诸公旨趣,多或因循帖释,注文义皆浅略,惟刘焯、刘炫最为详雅。"③《古文尚书》本不见于河北,直至北齐武平末年(570—576),刘炫、刘焯始得费甝义疏,并加研习,《尚书》孔安国传方流传于北方。江左《书》学本行孔传,当为《古文尚书》学之渊薮,但孔颖达并没有因地废学、因人废言。无论是蔡、巢、费等出自南朝的学者,还是隋代顾彪,因所作义疏于《孔传》无所发明,皆弃而不取。相反,出身北方、具有较强北学背景的刘炫、刘焯,却因兼通南北,且入隋后常与诸儒于京洛较学术之短长,而为世人所重。《书》以二刘义疏为依据,但又对二

---

①孔颖达《周易正义·序》,北京大学出版社,1999年,第2—3页。

②朱伯崑《周易哲学史》,昆仑出版社,2005年,第400页。

③孔颖达《尚书正义·序》,北京大学出版社,1999年,第3页。

刘义疏的不足提出了批评："(刘)焯乃织综经文,穿凿孔穴,诡其新见,异彼前儒。……若其言必托数,经悉对文,斯乃鼓怒浪于平流,震惊飙于静树。……(刘)炫嫌焯之烦杂,就而删焉。虽复微稍省要,又好改张前义,义更太略,辞又过华。"①二刘的不足,或在于二人沾染南方学风,好背师说,喜出新见,崇尚华辞丽句。但二刘学术取向与郑玄及南朝义疏学的差异,则可能更是引发孔氏抨击的主要原因。《五经正义》的编修,虽然是在南学较盛、经学南朝化倾向已十分明显的大势下展开,但相对于个人著述可依个人之喜好而作定夺,官方主导的修撰工程则要避免经学义疏过度的地域化。至少,对于一个政治与文化上均追求大一统的帝国来说,经学上的地域化在官方层面绝难接受。当然,《尚书正义》综合南北义疏之长,也自有孔颖达"览古人之传记,质近代之异同,存其是而去其非,削其烦而增其简。此亦非敢臆说,必据旧闻"之学术取向的影响。

> (《毛诗》)近代为义疏者,有全缓、何胤、舒瑗、刘轨思、刘醜、刘焯、刘炫等。然焯、炫并聪颖特达,文而又儒……于其所作疏内,特为殊绝。今奉敕删定,故据以为本。②

自南北朝以降,注《毛诗》者已有多家,惟刘焯、刘炫义疏特出,为孔颖达据为底本。二刘在经学领域的翘楚地位,形成于隋大业年间。北周迄隋,二刘学兼南北,自不免南风的沾染,在注疏《毛诗》时:"负恃才气,轻鄙先达,同其所异,异其所同,或应略而反详,或宜详而更略。"刘炫、刘焯恃才傲世,轻鄙前人,但参考二刘疏《毛诗》及疏《左氏》时"经注易者,必具饰以文辞;其理致难者,乃不入其根节。又意在矜伐,性好非毁,……习杜义而攻杜氏,犹蠹生于木而还食其木,

---

①孔颖达《尚书正义·序》,第3页。

②孔颖达《毛诗正义·序》,北京大学出版社,1999年,第3页。

非其理也"①的表现,仍可得出孔颖达所最不满二刘者,乃是因为二刘在发明书证事例之学时,过于繁杂,无从定案,不能统一体例。

《礼记》,南北学者为之作疏者甚夥。南人有贺循、贺场、庾蔚、崔灵恩、皇甫侃等,北人则有徐道明、李业兴、李宝鼎、熊安生等。但时运推移、大浪淘沙,后行于世者,仅皇、熊两家而已。孔颖达《礼记正义》以皇氏为本、熊氏为补,但又认为两家并有所短:"熊则违背本经,多引外义……又欲释经文,唯聚难义……皇氏虽章句详正,微稍繁广,又既尊郑氏,乃时乖郑义,此是木落不归其本,狐死不首其丘。"②南北的经学交流与南方文风之北渐大体同时,北学经学诸儒在南方学风逐渐占领北方文坛的历史大势之下,自难置身其外。炀帝时颇为推崇江左文化,当内史舍人窦威、起居舍人崔祖浚等著丹阳郡风俗,以吴人为东夷时,炀帝不悦,令人宣敕加罪③。刘炫、刘焯得大名于隋时,且为南北学者所推重,义疏之中多含南风,自在情理之中。但《五经正义》用南方所行注本,南朝化倾向不待言辩,其所以于二刘及熊安生义疏之不足屡加致意,既为对南方学风之弊的反拨,也是对于北学的有意吸纳。同时亦应留意,《五经正义》的修撰与贞观时期的其他国家文化工程先后展开,相互呼应,此时期对于"雅正"文学理想的追求,也大体决定了《五经正义》所采义疏,文辞当以文质彬彬为最高追求。孔颖达不满二刘文风,此或为一因。

《五经正义》的修撰是在南学已经盖过北学的历史大势下,为适应新朝之所需而进行的一项国家层面的文化工程,虽然出于文化一统以及反思南朝文化之弊的多重考虑,对于是时经学之南风进行了抑制,但整体上仍不足以改变南学的主流地位。

---

① 孔颖达《春秋左传正义·序》,第4页。
② 孔颖达《礼记正义·序》,北京大学出版社,1999年,第3页。
③ 《太平御览》卷六〇二,第2710—2711页。

五　五经音读的统一

华夏自上古之世即为广土众国,加之河山阻隔、江海天堑,遂有不同之文化区及方言区的产生。"凡民函五常之性,而其刚柔缓急,音声不同,系水土之风气,故谓之风。"①《诗》有十五国风,而郑卫之声不合中和之美,见弃于夫子,二南之音雅正,遂成一代音声之典范。然雅音的确立,非仅为生民自然的选择,相反却常与权力相纽结。在一民族语言雅化过程未曾结束之前,雅音常因政治权力中心及文化核心区的变动而生变化。在孔子之时,雅音即为夏代核心区的言语方式②。自上古时期,吴楚之音多鄙,已为中原地区的流行认知,其原因即在于两地远离中原文化的核心区。但自东汉以降,中原文化核心区自关中而移至洛阳,雅音也逐渐迁改。暨晋室南渡,南北朝分立,政治中心有三,南北音声的差异加剧。自汉以后,经学已有今、古文之争及家法、师法之别,加之后唐以前,经籍流传以口耳相传及传抄为主,南北朝时期经学的分立,在义疏之别中已含音读之差。南北经学由对立、融合直至走向最终的统一,经历了以南音为雅、北音为俗,南方经书音读逐步成为经典音读的漫长过程。在隋唐雅音的确立过程中,颜之推、陆法言、陆德明三人厥功至伟。

东汉、魏晋时期,洛下一直为国家政治以及文化的核心区,洛下之音也逐渐成为士人认可的雅音,而是时吴下所行则为吴地方言。及晋室渡江,吴地士人渐改乡音,取则洛下。江东士人开始了一场颇为壮阔的学习活动。书法、语音乃至哭丧之法,江东士人并效北

---

① 《汉书》卷二八,第1640页。

② 参见刘顺《"雅言"与政教》,《古代文学理论研究》第二十四辑,华东师范大学出版社,2006年,第260—267页。亦可参见俞志慧《君子儒与诗教》,生活·读书·新知三联书店,2005年,第34页。

来侨居之族,葛洪《抱朴子》感南人此风而有邯郸学步之讥①。"然江表士流,自吴平以后,即企羡上国众事,谅其中当亦多有能操北音者。迨东晋司马氏之政权既固,南士之地位日渐低落,于是吴语乃不复行用于士族之间矣。"②刘裕立国时,江东本土贵族仍保持吴音不改者,惟会稽孔季恭父子及吴兴丘渊之、丘琛而已,江南以昔日洛下之音为雅正之音已成定局。与此相较,北齐与北周所行则非洛下之音,在南北朝国家间朝聘之时,北人之音每被南人嗤为鄙陋:

> 李业兴,上党长子人也。祖虬、父玄纪,并以儒学举孝廉……业兴家世农夫,虽学殖,而旧音不改。梁武问其宗门多少,答云:"萨四十家。"使还,孙腾谓曰:"何意为吴儿所笑。"对曰:"业兴犹被笑,试遣公去,当着被骂。"③

不但吴人以洛下音为雅音,即北人也自觉以南音为雅,已土之音为俗:"杨愔每称叹曰:'河东士族,京官不少,唯此家兄弟(裴让之、诹之、谳之兄弟),全无乡音。'"④梁时,有儒者崔灵恩、孙详、蒋显、卢广自北来投,并聚徒讲授,但唯有卢广言论清雅,其他诸人则因言辞鄙拙而学徒不至。

　　梁永明末,江左盛为文章,文人音韵之作也因之而生。"吴兴沈约、陈郡谢朓、琅邪王融以气类相推毂。汝南周颙善识声韵。约等文皆用宫商,以平上去入为四声,以此制韵,不可增减,世呼为'永明体'。"⑤据《南史》所载,当时有周颙《四声切韵》、沈约《四声谱》、王斌《四声论》行于世。但沈约等人的四声理论并未能得到权力上层的支持,使用范围应十分有限。"高祖雅不好焉。帝问周舍曰:'何

---

① 葛洪撰、杨明照校笺《抱朴子外篇校笺·讥惑篇》,第12页。
② 陈寅恪《金明馆丛稿初编·从史实论〈切韵〉》,第384页。
③《北史》卷八一,中华书局,2003年,第2721—2724页。
④《北史》卷三八,第1386页。
⑤《南齐书》卷五二,中华书局,2003年,第898页。

谓四声?'曰:'天子圣哲'是也,然帝竟不遵用。"①《隋书·经籍志》录沈约《四声》一卷,但检旧、新《唐书》均无相关记载,则其书唐时已经散佚。另据隋陆法言《切韵序》所提及之诸家韵书,亦不见沈约此著,则隋时此书应已无甚影响。对后世音韵统一产生重要影响的,当属颜之推入北后所著《颜氏家训·音辞篇》。

颜氏本承家学,加之早为萧绎所重,于梁时上流文人的创作与风尚了然于心。及北周攻破江陵,颜氏在入关途中,逃奔北齐,齐亡,复入周,再入隋。颜氏学问既博,又亲历三地,对于南北风土音辞甚为了解,在其所著《音辞篇》中,颜氏认为九州之人,言语不同,自古已然:

> 逮郑注《六经》,高诱解《吕览》《淮南》,许慎造《说文》,刘熹制《释名》,始有譬况假借以证音字耳。而古语与今殊别,其间轻重清浊,犹未可晓;加以内言外言、急言徐言、读若之类,益使人疑。孙叔言创《尔雅音义》,是汉末人独知反语。至于魏世,此事大行。高贵乡公不解反语,以为怪异。自兹厥后,音韵锋出,各有土风,递相非笑,指马之喻,未知孰是。共以帝王都邑,参校方俗,考核古今,为之折衷。摧而量之,独金陵与洛下耳。南方水土和柔,其音清举而切诣,失在浮浅,其辞多鄙俗。北方山川深厚,其音沉浊而鈋钝,得其质直,其辞多古语。然冠冕君子,南方为优;闾里小人,北方为愈。易服而与之谈,南方士庶,数言可辩;隔垣而听其语,北方朝野,终日难分。而南染吴、越,北杂夷虏,皆有深弊,不可具论。②

颜之推肯定土风之别、乡音之差,为天地生人所常有。后世智慧渐

---

①《梁书》卷一三,中华书局,2003年,第243页。
②颜之推撰、王利器集解《颜氏家训集解》卷七,中华书局,2002年,第529—
　530页。

开,交流日广,文化日新,言语不同遂成障碍。自汉以降,学者多作音书,然文字既有古、今之别,经典流传复守家法、师法,且上古师授口耳为多,音书之作体系又杂,遂使后人弥增疑惑。及至反语之法出,音书的实用性方始增强。惟文化区域众多,方言每有不同,致生口角,后遂以政治核心区士人音声为准,称为雅言。洛下之区为东汉、魏、晋的政治、文化核心区,洛下之音遂为雅音。暨晋室南渡,金陵本土士族效北人而学北音,遂使洛下之音成为南朝士人之间的通用语言。至颜之推时,北方士族南来已二百年矣,原本纯正的洛下之音,杂有吴越土音,自在情理之中。但颜氏依然较赏南音,在逃入北齐,见到北人所作音书之后,颜氏皆以为疏陋不足取效,所以在子女的日常教育中严加督责,力免音声类北,“吾家儿女,虽在孩稚,便渐督正之;一言讹替,以为己罪矣”[1]。颜氏以南音较近心目中洛下之雅音,而加推重。颜氏与陆法言等定《切韵》时,对于南音的推重,已成《切韵》一书的基本原则。

周、隋之际,天下渐趋统一,政治与文化核心区重新确定,原先分散天下的南北儒者,也因各种原因汇集京洛[2]。音韵问题因国家文化统一与当下南北士人交流之急需而凸显:

> 昔开皇初,有仪同刘臻等八人,同诣法言门宿,夜永酒阑,论及音韵。古今声调,既自有别;诸家取舍,亦复不同。吴、楚则时伤轻浅,燕、赵则多伤重浊,秦、陇则去声为入,梁、益则平声似去。又支脂鱼虞,共为一韵。先仙尤侯,俱论是切。欲广文路,自可清浊皆通,若赏知音,即须轻重有异。吕静《韵集》、夏侯该《韵略》、阳休之《韵略》、周思言《音韵》、李季节《音谱》、杜台卿《韵略》等,各有乖互。江东取韵,与河北复殊。因论南

---

① 颜之推撰、王利器集解《颜氏家训集解》卷七,第530页。
② 参见毛汉光《中国中古社会史论》第八篇《从士族籍贯迁移看唐代士族之中央化》,上海书店出版社,2002年,第234—333页。

北是非，古今通塞，欲更捃选精切，除削疏缓，萧、颜多所决定。
魏著作谓法言曰：向来论难，疑处悉尽。何不随口记之。我辈
数人，定则定矣。法言即烛下握笔，略记纲纪。博问英辩，殆得
精华。于是更涉余学，兼从薄宦，十数年间，不遑修集。今返初
服，……遂取诸家音韵，古今字书，以前所记者，定之为《切韵》
五卷，……非是小子专辄，乃述群贤遗意，……于时岁次辛酉
大隋仁寿元年。①

天下诸州各有风土，言声不同，交流往来互生抵触。陆氏著《切韵》，
首要目的即为正定字音，解决南北字音的差异。王显先生认为，
"切"即为正确、规范。周祖谟先生也认为："《切韵》为辨析声韵而
作，参校古今，折衷南北，目的在于正音，要求在于切合实际。"②在
此次校订南北字音的讨论中，有来自南方的学者颜之推、萧该，也有
来自北齐的卢思道、辛德源等（虽然诸人大都有入关的经历，但均为
成年之后）③，而颇为意外的是，无一名关中士人参与此事。在推较
南北字音之短长后，《切韵》一书，以接近昔日洛下雅音的南音为基
准，并采择其他音系之长者汇合而成。《切韵》一书广泛吸取了晋室
南渡以来南方音韵学所取得的重要成果，特别是自永明以来，沈约、
周颙等人因文章之盛而生发的音韵思想。南音的雅化进一步加快
了隋唐之际文化的南朝化倾向。如果说，在雅音标准确立之前，文
化南北风格或可取决于个人之好尚，则雅音标准确定之后，文学的
外在形式不得不以南方为主导。如此，文学的南朝化，一重要原因
即在于北音杂夷虏之音，已非昔日洛下之原貌，而南音虽染吴越，但

① 陆法言《切韵·序》，《全上古三代秦汉三国六朝文》，第4180页。
② 周祖谟《切韵的性质和它的音系基础》，《问学集》，中华书局，1981年，第
434页。
③ 对于参加此次正音辩论诸人的地域问题，可参南北正史各传，亦可参陈寅恪
《金明馆丛稿初编·从史实论〈切韵〉》，第382—409页。

程度较轻,能保洛下雅音之大概。虽然,陆氏著《切韵》正定天下字音并非官方行为,但以南音为雅,合于"言习吴音"的炀帝所好,则终隋之世,《切韵》即或不能得朝野之完全认同,亦应极有影响。至唐,《切韵》影响渐增,科举考试所用韵书大都以《切韵》为基础增订而成。《切韵》即为"文楷式",则《五经》字音自然也当从南近雅,"刘臻与陆法言论四声音韵,而取诸家之书,定为《唐韵》五卷,详究古人切韵之始,至简易而切当,使其字的有所归,而不可以疑似转……自唐人清浊之分,乃有三十六字母以归之,益繁碎而难晓……北人近于俗,南人近于雅……唐朝定六经,释具载诸音,不敢去取"①,此特征,亦可见之于陆德明的《经典释文》。

陆德明,名元朗,字德明,以字行,苏州吴人,生于梁简文帝初年,历仕陈、隋、唐三朝,早年就学于大儒周弘正,隋时以《易》学著称。《经典释文》是陆氏一生学术的总结,撰于陈,而定于唐,为太宗激赏:"太宗后尝阅德明《经典释文》,甚嘉之,赐其家束帛两百段。"②《经典释文》因之声誉增高,广为流传。陆氏学出周门,周弘正、张讥皆为当日儒玄相通、颇能代表是时南朝学风的重要学者,陆氏也因此深染玄风。《经典释文》中,除为儒家经典作音义之外,《老子》《庄子》亦赫然在列。

《经典释文》一书大体与《切韵》同时,均体现了南北学术由长期分立走向交融、统一的历史趋势。《释文》对于唐代经学的重要贡献,首先在于:在经学史上首次按经典问世的早晚顺序论述十四部经典的演变历史:

> 五经六籍,圣人设教,训诱机要,宁有短长。然时有浇淳,随病投药,不相沿袭,岂无先后,所以次第互有不同……原其后前,义各有旨。今欲以著述早晚,经义总别,以成次第,出之

---

① 赵彦卫《云麓漫钞》,中华书局,1998年,第248—249页。
② 《旧唐书》卷一八九上,第4945页。

如左。①

其次,陆氏考察了经典自汉以来流传演变的大致脉络,成就了一部经学小史,并在大量保留先儒义疏的基础上,断以己意,总结开新,为《五经正义》的编定提供了重要的参考。此外,陆氏为正定经典字音所做的努力,直接推进了《五经》在唐初完成版本、义疏之时,字音统一的步伐。

在《释文·序》中,陆德明认为,读音与经义存有重要关联,"夫筌蹄所寄,唯在文言,差若毫厘,谬便千里"。文言是明晓经义的前提,若"读音不晓,则经义难明"。陆氏认为造成经典读音差异的原因在于:第一,"楚、夏声异,南北语殊"。第二,"文字音训今古不同,前儒作音,多不依注。注者自读,亦未兼通"。以己以昏昏,欲他人之昭昭,何其难也。第三,"承秦焚书,口相传授,一经之学,数家竞爽,章句既异,踳驳非一",秦火之后,经书多以口耳相传,然因师法之别、家法之争,遂生乖互。第四,"近代学徒,好生异见,改音易字,皆采杂书"②。与北朝尚章句、遵守汉代经学旧传统的保守学风不同,南方经玄、佛之学的洗礼,士人好究新义,每出胸臆之语,学风好求新而失之浮诞③。在对经典读音差异总结之后,陆氏又进一步认为:"方言差别,固自不同,河北江南,最为巨异,或失在浮清,或滞于沉浊。"与《切韵》在此问题上的观点一致。原因既明,陆德明遂识别书音,博采《尔雅》之说,并广泛征引《说文》《方言》《字林》《广雅》《声类》《韵集》诸书成果,为经典正音。陆德明虽为吴人,但其《经典释文》一书博采广取,是以南方音为主而形成的复系音读。非如沈括所言,陆德明为吴人,故《经典释文》从吴音④,但沈氏对于

① 陆德明撰、黄焯汇校《经典释文汇校》,第4—5页。
② 陆德明撰、黄焯汇校《经典释文汇校》,第1—3页。
③ 乔秀岩《义疏学衰亡史论》,第246—247页。
④ 参见沈括《梦溪笔谈·补笔谈》卷一,上海书店出版社,2003年,第239页。

《释文》字音主要特点的把握却颇为精准。若言陆法言之《切韵》，为正天下之字音而作，陆德明则为经典而发，其中又主要是儒家经典，故陆德明对于唐时五经读音的统一，功莫大焉。至宋时孙奭撰《孟子音义》，对陆德明尊崇有加，以为己之所作，是为《经典释文》之补遗。魏了翁总结音字历史曰："是音字起于晋魏之间也，沈休文、顾野王以来，始有反切见之于书，不知二子所著耶？或后人加之也。至陆氏《经典释文》、孙愐《唐韵》，则反切详矣。见谿群疑，知彻端透，唇齿清浊，纤悉必计，世莫不用之。"[1]魏氏此论，于《经典释文》可谓极为推重。

　　在《经典释文》及《切韵》以南音为基础，正定经典及天下字音的系列努力之后，唐初士人有以经书诵读之能为他人所羡者[2]。国子监大成取人，诵为考试科目之一，"国子监大成十二员，取明经及第人聪明灼然者，试日诵千言，并口试，仍策所习业，十条通七，然后补充"[3]。唐初五经在版本、义疏南朝化之后，字音标准再次走向了南朝化。伴随经学的整体南朝化过程，南北朝以来的经学传播方式与儒者之风也悄然发生变化。

六　官学影响的提升

　　在上文已经提及，北朝诸儒师承关系可查者中，无一人出身官学。但检北朝诸史，北方诸朝对文化学术不可谓不留心，开馆兴学

---

①魏了翁《经外杂钞》卷二，明万历绣水沈氏尚白斋刻宝颜堂秘笈本。
②唐时士人以诵读为基本技能，可参见《新唐书》卷四四、卷八一、卷一一六、卷一九三等章节，亦可参周绍良编《唐代墓志汇编》(上海古籍出版社，1992年)咸亨〇六八、咸亨〇九二、垂拱〇二〇等方墓志。
③《旧唐书》卷四三，第1829页。

亦不可谓不尽力①。只是相比南朝国子监或官学在生徒培养上所占25.8%的比例，北朝官学在北方经学传承中的影响力可谓甚低。而自晋室南渡，南方诸朝只要形势稍趋稳定，即开馆兴学，地方官吏也较重学校之建设，故终南朝之世，官学系统一直保持完好。显庆二年(657)，卢照邻至成都作《文翁讲堂》："锦里淹中馆，岷山稷下亭。空梁无燕雀，古壁有丹青。槐落犹疑市，苔深不辨铭。良哉二千石，江汉表遗灵。"②文翁讲堂乃汉景帝末年，蜀郡守文翁为更化蜀地弊陋之风所设讲学之所。十数年间蜀地吏民大化，天下郡国设立官学亦自文翁始。南朝以来，石室讲学之风犹持不坠：

> 《华阳国志》云："文翁立学，精舍讲堂作石室，一曰玉室。"李膺记云(按：指《益州记》)："后汉中平中，火延学观，厢廊一时荡尽，唯此堂火焰不及。构制虽古，而巧异特奇，壁上悉图古之圣贤，梁上则刻文宣及七十弟子。齐永明中，刘瑱更图焉。"③

官学系统基本完备，各朝君主亦多有重学之风，官学系统犹不足为学者留心，实在于官学之徒多为贵游子弟，学风多为此辈所坏。"世胄之门，罕闻强学……胄子以通经仕者唯博陵崔子发、广平宋游卿而已。"④贵胄子弟可凭荫入仕，有心向学者自然不多。南朝陈时，新安王伯固为祭酒，"为政严苛，国学有堕游不修习者，重加榎楚，生徒惧焉，由是学业颇进"⑤为学如此可谓斯文扫地矣。国学学生本限贵贱，平民子弟难预其中，加之学风甚恶，好学之徒自是敬而远

---

① 可参见《魏书·儒林传》《北齐书·儒林传》《北史·儒林传》《周书·李昶传》等。
② 李云逸校注《卢照邻集校注》，中华书局，1998年，第104页。
③ 李吉甫撰、贺次君点校《元和郡县图志》，中华书局，2005年，第768页。
④《北齐书》卷四四，第582页。
⑤《陈书》卷三六，第498页。

之。如此,官学在南北朝之时影响有限已为必然。

杨隋立朝伊始,文帝亦曾大兴官学,试图提升官学在文化传承中的影响力,但随后又以"徒有名录,空度岁时,未有德为代范,才任国用"为名诏罢太学、四门、州县学,仅国子监留员七十而已。至炀帝时,重兴学校,征天下儒生于京洛开帐授徒,并以儒学为主,开科取士。经过一系列的努力,名儒开讲于官学,生徒受业于官学者渐增,官学影响力也日渐恢复。惜炀帝为政末期,国政失序,官学重兴之势受阻。至唐太宗时,经过贞观君臣的努力,官学之盛达至后汉以来之顶峰:

> 贞观六年,诏罢周公祠,更以孔子为先圣,颜氏为先师,尽召天下惇师老德以为学官。数临幸观释菜,命祭酒博士讲论经义,赐以束帛。生能通一经者,得署吏。广学舍千二百区,三学益生员……大抵诸生员至三千二百。自玄武屯营飞骑,皆给博士受经,能通一经者,听入贡限。四方秀艾,挟策负素,坌集京师,文治焜然勃兴。[1]

与此同时,北方私学亦开始发展。在隋代的十四名儒生中,有七人曾授业于山东,而唐初南北儒生中受教于南北私学的为四人和三人,比例已经十分接近。家学教育,唐初与南北朝相比,变化并不明显。由隋而唐,伴随着大一统王朝的建立,"儒学传承的各种形式在南北方所占的比例日益接近"[2],官学在中古与近世的转折时期,迎来了最后的短暂辉煌。五经版本、义疏、音读的统一,以儒家经典为主要取士方式的科举制的确立,书籍的普及等一系列因素的共同作用,使得私学的发展成为历史的大势所趋。而玄宗下诏确定私学的

---

①《新唐书》卷一九八,第5636页。

②陈磊《论南北朝至唐初的儒学传播方式及其特点》,《史林》2005年第6期,第16—20页。

合法地位,即为着其先鞭。

儒学传承方式南北合流之后,儒者之风也在贞观之时走向自信、正大,一改南北朝以来特别是北方儒生的鄙俗之风。在北朝的儒生中,出身新贵与孤贫以及身世不明而较为贫寒者所占比例约三分之二,而南方则仅为四分之一左右。《北史》之中,多见儒者鄙俗之态:"遵明讲学于外,二十余年,海内莫不宗仰。颇好聚敛,与刘献之、张吾贵皆河北聚徒教授,悬纳丝粟,留衣物以待之,名曰影质,有损儒者之风。"① 与北方学者出身多贫,教授生徒功利性较强相比,南方儒者虽亦不乏无德之人,但总体而言,操守之正远盛北方。如虞世南求替兄死②、陆德明对王世充子遗痢③、严植之行善乡里④、孔颖达以注疏的方式高扬士人直谏之美,不一而足。及太宗即位,国学复兴,国家政治生活实现文德转向,河汾王学的精神得以发扬于当时。良性的政治文化氛围以及儒学复兴所带来的儒家精神的张扬,推动了唐初儒生自我品格的提升。贞观时期,骨鲠之士良多,儒风亦美,足为后世典范。

结　语

唐初的经学统一,是政治、学术与社会生活层面多种要求共同作用的必然结果。经过隋唐之际的儒学一统工作,南北朝以来儒学二水并流终于江河入海,在版本、义疏、音读甚至传播方式、儒者风范等方面取得了以南朝化为主要特征的经学大一统,沾溉后世颇多。唐代经学复古与开新并重的特点,对于有唐一代影响颇大,唐

---

① 《北史》卷八一,第2720页。
② 《旧唐书》卷七二,第2565—2566页。
③ 《旧唐书》卷一八九,第4945页。
④ 《梁书》卷四八,第671—672页。

初对于"文学"的理解亦与此有十分重要的关联。而在此过程中,孔颖达对于情、象、声诸问题的讨论,尤为重要。

第四节　孔颖达的"情"论、"象"论与"声"论

学理层面的聚讼、辩难以及借助非学术手段以为争胜之道,是学派思想纷争的常态,但相较于问题回应上的系统与深入,态度的标榜与非学术手段的借用则不免虚枵且难以持久。然而,思想系统性与周密度的观察,却依赖于解读者对于言说者所面对之基础问题及其目标指向的感受,当后者随着问题焦点的转移而逐步晦暗时,作为其回应的思想自难得到恰当的解读与定位。以中古时期的思想世界而言,"名教"与"自然"的关系问题,实可视为儒、释、道三方角力的焦点所在。"六经典文,本在济俗为治"①之说虽出于释教文献,但衡以南朝儒学长于礼学的学术史评价,儒学在思想形上领域的落寞则大体可以想见。至贞观时,孔颖达领衔修撰《五经正义》,统合南北、弥合儒学内部分歧而外,如何能在形上领域有所建树,从而为形下生活提供依据与指导,以争胜于道、释两家,将是确立儒学在思想世界影响力的基本路径②。但孔氏注疏,南宋之前虽与注本

① 释慧皎撰、汤用彤校注《高僧传》,中华书局,1992年,第261页。
② 《五经正义》的修订以对前朝旧疏的增删为文本处理的基本方法。因为参与者众及文献体量之巨,文本中常存体例不一、释义前后冲突等问题。(程苏东《〈毛诗正义〉"删定"考》,《文学遗产》2016年第5期)但以"正义"相标识的义疏,依然有其内在的疏解理念的一致性,实际构成唐初经学的特点与贡献。而"孔颖达"之名的使用,既指向作为个体的孔氏,亦代指以其为领衔者的修撰团队。

俱为单行,然因体例之限,形式上难免繁碎、重出之弊。五经卷帙浩
繁,写本时代学人或难睹全貌;及四书系统兴起,孔疏文本相互支撑
而成一结构整体的事实,遂湮没在汉学宋学之分的洪流之中。而后
人对思想流派分界的过度强调,也多少隔膜于中古时期思想生产的
惯习,并进而形成在思想论争上的态度偏好。由此,于孔疏虽然或
有态度褒贬之差,但多难得其宜。20世纪90年代以来,关于孔颖达
《五经正义》的研究,逐渐成为哲学、美学以及文学研究的热点之一,
成果甚多,不乏佳作。但学科壁垒的存在,却在一定程度上限制了
孔疏义理系统与深度的呈现,此一点在文学研究领域的表现更为明
显。下文在借助周边学科研究成果的基础上,通过诗学研究中较常
涉及的"情""象"及"声"论的分析,尝试展现孔疏的系统与周密,从
而描述其思想史及诗学意义。

一 "情志一也"与"感以为体"

儒家的情感观念在汉唐而下的思想史书写中,常被置于"性→
情"架构之中,性情遂有形上形下、体用本末以及善恶之分。在中古
时期,"形上"之学业已成为知识精英分判思想高下之基本标尺的思
想语境中,"性→情"架构似乎自然合理而有效。然"常识"的流行,
自然不免掩盖思想原发期的"未定型"样态,以及"形上"之思常发端
于日用常行的基本事实。汉唐而上的思想论述中,"情性"与"性情"
并置的用法所在多有,"情"有情感、情实与本始质实之义,较"性"更
为基础①。经典注疏的文本形式,虽然会在外在形式上干扰思想的
系统与深密,但也由此提供了重回思想原初样态及观察思想演化脉
络的机缘。在儒学史以及中国思想史的书写传统中,唐代前期常被

---

① 参见郭振香《多种诠释视域下的"乃若其情"》,《学术月刊》2009年第3期,第
　　36—41页。

视为"思想的平庸期",孔颖达的"情"论在思想史的常规叙述脉络中难以得到有效的考察①,而诗学领域虽然因"诗言志"与"诗缘情"解读传统的囿限,难以在批评偏好的基础上作更具延展性的追问,但依然不失为理解孔氏"情"论的较佳入口。

诗学批评中对孔颖达"情"论的关注,以"情志一也"的考察为焦点。《左传注疏·昭二十五年》云:"此六志,《礼记》谓之六情。在己为情,情动为志,情志一也,所从言之异耳。"②"情志一也"的表述,在"情""志"两分,而"言志"在儒家诗论又具有压倒性影响的言说传统中,自然成为孔颖达提升情感地位的绝佳佐证。但如此理解既不足以撼动"诗言志"与"诗缘情"的原有框架,也由此会错失孔颖达重"情"的原意。《毛诗正义序》曰:

> 夫《诗》者,论功颂德之歌,止僻防邪之训,虽无为而自发,乃有益于生灵。六情静于中,百物荡于外,情缘物动,物感情迁。若政遇醇和,则欢娱被于朝野,时当惨黩,亦怨刺形于咏歌。作之者所以畅怀舒愤,闻之者足以塞违从正。发诸情性,谐于律吕,故曰"感天地,动鬼神,莫近于《诗》"。此乃《诗》之为用,其利大矣。③

诗缘情而情缘物感,故而,诗乃缘感而生,诗以感为体。"志"非情,但"志"中有情,且"志"因情生,无情则必无"志",情既因感而起,志亦因感而生。"上言用诗以教,此又解作诗所由。诗者,人志意之所适也;虽有所适,犹未发口,蕴藏在心,谓之为志;发见于言,乃名为诗。言作诗者,所以舒心志愤懑,而卒成于歌咏,故《虞书》谓之'诗

---

① 邓国光教授看到了孔颖达对于情的强调(邓国光《经学义理》,上海古籍出版社,2011年,第380—381页),但似乎依然未能注意"性—情"架构的隐性影响。
② 孔颖达《春秋左传正义》卷五一,第1455页。
③ 孔颖达《毛诗正义》,第3页。

言志'也。包管万虑，其名曰心；感物而动，乃呼为志。志之所适，外物感焉。"①"诗言志"说虽并不否认"情"的存在，但"志"无疑偏向于集体性及礼仪性情感的表达②。孔疏以"感"释"志"，无意为所谓"个体性情感"的书写提供合法性论证，"情志一也"并非其情论的要点所在。而由此推论出使二者所以能"一"的"感"，方是孔氏的真实意图。以感论诗乃南朝诗论的重要创获③，孔疏中对于南朝诗论的接受非止于此，其"象"论、"声"论均有南朝影响的痕迹。然孔疏诗论不过为其"道"论与"政"论的起点。"感"意味着天人以及群己间"一体性"的可能：

> "则各从其类者"，言天地之间，共相感应，各从其气类。此类因圣人感万物以同类，故以同类言之。其造化之性，陶甄之器，非唯同类相感，亦有异类相感者。若磁石引针，琥珀拾芥，蚕吐丝而商弦绝，铜山崩而洛钟应，其类烦多，难一一言也。皆冥理自然，不知其所以然也。感者动也，应者报也，皆先者为感，后者为应。非唯近事则相感，亦有远事遥相感者。若周时获麟，乃为汉高之应；汉时黄星，后为曹公之兆。感应之事应，非片言可悉，今意在释理，故略举大纲而已。④

"感"道广大，宇宙万有共相感荡，相依共存，由此而成为一生命共同体。诗以感为体，则诗缘情与言志既为人类对于万有感荡的自然呼应，也是人类对于生命共在的主动感发。孔疏以人居天地之中，为五行秀气，故为"天地之心"⑤。天地化生万物，风行雨施，使万物各得其

---

① 孔颖达《毛诗正义》卷一，第6页。
② 参见王齐洲《中国古代文学观念发生史》，人民文学出版社，2014年，第145—146页。
③ 参见萧驰《圣道与诗心》，台北联经事业出版股份有限公司，2012年，第275页。
④ 孔颖达《周易正义》卷一，第18页。
⑤ 孔颖达《礼记正义》卷二二，北京大学出版社，1999年，第699页。

生、各尽其性。人为"天地之心",即意味着人有养万物、尽物性的生命责任。"感"也由之不再只为生命的实然,而隐含指向生命的"应然"。

《毛诗正义》卷一曰:

> 天之所营在于命圣,圣之所营在于任贤,贤之所营在于养民。民安而财丰,众和而事节,如是则司牧之功毕矣。干戈既戢,夷狄来宾,嘉瑞悉臻,远迩咸服,群生尽遂其性,万物各得其所,即是成功之验也。

孔疏论"人",通常一体视之,但其于人性,实另有分等之说,"圣人""愚人"而外,尚有"中人"七等,唯上智与下愚不移[1]。孔颖达关于人性的分等之说,既可视为其对于中古时期"圣人是否可以学至"问题的回应,也可视为儒者在"性善论"的理论框架中无法合理解释现实之恶而预留的补白。由此,"天地之心"唯有圣贤足以当之,生命的责任感,遂以"应然"的形式悬临于"圣贤"之前:

> 故圣人耐以天下为一家,以中国为一人者,非意之也,必知其情,辟于其义,明于其利,达于其患,然后能为之。何谓人情? 喜、怒、哀、惧、爱、恶、欲,七者弗学而能。何谓人义? 父慈、子孝、兄良、弟弟、夫义、妇听、长惠、幼顺、君仁、臣忠,十者谓之人义。讲信修睦,谓之人利,争夺相杀,谓之人患。[2]

思想体系性与周密度的构建,意在于通过对于问题的彻底回应,既确立思想自身的尊严,同时也可为现实人生提供理论参照。儒家欲调和"名教"与"自然"的矛盾,则须在"名教"产生的基础、存在的条件、动力与方式等问题上,建立其与"自然"之间的一体性。由此,形上之道始有见于形下之"物",而形下之"物"方能为形上之道的支

---

① 孔颖达《礼记正义》卷五二,第1423页。
② 孔颖达《礼记正义》卷二三,第688—689页。

撑。作为唐初重要的政治人物,孔颖达领衔修撰五经正义的工作,本即含有为李唐设计政治制度、蓝图以及路径的目的。故而,构建理想共同体的政治关怀,方是孔疏理论最为核心的目标指向。在"以德为治"的政治理念之下,政治生活的共同体同时也应成为情感认同的共同体,"不忍心之政"即是"王道"的起点。圣贤所以能凝聚人心,形成以天下为一家的局面,首先依赖于其对于世情物态的理解。在此意义上,孔颖达"情"论中,对于"情实""事态"的关注,不仅是对儒家早期"情"论的回眸,也是政治人物对于政治运作的清醒。由此,在另一层面上,孔疏对于"欲"的认可,遂为水到渠成之势。

孔疏"情"论的另一贡献在于折中《礼记》"七情"与《左传》的"六情"之说:

> 此云"欲"则彼云"乐"也,此云"爱"则彼云"好"也,谓六情之外,增一"惧"而为七。熊氏云:"惧则怒中之小别,以见怒而怖惧耳。"①

孔疏常以纬书立论,其折中七情、六情,亦昉自纬书,其中尤可注意者,乃其以"欲"与"乐"的同一。"欲"中有情,但"欲"非情,孔颖达于此点应自有分疏,但其仍以"欲"为情之一种,则"欲"的正面价值遂得认可。在中古时期的思想世界中,"欲"无论善恶,为人自然而有,故而,对于"欲"的讨论,即隐含对于自然与应然,也即名教与自然关系的讨论②。孔疏对于"情"乃至"欲"的认可,初步理清了认知评价与价值评价之间的差异——情与欲会诱发善恶的产生,但其本身却并无善恶之分③。先唐学人论情性深度能及孔氏而过之者,似

---

① 孔颖达《礼记正义》卷二二,第689页。
② 参见戴明扬校注《嵇康集校注》卷七《难自然好学论》,中华书局,2014年,第446—455页。
③ 参见许维遹撰、梁运华整理《吕氏春秋集释》卷二,中华书局,2010年,第43页。

仅王弼、王通数人而已。"欲"作为自然而有的生命冲动,是生命能力展现的内在动力,也是人性的自然[1]。孔疏以官修文本的形式,明确"欲"存在的合理性,既是以意识形态的名义为"欲"正名,也意味着唐初的为政者意识到政治共同体的构建,应平衡"应然"与"自然"之间的张力。前者会引导后者,但必须以尊重后者的自然存在为前提:

> 正义曰:禹、汤、文、武四王之王天下也,立德于民而成其同欲。民有所欲,上即同之。东亩南亩,皆顺民意。五伯之霸诸侯也,唯勤劳其功而抚顺之,以奉事王命而已,不改王之制度也。吾子求合诸侯,以快其无疆畔之欲,止求自快己欲,不与民同,是违王霸之政也。[2]

政治共同体作为情感认同的共同体,也应是利益分享的共同体。但孔疏并不否认作为情感与利益的共同体,应具有相应的等差结构,此几可视为儒者的基本共识。儒家在"一体之仁"的理解上,遵循等差、次第以及厚薄等项原则,但试图以"一体之仁"为目标导向,进而形成对"等差之爱"的超越。此即意味着作为"应然"的"等差之爱",必须在能证明自我的存在符合"自然"原则的同时,也能证明对于自我的超越同样符合"自然"原则。相较于杨隋之时"轻人性命,甚于刍狗"[3]的政治生态,唐隋之间实有儒法王霸之别:

> 故《传》曰:"君,天也,天可逃乎?"此人臣所执之常也。然本无父子自然之恩,末无家人习玩之爱,高下之隔县殊,壅塞之否万端,是以居上者,降心以察下,表诚以感之,然后能相亲也。若亢高自肆,群下绝望,情义圮隔,是谓路人,非君臣也。人心

---

[1] 参见戴震《孟子字义疏证》卷下《权》,中华书局,1982年,第58页。
[2] 孔颖达《春秋左传正义》卷二五,第699页。
[3] 《隋书》卷七四,第1702页。

苟离,则位号虽有,无以自固。①

社会的阶层区分与权力的等差结构是共同体的"实然",然因其无可逃于天地之间,故又为共同体之"应然"与"自然"。此种结构决定了情感认同与利益分享上的差序格局。但此差序格局因情感偏好与个人私欲的助推,常会偏离应有的形态,并进而背离生命共感的生存事实以及以"能感"为生命价值尺度的原则。故而,对于他人、外物乃至宇宙万有的关切,遂成为生命价值确立的自我要求:

> 诗人览一国之意以为己心,故一国之事系此一人,使言之也……诗人总天下之心,四方风俗,以为己意,而咏歌王政,故作诗道说天下之事,发见四方之风……莫不取众之意以为己辞……必是言当举世之心,动合一国之意,然后得为《风》《雅》,载在乐章。②

诗人"明晓得失之迹,哀伤而咏情性"③,以社会生活的观察者与疗救者自居④,乃是"成己成物"的生命自觉。诗人所以能"览一国之意以为己心",源于诗人对于世情物态的观察,更源于人情的相通共感。而诗人所以有如此明确的责任意识,也非仅为政治功利的考量,而建基于人性的本然与必然,也即唯有如此方能体现人之为人的价值。人性能力与人性责任以及由此而呈现出的人性境界在此观念中即成一体。生命共感的有效呈现是由近而远、推己及人的空间拓展,也是"老吾老以及人之老",对于个体情感的公共化过程。生命共感唯有遵循"真诚"的原则,才能有"沛然莫之能御"的不得不然与自然而然,也才能有面对挫折而百折不挠奋勇前行的自信与

---

① 孔颖达《春秋左传正义》卷二一,第607页。
② 孔颖达《毛诗正义》卷一,第17页。
③ 孔颖达《毛诗正义》卷一,第15页。
④ 孔颖达《毛诗正义》,第16页。

勇气。

在共同体的政治生活中,以"诚"为原则,意味着为政者对于"己之所能"与"己所不能"的清醒以及对于身份责任的高度自觉①。孔颖达五经义疏中对于"贤能主义"的念兹在兹,是其对于相感以"诚"在政治设计中的自然呈现②。而作为士人之典范的诗人,即使在面对政治高压之际,也依然应有直谏的勇气。诗者救世当以正言切谏为宜,孔颖达视谲谏为"权诈",在分疏诗之三用,即赋、比、兴的功能差异时,以赋之"直陈"为诗法之根本。诗以感为体,而诗人所以感时为诗,以诗救世,乃是出于"一己之诚"的不得不然:

> 诗以道性情,夫人而能言之。然自古以来,诗之美者多矣,而知性者何其少也。盖有一时之性情,有万古之性情。夫吴歈越唱,怨女逐臣,触景感物,言乎其所不得不言,此一时之性情也。孔子删之,以合乎兴、观、群、怨、思无邪之旨,此万古之性情也。吾人诵法孔子,苟其言诗,亦必当以孔子之性情为性情,如徒逐逐于怨女逐臣,逮其天机之自露,则一偏一曲,其为性情亦末矣。故言诗者,不可以不知性。夫性岂易知也……人之性则为不忍,亦犹万物所赋之专一也……彼知性者,则吴楚之色泽,中原之风骨,燕赵之悲歌慷慨,盈天地间,皆恻隐之流动也。③

诗缘情,然诗歌为怨女逐臣而作,为触景感物而作,不过诗人"恻隐之心"的随缘显现,而"恻隐之心"方是诗之所以能感天地、动鬼神的原因所在。虽然,黄宗羲称之以"万古之性情",由"性"论诗,已颇不同于孔疏以情以感论诗,但"恻隐之心"即为仁之端,实又以情说

---

① 参见《册府元龟》卷五九九,第7195页。
② 参见谢建忠《论孔颖达与唐诗》,《文学评论》2007年第3期,第85—91页。
③ 黄宗羲《马雪航诗序》,《黄梨洲文集》,中华书局,2009年,第363—364页。

性,由此黄氏之说又实近于孔疏。"恻隐"之心,缘于生命的共感,也缘于人为五行秀气,故以"成己成物"为生命责任的担当。"恻隐"为情,但此情既真实无妄,同时亦有超越一己私情指向宇宙人生的指向。唐人诗中有远大的政治抱负与高尚的政治节操,也有昂然的生命自信以及令人动容的生命温情。虽然难以将唐诗不可复制的成功完全归因于孔疏的影响,但孔颖达在经典注疏中,对于生命共感与生命责任的强调及其平衡"应然"与"自然"的努力,对于唐诗风格的成型、初唐政治理念的确立当有不可忽视的影响。

二　"易者象也"与"以有教有"

儒家形上之学的构建,五经之中以《易》为要。汉儒解《易》偏重象数,其尤者穿凿附会,以细部的别生新解与解释方式的技术化为尚。在儒学原有的形上之思未受根本挑战之前,汉《易》的技术化倾向自可视为汉儒天人学说对于社会政治生活的主动适应使然。然自汉末而下,汉儒天人之说已难以应对社会与思想危机的挑战,及曹魏王弼以"贵无贱有"之玄学本体论扫象阐易,重理易学的形上之思,偏好义理遂成魏晋解《易》的主流风习,《易》得以与《老》《庄》并号"三玄"。时入宋齐,释教风行中土,玄学风头渐熄,《易》学在体裁与语词概念的使用上开始受到佛教的影响①。李唐初期,孔颖达以沾染佛风,摒斥"江南义疏"。然后世部分儒者遂以此为孔疏排佛彻底与否的标尺,却多少隔膜于中古时期思想生产的惯常方式。相较于态度的显性表达,孔颖达欲确立儒学在思想领域的尊严,回应佛道的挑战,形上之思的呈现,方是不二之途。孔氏的形上之思需能笼罩五经诸本,以形成思想的整体与系统,同时其形上之思又

---

① 参见汪春泓《论山水诗与陈郡谢氏之关系——兼论"老、庄告退,而山水方滋"》,《文学遗产》2015年第6期,第45—55页。

应有能与佛道角力的精微与深密。《五经正义》对于道释语词多有借用,但其核心语词,却非道家之"无"与释家之"空"以及中古思想世界中泛常之"有无本末",而是取自于《周易·系辞传》中的"象"。

《周易正义·序》曰:

> 夫易者,象也。爻者,效也。圣人有以仰观俯察,象天地而育群品,云行雨施,效四时以生万物。若用之以顺,则两仪序而百物和;若行之以逆,则六位倾而五行乱。故王者动必则天地之道,不使一物失其性;行必协阴阳之宜,不使一物受其害。故能弥纶宇宙,酬酢神明……原夫易理难穷,虽复"玄之又玄",至于垂范作则,便是有而教有。若论住内住外之空、就能就所之说,斯乃义涉于释氏,非为教于孔门也。

圣人作易以垂范作则,然圣人仰观俯察,所见者天地之象,而所法则者,则为天地之道,"象"与"道"两者关系的处理,遂衍生出不同的解释路向。汉儒易学重象而遗道,王弼易学"忘象"而"得道",前者易局于一隅,不见大体;后者则举本息末,有玄思之妙,却乏应世之功,其极端者,常易"以无说无",反掩微妙之思。孔疏重象,以"以有教有"为圣人作易的基本原则,也以之为儒学区别于佛道二家的立脚之处。

孔疏对于"象"的重视,源于"有"的基础地位。作为以修身济世为企向的入世学说,肯定现世的真实性,是确立"名教"存在价值的前提,而为现世提供"应然"的规则模式与远景则是"无"存在价值的必要证明。孔疏论疏必由"象"以观"无",由"无"以言象,从而为"象"确立真实性的基础及"应然"之图景。虽然"凡有,皆象也;凡象,皆气也"[1]至北宋张载方始正式提出,但孔疏既以"易者,象也,

---

[1] 章锡琛点校《张载集》,中华书局,1978年,第323页。

物无不可象也"①,则以"有"即象与孔疏的理解应相去不远。孔疏重"有",以有包无:

> 盖易之三义,唯在于有,然有从无出,理则包无,故《乾凿度》云:"夫有形者生于无形,则乾坤安从而生? 故有太易、有太初、有太始、有太素。太易者,未见气也。太初者,气之始也。太始者,形之始也。太素者,质之始也。气、形、质具而未相离谓之浑沌。浑沌者,言万物相浑沌而未相离也。视之不见,听之不闻,循之不得,故曰易也。"是知易理备包有无,而易象唯在于有者,盖以圣人作《易》,本以垂教,教之所备,本备于有。故《系辞》云"形而上者谓之道",道即无也;"形而下者谓之器",器即有也。②

孔疏以王弼注为底本,然统合南北易学的学术旨趣,则让孔疏体现出明显的融合各家之说、以成一家之见的特点。上引孔疏解"易之义",即可见出其统合贵无、崇有与独化三家之说的痕迹。肯定现世真实性的第一原则,决定了其"无"论难以在本原与本体问题上做出明晰的区分。孔疏以"有从无出",但此"无"有异于王弼的本体之无,而体现出宇宙气化的生成论色彩。"无"并非实体的虚无,而是无任何属性的元气,故可称之为性质之"无"。元气分化为阴阳二气,继而化生宇宙万物。在此意义上,"无"即是绝对之全有。"无"不可见,依赖于有方能察无;有自无生,不能以有自证。由于生成论所隐含的时间关系,绝对之有与具体之有之间,是"二"非一。孔疏既以"有自无出,理则包无",在生成论的意义上,则需为有无之间建立可以勾连二者的中介:

> 几,微也。是已动之微,动谓心动、事动。初动之时,其理

---

①孔颖达《周易正义·序》,第5页。
②孔颖达《周易正义·序》,第5页。

未著,唯纤微而已。若其已著之后,则心事显露,不得为几。若
未动之前,又寂然顿无,兼亦不得称几也。几是离无入有,在有
无之际,故云"动之微"也。①

几者,居有无之际,乃是具体之有生成转化的微妙时机。因其为已
动,故必有其象,复因其为动之微,故为精微之象。由此,象以性质
而言,则可分为几象与具体之象。王弼《周易注》中,以"几者,事之
微也",但未再申论,由其得意忘象的表述,大体可以推断,在有无关
系的理解上,"几"并未得到应有的重视②。孔疏既以象可尽意,则有
无之间的终极一跃已非必须。有无之间可以"几"论,由此下推,有
有之际的转化,则可以"时"论,孔疏由此完成了形上形下及理论思
辨与政治生活之间的自然转换:

> 然叹卦有三体:一直叹时,如"大过之时大矣哉"之例是
> 也;二叹时并用,如"险之时用大矣哉"之例是也;三叹时并义,
> "豫之时义大矣哉"之例是也。夫立卦之体,各象其时,时有屯
> 夷,事非一揆,故爻来适时,有凶有吉。人之生世,亦复如斯,
> 或逢治世,或遇乱时,出处存身,此道岂小? 故曰"大矣哉"也。
> 然时运虽多,大体不出四种者:一者治时,"颐养"之世是也;二
> 者乱时,"大过"之世是也;三者离散之时,"解缓"之世是也;
> 四者改易之时,"革变"之世是也。故举此四卦之时为叹,余皆
> 可知。③

"几"与"时"是有无及有有关系的节点,人生立世贵能察几知时,方
可合道而行。然时间与变化的存在,自然提示了对变化之所以可能

---

①孔颖达《周易正义》卷八,第308页。
②参见潘忠伟《从〈周易正义〉看贵无、崇有、独化三说之融合——试论孔颖达学
　派与玄学的关系问题》,《哲学研究》2007年第3期,第28—35页。
③孔颖达《周易正义》卷二,第84页。

的条件作相应考察的必要。"无"既依赖于有而成为可以观察思考的"对象",变化之因的考察,同样必须依托于变化之"象"。

《周易正义》卷七孔疏"大衍之数五十,其用四十有九"曰:

> 言"非数而数以之成者",太一虚无,无形无数,是非可数也。然有形之数,由非数而得成也。即四十九是有形之数,原从非数而来,故将非数之一,总为五十。故云"非数而数以之成也"。言"斯易之太极"者,斯,此也。言此其一不用者,是易之太极之虚无也。无形,即无数也。凡有皆从无而来,故易从太一为始也。言"夫无不可以无明,必因于有"者,言虚无之体,处处皆虚,何可以无说之,明其虚无也。若欲明虚无之理,必因于有物之境,可以却本虚无。犹若春生秋杀之事,于虚无之时,不见生杀之象,是不可以无明也。就有境之中,见其生杀,却推于无,始知无中有生杀之理,是明无必因于有也。

对于变化之因的考察,难以在具体物象之变的考察中得到终极的解答。虽然关于"第一推动力"的问题存有不同回答的可能,但明了此问题的不可替代及做出相应的回应,却是思想周密性的内在要求。隋唐之际的儒家精英,即使认可神道设教的必要,也是出于政治生活的实际考量而非以"神"为实有①。如此,孔颖达"有自无生"之无,既是生存论之源头的太虚之气,同时也是一种原初的生发结构并由此而呈现出"本体论"的特点。《周易·系辞上》云:"一阴一阳之谓道。"孔颖达疏曰:"一谓无也,无阴无阳,乃谓之道。一得为无者,无是虚无,虚无是大虚,不可分别,唯一而已,故以一为无也。若其有境,则彼此相形,有二有三不得为一。故在阴之时,而不见为阴之功;在阳之时,而不见为阳之力,自然而有阴阳,自然无所营为,此则道之谓也。故以言之为道,以数言之谓之一,以体言之谓之无,以物

----

① 孔颖达《毛诗正义》卷一二,第722页。

得开通谓之道,以微妙不测谓之神,以应机变化谓之易,总而言之,皆虚无之谓也。圣人以人事名之,随其义理,立其称号。"①阴阳由太虚之气分化而来,但太虚之气若为静态之存有,则亦无阴无阳。太虚之气尚需为此转化提供动力,而此动力不能来自外在。故而太虚之气为无,同时也必为一原初的生发结构。此原初的生发结构,是阴阳所以能自太虚之气生发而来的动因,也是具体之象生灭转化的根源所在。结构意味着差异与联系以及价值位次的存在是符合天道的自然。孔颖达《乾》卦正义曰:

> 谓之卦者……言县挂物象,以示于人,故谓之卦。但二画之体,虽象阴阳之气,未成万物之象,未得成卦,必三画以象三才,写天、地、雷、风、水、火、山、泽之象,乃谓之卦也……但初有三画,虽有万物之象,于万物变通之理,犹有未尽,故更重之而有六画,备万物之形象,穷天下之能事,故六画成卦也。②

八卦为宇宙自然间典型之象,而乾坤两卦为基本之象,后六卦由乾坤两卦交感变化而来。故八卦布列,象天下之大象大理,同时亦提示交感互动之生发结构的存在。阴阳二气,若无交感则万物不生,然万物既始自阴阳,于价值位次而言则等而下之。此一生发结构与差序格局,以人类生活视之,则人伦之道源于男女之事。

《毛诗序》以《关雎》言后妃之德,孔疏曰:

> 此篇言后妃性行和谐,贞专化下,寤寐求贤,供奉职事,是后妃之德也。二《南》之风,实文王之化,而美后妃之德者,以夫妇之性,人伦之重,故夫妇正则父子亲,父子亲则君臣敬,是以《诗》者歌其性情。阴阳为重,所以《诗》之为体,多序男女之事。③

---

① 孔颖达《周易正义》卷七,第268—269页。
② 孔颖达《周易正义》卷一,第1页。
③ 孔颖达《毛诗正义》卷一,第5页。

《诗》多言男女之事,乃男女为阴阳之象,有男女而后有整全的人伦生活。至此,人伦之道在历史生活中的生发,遂获得了自然之道的"合理性"支撑。而其差序格局,更得以以制度性的方式予以呈现:

> "故自郊、社、祖庙、山川、五祀,义之修,礼之藏也。"正义曰:以此五者,圣王教令所法象,祭而事之,则神得而事治,义理由此以修饰,礼法从之而出见,是义兴于此,礼藏其中,故郑云:"修犹饰也,藏若其城郭然。"此言圣王之政,法象天地群神之为而为之政,政成而神得其所,神得其所则事顺人和而德洽于神举矣。①

礼制(王制)是帝国时代政治生活的核心问题,礼以别异的方式整合社会,进而形成有序的等差格局。理想的"王道"必须以"王制"作为依托,而现实的"王政"也须在礼制的规范下获得具体的实践样态,并由此引发与礼制之间的张力关系。孔疏通过对于"象"的关注,在自然之道与理想王政之间建立了自然而然的过渡。礼制以等差之别为基本精神,而礼仪则是等差在群体生活中的落实。礼源自人伦生活,调节人伦生活,故而,礼之制作与礼对于生活的规范均当遵守应有的"节奏":

> 夫礼者,经天纬地,本之大一之初;原始要终,体之乃人情之欲。夫人上资六气,下乘四序,赋清浊以醇醨,感阴阳而迁变。故曰:人生而静,天之性也;感物而动,性之欲也。喜怒哀乐之志,于是乎生;动静爱恶之心,于是乎在。精粹者虽复凝然不动,浮躁者实亦无所不为。是以古先圣王鉴其若此,欲保之以正直,纳之于德义。犹襄陵之浸,修堤防以制之;覂驾之马,设衔策以驱之。故乃上法圆象,下参方载,道之以德,齐之以

---

① 孔颖达《毛诗正义》卷一九,第1278页。

礼。然飞走之伦，皆有怀于嗜欲；则鸿荒之世，非无心于性情。燔黍则大享之滥觞，土鼓乃云门之拳石。冠冕饰于轩初，玉帛朝于虞始。夏商革命，损益可知；文武重光，典章斯备。[①]

儒家对于合理生活的设计，以适宜性与正当性为基本原则[②]。前者强调社会规范及其制度对于生活方式的适应，礼制的由简而繁与质文更替即为适宜性原则的体现。后者强调社会规范建构及其制度安排对于等差之爱的超越，追求一体之仁，礼制中对于公平与正义的规定，即为正当性原则的体现。适应性与正当性是礼制能够有效调节社会生活的内在保障。但由于论证进路的限制，儒家无法将正当性与适宜性原则的产生视为群体生活功利考量的结果，而试图为其寻找超越的起源。由此，作为一种原初生发结构的太虚之无，同时也是一种原初的发生方式。"自然而有阴阳，自然无所营为，此则道之谓也。"[③]太虚化生阴阳及阴阳化生万物皆自然而然。"天地养万物，以静为心，不为而物自为，不生而物自生，寂然不动，此天地之心也。"[④]天地以静为心，即"无心"为心。此心"微妙无方，理不可知，目不可见，不知所以然而然"[⑤]。人立天地之间，唯有观察"天地养万物"之象，始能体悟天地运化的自然而然。以人伦生活而言，人伦之道，欲合天道，则一在于察时，由察时而应运，圣人制礼，随俗而为损益，乃为知时；而其二则在于"无私"而知度，由"无私"有度而有人伦生活的相对公正与结构均衡[⑥]。

---

① 孔颖达《礼记正义·序》，第2—3页。
② 参见黄玉顺《儒家的情感观念》，《江西社会科学》2014年第5期，第5—13页。
③ 孔颖达《周易正义》卷七，第268页。
④ 孔颖达《周易正义》卷三，第112页。
⑤ 孔颖达《周易正义》卷三，第97—98页。
⑥ 孔颖达《周易正义》卷八，第296页。唐太宗年号为"贞观"，其内在之义应取自《周易》，以"纯一"为王道。孔颖达对于"天地之心"的解释，当与此有关。

　　人由气化而生，为万有之一象，然人所以能为天地之心者，则在于人为能观"象"之象。由此之能，自然之道与人道则能融通为一，人亦遂能观象而体"无"以及立象而为教。这也是孔颖达重象的另一层原因所在。阴阳氤氲，感荡周流，日月运转而成四时昼夜，则"在天成象"；山泽通气、云行雨施、草木华滋，则"在地成形"。太虚之无化生阴阳，阴阳而生万有，凡有皆象。此一万象而成的宇宙世界，由"无"而化，"无"不能独存，"无"必有象，故圣人观象而体"无"。象有尊卑、动静、刚柔之异，有类聚群分而又互感相推之运，圣人由"象"而见"无"乃太虚之气、生化之力与"无心而自然"之法。以此立象为教，则损益有时、张弛有度，故能化成天下。"象"是"有""无"存在的确证，也是天人往还的桥梁，在人伦社会中，则是知民情、成教化以构建理想共同体生活的关键环节。孔疏重"象"，有着明确的形下关怀，而王道、王制与王政则是现实关切的核心目标。在此意义上，孔疏在《毛诗正义》中关于"象"的言说，乃是其政治关怀的自然延伸①。

　　"兴必取象"之说是孔颖达在诗学批评上的重要贡献，此一论断与兴如何取象的技法说明，对于意象以及意境理论的成熟厥功甚伟②，前贤论之已详。于此再为辞费，意在于"兴必取象"之"必"略作分疏，以求有补于前贤之说。

　　"兴必取象"，语出《毛诗·周南·樛木》"南有樛木，葛藟累之"句孔氏之疏。由于《毛诗正义》乃孔颖达集中论述兴象关系的文本，后世论及"兴必取象"之说，遂多以之为诗歌理论。此类解释进路，有足够的文本支撑，并不违背孔氏所论兴象之意。但如此理解，所

①在此意义上，孔颖达的象论实总揽五经。参见王夫之《周易外传》卷六《系辞下传》第三章，中华书局，1976年，第213页。
②参见乔东义《孔颖达的易象观与审美意象的建构》，《哲学研究》2011年第4期，第50—57页；萧驰《佛法与诗境》，中华书局，2005年，第282—289页。

隐含的前提则为诗歌与乐舞的分离以及诗歌活动的去礼仪化。然若衡以子曰"诗可兴"的言说背景,过早强调诗歌的独立性,无疑会忽视诗歌作为仪式活动之组成的特性。故而"兴必取象"之说的讨论,应顾及言诗乃礼仪活动的传统。在此层面上,"兴必取象"也即意味着仪式活动必有其象。仪式之象,包含器物、程序、场合、时节、频次、参与者、所取象的内容以及所服务的对象等一切可以形式化的组合因素。有仪式之象的存在,礼仪活动才能在礼制系列中确定位置。而具体的礼仪活动则可通过"象"的方式,展演具有特殊意义的生活场景,从而重现族群的历史记忆,以增进族群的认同度:

> 蛮夷帅服,可谓畏之。文王之功,天下诵而歌舞之,可谓则之。文王之行,至今为法,可谓象之。有威仪也。故君子在位可畏,施舍可爱,进退可度,周旋可则,容止可观,作事可法,德行可象,声气可乐,动作有文,言语有章,以临其下,谓之有威仪也。①

圣王的功绩与言行容仪作为族群的历史记忆,既复现着族群昔日伟大的荣光,也为族群的执政者展示着应有的行为方式。礼仪活动的展演性决定了其取象的公共性与可公开性。"象"拉开了仪式与日常生活的距离,赋予了仪式活动以典雅、神圣之意味,并由此践履着礼仪活动的教化功能。

"象"可有烦减隆杀之变,但作为礼的载体,无象则无礼。当诗歌依然作为礼仪活动的组成部分时,"兴必取象"意味着"用诗"的特定方式。由于孔疏涉及五部经典,故其所言并非仅为诗之兴而发,且即使言及诗之兴,也自然无法漠视仪式活动的"用诗"。故而,孔疏"兴必取象"之说,其指向之一为礼仪之兴②。然隋唐之时,诗歌相

---

①孔颖达《春秋左传正义》卷四〇,第1136页。

②参见王秀臣《"礼仪"与"兴象"——兼论"比""兴"差异》,《文学评论》2011年第4期,第196—207页。

对于礼仪活动的独立性,乃知识人之常识,孔疏于《毛诗正义》中多次言及兴象关系,亦多可视为诗歌原理的阐明。

"兴必取象"作为诗歌原理,以"兴"由"用诗"向"诗用"的转化为前提。孔颖达在《诗大序》中疏解"六义"之说曰:"风、雅、颂者,诗篇之异体;赋、比、兴者,诗文之异辞耳,大小不同而得并为六义者,赋、比、兴是诗之所用,风、雅、颂是诗之成形,用彼三事,成此三事,是故同称为义,非别有篇卷也。"①"兴"既然是"诗用","兴必取象"的理论价值,依赖于"兴"在诗之成体中的位置与影响。孔颖达论诗之三用,重"赋"过于"比""兴":"诗文直陈其事,不譬喻者,皆赋辞也……言事之道,直陈为正,故《诗经》多赋在比兴之先。"②"三用"说是孔颖达诗论的重要创获之一,但若简略回眸魏晋以来诗歌批评理论的发展,则可知孔颖达"三用"之说殊非孤明先发。钟嵘《诗品》云:"故诗有六义焉:一曰兴,二曰比,三曰赋。文已尽而意有余,兴也;因物喻志,比也;直书其事,寓言写物,赋也。弘斯三义,酌而用之,干之以风力,润之以丹彩,使味之者无极,闻之者动心,是诗之至也。"③刘勰《文心雕龙·比兴》云:"《诗》文弘奥,包韫六义,毛公述传,独标兴体,岂不以风通而赋同,比显而兴隐哉!故比者,附也;兴者,起也。附理者,切类以指事;起情者,依微以拟议。起情,故兴体以立;附理,故比例以生。比则畜愤以斥言,兴则环譬以记讽。"④钟嵘与刘勰于"六义"虽未作体用之分,但论赋比兴而不及风雅颂,已明示此中差异。赋比兴作为诗歌技法,各有其用,然诗歌之妙在于兼综其用。"若专用比兴,则患在意深,意深则词踬。若但

①孔颖达《毛诗正义》卷一,第13页。
②孔颖达《毛诗正义》卷一,第12页。
③钟嵘著、曹旭集注《诗品集注》,上海古籍出版社,2011年,第47页。
④刘勰著、詹锳义证《文心雕龙义证》,上海古籍出版社,2011年,第1333—1337页。

用赋体,则患在意浮,意浮则文散。嬉成流移,文无止泊,有芜漫之累矣。"①孔氏三用之说既受南朝诗歌批评的影响,于钟嵘三用兼综的表述,自然不应漠然无视。"三用"所以以赋为先,乃是孔氏君臣相感以诚说在诗歌领域内的自然延伸,也是出于诗歌政教目的的要求。若同时兼及南朝以来诗歌书写的技法偏好,"兴"作为诗歌核心技法的认识尚在成形之中。故而,孔氏对于赋先于比兴的认定,并不违背诗歌的发展历史,后人对于"兴"的重视,更似是历史的辉格效应使然。

　　"兴"作为诗歌技法必须取象,在孔颖达的理论表述中,首先源于其对于"兴"的功能界定。"兴者起也。取譬引类,起发己心,诗文诸举草木鸟兽以见意者,皆兴辞也。"②兴者,起也,起情也,兴物引发己心。兴必取象,乃是关于心物关系的描述。"物者,身外之物,有象于己。则者,己之所有,法象外物,其实是一,从内外而异言之耳。"③"物"与"则"自内外言之有异,而实为一体,有物则必有则,有则亦必有物。如此,人心与外物之间即为一体关系,无心外之物,无无物之心。孔氏此论有明显的佛教影响的痕迹,心物一体,"兴必取象"之"必"在此意义上,乃为客观"必然",而非主观"必须"之意。然心物既成一体关系,则具体之"心"与相应之"物"遂成对应关系,"拟诸形容"与"象其物宜"乃取象的一体两面。故而"兴必取象"之要,乃在于"兴必取恰当之象",唯有如此方能心物融合无间。"兴必取象",兴者起情,诗中取象乃言情之需,这也是孔颖达此论的要点之二。情感发生于回环构建的结构整体中,如"爱"由"爱之所爱""爱之所以爱"以及"爱之体验与表现"诸环节构成,诗者言说情感,既要避免与日常言说及其他诗作间的重复,则必须能够有效地

---

① 钟嵘著、曹旭集注《诗品集注》,第53页。

② 孔颖达《毛诗正义》卷一,第12页。

③ 孔颖达《毛诗正义》卷一八,第1219页。

呈现情感发生的原初情境。由于情感兴发的时机性，故所取之象，颇具当下直观的特点。所取之象，依赖于认识与指称，但必不囿于此，方能兴象融合。孔疏云"取譬引类""兴取一象""兴者取其一象"，既指向取象的原则，也明示取象的技法，足以见出孔氏对于诗歌艺术理解的深度，唐诗的演化也为其理论的生命力提供了最好的佐证。

三 声音之道与政通

相较于"情"论及"象"论在诗学领域内的广受关注，孔颖达关于"声"的表述，虽有钱钟书先生的大力揄扬[①]，但似乎并未因此赢得能与"情""象"二论比肩而立的地位认定。《五经正义》中与声音有关的文字在数量上并不逊色于其"情"论与"象"论，后世之所以逐渐忽视此一问题的影响，或在于"声"论经孔颖达已基本完成了在原有理论体系内拓展的可能；而现代学术则相对忽视了文学的"声音"之道，由此，孔颖达的"声"也就难以成为后世诗论关注的焦点问题。声音与政治的关系问题是儒家政治学说中的常规话题，虽"声音之道与政通"的明确表述出于《礼记·乐记》，然而有关的讨论更早在孔子之先。作为隋唐之际的儒学领袖，孔颖达于此论断大体沿用。然"声音之道与政通"所隐含的声音与情感之间的对应关系，魏晋之际已遭到嵇康《声无哀乐论》的挑战；此外，此论断内在隐含的双向阐释的可能——声音为政治之反映与声音影响甚或决定政治，也需给予应有的说明并做出相应的偏重抉择；而"声音之道与政通"的产生有着诗乐舞三位一体的时代背景，及三者分离，声音之道与政通的阐释逐步偏离原有传统而以诗歌为核心，后起者如何面对此论述焦点的转移，以上问题均是孔颖达在接受"声音之道与政通"论断时，难以回避的问题。此问题相较于"情"与"象"，与政治生活的

---

① 参见钱钟书《管锥编》，中华书局，1996年，第62页。

距离最近,在唐人的接受视野中,或许更为重要。

声音之道与政通,以人心为其中介,故声与政通,其前提乃为声与人情的相通。《礼记·乐记》曰:"其本在人心之感于物也。"

人心感物而生哀、乐、喜、怒、敬、爱之情,由此六情各生不同之声,《礼记》由此建立声音与情感之间的联系。但其面对的挑战却是不同之声未必由相应的情感而生。若不能弥补此一缺陷,以乐为教化之具即缺少理论上的合法性。荀子在其《乐论》中则试图建立声音与情感的对应关系。"夫民有血气心知之性,而无哀乐喜怒之常,应感起物而动,然后心术形焉。是故志微、噍杀之音作,而民思忧。啴谐、慢易、繁文、简节之音作,而民康乐。粗厉、猛起、奋末、广贲之音作,而民刚毅。"[1]此种对应关系,建基于日常生活经验的观察与归纳,虽然有一定的解释效力,但也易于受到不同观点的挑战。嵇康《声无哀乐论》曰:

> 夫曲用不同,亦犹殊器之音耳。齐楚之曲多重,故情一;变妙,故思专。姣弄之音,挹众声之美,会五音之和,其体赡而用博,故心侈于众理。五音会,故欢放而欲惬。然皆以单复、高埤、善恶为体,而人情以躁静专散为应。[2]

乐会和五音而成,有节奏快慢、音调高低、音质良窳等区分,其对于听乐者的影响在于形成躁、静、专、散的不同状态,而无关于哀、乐等具体情感,听乐者所以能有哀、乐等情感,源于心中已有此种情感存在。乐即使能使听者产生情感反应,其所起的也只能是辅助的作用。嵇康的论证中,存有将"声"拆解为音节的过度还原倾向,也忽视了情之"静躁专散"正是情感的表现形式。情感可有多种表现形式,而情感并非独立于表现形式的实体之物。实相与表相的一体关

---

[1] 孔颖达《礼记正义》卷三八,第1104页。
[2] 戴明扬校注《嵇康集校注》卷五,第354页。

联,确保了情感与音乐间关联认知的有效性。然若对此关系缺少学理认知,则易于认同嵇康之论。乐与情感之间无法建立固定的对应关系,其弥补之道,可能的路径在于自乐与诗舞为一,乃综合艺术的特性,建立作为综合艺术的乐与情感之间的对应关系。在《乐记》中此种论证方式已然得到采用:"是故君子反情以和其志,广乐以成其教。乐行而民乡方,可以观德矣。德者,性之端也。乐者,德之华也。金石丝竹,乐之器也。诗,言其志也。歌,咏其声也。舞,动其容也。三者本于心,然后乐器从之。是故情深而文明,气盛而化神,和顺积中,而英华发外,唯乐不可以为伪。"①乐作为综合艺术,其与情感的对应关系,可以由诗、舞的部分加以确保②。而舞蹈若非有具体的叙事内容,其与情感的对应关系同样不能稳固,由此,诗才是乐中能够确定情感样态的核心因素。但诗在其中所起的作用只是取"义"。情感与诗歌之间的对应关系若不能建立有效的观察标准,则诗与音乐之间依然留有尚待跨越的鸿沟。

孔颖达试图建立音乐与情感之间的直接对应。人由情而发声,作诗成音,音被诸弦管乃成乐,诗成为成乐的重要环节。与儒家的论乐传统不同,诗内在的乐感成为关注讨论的对象。字的组合顺序与声调的清浊高下以及诗的节奏模式,乃是诗内在乐感成因的主要因素。孔氏此论近于强调"情"必有其表现形式,"声"虽只为其形式之一种,但"声"作为有韵律的节奏,由音节组合而成,却不能过度还原为音节,以"音节不能对应情感"佐证"声不能对应情感"。故孔颖达的"诗之声"乃为"诗"之韵律节奏,亦为"乐"之韵律节奏,"声"与"情"实有相互表现之关系。声即写情,故诗内在的乐感与诗人

① 孔颖达《礼记正义》卷三八,第1111—1112页。
② 自综合艺术的角度论证乐与情感的对应关系并由此说明乐的教化功能,是儒家乐教说的常规思路。可参见《通典》卷一四一《乐》,中华书局,2003年,第3587—3588页。

的情感应相一致,而被诸弦管之乐,则是此种诗之音的强化。诗人言志的真伪由诗内在的乐感与言辞意义的切合度决定,言辞可以作伪,但乐感难以作伪,故察声可判。乐成之后,诗人作诗须合乐而作,已定之乐与情感之间高度对应,故观乐可知人情。孔颖达通过区分声、音与乐的不同,将乐规定为自诗成音而来的特殊形式,故而乐与情感的对应关系,在乐成之后,似乎是一种直接的对应关系,但究其实际,其核心作用依然源于诗。孔颖达在回应音乐与情感对应关系时,悄然转换了话题的焦点,诗内在的乐感成为核心环节,也由此弥补了儒家乐论的重要缺失。

儒家乐论的中心由乐论向诗论的转移,由孔子言"诗可以兴"已见其端倪,及《诗大序》自论诗而论声,虽仍存有诗乐一体的认识传统,但诗论与乐论间的位置转换已为必然趋势。"诗者,志之所之也,在心为志,发言为诗。情动于中而形于言,言之不足,故嗟叹之,嗟叹之不足,故永歌之,永歌之不足,不知手之舞之、足之蹈之也。情发于声,声成文谓之音。治世之音,安以乐,其政和。乱世之音,怨以怒,其政乖。亡国之音,哀以思,其民困。故正得失,动天地,感鬼神,莫近于诗。"[1]《诗大序》在论诗的表述中,嫁接了《乐记》的文字。在注意到诗乐分离的事实时,似乎又试图通过对诗乐舞一体传统的回眸,提升诗的存在价值。虽然,此种欲在诗乐分离与诗乐合一之间求取平衡的努力,会损伤理论的自洽性,但《诗大序》确立了自乐论向诗论转换的方向,诗之地位的强调也随之成为关注的焦点。《文心雕龙·乐府》云:

> 故知诗为乐心,声为乐体,乐体在声,瞽师务调其器;乐心在诗,君子宜正其文。"好乐无荒",晋风所以称远;"伊其相谑",郑国所以云亡。故知季札观乐,不直听声而已。[2]

---

[1]孔颖达《毛诗正义》卷一,第6—10页。
[2]刘勰著、詹锳义证《文心雕龙义证》,第251页。

《文心雕龙》以诗为乐心,已十分明确诗在综合艺术中的核心地位,但依然是在诗以言辞表义的意义上确定诗的地位与作用。刘勰活动于南朝齐梁,本是言辞的音乐性受到广泛关注的时代,诗内在的音乐性及其呈现方式也是知识界的热点之一,《乐府》篇论诗与情感的关系时,虽并未注意到诗内在的音乐性,然《情采》篇即明确论及辞、情、声的一体性。孔颖达对诗之乐感问题的关注,既是对南朝及刘炫、刘焯诗论的继承①,也是"声与政通"论合乎逻辑的推演。在《五经正义》中,孔氏多次论及诗的声音问题。《周南·关雎》云:"诗之大体,必须依韵";《周南·汉广》云:"诗之大体,韵在辞上";《关雎》正义曰:"人志各异,作诗不同,必须声韵谐和,曲应金石……各言其情,故体无恒式。"《毛诗序》中更论风雅颂作为诗体与声音的关系:"风、雅之诗,缘政而作,政既不同,诗亦异体……诗体既异,其声亦殊……诗各有体,体各有声。"孔颖达是较早注意到诗的内在乐感及其与情感关系的经学宗师,乐与情感的对应问题、诗乐分离的趋势对于诗论乐论的影响等问题在此合流。孔颖达"惟声不可以为伪"的论断,在此历史脉络之下,其价值也更易彰显,诗歌声律问题的讨论也因此在儒家诗论内部得到认可:

> (五言诗)至沈詹事、宋考功,始裁成六律,彰施五色,使言之而中伦,歌之而成声,缘情绮靡之功,至是乃备……沈宋既殁,而崔司勋颢、王右丞维,复崛起于开元、天宝之间。得其门而入者,当代不过数人。
>
> 独孤及《唐故左补阙安定皇甫公集序》②

在独孤及对唐代前期时代的接受中,声律成为评价的重要标准,虽

---

① 孔颖达五经诸疏多有承刘炫、刘焯者。此一问题可参见乔秀岩《义疏学衰亡史论》,第40—126页。

② 《全唐文》卷三八八,第3940页。

然儒家诗论对于声律问题的讨论,在唐时以及唐后并未取得完全的一致,甚至批评诗歌声律等形式问题的言说更占上风,但孔颖达对于声律正面价值的揄扬,不仅对于唐人影响深远,即后世学人受其沾溉者亦甚多矣①。

"声音之道与政通"至孔颖达的时代,已基本转换为"诗之道与政通",然因诗与政通隐含着双向互动关系。"声与政通"的正向诠释为"诗"乃是政治的反映,政治的良窳会在诗中有所呈现;反向诠释则为诗歌影响政治,其极端者即以为诗决定政治的状况。正向诠释并不否定诗对政治的影响,但并不以之为决定因素,由此,诗(文学)即可有较大的生长空间,而反向诠释则会形成对诗的极大制约②。不同的阐释进路会形成不同的阐释效果,并进而影响政治文化的形成。

乐(诗)与政治关系的讨论在隋唐之际是有关于政治理念的重要话题。王通曰"今言政而不及化,是天下无礼也;言声而不及雅,是天下无乐也;言文而不及理,是天下无文也。王道从何而兴乎"③,已极为重视乐对于王政的构建作用。由于王通门人在唐初政治中的影响力,王通此论实可视为隋唐之际的代表性论断。贞观二年,太宗与王通的弟子杜淹之间曾有一场乐与政治关系的对话:

> 太宗曰:"礼乐之作,盖圣人缘物设教,以为撙节,治之隆替,岂此之由?"御史大夫杜淹对曰:"前代兴亡,实由于乐。陈将亡也,为《玉树后庭花》;齐将亡也,而为《伴侣曲》,行路闻之,莫不悲泣,所谓亡国之音也。以是观之,盖乐之由也。"太宗曰:"不然,夫音声能感人,自然之道也,故欢者闻之则悦,忧

---

① 参见陈子龙《陈子龙诗集·湘真阁稿序》,上海古籍出版社,1983年,第770页。陈子龙以诗体论声而及情,其源头当在孔氏。

② 参见蔡瑜《唐诗学探索》,台北里仁书局,1998年,第237—324页。

③ 王通著、张沛校注《中说校注》,第15页。

> 者听之则悲。悲欢之情,在于人心,非由乐也。将亡之政,其民
> 必苦,然苦心所感,故闻之则悲耳。何有乐声哀怨,能使悦者悲
> 乎?今《玉树》《伴侣》之曲,其声具存,朕当为公奏之,知公必
> 不悲矣。"①

杜淹认同其师的论断,认为乐可决定政治的兴亡,但唐太宗则明确
采取正向诠释的进路,否认乐能够决定政治的论断,而以乐能够反
映政治并能产生教化的作用,但政治兴亡的决定因素在于为政者自
身的德行。太宗此论,作为贞观时期的基本共识,对于贞观之治的
形成应有重要影响。孔颖达《五经正义》对于"声音之道与政通"的
另一贡献,在于其对于乐与政治双向诠释的明确表述及其对正向诠
释的认可上:

> 亡国者,国实未亡,观其歌咏,知其必亡,故谓之亡国耳,
> 非已亡也。若其已亡,则无复作诗,不得有亡国之音。此云乱
> 世、亡国者,谓贤人君子听其乐音,知其亡乱,故谓之乱世之音、
> 亡国之音。《乐记》所云"郑、卫之音,乱世之音;桑间、濮上之
> 音,亡国之音",与此异也。淫恣之人,肆于民上,满志纵欲,甘
> 酒嗜音,作为新声,以自娱乐,其音皆乐而为之,无哀怨也。《乐
> 记》云:"乐者,乐也,君子乐得其道,小人乐得其欲。"彼乐得其
> 欲,所以谓之淫乐。为此乐者,必乱必亡,故亦谓之乱世之音、
> 亡国之音耳,与此不得同也。②

孔颖达疏解"亡国之音",以为有"将亡之国的音"与"使国家灭亡的
音"两种理解,将正向诠释与反向诠释并置一处。在可见的相关论
述中,孔氏是较早注意到乐与政治之间双向关系的儒家学者。由于
孔氏在反向诠释中增加了为政者的环节,亡国之音因为政者的个人

---

①《旧唐书》卷二八《音乐志》,第1041页。
②孔颖达《毛诗正义》卷一,第9页。

私欲而生,故而所谓"使国家灭亡之音"依然是政治的产物,反向诠释不过是正向诠释的自然延伸。在此阐释进路之下,诗与史(《春秋》)即是观察"王政"的风向标符。孔氏认同正向诠释,另外的佐证在于,中古时期,乐决定政治的诠释,通常以"乐理"为依据。如《动声仪》云:"宫唱而商和,是谓善,太平之乐。角从宫,是谓哀,衰国之乐。羽从宫,往而不反,是谓悲,亡国之乐也。"[1]此类自"乐理"释"政"的思路,本可以指向对于"将亡国之音"的乐理阐明,但常常被作为"使亡国之音"的乐理依据。郑綮《开天传信录》云:

> 西凉州俗好音乐,制新曲曰《凉州》,开元中列上献。上召诸王便殿同观。曲终,诸王贺,舞蹈称善,独宁王不拜。上顾问之,宁王进曰:"此曲虽嘉,臣有闻焉,夫音者,始于宫,散于商,成于角、徵、羽,莫不根柢囊橐于宫、商也。斯曲也,宫离而少徵,商乱而加暴。臣闻宫,君也;商,臣也。宫不胜则君势卑,商有馀则臣事僭,卑则畏下,僭则犯上。发于忽微,形于音声,播于歌咏,见之于人事。臣恐一日有播越之祸,悖逼之患,莫不兆于斯曲也。"上闻之默然。及安史作乱,华夏鼎沸,所以见宁王审音之妙也。[2]

类似于《开天传信录》中的此类故事,在中古乃至后世的文人书写中屡见不鲜。虽然此种带有寓言性质的"故事"难以具有"个体真实"性,但其既流行,则"一般真实"性无可怀疑。《乐纬》中关于乐与政治关系的言说,多为反向诠释的进路。孔颖达《五经正义》中多引纬书,但未见引用《乐纬》的痕迹,当是刻意选择的结果。孔颖达的"声"论,合拍于贞观时期的政治理念,在唐人的诗论中也不难发现

---

[1] 孔颖达《礼记正义》卷三七,第1080页。
[2] 郑綮撰、吴企明点校《开天传信记》,中华书局,2012年,第82页。

其影响①。但乐能兴国的反向诠释,总能为持论者的文化行为提供强有力的意义支撑,且能由此表达对于理想政治的期待,在王朝初建或危亡之际,易于获得认同②。孔颖达对于正向诠释的推重并不能掩盖异议的存在,在唐后,其声论也常遭遇挑战。虽然自诗歌自身的发展而言,两种诠释所产生的影响极为不同,然自孔氏推论所指向的政治期待而言,其与异议者实无二致。

结　语

　　中古时期的思想语境与诗论的发展,是孔颖达《五经正义》修撰重要的思想背景。孔氏试图通过《五经正义》为儒家思想确立能够应对佛道挑战的体系性与周密度,并由此为唐代政治文化的构建提供思想资源,而诗论则并非孔氏关注的焦点。由于受到刘炫、刘焯学术特点的影响,孔颖达的经典诠释也体现出对郑学追求体系性的偏离③,但《五经正义》疏解五部经典,虽在细处不免繁碎及前后相左等失误,于整体而言则勾连紧密,形上形下之学相互支撑,其系统与深入,当世儒者难有可比肩者。《五经正义》中关于"情""象""声"的讨论,虽然在诗学领域影响甚大,然孔疏论诗、论政、论道,实贯通为一整体。后世对于诗学影响的关注自然有其合理之处,但若只见一端,则难免会抹杀孔氏的思想功绩,关于其诗论的理解也难言彻底。由于《五经正义》在官方教育及科举中的经典地位,孔氏之论对于李唐士人的知识构成应有极为重要的影响。

①参见丁如明、聂世美校点《白居易全集》卷六五《策林》,上海古籍出版社,1999年,第897页。

②参见柳冕《与滑州卢大夫论文书》,《全唐文》卷五二七,第5356页。

③参见华喆《礼是郑学:汉唐间经典诠释变迁史论稿》,生活·读书·新知三联书店,2018年,第319—320页。

第五节 唐初的教育与科举:
儒学传播的制度路径

汉末以降,学术文化自政治中心移于地方,其传承寄托遂以世家大族为主,汉族学术文化因之而地方化及家门化,世家大族则逐步士族化,并渐成左右中古政局的重要力量。学术文化中心地位的丧失,意味着中央权力失去了对于经典解释权的掌控。在文化与政治高度融合的传统社会,文化教育制度与官员选拔制度常存结构式的对应关系,解释权的丧失,将直接导致政治权力的弱化。传统中国的选举制度,经历了世卿世禄制、察举制、九品中正制以及科举制的更替。在选举制度的变迁背后,总是对应着教育制度的转变及经典解释权的易手。传统社会结构的延续与再生产,正因教育制度与选举制度的并行而可能①,极具社会影响力的世家大族与文化资源的进一步结合,逐步削弱了中央权力在官员选举中的话语权力。通过社会资源的掌控与文化资本的获取,士族在中古政坛获得了极大的政治运作空间。魏晋南北朝时期,士族政治权利的升降与选举及教育制度的历史变迁大体合拍。隋统一南北之后,文帝正式废除九品中正制,收回地方辟举权:"(隋文帝)开皇十八年,又诏:'京官五品以上及总管、刺史,并以志行修谨、清平干济二科举人。'……当时之制,尚书举其大者,侍郎铨其小者,则六品以下官吏,咸吏部所掌。自是,海内一命以上之官,州郡无复辟署矣。"②强化中央官员任命

---

① 朱国华《权力的文化逻辑——布迪厄的社会学诗学》,上海三联书店,2004年,第89页。
②《通典》卷一四,第342页。

权力的同时,文帝试图重兴官学。但大乱初定,文化隔阂难以迅速
消除,士人对新兴政权仍存观望,加之文化传承积习非旦夕可改,兴
学之成效难符预期,不久,文帝即下诏废学。炀帝即位后,重开学
校,征召名儒,并设进士科取士,儒学一时为盛。虽然教育与科举的
改革并没有成功于隋代,但有隋两代帝王的努力,对于继之而起的
唐代,却具有重要的指导意义。

一 儒学制度化的功能与意义

唐初延续了自南北朝以来中央权力逐步加大掌控教育与选举
力度的历史走向,重建官学系统①,并通过科举取士制度的确立,奠
定中央权力的强势地位。唐建之始,儒学即受重视,在太宗看来,唐
代的政治与儒家文化实为不二之一体。唐虽以武立国,但“以文德
绥海内”才是太宗的根本追求,而教育制度、科举制度并为“文德”
政治的重要组成部分。“夫功成设乐,治定制礼。礼乐之兴,以儒
为本。弘风导俗,莫尚于文;敷教训人,莫善于学。因文而隆道,假
学以光身。”②作为治国之根本思想的儒学文化,在为帝国权力提供
合法性证明的同时,实现自身的制度化,并由之成为重要的文化资
源③。儒家思想虽有申“道”抑“势”、对于权力保持警惕的传统,但农
业社会的历史背景、儒家建基于家庭伦理之上的政治设计,以及其
理论本身对于等级的强调与传统社会结构所产生的天然亲和力,都
使得儒学必然摆脱不了与专制的纠葛:

---

① 在经典阐释未能统一之时,教育制度与选举制度配合而行对于政治权力具有
　重要的影响力,但在经典阐释取得统一时,教育制度的影响力则较为微弱。
② 吴云、冀宇校注《唐太宗全集校注》,第617页。
③ 儒家制度化包含两个层次:儒家的制度化与制度的儒家化。可参见干春松
　《制度儒学》,上海人民出版社,2006年。

　　　儒家思想与专制政治的许多纠结,是和儒家思想的性格有关系。儒家思想是在封建制度下产生的,儒家思想特性之一,它不是以打倒现实,去改造现实,而是想攒入到现实之中,采用脱胎换骨的方法去改造现实。这用儒家自己的术语来说,即是所谓"潜移默化"……此一思想性格的短处,是在于若界划不清、把握不定,则拖泥带水,常于不知不觉之中,易被腐朽的东西所假借利用。加以儒家思想形成后,政治情势由封建向专制演进,在长期的专制气氛和利害关连之下,……有与专制容易混淆的部分,如父子之亲、君臣之义等,便易受到过分的宣扬渲染,以至被专制的要求所渗透而发生变质。①

权力对于儒学的利用,是专制时代儒学的必然境遇:思想论证制度的合法性,制度保障思想的正确度。唐初对于儒学的提倡自然具有专制时代的固有特点,此亦为重儒政策无需明言、不可明言而众以为然的隐性目的。但除此固有特点之外,唐初对于儒学的提倡又有其时代特点(但个性之中,共性依然十分清晰),即对其实施"文德"治国纲领的重要推动。唐初的"文德"政治,是以"三代之治"为目标取向,借鉴陈隋、取法汉魏,既回眸历史又着眼当下,广收博取而约之以我所形成的一套高度成熟的政治形态。"这种政治的设计要求是一个庞大而复杂的'知-行'或'体-用'系统,简单地说,它是通过伦理与礼乐的内外配合,使社会成员的道德人格得到提高和完善;具有'真'的心地、'善'的德行和'美'的形容,从而构成安定有序的社会关系,并展开富有情味的人间生活,这就是经典儒家所谓的'教化''移风易俗'等等的基本方式和理想效果。"②正如唐太宗在其《帝范》中所言:"礼乐之兴,以儒为本",如何构建"文质彬彬"的唐代社会生活,以延唐祚,方是唐初崇儒的根本目的。

①徐复观《中国思想史论集》,上海书店,2004年,第99页。
②陈飞《唐代试策考述》,中华书局,2002年,第16页。

儒家对于传统中国的影响，本即盛于制度与生活领域：

> 儒者在古代本为典章学术所寄托之专家……汉承秦业，其官制法律亦袭用前朝。遗传至晋以后，法律与礼经并称，儒家周官之学说悉采入法典。夫政治社会一切公私行动，莫不与法典相关，而法典为儒家学说具体之实现。故二千年来华夏民族所受儒家学说之影响，最深最巨者，实在制度法律公私生活之方面，而关于学说思想之方面，或转有不如佛道二教者。[①]

儒学的制度化始于汉代，其逐步进入制度法律与公私生活并发挥重要影响力则始于魏晋，而成型于隋唐。其关键因素在于，通过科举制度的推行，既扩大了儒学的社会覆盖面，又真正促成了儒学作为主要文化资本的社会影响力。教育、科举与儒学的高度合一，共同促成了唐初儒学的强势复兴，儒学思想也因之成为初唐士人知识构成的重要因素。因此，对于初唐教育与科举的分析，无疑是把握当时儒学如何参与社会建构的重要前提。

二　官学系统的建立及其影响

中古"贵族政治"向近世"独裁政治"[②]转变的重要特征之一，即在于中央权力成为教育制度与选举制度的实际控制者，而唐正处于此一历史巨变的转折期。李唐皇室复兴儒学的举措大体承隋，首先致力于教学机构的重建与学规制度的制定。通过对于教育机构的掌控及经典解释权的攫取，唐代君主也渐成符号资本的集大成者，

---

① 陈寅恪《冯友兰〈中国哲学史〉下册审查报告》，《金明馆丛稿二编》，生活·读书·新知三联书店，2001年，第283页。另可参见瞿同祖《中国法律与中国社会》，中华书局，2006年，第373页。

② 参见内藤湖南著、夏应元等译《中国史通论》第三部分第一章的相关论述。

从而在政治与社会生活中,具备魏晋以降历代君主所难以企及的影响力。唐初的教学体系大致包含文馆与官学两大组成部分,其具体举措大致有以下几点:

(一)孔子的称圣与祭孔仪式的普及

尊周孔为圣师,自汉代已然,"明帝永平二年,养三老、五更于辟雍,郡县行乡饮酒礼于学校,皆祀圣师周公、孔子"[1]。武德二年,唐高祖下诏于国学立周公、孔子庙各一所,四时祭祀。至贞观二年:

> 左仆射房玄龄等建议:"武德中,诏释奠于太学,以周公为先圣,孔子配享。臣以为周公、尼父俱称圣人,庠序置奠本缘夫子,故晋、宋、梁、陈及隋大业故事,皆以孔子为先圣,颜回为先师,历代所行,古今通允。伏请停祭周公,升孔子为先圣,以颜回配。"诏从之。[2]

与孔子先圣地位的确立相应,在南北朝于政治中心设立孔庙的基础上,贞观四年,唐太宗下诏于各州县设立孔庙并四时祭祀,建立教育制度与儒学传播的明确关系,并通过此联系开始儒学教育的官学化进程。通过与中央权力的结盟,孔庙于是兼有正统文化宣导者与国家教育执行者的双重功能:"申言之,京师立庙,有别于原初孔庙,政治意图特为突显:但为维持奉祀之正当性,圣裔设立仍不可或缺。是故,不免染有家庙的残余性格。相对的,地方孔庙纯是遂行国家政教措施,而无此顾虑。这终使得孔庙完全脱离家庙性质,正式溶入国家祭祀系统,成为官庙的一环。"[3]孔子的封圣以及祭孔仪式向地方的普及,强化着儒学的经典性。在祭孔仪式推行的同时,一批

---

[1]《文献通考》卷四三,第405页。

[2]《文献通考》卷四三,第406页。

[3] 黄进兴《优入圣域——权力、信仰与正当性》,陕西师范大学出版社,1998年,第231页。

儒家学者被官方所认可,而得以配享孔庙。正是通过对于儒家人物的选择性认可方式,权力以树立典范的方式引导着儒学的发展走向。而通过祭祀的仪式活动本身的庄严、典雅与神圣,不但参与者易因之而认同儒学的独尊与神圣,即使旁观者也多因之而受感染,并进而认同仪式背后的价值取向。"仪式作为社会价值的重要载体,为社会行为树立了榜样和模范。通过这些仪式可以有效地将儒家的理念渗透到具体的社会生活中,从而反过来使儒学的价值观得到长久的保持。"①通过系列的仪式行为,权力有效地表达对于儒学作为主流文化符号代表资格的认可,并将社会的知识兴趣聚焦到儒学之上。

(二)文馆与学校的建立及其规章制度

唐初的教育体系包括文馆与学校两大系统,虽隶属关系不同,教学对象亦有差异,但教学内容大体相似。

唐初的文馆包括门下省的弘文馆与东宫的崇文馆。文馆之设由来已久,其原初目的本为图书典籍的编纂整理与保存,但在发展过程之中,功能渐趋多样,兼事史书修撰、典章制定、生徒教授与文学创作。与先唐文馆注重文化功能略有不同,唐初的文馆因时局而政治功能突出。武德四年,在门下省设置修文馆。同年诏许太子及秦、齐二王分别于王府开馆置学士。此时,文馆成为招揽人才从事政治军事活动的重要机构,而文化功能则相较为弱。至政局甫定,文馆开始生徒教授:

> 贞观元年,敕见任京官文武职事五品已上子有性爱学书及有书性者,听于馆内学书,其法书内出。其年有二十四人入馆,敕虞世南、欧阳询教示楷法。黄门侍郎王珪奏:"学生学书之暇,请置博士,兼肄业焉。"敕太学助教侯孝遵授其经典,著作郎

① 干春松《制度儒学》,第61页。

　　许敬宗授以《史》《汉》。二年,珪又奏请为学生置讲经博士,考
　　试经业,准式贡举,兼学法书。①

弘文馆的生徒教授本以书法为主——此与太宗时期弘文馆本为君
臣讲文论政之所,且太宗朝书风盛行有关,儒学教育相对边缘。但
在贞观二年王珪的上奏之后,生徒教授开始转向经业并以"准式贡
举"为主,书法则转为兼习。此次转变,表明弘文馆成为重要的贵族
教育场所之一,并与科举制度接轨。至贞观十三年,诏东宫置崇文
馆,"魏文帝招文儒之士,始置崇文馆,王肃以散骑常侍领崇文馆祭
酒。自后无闻。贞观中,崇文馆有学士、直学士员,不常置。掌教授
学生等业","其课试、举送如弘文馆"②。与弘文馆相同,崇文馆的生
徒教授亦以经业为主,但其学生人数较少,且对于出身资格颇有要
求:"凡馆二:门下省有弘文馆,生三十人;东宫有崇文馆,生二十人。
以皇缌麻以上亲,皇太后、皇后大功以上亲,宰相及散官一品、功臣
身食实封者、京官职事从三品、中书黄门侍郎之子为之。"③两馆生
徒多为贵胄子弟,入仕本不赖科举,但作为两馆生徒,则必须接受儒
学教育并参加考试。其目的在于通过儒学教育与考试磨砺,以提高
其文化修养、塑造其文化人格,使之成为适合帝国推行"文德"政治
需要的高级人才。同时,贵胄子弟修习经学,也有示范之用,有助于
形成崇儒重学的社会风气。
　　两馆生徒较少,出身资格较高,为唐初贵族教育的金字塔顶端,
与之相较,学校系统则规模宏大、生徒众多、制度完备,为唐初儒学
教育的主体形式。唐初的学校系统包含官学与私学两大类,而官学
则又有国学与州县学校之区别,其中国学影响较巨:

①《唐六典》卷八,中华书局,2005年,第255页。
②《唐六典》卷二六,第665页。
③《新唐书》卷四四,第1160页。

> 凡学六,皆隶于国子监:国子学,生三百人,以文武三品以上子孙若从二品以上曾孙及勋官二品、县公、京官四品带三品勋封之子为之;太学,生五百人,以五品以上子孙、职事官五品期亲若三品曾孙及勋官三品以上有封之子为之;四门学,生千三百人,其五百人以勋官三品以上无封、四品有封及文武七品以上子为之,八百人以庶人之俊异者为之;律学,生五十人,书学,生三十人,算学,生三十人,以八品以下子及庶人之通其学者为之。①

六学均隶属于国子监,依照生徒出身资格分层入学,但与两馆均为贵胄子弟不同,六学为下层官僚与平民子弟提供了就学机会,在重视出身的同时兼顾公平,保留了虽不通畅但至为重要的社会阶层流动渠道。

在对于六学生徒出身有严格规定之外,国子监的相关学规制度也较为系统严密。首先,在教学内容上,以儒家经典为主:"凡教授之经,以《周易》《尚书》《周礼》《仪礼》《礼记》《毛诗》《春秋左氏传》《公羊传》《穀梁传》各为一经;《孝经》《论语》《老子》,学者兼习之。"②在随书注中,又曰:"其《礼记》《左传》为大经,《毛诗》《周礼》《仪礼》为中经,《周易》《尚书》《公羊》《穀梁》为小经。"③国子监以九种正经、三种兼习之经为教学内容,且诸经有大、中、小之分,与科举考试的规定大抵一致。由于"开元已前,进士不由两监者,深以为耻"④,因此,国子监的教学内容设置以及经典的划分方式对唐代的学校教育无疑具有主导作用。其次,对于师生均有严格的考核

---

① 《新唐书》卷四四,第1159—1160页。
② 《唐六典》卷二一,第558页。
③ 《唐六典》卷二一,第558页。
④ 王定保撰、姜汉椿校注《唐摭言校注》卷一,上海社会科学院出版社,2003年,第12页。

制度。据《唐六典》:"每岁终,考其学官训导功业之多少;而为之殿最。"①学官主要为从教于六学的博士、助教等人。岁末,国子监将负责对其一年以来的教学与管理业绩进行考核,并分出优劣,实施奖惩。而对于生徒的考核,亦有明确规定:

> 国子博士掌教文武官三品已上及国公子孙、从二品已上曾孙之为生者,五分其经以为之业,习《周礼》《仪礼》《礼记》《毛诗》《春秋左氏传》,每经各六十人,余经亦兼习之。习《孝经》《论语》限一年业成,《尚书》《春秋公羊》《穀梁》各一年半,《周易》《毛诗》《周礼》《仪礼》各二年,《礼记》《左氏春秋》各三年……其习经有暇者,命习隶书并《国语》《说文》《字林》《三苍》《尔雅》。每旬前一日,则试其所习业。②

国子教学分经为业,以五经为主,而学有年限,大体为:大经三年、中经两年、小经一年半、兼习经则为一年。如此,根据科举考试的规定,习两中经或一大经一小经所需时间都为五年左右。而在习业的过程中,生徒还要面对极为严格的考试,即旬试和岁考。旬试通常在"每旬前一日","诸学生读经文通熟,然后授文讲义。每旬放一日休假。前一日,博士考试,其试读书,每千言内试一帖,帖三言;讲义者,每二千言内问大义一条,总试三条。通二为及第;通一及不全通者,斟量决罚"③。旬考有"试读"与"试讲"两项,均为考察生徒对于经典文本与义理的掌握,如果旬考不能合格,生徒将受到处罚。岁考则在年终举行;"岁终,通一年之业,口问大义十条,通八为上,六为中,五为下"④。岁考与旬考不同,在于其只有"口问大义"一个试

---

① 《唐六典》卷二一,第558页。
② 《唐六典》卷二一,第559页。
③ 《册府元龟》卷六〇四,第7255页。
④ 《新唐书》卷四四,第1161页。

项。根据所通经义的条数分上、中、下三等,如果生徒出现连续三年岁考为下的情况,则罢归。在经过旬考与岁考两项考核之后,多年习业的生徒还要参加"业成试","每岁,其生有能通两经已上求出仕者,则上于监;堪秀才、进士者亦如之"①。如生徒习经九年,仍不能通过"业成试"的也将被罢归。生徒通过"业成试"后,尚须参加最高级别的"监试":"凡六学生每岁有业成上于监者,以其业与司业、祭酒试之。"②只有通过了"监试",生徒才能参加科举考试。由此可知,生徒在取得科举考试资格之前,需要经过艰苦的学习与严格的选拔。虽然,以上所提及的各项学规制度主要着眼于国子学,但据《新唐书·百官志》"凡六学束脩之礼、督课、试举,皆如国子学"③,《唐六典·门下省》两馆"学生教授考试,如国子之制"④,则诸学馆的学规制度并如国子学。生徒除因不能通过考核受到处罚之外,如果出现以下情况,也在罢归之列:"凡学生有不率师教者,则举而免之……违程限及作乐杂戏者同,准弹琴,习射不禁。"⑤

(三)义疏的确定

完备系统的学规制度的推行,确保了儒家伦理规范的推行与经学的传习。而更能体现中央权力对于教育系统控制力的却是教材的统一。贞观时期,先后实现了经学版本与义疏的统一。在自汉以降经学版本各异、各守家法师说的基础上,贞观君臣以截断众流的气势,开创了"经学的大一统时代"⑥。虽然《五经正义》撰定之后在儒学系统中并未完全得到认同,但修订之后即付国学施行,因为国学在唐初科举中的重要影响,确保了《五经正义》在没有完全获得学

①《唐六典》卷二一,第559—560页。

②《唐六典》卷二一,第558页。

③《新唐书》卷四八,第1268页。

④《唐六典》卷八,第255页。

⑤《册府元龟》卷六〇四,第7255页。

⑥《旧唐书》卷一八九,第4941页。

术认同的情况下,以官方认可的形式在教育系统中发挥积极影响。将《五经义疏》定名为《五经正义》,表明儒家的义理解释在此时已得到统一,此为唯一标准解释,与此不同者均为异端。在社会资源被政治权力牢牢掌控的历史情境之中,合法性的阙如,意味着作为异端的经学阐释所代表的符号资本的弱化,而获得官方认可的经学阐释则是强势的符号资本。通过对经典的阐释,权力将符合自身利益的统治性话语转化为普遍性话语,并通过教学体系强化社会认同。儒学的制度化传播,不可避免地导致了权力、儒家思想与统治合法性之间的逻辑联系。但是儒家思想作为建基于日用伦常之上,且有着前现代民主要求的思想学说,本身含有了大量"理想政治"的言论。虽然,在政治权力高度强势的社会,儒学的流传必须依赖权力的支持,但儒学依然保持了对于权力的警惕。

教学体系的以上举措,通过国子学的示范作用,在州郡学校之中亦得以推行。学校系统的各项举措保证了儒学传播的上下畅通,但真正使得儒学突破士族家门范围,全面覆盖华夏社会的根本原因,却在于以儒学为取士标准的科举制的确立。

三 科举的演进与儒学传播

科举制度始于隋炀帝大业年间,而系统化于唐初。《新唐书·选举志》概述曰:

> 唐制,取士之科,多因隋旧,然其大要有三。由学馆者曰生徒,由州县者曰乡贡,皆升于有司而进退之。其科之目,有秀才,有明经,有俊士,有进士,有明法,有明字,有明算,有一史,有三史,有开元礼,有道举,有童子。而明经之别,有五经,有三经,有二经,有学究一经,有三礼,有三传,有史科。此岁举之常

选也。其天子自诏者曰制举,所以待非常之才焉。①

唐代的科举制度已经非常系统而严密,其主要特征有三:以考生来源为标准,可分为生徒与乡贡;以科目为标准,可分为秀才、进士、明经等科;以考试性质为标准,可分为常选与天子自诏的制举。科举制度的设立,对于有着悠久选士传统的中国社会来说,并不仅是传统中国选士制度的变更,而是多种社会力量长期博弈的结果,在某种意义上,它足以成为传统文化史的分水岭。

选士制度既与最高权力形态有关,复与士人风尚有重要干系②。正是通过科举制的建立,国家政治实现了由贵族政治向官僚政治的转化。曾经在政治生活中影响至巨的门阀士族也因科举制的推行而弱化其社会影响力,士人的命运逐步为中央权力所掌控:"文皇帝拨乱反正,特盛科名,志在牢笼英彦。迄来林栖谷隐,栉比鳞差,美给华资,非第勿处;雄藩剧郡,非第勿居。斯乃名实相符,亨达自任,得以惟圣作则,为官择人。有其才者,靡捐于瓮牖绳枢;无其才者,讵系于王孙公子! 莫不理推画一,时契大同。"③科举作为制度化的流通晋升渠道,是多数士人以文化能力换取政治身份以及社会资源的必由之径。虽然唐初科举尚属创建阶段,科举入仕在唐代早期也并非主要入仕渠道,但由于科举取士的广泛性以及高层提倡所形成的魅力光环,科举在唐初即具重要的影响力。"高祖武德初,天下兵革新定,士不求禄,官不充员,有司移符州县,课人赴调,远方或赐衣续食,犹辞不行,至则授用,无所黜退。不数年,求者浸多,亦颇加简汰。"④通过科举,并进而分享社会资源的渴望,使得众

─────────

① 《新唐书》卷四四,第1159页。

② 参见郑临川记录、徐希平整理《笳吹弦诵传薪录——闻一多、罗庸论中国古典文学》,上海古籍出版社,2002年,第271页。

③ 王定保撰、姜汉椿校注《唐摭言校注》卷三,第81—82页。

④ 《文献通考》卷三七,第347页。

多的士人奔走于科考之途。科举的设立与推行也浸久而成中国社会政治与文化的枢纽事件。科举考试的内容也因此具有强大的社会导向作用,左右着文化资源的配置并确定不同思想学说的学术位置。

唐初科举按考试性质可以分为常选与制举两种,而常选又主要以秀才、明经、进士三科为主。由于秀才取士标准较高,贞观之时秀才科已呈衰落之势,而明经、进士两科尤盛。因此,明经、进士两科的考试内容与取士标准便足以代表唐代科举。

唐代的明经置科取士大抵始于武德四年。《唐摭言》云:“始自武德辛巳岁四月一日,敕诸州学士及白丁有明经及秀才、俊士、进士,明于理体,为乡里所称者,委本县考试,州长重覆,取其合格,每年十月随物入贡。斯我唐贡士之始也。”①明经考试以儒家经典为主,按明经类别差异而有所不同。《新唐书·选举志》云:

> 凡《礼记》《春秋左氏传》为大经,《诗》《周礼》《仪礼》为中经,《易》《尚书》《春秋公羊传》《穀梁传》为小经。通二经者,大经、小经各一,若中经二。通三经者,大经、中经、小经各一。通五经者,大经皆通,余经各一,《孝经》《论语》皆兼通之。②

明经考试初仅试策,共试策十道,以经文及义疏为问,要求答策者能辨明义理,以此为通,其中,《周礼》《左氏》《礼记》各四条,余经各三条,《孝经》《论语》共三条。应试者根据报考的明经种类,确定试策出处。“通十为上上,通八为上中,通七为上下,通六为中上。其通三经者,全通为上上,通十为上中,通九为上下,通八为中上,通七及二经通五为不第。”③明经策试注重“经”“义”。在《五经正义》修定并付国学施用之后,“义”便以此为主。

①王定保撰、姜汉椿校注《唐摭言校注》卷三,第1页。
②《新唐书》卷四四,第1160页。
③《唐六典》卷二,第45页。

　　唐代常选以明经、进士两科为盛，而进士科为其尤者。王定保云："进士科始于隋大业中，盛于贞观、永徽之际；缙绅虽位极人臣，不由进士者终不为美，以至岁贡常不减八九百人。其推重谓之'白衣公卿'，又曰'一品白衫'；其艰难谓之'三十老明经，五十少进士'；其负倜傥之才，变通之术，苏、张之辨说，荆、聂之胆气，仲由之武勇，子房之筹画，宏羊之书计，方朔之诙谐，咸以是而晦之。修身慎行，虽处子之不若；其有老死于文场者，亦无所恨。故有诗云：'太宗皇帝真长策，赚得英雄尽白头！'"①进士科考试与明经相同，初仅试策五道："旧例：三道为时务策，一道为方略，一道为征事。近者，方略之中或有异同，大抵非精究博赡之才，难以应乎兹选矣。"②贞观试策，重在选拔实用人才，多着眼于政权的完善与巩固，故大体与"文德"纲领相应。贞观二十二年，王师旦知举时，以"此辈诚有文章，然其体性轻薄，文章浮艳，必不成令器"③为由，考张昌龄、王公瑾文、策全下，并受太宗认可，亦可表明，唐初进士考试以"风雅"为准。但仅试策的考试方式并没有维持太久，贞观八年时，太宗即诏进士试读经史一部。根据国子学旬考方式推断，"试读"即通过诵读的方式将所帖经文一并读出，因此，"试读"亦为帖经，则贞观早期已有意识考察进士对于经学的掌握——虽然帖经成为进士考的制度性规定形成于永隆二年《条流明经进士诏》颁定以后。

　　制举与常科两峰并峙，自成体系，是唐代科举的重要组成部分。制举以君主下诏求才为标志，具有临时开科、随意设目等特点。"其制诏举人，不有常科，皆标其目而搜扬之。试之日，或在殿廷，天子亲临观之。试已，糊其名于中考之，文策高者特授以美官，其次与出

①王定保撰、姜汉椿校注《唐摭言校注》卷一，第10页。
②封演撰、赵贞信校注《封氏闻见记校注》卷三，第17页。
③《唐会要》卷七六，第1379页。

身。"[1]唐初制举,最早见于高祖之时,"崔仁师,定州安喜人。武德初,应制举,授管州录事参军。"[2]太宗之后,屡兴制举,并有详细科目。但高祖、太宗之时,制举并非"定科"("定科"自高宗始),具有较为明显的自沿袭传统向制度创新衍变的时代特点。作为取士的重要形式,制举与常科同为实施"文德"纲领的重要手段。贞观十一年四月诏:"其孝弟淳笃,兼闲时务,儒术该通,可为师范,文词秀美,才堪著述,明识治体,可委字民,并志行修立,为乡闾所推者,举送洛阳宫。"[3]贞观十五年六月诏,令天下士庶之内,"或识达公方,学综今古,廉洁正直,可以经国佐时;或孝悌淳笃,节义昭显,始终不移,可以敦风励俗;或儒术通明,学堪师范;或文章秀异,才足著述;并宜荐举,具以名闻。"[4]于此可以推断,唐初制举的人才选拔大体以"德""才""文"为标准,而三者之中,德行特重。制举的推行,并非仅为官僚集团提供后备人才,更是希望通过制举的示范作用,激励士操、淳化民风,并"饰之以文",从而形成安定有序且"文质彬彬"的社会生活。制举之兴,根在世崇儒学,则儒学传播与制举的关系不言自明。

余　论

经过漫长的文化交往与礼仪实践,儒家文本渐成经典。而经典化的过程,实为政治权力的需要与儒家自身追求之间互相适应而又适度保持自身特色的长期磨合。儒学思想对于基本价值的追求与等级结构的维护,使其在为政治权力提供合法性论证的同时,又能

---

[1]《通典》卷一五,第357页。
[2]《旧唐书》卷七四,第2620页。
[3]徐松撰、孟二冬补正《登科记考补正》,北京燕山出版社,2003年,第18页。
[4]徐松撰、孟二冬补正《登科记考补正》,第21—22页。

兼顾社会生活,从而有效保证社会生活的有序演化。政治权力对于儒学合法性的依赖,必然要求将儒学贯彻于政治与社会文化生活之中,而教育与科举为其主要措施。由于科举作为社会流动的重要孔道的地位,直接决定个体乃至家庭对于社会资源的占有,因此在科举制度确立、士人命运与科举息息相关之时,科举便成为时代政治与文化生活的枢纽。教育制度转而服务于科举,依科举而确定教学内容与考核制度。虽然唐代科举对于"文才"的推重,部分削弱了儒学在科举中的地位,但如上文所述,唐初的科举考试坚持了较为严格的儒家标准。正是在科举与教育的共同作用下,唐初儒学的复兴势头十分迅猛。上自公子王孙,下至士庶、武人,乃至他国之人,并从师受学,儒学教育全面展开,加之受业之人多有科举或类科举(如旬试、岁试)的考试经历,因此,在唐初士人入仕之前的知识构成中,儒学为其主体部分,权力对儒学的推重,至此方才落到实处。

第六节　唐初史臣文论的南朝批评
及其对诗歌体式的要求

　　《五经正义》的修订而外,前朝诸史的编撰,同样是此时期影响重大的文化事件。由此,对史臣文论的考察,即成为理解唐初文坛儒学之影响的有效路径,且其考辨,亦可成为重新定位传统文论研究方法的一个契机。在中国传统文论的研究中,对于思想观念语义认知的关注,似乎是一个不言而喻的共识。虽然,作为一种不失有效的研究方式,其流行本身并无太多可议之处,然而当研究者于不经意间做出"将观念约等于现实"的跨界断言时,却常常会忽视两者之间所可能存在的断痕与错位。唐初的文论批评在通行的文学批评史的价值定位中,并无特出之处①。即使数十年来诗格文献的整理与研究,已逐步提升了唐初文学批评的地位与影响,诗格兴起之前的武德、贞观时期的文论批评,"政教诗说之复兴"的定位一仍其旧。虽然强大的文献基础支撑了此一表述的有效性,但在儒学影响持续不衰的传统社会,若止步于此表述本身,自难跳出对"写什么"及"为何而写"过度关注的言说传统。但批评指向的高度集中,并不必然带来观念阐释的系统与周密。至少,在"诗教说"产生的动力与条件以及体式技法与主题功能之内在关联等问题上,犹存有考辨的空间。唐初史臣文论的南朝批评,对于文学功能与价值的强调,同步于"诗教说"的强大传统,但此种批评常常逸出主题与功能之外,注目形式与技法的特性,又提示着史臣文论作为分析样本的独特价值。无论儒学在观念层面如何要求或指导文学,其影响效果的考察,都要最终落实到文学作品的书写实践。故而,"如何写"是政教诗说理论逻辑的内在延伸。当儒学对于理想文学体式的要求与文学的特性及书写传统互生影响之时,儒学影响文学的可能与限度,方能得到恰当的展现。唐初政教诗说与诗格兴起的内在关联,在此逻辑之下,或可寻得一不失合理的解释。

一 史臣文论的"南朝批评"

开皇九年(589),隋灭陈,陈后主于井中,南北长达三百余年的分立至此而终。拥有"南朝"之共名的南方各朝,在文明创造上所形成的影响力,成为来自北方的征服者不得不去面对的历史重负。作为"南方"的学习者与征服者,同样以华夏正统自居的北方王朝,如何利用传统的思想资源以调适"文明"与失败之间的落差,既关联于

①参见罗宗强《隋唐五代文学思想史》,中华书局,2003年,第28页;王运熙、顾易生《中国文学批评史新编》,复旦大学出版社,2001年,第176页。

北方王朝的合法性论证,同样也关联着历史观念的推演。当"文学"在南北互动中,已确立作为南方"文明"之标识的地位时,对于"文学"的批评,也随即成为历史理解的文学投影。

唐初的史臣文论并无意于文学历史的线性描述与技法演进的细致勾勒,中古史学的体例特点,决定了"南方失败的合理化"方是史臣文论批评的动力所在:

> 江左梁末,弥尚轻险,始自储宫,刑乎流俗,杂滗澋以成音,故虽悲而不雅……原夫两朝叔世,俱肆淫声,而齐氏变风,属诸弦管,梁时变雅,在夫篇什。莫非易俗所致,并为亡国之音。[1]

在王朝自我合法性论证的言说传统中,胜利方"有征无战"的道德标榜,会自然而然地将"失败者"道德感的丧失作为言说的重点,故而,推敲权力私化与腐化的起点与根源便成为基本的叙述模式。虽然,此种最终常会将权力的腐化与私化作为王朝或某一政治共同体失败之根本内因的解释模式,足以见出史家见解的理性与深刻,但试图将对抗权力私化与腐化的可能奠基于人性的道德自觉,则无疑又可见出史家的无奈与识见的简陋。唐初史臣受南朝史学影响,好以论、序剖析历史之得失成败,然而史识之水准却似乎并无显著之提升。相较于干宝《晋纪总论》将亡国归因于清谈,李百药以变风变雅为亡国之征兆,虽可透露出南方数百年间士人风习的流转变迁,但对于道德的关注却始终一贯,文论批评的焦点,自然而然地指向"道德腐化的可能性"。《陈书》卷六《后主传》曰:

> 退观列辟,篡武嗣兴,其始也皆欲齐明日月,合德天地,高视五帝,俯协三王,然而靡不有初,克终盖寡,其故何哉?并以中庸之才,怀可移之性,口存于仁义,心怵于嗜欲。仁义利物而

----

[1]《北齐书》卷四五,第602页。

道远，嗜欲遂性而便身。便身不可久违，道远难以固志。佞谄之伦，承颜候色，因其所好，以悦导之，若下坂之走丸，譬顺流而决壅。非夫感灵辰象，降生明德，孰能遗其所乐，而以百姓为心哉？此所以成、康、文、景千载而罕遇，癸、辛、幽、厉靡代而不有，毒被宗社，身婴戮辱，为天下笑，可不痛乎！古人有言，亡国之主，多有才艺，考之梁、陈及隋，信非虚论。然则不崇教义之本，偏尚淫丽之文，徒长浇伪之风，无救乱亡之祸矣。①

人有善端或人有为善之可能，然圣人千载一逢，中人可以向善却更易为恶，儒家对人性的基本共识，实隐含着人性不可依赖而又不得不依赖的深沉感喟。史家试图以"教义"阻断为政者道德滑落的尝试，似乎总难破解王朝荣辱兴衰与为政者道德良窳似影如形般的叠加交缠。当道德水准的考量成为王朝盛衰的标志时，道德也随同王朝的兴起与灭亡，具有了一种周期性的生命形式，历史由此便可简化成道德的"兴起—滑落—中兴—滑落—溃败"的过程，文学在此种历史观念之内，同样也难以跳出文质相替的古今循环。如果说，此种难以跳脱的古今循环，其内在推动为"人之为善"的可能与不可能，其外在的推动则为相关的诱导力量，"淫丽之文"作为"教义之本"的腐蚀剂，自难逃史臣的严厉抨击：

> 及后主嗣位，耽荒于酒，视朝之外，多在宴筵。尤重声乐，遣宫女习北方箫鼓，谓之《代北》，酒酣则奏之。又于清乐中造《黄鹂留》及《玉树后庭花》《金钗两臂垂》等曲，与幸臣等制其歌词，绮艳相高，极于轻薄。男女唱和，其音甚哀。②

"淫丽"含有"邪""偏而不正"之义，首先关联于"写什么"的主题选择。政教诗说虽然在现代学术兴起以来的文学批评中饱受抨击，但

---

① 《陈书》卷六，第119—120页。
② 《隋书》卷一三，第309页。

儒家宣扬政教诗说的苦心孤诣，却是植根于对维持"道德共同体"越挫越勇的期盼与渴望。当史家对于历史的理解无法突破治乱相仍的循环史观，上古三代依然拥有不可置疑的"神话"位置时，对于"教化"的宣扬，即有其难以替代的功用与位置。虽然，道德惩戒的成本限制、道德标准自身的历史性以及权力必然私化与腐化的内在逻辑，往往让"教化之说"的高自标置难以真切应对历史变局的深沉危机；政教诗说对于道德腐化的敏感，也难以避免言说者出于私利的策略展演，但前后一贯的坚持也更易见出建立于历史经验之上的真诚。陈后主与幸臣所制之歌词以及萧梁所流行的宫体，无论其所关注的声色物象有何种差异，主题上注重个体性情感与欲望的书写却为其共通之处。此一点，无疑背离了政教诗说对题材之"公共性"的要求。同时，此类题材在形式上的出巧翻新，也会因其"过度"而偏离政教诗说在形式上的"雅正"要求：

> 梁自大同之后，雅道沦缺，渐乖典则，争驰新巧。简文、湘东，启其淫放，徐陵、庾信，分路扬镳，其意浅而繁，其文匿而彩，词尚轻险，情多哀思。格以延陵之听，盖亦亡国之音乎！①

与主题上注重"公共性"相应，形式上的古朴与率直也通常会成为政教诗说所认可的书写风格。虽然，"文质彬彬"的典范标榜，总在提示政教诗说对于"文饰"的认可，但文明意味着成熟，而成熟必将走向衰败的认知习惯，又暗示着"文饰"与"过度"的一体两面。"江南"以及后来流行的"南朝"，在标示地理方位与在地王朝之外，总夹杂着企羡、哀叹甚或强作鄙夷的复杂情绪。南方的王朝更迭，伴随着史学与文学的逐步独立，当文学在南北互动中，成为南方以及"华夏"的符号时，文学的"过度"也即成为南方腐化与失败的表征。"争驰新巧"的南方文学，梁陈之际业以其在音韵与韵律上的"四声八

---

① 《隋书》卷七六，第1730页。

病"之说与修辞上的"偶对隶事"耸动南北。

上古汉语本无声调,由韵素调声,及声调渐兴,音节长短的调声作用,遂受压制,韵素音步逐渐过渡至音节音步,汉字单音节化,复合词批量增加,五七言诗歌发展的韵律基础由此奠定。虽然,"四声八病"说的成型依赖于声调在齐梁时的四声俱全,但声律在诗歌成句、成联以及成章中的重要作用却与诗歌相始终。故而,"四声八病"说不过是诗歌发展对声律理论系统化的历史要求。但"如何写"与"写什么""为何而写"的内在关联,也预示着"四声八病"的流行必然带来诗歌体制与主题的变化,以及由此而产生的诗歌功能的变化:

> 自古辞人,岂不知宫羽之殊,商徵之别? 虽知五音之异,而其中差参变动,所昧实多,故鄙意所谓"此秘未睹"者也。以此而推,则知前世文士,便未悟此处。若以文章之音韵,同弦管之声曲,则美恶妍蚩,不得顿相乖反。譬犹子野操曲,安得忽有阐缓失调之声? 以《洛神》比陈思他赋,有似异手之作,故知天机启则律吕自调,六情滞则音律顿舛也。

沈约《答陆厥书》①

二十世纪的文学批评史多在"诗乐分立"的框架内,解读并定位"四声八病"说,但近十年来的研究已大体勾勒出"四声八病"说与"合诗入乐"的关联线索,服务宴会享乐之需乃"四声八病"说兴起直接推力②。沉溺享乐与权力的腐化及道德的败坏不过一步之遥,而服务于诗歌入乐的功能定位,也必然会导致诗歌主题与风格的变化:

> 然则子山之文,发源于宋末,盛行于梁季。其体以淫放为

---

① 严可均辑《全上古三代秦汉三国六朝文》,第3116页。

② 参见吴相洲《论永明体的出现与音乐之关系》,《中国诗歌研究》第一辑,中华书局,2002年,第117—144页。

本，其词以轻险为宗。故能夸目侈于红紫，荡心逾于郑、卫。昔杨子云有言："诗人之赋，丽以则；词人之赋，丽以淫。"若以庾氏方之，斯又词赋之罪人也。①

虽然"掇彼清音，简兹累句"的表述隐含了"声律风骨"合一的可能，但在南北诗人尚未能找到两者有效结合的路径之时，"四声八病"便成为诗歌"淫放""轻险"的替罪者。如此认识，也自然影响了武德贞观文坛对声律说的接受。北魏末期，沈约《四声论》已播于北土，然士人之态度莫衷一是。"四声八病"之说，至北齐北周方始盛行，南北声律之探求，至此大体同步②。唐初史臣以"河朔词义贞刚，重乎气质"③，常会造成河朔文风宏壮而技法粗率的接受印象，但若以南北对立末期，北方诗歌声律技法之演进而言，恐未必确当。史臣对"四声八病"的批评，虽未能抵抗齐梁体流行的历史大势，但毕竟延缓了诗律理论精密化的脚步④。

古典诗歌双（音）节成（音）步、双步成句以及双句成联的特点⑤，决定了诗歌对于对偶的依赖。虽然唐代诗格关于对偶的讨论多聚焦于其作为修辞术的层面，但对偶作为诗体建筑术的角色却有着更为基础性的影响，五言诗由"体俳"而"体语俱俳"的历史进程即可为注脚⑥。作为组建诗歌（韵文）的基本方式，对偶会增强一行之内上句与下句之间的呼应感，并以语言与节奏上的对称强化诗行语义与韵律的闭合性（稳定感）。但诗歌对于语意脉络连贯性的要

---

①《周书》卷四一，第744页。

②参见卢盛江《文镜秘府论研究》，人民文学出版社，2013年，第385页。

③《隋书》卷七六，第1730页。

④参见杜晓勤《齐梁诗歌向盛唐诗歌的嬗变》，北京大学出版社，2009年，第25页。

⑤参见冯胜利《汉语韵律诗体学论稿》，商务印书馆，2015年，第51—66页。

⑥参见胡应麟《诗薮》，中华书局上海编辑所，1958年，第28页。

求,又同时会呈现出"去对偶化"的倾向。故而,"作诗不对,本是吼文,不名为诗"虽为共识①,但对偶的过度使用,在增强诗歌铺叙功能的同时,也会带来章节、语义的复沓以及节奏的迟缓,并进而影响诗歌主题选择与功能定位。"诗教化"对于对偶精致化的警惕实亦导源于此。而当对偶的特别形式——"隶事"被频繁使用时,语词的典雅与语义的密集必然会放大诗文的形式特征,但其知识化与学术化,也同样会为诗歌功能的作用发挥设置难以跨越的障碍:

> 近任昉、王元长等,辞不贵奇,竞须新事。尔来作者,寖以成俗。遂乃句无虚语,语无虚字,拘挛补衲,蠹文已甚。但自然英旨,罕值其人。词既失高,则宜加事义。虽谢天才,且表学问,亦一理乎! ②

清谈的风气消歇,南方的世家大族也在王朝更迭中威势渐损。庶族及南方土著的兴起,挑战着世家大族的政治与社会地位,并在对士族风流的模仿与参与中,分享曾为世家高门所独享的荣光。虽然自学术风气的转圜,如古文经学的兴起、史学的兴盛诸角度均可为隶事之风的兴起寻得一合理的解释③,但士人在营造或参与此种风习之养成过程的动力与心态,或许即会遭到忽视。隶事之风倡始于南齐之王俭,而擅长且乐于此道者多出身高门,亦可见出知识的展演已成为辉光黯淡的南方士族维持自我身份与特性的最后防线④。以诗文之隶事而言,刘宋同样是一个重要的历史节点:"诗以用事为

---

① 参见王昌龄《诗格》,张伯伟《全唐五代诗格汇考》,凤凰出版社,2002年,第171页。
② 钟嵘著、曹旭集注《诗品集注》,第228页。
③ 参见何诗海《汉魏六朝文体与文化研究》(北京大学出版社,2011年)第六章的相关论述。
④ 参见郑毓瑜《文本风景:自我与空间的相互定义》,台北麦田出版社,2005年,第105页。

博,始于颜光禄,而极于杜子美。"①齐梁之时,诗文用典之繁复又远过之,至有以隶事为戏而成文者。隶事之习,由南而北,流风所及,邺下遂有谚云:"博士买驴,书券三纸,未有驴字。"②伴随声律、属对技巧的提升以及学术趣味的增长,日益技术化的"文学",逐步疏离了政教诗说所倡导的实用价值:

> 魏之三祖,更尚文词,忽君人之大道,好雕虫之小艺。下之从上,有同影响,竞骋文华,遂成风俗。江左齐、梁,其弊弥甚,贵贱贤愚,唯务吟咏……竞一韵之奇,争一字之巧。连篇累牍,不出月露之形,积案盈箱,唯是风云之状。世俗以此相高,朝廷据兹擢士。禄利之路既开,爱尚之情愈笃。于是闾里童昏,贵游总丱,未窥六甲,先制五言。至如羲皇、舜、禹之典,伊、傅、周、孔之说,不复关心,何尝入耳。以傲诞为清虚,以缘情为勋绩,指儒素为古拙,用词赋为君子。故文笔日繁,其政日乱,良由弃大圣之轨模,构无用以为用也。③

虽然,此段论述采自杨隋治书侍御史李谔的上疏,但据李延寿《北史·文学传序》关于隋文"斫雕为朴,发号施令,咸去浮华。然时俗词藻,犹多淫丽"④之论述所表现出的情感认同,实可将其与史臣文论同等视之。李延寿在同篇传序中虽然并不认可苏绰的文体改革,但同样也未认可当时风行关右的江南文风。经典的万世光芒与文运随世而迁之间的错位,构成了政教诗说难以平衡而又无法回避的一组难题。唐初史臣类如"能丽而不浮,典而不野"⑤的常态表述,

① 张戒撰、陈应鸾校笺《岁寒堂诗话校笺》,巴蜀书社,2000年,第16页。
② 颜之推撰、王利器集解《颜氏家训集解》卷三,第177页。
③ 《隋书》卷六六,第1544—1545页。
④ 《北史》卷八三,第2782页。
⑤ 《梁昭明太子文集》卷三《答湘东王求文集及〈诗苑英华〉书一首》,《四部丛刊初编》第134册,上海商务印书馆,1922年,第22页。

看似在提供可作为标准的典范，但对平衡与完善的过度追寻及技法
探究的缺失，却恰恰暴露出史臣难以提示有效路径时的虚与委蛇。
在此逻辑上，善于以儒家理论为支撑的《诗格》的流行，便可视作对
史臣文论的补白。

史臣文论主要见之于各书《文学传序》或《文苑传序》的体例安
排以及好为通论的批评习惯，均具有南朝史学的鲜明烙印。然而形
式上的相近，并未能带来文学理解上的相互认可。唐初史臣文论的
内在逻辑，必然会导致"淫丽之文"出于无德者之手的结论，此一点
相较于以立身与为文可以两分的南朝文论，无疑过于保守。而在
"文人无行"的理解上，北齐杨遵彦《文德论》"以为古今辞人皆负才
遗行，浇薄险忌"[1]的表述，虽非为北人之孤鸣独响，但相较于南方对
于"文士无行"追问中的理性与温情，北人的表述无疑简单而粗率：

> 每尝思之，原其所积，文章之体，标举兴会，发引性灵，使人矜
> 伐，故忽于持操，果于进取。今世文士，此患弥切，一事惬当，一句
> 清巧，神厉九霄，志凌千载，自吟自赏，不觉更有傍人。加以砂砾
> 所伤，惨于矛戟，讽刺之祸，速乎风尘，深宜防虑，以保元吉。[2]

很难设想，如若南方文学的进程未为政治的变动所阻断，南方的文学
批评又将会呈现出何种面貌。毕竟在唐初史臣文论还徘徊于"人品
与文品""风雅与郑卫"这类话题之时，南方已经拥有了诸如《诗品》
与《文心雕龙》之类的文论佳构，其所讨论问题的广度与深度也非北
方所可比肩。北方以及因"南方的失败"而面临巨大道德压力的南
方史臣在寻找"失败之因"的初衷之下，矮化同时也简化了南方的文
学[3]。幸亏历史文本的字里行间总会留有不同于主流的异调别响：

---

①《魏书》卷八五，第1876页。
②颜之推撰、王利器集解《颜氏家训集解》卷四，第238页。
③参见王文进《南朝山水与长城想象》，河南人民出版社，2018年，第251页。

> 自中原沸腾，五马南度，缀文之士，无乏于时。降及梁朝，其流弥盛。盖由时主儒雅，笃好文章，故才秀之士，焕乎俱集。于时武帝每所临幸，辄命群臣赋诗，其文之善者赐以金帛。是以缙绅之士，咸知自励。至有陈受命，运接乱离，虽加奖励，而向时之风流息矣。《诗》云："人之云亡，邦国殄瘁。"岂金陵之数将终三百年乎？不然，何至是也。①

虽然试图在历史的编撰中融入书写者对历史的理解已是七世纪初史家的共识，但对"人""事"的过度聚焦，却让史家难以衡量独立或半独立于人事的因素在历史演进中的影响。史家以"数终三百"之气运回应南方的失败，在时人的知识结构与接受习惯中，或许同样真诚而有效。但如此的回应，又很难不被视为对问题本身的回避。然而，史家的困惑，又往往在提示着扭转探求方向的可能。至少在以上的论述中，作为南方文明之表征的文学，已不再是南方失败的罪责承担者，相反却是南方王朝命运的荣辱与共者。虽然偶一展现的对梁陈文学的肯定，并不足以影响史臣文论的主流观念，然而唐初文论欲试图重新接榫南方文论的进程，跳出"文质"论体系的约束，将为其必由之径，这在某种意义上，也是文学演进的内在要求。

二　构建典范：史臣文论对诗歌体式的要求

对南方文学的批评，并未影响唐初史臣对文学功用的肯定，甚而其关于"文用"论述之系统较前贤犹有过之②，但禁忌的设置，却隐含着压制诗文写作热情的可能。在"文学"已成为王朝正统性之表征的时代，禁忌的提示以及缺少实例支撑的理想倡导都不足以迎合大一统帝国对于"文学"的期待。当"写什么"与"如何写"之间的

①《南史》卷七二，第1762页。
②《隋书》卷七六，第1729页。

内在关系已被魏晋以来的文论批评所点明并强化之时,史臣文论无论其立意如何高远、初衷如何动人,都无法漠视文学演进之事实对政教诗说的历史影响。故而,大一统时代的文学典范,既需要在"写什么"的主题选择上划定较为稳定的界限,同样也需要在"如何写"的体式规定上提供可资效仿的样板。

李延寿《北史·文学传序》曰:

> 炀帝初习艺文,有非轻侧,暨乎即位,一变其体。《与越公书》《建东都诏》《冬至受朝诗》及《拟饮马长城窟》,并存雅体,归于典制,虽意在骄淫,而词无浮荡。故当时缀文之士,遂得依而取正焉。①

隋炀帝是齐梁之后南北文坛为数不多受到史臣如此肯定的"缀文者"。李延寿的此段论述在史臣文论中所以特别,正在于以例证的方式,给出了"并存雅体,归于典制"的样板②。这也为探究唐初官方理想的诗歌体式,提供了可供具体讨论的案例。杨隋之时,诗歌可谓各体兼备,李延寿惟取以上两诗为样板,其要因乃为语体之雅正、典制。由于政教诗说对于教化功能的强调,语体在确立诗歌典范的过滤机制中作用最为根本。

语体是语言在直接交际中包含正式与非正式及俗常与庄典两组二元对立的功能体系③。作为语言交际时,标识"说者与听者"相互关系的产物,语体的形成机制,依赖于距离感的判断与呈现。共时性的距离判断,形成正式与非正式的区分,而历时性的距离感则形成俗常与典雅的差异。虽然语体非文体,但以"对象、场合、内容、

①《北史》卷八三,第2782页。
②由于《与越公书》及《建东都诏》的文章体式不在本节讨论范围之内,故置而不论。《冬至受朝诗》与《拟饮马长城窟》,逯钦立辑校《先秦汉魏晋南北朝诗·隋诗卷三》有收录,惟文题稍异。
③参见冯胜利《汉语韵律诗体学论稿》,第67—89页。

态度"为判断要素的语体在为文体形成提供原初动力时,通常也受制于文体的内在构造机制。故而,在文学文体的演化过程中,文体与语体之间会自然而然地形成高度的对应关系:

> 古之诗有三言、四言、五言、六言、七言、九言。……古诗之三言者,"振振鹭,鹭于飞"之属是也,汉郊庙歌多用之;五言者,"谁谓雀无角,何以穿我屋"之属是也,于俳谐倡乐多用之;六言者,"我姑酌彼金罍"之属是也,乐府亦用之;七言者,"交交黄鸟止于桑"之属是也,于俳谐倡乐世用之;古诗之九言者,"泂酌彼行潦挹彼注兹"之属是也,不入歌谣之章,故世希为之。夫诗虽以情志为本,而以成声为节,然则雅音之韵,四言为正,其余虽备曲折之体,而非音之正也。
>
> 挚虞《文章流别论》①

以语体之雅正而言,挚虞此文排列的先后次序为四言、三言、六言、五言与七言,然较之于隋唐之际以四言、五言为典正的批评实际,西晋以降,诗体的语体功能已有明显的移位现象。

四言的最早成熟以及在传统社会百代不降的典范地位,源于四言的兴盛与汉字单音节化之历史趋势的合拍,以及四言的二二成句对传统诗歌构造机制上"双分枝"要求的应合②。但中古时期,汉语词汇的大量双音节化所造成的二二节奏的固定化③,已不同于《诗经》以单音词为主,通过添加虚字或衬字以形成双音结构的组合方式。相较于《诗经》以单音词为主之四言长于抒情,双音词为主的四

---

① 严可均辑《全上古三代秦汉三国六朝文》,第1905页。
② 葛晓音在论及四言的最早成熟时,也认为二二的主导节奏、两句一行为主的基本结构具有重要作用。参见《先秦汉魏六朝诗歌体式研究》第21—42页的相关论述。另可参见王云路《中古汉语词汇史》,商务印书馆,2011年,第127—28页。
③ 参见王云路《中古诗歌语言研究》,世界图书出版公司,2014年,第445页。

言业已呈现出适合铺叙的赋化特征,四言作为诗体的独立价值逐步降低。虽然,由于《诗经》的经典地位以及二二节奏的标准性,四言依然拥有其他诗体无可比拟的崇高位置,但四言的使用范围已被逐步压缩入特定的,以凸显庄重、肃穆与典雅之氛围为主的场合。两汉之后,四言创作虽依然产生了曹操、嵇康与陶潜等四言高手,但"四言诗缔造良难,于《三百篇》太离不得,太肖不得;太离则失其源,太肖只袭其貌也"①的感慨,方是后世对待四言的基本态度。三言虽有较为古老的出身,汉时亦多郊庙歌辞之作,但三言在音步组合上的悬差效应(一个残音步+一个标准音步),让三言在语体上难以承担雅正的要求:"今汉郊庙诗歌,未有祖宗之事,八音调均,又不协于钟律,而内有掖庭材人,外有上林乐府,皆以郑声施于朝廷。"②虽两汉之后,三言仍不乏郊庙歌辞与文人之作,但"语既短简"的三言,作为意义的表达单位过于短小;且其节奏短促、"声易粗涩",极易形成上下句之间在语义与节奏上的高度依赖。诗体对诗歌语义与情感节奏的主导,压缩了诗人的腾挪空间,自然也就限制了三言的发展。三言可与五言特别是七言形成相应诗体,在杂言体中具有重要的节奏调节功能,后世诗歌创作对三言的使用,多止步于此。而六言如若无调节词的加入,则会形成三三或二二二的基本节奏。此类六言句不可有间拍成分且上下句的句式必须一致,对于诗歌而言,则极易造成因音节过于急促而难以延展气脉,或音节过于舒缓而节奏迟涩拖沓的不良效果③,故而,中古时期的六言多以歌词的方式出现,但这又会造成六言低俗的接受印象:"窃寻乐府雅歌,多皆不用六字。近代有《三台》《倾杯乐》等艳曲之例,始用六言。今故杂以

---

① 沈德潜著、霍松林校注《说诗晬语》卷上,人民文学出版社,2005年,第198页。
② 《汉书》卷二二,第1071页。
③ 卢冠忠《论六言诗与骈文六言句的韵律及其句法之异同》,冯胜利编《汉语韵律语法新探》,中西书局,2015年,第465—486页。

'兮'字,稍欲存于古体。起草适毕,未敢为定……封稿本上呈,可不
之宜,伏听后命。"(许敬宗《上恩光曲歌词启》)①与六言相类,七言
同样有"俗体"之称,且其得名应更早于六言:

> 从"七言"不名诗这一层看来,知道当时人对于七言韵语视
> 为俗体。从傅玄《拟四愁诗序》看来(按:《序》云:"张平子作四
> 愁诗,体小而俗,七言类也"),知道晋人观念亦尚如此。……从
> 歌诀、《零丁》都用七言这一事实看来,可以知道七言韵语确为
> 当时流行的俗体。②

七言在汉代的使用主要见之于字书、镜铭、医书以及民间谣谚等与
日常生活相关的领域,即使在精英的文化活动中,七言曾偶露头角,
但"体小而俗",在七言的雅化尚未完成之前,依然是其难以摆脱的
身份定位。虽然典型七言句式"二二三"的三分节奏及两个标准韵
律词与一个超韵律词的构成结构,可被视为中国诗歌韵律结构的基
本完成③,但隋唐之际的七言尚是一种技法有待提升的诗歌体式。
当三言、六言、七言均不能成为唐初史臣所能认可的诗歌体式,而四
言的应用又有场合的限制时,五言就成为最终的选择。但刘宋永嘉
之际,五言已呈"体语尽俳"之势,及永明声律论大行,齐梁调及徐庾
体遂与五言古体并肩通衢成五言之新典型。故而,对于唐初史臣而
言,五言古体与近体之间的关系处理,又将成为必然要跨越的障碍。
　　五言继四言之后,成为发展最快、技法提升最为迅猛的诗体。
挚虞之时尚被俗体之名,至钟嵘《诗品》已有"居文质之要"的美誉。
五言古体以《古诗十九首》为典范。杨载《诗法家数》曰:"(五言古

---

①《全唐文》卷一五二,第1549—1550页。

②余冠英《关于七言诗起源问题的讨论》,《汉魏六朝诗论丛》,商务印书馆,2010
　年,第121页。

③参见赵敏俐《论七言诗的起源及其在汉代的发展》,《文史哲》2010年第3期,
　第24—43页。

诗)须要寓意深远,托词温厚,反复优游,雍容不迫。或感古怀今,或怀人伤己,或潇洒闲适。写景要雅淡,推人心之至情,写感慨之微意,悲欢含蓄而不伤,美刺婉曲而不露,要有《三百篇》之遗意方是。观汉魏古诗,蔼然有感动人处,如《古诗十九首》。"[1]汉魏五古长于书写"人同有之情"[2],故相较于宋齐而下之五言,其主题的公共性更为明确。而技术手法上,五古场景片断的单一性、叙述的连贯性、比兴和场景的互补性和互相转化以及对面倾诉的抒情方式,确保了其意象的浑融与结构的自然天成。元嘉以降,俳偶俱开的近体五言,虽然一度突破了五古单一场景的时空限制,增大了诗作的层次与容量,但叙事与铺叙能力的放大,在带来"繁文缛旨"之美学风格的同时,也逐步拉大了情景之间的距离。及此种体调与声律之说相融合,五言逐步形成以两句一转势的四句或八句为主的结构形式,格调渐趋浅俗,主题的选择也逐步趋同于咏物、闺情与离别[3]。由此,当唐初史臣在可能的范围之内尝试确立可谓典范的诗体时,自主题公共性的角度而言,五言近体似乎已然落入下风。然而李延寿对风格有明显近体特征的《冬至受朝诗》与古体之《拟饮马长城窟》"并为雅体"的判断,又在提示着唐初史臣在典范选择上"主题优先"的原则。只是,一旦回到具体的诗歌文本,五言的近体化对于主题选择的影响又会展露无遗。隋炀帝《冬至受朝诗》:

> 北陆玄冬盛,南至晷漏长。
> 端拱朝万国,守文继百王。
> 至德惭日用,治道愧时康。
> 新邑建嵩岳,双阙临洛阳。

①何文焕辑《历代诗话》,中华书局,1981年,第731页。
②陈祚明评选、李金松点校《采菽堂古诗选》卷三《古诗十九首》,上海古籍出版社,2008年,第80页。
③参见葛晓音《先秦汉魏六朝诗歌体式研究·下编》的相关论述。

　　　　圭景正八表，道路均四方。

　　　　碧空霜华净，朱庭皎日光。

　　　　缨佩既济济，钟鼓何锽锽。

　　　　文戟翊高殿，采眊分修廊。

　　　　元首乏明哲，股肱贵惟良。

　　　　舟楫行有寄，庶此王化昌。①

　　杨广此诗"体语俱俳"，虽尚无用典晦涩之弊，但对句以及相同句式（二一二）的过度使用，依然让此首可称华净的五言诗，节奏单调而迟缓。诗歌的整体风格典雅庄重有余而流畅不足；述志写景俱佳而感发不足。故而在五言近体解决节奏的变化与气脉的流畅之前，齐梁调式的五言即使可以被用于"公共性"题材的书写，其所适合者也更偏向于冷静、客观可加铺叙的题材，而抒发个体情志，能以情气相感发的主题类型则更适宜由古体承担。由此，综合五言演进的历史进程与史臣对南方接受的一般心理，虽然近体化的五言依然有着部分"公共性"题材的书写责任，但其影响在史臣体式典范的设想中已难及古体。

　　人工声律以及句式与语词偶对的讲求是五言近体化的重要标准，基于自然声律之上的汉魏五古，虽然不必如近体技法的精密与工致，但在声律及偶对上，依然有其所必须遵循的原则。以声律而言，相对于近体结构渐趋简单，篇制多为四句体与八句体，可不必转韵的特点，五古首先面临的问题即为是否转韵：

　　　　刘勰云："改韵从调，所以节文辞气。""两韵辄易，则声韵微燥；百句不迁，则唇吻告劳。"七古改韵，宜衷此论为裁。若五言古毕竟以不转韵为正。汉魏古诗多不转韵，十九首中亦只两

────────────

① 逯钦立辑校《先秦汉魏晋南北朝诗》题作《冬至乾阳殿受朝诗》，第2666页。

　　首转韵耳……一韵五言正体,转韵五言变体也。①

五言诗的基本节拍为可以细分为"二一二"或"二二一"的"二三"节奏。相较四言"二二"主导节奏易于单调而不乏浑厚的稳定之感,五言的节奏则具有更为明显的流动性。但"二三"的节奏所形成的前轻后重效应,却让五言诗在语体上相较于其他诗体更为接近四言:

　　　　五言古如澄波安流,清风飘拂,切不可务为新警,致令色泽不雅,体裁不圆。至其用韵,则但当一韵到底,不必转换。转换则调急,失闲雅之度。譬如秋水潺湲,遇石而激,其下必驶也。②

五言古以"古澹"为贵,其对诗歌流动性的接受,以保持情感基调的闲雅稳定为限。一韵到底会增强诗歌不同部分的呼应与回环,并因此放大诗歌内部的闭合相应,从而保持整体基调的均衡。

　　转韵问题的讨论,自然已预设了押韵现象的存在。虽然永明之前尚无四声之说,更无论四声之二元化,然汉魏五古之作,未始无暗合四声之事实。故为方便计,遂可以四声平、上、去、入之分类为标准,初步推测史臣所认可之五古的尾韵偏好。

　　　　然声之不等,义各随焉。平声哀而安,上声厉而举,去声清而远,入声直而促。词人参用,体固不恒。请试论之:笔以四句为科,其内两句末并用平声,则言音流利,得靡丽矣。兼用上、去、入者,则文体动发,成宏壮矣。看徐、魏二作,足以知之。徐陵《定襄侯表》云:"鸿都写状,皆旄烈士之风;麟阁图形,咸纪诚臣之节。莫不轻死重气,效命酬恩。弃草莽者如归,膏平原者相袭。"……魏收《赤雀颂序》云:"苍精父天,铨与象立;黄神母地,辅政机修。灵图之迹鳞袭,天启之期翼布。乃有道之公

①胡震亨《唐音癸签》卷四,上海古籍出版社,1981年,第33页。
②张寅彭主编《清诗话三编》,上海古籍出版社,2014年,第5457页。

器,为至人之大宝。"……徐以靡丽标名,魏以宏壮流称,观于
斯文,亦其效也。又名之曰文,皆附之于韵。韵之字类,事甚区
分。缉句成章,不可违越。若令义虽可取,韵弗相依,则犹举足
而失路,弄掌而乖节矣。故作者先在定声,务谐于韵,文之病
累,庶可免矣。①

上引《文笔式》之论,虽为四六发声,非为论诗,然四声各别,义随声
转,则声调之选用,关涉体式之全貌,诗赋之间自可互通。平声哀而
安,有赊缓之称,句末平声连用,诗风平和流利。上声尖锐,去声清
亮,入声短促,须参互使用,如刘勰之"飞沉"迭用,则诗风宏壮。永
明声律论虽有病犯之说,但南方诗歌病犯多犯平声,流风所及,隋唐
之时蜂腰平声已不为病犯。魏征以"江左宫商发越,贵于清绮",或
因江左尾韵好用平声②。如此,"河朔词义贞刚,重乎气质"当与北方
士人尚用上、去、入声存有关联。但诗歌二句一联,所产生的语义与
节奏闭合性的要求,以及汉魏五古多尾押平声的事实,都在提示尾
押平声并不必然与宏壮之诗风相违。唐初史臣的文论,于南方文学
虽贬多誉少,但"掇彼清音,简兹累句"的目标设想,以及盛唐诗"声
律风骨兼备"的完美实现③,无疑体现了史臣对诗歌近体化趋势的
尊重及在近体多押平声的特点中寻求突破的路径设定。

　　对偶作为一种表现技法,具有"自我完结的功能"。汉语本
身的特性及诗歌体式的要求,奠定了对偶作为基础技法的重要地
位④。对偶在诗歌书写中的出场,要远远领先于对偶理论的自觉与

① 张伯伟《全唐五代诗格汇考》,第97页。
② 参见遍照金刚撰、卢盛江校考《文境秘府论汇校汇考》,第473页。
③ 参见殷璠《河岳英灵集序》,元结、殷璠等编《唐人选唐诗(十种)》,上海古籍出
　　版社,1978年,第40页。
④ 参见松浦友久著、孙昌武等译《中国诗歌原理》,辽宁教育出版社,1990年,第
　　221页。

成熟。然而,后世对偶理论的演进并未改变对偶在声、形、义上追求对称与均衡的基本原则,如崔融《唐朝新定诗格》:

> 夫为文章诗赋,皆须属对,不得令有跛眇者。跛者,谓前句双声,后句直语,或复空谈。如此之例,名为跛。眇者,谓前句物色,后句人名,或前句语风空,后句山水。如此之例,名眇。何者?风与空则无形而不见,山与水则有踪而可寻,以有形对无色。如此之例,名为眇。①

唐初《诗格》对偶技法的精密与工巧化是诗歌近体化的必然结果。而建立在自然声律基础上的五言古体,在语词声调、形式乃至句式的对偶上,至曹植之时,方见有意为之的诗法自觉,汉魏之间的五古犹难脱质朴之风貌。"《诗》曰:'觏闵既多,受侮不少。'初无意于对也。《十九首》云:'胡马依北风,越鸟巢南枝。'属对虽切,亦自古老。六朝惟渊明得之,若'芳草何茫茫,白杨亦萧萧'是也。"②汉魏五古于对偶既处有意与无意之间,唐初史臣所认定的典范亦不得不如是。然所谓"有意"即不妨人工雕饰的痕迹,而"无意"则又求化人工于自然,如此,在对偶上必然会产生对风格简明而流畅的要求,过于妆饰或过于知识化的对偶风格均与此不合。而此种风格,也会形成五言古体在语义上对"反对"使用的注重。

三　史臣的诗歌创作与文学中的"南朝"主题

唐初史臣对文学历史的回眸及南北文学的批评,为唐初文学在经典的四言之外,确立了理想的五言古体模式。但是理论的构造者一旦突破解释诗歌的角色定位,试图进行诗歌创作时,却常会发现

---

① 张伯伟《全唐五代诗格汇考》,第135页。
② 谢榛《四溟诗话》卷一,人民文学出版社,2001年,第6页。

理论领域的高屋建瓴，难敌诗歌传统的静水流深。由于史臣的四言主要见之于郊庙歌辞，诗歌功能已呈现出服务特定场合的专业性。使用场合的特殊与诗歌形式本身因场所而有的特定要求，让四言具有了半封闭性的特点，故而，也宜于保持书写传统的稳定性。相较而言，五言则成为流通性最强的诗歌形式，它无法不去面对悠长而有其内在逻辑的诗歌传统以及社会生活的古今差异。由此，五言古诗的创作就成为考察史臣理论践履的主要对象。虽然唐初参与修史的人数众多，但因相关文论常由领衔者执笔，故而，史臣诗歌书写的考察，将聚焦于作为领衔者的修史人。

据《全唐诗》所录武德、贞观两朝诗歌，四言郊庙歌辞而外，李百药存诗九首，令狐德棻存诗一首，魏征存诗三首，均为五言；房玄龄存柏梁体联诗一句；姚察、李延寿则无诗留存。合而计之，史臣共有五言诗十三首。但五言古体，只有魏征作于武德元年(618)的《出关》一首，自数量而言，已入下风。此时期五古数量较多者，乃曾参与《晋书》修撰并留下序论的李世民。但唐初的五古，已难免五言近体化的影响：

> 五言自汉魏流至元嘉，而古体亡。自齐梁流至初唐而古、律混淆，词语绮靡。陈子昂始复古体，效阮公《咏怀》为《感遇》三十八首，王适见之，曰："是必为海内文宗。"然李于鳞云："唐无五言古诗，而有其古诗，陈子昂以其古诗为古诗，弗取也。"何耶？盖子昂《感遇》虽仅复古，然终是唐人古诗，非汉魏古诗也。且其诗尚杂用律句，平韵者尤忌上尾。至如《鸳鸯篇》《修竹篇》等，亦皆古、律混淆，自是六朝余弊，正犹叔孙通之兴礼乐耳。①

五古的律化，已是诗歌体式演进的必然，史臣对五古历史的回顾与评判，虽然对后世的诗歌批评产生了重要影响，"汉魏风骨"因之而

---

① 许学夷《诗源辩体》，人民文学出版社，1987年，第144页。

成为文学批评史上的价值典型,俯视并衡量着后世文学创作的风貌与价值。然而,史臣的诗歌创作,却再次证明了一种古典而理想的价值,通常适宜于为"现实奠基"或"与现实对立",但绝难成为现实。

史臣对诗歌体式的用心,流露的是对道德共同体的期盼,其对诗歌主题有着较为严格的规定,但此种规定,似乎总有被突破的可能:

> 歌声扇后出,妆影镜中轻。
> 未能令掩笑,何处欲障声。
> 知音自不惑,得念是分明。
> 莫见双嚬敛,疑人含笑情。
>
> 佳人靓晚妆,清唱动兰房。
> 影出含风扇,声飞照日梁。
> 娇鬟眉际敛,逸韵口中香。
> 自有横陈会,应怜秋夜长。
>
> ——李百药《火凤词二首》[①]

《火凤》为曲名,最早见于《洛阳伽蓝记》卷三:"(高阳)王有二美姬,……二名艳姿,……善《火凤》舞。"[②]虽《火凤》是否出自胡乐尚存争议,但据贞观时,裴神符善琵琶,惟作三曲,《火凤》即其一,"人称声度清美"的记载[③],《火凤》当具有婉媚动人的娱乐效果。李百药《火凤词》乃唐代此曲仅存之曲词,歌词香艳,颇近宫体风格。较之贞观七年虞世南以死谏止唐太宗"戏作艳诗"[④],贞观二十二年李百药《火凤词》主动疏离史臣"道德至上"原则,则可视为贞观中后期的诗歌所呈现出少规谏、多颂媚之诗风转向的重要注脚,史臣关

---

① 《全唐诗》卷四三,第540页。
② 杨衒之撰、范祥雍校注《洛阳伽蓝记校注》,上海古籍出版社,2011年,第178页。
③ 参见袁绣柏《〈火凤〉来源考》,《浙江大学学报》2005年第3期,第179—180页。
④ 《唐会要》卷六五,第1124页。

于主题的见解,也难经时间与世风的消磨。

"南朝"因李延寿的《南史》而成为代指宋齐梁陈四个南方王朝的共名。虽然这个兼顾时间与空间双重指谓的"南朝"概念在后世的使用中曾上延至东晋,但并未改变因为"南方的失败"与"南方的高度文明"错位重叠所带给"南朝"的特定意味。文明/衰亡、精致/病弱乃至艳羡/拒斥,完美无缺地拼合在"南朝"之中。曾流播南北的高度华美的南方文学一度成为南方的表征,但与史论对南方文学的集中关注相比,武德、贞观时期的诗歌似乎在压抑着关于"南朝"的过往记忆。欧阳询的《道失》(作于贞观十五年)是为数不多的与南朝有关的诗作:

> 已惑孔贵嫔,又被辞人侮。
> 花笺一何荣,七字谁曾许。
> 不下结绮阁,空迷江令语。
> 雕戈动地来,误杀陈后主。[①]

欧阳询依然在"君贤臣忠"解释框架内寻找南陈衰亡的原因,复杂的历史事件也因此被简化为个体或某群体的道德问题,这是史臣理解"南方的失败"的基本思路。但对文学道德化的理解,必然会陷入文质相替的循环观念,而在南方已可称为共识的文学新变的理解即同样处于压抑之中:

> 古人之文,宏材逸气,体度风格,去今实远;但缉缀疏朴,未为密致耳。今世音律谐靡,章句偶对,讳避精详,贤于往昔多矣。宜以古之制裁为本,今之辞调为末,并须两存,不可偏弃也。[②]

"复古的高调"与"新变的低音"是唐代文学演进的双声,而对南朝特

---

① 《全唐诗》卷三九,第506页。
② 颜之推撰、王利器集解《颜氏家训集解》,第268—269页。

别是齐梁以下文学的理解,即成为判分的重要标准。史臣文论作为国家公论的特性,使"复古"拥有了巨大的道德优位,也决定了在诗歌创作上影响明显的南朝文学更多地以理论上的沉默来保持创作上的实际影响。影响所及,新变的理念也同样需要在儒学理论的内部寻找理论资源:

> 功成作乐,非文不宣,理定制礼,非文不载。与星辰而等焕,随橐龠而俱隆,虽正朔屡移,文质更变,而清浊之音是一,宫商之调斯在……然近代词人,争趋诞节,殊流并派,异辙同归。文乖丽则,听无宫羽……以重浊为气质,以鄙直为形似,以冗长为繁富,以夸诞为情理……奔激潢潦,汩荡泥波,波澜浸盛,有年载矣。[①]

许敬宗以"文质"意涵的重新理解,尝试完成文学近体化或南方化的合法证明,其理路与主张四声论者以《周礼》为立论依据同一机杼[②]。高宗时期兴起的诗格类著作大体沿此一思路,而广其波澜而已。

史臣对于诗歌体式与诗歌主题的设想,在诗歌创作的实践中,遭遇了诗歌传统的抵抗。特别是在诗歌体式上,诗歌自身的演进脉络决定了诗歌体式的呈现样态。史臣的南方论述,无疑强化了"南朝"在李唐的影响,在主题的政治性、技法的双声性、情感体验的复杂性以及历史观念多元性上均可感受到"南朝"身影的存在。

结　语

在唐初史臣对"南方失败"的阐释中,过度修饰且逐步偏离共

---

① 陈尚君辑校《全唐文补编》卷一三五,中华书局,2005年,第1647页。
② 参见遍照金刚撰、卢盛江校考《文镜秘府论汇校汇考》天卷《四声论》,中华书局,2015年,第311页。

同性主题的文学成为南方腐化乃至失败的重要因素。对于文学道德因素的标榜，让唐初的官方文论不得不重新回归文质循环的传统思路，南方文学以及文论的成就在复杂的打量眼光中被窄化乃至矮化。虽然史臣所构想的五言古体的典范模式，因诗歌传统的无声抵抗而未能在创作践履中完美实现，但官方话语的助推，确保了史臣文论对于李唐一代"南朝"主题定位的影响。

第七节　回归传统与开启新局：
武德、贞观时期的文坛

武德、贞观时期在今日影响犹未见衰的"四唐"框架中归属于初唐早期，此一时期定位，也多少决定了初唐早期文学在文学史中的过渡地位。无论视之为"沈宋"前期，导唐律之先路，抑或标显其一二异乎梁陈周隋之特性，此时期文学的影响，相较于"贞观故事"辉耀中古近世，实如寸烛之光。与此相应，在中古文学批评史的主流书写中，武德、贞观时期被视为儒家政教诗说的复兴期。虽然研究者大多能予政教之说以同情了解之态度，但无甚高之评价，似乎也是学界的通识。"思想与文学"之研究，乃古典文学研究的常规话题，只是历时虽久，不免思路相因，易入窠臼。其偏重"外缘性"的研究思路，即关注"写什么"的主题选择与"为何而写"的功能定位，长处在于可见"共性"，同时也易与"纯文学"的评价尺度相调和；但难见"特性"——不能彰显思想应时而变的内在特性，也难以真正将"长时段"的眼光植入文学研究，从而探究思想观念的深层变革所引领的文学变动以及文学中的孤明先发所预示的思想新变，却是其难以自我辩护的短板。而对思想核心观念内在张力的忽视，让貌似差异明显甚或对立的观点本可容纳于同一框架的思想常识难以成为文学研究的基本自觉，也构成了思想与文学研究自我突破的另一瓶颈。武德、贞观文学研究，百年来视角与结论多相因循，此种研究惯习当有以致之。高祖、太宗承杨隋之旧，立一代规模，李唐盛世，由唐初启之。唐初"经国远图"的设计，以儒学为核心，以构建共同体为根本要务，种族、地域与阶层之分歧的平衡与弥合则成为基本问题。儒学在对历史追问的应对调整中，深度影响了唐初的文坛，在某种意义上，经此儒学洗礼的唐初文学在核心观念层面也为李唐文学开一代之新局。

一　天人之际与"文史"传统的回归

儒家政教诗说自现代学术建立以来，常横遭批判，即使有学人予以同情之了解，但于传统中国国家权力运行的内在逻辑关注不足，所给予之解释也不免流于态度的表达。儒家诗说对于诗文政治伦理功能的强调及其所流露之"道德共同体"的企望，根源于士人对于权力缺乏制度制衡之历史事实的清醒。权力运用公共性的自觉与权力私化与颓废的内在逻辑构成了传统社会一难解谜题，所谓历史周期律亦根源于此。儒家诗教说关注君子人格的养成，立基于政治生活之良窳多取决于为政者与社会精英道德水准的认识传统。在现代学术建立以来与儒家诗教说构成一对反题的"纯文学"说，虽非全为学人的历史想象，但"纯文学"只为历史之异响别调的事实，却遮蔽于此叙述洪流。"国家不幸诗家幸"之深沉喟叹所透露的丰富信息，也自然隐而不彰①。以中古文学而言，魏晋以降，"文史"渐离为二，至梁陈之际，裴子野人称"良史之才"，萧纲讥之"了无篇什之美"，沈约为《宋书》以"（裴）松之已后无闻焉"，"文"重于"史"，已

---

① 参见刘基《诚意伯文集》卷七，《景印文渊阁四库全书》集部第1225册，台湾商务印书馆，1986年，第188页。

蔚为一时风气①。萧纲"立身"与"为文"的两歧表述，以"纯文学"眼光视之，似乎最为合拍于"文学自觉"的成说，但后世对于中古文学的批评却多聚焦于此一时段：

> 梁自大同之后，雅道沦缺，渐乖典则，争驰新巧。简文、湘东，启其淫放，徐陵、庾信，分路扬镳。其意浅而繁，其文匿而彩，词尚轻险，情多哀思。格以延陵之听，盖亦亡国之音乎！周氏吞并梁、荆，此风扇于关右，狂简斐然成俗，流宕忘反，无所取裁。②

南朝后期文学的污名化，自隋唐以降似已为定案，而现代流行的多部文学史持旧说而不疑，也自有推波助澜的效用。虽然以"淫放""轻险"相责，不过儒家诗教的故技，然梁陈文学之"渐乖典则"，在为南朝知识人兴趣焦点自玄学清谈转为文学提供佐证之外，亦可探见天人观念变化的痕迹。此一点，学界殊少关注，故于儒家诗教之说，常见其同而不见其异。魏晋学术玄学盛而经学衰，有无、本末之说为玄谈核心话题。影响之下，汉儒天人之说遂呈衰势，及释教波澜渐广，天人之说另有新解，儒家两面受敌，颇赖史家崇尚符瑞灾异，存汉儒天人之说于一线："于时玄者重名理，史人崇灾异，灾异固两汉以来之天道说也。玄者以虚无为天道，史家以灾候为天道以抗之。符瑞之志，各家尚焉。"③西晋之际，玄学已一时为盛，但诗文书写犹存天人合一、天人感应之遗意，时入东晋则有"新自然说"，天人感应影响消歇。然此时诗文言道谈玄，关注天理人事诸"一般问题"，未离"天人之际"之基本框架④。降及梁陈则刻画细碎，面目迥

---

①参见胡宝国《汉唐间史学的发展》第三章《文史之学》（北京大学出版社，2014年）的相关论述。
②《隋书》卷七六，第1730页。
③蒙文通《经史抉原》，巴蜀书社，1995年，第273页。
④参见钱志熙《魏晋诗歌艺术原论》第四章（北京大学出版社，2005年）。

异:"晋世风概稍存。宋齐之间,教失根本,士以简慢歇习舒徐相尚,文章以风容色泽放旷精清为高,盖吟写性灵、流连光景之文也,意义格力无取焉。陵迟至于梁陈,淫艳、刻饰、佻巧、小碎之词剧,又宋齐之所不取也。"[1]"天人之际"在儒学观念体系中居于核心地位,诸如性情、义利及群己等问题莫不植根于此。因而,文学对于儒学的跳脱最为根本处乃为天人观念的别生新见。在今日文学史的主流叙事中,梁陈文学以"宫体"名世,学界或释之以佛教色空理论,释家的影响痕迹宛然。而儒家天人观念在政治生活与精英文化中渐呈衰势,亦合拍于儒佛地位在南朝后期的消长起落[2]。文史相离,文盛于史,提升了文学书写的自由度,但由之所导致的对于文学"公共性"的背离与个性趣味的强化,却难与追求文学公共价值的认识传统相调和。故而,当儒家天人观念体系在政治生活中的重要性重新复苏之际,"人人有集"[3]为士人取则的价值取向即难逃"何必要事文章"[4]的挑战。

武德五年十二月,李渊下诏修史:

> 司典序言,史官纪事,考论得失,究尽变通。所以裁成义类,惩恶劝善。自有魏至乎陈隋,莫不自命正朔,绵历岁祀,各殊徽号,删定礼仪,然而简牍未编,纪传咸阙,炎凉已积,谣俗迁讹,余烈遗风,泯焉将坠,顾彼湮落,用深轸悼,有怀撰次,实资良直。[5]

杨隋短祚,南北分立数百年所遗留的地域、文化与种族诸问题犹存。

---

① 元稹《唐故工部员外郎杜君墓系铭并序》,周相录校注《元稹集校注》,上海古籍出版社,2011年,第1361页。

② 参见普慧《南朝佛教与文学》(中华书局,2002年)第六章。

③《梁书》卷三三,第487页。

④ 吴兢撰、谢保成集校《贞观政要集校》卷七,第388页。

⑤《唐会要》卷六三,第1090—1091页。

唐初修史乃欲以文化正统自居,考定正朔,弥合帝国权力的法统与
名号之争,进而以话语模式与知识谱系的营造,凝聚情感,重建认
同。帝国对过往的回眸,自不免对人物及事件的删改与重组,以及
价值的颠覆与重估。相比于存一代之信史,资史以为鉴无疑更为符
合唐初的修撰旨趣①。汉唐间史学,南胜于北而各有专擅。唐初史
学,重视民生国计似北,留意史论似南,颇兼南北之长。武德、贞观
两朝相继,史学大兴,士人有以"不得与修史"为憾者,天人之说重回
唐初知识结构的核心位置②。本已影响渐衰的天人感应之说,遂乘
势反弹:

> 窃以陛下承家开国,积德累功,世济拟于高阳,缵绪盛于周
> 武,载诞烛神光之异,仪形表玉胜之奇,白雀呈祥,丹书授历,名
> 合天渊,姓符桃李,君尧之国,靡不则天。星纪云周,奉时图始,
> 甲子之旦,不俟而脱。起兵西北,势合乘乾,我来自东,位当出
> 震,至八井深水之图谶,堂堂李树之谣歌,固以备在人谣,无德
> 而称者也。
>
> 裴寂《劝进疏》③

中古之世,祥瑞符兆、谶纬谣谚与星象占卜乃社会生活颇具影响的
技术与知识。中古权力合法性的自我论证,标示冢中枯骨与称扬戡
黎武功之外,常借助于此类知识的宣扬以彰显历命所在,并压制"逐
鹿中原"之言说模式的滋长。虽然此类技术与知识的宣扬者不必然
是其服膺者,但流行既久的话语模式,在应和思想惰性的同时,也在
提示一般知识层面对新思潮与旧传统的钝感与敏感。在国家与社

---

① 太宗称赞荀悦《汉纪》"叙致既明,论议深博,极为治之体,尽君臣之义"(《旧唐
　书》卷六二,第2388页),足见撰史典则所在。
② 参见葛兆光《中国思想史》第二卷,第603页。
③《全唐文》卷一三二,第1329页。

会的互动中,无论标示高度的精英思想如何的理性与周密,形成于国家与社会互动中的精英层的话语共识,却无法不俯身倾听看似重复而单调的底层生活。日常的一般知识与信仰在拉低时代知识水准的同时,也在固执地强调传统的执拗与强大。祥瑞灾异甚至被视为旁门左道的方技与幻术都可以在底层社会的知识土壤中获得生长与发育的空间,并由此影响官方主流观念的言说策略。在唐初的诗文书写中,追求公共效应,特别是面对社会民众传播的檄文、教令、碑志、仪式歌辞以及刻意造作的谣谶与符瑞,均可见及对天象符瑞的频繁言说。与此相应,称扬大国光华,赞颂典章文物之美,以显新朝的盛世赫赫亦为相近之理路。而社会精英间的文化互动,则更容易展现天人观念上的精英形态:

> 人君者,位贵居尊,志移心溢,或淫恣情欲,坏乱天下。圣人假之神灵,作为鉴戒。夫以昭昭大明,照临下土,忽尔歼亡,俾昼作夜,其为怪异,莫斯之甚。故鸣之以击鼓枛,射之以弓矢。庶人奔走以相从,啬夫驰骋以告众。降物辟寝以哀之,祝币史辞以礼之,立贬食去乐之数,制入门废朝之典。示之以罪己之宜,教之修德之法。所以重天变,警人君也。天道深远,有时而验,或亦人之祸衅,偶与相逢,故圣人得因其变常,假为劝戒。知达之士,识先圣之幽情;中下之主,信妖祥以自惧。[①]

魏晋以来的学术发展,业已提升"天行有常"观念在天人框架中的影响。故而,唐人虽依然重视"休咎之变"的观察、记录与解读,但态度已颇为理性。圣人假天象以设教,意在劝诫人君,与诗教欲培养君子人格的意图实异曲同工。相较于汉儒对神道或信或疑,唐初儒者对于天象与人事之间的联系,更注重于预防权力的私化与腐化及维持共同体之稳定的实际功效。天人关系在知识结构中位置的提升

---

① 孔颖达《春秋左传正义》卷四四,第1242页。

以及相关认识的理性化,让天人关系的天平逐步倾向人事一端,而理论自身的包容性也在应对历史变局中逐步提升,武德、贞观时期文坛正处于此时代氛围之中。因为对人事的关注,回眸历史与经验反思便成为常见的主题,如王珪《咏汉高祖》:

> 汉祖起丰沛,乘运以跃鳞。
> 手奋三尺剑,西灭无道秦。
> 十月五星聚,七年四海宾。
> 高抗威宇宙,贵有天下人。
> 忆昔与项王,契阔时未伸。
> 鸿门既薄蚀,荥阳亦蒙尘。
> 虮虱生介胄,将卒多苦辛。
> 爪牙驱信越,腹心谋张陈。
> 赫赫西楚国,化为丘与榛。①

唐初修史,以取鉴求治、惩恶劝善为主要目的,故而尤重"理乱兴衰"的书写与总结,对于史书的评价以"文""事""义"为要件,忽略"典章制度"在历史流变中的稳压作用。在历史兴亡的可解与不可解的诸因素中,唐初的知识精英更重视"人"对历史的主导与创造。受此影响,唐初咏史诗常聚焦于君臣相合与君王德行在历史兴亡中的重要作用:

> 予以万机之暇,游息艺文。观列代之皇王,考当时之行事,轩昊舜禹之上,信无间然矣……予追踪百王之末,驰心千载之下,慷慨怀古,想彼哲人。庶以尧舜之风,荡秦汉之弊;用咸英之曲,变烂熳之音,求之人情,不为难矣。故观文教于六经,阅武功于七德。②

----

① 《全唐诗》卷三〇,第429页。
② 吴云、冀宇校注《唐太宗全集校注》,第3页。

人情不远、人性古今相通是唐初精英层的基本共识,因为对于人性的认可以及对推己及人责任的标显,"道德共同体"的蓝图远景似乎只在一念之间。弥漫文字间的理想情怀,为盛唐诗文中动人心魄的情感之美奠定了人性基础。当安史之乱打破盛世图景时,人性的美好似乎已成为遥不可追的昨日梦景,而兴起于律体中的咏史之作,也在"金陵王气漠然收"的咏叹中重现人力难为的黯然。

　　天人观念的盛行影响了武德、贞观文学的题材选择,同样也影响着此时期的"文"之定位。在唐初的论"文"话语中,以天文论人文可视为基本模式,无论是"必也正名乎"的合法性阐述,还是"壮夫不为"的功能性否弃,天人观念均扮演了提供理论支撑的角色。天人话语的内在张力,包容了观念间的差异与对立,但同时也极易掩盖在基础观念层面的一致。故而,在特定的意义上,对于儒家文论的革新而言,天人观念方是真正的判断标尺。虽然在儒家的经典表述中,人文出于天文,有其无可置疑之价值,但"文"的多义性,却使文学价值的确立依赖于"文"之意涵的界定。故唐初的文学观念,遂有两歧之表述,视文学为雕虫者,诋其无益政教,论文论人尤多酷评;重文者,以文经天纬地、沟通上下,则有"大矣"之叹。李唐一代,古体近体之争,风骨雅正与绮错婉媚之辩,均不越此藩篱。而衡以初盛唐之际"清流"文化渐胜的趋势,以文有"体国经野"之用,乃当日之主流①。

　　　　而近代诡谀之臣,特以时君不能则象乾坤,祖述尧舜,作化成天下之文,乃以旒常冕服、章句翰墨为人文也,遂使君人者浩然忘本,沛然自得,盛威仪以求至理,坐吟咏而待升平,流荡因循,败而未悟,不其痛欤? 必以旒常冕服为人文,则秦汉魏晋,

---

① 参见陆扬《唐代的清流文化——一个现象的概述》,北京大学中国古代史研究中心编《田余庆先生九十华诞颂寿论文集》,中华书局,2014年,第545—568页。

声明文物,礼缛五帝,仪繁三王,可曰焕乎其有文章矣,何衰乱
之多也?必以章句翰墨为人文,则陈后主、隋炀帝,雍容绮靡,
洋溢编简,可曰文思安安矣,何灭亡之速也。核之以名义,研之
以情实既如彼,较之以今古,质之以成败又如此。《传》不云乎:
"经天纬地曰文",《礼》不云乎:"文王以文治",则文之时义大
矣哉!焉可以名数末流,雕虫小伎,厕杂其间乎。

吕温《人文化成论》①

时已入中唐,但吕温对以章句翰墨、旂常冕服为人文传统的批判,
却恰恰佐证了与中唐儒者所认可之价值相偏离的文学传统的存在。
欧阳修在破簏中发现昌黎古文,似乎可视为宋儒对中唐文学重构的
隐喻,只是百年来的叙事传统却多少掩盖了宋儒对中唐思想与文学
图景选择性记忆的事实。古文运动的强大光芒,压制了另一种书写
传统及人才标准存在的印迹。吕温的论述易在日常的接受习惯中
获得情感的贴近与认同,但其话语中所透露的信息却难以获得应有
的重视。武德、贞观以降,文武参用的格局已难维持,而以文晋身者
于高层政治的影响则日益增长。新的人才观念与选才标准也在逐
步改变原有的社会认知,曾经流行于政治高层内省性的"文学"批判
话语,在得到边缘与草莱之呼应的同时,似乎在宫廷内部销声匿迹。
虽然以诏书与表状笺启诸应用文字之书写为核心的政治文学尚未
能与"唐诗"在文学史的章节安排中一争短长,但李唐时期文章之
盛,实有赖于朝野的共同鼓吹。

　　天人观念的理性化以及由之而来的对于人事的关注,让唐初的
知识界对于过往的历史遗产保留了应有的敬意,而在历史的洪流中
探究文运的兴衰,也让唐初的文论有了深沉的历史感。唐初诗文之
书写,常以天象、人事并置之典型方式为冒头,如"夫大德曰生,资

①《全唐文》卷六二八,第6342页。

二仪以成化。大宝曰位,应五运以递昌"①之表述,为唐人常用之手
法。虽文有冒头,取资天象(理)、人事均非自李唐而始,然较之杨隋
诏书的质木无文,因事论事,李唐对于冒头传统的继承,无疑会强化
文学主题选择上的"公共性"。而以儒家思想为主导的天人观念,
则会进一步确定"公共性"的主题选择对于儒家伦理道德的依从。
与此同时,天人观念的流行以及天人感应在一般知识层面的传播,
也强化着唐初诗文在言说天人时对于均衡感的追求。如果说冒头
是唐文天人均衡化的有效方式,在唐时即已引发一定批评的有雕饰
之称的近体,则通过属对中对应与对称原则的强调、中间两联仰观
俯察的视角安排以及全诗事、景、情次第展开的结构配置,以达成整
体风格的均衡②。虽然此时期的近体尚属于"沈宋前期",情、景之间
的拼贴痕迹明显,但相比于成熟时期的近体,其差异已只是技法高
低之别。直到中唐思想界再次聚焦天论,一种以新型天人观念为支
撑的文学样态方始崭露头角③。

二　文质彬彬:大一统时代的文学

　　"文质"在中古思想与政治文化论述中出现的频次并不亚于"天
人",虽然现代学术以来的文学研究惯于在文论的维度上理解和使
用此组概念,但衡之于中古时期的思想事实,"文质"实是一组内涵
复杂的多义语词,诸如种族、地域、阶层之别,乃至个体的内在德行
与外在行为展演均可纳入此一语义范围。作为文论语辞的"文质"
概念,无法独立于连锁纠缠、相互指引的意义链条。南北分立时期

---

① 《全唐文》卷一○,第130页。
② 参见程建虎《中古应制诗的双重观照》,人民出版社,2010年,第238页。
③ 参见刘顺《中唐文儒的诗文新变》,《安徽师范大学学报》2013年第6期,第
　 743—750页。

的自我认同与他者想象及大一统时期的远景悬设,限制着"文质"阐释的意义空间,也提示着文论话语乃时代政治之文化投影的角色定位。虽以"文质"衡文,相较江左文论之佳构迭出,实有简化甚或退化的嫌疑,但此解读模式作为唐代文论基本框架的地位,却难以动摇①。魏征"文质彬彬"的经典表述在此内涵丰富的语义场中,如果仅以纯文论话语视之,或许会错失魏征此论所内在隐含的真实意图②。武德、贞观时期的文学生长于"文质"话语的氛围之中,也繁荣于李唐构建大一统帝国的理想实践中,故而,合拍于大一统之构想的"文质彬彬"表述,所传递的是"大一统"的历史使命对于文学的期待。唐初文学的题材选择、价值定位与风格偏好,也因在此视野中重获观照。惟"风格"问题,前贤高论俱在,下文所论重在题材选择的问题而兼及价值的定位,以尝试细化儒家诗教的表述,并进而勾画初唐大一统的理想与文学之关联③。

《北史》卷一〇〇《序传》曰:

> 大师少有著述之志,常以宋、齐、梁、陈、魏、齐、周、隋南北分隔,南书谓北为"索虏",北书指南为"岛夷"。又各以其本国周悉,书别国并不能备,亦往往失实。常欲改正,将拟《吴越春秋》,编年以备南北。

---

① 在"文质"框架中,唐初无疑偏于"质"之一端,及渐入盛世,大兴礼乐,则有清流文化之兴起,即由质而入文,礼乐辞章,一时为盛;而天宝年间,河洛儒者兴起,倡文章中兴,以古文相号召;安史乱后,有春秋学应时而起,制度义理,波澜渐广,由文返质又成一时风气。

② "文质"概念或以论人,或以论政,然经董仲舒之改造,"任德教"为王道之"正",或质、或文则为王道之"偏"。以此,则王道之正,实含"文质彬彬"之意。参见陈苏镇《〈春秋〉与"汉道":两汉政治与政治文化研究》第二章第三节。

③ 参见王运熙《中古文论要义十讲》(复旦大学出版社,2004年)与"文质"论相关之篇目。

华夷之分,本有文野之别,故文质之说即可视作华夷之辨的另一表述。五胡乱华,晋室南渡,中古中国遂入南北分立之时期。三百余年间族群互动频繁,政权亦多有更迭。以北方而言,其政权多融合胡汉而以胡族为主导;南方则以侨姓汉人政权为主。南北或战或和,然多以正统自居,扬"大一统"之义,南方以恢复中原的承诺为合法性表征,北方则以饮马长江为本朝之远图。文化名分上,北虏南夷之口舌,不过是正统之争的具象而已。进入中原的游牧民族,在漫长的政治实践与身份转化过程中,逐步确立了以魏承晋的五德历运谱系①,而偏居江南的汉族政权,却越来越体现出地域化的特性②,在"大一统"的历史进程中渐落下风。

《隋书》卷七八《韦鼎传》曰:

> (韦鼎)仕梁,起家湘东王法曹参军……入为太府卿。至德初,鼎尽质货田宅,寓居僧寺。友人大匠卿毛彪问其故,答曰:"江东王气尽于此矣。吾与尔当葬长安。期运将及,故破产耳。"初,鼎之聘周也,尝与高祖相遇,鼎谓高祖曰:"观公容貌,故非常人,而神监深远,亦非群贤所逮也。不久必大贵,贵则天下一家,岁一周天,老夫当委质。公相不可言,愿深自爱。"及陈平,上驰召之,授上仪同三司,待遇甚厚。

北方的胡汉混血政权主导了大一统的历史进程,但军事征伐所带来的自信,并未能弥补南北文化上的差距③。北方政权的华夏化,虽然提升了北方中国的文明程度,但相较于南方的衣冠礼乐与典章文

---

① 参见罗新《十六国北朝的五德历运问题》,《中国史研究》2004年第3期,第47—56页。

② 参见何德章《论梁陈之际的江南土豪》,《中国史研究》1991年第4期,第139—148页。

③ 炀帝之初,内史舍人窦威等撰《丹阳郡风俗》,以"吴人为东夷",炀帝震怒,敕令杖责并称其为"天下之名都"。参见《太平御览》卷六〇二,第2710—2711页。

物,北方依然不脱质朴之貌。对于承隋而立的李唐而言,"文质彬彬"的理想,即首在于立根北朝,扬质抑文。此既合北方胡汉混血政权自我标榜之需,亦合于西魏北周政治文化的传统。西魏北周政治文化的特点,以苏绰六条诏书所倡导之"清心""教化"为典型,在承认族群与地域间政治、文化乃至日常生活之差异的基础上,尝试利用儒家的基本伦理整合社会,以形成价值共识。其拟周官古制所推行的制度礼仪革新,不过是借其名号以凝聚地域人心①。及杨隋承周,文帝虽"易周氏官仪,依汉、魏之旧"②,但在政治文化层面,隋文帝崇尚以孝治国并强制推行"父义""母慈""兄友""弟恭""子孝"之"五教",其整合社会的思路,与北周可谓一脉相承。重视道德、任德教以化民,也因此成为唐初建设政治文化、构建共同体的首选。

> 立人之道,曰仁与义;为国之基,德归于厚。自有隋驭宇,政刻刑烦,上怀猜阻之心,下无和畅之志。遂使朋友游好,庆吊不通;乡土联官,请问斯绝。至有里门相接,致胡越之乖;患难在身,忘救恤之义。风颓俗弊,一至于此,化民以德,岂斯之谓?
>
> 　　　　　　　　　　　　　　　李世民《谕崇笃实诏》③

共同体的构建与维系,依赖于以资源竞争为核心推力的边界划定与他者想象,同样也依赖于群体内部的利益共享与情感认同。看似旧调重弹的德性标举,强调为政者的道德自觉以及底层对国家的顺应与服从,乃是为政者对于权力必然会产生私化与腐化之自利倾向的清醒。在权力结构具有先天缺陷且其监督效果受社会运行成本之

---

① 参见谷川道雄著、马彪译《中国中世社会与共同体》,中华书局,2002年,第220页;何德章《魏晋南北朝史丛稿》,第295页。
②《隋书》卷一,第13页。
③ 吴云、冀宇校注《唐太宗全集校注》,第217页。

约束的中古时期,权力运用的公共性以及降低社会摩擦成本的可能性更多地取决于时代的道德水准。故而,在关于共同体的理解或蓝图想象中,总隐含着作为其可能性之要件的人性预设。唐初之政治文化近资北魏、西周,而实远绍两汉,其内在之精神颇近于董仲舒之公羊学。董氏之"德教"主"以德善化民",注重为政者的道德修养及其表率作用,以三皇五帝为典范,不同于"以礼义治民"以三王为典范的"德教"。唐初诗文书写中频繁出现的尧舜记忆以及太宗对君王德行的自觉,均可视作此政治理念的文学表达。对于人性的认可,为贞观朝构建欢洽和乐、温情脉脉之道德共同体的尝试提供了可能[1],而大国光华的书写与传播则勾画着共同体的理想蓝图:

> 时雍表昌运,日正叶灵符。
> 德兼三代礼,功包四海图。
> 逾沙纷在列,执玉俨相趋。
> 清跸喧辇道,张乐骇天衢。
> 拂蜺九旗映,仪凤八音殊。
> 佳气浮仙掌,薰风绕帝梧。
> 天文光七政,皇恩被九区。
> 方陪瘗玉礼,珥笔岱山隅。

岑文本《奉和正日临朝》[2]

四海一家的想象与标榜,在中古时期的政治语境中,关涉地方性政权自我正统化的正当性论证,同样也是帝国时期悬设远景,以证成性之承诺获得社会认可的重要方式。四海一家、王化无外的频繁表述,在强化帝国政治之基本理念的同时,也会强化社会对于时代的

---

[1] 参见李世民《劳邓州刺史陈君宾诏》,吴云、冀宇校注《唐太宗全集校注》,第250—251页。
[2]《全唐诗》卷三三,第451页。

感受与想象,并进而影响时代文学的格局养成——一个过于强调分化与边界的时代,无法培育滋生浪漫高华的文学。虽然,初唐文学典重有余而风神不足,但其所展现的气象,却昭示着政治文化对于文学的期待。自典午南渡至李唐肇建,华夏的动荡分立已逾三百载,四海一家的想象实凝聚了南人、北人对于安定生活的共同期待,但是文质彬彬的远景蓝图却必须经由先质后文而文质彬彬的特定程序方有实现的可能。

东汉末年,群雄并起,天下三分,后虽有西晋短暂一统,旋因八王之乱与五胡乱华而再陷分裂,历时三百余年。及周隋之际,金陵王气消歇之论渐起,华夏再现分久必合之势。李唐承隋而立,顺天应人,重启华夏之新运,其"文质彬彬"的构想中,实隐含李唐勾连南北、融合胡汉从而构建大一统帝国的政治理想。唐初"任德教",由质而文,董仲舒的影响痕迹宛然。而其构建共同体的理想程序,同样可以在董氏的学说中寻得痕迹。董仲舒的公羊学有所谓"三世异治"之说,衰乱之世"内其国而外诸夏";升平世"内诸夏而外夷狄";太平世"天下远近大小若一"。董氏此说实建基于战国以来秦汉帝国的版图构建与华夷互动的历史事实①,然考之李唐建国时所面临的局势与建国的具体过程,汉唐之间差异无多。李唐皇室本属关陇集团,其取天下亦为据关中以讨山东。及李唐立国,取"据关中以驭天下"之策,以关中为本位,符合"内其国而外诸夏"之说。但"内诸夏"却需有效弥合三百余年来的政治与思想文化乃至日常生活惯习之间的差异。淡化边界,在南北向心的基础上再建认同,对于李唐而言,则必须打破关陇本位,在国家与社会的互动中,尊重并顺应社会对国家的期待。

　　　　时已平矣,功已成矣,然而刑典未措者,何哉? 良由谋猷

---

① 参见邢义田《从古代天下观看秦汉长城的象征意义》,《天下一家——皇帝、官僚与社会》,中华书局,2012年,第84—134页。

之臣,不弘简易之政;台阁之吏,昧于经远之道。执宪者以深刻
为奉公,当官者以侵下为益国……强本弱枝,自古常事。关河
之外,徭役全少;帝京、三辅,差科非一;江南、河北,弥复优闲。
须为差等,均其劳逸。又曰:今公主之室,封邑足以给资用;勋
贵之家,俸禄足以供器服。乃戚戚于俭约,汲汲于华侈,放息出
举,追求什一。公侯尚且求利,黎庶岂觉其非。锥刀必竞,实由
于此。①

共同体认同的构建,通常依赖于以祖源记忆为核心的类血缘情感
的构造,故而族群融合的脚步总伴随着特定“历史知识”的传播、变
形与再造。但类血缘的情感认同须与资源共享的利益认同配套共
组,方能行之久远,而更以后者为其根本。资源共享既可存在于区
域间的利益分配与均衡层面,同时也会具体化为上下阶层间的共存
格局。从地域性的集团领袖向大一统国家治理者身份的过渡,意味
着其身份公共性的放大。帝国的认同度首先取决于国家对社会的
顺应②,以及由此展现出的官僚群体的道德性及超越地域与身份限
制的官僚体系的开放性。虽然,在唐初高层官僚的组成中,关陇之
比重远超山东与江左,高祖、太宗于不同出身之官僚亦意有轻重,但
“天下英雄,入吾彀中”的时代却已然到来。而作为社会运作成本
的实际承担者,底层的生存状况与生存感受乃是帝国盛衰的风向标
符。唐初诗文中流露的民本意识及对西汉文帝故事经典化,既是为
政者对为政之难的清醒,在另一层面也可看出国家在顺应社会的同
时,强化着对于社会的整合:

---

① 《旧唐书》卷七八,第2701—2702页。
② 关于“社会”与“国家”的理解,参见牟发松《国家对社会的顺应和社会的国家
化——汉唐历史变迁中社会与国家关系及其变动的基本特征》,《社会科学》
2011年第7期,第146—153页。

> 氏族之盛,实系于冠冕;婚姻之道,莫先于仁义。自有魏失御,齐氏云亡,市朝既迁,风俗陵替。燕赵右姓,多失衣冠之绪;齐韩旧族,或乖德义之风。名虽著于州闾,身未免于贫贱。自号膏粱之胄,不敢匹敌之仪,问名惟在于窃赀,结缡必归于富室……自今以后,明加告示,使识嫁娶之序,务合礼典,称朕意焉。①

社会与国家之间的互动不仅有眉目传情的两情相悦,也有横眉冷对的远离与抗拒。但因国家在符号与道德资本上的优势,相较于对社会的顺应,国家强制整合社会方是互动的主要模式。以道德的名义,崇尚"冠冕",太宗试图以政治的认同统合社会的认同取向。隋唐是世族政治的晚期,太宗《氏族志》的修订,自是对历史潮流的借势,门阀政治的荣光黯淡,曾经以为标榜的"金缕玉衣"式的文学②,也将逐步让位于"平民式"的文学。大型类书的修订与流行昭示一个崇尚知识简易化与实用化时代的来临,个人的才气纵横更易赢得社会的关注与赞誉。甚至在某种程度上,大一统时代的内在逻辑,恰恰是对古典型知识的趣味淡化。自社会接受而言,核心文体由"赋"向"诗"的逐步过渡,也同步于时代文化趣味的转换。都城诗自然而然地开始尝试替代曾经以彰显"上国光华"为主要功能的都城大赋:

> 二华连陌塞,九陇统金方。奥区称富贵,重险擅雄强。龙飞灞水上,凤集岐山阳。神皋多瑞迹,列代有兴王。我后膺灵命,爰求宅兹土。宸居法太微,建国资天府。玄风叶黎庶,德泽浸区宇。醒醉各相扶,讴歌从圣主。南登少陵岸,还望帝城中。帝城何郁郁,佳气乃葱葱。金凤凌绮观,璇题敞兰宫。复道东

---

① 吴云、冀宇校注《唐太宗全集校注》,第443—444页。
② 参见林晓光《王融与永明文学——南朝贵族及贵族文学的个案研究》,上海古籍出版社,2014年,第248—272页。

西合,交衢南北通。万国朝前殿,群公议宣室。鸣佩含早风,华
蝉曜朝日。柏梁宴初罢,千钟欢未毕。端拱肃岩廊,思贤听琴
瑟。逶迤万雉列,隐轸千闾布。飞甍夹御沟,曲台临上路。处
处歌钟鸣,喧阗车马度。日落长楸间,含情两相顾。是月冬之
季,阴寒昼不开。惊风四面集,飞雪千里回。狐白登廊庙,牛衣
出草莱。讵知韩长孺,无复重然灰。

　　　　　　　　　　　　　　　袁朗《和洗掾登城南坂望京邑》[1]

共同的苦难记忆会强化共同体的情感凝聚,而辉煌历程的参与感及
围绕其周边的荣誉分享感同样会增进共同体的向心力。袁朗的长
安诗有着明显的都城大赋的痕迹。这座占尽天时、历史悠长而光辉
夺目的都市,炫耀着大唐应天顺人的荣光。万国来朝的京城凝聚着
唐人的盛世想象,也迎来送往着异域的"他者",太平世"天下远近大
小若一"的理想,似乎就在眼前。

　　共同体的存在依赖内在的情感认同与资源平衡,但一条无法抹
除的边界是共同体存在的"确证"。唐初构建大一统帝国的实践,
必然地要遭遇对于"边界"的认定以及对边界之外的非我族群的认
识与理解。"臣闻欲绥远者,必先安近。中国百姓,天下根本;四夷
之人,犹于枝叶。扰其根本以厚枝附,而求久安,未之有也。自古明
王,化中国以信,驭夷狄以权。故《春秋》云:'戎狄豺狼,不可厌也;
诸夏亲昵,不可弃也。'自陛下君临区宇,深根固本,人逸兵强,九州
殷盛,四夷自服。今者招致突厥,虽入提封,臣愚稍觉劳费,未悟其
有益也。"(李大亮《请停招抚突厥疏》)[2]李唐是一个大一统的时代,
也是一个胡汉关系重新调整与定位的时代,曾经的他者已成为把臂
言欢的兄弟,塞外的土地上似旧而新的族群以及更为遥远之异域中
的"化外之民",才是唐人眼中的胡人。是"此疆彼界",还是"王化

────────────

[1]《全唐诗》卷三〇,第432页。
[2] 吴兢撰、谢保成集校《贞观政要集校》卷九,第503—504页。

无外",唐初胡汉关系的处理,总绕不开基本策略的认定问题。虽然"王化无外"的目标在中古时代过于理想甚至空幻,其强制推行所带来的成本危机,也在提醒着"此疆彼界"的合理与现实,但太宗"视天下如一家"的态度表达与政治实践,却在一个存在交通障碍的时代,营造出以汉文化为核心的高度"国际化"的前现代生活。"天下远近大小若一"的太平盛世,也似乎就在眼前:

> 玄奘辄随游至,举其风土,虽未考方辩俗,信已越五逾三,含生之畴,咸被凯泽;能言之类,莫不称功。越自天府,暨诸天竺,幽荒异俗,绝域殊邦,咸承正朔,俱沾声教。①

无论"咸承正朔"以及"愿身死作中华鬼,来生得见五台山"②是历史的写实,还是宗教徒谄媚的虚构,胡汉关系都已成为组建唐人政治、宗教以及日常生活的重要元素。而作为唐代诗文书写的主要题材之一,胡汉关系也是观察李唐国运盛衰的晴雨表。历经三百余年的动荡,华夏民族又一次成为"天下"文明的引领者,贞观文坛称颂着伟大的时代,也在描绘着制礼作乐并最终达成"文质彬彬"的美丽远景。

三 "情志一也"与"兴必取象": 另启新局的可能与途径

武德、贞观时期的文学,在唐人的接受史中居于边缘,而在后世的命运依然。今日通行的文学史与批评史的章节安排,均可见出此时期文学的过渡性。只是此种过渡性,又通常会被视为南朝遗风,无论是古体溯源于陈子昂,还是近体归美于沈宋,都无法为武德与

---

①玄奘著、季羡林等校注《大唐西域记校注》,中华书局,2000年,第32页。
②《长安辞》,任半塘《敦煌歌辞总编》,上海古籍出版社,2006年,第885页。

贞观文学安排一个恰当的过渡位置。即以技法层面而言,唐代前期流行的各类诗格,也大体出现于贞观之后。今日尚存的武德、贞观时期文献,也似乎无法为"技法的自觉探究"提供支撑。若要在"儒学与文学"互动观照视角中,寻找可以支撑"过渡"标签的解释框架,此种"过渡"依然需要回到观念的层面。以社会传播而言,唐代是一个以"诗"为核心文类的时代,这既是后世批评传统的叠加确认,也是文学与时代互动之内在逻辑的自然展开。故而在某种意义上,诗歌代表唐代文学所能抵达的高峰。后世论唐诗,或曰其"兴象玲珑"(《沧浪诗话》),或曰其"如旦晚脱笔砚者"[1],或径称"唐诗以韵胜",以自然意象胜,相近的批评,提示唐诗成就的要点之一即"情"与"象"。虽然武德、贞观时期的文学在此两点上并无特出的成就,但在观念层面,"情"与"象"却屡被论及,故而武德、贞观文学对于有唐文学的影响实教诗格的技法研磨更为根本。

　　"情""性"是儒学思想的另一对基础概念,其具体的展现形态通常受制于更为根本的"天人"观念。先秦儒家虽在"性"之善恶问题上存有见解的差异,但大体认同"性"自天出,"情"亦与生俱来而情中有欲[2]。因"欲"之污名,"情"必须经一转换,方能进入作诗与言诗的过程。中国早期之诗与舞、乐合而不分,服务于礼仪展演与教化之用。陈秪《乐书》云:

　　　　合乐,则工歌、笙入、间歌并作,而乐于是备矣。大用之天下,小用之一国,其于移风易俗,无自不可。况用之乡人乎……工歌《鹿鸣》《四牡》《皇华》,所以寓君臣之教,则升歌三终也。笙入堂下,磬南北而立。乐《南陔》《白华》《华黍》,所以寓父子之教,则笙入三终也。间歌《鱼丽》,笙《由庚》;歌《南有嘉鱼》,

––––––––––

[1] 朱彝尊《静志居诗话》卷一六,人民文学出版社,1990年,第478页。
[2] 参见孔颖达《礼记正义》,第689页;王先谦《荀子集解》,中华书局,1988年,第428页。

笙《崇邱》;歌《南山有台》,笙《由仪》,所以寓上下之教,间歌三终也。合乐《周南·关雎》《葛覃》《卷耳》,《召南·鹊巢》《采蘩》《采蘋》,所以寓夫妇之教,则合乐三终也。①

诗乐教化的目的本在于弥合纷争,以营构有序而不失温情的群体生活。人生而有欲,有欲而不知节制则易生争斗,故含欲之情,须经相应之过滤与节制方有公开展演的可能。《尚书·尧典》曰"诗言志",后世以之为中国诗学开山纲领,然"志"亦为情之一种,或可称之为情之理性化与公共化。同时,也因诗乐展演的仪式化,"志"之表现同样须遵循合度的原则,此即所谓节之以礼。而儒家诗学对于郑卫之音的拒斥,实因郑卫之音所传递之情感或过度私人化,或过度失中,不宜于公共场合的仪式展演,有悖诗教之用。《礼记·乐记》曰:"乐者乐也,人情所不能免也",人生天地,感物生情,"夫物之感人无穷,而人之好恶无节,则是物至而人化物也。人化物也者,灭天理而穷人欲者也。"情之流荡,生无穷之欲,故先王之乐本于情性而能稽之度数,节之礼义。《毛诗序》虽倡以情言志,主志出于情,然情非志,以情言志即以志化情。而唐初政治文化多有取法的董仲舒之情性论中,董氏以"身之有性情也,若天之有阴阳也"②,"性"有善质而非善,须待后天的教化方能为善。而"情"虽亦因生而有,但"人欲之谓情,情非度制不节",故情乃恶之根源。时入魏晋,经学衰而玄学盛,陆机所倡之"诗缘情而绮靡"几与"诗言志"辔通衢。圣人有情无情遂可讨论,汉儒思想中"情""性"的关系已有调整应对的必要。故而武德、贞观之时,"情性"与"情志"的讨论语境,较之"天人""文质"同样复杂。唐初在此问题上所以引发后世学者的关注,主要在"情志一也"理论的提出:

①《文献通考》卷一四一,第1243—1244页。

②苏舆撰、钟哲点校《春秋繁露义证》卷一〇,第299页。

　　诗者,人志意之所之适也;虽有所适,犹未发口,蕴藏在心,谓之为志;发见于言,乃名为诗。言作诗者,所以舒心志愤懑,而卒成于歌咏,故《虞书》谓之"诗言志"也。包管万虑,其名曰心;感物而动,乃呼为志。志之所适,外物感焉,言悦豫之志则和乐兴而颂声作,忧愁之志则哀伤起而怨刺生。《艺文志》云"哀乐之情感,歌咏之声发",此之谓也。正经与变,同名曰诗,以其俱是志之所之故也。①

与陆机"诗缘情"之说出于士人之手、为"非官方"见解不同,孔颖达"情志一也"之说出自庙堂,由此可以推见"情"之位置在官方思想中的提升。儒家诗教中对于"情"的警惕与净化,本源自于在缺乏制度约束时代对共同体道德状况的预期。故而,官方对于"情"的认可,其要因之一,实为律令体系的建设与完善及国家对社会整合能力的提升②。其要因之二,则为对"人情"乃教化与整合社会所以持久有效之基础的认识。而"情"有风俗、情实之意,也可见出国家在整合社会时对于社会的顺应。人性本静,感物而动,则为喜怒哀乐之志、动静爱恶之心。性志乃一体一用,而此处"喜怒哀乐之志"实为喜怒哀乐之情。故"情志一也",性情亦为体用,情在性中,性因情见。唐初"情""性"常联组出现,但因此体用关系,情为性之象,性之实际影响已远不及情之重要。然而制度设计上的先天缺陷以及制度运行中的成本限制,让对历史兴亡有敏锐感受的儒家士人,于为政者的道德犹念兹在兹:

　　并以中庸之才,怀可移之性,口存于仁义,心怀于嗜欲。仁义利物而道远,嗜欲遂性而便身。便身不可久违,道远难以固志。佞谄之伦,承颜候色,因其所好,以悦导之,若下坂以走丸,

①孔颖达《毛诗正义》卷一,第6页。
②参见高明士《律令法与天下法·自序》,上海古籍出版社,2013年,第2页。

譬顺流而决壅。非夫感灵辰象，降生明德，孰能遗其所乐，而以
百姓为心哉？此所以成、康、文、景千载而罕遇，癸、辛、幽、厉
靡代而不有，毒被宗社，身婴戮辱，为天下笑，可不痛乎！①

因为道德感的强势在场，武德、贞观时期的文学，其写情者虽偶有涉
及宫体之题材者，大体依然以表达极具公共性的情感为主，情与欲
之间有着不可触探的红线。历史兴亡回眸中的感喟与时间长河中
的物是人非是最常见的情感表达。对于"唐人好诗，多是征戍、迁
谪、行旅、离别之作，往往能感动激发人意"②的有唐文学而言，唐初
在情感观念上的影响，最为重要的当不是对公共性的强调，而是对
"真情"价值的认可：

　　　　声能写情，情皆可见。听音而知治乱，观乐而晓盛衰，故神
瞽有以知其趣也。设有言而非志，谓之矫情，情见于声，矫亦可
识。若夫取彼素丝，织为绮縠，或色美而材薄，或文恶而质良，
唯善贾者别之。取彼歌谣，播为音乐，或辞是而意非，或言邪而
志正，唯达乐者晓之……若徒取辞赋，不达音声，则身为桀、纣
之行，口出尧、舜之辞，不可得而知也。③

情由物感而生，真情生长于真实的生命经验，可以关涉家国天下，亦
可囿于个体与家庭。"真"之与否在于感受者的内心判断而非社会
标准的外在量准，故而孔氏之论在观念层面为李唐文学开拓了极大
的言说空间。然人生之情，无论"七情"，抑或"六情"，为生人之所共
有，对于诗歌而言，在情之层面，"如何言说"较之"言说何物"更为根
本，唐初儒学所倡"兴必取象"之说，则在技法层面为李唐文学提示
了路径选择。《周南·樛木》以"南有樛木，葛藟累之"起兴，毛传曰：

――――――――――

① 《陈书》卷六，第119页。
② 严羽撰、郭绍虞校释《沧浪诗话校释》，人民文学出版社，1961年，第198页。
③ 孔颖达《毛诗正义》卷一，第7页。

"兴也。南,南土也。木下典曰樛。南土之葛藟茂盛。"孔颖达疏传云:"兴必取象,以兴后妃上下之盛,宜取木之盛者。木盛莫如南土,故言南土也。"[1]五经孔疏,论兴象者在在多有,如"兴取一象""喻必取象"等,对于唐诗之影响功莫大焉[2]。兴必取象,讲求情因象起,心物合一。王世懋论《黄鹤楼》《凤凰台》之优劣曰:

> 崔郎中作《黄鹤楼》诗,青莲短气。后题《凤凰台》,古今目为勍敌,识者谓前六句不能当,结语深悲慷慨,差足胜耳。然余意更有不然,无论中二联不能及,即结语亦大有辨。言诗须道兴比赋,如"日暮乡关",兴而赋也,"浮云""蔽日",比而赋也,以此思之,"使人愁"三字虽同,孰为当乎?"日暮乡关","烟波江上",本无指著,登临者自生愁耳。故曰:"使人愁",烟波使之愁也。"浮云""蔽日","长安不见",逐客自应愁,宁须使之?青莲才情,标映万载,宁以予言重轻?尺有所短,寸有所长,窃以为此诗不逮,非一端也。[3]

两诗之优劣且不论,王氏所言"比而赋"与"兴而赋"之别,正在情与物之是否融凝。盛唐之诗号"兴象玲珑",即盛唐人之自评亦以"兴象"为标准之一。"兴象"之说,为唐诗突破齐梁旧格的偏擅声色物象提示了路径可能,此亦儒学于唐诗之一重要贡献。"兴必取象"重在意象的营构,但以全诗结构的整体而言,"兴必取象"成功与否,既依赖于意象话语与推论话语之间的平衡,复决定于语义对等原则的处理[4]。而这对于近体具有主题雷同、内容单薄且格调偏浅俗轻

---

[1] 孔颖达《毛诗正义》,第41—42页。

[2] 参见邓国光《唐代诗论抉原:孔颖达诗学》,《唐代文学研究》第七辑,广西师范大学出版社,1998年,第848—862页。

[3] 王世懋《艺圃撷余》,何文焕辑《历代诗话》,第780—781页。

[4] 参见高友工、梅祖麟著,李世跃译《唐诗三论》,商务印书馆,2013年,第39—136页。

靡之"南朝旧习"的武德、贞观文坛来说①，责任似乎过于沉重，此一历史难题的解决将是沈宋时代的使命②。

结　语

唐初三十年的文学，无论是创作的成就，还是技法的研磨，都难以在唐代文学史上留下令人瞩目的印痕。但唐初君臣在构建大一统帝国过程中的政治文化建设的自觉，却为李唐文学开一代之规模，其"天人""文质"以及"情性""兴象"等观念，为唐文学或提供观念支撑，或提供路径指引，影响可谓深远。中唐时代的文学虽然展现出新的变化，但其内在理论却并未背离唐初的框架，甚至在某种意义上，可以说在儒学影响持续的时代，以上的框架均有其重要的影响，而思想与文化的突破与转型也应自此视角加以观照。

---

① 葛晓音《先秦汉魏六朝诗歌体式研究》，第433页。
② "沈宋时代"的命名参考了吴光兴《八世纪诗风——探索唐诗史上"沈宋的世纪"(705—805)》(社会科学文献出版社，2013年)导言部分。

第二章　政局变动中的儒学与文学
（高宗至睿宗时期）

自唐太宗确立"以文德绥海内"的治国纲领以来，贞观儒学在制度化层面获得了极大的发展空间，完成了儒学自汉末由中央而地方化、家门化之后的又一次中央化。唐初儒学在经学因政治、文化与地域诸因素而长期南北分立的基础上重新走向统一，并随教育及科举制度对于儒家经典的高度认可而一时为盛①。高宗即位早期，儒学的发展得以延续，开始于贞观时期的《五经正义》修撰工作至此终告结束，并颁行天下成为科举考试的指定用书。但儒学在唐初的制度化随即因为政局的重大变动，以及由此而来的一系列政治文化举措而相对弱化，儒学在政治生活的影响中更多表现为礼仪与国家律令格式领域对皇帝权威逐步强化的主动适应②。贞观与开元间复杂的政治生态，刺激了政治行动对儒学策略性使用的频次。此时期的文学也因盛世营造与皇权强化的政治需求，而呈现出特别的历史样态。于此趋势之下，陈子昂对于风骨与兴寄的倡导，则以回眸儒家传统诗教的方式，彰显了道德感动在诗学中的独特价值，进而为李唐文学的演进提示了一种影响深远的路径。

---

① 孙景坛《唐代"贞观之治"的儒治问题新探》，《南京社会科学》2006年6月，第82—87页。

② 陈启智《中国儒学史·隋唐卷》，北京大学出版社，2014年，第36页。

第一节　高宗武则天时期的
"古典"与"当世"之争

　　在唐研究中,高宗武则天时期因其复杂的政治生态、乱花迷眼的政治事件以及独特的政治景观,一直保有极高的受关注度。"古典"与"当世"之争作为特定的政治话语策略,虽然深度参与了是时的政治生活,但在政治事件与政治景观的光环之下,其在唐代文史研究中的身影无疑极为暗淡①。相较于史料的批判与解读以及理论的构建与反思在方法论上的高度成熟,话语维度的考察,尤其是对政治的话语维度及话语的政治维度的聚焦,尚不足以成为研究者的基本共识。即使是在"复古"与"革新"已然成为理解中唐以后思想世界的一组基本语词之时,其作为话语策略的意义,也难以在偏好区分保守与激进的常规视角中得到恰当的观照,更遑论"策略"之所以成立的整体情境。"古典"与"当世"作为政治话语策略,并非始于高宗武则天时期,但此时期独特的政治局势,却强化了其在政治博弈中的使用频次,也由之提升了政治话语自我合法化的理论含量。而"古典"与"当世"之争在话语实践中所形成的策略偏好以及所导致的政治话语概念的变化,对于政治生活的影响则更为深远。在此意义上,对于"古典"与"当世"之争的考察,既是理解高宗武则天时期政治生活的必要路径,同时也是自"内在理路"为中唐以后"古今之争"的解读提示一种言说传统的存在。

_____

①以学理与技术层面问题解决为目的的"古典"与"当世"之争,自然同样存在于高宗武则天时期,但由于话题焦点的限制,此一类型不纳入讨论。

一 "古典"与"当世"之争中的政治博弈

在中古时期的思想世界中，"古典"是一个极具包容度的语辞，举凡经义、制度、事件、惯例、共识乃至某种可感的氛围，均在其语义的有效范围之内。作为政治话语与政治行动所依赖的重要资源，"古典"的成立，源于特定历史时期及相关思想文本在政治实践中的典范化。政治生活的观念、制度与路径等均在此典范化的过程中得以系统的呈现。"古典"提示着政治生活的规则与限度，同时亦为政治生活搭建行动与理解的共有平台，因而"古典"是特定政治利益格局与政治结构以及政治形态有效维系的重要依托。与之相应，"当世"即以其"非古典"、边缘性、弱合法化等特点，构成对"古典"的反动，并进而成为在政治生活的不同层面重建关系与格局的重要动力源泉，"古典"也因此须在对"当世"的有效回应中自我修正以维持其作为典范的活力与影响。但在此过程中，"古典"与"原典"的距离增大，而更多地以一个时期的政治共识及政治惯例为其存在形式，"古典"之"古"的时间意味也愈趋于淡化。虽然以话语交锋为基本形式的"古典"与"当世"之争，似乎一度削弱了对于政治角逐的暴力想象，但博弈作为政治生活的"实相"，依然是话语实践的核心元素。在政治事件频发、政治生态复杂的高宗武则天时期，"古典"与"当世"的频繁出场，实不过为政治博弈在不同领域与层次日趋强化的"表相"①。

贞观二十三年六月，李治即位，时年二十二岁，明年改年号曰永

---

① "表相"是指"投射在人物感官意识中的外在景象（言谈、行动、物象等等），以及它们因社会情境、现实而在人们心中所造成的一些共同意象、信念或情感。""实相"是指由环境、经济生业与社会结群所构成的人类生态。参见王明珂《反思史学与史学反思》，台北允晨文化事业股份有限公司，2015年，第89、96页。

徽,高宗武则天时期正式开启。在漫长的政治生涯中,永徽时期的六年,是高宗武则天突破政治僵局、确立独尊地位的重要时段。虽然后世对高宗永徽之政的评价中有"贞观遗风"的美誉[①],但二元政治结构之下的君臣博弈,对永徽政局的影响应更为深远[②],也更能展现永徽政治生活的历史实相。永徽六年十一月,武则天被正式册立为皇后,高宗与长孙无忌等人之间的政治较量,以后者的惨败告终。重压之下的长孙无忌遂以提请修改《律疏》的方式,表达向高宗低头的政治姿态。《礼记·丧服》中,舅甥同服缌麻。贞观十四年,太宗改革服制,甥为舅服小功,而舅报甥依旧以缌麻。显庆元年,作为高宗母舅的长孙无忌特意奏改舅报甥以小功,以降低贞观礼中舅对于甥的礼仪尊位,并由此传递认可博弈结果的政治信息。虽然与利益诉求相关的政治博弈并不必然会带来对政治权力结构的实质性影响,但由于政治人物在地域、阶层以及血缘等身份上的交叉性,特定历史人物的政治命运会构成政治权力结构调整的重要契机,并导致连锁反应的发生。"废王立武"事件在高宗时期的历史意义,正在于其不仅成为长孙无忌个人命运的分水岭,同时也是高宗武则天时期权力结构调整的历史起点。只是由于南北朝的长期分立,使得此时期权力结构的调整与地域之争之间形成较为紧密的交叉关联。

永徽六年,当处于立后纷争中的高宗问策于李勣时,山东人李勣以"此陛下家事"予以回应,表示对立武氏为后的支持[③]。虽同为顾命大臣,但李勣因山东豪杰的出身而寡合于以长孙无忌为领袖的关陇勋贵,故其对高宗的回应中,已存有地域之争的考量。而出身江左的许敬宗,以"何豫诸人事而妄生异议乎"的公开言论,同样将立后归为"陛下家事",与李𪟝形成相互呼应的战略同盟①。虽然政治态度及政治诉求并不必然与地域身份高度关联,但在永徽年间,关陇集团作为李唐政治的核心圈,其所产生的排斥效应,却是无法忽视的政治现实。作为非关陇人士,欲谋求进入政治核心领域并有效维持其权威,借政治事件打击对手以及对手所归属的地域政治集团,由此撬动原有的权力版块,自然是合理的政治选择。"陛下家事"的事件定位以强化皇帝权力的方式,打破了皇后废立作为国家大事由皇帝与贵族共议的传统,并因此弱化皇帝作为最高权力拥有者对于地域性身份的认同。其实早在永徽初年,张行成即利用永徽元年四月及六月的晋州地震,传递出地域性的政治诉求。与李𪟝、许敬宗不同,张行成在贞观时期就曾在地域政治问题上与太宗有过交锋,因而其地域意识的表达更为明确②。作为资历深厚、老于权谋的政治人物,张行成不仅对永徽政局以及高宗的诉求有明晰的洞察,亦同样谙熟政治博弈的话语策略:

> 天,阳也;地,阴也。阳,君象;阴,臣象。君宜转动,臣宜安静。今晋州地动,弥旬不休。虽天道玄邈,窥算不测;而人事较量,昭然作戒。恐女谒用事,大臣阴谋,修德禳灾,在于陛下。且陛下本封晋也,今地震晋州,下有征应,岂徒然耳。伏愿深思远虑,以杜未萌。③

在政治博弈中,"当世"对"古典"的挑战,是弱势或缺乏绝对权威者寻求突破以达成政治意图的常规策略。由于"古典"持续的自我调整,其在不断适应"当世"的过程中,会拉远与"原典"之间的距离,从

---

①《资治通鉴》卷一九九,第1600页。
②《旧唐书》卷七八载:"太宗尝言及山东、关中人,意有同异,行成正侍宴,跪而奏曰:'臣闻天子以四海为家,不当以东西为限;若如是,则示人以隘狭。'太宗善其言。"
③《旧唐书》卷七八,第2705页。

而使得借助"原典"同样会成为"当世"挑战"古典"的一种有效策略，而构成"古典"与"当世"之争的一种变态。"阴阳五行""天人感应"作为汉儒以来理解政治与社会生活的基本理论，虽其影响一直存续，但在贞观时期的精英思想中，"天人感应"已受到强烈质疑。即使在贞观后期，其影响因凉州瑞石等事件而有所提升，但依然不足以挑战"人力"在政治解释中的核心位置①。张行成利用永徽初期的晋州地震，以向"阴阳失序"之解读传统回眸的方式，表达其对于高宗政治诉求的理解与支持，正是对此博弈"变态"的借用，而此类话语策略原不过是南北朝以来正统之争言说惯例在高宗时期的延续。隋唐时期，政治人物的地域认同，源于长时期的文化、军事以及社会诸领域的南北以及东西方向的区域性抵抗。在漫长的历史进程中，政治的正统性与国家的大一统构成了确立合法地位的重要依据。"古典"的标榜，在最终决定历史走向的北方社会，遂成为弱化南朝正统性的重要策略。《隋书·礼仪志》云：

> 圣教陵替，国章残缺，汉、晋为法，随俗因时，未足经国庇人，弘风施化。且制礼作乐，事归元首，江南王俭，偏隅一臣，私撰仪注，多违古法。就庐非东阶之位，凶门岂设重之礼？两萧累代，举国遵行。后魏及齐，风牛本隔，殊不寻究，遥相师祖，故山东之人，浸以成俗。西魏已降，师旅弗遑，宾嘉之礼，尽未详定。今休明启运，宪章伊始，请据前经，革兹俗弊。②

秦汉而下，三礼系统中，《周礼》的位置提升，礼制与国家制度融合的进程加速，礼在国家治理中的符号及实质性作用均得以强化。南朝"兴制衣冠礼乐"本有标榜"正朔所在"的政治意图，但"丈夫当删

---

①参见陈侃理《儒学、数术与政治——灾异的政治文化史》，北京大学出版社，2015年，第218页。

②《隋书》卷八，第156页。

《诗》《书》,制礼乐,何至因循寄人篱下"的自觉[1],虽然带来了南方礼学的繁荣并一度维系了士族高门的政治影响力,却无助于扭转大势在北而不在南的历史走向。关陇社会曾以回复"古典"的姿态,俯视爱好"新潮"的失败者,并尝试为新的大一统国家确立可以垂范后世的制度规范。但攻守之势既异,曾经的失败者又一次以政治生活的新的可能性的提示,而成为政治惯例与基本格局的挑战者。在政治博弈的实践中,"古典"与"当世"之争所以能够成为一种经常被运用的路径偏好,源于其能有效适应传统、惯例、格局以及诉求等诸政治元素间的复杂互动。"古典"与"当世"之争不仅是实现特定政治诉求的有效手段,也是重组权力结构的重要方式。武氏立后,意味着长孙无忌团体的政治失势,但其更为深远的影响则在于皇权集团核心成员的构成发生了重要变化。功臣、诸王阶层日益远离权力的中心,皇后及其嫡子、嫡女成为核心成员,并分享着高宗的政治权力与政治权威[2]。上元二年(675),太子李弘薨于合璧宫,高宗下诏,谥曰"孝敬皇帝",号其墓为恭陵。中宗之时,更以"义宗"之称,祔于太庙[3]。高宗、中宗时期一系列突破传统国家礼制的行为,有效凸显了核心成员的政治地位,并强化了礼仪等符号性资源在政治领域的影响力。魏晋南北朝以来,君权至上观念的强化是逐步明晰的历史趋势,而礼学在此过程中成为权力结构调整博弈的焦点领域。高宗武则天时期的"古典"与"当世"之争,自然是借"势"而为,而这一趋势也为此话语策略运用的高频化提供了重要的制度空间。

　　在政治权威的符号性占有上,"古典"与"当世"作为话语策略,

---

① 《南齐书》卷四一,第729页。

② 高宗时期皇帝权力集团人员结构与类型的调整,可参见周善策《国家礼仪与权力结构:试论唐朝前半期陵庙礼之发展》,《历史研究》2010年第5期,第27—38页。

③ 《旧唐书》卷八六,第2830页。

对政治行动的合法化能力以及其所拓展出的弹性空间,有着其他行动策略难以比拟的巨大优势:

> 上元元年十二月二十七日,天后上表曰:"夫礼缘人情而立制,因时事而为范,变古者未必是,循旧者不足多也。至如父在为母止服一期,虽心丧三年,服由尊降。窃谓子之于母,慈养特深……若父在为母止一期,尊父之敬虽同,报母之慈有缺。且齐斩之制,足为差减,更令周以一期,恐伤人子之志。今请父在为母终三年之服。"遂下诏依行焉。当时亦未行用,至垂拱年中,始编入格。①

在《旧唐书》开元五年(717)卢履冰的奏议中,上元元年,武则天"请父在为母终三年之服"的奏议被解读为篡政的重要举措。虽然,作为后来者不免有由果溯因的解释偏好,也更倾向于在重大事件的因果链条中定位具体的政治行动,故而易于简化政治生活的复杂度;但其将上元元年奏议事件化的解读,实源于武则天在高宗时期强化权力手法上的一致性。在仪式领域不断尝试突破政治惯例,追求更多的仪式影响与符号权力,是武则天提升政治形象与影响,也是高宗给予或控制武氏权力的重要方式。仪凤元年(676)二月五日,高宗发布《颁行新令制》曰:

> 比者在外州府,数陈表疏;京下诸司,亦多奏请。朕以为帝命多绪,范围之旨载弘,王言如丝,弥纶之道斯洽。前后处分,因事立文,岁序既淹,条流遂积,览之者滋惑,行之者逾怠。但政贵有恒,词务体要,道广则难备,事简则易从。故自永徽已来,诏敕惣令沙汰,详稽得失,甄别异同,原始要终,捐华摭实。其有在俗非便,事纵省而悉除;于时适宜,文虽繁而必录。

---

① 《唐会要》卷三七,第675—676页。

随义删定，以类区分，上禀先规，下齐庶政，导生灵之耳目，辟
风化之户牖。俾夫施之万祀，周知训夏之方；布之八埏，共识
司南之路。仍令所司编次，具为卷帙施行，此外并停。自今以
后，诸有表奏，事非要切，并准敕令，各申所司，可颁示普天，使
知朕意。①

仪风新令的颁布，是高宗自显庆以来在格式法令上的第三次调整。
此时许敬宗已死，武则天丧失其重要的政治伙伴；而高宗则依赖刘
仁轨、戴至德等人，以《永徽留本司格后本》的编定，削弱《显庆礼》与
龙朔格"中本"中武则天的政治影响并进而限制其政治权力。虽然
以政治权力的实质性分享而言，高宗与武则天及其各自政治班底间
的政治博弈在特定历史时段互有消长，但高宗自永徽以来在核心权
力上的结构配置，却为武则天的权力扩张提供了极为稳定的制度支
撑。故而，即使阻力的存在会延缓扩张的进程，只要结构依然维持
稳定，武氏的突破则是必然的结果②。在持续的政治博弈中，国家礼
仪成为角力的焦点领域，作为政治策略的"古典"与"当世"之争，也
自然处于持续的发酵之中而愈加重要。

　　垂拱四年正月，又于东都立高祖、太宗、高宗三庙，四时享
祀，如京庙之仪。别立崇先庙以享武氏祖考。则天寻又令所司
议立崇先庙室数，司礼博士、崇文馆学士周悰希旨，请立崇先庙
为七室，其皇室太庙，减为五室。春官侍郎贾大隐奏曰："臣窃
准秦、汉皇太后临朝称制，并据礼经正文，天子七庙，诸侯五庙。
盖百王不易之义，万代常行之法，未有越礼违古而擅裁仪注者
也。今周悰别引浮议，广述异文，直崇临朝权仪，不依国家常

①宋敏求编《唐大诏令集》卷八二，中华书局，2008年，第472页。
②参见吴丽娱《试析唐高宗朝的礼法编纂与武周革命》，《文史》2016年第1辑，
　第83—115页。

度,升崇先之庙而七,降国家之庙而五……其崇先庙室,合同诸
侯之数,国家宗庙,不合辄有移变。臣之愚直,并依正礼,周悰
之请,实乖古仪。"则天由是且止。①

垂拱四年(688),周悰立武氏七庙的奏议,是光宅元年(684)武承嗣
"请太后追王其祖,立武氏七庙"的主张受阻于宰臣裴炎后,武则天
变革国家宗庙礼仪的再次尝试。由于垂拱之时,武则天称帝的意图
已极为明显,国家宗庙礼仪的变革尝试,不过为武氏登基前的政治
试探。而贾大隐"违礼越古"的认定所传递的政治姿态,是认同李唐
者在变革之际试图依赖"古典"以对抗或延缓变革的政治诉求。虽
然两年后的天授元年(690),武则天终代唐立周,但"古典"的李唐
依然是"当世"的武周无法回避的政治遗产。无论是武周时期的二
王三恪制度②,还是在国家宗庙制度上的双太庙设计③,都夹杂着
"古典"与"当世"之争的回响。"古典"与"当世"的拉锯,在高宗而后
的特定时期,为武周代唐提供了实践的历史路径,同样也为中宗的
最终复辟奠定了内在的可能。"古典"与"当世"之争,作为政治"实
相"的"表相",并非是"实相"之外的表层覆盖物,而是"实相"的内在
构成,"实相"与"表相"之间本为一体之关系。故而,当李隆基通过
政变获登大宝后,改变高宗以来的政治格局,遂成为其能否告别高
宗武则天时代的判断标尺。虽然在唐史研究中,玄宗与武则天共有
贞观政治传统破坏者的历史定位④,但玄宗试图建立政治新格局与

---

① 《旧唐书》卷二五,第944—945页。
② 武则天时期对于二王三恪制度曾有三次调整,其相应的政治意图的传递,可参见
孙正军《二王三恪所见周唐革命》,《中国史研究》2012年第4期,第97—113页。
③ 所谓"双太庙制",是指武则天时期所实行的李、武二氏宗庙并存,东西两京
"双太庙"的国家宗庙制度。参见李永《宗庙与政治:武则天时期太庙体制研
究》,《学术月刊》2017年第8期,第152—158页。
④ 参见陈寅恪《唐代政治史述论稿》,第18页。

新规则的努力,同样表现出对七世纪下半期政治生活的明显疏离。

由于礼仪领域在七世纪下半期以来的政治博弈中一直处于政治角力的前沿地带,故而玄宗对高宗武则天时代政治遗产的清理,依然以礼仪为基本的突破方向。

相比于中宗对武则天政治遗产的依赖,睿宗、玄宗父子无疑具有极高的处置自由,而尤以后者为甚。睿宗为李弘别立"义宗之庙",以清整国家宗庙为新政的标志,但因其无法真正告别"李武"共治的前定格局,其尝试的力度与效应自然极为有限。在复杂局势中脱颖而出的玄宗,则通过数次军事行动,以肉身消灭的方式打破了维持多年的"李武"共治格局,从而为其在礼仪问题上的相关操作提供了足够的人事空间。虽然在玄宗朝,打破礼法旧规的官方行为时有发生,但礼仪领域在国家政治生活中的彰显度却明显下降,"古典"与"当世"之争也不再成为知识界的焦点话题。

作为玄宗时代前期的政治领袖,张说的政治理念有着强烈的"形式化"取向,尝试在玄宗朝建立礼仪、制度诸领域稳定的标准与规则[1]。张说认可《礼记》的经典位置,并强调通过折衷五礼仪注的方式,在"古典"与"当世"之间寻找应有的平衡。但其对于经典位置的强调,却相左于已被持续强化的皇帝权力有效介入官僚常规权力的历史需要,故而《大唐开元礼》须在其身后方能迅速完成[2]。虽然张说的理念未能得到严格的贯彻,但《大唐开元礼》的修订,却在玄宗独尊的权力格局之下有效弱化了知识界对于礼仪、特别是礼制问题的讨论热情。而缺乏权力结构支撑的"古典"与"当世"之争,也自然再难以撬动政治格局。只是由于政治与社会生活对规则挑战的

---

[1] 参见本书第三章第一节。

[2]《大唐开元礼》的修撰过程及其相关礼仪修订及原则调整的具体情况,可参见吴丽娱主编《礼与中国古代社会·隋唐五代宋元卷》,中国社会科学出版社,2016年,第69—92页。

内在性,以及政治与其他社会领域话语行动自我合法化的要求,"古典"与"当世"依然会成为话语行动的重要策略。

"古典"与"当世"之争,作为话语策略,不但影响着政治事件的走向以及政治格局的生成,同时也可成为政治观念转变的风向标。在武则天对此话语策略的操纵中,佛教元素自然而然地成为国家意识形态的重要成分,武周也由之具有了极为明确的"佛教国家"的色彩:

> 证圣初,(姚)璹加秋官尚书、同平章事。是岁,明堂灾,则天欲责躬避正殿,璹奏曰:"此实人火,非曰天灾。至如成周宣榭,卜代愈隆;汉武建章,盛德弥永。臣又见《弥勒下生经》云,当弥勒成佛之时,七宝台须臾散坏。睹此无常之相,便成正觉之因。故知圣人之道,随缘示化,方便之利,博济良多。可使由之,义存于此。况今明堂,乃是布政之所,非宗庙之地,陛下若避正殿,于礼未为得也。"左拾遗刘承庆廷奏云:"明堂宗祀之所,今既被焚,陛下宜辍朝思过。"璹又持前议以争之,则天乃依璹奏。①

证圣元年(695)的明堂大火,给武周政权带来了极大的舆论压力,武则天营造政治景观与神圣空间以标示天命所在的尝试,面临着空前危机。虽然在儒家自身的思想资源中,"人火"与"天灾"的分疏能够为明堂大火提供相应回旋的余地,但无论取何种解释,明堂大火都难以具有积极的正面意义。姚璹则在坚持明堂大火为"人火"而非"天灾"的同时,依据《弥勒下生经》,将明堂大火比附为弥勒成佛之际"七宝楼台须臾散坏","无常之相"遂为"正觉之因"。武氏所面对的政治压力由此缓解,且因佛教思想的助力而有持续景观营造的动力。武氏称帝以来,佛教元素被不断凸显,但直至明堂大火,无论是《大云经义疏》的颁行,还是《宝雨经》的翻译,均主要服从于武氏个人称帝资格的确认,而与国家政治的话语体系并无系统的关

---

① 《旧唐书》卷八九,第2902—2903页。

联。姚璹的奏议,则打开了佛教系统影响政治话语体系的大门,在此之后,关于"祇阇崛山""帝出乎震"等问题的官方解释,已可见出佛教思想影响的深化①。在此过程中,佛教思想正是通过对儒家"古典"与"当世"之争的参与,逐步替换或改造了儒家思想中的部分语词,进而自然而然地完成了自宗教理论向政治话语的身份转化。武周之后,李唐对道教思想的利用,同样能够见出在路径上的高度接近②。而中唐时期韩愈倡古文、古道排斥佛老,依然是利用了"古典"与"当世"之争的经典思路。

二　"古典"与"当世"之争中的技术与条件

"古典"与"当世"的显性之争,通常发生于观念与主张等话语行动层面,故而易于观察,但两者之间尚存在一种相形之下较为隐性的互动方式。由于话语行动具有高度的实践取向,在物质化的过程中,不免产生文本中的"典范"与其物质实现所依赖的技术与条件之间的紧张。技术与条件的"当世"在为"古典"的呈现提供支撑的同时,则以其难以掩饰的非"古典",设置着"古典"在当世实践中的可能与限度。"古典"与"当世"之间的隐性之争,虽然更易成为文史研究中被忽视的边缘与暗影,但此隐性之争似乎更能体现历史语境的潜在影响,并提示观察者重视历史演化的脉络与效应,从而为具体时段的历史现象提供一种更合语境的解释话语。

高宗武则天时期对政治景观的营造,在七世纪的百年中可谓造极一时。由于存留于文本中的政治构想是政治景观合法化的重要

---

① 孙英刚《神文时代:谶纬、术数与中古政治研究》,上海古籍出版社,2014年,第242—309页。

② 参见雷闻《龙角仙都:一个唐代宗教圣地的塑造与转型》,《复旦学报》2014年第6期,第88—98页。

依据,故而,"当世"营建必然会面对"古典"的检视,两者间可能存在的错位即因之而生。证圣元年的明堂大火之后,武则天重建明堂并于次年在庭中陈列九鼎。

> 其年,铸铜为九州鼎。既成,置于明堂之庭,各依方位列焉……司农卿宗晋卿为九鼎使,都用铜五十六万七百一十二斤。鼎上图写本州山川物产之像,仍令工书人著作郎贾膺福、殿中丞薛昌容、凤阁主事李元振、司农录事钟绍京等分题之,左尚方署令曹元廓图画之。鼎成,自玄武门外曳入,令宰相、诸王率南北衙宿卫兵十余万人,并仗内大牛、白象共曳之。则天自为《曳鼎歌》,令相唱和。[1]

九鼎的铸造与陈列,是七世纪末期与明堂、大佛等相应的气势恢宏的政治景观。通过仪式化的展演,武则天以回归商周政治传统的姿态,标示对儒家价值体系的尊重。但若暂时抛开其政治意图的考量,七世纪下半期的工艺技术乃是九鼎从文本走向现实的前提。虽然作为礼器,鼎在先唐时期已有漫长的存在史[2]。但作为国祚之象征而极具纪念碑效应的九鼎[3],似乎只是存在于文本中的缥缈传说。公元前605年,楚王问鼎于王孙满,王孙满追溯了九鼎铸造的历史,并提供了九鼎形态的具象描述,以坐实九鼎的物质化存在。进而,王孙满又在九鼎与王朝的鼎革之间建立关联。因此九鼎

---

[1]《旧唐书》卷二二,第867—868页。

[2] 参见吴丽娱主编《礼与中国古代社会·先秦卷》,第182—227页。

[3] 器物或建筑的"纪念碑性"是指:"不管它的形状和质地如何,总要承担保存记忆、构造历史的功能,总力图使某位人物、某个事件或某种制度不朽,总要巩固某种社会关系或某个共同体的纽带,总要成为界定某个政治活动或礼制行为的中心,总要实现生者与死者的交通,或是现在与未来的联系。"(巫鸿著,李清泉、郑岩等译《中国古代艺术与建筑中的"纪念碑性"》,上海人民出版社,2012年,第5页)

的迁转在作为事件结果的同时,似乎又可以成为事件发生的源头。此种联系的建立,在后世的文本传写中逐步形成了九鼎的保有是国祚以及德政之明证的共识①。但王孙满对两者间的关系又做出更进一步的解释:"德之休明,虽小,重也。其奸回昏乱,虽大,轻也。天祚明德,有所底止。成王定鼎于郏鄏,卜世三十,卜年七百,天所命也。周德虽衰,天命未改,鼎之轻重,未可问也。"②王孙满并未根本动摇九鼎在鼎革中具有结果与源头的双重意味,而是在王朝命运的决定因素中增加了"德"的维度,由之深化也复杂了运命的历史解释。但九鼎真容在后来的文本中逐步模糊,而其神秘色彩却愈加浓厚。《墨子·耕柱篇》中,九鼎所具有的"不举而自藏,不迁而自行"的夸诞能力,已弱化了九鼎作为具体器物的可信度。而在《战国策》中,九鼎又具有另外的形态:"夫鼎者,非效醯壶酱甄耳,可怀挟提挈以至齐者;非效鸟集乌飞,兔兴马逝,漓然止于齐者。昔周之伐殷,得九鼎,凡一鼎而九万人挽之,九九八十一万人,士卒师徒,器械被具,所以备者称此。"③"九万人挽之"的描述,让鼎迁于周的文本记录近乎荒诞不经的历史传说。虽然秦汉之后的历史时期,在工艺技术上早已具有铸造九鼎的能力,但神秘"重器"的时代已趋于终结。在宫殿与陵墓建筑作为纪念碑之典范的时代,九鼎作为文本中的政治符号已缺少物质化的外在驱动。武则天时期对于九鼎的利用,糅合了《左传》与《战国策》等文献,在九鼎自文本而物质化的过程中,尝试借助当世的工艺技术展演九鼎被文本所构拟的景观效应,并为武周政权的合法性提供"古典"的确证。但九鼎在武周之后政治生活中的消隐,则似乎暗示着技术的"当世"虽然能为"古典"的物质化提供支撑,物质化的过程却伴随着"祛魅"的危险。"古典"与"当世"

①韩愈《三器论》,《全唐文》卷五五七,第5640页。

②左丘明撰、杜预集解《左传》,上海古籍出版社,1997年,第546页。

③刘向集录《战国策》卷一,上海古籍出版社,1998年,第3页。

之间，因"古典"的魅力须持存于恰当的距离之中，故而表层的合作却难以掩藏无法弥补的内在裂隙。与此同时，物质化过程所伴随的资源消耗，也会形成对"古典"之"理想性"的挑战。开元五年，李隆基前往洛阳，拟在明堂举行大享大礼，遭到礼官的反驳：

> 太常博士冯宗等奏议："武太后建天枢太仪，乾元遗址，兴重阁层楼。人斯告劳，天实贻诚。煨烬甫尔，遽加修立。今请削彼明堂，复乾元殿，则当宁无偏，人识其旧矣。"诏令所司，详议奏闻。刑部尚书王志愔等议，咸以此堂所置，有乖典制，请改拆，依旧造乾元殿。从之。①

玄宗对武则天时代政治景观的处置，自然有消除武氏影响的政治考量，但宏大景观所造成的巨大耗费，及其所形成的政治文化与社会心态，对于玄宗朝的政治走向而言无疑是巨大的政治障碍。故而，当标榜"复古"与"传统"成为"告别武氏"的路径导向时，过于"当世"的"古典"景观就难以在新朝的政治图景中保有曾经的辉煌。虽然九鼎并未毁于此次的改拆风潮，但对其藏于宫中的去景观化的处理，与对明堂、天枢的处置上去"当世"的反物质化倾向相较，亦只是手段上的差异而已。

在高宗武则天时期政治景观的营造中，明堂是一个重要度远超九鼎的政治符号。由于和早期中国在纪念碑性上的建筑转向合拍，作为建筑的明堂，在秦汉以后政治言论中所出现的频次以及被赋予的重要度，均非九鼎所可比拟：

> （源）子恭上书曰："臣闻辟台望气，轨物之德既高；方堂布政，范世之道斯远。是以书契之重，理冠于造化；推尊之美，事绝于生民。至如郊天飨帝，盖以对越上灵；宗祀配天，是用酬庸

---

① 《通典》卷四四，第1228页。

　　下土。大孝莫之能加，严父以兹为大，乃皇王之休业，有国之盛
　　典。窃惟皇魏居震统极，总宙驭宇，革制土中，垂式无外。自北
　　徂南，同卜维于洛食；定鼎迁民，均气候于寒暑。高祖所以始
　　基，世宗于是恢构。按功成作乐，治定制礼，乃访遗文，修废典，
　　建明堂，立学校，兴一代之茂矩，标千载之英规。"[1]

在先秦以来的思想文本中，明堂作为代表政治理想、行政方式与宇
宙观念的政治建筑，在被不断提及的同时，也在不断地被历史所附
魅。北魏时，源子恭以明堂为标示政治之大一统与正统以及王道的
核心符号，既是南北对立时期争夺正统的政治策略，也是明堂的影
响持续而至中古使然。但与九鼎的不同在于，明堂并非只是存在于
文本中的政治理念或政治神话，在漫长的政治进程中，明堂曾不止
一次被王朝领袖转化为物质形态的国家建筑。文本物质化与物质
文本化的双向叠加，在丰富历史图景的同时，却存在弱化文本信用
的矛盾。由此，在物质化过程中，源于文献不足征以及特定政治意
图的共同影响，作为建筑的明堂一直未能形成稳定的形制。

　　由于文本中的明堂形制本即言人人殊，故而在理论层面的讨论
中，"当世"的因素已堂而皇之地进入对"古典"的解读之中。此类解
读，既绕开了明堂在物质化过程中"文献不足征"的难题，也为当世
工艺在明堂建筑中的呈现提供了依据：

　　　　明堂上圆下方，四周十二堂九室，而不为重隅也。室外柱
　　内，绮井之下，施机轮，饰缥碧，仰象天状，画北道之宿焉，盖天
　　也。每月随斗所建之辰，转应天道，此之异古也。加灵台于其
　　上，下则引水为辟雍，水侧结石为塘，事准古制，是太和中之所
　　经建也。[2]

---

[1]《魏书》卷四一，第933—934页。
[2] 郦道元著、王先谦校《合校水经注》卷一三，中华书局，2009年，第208页。

与"今制"的参杂是"古典"在自文本向物质形态转化过程中通常所需付出的代价。在一般形态上，古典的物质化会强化理念层面上的古今对应，而淡化在工艺技术上的古今差异。但明堂的物质化过程似乎是一个独特的历史现象，无论是在理念还是工艺层面，明堂都为"当世"提供了相应的参与空间，且不惮于展现这种古今相参的状态。明堂的独特，在为其物质化提供便利的同时，也为相关的学理辩论增加了难度[1]。高宗武则天时期的明堂修建，自高宗倡议之初，即聚讼纷纭，累年不休。即使是在高宗以皇帝的名义下诏确定形制之后，明堂的修建亦未能如期进行[2]。虽然，此时期的讨论，自然有作为政治理念的明堂与作为国家建筑的明堂之间，在文本化与物质化的双向影响中所形成的复杂层次相关，但学理性讨论所隐含的政治理念以及权力分配上的分歧，也是极易被观察者捕捉的历史信息。故而，至武则天时期重提明堂的修建，决策者的策略与权威即是其能否实现政治决策的保障。

为了回避学理上的无尽纠缠，武则天在明堂问题上"独与北门学士议其制，不问诸儒"[3]，从而使得明堂在其修建伊始，即具有了极为明确的武氏印记。在《令礼官详定享明堂礼仪诏》中，武则天强调了明堂在传统政治生活中的价值与功能，更强调了明堂选址与形制服务当世政治意图的特性。"垂拱三年春，毁东都之乾元殿，就其地创之。四年正月五日，明堂成。凡高二百九十四尺，东西南北各三百尺。有三层：下层象四时，各随方色；中层法十二辰，圆盖，盖上盘九龙捧之；上层法二十四气，亦圆盖。亭中有巨木十围，上下通

---

① 参见麦大维著，张达志、蔡明琼译《唐代中国的国家与学者》，中国社会科学出版社，2019年，第90页。

② 高宗时期关于明堂建设的讨论与进程，参见李文才《明堂创制的构想与唐高宗的政治心态》，《陕西师范大学学报》2015年第2期，第54—63页。

③《资治通鉴》卷二〇四，第1639页。

贯，柄、栌、撑、槐，藉以为本，亘之以铁索。盖为鹫鹭，黄金饰之，势若飞翥。刻木为瓦，夹纻漆之。明堂之下施铁渠，以为辟雍之象。号万象神宫。"①武则天以"自我作古"的政治勇气，在垂拱四年建成了为其赢得巨大政治声誉的政治景观。相比高宗时期在明堂建设上的犹疑不决，武则天在漫长参政与执政过程中所积累的行政能力与政治权威，则为其政治行动提供了实践的可能。明堂提升了武则天的政治权威，但由于在学理性上的先天不足，其过度的"当世"性，在玄宗时期即成为非"古典"的元素，而受到改拆的命运。中唐时期，杜佑在《通典》中也留下了"制度异诸仪法，今不全载"的记录，以弱化武氏明堂文本化的方式，表明对武氏做法的微词。

高宗武则天时期对于政治景观的营造热情，在七世纪下半期催生了众多高度仪式化的政治行动与以形体复杂宏大著称的器物及建筑。此种政治风习，在依赖于政治言说以谋取合法性的同时，也影响了文学文本自身的呈现样态。政治风习的影响以及汉语史自身演化所形成的"当世"性，是此时期文学书写所必须面对与接受的当世条件。而此条件的存在，却多少会与关于文学的古典想象及功能认定产生难以回避的冲突。

> 仲尼既没，游夏光洙泗之风；屈平自沉，唐宋弘汨罗之迹。文儒于焉异术，词赋所以殊源。逮秦氏燔书，斯文天丧；汉皇改运，此道不还。贾马蔚兴，已亏于《雅》《颂》；曹王杰起，更失于《风》《骚》。
>
> 杨炯《王勃集序》②

> 窃惟诗之兴作，肇基邃古。唐歌虞咏，始载典谟；商颂周雅，方陈金石。其后言志缘情，二京斯盛，含毫沥思，魏晋弥繁……宏兹雅奏，抑彼淫哇，澄五际之源，救四始之弊，固可以

①《旧唐书》卷二二，第862页。
②祝尚书笺注《杨炯集笺注》卷三，中华书局，2016年，第249页。

用之邦国,厚此人伦。

骆宾王《和学士闺情诗启》①

杨炯、骆宾王对文学历史脉络的勾画与评价,是儒家政教文论在"当世"的再现。在王勃《上吏部裴侍郎启》及卢照邻《驸马都尉乔君集序》中,同样可以发现观点极其接近的文字,或可说,对儒家古典文论的服膺是"四杰"的基本共识。但衡之于"四杰"的接受史,"四杰"的文本却有着极为稳定的"当时体"之称②,文学理念与书写创作之间似乎存有明显的失调现象。虽然文学文本的载体诸如简帛、碑石以及纸张等因素的物质性,在当下的古典文学研究已颇受关注,但语词的"物质性"却处于被忽视的境地。"四杰"的文本特别是骈文既有"当时体"之称,则其文本模式与技法在当时应有极大的影响。此时汉语史的演化已在四字格与四声的二元化以及文笔的偶对与调声等方面展现出李唐的时代特点③。汉语在韵律与语法上为当世文学书写所提供的条件,构成了"四杰"无法回避的技法基础。在明确反对过度修饰的"四杰"文本中,随处可见汉语演化的强大影响。

> 金城裂地之灾,玉弩惊天之祸。蹴昆仑以西倒,蹋泰山而东覆。三微历数,尽薰歇以声沉;万国衣裳,咸土崩而瓦散。是故殷忧启圣,圣人腾海岳之符;草昧兴王,王者受风雷之祉。则有思穷图谶,潜观赤伏之萌,识洞机祥,暗察黄星之兆。天悬两日,询去就于河宗;地震三川,考兴亡于柱史。

杨炯《原州百泉县令李君神道碑》④

---

①《全唐文》卷一九八,第2001页。

②参见祝尚书《论初唐四杰骈文的"当时体"》,《文学遗产》2017年第5期,第39—50页。

③此问题的讨论,可参见刘顺《语言演变及语体完形与"一代有一代之文学"》,《上海师范大学学报》2017年第3期,第104—115页。

④祝尚书笺注《杨炯集笺注》卷七,第943页。

杨炯的此段文字,可视为"四杰"之"当时体"的具体而微。无论是对偶对、用典与声律的讲求,还是喜发长论好言天人之际,甚至极为明显的夸诞之笔,都极易在"四杰"其他三位成员的文集中找到相近的文字。在技法上,"当时体"与大体同时的《笔札华梁》与《文笔式》的相关见解高度吻合。以声律而言,《文笔式》曰:"然声之不等,义各随焉。平声哀而安,上声厉而举,去声清而远,入声直而促。词人参用,体固不恒。请试论之。笔以四句为科,其内两句末并用平声,则言音流利,得靡丽矣;兼用上去入者,则文体动发,成宏壮矣。"[1]杨炯《李君神道碑》兼用上去入声,故成宏壮之势,可以佐证其对于声律规则的娴熟。"四杰"和以复古著称的陈子昂在文本中所呈现出的"当世"性,若解读者忽视汉语演化所形成的条件便利与限制,则常视之为观念与创作之间的失衡。虽然两者间的失衡是文学史中的常态,但汉语演化的强大而隐性的作用,却可能意味着此种理解是某种对"四杰"的强加。文学理念一旦落实于文学书写,自不免受到语言条件的限制。也就是说,观念的复古,必须通过当世的条件与技法才能加以"当世"的实践。即使是在中唐时期韩柳的古文书写中,也必须通过高度的文学技巧以回避实际无可回避的语言的当代性[2]。故而,"四杰"的"当时体"只是语言物质性对古典观念内在约束的一个具体案例。与此同时,"四杰"对于文学政治功能的认定,也并不因为其用典、夸诞好言天人之际,而必然产生对儒家政教文论的偏离。在高宗武则天时期的政坛与文坛,许敬宗都是一位颇有当世影响的领袖人物,其政治性文字的书写模式与风格,应成为理解"四杰"之"当时体"的重要参照。

> 臣某等言,臣等历选前辟,皇王之道详焉。遐观曩载,致治之方备矣。窃闻垂衣垂裳之世,追獯鬻而匪宁。乘舟乘檋之

---

[1] 遍照金刚撰、卢盛江校考《文镜秘府论汇校汇考》,第1188页。
[2] 参见本书第五章第二节。

期，即析支而仅叙。尧民有审，徒谓可封；汤祷无征，非能具美。道光史册，幽赞祯符，各擅鸿名，俱为称首，况以括地成象，中天作镜，代元功而造物；叶神化以开祥，取譬前修，岂同年而语矣。伏惟皇帝陛下受初或跃，啸命风云，廓彼重昏；裁成法篡，张维立极。不盈少选之间，迈五登三，度越千龄之表。施生灵于动植，日用者不知；混覆焘于华戎，航深者忘远。巍巍乎，赫赫乎，书契已来，未闻之也。

许敬宗《贺富平县龙见表》①

贞观十四年，富平县白龙见，许敬宗上表称贺。此时的许敬宗尚未步入其人生的巅峰期，但其所上贺表在书写模式与风格上已大体稳定。在此段节录的文字中，讲求偶对与典故、着意平仄与调声、重天人感应、好为夸诞之词，均体现出其作为"四杰"之"当时体"之先声的特点。天命(天象、祥瑞)与传统以及当世功绩的铺排是彰显帝王形象的核心元素，而视觉效应与声音感受上对宏大与庄典的偏好则是达成颂圣目的的基本技法。此类特点，因许敬宗在高宗武则天时期的影响以及上官仪等人在政治书写上的推波助澜，遂成为当时最为流行的政治书写模式。这也意味着在"四杰"的时代，"当时体"或许是最为有效的展现文学政治功能的方式，"古典"与"当世"间失衡的判断，只是解读者隔膜于特定时期的历史语境使然。

三　"古典"与"当世"之争中的情、俗、势

作为政治话语策略，"当世"与"古典"相较，在合法性上处于弱势。由于政治乃众人之事，常态或理性的政治行动，必然无法回避合法性论证的要求。"当世"对"古典"的挑战，自政治观念与政治话

---

①《全唐文》卷一五一，第1542页。

语而言,意味着观念与语词在外在形态或内涵上的相应调整,并因而导致一个时期"政治正确"理解上的变化。合法性论证虽然在路径上存在正当性与证成性的双重可能,但其具体过程的实践,却需要依赖于特定时期所能提供的话语资源。故而,观察"当世"与"古典"的对抗,可以为理解此时期政治话语中心与边缘的双向互动提供具体的文本,并进而有助于深层分析话语行动所指向的政治意图,以及支持此行动的政治群体所以成功或失败的历史情境。

高宗武则天时期,"当世"对"古典"的挑战,以服制与仪制等极具展演性的政治领域为其前沿。由于此一领域历经长期的政治共识的国家化与儒家化过程,已形成颇为严密的话语体系;"当世"试图通过挑起论争,以达成政治意图,则行动的理由上需要能够形成对原有合法性基础的巨大舆论压力,而在行动的策略上又须避免与"古典"之间的直接对抗。故而,在"古典"资源内部寻找突破,相较之下是最为可行的行动方案:

> 龙朔二年八月,有司奏,同文正卿萧嗣业,嫡继母改嫁身亡,请申心制。有司奏称,据令,继母改嫁,及为长子并不解官。乃下敕曰:虽云嫡母,终是继母。据理缘情,须有定制,付所司议定奏闻。

> 上元元年十二月二十七日,天后上表曰:夫礼缘人情而立制,因时事而为范。变古者未必是,循旧者不足多也。

> 神龙元年五月十八日,皇后表请,天下士庶出母终者,令制服三年。至天宝六载正月十二日敕文:五服之纪,所宜企及,三年之数,以报免怀。齐斩之纪,虽存出母之制;顾复之慕,何申孝子之心。其出嫁之母,宜终服三年。[1]

以上三次关于服制的讨论,除神龙元年韦后上表发生于中宗复位

---

[1]《唐会要》卷三七,第674、675、680页。

之后外,均发生于高宗武则天时期。更改服制的讨论,在结果上会存在维持现有制度或修改制度的不同,但发起讨论的依据则共同指向情感因素。在儒家礼制中,"礼缘人情"与"以礼节情"本即制定礼仪的重要依据,但高宗武则天时期的议论,则无一例外地强化"礼缘人情"的基础表述,而淡化"以礼节情"的功能说明。李唐以"情"之需作为修礼的合法性依据,在贞观时期即已近乎朝野共识。因此,高宗武则天时期的修礼,在论证方式上与七世纪上半期实一脉相承:

> 贞观改服制,嫂、叔、夫之兄、弟之妻,皆相为服,变周制也。古之不相为服者,《礼传》言之详矣。嫂不可以母道属,弟之妻不可以妇道属,所以定昭穆之分也。嫂叔生而不通问,死而不为服,所以厚男女之别也。唐推兄之敬,而从兄以服嫂;推弟之爱,而从弟以服其妻;所以广昆弟之恩也。周谨乎礼之微,唐察乎情之至,皆道也,而周之义精矣。①

对于"情"的强调,在李唐前半期的政治言说中是极为政治正确的表述方式。贞观时期魏征的奏疏②、孔颖达的《礼记正义序》③以及开元时期裴耀卿的奏议④,均以强调"礼缘人情"作为政治行动的合理依据。"人情"在政治言说与书写中的频繁化,在学理化唐人对于情感与欲望理解的同时,也自然提升了情感与欲望在日常生活中的影响力⑤。相比于"以礼节情"与"性阳情阴""性善情恶"等言论居主

---

① 王夫之《读通鉴论》卷二〇,第605页。
② "臣闻礼……非从天降,非从地出,人情而已矣。"(《旧唐书》卷二七,第1019页)
③ "夫礼者……原始要终,体之乃人情之欲。"(《礼记正义·序》,第2页)
④ "今圣制亲姨舅小功,更制舅母缌麻、堂姨舅袒免等服,取类新礼,垂示将来,通于物情,自我作古。"(《唐会要》卷三七,第684页)
⑤ 参见第一章第四节《孔颖达的"情"论、"象"论与"声"论》。

流的时代，李唐重情所营造出的包容而不失温情的时代氛围，对于唐代文学特别是唐诗以情盛之表现功能的形成，应有重要的助推作用。中唐以后，道与理的影响抬升，"情"在"古典"与"当世"之争中的风光不再，而历史也在此时发生了重要的变化。因而，话语性自我合法化过程对于"语词"的使用，实有其极为重要的历史意义。

　　"人情"在指称情感的同时，亦有世俗、世态的含义。唐人在政论中通常并不作明确的区分，而视之为一体性的语词。"世俗""世态"的意涵，在"古典"与"当世"的对抗中，也是"当世"主张合法性的重要依托。"世俗""世态"隐含有与神圣、神秘相对的世俗化的意味，而礼仪的世俗化则是天人关系理解上的新变化在社会生活领域内的具体呈现①。在中古之世，由于在天文技术上的进步，"天"之去神秘化已是精英阶层的基本共识，一个更注重"人文"价值的时代正逐步到来。但"休咎之变"与"天行有常"间的分合，在"神道设教"之观念及政治行动之策略运作的双重作用之下，却越来越合拍于皇权对于政治权力的操控，而偏离于"制约人主"的初衷②。构建新的政治语词或对原有语词予以新的解读，以维系政治格局形式上的平衡，遂成为精英官僚新的历史使命。由于习俗层面之"人情"在儒家学说中处于被教化与引导的位置，与情感之"情"在政治言论中存有性质上的巨大差异，故而，高宗武则天时期的众多仪制上的变化，虽然常借助于对"人情世态"的利用，但却难以将之作为政论的明确依据，且此种对"人情"的一体性使用，也隐含着被政治对手在政论中再度利用的可能：

　　　　（开元七年）秋，闰七月，右补阙卢履冰上言："礼，父在为

① 唐代礼仪的世俗化问题，可参见吴丽娱《唐宋之际的礼仪新秩序——以唐代的公卿巡陵和陵庙荐食为中心》，《唐研究》第十一辑，北京大学出版社，2005年，第233—268页。
② 参见陈侃理《儒学、数术与政治——灾异的政治文化史》，第210—258页。

母服周年,则天皇后改服齐衰三年,请复其旧。"上下其议。左散骑常侍褚无量以履冰议为是;诸人争论,连年不决。八月,辛卯,敕自今年五服并依《丧服传》文,然士大夫议论犹不息,行之各从其意。无量叹曰:"圣人岂不知母恩之厚乎?厌降之礼,所以明尊卑、异戎狄也。俗情肤浅,不知圣人之心,一紊其制,谁能正之!"[1]

在清理武周政治遗产的进程中,武氏曾以"礼缘人情"相主张的服制改革被视为违背圣人立法深意的从俗举动。本应成为上层加以教化与引导对象的社会习俗,却在现实生活中成为实际上的引导者,并获得众多士大夫的迎合。这于褚无量而言,是难以接受的生活事实[2],但也在一定程度上凸显了习俗与"南方"元素在唐代礼制中的重要影响。武则天所挑起的服制问题,江左早已发其端。"自顷开国公侯,至于卿士,庶子为后,各肆私情,服其庶母,同之于嫡。此末俗之弊,溺情伤教,纵而不革,则流遁忘返矣。"[3]"缘情制礼"是魏晋士大夫在礼制上的追求,并因此导致了俗礼、"时俗"与正礼长期并存的局面[4]。晋室南渡,江左三礼之学兴盛,俗礼的雅化,遂成为南方礼学的特点之一:

> 元嘉二十九年,南平王铄所生母吴淑仪薨。依礼无服,麻衣练冠,既葬而除。有司奏:"古者与尊者为体,不得服其私亲。而比世诸侯咸用士礼,五服之内,悉皆成服,于其所生,反不得遂。"于是皇子皆申母服。[5]

[1]《资治通鉴》卷二一二,第1711—1712页。
[2]此种态度同样见于王夫之的相关言论。参见王夫之《读通鉴论》卷二二,第658页。
[3]《晋书》卷二〇,第628页。
[4]吴丽娱《唐礼摭遗:中古书仪研究》,商务印书馆,2002年,第495页。
[5]《宋书》卷一五,第401页。

刘宋皇子皆申母服,即是"各肆私情,服其庶母"之俗在上层影响的
体现。江左在礼制上的从俗风习,使得唐代在礼制上的因俗有出于
大一统王朝统合南北的政治需求,但更为根本的原因,则是日常生
活对于上层礼仪的冲击。这也在某种意义上传递着贵族门阀社会
逐步走向衰微的历史信息:

> 初,郑余庆尝采唐士庶吉凶书疏之式,杂以当时家人之礼,
> 为《书仪》两卷。明宗见其有起复、冥昏之制,叹曰:"儒者所以
> 隆孝悌而敦风俗,且无金革之事,起复可乎? 婚,吉礼也,用于
> 死者可乎?"乃诏岳选文学通知古今之士,共删定之。岳与太常
> 博士段颙、田敏等增损其书。[1]

郑余庆《大唐新定吉凶书仪》大体修定于贞元、元和之际,与李唐试
图重建中央权威及政治威仪的历史进程约略同时。但即使是在这
部具有明确国家与精英导向的普及性读物中,亦杂有非常清晰的俗
礼内容,甚至在后唐明宗时期成为被抨击的理由。如果说武则天
"诸儒言氏族皆本炎、黄之裔,则上古乃无百姓乎"[2]的讥讽,乃是一
种权力的傲慢,礼学领域的变动则更能体现历史变动的深层信息。
礼学本是门阀士族维系门第、以赢得政治权力与社会声誉的排他性
知识,但在对俗礼的接纳中,士大夫阶层在日常生活中对原有仪制
的陌生度却被逐步强化。

> 抑又闻之,古者重冠礼,将以责成人之道,是圣人所尤用心
> 者也。数百年来,人不复行。近有孙昌胤者,独发愤行之。既
> 成礼,明日造朝至外庭,荐笏言于卿士曰:"某子冠毕。"应之者
> 咸怃然。京兆尹郑叔则怫然曳笏却立,曰:"何预我耶?"廷中皆

---

①《新五代史》卷五五,中华书局,1974年,第632页。
②《新唐书》卷一二五,第4404页。

大笑。

柳宗元《答韦中立论师道书》①

在社会生活与仪制的演化进程中，许多曾经是日用常行的基本礼仪却影响衰退，直至淡出历史视野。士大夫阶层在私人领域内的仪式礼法与社会的一般习俗之间，交叉过渡的地带越来越大。但在此过程中，皇权则通过将私人领域的公共化，而有步骤地扩展着其在仪制领域的影响力②。与此升降过程相应，社会各阶层对于政治权力与符号的认可度大幅提升。《因话录》卷五云：

> 近日官至使府、御史及畿令，悉呼"阁下"；至于初命宾佐，犹呼"记室"；今则一例"阁下"，亦谓上下无别矣。其"执事"才施于举人，"侍者"止行于释子而已。今又布衣相呼尽曰"阁下"，虽出于浮薄相戏，亦是名分大坏矣。③

对官职头衔的热衷，是国家对社会掌控能力的重要参照。贞观时期修订《氏族志》所倡导的崇尚本朝冠冕，至中唐终于成为流行的社会心态。虽然在唐初至中唐一百余年的时间中，门阀贵族曾有过对抗的尝试，但最终却不得不依赖于对国家阶层流动体制的服从，以维持相应的政治与社会特权。以符号资源的强力支配为表征的皇权独尊已是浩荡前行的历史洪流。自此历史趋势而言，高宗武则天时期的"古典"与"当世"之争亦不过为其自我呈现的有效方式而已。显庆二年七月，时任礼部尚书的许敬宗领衔奏议曰：

---

① 《柳宗元集》，中华书局，2000年，第872页。
② 吴丽娱指出："皇帝的'家祭'或云私礼不断渗入国礼，是开、天以降礼制出现的新特色，说明皇帝本人对礼制的支配性以及在国家礼制中独特的地位更加强了。"（《礼与中国古代社会·隋唐五代宋元卷》，第91页）另可参见张文昌《制礼以教天下：唐宋礼书与国家社会》，台大出版中心，2012年，第463—468页。
③ 赵璘《因话录》卷五，古典文学出版社，1957年，第107—108页。

> 据祠令及新礼，并用郑玄六天之议，圜丘祀昊天上帝，南郊
> 祭太微感帝，明堂祭太微五帝。谨按郑玄此义，唯据纬书，所说
> 六天，皆谓星象，而昊天上帝，不属穹苍……且天地各一，是曰
> 两仪。天尚无二，焉得有六？是以王肃群儒，咸驳此义……王
> 肃等以为郊即圜丘，圜丘即郊，犹王城、京师，异名同实。符合
> 经典，其义甚明。而今从郑说，分为两祭，圜丘之外，别有南郊，
> 违弃正经，理深未允。①

许敬宗以王肃一天说取代郑玄六天说，抬升昊天上帝而降太微五
帝，并将郊丘之祭合二为一，在简化祭祀对象与方式的同时，也强化
了天地之唯一与帝王之独尊之间的对应关系。而对衮冕制度的改
革②以及在《显庆礼》中删去"国恤"五篇③，均是在同一意图之下的
组合性措施。在对传统与惯例挑战的背后，不难看到行动者所持有
的意图与诉求，但真正让"古典"与"当世"之争成为政治生活版图重
构之重要路径的核心因素，乃是皇权独尊逐步强化的历史走向。而
"情"与"俗"在此历史进程中，服务于特定政治群体的政治意图之
外，更为重要的作用乃是为皇权有效介入官僚的常规权力提供了合
法性论证的话语资源。虽然在中唐而后的历史中，士大夫曾试图通
过对"道""理"的标榜以形成对皇权的制约，但在皇帝称圣的历史大
势之下，拥有权力、学术与道德仲裁人身份的皇帝，终成为凌驾于官
僚常规权力之上的集权者。

---

① 《旧唐书》卷二一，第823—824页。
② 参见阎步克《服周之冕——〈周礼〉六冕礼制的兴衰变异》，中华书局，2009
　年，第336—374页。
③ 《旧唐书》卷八二，第2768页。

结　语

　　高宗武则天时期"古典"与"当世"之争的频发,源于此时期复杂的政治博弈。而此时期独特的权力结构也为此种博弈提供了重要的支持。在博弈中,"情"与隐性在场的"俗",成为发起者政治行动合法化的基本依据。但由于"古典"与"当世"之争同时涉及技术与条件等问题,故其呈现的样态甚为复杂。作为高宗武则天时期常规的政治策略,"古典"与"当世"之争处于南北一统与皇权强化以及底层社会政治参与度提升的历史大势之下。其流行利用了此历史趋势,也助推了此历史趋势的成型。在此意义上,高宗武则天时期的"古典"与"当世"之争,殊非一种政治话语策略所能概括,而是一种观察中古政治与社会演化的有效路径。

第二节　诏令中的政治史:
高宗武则天时期政局之语言维度的考察

　　诏令因"王言之制"的权威身份,在政治理念与政治事件的常规解读中拥有毋庸置疑的影响力。但由于中古政治及历史的相关研究较为忽视语言维度的考察,诏令在政治运作中的角色更多地被固定为以皇帝为代表的高层政治意图的传递,并因此将政令视为特定政治事件的相应佐证或补充说明,而多少会忽视诏令作为语词的编织物对于政治运作的隐性影响①。虽然政治等社会生活对于语词意义的赋予具有重要影响,但语词并非仅是社会现实的外在反映,

---

① 参见陆扬《清流文化与唐帝国·序论》,第15页。

而同样参与社会实践特性的构成①。政治生活所涉及的信仰、行为
与实践诸层面,必须依赖于语词所提供的共有理解方始可能,而政
治的变革以及方向引领也以语词的变迁为基本工具②。在语词中或
通过语词而行动,是政治活动的必由路径③。作为政治共识制作、政
治意图传递的重要方式,诏令的语词、结构、主题与风格等均可视为
政治观察的风向标符。高宗武则天时期在李唐前期具有节点意义,
一直是中古史研究的重点领域。但相较于政治集团、社会网络、宗
教信仰、制度与事件等领域的广受关注,语言维度的研究在新史学
的潮流影响之下,虽在"书写模式"的分析上产生了颇受关注的研究
成果④,但总体数量偏少,且此类型的研究易于解释长程现象,而较
易忽略政治行动过程中的话语资源、技术、惯例与情感诸因素,遂不
免影响对政治运作方式及特定时期政治文化的观察⑤。下文对于高
宗武则天时期诏令的解读,尝试通过以下几点展开,以期略有助于
此时期政局的理解并由此搭建一个初步的分析框架:(1)分析诏令

----

① 参见昆廷·斯金纳《语言与政治变化》,特伦斯·鲍尔等编、朱进东译《政治创新
　与概念变革》,译林出版社,2013年,第17页。
② 参见詹姆斯·法尔《从政治上理解概念的变化》,特伦斯·鲍尔等编、朱进东
　译《政治创新与概念变革》,第22页。
③ 参见凯瑞·帕罗内著、李宏图等译《昆廷·斯金纳思想研究:历史·政治·修
　辞》,华东师范大学出版社,2005年,第33页。
④ 近数年来,在书写模式研究上较为重要的成果有:孙正军《中古良吏书写的
　两种模式》(《历史研究》2014年第3期)、陈爽《纵囚归狱与初唐的德政制造》
　(《历史研究》2018年第2期)、徐冲《中古时代的历史书写与皇帝权力起源》
　(上海古籍出版社,2012年)。
⑤ 此处的"政治文化"一词,其内涵主要采用阿尔蒙德(Gabriel Almond)为代表
　的美国"政治科学"派的相关说明,将政治文化视为一个民族在特定时期流行
　的一套政治态度、政治信仰和感情,它由本民族的历史和当代社会、经济和政
　治活动进程所促成。关于"政治文化"的相关讨论,参见迈克尔·布尔特著、
　卢春龙、袁倩译《政治文化的谱系》,社会科学文献出版社,2013年。

中某一类型评价性语词使用类型与频次的变化，观察政治行动对于语词合法化作用的借用；（2）以特定的语词为例，分析语词对政治生活的适应，勾勒其在政治生活中被"概念化"或"观念化"的脉络或程序；（3）分析文本形态的诏令在政治生活中体式与功能诸方面的变化，以作为语词之外的一种"整体性"的补充。

一　高层权力结构的调整：
基于诏令"风度"类语词的考察

陈寅恪先生在《唐代政治史述论稿》上篇《统治阶级之氏族及其升降》中，将"皇室始与外朝之将相大臣即士大夫及将帅属于不同之阶级"作为武则天破坏关中本位政策，并在玄宗朝得以延续放大的政治效应。即使在唐代文史研究领域，"关陇集团"的解释效度颇受质疑[①]，但陈寅恪先生聚焦社会阶层变迁的研究取径则有较高的认同度。其关于皇室与士大夫将帅分属不同阶层的判断，在今日的唐史研究中，虽并未受到根本性的挑战，但相较于作为其连带效应的进士科的崇重、宦官及翰林学士群体的兴起、文武分途、府兵制废除诸政治现象的深入讨论，则相对边缘[②]。皇室与士大夫将帅分属不同阶层是政治上层权力结构的重要变化，也意味着超绝性的皇帝礼仪的再度确认。皇帝独尊的强化，与"君不亢高，臣不极卑"[③]的周制精神拉开古今相异的制度性距离，"高级官员和宗室诸王原

[①] 参见伍伯常《李渊太原起兵的元从功臣——兼论杨隋之世的关陇集团》，《台大文史哲学报》第76期，2012年5月，第107—157页。此外，岑仲勉、黄永年、李浩等多位学者也在此问题上有过相关讨论。

[②] 参见周善策《国家礼仪与权力结构：试论唐朝前半期陵庙礼之发展》，《历史研究》2010年第5期，第27—38页。

[③] 孔颖达《春秋左传正义》，第1515页。

是贞观、永徽期间皇帝之象征性的共治者"的政治惯例,亦自此逐步
终结。陈寅恪先生的论断,将此种权力结构的调整归因于武则天,
则似乎忽视了高宗在此变化中的影响,在强调武则天历史地位时,
于不经意间弱化了高宗与武则天之间的一体性①。相较而言,周善
策以显庆作为高层权力结构调整开始的节点,应更符合政治生活的
实际样态。皇帝及其近亲成为高层政治的核心圈,不仅是政治生活
中人事的调整与权力的再分配,同时也必然伴随政治合法化方式的
某种调整以及由之而衍生的政治文化的变动。故而,在"王言如丝、
其出如纶"的诏令中应会存有与此结构变化相应的痕迹,诏令语词
的革新能否被常规的表述所接受,也可成为考虑权力结构变化成功
与否的一个尺度。诏令是极其格套化的书写形式,若简单将其分为
头、腹、尾三个部分,其"头"部多承担着制作与传递某时期政治共识
的重要功能,"腹"部则是对诏令所涉及的政治行动及其合理性的言
说。相较于共识言说的周密与系统,"腹"部语词的使用有一定的弹
性,在适应共识的同时,也会产生或有意或无意的疏离。故而对这
些语词进行考察,更易见出历史走向的动态过程。中古汉语虽已确
立了构词中的双音节优势,但语词的固化程度有限,且语词变化更
新的频次远低于现代生活,一组或一类语词的"新异度"通常并无太
高的陌生化效应,故而借助语词考察政治生活,有时难以回避自史
实出发寻找语词印证的尴尬,这也不免会有重回以语词为社会生活
之反映的常规认知的危险。相较于近现代领域在概念、观念研究方
法论上的成熟②,此处的相关分析只是一种极为初步的尝试。

---

① 参见本书第二章第一节。

② 可参见金观涛、刘青峰《观念史研究:中国现代重要政治术语的形成》(法律出
版社,2009年)、黄兴涛《"话语"分析与中国近代思想文化史研究》(《历史研
究》2007年第2期)、方维规《概念的历史分量:近代中国思想的概念史研究》
(北京大学出版社,2018年)。

　　陈寅恪先生即以"皇室始与外朝之将相大臣即士大夫及将帅属于不同之阶级"为武则天时期政治变化的要点,则君臣政治伦理关系的变化应可被视为理解高宗武则天时期政治生活的一个重要视角①。由于"皇室"相对于臣民超绝性位置的确立,需要依赖于礼仪及相关符号性资源的排他性独占,而此种政治过程又须依赖于政治话语方能达成,故而,在诏令中必然会有某种与"臣"之典范相关的语辞变化现象的出现。由于高宗武则天时期依然处于中古"皇权变态"的延长线上②,选择作为分析对象的语词应该符合以下几项要求:(1)能够与魏晋以来"门阀"政治的传统存有一定的连续性③;(2)具有评价性的功能,且能与某些评价性语词形成语词群组;(3)一定的出现频次,足以支撑分析"样本"的有效性。出于以上几点考虑,并基于《唐大诏令集》《唐大诏令集续编》的阅读经验,故拟以"风度"类语词作为解读的样本,在前后比照中分析此一时段政治生活的变化。

(一)高祖时期

　　在《唐大诏令集》《唐大诏令集补编》所收录六千余件诏令中,武德时期对于"风度"类语词的使用,计有"风神"三次(秦王、裴寂、齐王)、"风猷"二次(秦王)、"风格"一次(裴寂)、"风轨"一次(政治风气)。虽然样本的数量有限,涉及的对象也仅限于李世民、李元吉与裴寂三人,但由于此三人在唐初的影响力,诏令中评价性语词的使用,依然是观察政治高层权力结构与政治伦理的有效文本。

　　武德九年正月,《裴寂司空制》曰:

——————————

① 参见李若晖《久旷大仪:汉代儒学政制研究》,商务印书馆,2018年,第7—8页。
② "本书所指门阀政治,质言之,是指士族与皇权的共治,是一种在特定条件下出现的皇权政治的变态。它的存在是暂时的。它来自皇权政治,又逐步回归于皇权政治。"(田余庆《东晋门阀政治·自序》,北京大学出版社,2005年)
③ 牟发松曾专文考察"风流"一词在汉唐间的使用,可以证实"风"在精英文化中的持续性影响。参见牟发松《说"风流"——其涵义的演化与汉唐历史变迁》,《历史教学问题》2010年第2期,第4—16页。

　　　　槐路清肃,台阶重峻,经邦论道,燮谐是属。然而表德优
贤,昔王令典;庸勋纪绩,列代通规。尚书左仆射魏国公寂,地
胄清华,风神闲悟,立志温裕,局量弘雅,爰自义旗,早参缔构,
冥契所感,实资同德,譬兹梁栋,有若盐梅,翊赞绸缪,庶政惟
允。历居端揆,彝章缉穆,元功懋德,宠秩未臻,宜处鼎司,膺兹
重望,可司空。①

在此时期出现"风度"类语词的诏令中,与"风猷"联用的语词有"宏
图""器望""经纶";与"风神"相联用的语词为"文武""宇量""局
量";在《裴寂萧瑀左右仆射制》中评价裴寂用"风格淹淬"则与"局
量""经纶"联用。这相互支撑了"风度"类语词理解的基本语境以及
使用对象的大体范围。而在《裴寂司空制》中,裴寂"地胄清华""局
量弘雅"与高祖"冥契所感,实资同德",有"梁栋""盐梅"之誉,故
"可司空"。个人的出身、能力以及君臣之间的亲密感,是裴寂获得
认可的依据。《旧唐书·裴寂传》载李渊与裴寂曰:"我李氏昔在陇
西,富有龟玉,降及祖祢,姻娅帝室。及举义兵,四海云集,才涉数
月,升为天子。至如前代皇王,多起微贱,劬劳行阵,下不聊生。公
复世胄名家,历职清显,岂若萧何、曹参起自刀笔吏也! 唯我与公,
千载之后,无愧前修矣。"②武德时期,李唐初建,在构建王朝政治共
识的官方舆论及历史叙事的风格与策略上,更偏好于对天命与出身
的强调③,故诏令中对于裴寂门第血统的强调,符合此时期历史叙
事的主流模式。而制文中对于"忠"的政治伦理并未有刻意的强调,

----

① 宋敏求编《唐大诏令集》卷四四,中华书局,2008年,第215页。
②《旧唐书》卷五七,第2288页。
③ 温大雅《大唐创业起居注》卷上:"帝自以姓名著于图录……谓王曰:'隋历将
尽,吾家继膺符命……'帝曰:'……然天命有在,吾应会昌,未必以此相
启。'"(第3—4页)另见李丹婕《承继还是革命——唐朝政权建立及其历史叙
事》,《中华文史论丛》2013年第3期,第123—156页。

既是隋唐之际政治的现实使然,也是中古门第社会在政治伦理上的影响所致①。门阀政治流风余绪的影响之下,唐初的历史编纂在体例上也表现出对此风气的迎合:

> 考延寿之叙次列传,先以魏宗室诸王,次以魏臣,又次以齐宗室及齐臣,下逮周、隋,莫不皆然。凡以勒一朝始末,限断分明,乃独于一二高门,自乱其例,深所未安。至于杨素父子,有关隋室兴亡,以其系出宏农,遂附见魏臣《杨敷传》后。又魏收及魏长贤诸人,本非父子兄弟,以其同为魏姓,遂合为一卷,尤为舛连。观延寿《叙例》,凡累代相承者皆谓之家传。岂知家传之体不当施于国史哉!②

四库馆臣对李延寿的批评,以其史书编写体例失当。但李延寿对于"家传"的有意借重,却是对南北朝历史传统以及武德时期政治现实的主动适应③。只是此种适应很快便相左于贞观时期的舆论风格。

(二)太宗时期

贞观时期对"风度"类语词的使用,计有"风略"二次(李勣、李孝恭)、"风鉴"四次(李泰、高士廉、长孙无忌、群体)、"风猷"三次(长孙无忌二次、古人)、"风度"五次(房玄龄、长孙无忌二次、李靖、杨仁恭)、"风彩"一次(长孙无忌)、"风范"一次(长孙无忌)、"风烈"一次(古人)、"风规"一次(太子李治)。在"风度"类语词使用的对象上,贞观与武德时期大体相近,以皇室与重臣为主,相配合出现的语词亦较为集中于"识量""文武"之上,而除却涉及长孙无忌及高士廉时使用"地兼贤戚"与"地惟姻戚"外,于其他诸人的出身则未做强调。另一值得关注的现象是,"风度"类语词的使用主要见于贞观

---

① 参见朱雷、唐刚卯选编《唐长孺文存》,第246页。
②《四库全书总目提要》卷四六,第32页。
③ 参见《北史》之"出版说明",第1—6页。

十六年之前的诏令中①。其后,即使偶有一见,也不再以表现臣下的个人风采为书写意图。故而,诏令中的此种变化应隐含着贞观政治生活重要变化的脉络。

贞观三年二月,《房玄龄杜如晦左右仆射制》曰:"尚书政本,端揆任隆。自非经国大材,莫或斯举。中书令兼太子詹事邢国公房玄龄,器宇沉邃,风度宏远,誉彰遐迩,道冠簪缨。兵部尚书检校侍中蔡国公杜如晦,识量清举,神彩凝映,德宣内外,声溢庙堂。"②房、杜乃贞观重臣,两人在制文中所得到的"风度宏远""神彩凝映"的赞誉,与高祖时期对于"风神"的使用大体相近,但为其提供支撑的不再是世胄门第,而是个人的政治能力与功绩。与之相应,在艰难创业中所形成的君臣一体感,也成为官方舆论的重要内容。"有隋之季,海内横流,豺狼肆暴,吞噬黔首……朕投袂发愤,情深拯溺,扶翼义师,以济涂炭。赖苍昊降鉴,股肱宣力,提剑指麾,天下大定,氛祲清殄,区宇平一,反浇弊于淳朴,致王道于中和。此朕之宿志,于斯已毕。"③通过玄武门政变而位登大宝的太宗,有着难以回避的合法性缺陷,对于隋唐"革命"及勋劳与功绩的强调也因之成为主导性的话语策略,以彰显其继位的正当性。由此,功臣集团与太宗之间所形成的不仅为情感的一体关联,同时也是正当性舆论导向的连带效应。在"君臣一体"的舆论氛围中,一个傲视古今的帝王也难以出现在主流的政治书写中。对于历史兴亡的警惕以及为政的兢惧之态,则构成政治言论的基调。"秦始皇奢淫无度,志存隐恶,焚书坑儒,用缄谈者之口。隋炀帝虽好文儒,尤疾学者,前世史籍,竟无所成,

①贞观十六年《长孙无忌司徒制》是今日可见的贞观诏令中最晚使用"风度"一词的制文。其词曰:"司空赵国公无忌,识量弘博,风度峻远,地惟亲贤,材称梁栋。"(宋敏求编《唐大诏令集》卷四四,第216页)

②宋敏求编《唐大诏令集》卷四四,第216页。

③宋敏求编《唐大诏令集》卷七六《九嵏山卜陵诏》,第431页。

数代之事,殆将泯绝。朕意则不然,将欲览前王之得失,为在身之龟镜,公辈以数年之间,勒成五代之史,深副朕怀,极可嘉尚。"①贞观修史的政治意图与武德时期已有极大不同,李延寿在史书编撰体例上的刻意安排,在太宗欲以"当朝冠冕"压制"冢中枯骨"的明确意图之下,已成为士族风流在历史书写中的最后强音:

> 太宗曰:"我与山东崔、卢、李、郑,旧既无嫌,为其世代衰微,全无冠盖,犹自云士大夫,婚姻之间,则多邀钱币。才识凡下,而偃仰自高,贩鬻松槚,依托富贵。我不解人间何为重之……我今特定族姓者,欲崇重今朝冠冕,何因崔幹犹为第一等……卿等不贵我官爵耶? 不须论数世以前,止取今日官爵高下作等级。"遂以崔幹为第三等。②

虽然《贞观氏族志》的修撰并未彻底改变门第观念在社会层面的影响,但士族越来越依赖于官僚体制中的制度身份以维持家族的影响力,同样也是无法否认的历史事实。在世家大族逐步中央化与官僚化的趋势之下③,加之太宗政治意图的逐步明确化,贞观时期的文武重臣所拥有的耀眼光环已越来越难借助于家门的传统荣耀,而建基于个人在太宗创业中的能力与功绩。但至贞观后期,以太子立废为中心的政治纷争,加速分化了曾经的"君臣一体"共识。太宗对于文武大臣的猜忌,已扭转了贞观政治文化的原有态势。贞观二十年,太宗下诏修撰《晋书》,并御笔亲撰晋宣帝、晋武帝二纪以及陆机、王羲之二传。在太宗的《武帝纪》论中,其感于西晋"海内版荡,宗庙播迁",遂有论曰:"良由失慎于前,所以贻患于后。且知子者贤父,知臣者明君;子不肖则家亡,臣不忠则国乱;国乱不可以安也,

---

①《太平御览》卷六四〇,第2715—2716页。

②《旧唐书》卷六五,第2443—2444页。

③参见毛汉光《中国中古社会史论》,上海书店出版社,2002年,第100页。

家亡不可以全也。是以君子防其始,圣人闲其端。"①相对于《隋书》等"为在身之龟镜"的"五代史志",强调子孝、臣忠是《晋书》修撰的重要意图。《魏书·节义传》和《隋书·诚节传》演变为《晋书·忠义传》,且在类传中"孝友""忠义"两传居前,揄扬政治道德的目的极为明显②。

与强化臣民的政治道德相应,其关于帝王历史形象的文字,也开始呈现出对宣扬天命的武德传统的回归:

> 武皇承基,诞膺天命,握图御宇,敷化导民,以佚代劳,以治易乱。绝缣纶之贡,去雕琢之饰,制奢俗以变俭约,止浇风而反淳朴。雅好直言,留心采擢,刘毅、裴楷以质直见容,嵇绍、许奇虽仇雠不弃。仁以御物,宽而得众,宏略大度,有帝王之量焉。于时民和俗静,家给人足,聿修武用,思启封疆。决神算于深衷,断雄图于议表。马隆西伐,王濬南征,师不延时,獯虏削迹,兵无血刃,扬越为墟。通上代之不通,服前王之未服。祯祥显应,风教肃清,天人之功成矣,霸王之业大矣。③

虽然晋武帝的历史功绩依然是太宗史论的核心成分,但"诞膺天命"与"祯祥显应"无疑与贞观前期太宗对祥瑞的理性拉开了距离④。贞观十四年,张文收制作《景云河清歌》已是太宗朝正统叙事转向的重要标志⑤,而贞观十七年立李治为太子时所发生的凉州瑞石事件,

---

①《晋书》卷三,第82页。

②参见谢保成《隋唐五代史学》,商务印书馆,2007年,第72—73页。

③《晋书》卷三,第81页。

④《资治通鉴》卷一九三"贞观二年条"载太宗言曰:"夫家给人足而无瑞,不害为尧舜;百姓愁怨而多瑞,不害为桀纣。"

⑤参见李丹婕《承继还是革命——唐朝政权建立及其历史叙事》,《中华文史论丛》2013年第3期,第123—156页。

更是起到了推波助澜的作用①。至此，陈寅恪先生所言之"皇室始与外朝之将相大臣即士大夫及将帅属于不同之阶级"已见端倪。

（三）高宗武则天时期

高宗武则天时期持续时间半世纪有余，但此时期诏令中出现"风度"类语词的频次较低，计有"风鉴"一次（李弘）、"风徽"一次（李贤）、"风仪"一次（李显）、"风识"一次（李显）、"风裁"一次（李奉慈）、"风范"一次（义安郡主）、"风猷"三次（寿昌县主、时代风习两次）、"风情"一次（乔师望）、"风烈"（宇文孝伯）一次。其中皇室六人七次，皇室嫡系五人六次，而臣下在世者仅乔师望一人。高宗权力结构重组在政治话语中的影响极为明确，武德、贞观重臣以门第、识度、功绩、文武全才为依凭的耀眼的个人风采已难见踪迹。

高宗武则天时期在正统叙事的基调上，延续了贞观后期的重视天命与祥瑞的传统，并加大了对于功臣集团特别是长孙无忌一系的打压力度。永徽年间的立后事件，成为高宗朝政治文化的分水岭，帝王独尊的态势已极为明确。而其后礼仪与思想领域的讨论与纷争，既是政局的投影，也是引导政治走向的重要手段②。上元二年（675），武则天修撰《臣轨》，其序曰："近以暇辰，游心文府，聊因炜管，用写虚襟。故缀叙所闻，以为《臣轨》一部。想周朝之十乱，爰著十章；思殷室之两臣，分为两卷。所以发挥德行，镕范身心，为事上之轨模，作臣下之绳准。若乃遐想绵载，眇鉴前修；莫不元首居尊，股肱宣力。资栋梁而成大厦，凭舟楫而济巨川。唱和相依，同功共体。然则君亲既立，忠孝形焉。奉国奉家，率由之道宁二；事君事

---

① 参见陆心源辑《唐文拾遗》卷一，《续修四库全书》集部第1651册，上海古籍出版社，2002年，第96页。

② 参见吴丽娱《试析唐高宗朝的礼法编纂与武周革命》，《文史》2016年第1期，第83—115页。

父,资敬之途斯一。臣主之义,其至矣乎!"[1]从太宗的《帝范》到武氏的《臣轨》,"忠"在政治伦理中逐步成为与"孝"同质化亦优先化的单向度伦理要求[2],贞观与高宗武则天时期政治文化变动的轨迹清晰明确。在推崇"亲非君而不存,家非国而不立"的导向之下,原有的"君臣一体"共识逐步丧失其存在的社会条件。而武则天主政时期,借助政治恐怖氛围的营造,以肉身消灭的方式对官僚心态进行了颠覆的改造,"风度"的消隐至此已成为此时的定局:

> 逮则天以女主临朝,大臣未附,委政狱吏,剪除宗枝。于是来俊臣、索元礼、万国俊、周兴、丘神勣、侯思止、郭霸、王弘义之属,纷纷而出。然后起告密之刑,制罗织之狱,生人屏息,莫能自固。至于怀忠蹈义,连颈就戮者,不可胜言。武后因之坐移唐鼎,天网一举,而卒笼八荒,酷之为用,斯害也已。遂使酷吏之党,横噬于朝,制公卿之死命,擅王者之威力。贵从其欲,毒侈其心,天诛发于唇吻,国柄秉于掌握。凶憸之士,荣而慕之,身赴鼎镬,死而无悔。若是者何哉?要时希旨,见利忘义也。[3]

自贞观后期以来,唐人存世文本中屡见文武重臣如履薄冰的为政心态。个人的政治选择不仅关乎一己的仕途荣辱,也关联家族整体的盛衰之运,甚至产生家门为求自保而灭亲的人伦惨剧[4]。在巨大的

---

[1]武则天《臣轨序》,王德纂注、羽山尚德校订《臣轨》,日本宽政至文化间活字印佚存丛书本。

[2]参见郑雅如《亲恩难报:唐代士人的孝道实践及其体制化》,台大出版中心,2014年,第242—243页。

[3]《旧唐书》卷一八六,第4836页。

[4]永隆元年(680),太子李贤被废,典膳丞高政受到牵连。"左卫将军高真行之子政为太子典膳丞,事与贤连,上以付其父,使自训责。政入门,真行以佩刀刺其喉,真行兄户部侍郎审行又刺其腹,真行兄子璇断其首,弃之道中。"(《资治通鉴》卷二○二,第1627页)

政治风险之下，文武大臣的政治选择更趋谨慎，其心态亦更趋内敛，文官化也因此成为有效的避险方式之一。门第的盛衰与政治权力的高下间已再无严加区分的必要。"时许敬宗以不载武后本望，义府亦耻先世不见叙，更奏删正。委孔志约、杨仁卿、史玄道、吕才等定其书，以仕唐官至五品皆升士流，于是兵卒以军功进者，悉入书限，更号《姓氏录》，搢绅共嗤靳之，号曰'勋格'。义府奏悉收前志烧绝之。自魏太和中定望族，七姓子孙迭为婚姻，后虽益衰，犹相夸尚。义府为子求婚不得，遂奏一切禁止。"①《新唐书》中，史臣在政治道德上否定了《姓氏录》的修撰。但道德的义愤却不免模糊了对历史事件本身的有效观察。《姓氏录》的修撰并非单一的政治举措，而是与高宗武则天时期政局走向高度关联的系列行动之一。以当世官品为士流的认定标准，极易引发当世高品对于前世谱系的追溯与造作。虽然，"攀附先世"与"伪冒士籍"是中古士族谱牒撰写的常态②，但高宗武则天时期对于武氏提升门第的举动，却将此种谱系的制作延伸入国史层面，并进而将之作为实践特定政治意图的舆论工具，其影响早已非私家撰作所可比拟③。明确的观念导向以及具体行政措施的双重夹击之下，所谓政治的道德要求，常常不免转化为高层官僚在政治高压下的偷媚取容，政治人格的依附性也因此被政治群体所认可和接纳。"太后尝命朝贵宴集，易之兄弟皆位在宋璟上。易之素惮璟，欲悦其意，虚位揖之曰：'公方今第一人，何乃下坐？'璟曰：'才劣位卑，张卿以为第一，何也？'天官侍郎郑杲谓璟曰：'中丞奈何卿五郎？'璟曰：'以官言之，正当为卿。足下非张卿家

---

① 《新唐书》卷二二三，第6341页。
② 参见仇鹿鸣《"攀附先世"与"伪冒士籍"——以渤海高氏为中心的研究》，《历史研究》2008年第2期，第60—74页。
③ 唐雯《"信史"背后——以武后对历史书写的政治操控为中心》，《中华文史论丛》2017年第3期，第41—69页。

奴,何郎之有!'举座悚惕。时自武三思以下,皆谨事易之兄弟,璟独
不为之礼。"①虽然高宗武则天时期的系列举措,在打压原有政治高
层的同时,因为政治运作之需,在一定程度上开放了社会流动的上
升空间,但在告密风行的政治环境中,急于晋身的各类人群,因政治
经验、政治能力诸方面的限制而呈现出好为大言、躁言求进的群体
风气,官僚风习也饱受治世者的诟病。

> 伪周革命之际,十道使人天下选残明经、进士及下村教童
> 蒙博士,皆被搜扬,不曾试练,并与美职。尘黩士人之品,诱悦
> 愚夫之心,庸才者得官以为荣,有才者得官以为辱。昔赵王伦
> 之篡也,天下孝廉秀才茂异,并不简试,雷同与官,市道屠沽、亡
> 命不轨,皆封侯略尽。太府之铜不供铸印,至有白版侯者。朝
> 会之服,貂者大半,故谣云"貂不足,狗尾续"。小人多幸,君子
> 耻之。无道之朝,一何连类也,惜哉! ②

后世对武后朝的历史书写与相关评价自然不免有过实之处,但官僚
风习的"污名化",则未必全缘于后世道德义愤的沾染。毕竟在一个
面临极大舆论压力的女主时代,其对于政治结构的调整以及对臣民
趋利之心的有意利用,自然会冲击到原有的利益群体,并挑战与此
群体相适应的政治伦理与惯习。故而,与其说高宗尤其是武则天时
期是一个官僚群体政治道德低下的历史时段,倒不如称之为特定的
"武则天时刻",也即一个观念多元、充满政治变化、孕育后世政治可
能性的时刻,"风度"的高度衰减,只是此一时刻得以被有效观察的
语词现象。伴随着文武大臣曾经所拥有的"耀眼风采"的消隐,帝王
的形象逐步圣化,而祥瑞则成为时代最重要的权力符号。

> 高祖神尧皇帝,披图汾水,仗钺参墟,廓氛祲而安四维,扫

①《资治通鉴》卷二〇七,第1669页。
②张鷟撰、赵守俨点校《朝野佥载》卷一,中华书局,1997年,第7页。

换枪而清六合。太宗文武圣皇帝,负日月而膺运,鼓雷霆以震威,荡海夷山,功浃八荒之外;救焚拯溺,仁沾万域之表。乐和礼洽,天平地成,茂绩光于遂初,鸿名冠于阃辟。高宗天皇大帝,云房诞睿,虹渚降灵,受绿错之祯符,应朱绂之景命。飞车乘毳,臣轩顼之不臣;没羽浮金,服禹汤之未服。开边服远,更闻寓于先基;富贵宁人,重增辉于前烈。抚璇当宁,调五气于明堂;考瑞升中,朝百神于日观。茫茫众俗,宁知覆焘之恩;蠢蠢庶萌,孰辨陶甄之力。

《改元光宅诏》①

《改元光宅诏》回顾了李唐自高祖以来三位帝王的历史业绩,其不同的关注焦点也正对应着正统叙事策略上的转移。至高宗之时,祥瑞成为其得继大统以及国家臻于大治的重要表征。虽然,天命的授予与王道的传统一直是帝制时代合法性的重要支撑,但高宗朝的盛世大业,在远超禹汤之时,也弱化了历史书写中破国亡家被言及的可能。在此时期的诏令书写中,圣王相承构成了基本的叙事脉络。由于"未来"在中古时期尚未能成为一个凝聚共识引导发展方向的观念②,故而,一旦"过去"同样不再提供历史借鉴的功能,超迈古今"盛世"的"现在"已然成为最为美好的世俗生活。相较而言,太宗朝对历史回顾的战惧心态,则保留了过往的历史的不确定性,因而"过去"也有为当下的国家治理提供反面案例的可能。但高宗武则天时期在对待"过往"与"未来"的态度上,有着极为稳定的连贯性。在盛世与圣王的双重光照之下,文武大臣自然只能处于聆听者与仰望者

---

① 宋敏求编《唐大诏令集》卷三,第15页。

② 参见王汎森《思想是生活的一种方式:中国近代思想史的再思考》,台北联经出版事业股份有限公司,2017年,第279—280页。

的给定位置①。

(四)玄宗时期及唐代中后期

由于中宗、睿宗时期,诏令中"风度"类语词仅出现两次,且唯有"风范"一次用于已故的张柬之,故而可视为高宗武则天时期的延续。而玄宗时期,高层权力结构再次重组,以"非实体的东宫体制"为标志,皇嫡子及皇室其他成员的权力被逐步压制②,外朝及内廷的地位相对抬升。故而,此时期诏令中"风度"类语词的出现频次已明显高于高宗武则天时期。计有"风检"两次(宋璟、王琚)、"风望"一次(张九龄)、"风度"两次(韦见素、杨玚)、"风规"五次(解琬、李彭年、韦元珪、卢约、卢绚裴宽并举)、"风情"两次(王晙、陈惠满)、"风表"一次(刘知柔)、"风格"一次(蔡秦客)、"风宪"四次(敬羽、崔宥、萧执珪等、孙浑)、"风襟"两次(王琪、崔子源)、"风华"一次(陆余庆)、"风流"一次(贺知章)、"风烈"一次(追赠苏瓌)、"风猷"一次(裴景仙)。玄宗朝在高层权力结构的人员组成上,与高宗武则天时期存有明显的差异,皇权伸张所形成的君臣之间的紧张感出现了一定程度的缓和。即使玄宗试图通过御注《孝经》的方式,将单向度的政治伦理自然楔入社会生活③,但玄宗朝依然体现出了某种"贵族"政治的特点,朝官群体的政治风采与影响力有所反弹④。然而,"风度"类语词与文武全才、宇量、识度、经纶等语词的组合密度已大大衰减;而更强化政治人物的仪表与德性以及某种被共识

---

① 即使李唐反正,"风度"在诏令中的回归依然难得一见。虽然"风"出现的频次提升,不少制文中均有"风"的出现,但与注重个人风采的"风猷""风度"成词相比,已有语义上的明显差异。

② 参见任士英《唐代玄宗肃宗之际的中枢政局》,社会科学文献出版社,2003年,第199—200页。

③ 参见陈壁生《孝经学史》,华东师范大学出版社,2015年,第214—265页。

④ 参见仇鹿鸣《长安与河北之间:中晚唐的政治与文化》,北京师范大学出版社,2018年,第85—86页。

化的任官的职业准则，则提示着玄宗时代与高宗武则天时期的连续性。

玄宗而后，李唐中后期逐步形成翰林学士、盐铁转运使、宰相、节度使以及诸宦官使职分掌政治权力的态势[①]，特定的权力结构、复杂的政治运作及其所形成的政治惯例和共识，促成了"风度"类语词的再度流行，计有："风标"八次（李藩、崔植、萧邺两次、崔蠡、郑韬、李勉、郝文晏）、"风规"四次（李逢吉、李景让、裴度、郑熏）、"风格"一次（段文昌）、"风猷"十次（韦贯之、裴度、史宪忠、崔龟从、田牟、郑光、卢钧、李季卿、蒋涣、政治风气）、"风仪"三次（牛僧孺、裴谂、周若冰）、"风操"三次（王涯、孔戣、淑妃王氏）、"风望"三次（魏谟、萧邺、契苾通）、"风鉴"一次（崔慎由）、"风彩"两次（韦有翼、李珏）、"风概"两次（王承宗、功臣群体）、"风烈"一次（功臣群体）、"风度"四次（萧俛、韦博、温造、徐商）、"风宪"五次（元巽、莫藏用、郑处诲、王延休、夏侯孜）、"风棱"一次（韦承庆）、"风流"一次（沈传师）、"风神"一次（王源中）、"风表"一次（曹确）、"风韵"一次（郑浑）、"风霜"一次（梁褒）。此时期"风度"类语词的使用现象中，最可注意的现象出现于节度使的任命制书中。受任者多出身高贵、屡任清要、文武全才（多由文而兼武），且多有忠孝两全抑或忠而忘家之誉，其典型者如《授杜审权河中晋绛节度使制》曰：

> 开府仪同三司、检校司空、守尚书左仆射、上柱国、襄阳郡开国公、食邑二千户杜审权，韵合黄钟，行真白璧。冲粹孕灵岳之秀，精明涵列宿之光。尘外孤标，云间独步。践历华贯，余二十年；鉴裁名流，凡几百辈。清切之任无不试，重难之务无不经。静而立名，严以肃物，绝分毫徇己之意，秉尺寸度量之怀。贞方饰躬，温茂缮性。俭不逼下，畏以居高。语默适时，喜

愠莫见。顷罢机务,镇于金陵,值淮夷猖狂,干戈悖起。累发猛士,挫彼贼锋,广备糇粮,助兹军食。深惟将相之大体,颇睹文武之全才。王导以萧洒之名,不忘戎事;谢安以恬澹之德,亦在兵间。及驷马来朝,擢居端揆,严重自处,恬旷不渝。虞芮之故都,前踪尚尔;郇瑕之旧地,往事依然。兼以股肱之良,为吾腹心之寄,改佩相印,更握兵符。仍五教之崇名,极一时之盛礼。可检校司徒、同平章事、河中尹、充河中晋绛节度观察等使。[1]

唐代中后期,节度使的影响力以及唐王廷试图通过中央化及文官化的方式主导地方藩镇的政治意图[2],在此类诏令中表露无遗。其对于忠孝之政治单向度伦理的强化,延续了隋唐以来的传统。但在政治现实的压迫之下,又不得不表达以之为"腹心""股肱""君臣一体"的姿态,颇可见出此时期政局的复杂性以及皇权被相应压缩的历史现实,而"出身"的再受关注,亦表明世家大族对于时局的适应能力。此外,此时期诏令中另一容易观察的现象,是御史系统中对于"风宪"一词使用的常态化,可以推知唐代中后期对于凝聚"为官之道"的关注。

二 从事件到观念:作为关键词的"武则天"

政治需要通过语词而展开,政治生活亦会对语词的使用、存续与更新产生影响。某些曾经流行的语词的消失、新语词的出现与流行,以及语词使用方式的变化与调整,均是政治领域易于得到经验证实的语言现象。故而,考察语词对于政治生活的适应,便成为政治之语言维度考察的重要层面。神龙元年(705),武则天因政变退

---

[1] 李希泌主编《唐大诏令集补编》,上海古籍出版社,2003年,第246页。
[2] 参见方震华《权力结构与文化认同:唐宋之际的文武关系》,社会科学文献出版社,2019年,第258页。

位,同年十二月病逝于上阳宫。自永徽六年(655)以来,武则天先后以皇后、太后以及皇帝的身份,参与了高层政治的诸多事件,并深度影响了政局的可能走向。即使在其身后,武则天的政治遗产依然是左右中宗、睿宗以及玄宗朝早期政局的重要因素。以诏令书写而言,"武则天"作为频繁出现的语词[①],因其本身所具有的政治能量,而每每成为政治事件的诱发因素。在其崩逝之后,"武则天"更成为一种政治观念的代表,对于"武则天"的不同处理方式与态度投射,也随之成为表达路线差异的基本方式。因为此一持续而强大的影响力,选择"武则天"作为分析的样本,应可在观察政治生活的基础上,理清语词得以被逐步概念化或观念化的内在机制。

(一)立后事件及其效应

一个以指称为基本功能的名词性语词,若欲具有被概念化或观念化的可能,即意味着政治参与者对于语词理解与使用方式具有可明晰描述的变化,而在此过程中,语词通常会发生意义的变化、功能的调整以及其与周边语词关联的变改[②]。但此过程的发生,则需以语词在事件的使用为发端[③]。在"事件"中,语词得以使用的事态或

[①]此处使用的"武则天"一词只是武氏各类称谓——如"则天大圣皇帝""大圣则天皇后"等的方便表述。其各类头衔在此均被视作关键词"武则天"的等义表达。同时由于诏令传世有限,有些与武氏有关的诏令并未存有原文,只能推论而得相关结论。

[②]参见特伦斯·鲍尔等编、朱进东译《政治创新与概念变革》,第2—6页。

[③]政治上的重大事件,则常常表现为历史"事变"。以上这些涉及"事"的表述,不仅仅是一个名词运用的过程,它同时也在实质的层面折射了政治活动与"事"的相关性。如果说,政治领域中日常的政事在某种意义上体现了历史过程的延续性,那么,以"举事""事变"等为形式的政治变迁,则往往展现了历史常规进程的某种间断,二者从不同方面体现了作为人之所作("事")形式之一的政治活动与历史过程的内在关联(杨国荣《"事"与"史"》,《学术月刊》2019年第1期,第11—23页)。

情境的影响与性质会相对凸显，语词因为与事件相关，而具有意义增殖的空间，并进而具有承担评价功能的可能。永徽六年十一月，武则天在历经漫长政治纷争之后，终被册立为后。其册文曰："武氏门著勋庸，地华缨黻，往以才行，选入后庭，誉重椒闱，德光兰掖。朕昔在储贰，特荷先慈，常得侍从，弗离朝夕，宫壶之内，恒自饬躬，嫔嫱之间，未尝迕目，圣情鉴悉，每垂赏叹，遂以武氏赐朕，事同政君，可立为皇后。"①武氏非高门的出身、曾为太宗才人的身份，是武氏立后所面临的极大障碍。册文则以历史重塑的方式做出了巧妙的回应。武氏立后是高宗朝早期的重大事件，其所带来的连带影响，不仅是政治高层地域性身份开放度的提升，同时也在于高宗以此方式彰显了其作为皇帝的权威。而后者更借助于"此陛下家事"这类言论，改变了唐初以来在立后等事务上与重臣共议的政治惯例，拓展了皇帝"私权"的领域范围②。太宗贞观年间，魏征等人即有动议，区分太子与诸王子的政治地位，但其主张未获实现。贞观后期，李承乾与李泰之间以及李治与李恪之间，都曾发生程度不等的政治纷争。高宗借助武氏立后事件，逐步将庶出的皇子逐离权力中心，形成了以皇后及其嫡子、嫡女为核心成员的皇权集团③。显庆五年，高宗《黜梁王忠庶人诏》曰：

> 东台、朕储祉上玄。嗣膺景祚，猎先圣之□，践至公之道。

---

①《资治通鉴》卷二〇〇，第1601页。

②"此陛下家事"也成为帝王在做出如立后、废立太子等重大决策时行为合法化的重要依据："高宗欲立武氏，李勣曰：'此陛下家事，何必问外人？'玄宗欲易太子，李林甫曰：'此陛下家事，非臣所宜预。'……后李泌谏废太子，德宗曰：'此朕家事，何预于卿？'"吴之甲《静排集》卷五，《四库禁毁书丛刊》集部第78册，北京出版社，1997年，第261页。

③参见周善策《国家礼仪与权力结构：试论唐朝前半期陵庙礼之发展》，《历史研究》2010年第5期，第27—38页。

底罚行赏,御物同归。房州刺史梁王忠,居庶孽之地,在髫龀之辰。柳奭、遂良,上结无忌,频烦进说,劝立东朝。朕以副官之位,宜遵周道,苟非其人,不可虚立。正以宗臣之寄,仰在诸公,旦夕勤恳,难违其意。及正嫡升储,退居列屏,乐善之事,早奏于宾僚;窥怨之词,日盈于床第……考之大义,应从极罚,皇后情在哀矜,兴言垂涕,再三陈请,特希全宥。①

高宗在诏文中,以周王朝的立嫡制为据,表明其在太子废立上的基本态度。作为立后事件胜利者的武氏,以"慈母"的形象出现在诏令之中。高宗试图以此淡化李忠事件与废王立武间的关联,并树立武氏的正面形象以及皇后与立嫡之间的一体性。虽然维护"嫡子"的继承权本是李唐开国以来的国家政策,《唐律疏议户婚律》"立嫡违法条"即明确主张嫡长子的优先权,并确立了由长及幼的立嫡顺序②;但武德、贞观以来皇统继承的事实,却一再背离立嫡的原则。故而,高宗对诸皇子的处置,不仅在于对立嫡原则的重新主张,而且是通过权力结构调整的具体举措,保证嫡子的制度性位置。但权力结构的调整并不意味着结构组成者政治身份的绝对稳定,在政治纷争中胜出的武氏,自然明晓政治生活的复杂性。故而,在其立后之后,借助高宗调整最高权力结构的时机,不遗余力地尝试稳固自我的权力身份③。

(二)礼仪、性别、信仰与观念诸领域之事件与效应

"武则天"在建立与立后事件、高层权力结构调整的人事及政治伦理调整的高度关联后,又进而在礼仪、性别与信仰诸领域产生影响,业已展现出高度的"观念化"的特点。借助仪式展演与礼制修

---

① 宋敏求编《唐大诏令集》卷三九,第179页。

② 参见刘俊文《唐律疏议笺解》,中华书局,1996年,第943页。

③ 参见气贺泽保规《试论隋唐时代皇后的地位——武则天上台历史背景的考察》,邓小南主编《唐宋女性与社会》,上海辞书出版社,2003年,第878页。

订,武氏在礼仪领域(如封禅、亲蚕诸礼)展示形象并强化其地位[①];
而在性别问题上,武氏不仅通过对男性头衔的模拟标示女性政治官
员的独立资格(如龙朔二年皇帝嫔妃名号的改变),还通过"尊母"的
方式强化其作为"国母"的身份与地位,并以此作为政治行动的合法
性依据[②]。《改元光宅诏》曰:

> 玄元帝者,皇室之源,韫道德而无为,冠灵仙而不测,业光
> 众妙,仁覃庶品。岂使宝胤见御宸居,先母竟无尊位? 可上尊
> 号曰先天太后。宜于老君庙所敬立尊像,以申诚荐。[③]

光宅时期,武氏以太后身份临朝称制。诏书中尊奉老子之母为先
天太后,已非一般性地提升女性地位,而是为其登基营造舆论。至
垂拱四年(688),武则天对于"母"之符号的利用达其极致。此年四
月,雍州永安人唐同泰伪造瑞石于洛水,献之,其文曰:"圣母临人,
永昌帝业。"

> 于是号其石为"宝图",赐百官宴乐,赐物有差。授同泰为
> 游击将军。其年五月下制,欲亲拜洛受"宝图"。先有事于南
> 郊,告谢昊天上帝。令诸州都督、刺史并诸亲,并以拜洛前十日
> 集神都。于是则天加尊号为圣母神皇。大赦天下。改"宝图"
> 为"天授圣图",洛水为永昌。封其神为显圣侯,加特进,禁渔
> 钓,祭享齐于四渎。所出处号曰圣图泉,于泉侧置永昌县。又
> 以嵩山与洛水接近,因改嵩山为神岳,授太师、使持节、神岳大

---

① 参见周善策《封禅礼与唐代前半期吉礼的变革》,《历史研究》2015年第6期,
　　第61—77页。

② 参见陈弱水《隐蔽的光景:唐代的妇女文化与家庭生活》,广西师范大学出版
　　社,2009年,第165—203页。

③ 宋敏求编《唐大诏令集》卷三,第16页。

都督、天中王，禁断刍牧。其天中王及显圣侯，并为置庙。①

同年，已加"圣母神皇"的武则天拆洛阳乾元殿，于此地造明堂。明年春正月，大飨于万象神宫，圣母神皇"服衮冕，搢大圭，执镇圭"为初献，皇帝为亚献，大赦天下，改元永昌。虽然此时武则天离皇帝的身份依然有一步之遥，但其在仪式展演中已行天子之礼②。永昌元年复改元载初，以永昌十一月为载初元年正月，在所发布的《改元载初赦》中，"河荐合天之符，洛出永昌之箓""国家得天统，当以建子月为正""特创制一十二字，率先百辟"③是武氏革唐立周的重要信号。通过一系列的政治展演、实践操作以及各类诏令的发布，武氏逐步完成了其登基前的舆论引导。其以女性而执掌大权并最终登基为帝的观念障碍，也在其对宗教思想资源特别是佛教的利用中逐步瓦解。虽然，今日的唐史大多聚焦于其对佛教典籍与义疏的改造——如《宝雨经》的翻译与《云经神皇授记义疏》的伪造——以及对宗教景观的制作。但武氏对佛教元素的利用则有一漫长的历史过程。罗世平曾对龙门石窟及七宝台佛教做过系统考察，并有如下结论：

> 上述龙门石窟和七宝台佛像的存例中，分别见有二佛并坐、三佛并坐和弥勒单尊三类。有意味的是，这三类造像组合发生变动，时间有先有后，线索相对清晰。以龙门唐窟为例，二佛并坐像主要在高宗显庆至永淳年间（656—683），这期间正是高宗苦患风疾，武则天在皇后位上理朝辅政，决断国事，权势日渐坐大的阶段，即史称的"二圣时期"。三佛并坐像流行于弘道至武则天永昌年间（683—689），这时武则天大权独揽，子

---

① 《旧唐书》卷二四，第925页。
② 参见吕博《"君之大柄"与"圣人之履"——礼与唐代政治变迁诸问题研究》，武汉大学2014年博士论文，第119页。
③ 宋敏求编《唐大诏令集》卷四，第18—20页。

嗣孱弱,她在皇太后任上独断专行,这一时期即史称的"武后时期"。弥勒单尊像,尤以大像的雕造为标志,出现在武则天坐上皇帝位,改唐称周(690—704)时期,即史称的"武周时期"。天堂夹纻弥勒大佛是个风向标,而雕造于龙门唐窟中的弥勒单尊有其早晚的存例。在这三类佛像的组合变动之中,弥勒佛像是其中变动的因子,这种变动,表面上缘于正在兴起流行的净土信仰,它的深层寓意则直接与高宗、武则天时期的政治生态相关联。①

虽然在显庆年间武则天并不必然有登基为帝的个人意图,但也正因对权力的追逐,使得武则天的革唐立周,成为逐步演进而最终水到渠成的结果。其对宗教资源的利用,在促进宗景观营造热情的同时,也为政治运作利用儒道之外的思想提供了极佳样板。

天授元年(690),武则天称帝,尊号"圣神皇帝"。《资治通鉴》载此事曰:

> (九月)戊寅,群臣上言:有凤凰自明堂飞入上阳宫,还集左台梧桐之上,久之,飞东南去;及赤雀数万集朝堂。庚辰,太后可皇帝及群臣之请。壬午,御则天楼,赦天下,以唐为周,改元。乙酉,上尊号曰圣神皇帝,以皇帝为皇嗣,赐姓武氏;以皇太子为皇孙。②

凤凰与赤雀降临明堂,是促成武则天自"圣母神皇"向"圣神皇帝"身份转换的重要祥瑞。从大权独揽到登基称帝,皇后、太后的身份是其权力追逐的制度性保障,但同样也为其完成最后的身份转换设置了难以跨越的障碍。武氏不仅需要处置女性身份的性别难题,同样

①罗世平《天堂法像——洛阳天堂大佛与唐代弥勒大佛样新识》,《世界宗教研究》2016年第2期,第35页。

②《资治通鉴》卷二〇四,第1644页。

也有恰当对待李唐的政治遗产,无论是在其本人的理解,还是在臣民的认知中,"李唐家儿媳"是革唐立周进程中必须加以宣扬的武氏身份。凤凰和赤雀作为出现于关键节点的祥瑞,正是武氏与朝臣对此种局势与心态的精心适应。陈子昂《大周受命颂》曰:

> 是时□踵昆吾,有凤鸟从南方来,历端门,群鸟数千蔽之。又有赤雀数百从东方来,群飞映云,回翔紫闼,或止庭树,有黄雀从之者。又有庆云,休光半天,倾都毕见,群臣咸睹,于是众昈云萃,嚣声雷动,庆天应之如响,惊象物其犹神。咸曰:"大哉! 非至德孰能睹此。昔唐虞之瑞遂听矣,今则见也。天物来,圣人革,时哉。况凤者阳鸟,赤雀火精,黄雀从之者土也,土则火之子。子随母,所以纂母姓,天意如彼,人诚如此,陛下曷可辞之"……于是神皇霈然曰:"俞哉,此亦天授也。"①

在陈子昂对祥瑞场景的复原中,凤凰、赤雀的出现,是臣下对武氏心态与时局的精准把握。武氏的太后身份以及其与皇帝之间的母子关系,依然是其可资利用以响应正当性追问的重要资源。而母子关系的强调,也有助于文武百官回避政治伦理的难题,维持政局的相对平稳。但武周也由此无法摆脱李唐政治遗产的影响。"(天授元年)改大唐京太庙为享德庙,四时唯享高祖以下三室,余四室闭其门,废享祀之礼。又于东都改制太庙为七室,祔武氏七代神主。又改京崇先庙为崇尊庙,其享祀如太庙之仪。仍改太庙署为清庙台,加官员,崇其班秩。"②武则天部分保留李唐在长安的太庙,使得武周时期出现了特殊的双太庙体制,乃是其对于政治时局的顺应③。

---

① 徐鹏校点《陈子昂集》卷七,上海古籍出版社,2013年,第163—164页。
② 《通典》卷四七,第1312页。
③ 有关"双太庙体制"的讨论,可参见李永《宗庙与政治:武则天时期太庙体制研究》,《学术月刊》2017年第8期,第152—158页。

虽然在武周的历史进程中,武则天曾尝试确立武周王朝的独立性,如圣历二年,变周、汉为隋、唐以为二王后,由之明确李唐"前朝"的定位①。但随即于久视元年(700)十月,复以正月为十一月,一月为正月,开始向李唐正朔的有意回归。在此前后,武则天通过联姻以及明堂告誓的方式,试图强化李武之间的一体性,以确保其政治意图在身后的贯彻执行。无论在复杂而具体的政治运作中曾有多少变故的存在,李武的一体性依然是唐人的基本共识。在不断的事件化及与其他事件建立关联的过程中,"武则天"越来越成为一种凝聚具有明确情感投射的箭垛性语词,有着极为强大的功能记忆的特点,诸如宫廷权谋、地域之争、阶层升降、女性干政、酷吏政治、佛教皇帝、李武一体等均成为其语义使用的正当范围。

(三)作为典范与正当化依据的"武则天":观念化的确立

武则天登基前,以皇后、天后、圣母神皇等不同身份影响李唐政局,并改变了李唐政治运作的观念、结构、制度与惯习的诸多层面。对天命与祥瑞的利用,成为武氏之后女性主张自我权力的常规方式。景龙二年(708),"迦叶志忠奏:'昔神尧皇帝未受命,天下歌《桃李子》;文武皇帝未受命,天下歌《秦王破阵乐》;天皇大帝未受命,天下歌《堂堂》;则天皇后未受命,天下歌《娬媚娘》;应天皇帝未受命,天下歌《英王》《石州》;顺天皇后未受命,天下歌《桑条韦》,盖天意以为顺天皇后宜为国母,主蚕桑之事,谨上《桑韦歌》十二篇,请编之乐府,皇后祀先蚕则奏之。'太常卿郑愔又引而申之。上悦,皆受厚赏"②。中宗韦后对于权力的追逐,自形式而言是对武则天的高度模仿,无论是利用天命、祥瑞,还是借助政治仪式的展演,均无新创可言。而庶出皇子地位的尴尬,则同样可以视为武氏立后所形成

---

① 关于二王三恪在李唐的废立,可参见孙正军《二王三恪所见周唐革命》,《中国史研究》2012年第4期,第97—113页。

② 《资治通鉴》卷二〇九,第1682页。

的政治传统的延续。神龙二年秋,李重俊被立为太子。"时武三思得幸中宫,深忌重俊。三思子崇训尚安乐公主,常教公主凌忽重俊,以其非韦氏所生,常呼之为奴。或劝公主请废重俊为王,自立为皇太女,重俊不胜忿恨。"[1]由于大足元年(701)韦皇后的嫡子李重润因议论张易之兄弟事不幸死于非命,中宗只能选立庶子李重俊为太子。但太子的血缘身份,无疑相左于高宗以来对皇权集团人物构成的共识。安乐公主对身为太子的李重俊的轻视,虽然掺杂有个人的权力欲望,但近半个世纪以来的政治共识的影响不容忽视:

> 时玄宗在东宫,太平公主干预朝政,宋王成器为闲厩使,岐王范、薛王业皆掌禁兵,外议以为不便。元之同侍中宋璟密奏请令公主往就东都,出成器等诸王为刺史,以息人心。睿宗以告公主,公主大怒。玄宗乃上疏以元之、璟等离间兄弟,请加罪,乃贬元之为申州刺史。[2]

睿宗在唐隆元年重登皇位,李隆基居功至伟,及其为太子,已有功高震主的嫌疑,从而为政治对手留下了极大的利用空间。但其所遭遇的政治危机,同样也和其生母睿宗德妃已于长寿二年死于巫蛊事件存有关联。睿宗登基后,未立皇后,只因李隆基被立太子的缘故,而追赠其母为皇后,其太子身份即有先天的缺陷。虽然纸上的具文与政治的惯例在为特定历史时期的政治运作提供程序路径以及价值规则等方面可资参照之先例的同时,并不具有必然的约束性,但也不免在政治纷争中成为"政治谋利"之工具的可能,被或有意或无意地加以利用。故而,高宗武则天以来利用政治事件所确立的权力结构,并不能有效达至维护皇统稳定更迭的目的。在权力纷争中走向个人权力巅峰的李隆基,再次面临着重新调整核心权力结构、弱化

---

①《旧唐书》卷八六,第2837—2838页。
②《旧唐书》卷九六,第3023页。

李武一体及重新调整政治共识的历史任务,从而开创了李唐中枢政治的另一新局[1]。

神龙元年,武氏退位,中宗复国号为唐。同年,武则天病故。其哀册文曰:

> 奇相月娥,惠心渊塞。蘋藻必恭,纮綖是则。训自闺闱,风行邦国。九庙肃祗,六宫允厘。中和外睦,退迩清夷。家道以正,王化之基。皇曰内辅,后其谋咨。谋咨伊始,皇用嘉止。亦既顾命,聿怀代己。圣后谦冲,辞不获已。从宜称制,于斯为美。仗义当责,忘躯济厄。神器权临,大运匪革。宗祧永固,寰区奄宅。负扆肃清,垂旒光赫。洸洸我君,四海无氛。[2]

《则天大圣皇后哀册文》是武氏身后由中宗发布的盖棺论定之文。在哀册文中,武则天因其高超的治理能力与出众的政治品行,成为李唐在特殊时期挽救危局的不二人选。武则天的称制以及后来的改唐立周,均为延续李唐国祚的权宜之计,李唐与武周是不可分割的连续体。虽然中宗对武则天的定位,或存有个人情感因素的影响,但其在后武则天时期所面对的时局,应是其承续武周政治安排的重要原因。"武则天"至此已成为建基于李武一体及女性参政资格之上的政治观念的表征,从而服务于特定的政治行动之需。景龙三年,中宗发布《答张景濂请改中兴寺观为龙兴寺观敕》:

> 朕承天宰物,光宅中区,嗣祖宗之丕基,承圣善之洪业,向明负扆,实奉成规。往自永淳,至于天授,奸臣称乱,鼎运不安。则天大圣皇后思顾托之隆,审变通之势,忘己济物,从权御宇,四海由其率顺,万姓所以咸宁。唐周之号暂殊,社稷之祚斯永,天保定尔,实由于兹。朕所以抚璇玑,握金镜,事惟继体,义即

---

[1] 参见任士英《唐代玄宗肃宗之际的中枢政局》,第199—200页。
[2] 李希泌主编《唐大诏令集补编》,第64页。

缵戎，其若文叔之起舂陵，少康之因陶正，中兴之号，理异于兹。
宜革前非，以归事实。自今已后，更不得言中兴。其天下大唐
中兴寺观，宜改为龙兴寺观，诸如此例，并即令改。①

中宗在唐史上多被目为懦弱、昏庸之主，而韦氏与安乐公主等女性
的干政以及武氏家族影响力的持续则为其佐证。但如此理解，不免
忽视了中宗在远离政治中心多年后，根基有限必须依赖武则天政治
遗产的事实。其对五王的处理以及对"中兴"称号的拒绝，在母子情
感的影响而外，实主要源于应对时局的需要。也正是因为"武则天"
成为政治观念的符号，其称谓的细微变化总能对应着时局的巨大动
荡。"及韦、武党诛，诏则天大圣皇后复号天后，废崇恩庙及陵。景
云元年，号大圣天后。太平公主奸政，请复二陵官，又尊后曰天后
圣帝，俄号圣后。太平诛，诏黜周孝明皇帝号，复为太原郡王，后为
妃，罢昊、顺等陵。"②至玄宗朝，关于武氏的争论与利用终于告一段
落。自此，"武则天"逐步淡出李唐的诏令书写，而转移阵地，并影
响到后世的史书撰写与通俗作品的创作，武则天也在此过程被逐
渐污名化③。

三　诏令书写的"景观化"与"破体为文"：文本层面的政治适应

　　政治与语言的互动，既展开于语词层面，亦同样会作用于作为
语词整体的文体之上。政治生活为诏令书写确立尊重"政治共识"及

---

① 李希泌主编《唐大诏令集补编》，第1359页。
② 《新唐书》卷七六，第3485页。
③ 参见韩林《武则天形象的嬗变及其性别文化意蕴》，《东北师大学报》2014年第
　 5期，第172—177页。

语体适当的惯例与规则，而诏令书写则以"作为政治行动"的方式展现行动策略、实践意图并追求某种政治效应的营造[1]。政治与语言的关系，在诏令文体的维度上，既体现于诏令文体的话语风格与功能特性，也会呈现于诏令文体在不同时期日常行政中影响的相对轻重。对于高宗武则天时期诏令文本的分析，自然是政治之语言维度分析的必要模块，也有助于呈现此时期政治生活的某些特殊之处。

由于高宗武则天时期在正统叙事的策略上，对天命的强化为盛世的营造奠定了基调，而祥瑞的大批量制作，则是此种政治意图必要的运作方式。当"革命"的正当性不再是"天命"宣扬的焦点之时，承统的合法性不仅须依赖于继位者的特殊禀赋，其于王朝的治理功绩同样是必要的佐证。由于正统与盛世的双重约束，在时间维度上，历史被简化为圣王相承的历史，而未来只能是当下的同质延续。当"过去"作为"历史"不再提供失败的经验与教训，而"未来"尚不足以产生一种整体性的关于社会生活的想象与规划，时间遂被定格为作为盛世的当下，故而现在即是曾经流行的关于理想生活的实现。于盛世的营造而言，时间维度的单一化，意味着"空间"方是最可利用的政治工具。此种利用，既包含一切具有空间性的物质元素，如服饰、建筑与器物，也包含在空间中的仪式展演以及精心构造的空间结构等。正统叙事对于空间的依赖，会以频繁制作政治景观的方式，达成对盛世与圣皇的揄扬[2]。政治景观通常以盛大、恢弘、壮丽为特色，在吸引、震慑围观者和倾听者的同时，也因盛世荣耀的参与分享而强化其对于王朝及帝王的认同。当拥有无上荣耀的帝王逐

---

① 参见本书第三章第一节。

② 巫鸿在《中国古代艺术与建筑中的"纪念碑性"》一书中，描述了商周礼器（青铜、玉器、王室宗庙）、秦汉宫殿与丧葬建筑中的纪念碑性，并勾勒了转换的历史线索。

渐拉远与臣下的制度性距离之时,因为传统政治的运作逻辑①,"使职化"遂不免成为其有效介入官僚常规权力,以扩大其实质权威的习见手段。由于诏令在国家政治运作的基础作用,政治景观的营造以及"使职化"的政治动向,自然会在诏令书写中留下深刻的印迹。

诏令书写对政治景观营造的适应,不仅仅是主题上"景观营造"类型数量的增多,如明堂的修建、封禅与巡礼的宣示,同时也是诏令书写自身的景观化,而后者更能展现一个景观化的政治时代的彻底性。龙朔二年(662),高宗《册许敬宗太子太师文》曰:

> 於戏!凤纪龙名,茂绩光于铅椠;砺金钩玉,嘉庸绚于缇油。盖以协赞帝图,弼成鼎命。矧乃望高咸一,超庶尹而驰风;道郁半千,冠群后而宣誉。咨尔光禄大夫行右相许敬宗,藉敬生德,基贤诞秀。谋猷经制,识度英远,培风逸干,业峻于巨臣;灭景宏才,器隆于王佐。词源清秘,濯色于雕鏖;艺苑冲探,抽华于绣牒。挥汗简于丹掖,矫丰饵于鸡栖。翙宏词于青闱,彤长缨于鹤篇。②

"凤""龙""金""玉""图""鼎""雕鏖""秀牒""丹掖""青闱",物象与色彩在制文中密集出现,在将日常政治运作可视化的同时,也将其荣耀化。诏令书写自身的景观化依赖于对物象与色彩类语词的频繁使用,但由于色彩类语词须依附于物象之上,以修饰物象的方式实现其文本功能,故而,于诏令书写的自我景观化而言,物象系统的作用最为根本。在物象的使用中,构拟的以及现实的动物意象是较为常见的物象系统。作为生物概念、社会概念、权力的物体和媒介、人的思想与形象象征之结合的复合性功能体,动物在政治生活中扮

---

① 参见周雪光《中国国家治理的制度逻辑》,生活·读书·新知三联书店,2017年,第10—11页。

② 《全唐文》卷一四,第171页。

演极为重要的权力装饰与象征的角色①。以动物作为权力和权威的象征，建基于民众对动物的认知与日常体验之上，故而其象征意味与政治意图易为民众所接受。诏令在对动物形象加以利用的同时，也构建着以动物层级为象征的政治秩序，此种秩序又反向塑造着关于动物的知识与想象。高宗武则天时期对动物形象的利用，是其政治景观营造的重要元素——陵庙、宫殿、明堂、万国天枢及转轮王七宝——无论是人间的政治与社会秩序，还是灵魂以及灵界的信仰秩序，均有动物形象的深度参与。诏令书写借用动物形象的象征意味，将政治运作以部分图景化的方式，展演于社会民众，并同时传递政治态度、政治意图以及伴随于其中的政治秩序。与动物形象通常一道出现，以服务于诏令书写自我景观化的另一类物象系统，是种类较多但极具体系意味的器物。由于在礼乐等公共性行动的展演中，器物承担着仪式扮演者的角色，其质地、造型与功能均具有超越其器物性的象征特性。因而，器物的使用受到场合、等级与地位等因素的制约，并被高度程序化与形式化。在对器物的频繁而程序化的使用中，器物不仅以历史媒介物的方式出现，同时也逐步形成了器物作为历史叙事独特范式的可能②。诏令书写中对器物的描述，标示政治事件的层级与性质、宣扬政治行动的价值与秩序，进而将一套理解政治与社会的话语系统植入日常生活，以完成王朝政治共识的构筑与传播。

　　诏令书写的景观化是政治高层权力展演的文本化。而权力展演在对"空间"的利用中，会不断放大或刻意制造政治权力的权威化。皇权作为最高权力，既会在日常的国家治理中产生对官僚系统

①参见陈怀宇《动物与中古政治宗教秩序》，上海古籍出版社，2012年，第260—262页。

②关于器物与历史叙事诸问题的讨论，可参见闫月珍《作为仪式的器物——以中国早期文学为中心》，《中国社会科学》2017年第7期，第161—184页。

的怀疑与猜忌,也会因为强化权威的需要而主动介入官僚系统的常规运作之中,以达成有效治理与维护个人权威至上的政治意图。因而,政治景观营造的过程通常伴随有诏令叙事中与"使职"(差遣)相关现象的大量出现。

> 设官量才,固须称职。比来委任,稍亦乖方,遂使鞫狱推囚,不专法寺。撰文修史,岂任秘书?营造无取于将作,句勘罕从于比部。多差别使,又着判官。在于本司,便是旷位。并须循名责实,不得越守侵官。
>
> 《中宗即位赦》①

赦文中所描述的"越守侵官",是由"多差别使"造成。"官"在唐人的理解惯例中,指"职事官"。"侵官"则指"使职"对"职事官"本职的分割。据此赦文,高宗武则天以来,已经形成"使职"扩大化的明确态势,中宗不得不试图通过激烈的言辞批判,以恢复职事官制的制度权威。但此种努力,在职事官使职化的历史大势之下,其实际影响颇为有限②。"使职"本有临时派遣、事了即毕的特点,由于其委任方式的简便以及应事而设的针对性,常常成为王朝治理的重要补充手段。

> 朕祗膺宝历,寅奉璇图,常居安以戒危,每在得而思失。虑一夫之不获,忧万方之有罪。以为承平既久,区宇至旷,州邑相望,众庶殷阜,事繁则诈起,法弊则奸生。念兹冤滞,深怀恻隐。是以频发诏书,庶几息讼。比命申理,未副朕怀。百姓虽事批论,官司不能正断,及于三司陈诉,不为究寻。向省告言,又却付州县。至有财物相侵,婚田交争;或为判官受嘱,有理者不申;或以按主取钱,合得者被夺;或积嫌累载,横诬非罪;或肆

---

① 宋敏求编《唐大诏令集》卷二,第7页。
② 参见赖瑞和《唐代高层文官》,第61页。

怨一朝,枉加杀害;或频经行阵,竟无优赏;或不当矢石,便获勋庸,改换文簿,更相替夺……宜令朝散大夫守御史中丞崔谧、朝散大夫守给事中刘景先、朝请郎守中书舍人裴敬彝等,于南牙门下外省共理冤屈。属户所有诉讼,随状为其勘当。有理者速即奏闻,无理亦示语发遣……仍限今年十二月内使了。

《申理冤屈制》①

《唐六典·门下省》"给事中"条注曰:"每日令御史一人共给事中、中书舍人受辞讼,若告言官人事害政者及抑屈者,奏闻;自外依常法。"②据此,高宗令崔谧、刘景先、裴敬彝等,于南牙门下外省共理冤屈,在形式上属于"三司理事"的常规性司法行为。但详绎诏令文字"及于三司陈诉,不为究寻""于南牙门下外省共理冤屈……限今年十二月内使了"等处的描述,此次"三司理事"既以门下外省为受理地点,又以三人稳定组合的方式打破了"侍御史凡四员,内供奉二员。掌纠察内外,受制出使,分判台事。又分直朝堂,与给事中、中书舍人同受表理冤讼,迭知一日,谓之'三司受事'"③的惯例,体现出较为明显的临事差遣的使职化意味。高宗《申理冤屈制》中对"三司受事"的临时规定,意在解决相关领域的社会具体问题。此种使职的设置,在高祖朝《遣淮安王神通安抚山东诏》、太宗朝《讨高昌诏》中均可见其先例④。但高宗此制的不同之处,在于使职的设置不仅是因为处置社会问题的必要,同时也是为了应对官僚群体政治道德与行政效率的低下。此即意味着,使职的设置开始成为皇帝有效介入官僚常规权力,以调控官僚群体的重要手段。这也意味着,皇权的强化在内在逻辑上必然会导致"使职"的强化。杜佑《通典》曰:

①《全唐文》卷一一,第137页。
②《唐六典》卷八,第245页。
③《通典》卷二四,第672页。
④ 分别见《全唐文》卷一,第23页;卷六,第75页。

"设官以经之，置使以纬之……于是百司具举，庶绩咸理，亦一代之制焉。"①正是以使职化为唐代官制的重要特点。

诏令书写对"皇权抬升"的适应，除了在相关主题数量上的增长之外，也必然会引发诏令类型在政治运作中轻重比率的变化。由于信息的流动在政治生活中举足轻重的影响力，因而对于信息的控制便成为权力争夺的焦点领域。"（垂拱二年）三月，戊申，太后命铸铜为匦：其东曰'延恩'，献赋颂、求仕进者投之；南曰'招谏'，言朝政得失者投之；西曰'伸冤'，有冤抑者投之；北曰'通玄'，言天象灾变及军机秘计者投之。命正谏、补阙、拾遗一人掌之，先责识官，乃听投表疏。"②与武德以来的《求直言诏》依然依赖于制度性的信息管道传递信息不同，武则天置铜匦与知匦使，则有着明确绕开常规管道，以建立其独特的信息获取机制的目的，并以此作为提升个人权威的政治手段。武氏的举措在其身后影响逐步扩大，对信息流动产生了颠覆性的影响③。以诏令的书写与发布而言，皇权对信息流通渠道的介入，在导致表状取代奏抄成为政务运作之主体文书的同时，也使得"敕旨"的数量随之提升④。同时，皇帝绕开中书、门下以墨敕行政，也成为调控政局、强化权威的常态。"凤阁侍郎、同凤阁鸾台三品刘祎之窃谓凤阁舍人永年贾大隐曰：'太后既废昏立明，安用临朝称制！不如返正以安天下之心。'大隐密奏之，太后不悦，谓左右曰：'祎之我所引，乃复叛我！'或诬祎之受归诚州都督孙万荣金，又与许敬宗妾有私，太后命肃州刺史王本立推之。本立宣敕示

---

①《通典》卷一九，第473—474页。

②《资治通鉴》卷二○三，第1637页。

③ 吴丽娱《试论"状"在唐朝中央行政体系中的应用与传递》，邓小南主编《文书·政令·信息沟通——以唐宋时期为主》，北京大学出版社，2012年，第3—46页。

④ 刘后滨《唐代中书门下体制研究——公文形态、政务运行与制度变迁》，齐鲁书社，2008年，第270页。

之,祎之曰:‘不经凤阁鸾台,何名为敕!’太后大怒,以为拒捍制使;
庚午,赐死于家。"[1]刘祎之对墨敕合法性的质疑,终究只是墨敕影
响逐步增长过程中的一个插曲。在官僚群体无法有效制约皇权之
时,墨敕的推行更多取决于皇帝个人的治理风格以及其对于时局的
理解。中宗复位后,曾试图将政务运作重新纳入程序化的轨道。但
也正是在中宗朝,以墨敕授官的"斜封官"大量出现,却表明此种努
力或许不过是一种政治姿态的表达而已,墨敕对于政治运作的影响
正处于上升曲线[2]。

　　李唐代的"王言之制"有七,作为经过制度管道正式发布的皇权
意旨,其对政治时局的适应,除了主题及类型上的变化之外,在体式
上也会有所突破。武后《改元光宅敕文》即是绝佳的观察样本:

> 　　将隆母德,必欲子扶。近者地不藏珍,山无秘宝。皇家土
> 德,胜气弥彰,宜从白贲之象,以辅黄中之运。自今以后,旗帜
> 皆从金色,仍饰之以紫,画以杂文。其应合改者,所司详依典
> 故。供奉帷幕,咸用紫色……又东都改为神都,宫名太初宫。
> 但列署分司,各因时而立号。建官置职,咸适事以标名。而今
> 曹像之中,称谓多爽,宜改尚书省为文昌台……又比来诸道军
> 行,叙勋多滥,或端居不出,以货买勋,真伪相蒙,深为巨蠹。自
> 今以后,所司宜明具条例,务令禁断,责成斯在,可不勉欤! [3]

敕令起源甚早,《尚书·舜典》曰"眚灾肆赦",《周易·解卦》曰"君
子以赦过宥罪"。但起初,其含义较为简单,有"临时随事而为之斟
酌"的特点[4]。后世的大赦制度确立于秦汉之际,有宥罪、推恩的功

---

[1]《资治通鉴》卷二〇四,第1638页。

[2] 参见游自勇《墨诏、墨敕与唐五代的政务运行》,《历史研究》2005年第5期,第
　　32—46页。

[3]《全唐文》卷九六,第994—995页。

[4]《文献通考》卷一七一,第1458页。

能。虽然在演化的历史进程中，其范围有所扩大，但宥罪推恩的性质则较为稳定。至武氏时期，其《改元光宅赦文》在宥罪推恩而外，则大量涉及立法改制以及申明禁令的内容[1]，大赦职能扩张的特点极为显著。如果以宥罪、推恩为其本职，则立法改制与申明禁令的"破体为文"，乃是"王言之制"的"使职化"[2]。至此，诏令已在主题、类型、体式等层面，全方位地适应了高宗武则天时期的政治态势。

结　语

高宗武则天时期是李唐政治史上极具破旧立新意味的独特时段，唐代后期制度变化的诸多因子均萌芽于此一时期。此时期的诏令作为政治运作的基本路径，在承受时局变动之影响的同时，也会成为引领政局走向的关键元素。故而，对此时期诏令中某些核心语词及其主题与体式的考察，对于理解高宗武则天时期政局的结构调整、制度变化以及观念变迁，具有无可替代的作用。

第三节　许敬宗与唐高宗时期的政局
及其与"龙朔初载文场变体"之关系

在两唐书本传中，病逝于咸亨三年（672）的许敬宗，与死于乾封元年（666）的李义府同传，并同样被视为品格卑下的政治投机者。而似乎也因此，虽然是太宗、高宗两朝久任中枢影响举足轻重的政

---

① 参见禹成旼《唐代德音考》，《中国史研究》2006年第2期，第101—109页。
② 参见魏斌《唐代赦书内容的扩展与大赦职能的变化》，《历史研究》2006年第4期，第21—35页。

治元老,许敬宗在今日的唐代文史研究中身影暗淡。然而,如此表述并非是对相关研究在不同程度上涉及许敬宗现象的漠视,而是对其较少能够成为观察唐前期政治与社会走向之核心人物的遗憾[①]。虽然"作为视角的许敬宗"无意于挑战陈寅恪先生在《唐代政治史述论稿》中所做出的著名判断[②],但时局参与者与制造者的当世视角却无疑能够为历史解释提供更多的细节,并由之展现个体的观念、态度、选择与行动在历史中的意义以及偶然与可能在历史研究中的价值。相较于长程判断易于由果溯因的观察偏好,时人的视角,更能见出历史在多重关系互动中逐步凝定方向的复杂过程。在历史的众多时段中,共识与惯习所产生的作用与影响尤为深层而持久,历史的变局通常也难以脱离利用共识、改造共识与重建共识的常规程序,而行动者的态度情感与策略选择则影响着行动过程的诸多方面。许敬宗在贞观、高宗两朝政治地位的提升与维持,依赖于其对于君主意图的准确把握以及其利用共识与改造共识上的政治运作能力,在此过程中其本人也因之成为某种政治选择的风向标符而形象"共识化"。而由于中古政治与文学的高度关联,文学书写是政

[①] 学界对于许敬宗的关注较多出现在高宗武则天的相关研究中,如雷家骥《武则天传》(人民出版社,2001年)、罗汉《武曌:中国唯一的女皇帝》(冯立君、葛玉梅译,社科文献出版社,2018年)、孟宪实《唐高宗的真相》(北京大学出版社,2008年);专题论文如焦永康、马晓霞《许敬宗篡改国史问题新探——政治史视野下的唐代国史撰修》(《唐史论丛》2018年第2期),杨东晨、杨亚娣《论许敬宗在武昭仪至天后中起的重要作用》(《乾陵文化研究》2010年)。

[②] "李唐皇室者,唐代三百年统治之中心也,自高祖、太宗创业至高宗统御之前期,其将相文武大臣大抵承西魏、北周及隋以来世业,即宇文泰'关中本位政策'下所结集团体之后裔也。自武曌主持中央政权之后,逐渐破坏传统之'关中本位政策',以遂其创业垂统之野心。故'关中本位政策'最主要之府兵制,即于此时开始崩溃,而社会阶级亦在此际起一升降之变动。"(陈寅恪《唐代政治史述论稿》,第18页)

治观念表达以及政治行动的重要方式,故而在看似中性的"文学史表述"背后,通常会隐含着可以有效观察的政治诉求。文学研究中对于观点与态度作为行动策略的忽视,在强化历史人物文学观念整体化想象的同时,也难免会弱化文学史自身的层次感。

一　许敬宗与高宗朝的"盛世营造"

弘道元年(683),李治病逝,其三十四年的统治生涯至此落幕。作为唐代在位时间仅次于玄宗的皇帝,李治在其身后的主流接受中,是一位软弱、多病、无力控制武氏干政的甚少传奇效应的守成者,高宗朝也难以与太宗及玄宗两朝共同分享"盛世"的荣耀——武则天的存在决定了李唐当世无法认可高宗朝以"盛世"的形象存在。而武则天代唐立周何以可能、如何可能及其历史影响在后世唐研究中所产生的焦点效应,也使得对于高宗朝的关注通常成为追索一个给定答案之原因的过程。但若忽视高宗作为李唐首位封禅泰山者,在表相的好大喜功之下所理应具有的营造盛世的政治追求,高宗朝政治的复杂性及其相对于太宗朝与武周的独立性即不易得到应有的承认,更遑论在后世的政治与文学史版图中的边缘者。在构建武则天代唐立周的成功链条中,许敬宗是武氏重要的支持者,但许敬宗在高宗朝能够成为风头无两的权臣,不仅在于其是武氏政治意图的代言者,他同时也是高宗"盛世营造"的主要谋划者。

永徽六年,许敬宗以"何豫诸人事而妄生异议乎"[1]的公开表述,呼应李勣"此陛下家事"的相关言论,为高宗"废王立武"提供重要助援。而据《唐会要》卷三,贞观十三年二月,在后宫嫔妃的择立问题上,尚书八座曾有以下共识:

---

[1]《资治通鉴》卷一九九,第1600页。

> 尚书八座议曰:谨按王者正位,作为人极,朝有公卿之列,室有嫔御之序。内政修而家理,外教和而国安。爰自周代,洎乎汉室,名号损益,时或不同。然皆瘴瘝贤才,博采淑令,非唯德洽宫壸,抑亦庆流邦国。近代以降,情溺私宠,掖庭之选,有乖故实。或微贱之族,礼训蔑闻;或刑戮之家,怨愤充积,而滥吹名级,入侍宫闱,即事而言,窃未为得。臣等伏请,今日以后,后宫及东宫内职员有阙者,皆选有才行充之。若内无其人,则旁求于外,采择良家,以礼聘纳。①

李勣与许敬宗的言论,将皇后的择立由贵族的共议转为皇帝个人的意愿。其所产生的冲击效应不仅在于高宗册立武氏意图的达成,更意味着皇帝权力领域的扩大及其对原有政治结构的挑战。李勣与许敬宗利用永徽年间特殊的政治事件,将贞观后期以来政治文化新走向的潜流转化为政治选择合法性的重要依据。贞观十四年,太宗因张文收制《景云河清歌》,有《景云乐》《庆善乐》《破阵乐》《承天乐》四部。景云河清等瑞兆的出现意味着一个太平之世的来临,李唐王朝业已完成了制作本朝礼乐的前期工作,而“天命”在王朝政权正统叙事中的位置也得以强化②。符瑞的利用、天命的宣扬逐步改变了贞观前期重视事功与君臣一体的政治氛围。君主与臣下之间的制度性距离逐步增大,曾作为政治共识的“公”之理念,呈现出渐次空洞化的态势③。《晋书》修撰中对君臣关系以“忠诚”为主调的再次定位,则成为贞观后期试图引导政治文化转向的最后的重要尝

---

① 《唐会要》卷三,第33—34页。

② 参见李丹婕《承继还是革命——唐朝政权建立及其历史叙事》,《中华文史论丛》2013年第3期,第123—156页。

③ 参见周善策在《国家礼仪与权力结构:试论唐朝前半期陵庙礼之发展》,《历史研究》2010年第5期,第27—38页。

试①。但制定新礼以为治且彰显君主独尊的意图,于永徽时期却受到明显的压制。李勣与许敬宗对于立后为皇帝家事的强调,在对抗长孙无忌所欲坚持的旧传统的同时,也开启了高宗朝在制礼作乐的内在精神上向贞观后期之新变靠拢的进程。

在自秦汉以来的政治传统中,"以德化民"与"以礼为治"逐步成为两种相对独立的政治主张②。贞观四年,在治国原则的问题上,高宗、魏征、封德彝之间曾有一次影响极为深远的讨论。经此讨论,"以德化民"成为王朝治理的基本导向。在德化未成、太平未至之前,贞观朝礼乐则以袭取传统为主。《旧唐书·礼仪志》曰:

> 神尧受禅,未遑制作,郊庙宴享,悉用隋代旧仪。太宗皇帝践祚之初,悉兴文教,乃诏中书令房玄龄、秘书监魏征等礼官学士,修改旧礼,定著《吉礼》六十一篇、《宾礼》四篇、《军礼》二十篇、《嘉礼》四十二篇、《凶礼》六篇、《国恤》五篇,总一百三十八篇,分为一百卷。③

《贞观礼》的修订自三年始,而颁行已在十一年三月丙午④。《贞观礼》继承《开皇礼》,并对武德时期的相关律令加以修订。但《贞观礼》与律、令、格同颁于十一年正月,却体现出礼典与法典间交相为用的唐制新特点,这在高宗《显庆礼》的修订中,更以"仍并条附式令"⑤的方式予以强化。而《贞观礼》在修订过程中所秉持的"随时

---

① 参见谢保成《隋唐五代史学》,第69—81页。

② 参见陈苏镇《〈春秋〉与"汉道":两汉政治与政治文化研究》,第204—205页。

③ 《旧唐书》卷二一,第816—817页。

④ 关于《贞观礼》的修订过程,参见吴丽娱主编《礼与中国古代社会·隋唐五代宋元卷》第7—42页的相关论述。

⑤ 《旧唐书》卷二一,第825页。

立法,因事制宜,自我而作,何必师古"①的通达态度,也为《显庆礼》的修撰所继承。贞观十五年四月,太宗下诏来年二月封禅泰山。六月乙酉,有星孛于太微宫,犯帝座。丙辰诏停封禅:

> 自古皇王,受天之命,建显号于封禅,扬功名于竹帛者,莫不功济夷夏,道叶人祇,然后登泰山之高,刊梁甫之石,未有七德靡记,九部寂寥,而欲齐声于圣哲,垂美于篆籀者也。朕承宗庙之重,当区宇之责,寅畏三灵,忧勤万姓,虽戡翦祸乱,克定遐荒,而至教犹郁,刑典未厝,胜残之化,未洽于率土;平和之风,多惭于往烈……前以来年二月有事泰山,宜停。②

太宗因天有异象诏停来年封禅,但诏文中"至教犹郁,刑典未厝"的表述,却流露出未能成一代礼法大典的遗憾。而封禅礼仪与明堂建筑的议而未成,也表明在"天下为公""君臣同体"的政治理念之下,太宗的功绩并未赢得完全的认可,其权力与意图依然受限于高层的权力结构③。于高宗而言,如何在有效处理以君臣关系为中心的皇权与国家间关系的基础上成一代之礼典,将成为其能否有效推进贞观后期政治文化转向的重要标尺。

显庆元年,礼官议"太宗不当配五人帝"④;显庆三年十一月,苏定方俘获贺鲁,高宗违背惯例特献俘于昭陵;显庆四年,草封禅仪,以高祖、太宗俱配昊天上帝。麟德三年,高宗封禅泰山,次年高宗谓群官曰:

> 升中大礼,不行来数千载,近代帝王,虽称封禅,其间事有

---

① 《旧唐书》卷二二,第851页。
② 《唐会要》卷七,第88—89页。
③ 参见吴丽娱《关于〈贞观礼〉的一些问题——以所增"二十九条"为中心》,《中国史研究》2008年第2期,第37—55页。
④ 《通典》卷四四,第1223页。

不同，或为求仙克禋，或以巡游望拜，皆非尊崇祖业……朕丕承宝历，十有七年，终日孜孜，夙夜无怠，属国家无事，天下太平，华夷乂安，远近辑睦，所以躬亲展礼，襄赞先勋，情在归功，固非为己，遂得上应天心，下允人望。①

高宗此次言论，可视为对其前期执政的阶段总结。而自十七年中的标志性事件及其上述言论，不难见出高宗承续太宗政治转向的自觉：

> 永徽二年，议者以《贞观礼》未备，又诏太尉长孙无忌，中书令杜正伦，中书侍郎李义府，中书侍郎李友益，黄门侍郎刘祥道、许圉师，太子宾客许敬宗，太常少卿韦琨，太学博士史道元，符玺郎孔志约，太常博士萧楚材、孙自觉、贺纪等，重加缉定，勒成一百三十卷，二百二十九篇，至显庆三年正月五日，奏上之。高宗自为之序，诏中外颁行焉。②

永徽二年，长孙无忌为首的顾命大臣实际掌控着高宗朝的政治大权，始自次年的《显庆礼》的修订，自然也以维持《贞观礼》的基本原则为主。但自永徽六年"废王立武"事件之后，九月许敬宗为礼部尚书；十二月五日，诏礼部尚书弘文馆学士许敬宗每日待制于武德殿西门，高宗朝的制礼活动进入以许敬宗为主导的新阶段。

《武德令》中的"多列式"的冕服结构主要源于北周，而君臣五冕通用的原则则较北周三冕通用更能见出复古的制礼心态③。然而，服制上对君臣尊卑关系的模糊化已无法适应于贞观后期以来扩张皇权的内在要求。永徽二年，许敬宗曾上疏论及笾豆之数，并试图

---

①《唐会要》卷七，第100页。
②《唐会要》卷三七，第670页。
③参见阎步克《服周之冕——〈周礼〉六冕礼制的兴衰变异》，第336—374页。

由之确立不同祭祀等级的礼仪标准[1]。但此次上疏所尝试清理的礼仪标准，虽然涉及大中小祀的尊卑等序问题，但无疑更近于学理性的讨论，而未直接挑战《贞观礼》中所展现出的"君臣同体"的政治理念。及至显庆元年，长孙无忌集团失势，高层权力的结构与人员组成已发生根本性的变化，皇权独尊的理念因为人事的保证而有了在礼仪制作中加以实践的可能。在服制改变的同时，祭祀对象的择取，同样也随之成为需重加厘定的问题：

> 高宗显庆二年，礼部尚书许敬宗，与礼官等议曰：六天出于纬书，而南郊圜丘一也。元以为二物，郊及明堂，本以祭天，而元皆以为祭太微五帝。传曰：凡祀，启蛰而郊，郊而后耕，故郊祀后稷，以祈农事，而元谓周祭感帝灵威仰，配以后稷，因而祈谷，皆缪论也。由是尽黜元说，而南郊祈谷，祭昊天上帝。[2]

许敬宗以王肃的一天说取代郑玄的六天说，主张南郊、明堂以及祈谷、雩祀均祭祀昊天上帝，只是在四郊迎气保留了太微五帝。经此变化，天地的唯一性遂与皇权的至高无上相对等。此外，许敬宗又据萧楚材等"豫备凶事，非臣子所宜言"[3]的言论，焚去《国恤》篇，从而迎合了皇权强化的历史趋势。

在制礼的过程中，不免文本层面的释读以及古礼与今礼之间的择从。以前者而言，文本及其释义的可靠是礼仪制作的重要依据，参与者因此不得不频繁回眸经典注疏。这也意味着，古今之争是难以回避的话题，同时也是礼学的内在理路使然。虽然此时期的讨论主要集中于礼学领域，而较少关涉文学书写的古今之辨，但在唐代中后期一时为盛的古文书写，其当世的源头则在于国家礼典的制作

---

① 参见《唐会要》卷九上，第147页。
②《唐会要》卷一〇上，第201页。
③《资治通鉴》卷二〇〇，第1604页。

领域。甚而,从礼仪的制作乃为政治理念的系统言说,礼仪的古今
与文学的古今衡以政治理念的抉择,实可视为同一进程的不同展
演。而在古礼与今礼的择从上,则自然会导向对制礼依据的思考,
并由此会引发相应的连锁反应。"显庆三年十一月,苏定方俘贺鲁
到京师,上谓侍臣曰:'贺鲁背恩,今欲先献俘于昭陵,可乎?'许敬宗
对曰:'古者出师凯还,则饮至策勋于庙,若诸侯以王命讨不庭,亦献
俘于天子,近代将军征伐克捷,亦用斯礼,未闻献俘于陵所也。伏以
园陵严敬,义同清庙。陛下孝思所发,在礼无违,亦可行也。'"① 当
当世的需求与传统和惯例发生冲突之时,许敬宗以情感的真实发生
作为变礼的合法依据。虽然"缘情制礼"是东晋南朝修订礼仪中的
常规缘由,但若以高宗时期而言,出身南朝且家学深厚的许敬宗无
疑是较早以情释礼且极具影响力的高层文官。"情"本有情实、情感
诸义,以情感而言,其状态颇不稳定且在共通性上存有明显的限制,
故以情感作为依据,常易产生个体需求对公共规则的突破及对公共
领域的侵占:

> 伏寻登封之礼,远迈古先,而降禅之仪,窃为未允。其祭
> 地祇之日,以太后昭配,至于行事,皆以公卿,以妾愚诚,恐未周
> 备……妾谬处椒闱,叨居兰掖。但以职为中馈,道属于烝尝,义
> 切奉先,理光于蘋藻。罔极之思,载结于因心;祗肃之怀,实深
> 于明祀。但妾早乖定省,已阙侍于晨昏,今属崇禋,岂敢安于帷
> 帟。是故驰情夕寝,眷赢里而翘魂;叠虑宵兴,仰梁郊而耸念。
> 伏望展礼之日,总率六宫内外命妇,以亲奉奠,冀申如在之敬,
> 式展虔拜之仪。②

对于国家礼仪的利用,是武则天寻求提升地位与影响力的重要途

---

① 《唐会要》卷一四,第320—321页。
② 《全唐文》卷九七,第999页。

径。自其立后之日即有"临轩册后"之仪，而后其利用"庙见"与"亲蚕"等礼，以制作与皇帝权威相对待的皇后权威。

麟德三年高宗封禅泰山，武则天在祭祀地祇仪式中担任亚献，其皇后地位得到了最高程度的体现。武氏之所以能够在封禅仪式中担任重要角色，源于显庆四年六月许敬宗草议封禅仪时，以"太穆文德二后并配地祇"的建议①。同年，许敬宗奏请改《氏族志》为《姓氏录》，将其族提升为第一等②。显庆元年，武则天于三月辛巳亲蚕，此后直至麟德三年，在国家礼仪层面武氏相对较为沉寂。而显庆四年许敬宗的奏议，则为其七年后达至皇后礼仪展演的巅峰做了良好的铺垫。此外，武氏在《请亲祭地祇表》中，为行动所寻找的理由，依然是真切的情感冲动。而经此言说，国家礼仪的公共性被家庭的私情所侵蚀，出现国家礼仪宗族化的特点，其极致乃表现为对"皇帝"名号与山陵制度的突破：

> 咨尔故皇太子宏，克岐克嶷，有德有行，事亲以孝，爱敬极于寝门，奉上以忠，恭慎形于驰道。孝慈不犯，惠以及人，载隆三善之规，无俟八繁之诫。发挥弦诵，逊业之道弥光，黼藻温文，承祧之望攸重。抚军监国，大阐良图，百揆万几，亻令居摄。庶几乾坤交泰，主鬯之业方新；日月重光，继照之明斯远。顷炎象戒节，属尔沉疴，实冀惟痊，释予重负。粤因瘵降，告以斯怀。尔忠恳特深，孝情天至，闻言哽咽，感绝移时，因此弥留，奄然长逝。伊川可望，泣笙驾之无追；瑶岭难逢，痛琴风之永绝，循今念往，震悼良深……是用谥尔为孝敬皇帝。③

李弘的病逝打乱了高宗后期的政治部署，使高宗受到极大的精神创

①《唐会要》卷七，第95页。
②参见《资治通鉴》卷二〇〇，第1606页。
③《全唐文》卷一四，第174页。

痛。李弘病逝后,悲痛中的高宗谥其为"孝敬皇帝"并以天子陵墓制度为准,修造恭陵。高宗在李弘身后的行为已逾越传统的国家礼制,但并无太多的官员表示反对。"称情立文"似乎已成为这一时期礼制上自然合理的革新理由。虽然许敬宗已病逝于两年之前的咸亨三年,但其对于情感在制礼问题上作用的强调,无疑为高宗突破礼制提供了合法性论证的直接资源。武后时期,张说强调"以礼制心",正是对"缘情制礼"予以限制的一次尝试。

许敬宗在高宗前期特别是永徽之后的高层人事的调整中,有着极高的曝光度。显庆四年长孙无忌案;龙朔二年,许圉师案;麟德元年,上官仪案,许敬宗均是案件定谳的重要推手。而在诸多的人事变动中,永徽六年许敬宗请改立太子的奏议,对高宗时期权力高层的结构组成影响最为深远:

> 礼部尚书许敬宗奏曰:"臣闻元储以贵,立嫡之义尤彰;罔敢同名,正本之文愈显。既而皇后生子,合处少阳,出自涂山,是为吾君之胤;凤娴胎教,宜展问竖之心,乃复为孽夺宗,降居藩邸,臣以愚诚,窃所未喻。且今之守器,素非皇嫡,永徽爰始,国本未生,权引彗星,越升明两。近者元妃载诞,正胤降神,重光日融,爝火宜息,安可以滥兹皇统,叨据大器。国有诤臣,孰逃其责。"[1]

许敬宗奏议废太子李忠改立李弘的缘由,在于李忠非嫡子。而此一认识与贞观时期颇有不同。李承乾为太子时,太宗诸子之间即有纷争;及立李治为太子后,太宗又因第三子吴王恪"类己"而动摇,但恪母非长孙皇后,复作罢。许敬宗在立储问题上标明嫡庶之分,意味着一种可能产生重要影响的政治观念的发轫。皇子的嫡庶之分对应于后妃之别,武则天在高宗朝有意利用了许敬宗对于礼仪的系统

---

[1]《唐会要》卷四,第41页。

整顿,进而助成了高宗朝皇权集团以皇后及其嫡子、嫡女为核心的人事调整[①]。血统的亲疏也随之成为皇室权力分有的基本尺度。显庆三年高宗颁布《禁县主称出降诏》曰:"古称厘降,唯属王姬,比闻县主适人,皆云出降;娶王女者,亦云尚主。滥假名器,深乖礼经。其县主出嫁宜称适,取王女者称娶。仍永以为式。"[②]高宗的诏令实际助长了皇族内部的贵贵重于尊尊的风习。神龙元年,中宗不得不重新以诏制的方式尝试加以调整[③]。高宗试图通过确定名分的方式,完成皇权的有序过渡及权力的等差分布,以消解贞观时期在立储上的诸多危机。但高宗身后,皇权集团内部的剧烈纷争,已与其初衷相违。

二　去许敬宗化:高宗后期的政策调整

显庆五年,高宗因风眩头重,百司奏事或使皇后决之,武则天自此走向政治生活的前台,其个人的权力欲望与权威光环均得以放大。及至麟德元年,上官仪下狱死,武则天垂帘听政,更与高宗合称"二圣"。武氏对最高权力的攫取于高宗而言,其潜在的威胁是母氏干政[④]。在培养太子李弘治国能力的进程中,如何有效限制皇后权力的滋长,成为高宗朝后期政治的核心问题之一。由于许敬宗在武氏权力生长过程中的巨大作用,去许敬宗化即成为对抗皇后权力的重要方式,许敬宗也由此成为一种政治选择的标示性符号。

---

① 参见周善策《国家礼仪与权力结构:试论唐朝前半期陵庙礼之发展》,《历史研究》2010年第5期,第27—38页。

②《通典》卷五九,第1670页。

③ 参见《通典》卷六七,第1869—1870页。

④ 虽然武氏最终登基为帝、取唐立周,但在时人的认知传统中,女性为帝似乎并未作为一个可选项而存在。参见高宗武皇后《喻刘仁轨玺书》,《全唐文》卷九七,第1000页。

　　咸亨三年秋八月（672），许敬宗病逝，议谥风波始定。高宗于四年三月下诏改修国史。《唐会要》卷六三记其首末曰：

　　　　上以敬宗所纪，多非实录，谓刘仁轨等曰：先朝身擐甲胄，亲履兵锋，戎衣霑马汗，鞮鍪生虮虱，削平区宇，康济生灵，数年之间，四海宁晏，方始归功上帝临驭下人。昨观国史所书，多不周悉，卿等必须穷微索隐，原始要终，盛业鸿勋，咸使详备。至如先朝作《威凤赋》，意属阿舅及士廉。敬宗乃移向《尉迟敬德传》内。又尝幸温汤教习，长围四合，万队俱前，忽然云雾昼昏，部伍错乱，先圣既睹斯事，恐其枉法者多，遂潜隐不出，待其整理，然后临观，顾谓朕曰："振旅训兵，国之大典，此之错失，于法不轻，我若见之，必须行法，一亏军政，得罪人多，我今不出，良为于此。"今乃移向《魏征传》内，称是征之谏语。此皆乖于实录，何以垂之后昆……至三月，诏太子左庶子同中书门下三品刘仁轨、吏部侍郎同三品李敬元、中书侍郎郝处俊、黄门侍郎高智周等，并修史。[①]

历史书写因其所具有的价值评判的功能，与当世乃至未来的合法化关联紧密，故而常常成为权力争夺的重要领域。许敬宗贞观八年时即除著作郎，兼修国史，贞观朝业已参与多部史书与类书的修撰，乃是当世最具盛名的学者之一。李唐的国史编写，在许敬宗龙朔中以太子少师总统史任之前，《高祖实录》和《贞观实录》已撰写完成[②]。而纪传体国史经姚思廉、长孙无忌的领衔编修，规模已达八十卷，纪事"起义宁，尽贞观末"[③]。许敬宗"更增前作，混成百卷。如《高

[①]《唐会要》卷六三，第1093—1094页。

[②]《贞观实录》的实际编修者为顾胤，实际完成时间可能为654年，而非650年。参见杜希德著、黄宝华译《唐代官修史籍考》，上海古籍出版社，2010年，第112页。

[③]《唐会要》卷六三，第1093页。

宗本纪》及永徽名臣、四夷等传,多是其所造。又起草十志,未半而终"[①]。但此部由其续修的国史却引发极大的非议。《唐会要》卷六三将上述高宗君臣的对话系于显庆四年许敬宗呈上二十卷实录之后,而据唐雯的考证,对话发生的时间应在咸亨三年十二月之后,其所批判的对象是许敬宗所修撰的纪传体国史[②]。许敬宗身后数月,其所修国史即遭重修。虽然"多非实录"是高宗下诏重修的直接原因,但政治方向的调整应是更为根本的行动缘由:

> (咸亨元年),西台舍人徐齐聃上疏……又奏:"齐献公即陛下外祖,虽子孙有犯,岂应上延祖祢! 今周忠孝公庙甚修,而齐献公庙毁废,不审陛下何以垂示海内,彰孝理之风!"上皆从之。[③]

徐齐聃自永徽初即入东宫佐太子李忠;永徽六年后,其又先后侍高宗诸子李贤、李弘、李素节等;龙朔元年授沛王府侍读后,任西台舍人,以善于文诰为当时所称。由于多年处于政治高层的核心层,徐齐聃在咸亨元年的奏议,应是在对高宗政治调整意图有所领会之后的举动。齐献公即长孙无忌的父亲长孙晟,自显庆年间长孙无忌死于贬所,其家族也惨遭牵连,政治影响力急速衰退。徐齐聃于此时提出重修齐献公庙的建议,乃是借此传递高宗缓和政治局势、重新调整高层人事结构并同时在地域政治间重建平衡的政治意图。而若回顾显庆以来高宗与武后之间的权力纷争,龙朔三年罢李义府,麟德元年(664)诛上官仪,两者间暂以平局告终。

乾封二年(667),高宗再次做出尝试:"上屡责侍臣不进贤,众莫敢对。司列少常伯李安期对曰:'天下未尝无贤,亦非群臣敢蔽

①　刘知几撰、浦起龙通释《史通通释》卷一二,第346—347页。
②　参见唐雯《"信史"背后——以武后对历史书写的政治操控为中心》,《中华文史论丛》2017年第3期,第41—69页。
③　《资治通鉴》卷二〇一,第1618页。

贤也。比来公卿有所荐引，为谗者已指为朋党，滞淹者未获伸而在位者先获罪，是以各务杜口耳！陛下果推至诚以待之，其谁不愿举所知！此在陛下，非在群臣也。'上深以为然。"①帝王求贤在一般性的政治态度表达之外，常会成为谋求政治变化的基本方式。永徽年间，高宗就曾尝试以此突破顾命大臣对政局的掌控，但未果而终②。此次高宗故伎重施，其目的在于改变较为紧张的政治气氛，并能够以人事调整的方式压制武氏权力的增长态势，在回应因长孙无忌事件而受打压的政治群体利益诉求的同时，为太子李弘培养相对独立的政治班底。总章元年(668)，"夏四月丙辰，有彗星见于毕、昴之间。乙丑，上避正殿，减膳，诏内外群官各上封事，极言过失"③。咸亨元年十月，"命文武五品已上上封事"④，"(咸亨四年)九月，癸丑，诏追复长孙晟、长孙无忌官爵，以无忌曾孙翼袭爵赵公，听无忌丧归，陪葬昭陵"⑤。高宗一系列的举措以及长孙无忌的政治平反，最为清晰不过地表明了高宗试图改变永徽后期政治路线的意图。而咸亨元年，徐齐聃的奏议不过是高宗表明意图的一次政治试探。

在下诏重修国史的同时，高宗朝去许敬宗化的努力在礼法领域也有相应的展现。乾封元年，封禅礼毕，司礼少常伯郝处俊即对《显庆礼》天地合祭、帝后同尊的理论提出挑战，从而在礼仪制度上开始了去许敬宗化的进程。上元三年，"敕新造《上元舞》，圜丘、方泽、享太庙用之，余祭则停"⑥。同年，下诏令依贞观年礼为定。"仪凤二年，又诏显庆新修礼多有事不师古，其五礼并依周礼行事。自是礼司益无凭准，每有大事，皆参会古今礼文，临时撰定。然贞观、显庆

①《资治通鉴》卷二〇一，第1615页。

②参见《旧唐书》卷六五，第2454页。

③《旧唐书》卷五，第91—92页。

④《册府元龟》卷一〇二，第1224页。

⑤《资治通鉴》卷二〇二，第1621页。

⑥《旧唐书》卷五，第102页。

二《礼》,皆行用不废。"①许敬宗所主导修撰的《显庆礼》,是高宗朝初期政治纷争尘埃落定后表明王朝政治理念的国家大典,而武氏对于礼法的利用在永徽显庆之际,可视为高宗强化自我权威的重要方式。但随着帝后一体化程度的衰减,武氏对于权力的追逐已影响到高宗朝政治运作,且对最高权力的承继形成威胁态势。故而高宗自乾封元年以后逐步进行政策上的调整,其目的在于缓和政治局势、应对变局的同时,更指向对武氏权力特别是符号权力的限制。仪凤元年,高宗又下诏对《永徽格》进行修订②:

> 龙朔二年,改易官号……至仪凤中,官号复旧,又敕左仆射刘仁轨……删缉格式。仪凤二年二月九日,撰定奏上。先是详刑少卿赵仁本撰《法例》三卷,引以断狱,时议亦为折衷。后高宗览之,以为烦文不便,因谓侍臣曰:"律令格式,天下通规,非朕庸虚所能创制。并是武德之际,贞观已来,或取定宸衷,参详众议,条章备举,轨躅昭然,临事遵行,自不能尽。何为更须作例,致使触绪多疑。计此因循,非适今日,速宜改辙,不得更然。"自是,《法例》遂废不用。③

---

① 《旧唐书》卷二一,第818页。

② 吴丽娱在《试析唐高宗朝的礼法编纂与武周革命》一文中,曾言及"格"在政治生活的重要作用:"从《显庆礼》的制作开始,'其文杂以式令'的情况出现了。所说虽是'式令',但以何种式令入礼显然由制敕决定,即不但制敕可以修改、匡正式令,而且改礼也要通过制敕,由制敕来裁夺礼制的情况在《显庆礼》制定后更加经常化,所以礼入制敕、由敕定礼的情况必然愈来愈多。换言之,礼的制定实施必须通过现行法来确认,只有被制敕法令规取的礼条才能够行用而具有现实意义。礼法的结合更加密切,制敕的权威作用得以突显,于是容纳制敕、代表礼法和政治方向的格的修订也就顺理成章。"(《文史》2016年第1辑,第90—91页)

③ 《旧唐书》卷五〇,第2142页。

龙朔二年,司刑太常伯源直心曾对《永徽格》做出修订,至麟德二年《永徽留本司行(格)中本》十八卷、《永徽散行天下格》七卷修订完毕。吴丽娱曾指出《永徽格》"中本"与代表贞观政治方向的"初本"之间在内容原则上有着较大的差异,而武氏则是"中本"修订的直接受益者。仪凤年间,高宗在消减国史领域许敬宗影响的同时,同样以刘仁轨、李敬玄、郝处俊诸高层文官为主导者,可以见出对此次修格的重视,以及以人事上的稳定确保意图实现的初衷。高宗自处置李义府以来的一系列举措,特别是人事安排以及国史与礼法修订上所体现出的对显庆以来政策调整的强势信号,其目的并不仅在于强化高宗本人的权力,而是在身患风疾的情形之下,将如何培养李弘的执政能力、以完成最高权力的承续作为核心要务。不时诏令太子监国参与处理政事以提升其治国理政能力的同时,高宗在其政治班底的安排上也可谓煞费苦心。

　　在高宗所任命的宰相人选中,大多兼东宫之职,为李弘僚属。自地域构成而言,关陇出身也占较大优势,宰相群体中非武氏一系已具有人数优势,高宗尝试以此来形成对武后权力的有效限制。上元时期北门学士群体的产生,正是武则天在受到高宗的挤压之后,试图以非制度性方式加以回应的产物[1]。但高宗的努力似乎并未收到预期的目的。咸亨四年八月,武氏得以与高宗并称天皇、天后[2]。武氏依然娴熟地利用礼仪制度作为权力扩张的重要手段。

> （上元二年）三月,丁巳,天后祀先蚕于邙山之阳;百官及朝集使皆陪位。上苦风眩甚,议使天后摄知国政。中书侍郎同三品郝处俊曰:"天子理外,后理内,天之道也。昔魏文著令,虽有幼主,不许皇后临朝,所以杜祸乱之萌也。陛下奈何以高祖、太宗之天下,不传之子孙而委之天后乎!"中书侍郎昌乐李义琰

---

① 参见《资治通鉴》卷二〇二,第1621页。

② 参见《资治通鉴》卷二〇二,第1620页。

曰:"处俊之言至忠,陛下宜听之!"上乃止。①

　　许敬宗对国史的修撰,在删改或将贞观史实移花接木的同时,也对武氏家族的谱系以及武士彟在李唐建国中的作用作了夸张的描述,以至于《旧唐书》本传卷末史臣有"过为褒词。虑当武后之朝,佞出敬宗之笔"②的评论。血统身份的还原,虽然可以改变武氏出身的社会认知,但不足以对武氏攫取权力形成有力的抵抗。上元二年,武氏再次利用先蚕礼进行权威展演,而此时高宗、李弘父子似乎均陷入疾病的困扰之中。高宗风眩加深,欲令武后摄政,赖郝处俊之谏而止,而郝处俊与武氏的关系也因之处于极度紧张之中。同年,李弘死于合璧宫,高宗试图压制武氏扶植太子的政治意图受到极大挫折。若非高宗父子均身染重疾,或许高宗武则天时期的政局会有不同的样态。

　　李弘死后数月,雍王李贤被立为太子。高宗与武氏在最高权力继承问题上的纷争进入另一阶段:

　　　　(上元二年)六月,戊寅,立雍王贤为皇太子,赦天下。

　　　　(调露元年)丙戌,命太子监国。太子处事明审,时人称之。

　　　　(永隆元年八月)废太子贤为庶人……乙丑,立左卫大将军、雍州牧英王哲为皇太子,改元,赦天下。(《资治通鉴》卷二〇二,第1622—1627页)

自上元二年至永隆元年,"处事明审,时人称之"的李贤在太子位上五年。然而据《资治通鉴》,高宗在李贤执政能力的提升上并无太多的安排,或许因为李贤此时已经成年,且已具备较高的行政处理能力,或许也是为避免武氏的过度反弹。此时,在宰相人员的选择

————————

① 《资治通鉴》卷二〇二,第1621页。
② 《旧唐书》卷五八,第2318页。

与任用上,依然可以明显看出与李弘时期的一致性,但已有明显的内部分化。

　　永隆元年,太子李贤案发,薛元超、裴炎与高智周三人受诏审理。后李贤谋反罪名成立,被废为庶人。太子左庶子、同中书门下三品张大安,坐阿附太子,左迁普州刺史,右庶子李义琰引咎涕泣,但同为左庶子的薛元超却能复位,舞蹈拜恩。虽然李贤被废是因其政治经验不足、在高层政治的紧张氛围中应对失措,进而给政治对手留下了可乘之机,但《新唐书》高宗"素爱贤,薄其罪,后曰:'贤怀逆,大义灭亲,不可赦',乃废为庶人"①的记述,依然可以透露出武氏在李贤案中决定性的影响力。此时的宰相群体中,薛元超、裴炎已是武氏重要的政治同盟,而崔知温久为外任并无太大的实际影响力。武氏已通过对宰相群体人事安排的影响,避免了上元年间的困境。虽然在李贤为太子的数年中,武氏只是在"仪凤三年,春,正月。百官及蛮夷酋长朝天后于光顺门",礼仪展演的等级与频次大为降低,但在宰相人员选择上的成功,却为武氏提供另外一条更为直接的干政之路。即使高宗在国史与礼法等领域赢得了暂时的胜利,但武氏无疑以其高超的政治运作能力为自己赢得了更大的政治活动空间。

　　李贤被废后,高宗与武氏之间的纷争至此大局已定。即使在此期间依然会有反对声音的存在,如开耀元年(681)太常博士袁利贞谏止宴命妇于宣政殿②、监察御史里行李善感上表反对高宗封禅中岳等山的计划③,但武氏将是高宗身后李唐政治主导者的事实已无可更改。永隆元年九月,以中书侍郎、同中书门下三品王德真为相王府长史,罢政事。开耀元年三月,以刘仁轨兼太子少傅,以侍中郝处俊为太子少保,罢政事;七月,左仆射兼太子少傅、同中书门下三

────────────

①《新唐书》卷八一,第3591页。

②参见《资治通鉴》卷二〇二,第1627页。

③参见《资治通鉴》卷二〇三,第1630页。

品刘仁轨固请解仆射，许之。至此，高宗尝试利用宰相群体以实现权力平稳过渡反制母氏干政的设想业已落空。此时期的宰相中，崔知温备位而已，除刘仁轨依然保持与武后的相对独立外，薛元超、裴炎可视为后党，而新入相的郭待举、岑长倩、郭正一、魏玄同、刘景先无论立场如何，其政治资历有限，均不足形成对武后的有效约束。而李义琰在弘道元年的自侮举动，似乎也有避身远祸的用意，则李贤案后李义琰必定极为谨慎低调①。而在政局相对平稳的阶段，与政治展演相关言述的"公共性"一度有所提升，恰可视作其被边缘化的结果。弘道元年十二月，高宗病逝，遗诏太子柩前即位，军国大事有不决者，兼取太后进止。至此，武氏大权独揽的时代大幕开启。而许敬宗个人的身后评价也因此迎来转机。《唐会要》卷一八"配享功臣"条目下曰："高宗庙六人：赠太尉贞武文公李勣、赠开府仪同三司北平定公张行成、赠扬州大都督高阳恭公许敬宗、赠尚书右仆射高堂忠公马周，并垂拱二年正月十一日敕。其许敬宗，神龙二年闰二月一日敕停。尚书右仆射河南文忠公褚遂良、赠司徒蓚县文宪公高季辅、赠司空乐城文献公刘仁轨，并天宝六载正月十二日敕。"②垂拱二年(686)，武氏特敕许敬宗配享高宗庙，为其洗刷身后所受到的诸项政治污名，而这也在宣示武氏时期政治理念对显庆时期的继承。神龙二年(706)，已复大唐正朔的中宗李显下敕将许敬宗自高宗庙享移除则表达了对高宗后期政治转向及对许敬宗身后评价的认可。而玄宗时将褚遂良、高季辅、刘仁轨配享高宗，其矛头已越过许敬宗而直指其背后的武氏。自武德初入为秦府学士，许敬宗以其博学多识以及过人的政治判断力，对李唐政治产生了举足轻重的影响，即使在其身后的三四十年内，依然具有不可忽视的影响力。若暂时搁置道德评价，许敬宗与七世纪第一流的政治人物可并足而无愧。

---

① 参见《资治通鉴》卷二〇三，第1631页。
② 《唐会要》卷一八，第371页。

三　许敬宗与"龙朔初载，文场变体" 的相关问题

　　文学书写或观念表述作为行动的价值与意义，在当下的古典文学及文学研究中，大体处于被漠视或有意忽视的边缘位置。虽然在具体的研究过程中，研究者通常会注意到"时代背景"的制约作用，但"时代背景"却隐含着去具体化的潜在威胁，而易于将其转化为一般性甚而庸俗化、解释力有限的通行结论。这也意味着在面对相关文本时，研究者即使会注意到时代背景的影响，却难以将书写者的书写意图与行动策略纳入考量，并进而形成书写者文学观念"整体化"的想象。研究者常常在相关文本的研究中，因文学功能特别是政治与社会功能的相关表述而得出或通达或保守的相关结论，但却甚少在更为复杂而真实的政治与文学的关联中，去解读其在回应具体政治事件、政治观念关联中所传递出的丰富信息。由于现有研究观念的限制，文学文本作为史料的价值自然也会因之弱化。杨炯《王勃集序》中所言及的"龙朔初载，文场变体"，在当下通行的文学史中，是高宗时期文学观念的重要表述。后世研究的焦点之一，则指向其所批判的具体所指。但无论是将之认定为上官仪、李义府或许敬宗[①]，均无意自此时期的政治变动去解读其批判可能指向的对

[①] 有以批评对象为上官仪的，如葛晓音《初唐四杰与齐梁文风》（《诗国高潮与盛唐文化》，北京大学出版社，1998年，第2页），黄琪《"上官体"的诗歌史价值重估》（《文学遗产》2015年第3期），卢娇《王勃"龙朔变体"再探》（《齐鲁学刊》2019年第1期），袁行霈先生主编的《中国文学史》也认为批评的对象为上官仪；有以之为批评许敬宗的，如祝良文《"龙朔变体"详论》（《宁夏大学学报》2009年第6期）；认为二者兼而有之的，如杜晓勤《论龙朔初载的诗风新变》（《文学遗产》1994年第5期）。

象,也自然难以在四杰"当时体"的创作风格与文学观念之间寻得平衡。故而,排比杨炯一文书写时段内的政局,应有补于此问题的理解。

"龙朔初载,文场变体"出于杨炯《王勃集序》,为方便讨论,引其上下文如下:

> 尝以龙朔初载,文场变体。争构纤微,竞为雕刻。揉之金玉龙凤,乱之朱紫青黄。影带以徇其功,假对以称其美。骨气都尽,刚健不闻。思革其弊,用光志业。薛令公朝右文宗,托末契而推一变;卢照邻人间才杰,览清规而辍九攻。知音与之矣,知己从之矣。于是鼓舞其心,发泄其用,八纮驰骋于思绪,万代出没于豪端。契将往而必融,防未来而先制。动摇文律,宫商有奔命之劳;沃荡词源,河海无息肩之地。以兹伟鉴,取其雄伯,壮而不虚,刚而能润,雕而不碎,按而弥坚。大则用之以时,小则施之有序。徒纵横以取势,非鼓怒以为资。长风一振,众萌自偃,遂使繁综浅术,无藩篱之固;粉绘小才,失金汤之险。积年绮碎,一朝清廓,翰苑豁如,词林增峻。反诸宏博,君之力焉;矫枉过正,文之权也。①

在讨论此段文字时,研究者大多认为"文场变体"主要是指诗歌而言。但若综合此段及全篇,杨炯的意图并不仅在讨论诗歌问题,甚至诗歌只是其论述的边缘话题。论者以"影带以徇其功,假对以称其美"中有"影带""假对"的表述,认定所讨论的主要为诗歌的技法与风格问题。但据上官仪《笔札华梁》与佚名《文笔式》,无论是属对还是声病的规则与技法的讨论,在诗歌以及其他文体之间有着极高

---

①祝尚书笺注《杨炯集笺注》卷三,第273—274页。

的通用度①。崔融《唐朝新定诗格》中的"映带"说，虽然为诗歌十体之一，但并不足以反推《王勃集序》此段文字即为论诗之言。且上官仪影响极盛的龙朔年间，七言近体相对五言近体仍然处于弱势，而五言近体因为韵律功能与语法功能的限制，并不适宜于在技术上呈现"乾坤日月张其文，山河日月走其思"的艺术风格②。另"长句以增其滞"也足以表明，此处所讨论的并非诗歌问题，所谓"文场变体"主要是指诗文之文。《文笔式》"文笔十病得失"："制作之道，唯笔与文。文者，诗、赋、铭、颂、箴、赞、吊、诔等是也；笔者，诏、策、移、檄、章、奏、书、启等也。即而言之，韵者为文，非韵者为笔。文以两句而会，笔以四句而成。文系于韵，两句相会，取于谐合也；笔不取韵，四句而成，任于变通。故笔之四句，比文之二句，验之文笔，率皆如此也。体既不同，病时有异。其文之犯避，皆准于前。假令文有四言、六言、七言等，亦随其句字，准前勘其声病，足晤之矣。"③而唐初诗格中惯用的"文笔"之"文"亦以非"诗"之韵文为主。后世因唐诗所具有的崇高地位，遂以此认定诗歌在唐人的接受中也同样拥有其他文体无可比拟的位置，但若衡以唐人自身的当世理解，"文"特别是大手笔之类的官方诏令章表类文体方是最具影响力的文人创作。

　　杨炯在《王勃集序》中"尝以"一词的使用，以常规理解而言，当是指"文场变体"的判断来自王勃。此处所产生的问题在于杨炯写作此序以及王勃言及此论的时间是否可以大体推断，而这也是能否有效讨论许敬宗影响的前提。据傅璇琮先生的考证，"薛令公朝右

————————

①上官仪《笔札华梁》："凡为文章，皆须对属。诚以事不孤立，必有配匹而成……及于偶语重言，双声叠韵，事类甚众，不可备叙。"（张伯伟《全唐五代诗格汇考》，第65页）

②五言诗功能特性的问题，参见本章第四节。

③张伯伟《全唐五代诗格汇考》，第95页。

文宗"是指永隆二年七月任中书令的薛元超。由于王勃死于上元三年,此处的"薛令公"应为杨炯作序之时的尊称,故《王勃集序》应作于杨炯永淳元年(682)崇文馆学士任上①。而据"尝以"处的文字推测,杨炯对于王勃观点的了解应来源于两人的亲密交往。另薛令公及卢照邻与王勃的交往同样也可提供确立大体时间的坐标。

乾封二年(667),王勃任沛王府修撰期间,与杨炯同游华阴,有《山亭兴序》《山亭思友人序》诸作。两人较为密切的交往应开始于此一时期,此时杨炯应在校书郎任上。同游华阴时,王勃与杨炯年龄相仿,均为早慧而自视极高却"簪裾见屈"的基层文官:

> 嗟乎!大丈夫荷帝王之雨露,对清平之日月。文章可以经纬天地,器局可以畜泄江河。七星可以气冲,八风可以调合。独行万里,觉天地之崆峒;高枕百年,见生灵之龌龊。虽俗人不识,下士徒轻,顾视天下,亦可以蔽寰中之一半矣……至若开辟翰苑,扫荡文场,得宫商之正律,受山川之杰气,虽陆平原、曹子建,足可以车载斗量;谢灵运、潘安仁,足可以膝行肘步。思飞情逸,风云坐宅于笔端;兴洽神清,日月自安于调下云尔。
>
> 　　　　　　　　　　　　　　　　王勃《山亭思友人序》②

年少而处于得意与失意之间,常因不能有效地自我调节而好为大言,从而被世人目为狂妄躁进之人。但此时,王勃似乎并未直接将"龙朔初载,文场变体"作为批判的目标,横扫一切的睥睨,恰恰可能意味着王勃并未对当世的文坛形成较为清晰的认识,而依然尝试在盛行的技法与风格中建立自己在政坛与文坛的位置。总章二年,王勃因"戏为文檄英王鸡"(《新唐书》卷二〇一),被高宗斥令出府,遂有入蜀之行。在蜀地,王勃与同时在蜀的卢照邻相见,留有诗作《蜀

---

① 傅璇琮《唐代诗人丛考》,中华书局,2003年,第9页。
② 蒋清翊注《王子安集注》卷九,上海古籍出版社,1995年,第273—274页。

中九日登玄武山旅眺》。次年，二人曾有同游唱和之举。咸亨二年，二人回京参选，期间亦应有交往。故"卢照邻人间才杰，览清规而辍九攻"当发生在这一时期，而薛元超在王勃入蜀时亦在蜀中。

> 元超既擅文辞，兼好引寒俊，尝表荐任希古、高智周、郭正一、王义方、孟利贞等十余人，由是时论称美。后以疾出为饶州刺史。三年，拜东台侍郎。右相李义府以罪配流嶲州，旧制流人禁乘马，元超奏请给之，坐贬为简州刺史。岁余，西台侍郎上官仪伏诛，又坐与文章款密，配流嶲州。①

薛元超是薛收之子，薛收为王通弟子，薛王两家关系良好。王勃与薛元超之子薛曜颇为亲近，在蜀中时有《别薛华》诗："送送多穷路，遑遑独问津。悲凉千里道，凄断百年身。心事同漂泊，生涯共苦辛。无论去与住，俱是梦中人。"②王勃与薛元超较为密切的交往亦当在蜀中。此时，薛元超因上官仪案流配嶲州，身在蜀中。但薛元超在中朝任职时，与李义府、上官仪"词翰往复"，自然不会是"上官体"的反对者。即使其后期文风已有明显变化，在王勃入蜀的669—670年，恐也难以形成对"上官体"明确的反对态度，故而"薛令公朝右文宗，托末契而推一变"所认可的文学判断，应不指向以绮错婉媚为特点的"上官体"。

杨炯《王勃集序》中的相关信息并不足以支撑王勃反对"上官体"的流行结论。而若根据王勃与政坛人物的交往，或许可以寻得另外的线索。麟德初，刘祥道巡行关内，王勃有《上刘右相书》，刘称之为"神童"并表荐于朝。虽然，两人其后的交往情形难得其详，但作为最早为王勃延誉的高层文官，其对于年少时期的王勃当有不可忽视的影响。而刘祥道本身的政治立场与上官仪相近。

---

① 《旧唐书》卷七三，第2590页。
② 薛华即薛曜。蒋清翊注《王子安集注》卷三，第80—81页。

刘祥道显庆四年为刑部尚书,任内曾推李义府案,李义府因此长流巂州,自此失势,时人有作《河间道行军元帅刘祥道破铜山大贼李义府露布》,榜于通衢。龙朔三年,迁右相,因与上官仪相善,受牵连而罢为司礼太常伯。以政治立场而言,刘祥道与武后之间有着不同的方向选择。乾封元年,高宗封禅泰山,有司议礼,刘祥道反对依照旧仪,其矛头依然指向武后阵营。此时,太常卿为龙朔二年《永徽留本司行(格)中本》的领衔修订者源直心,刘祥道反对六卿为亚献、终献,有明确与武氏对抗的意图。

麟德三年(666),王勃干谒求举之文《上李常伯启》,李常伯即李百药之子,时任"司列少常伯,参知军国"的李安期[①]。王勃在次年应幽素举及第,可能与李安期有一定的关联。而据李安期在乾封年间的政治表现以及高宗对其所做的政治安排,李氏应属于非武氏一系。同时,王勃与张文瓘、贺兰敏之可能也有并不密切的交往。咸亨年间,王勃自蜀入都,有《上吏部裴侍郎启》曰:"殊恩屡及,严命频加"[②],对裴行俭的提携表示感谢。咸亨年间,裴行俭任吏部侍郎,四杰有俱在长安的可能,其对于四杰的评价颇为可信[③]。在高宗朝"废王立武"事件中,裴行俭因与长孙无忌、褚遂良立场接近,被左授西周都督府长史。麟德二年,为司文少卿,返回中朝。以此时期的政治变化及高宗对其相应的政治安排而言,裴行俭以及尤重四杰的李敬玄均为高宗一系。

根据以上对其交游情况的简略考察,《王勃集序》中"龙朔初载,文场变体"的提出时间大体在总章(668)至咸亨五年(674)年之间,

①《旧唐书》卷七二,第2577页。

②蒋清翊注《王子安集注》卷四,第128页。

③《旧唐书》卷一九〇上:"行俭曰:'士之致远,先器识而后文艺。勃等虽有文才,而浮躁浅露,岂享爵禄之器耶! 杨子沉静,应至令长,余得令终为幸。'果如其言。"可参见傅璇琮《唐代诗人丛考·杨炯考》,第1—21页。

此时期王勃离开沛王府入蜀与薛元超、裴行俭及杨炯等人有较为密切的往来，而若综合其与刘祥道、李安期、贺兰敏之、张文瓘等人的交游，在政治立场上偏向高宗、认可高宗后期政治变革的人数占有较大的优势。而上官仪在麟德元年正是因废武之谋罹难，其在高宗一系应具有较高的认可度，王勃既曾得到或希望得到此一群体的援引，理应避免对上官仪的指责，即使王勃有浮躁浅薄之嫌，但基本的政治判断与行动诉求之间当不会出现过大的偏差。另《王勃文集序》中"九攻"一词，典出《墨子·公输》，似乎表明卢照邻在文学观念上与王勃有着颇为明显的分歧。而据卢氏《南阳公集序》"虞、李、岑、许之俦以文章进"①的表述，卢照邻对许敬宗有极高的称誉。综合以上诸多因素，王勃"文场变体"的判断，更应指向许敬宗。

在太宗与高宗两朝的政坛与文坛，许敬宗均拥有上官仪难以比肩的影响力。据《旧唐书》本传，许敬宗仅主持编撰的即有《晋书》《五代史》《东殿新书》《文思博要》《西域图志》《文馆词林》《瑶山玉彩》《累璧》《姓氏录》《显庆礼》等多部对七世纪政治与文学影响深远的著作。其本人也以倚马可待的文学才能以及广博的学识见重于世②。

> （显庆）三年十月十七日，上因于古长安城游览，问侍臣曰："朕观故城旧址，宫室似与百姓杂居。自秦汉已来，几代都此？"礼部尚书许敬宗对曰……麟德二年十月二十九日，发东都，赴东岳。十一月二十日，至濮阳，上问丞相窦德元曰："濮阳爽垲，信良邑也，古谓之帝邱，何也？"德元不能对。礼部尚书许敬宗策马前曰："臣能知之……"上称善。（敬宗退而告人曰：大臣不可无学，我以德元不能对，心实耻之。德元闻之曰："人各有能，有不能，善守其拙，不强其所不能，我所能也。"英国公李

---

① 祝尚书笺注《卢照邻集笺注》，上海古籍出版社，2011年，第336页。
② "太宗大破辽贼于驻跸山，敬宗立于马前受旨草诏书，词彩甚丽，深见嗟赏。"（《旧唐书》卷八二，第2762页）

勋曰:"敬宗多闻,信美矣。")①

无论身后的污名化给许敬宗带来了何等影响,在当世的接受中,许敬宗的博学与才华毋庸置疑,其在贞观后期及高宗朝的政坛与文坛的综合影响力更少有可足以比肩者。许敬宗在贞观末期逐步进入政治高层,学养与文才而外,政治识见所发挥的作用尤为关键。贞观十四年(640)二月,陕州刺史房仁裕状称,管内黄河二百余里,河水清,长孙无忌上《贺河清表》。自此年始,各地奏报祥瑞数量激增,太宗也改变了执政早期对待祥瑞的基本态度,贞观朝由此进入了一个宣扬天命强调臣下忠诚的新时期。许敬宗正是敏锐捕捉了此种政治文化的转向,进而在表疏类的政治书写中加以迎合。

> 臣某等言:臣闻徇齐御极,元扈表其麟凤;文思则天,黄河贶其龙马。是知利充于物,乾坤应而合符;行出于身,明灵感而幽赞。伏惟皇帝陛下道登邃古,功济怀生,发轸升陔,垦灾除害。坐玉帐,振金鼓,运天机,掩区县。然后散服林塞,偃伯灵台,羁左衽以长缨,同文轨于遐裔……是以百灵效职,四海夷波,物不疵厉,人无呰窳,烟云动色,星辰叶契。仪双觡之骏奔,莫飞甘之清醴,黄金拨彩,紫玉摘英。
>
> 　　　　　　　　　　　　　许敬宗《贺隰州等龙见表》②

在因祥瑞降临而鸣国家之盛、称君王之大的文字中,自时间维度而言,历史的偶然性被替代为圣王相继的谱系,而未来的太平理想在当下即已实现,当下即是辉煌的过去,也是理想的未来。当时间维度单一化后,书写者需要利用对空间的展现,以呈现盛况与盛世。在此过程中,色彩与物体——尤其是动物与建筑,乃是最常利用以表明荣耀感、权威感的主要元素。许敬宗《贺隰州等龙见表》是此类

①《唐会要》卷二七,第515—516页。
②《全唐文》卷一五一,第1541页。

文学的代表性文本,他本人也正是以此种风格确立了自身的特色并主导了贞观后期文学书写的走向。《王勃文集序》中"争构纤微,竞为雕刻。揉之金玉龙凤,乱之朱紫青黄。影带以徇其功,假对以称其美"的描述,所指称的文学特征和技法与贞观十四年后开始流行的颂体文学大体合拍。而此时期的颂体诗歌写作同样与此描述相符合。"凉气澄佳序,碧汜澹遥空。篁林下仪凤,彩鹬间宾鸿。苍山带落日,丽苑扇薰风。长筵列广宴,庆洽载恩隆。"①(许敬宗《五言后池侍宴回文诗一首应诏》)虽然在李义府、上官仪的诗作中也有数量占比极高的诗作与许敬宗的颂体诗歌有着相近的风格,但综合而言,许敬宗更有资格作为文场文风的引领者。而其在《芳林要览序》中的相关言论,也可为其提供理论自觉上的有效佐证:

> 然近代词人,争趋诞节,殊流并派,异辙同归。文乖丽则,听无宫羽。声高曲下,空惊偶俗之唱;彩涅文疏,徒夸悦目之美。或奔放浅致,或嘈囋野音。可以语宣,难以声取;可以字得,难以义寻。谢病于新声,藏拙于古体,其会意也僻,其适理也疏。以重浊为气质,以鄙直为形似,以冗长为繁富,以夸诞为情理。激浪长堤之表,扬镳深埒之外。词多流宕,罕持风检。庸生末学者慕之,若夕鸟之赴荒林;采奇好异者溺之,似秋蛾之落孤焰。奔激潢潦,汩荡泥波,波澜浸盛,有年载矣。②

许敬宗在贞观十四年后,对章表奏疏类文体的改变,不仅是善于利用色彩、物体以及声律手段,同时也在于实现了四六句数量的明显增长,而用典的频次也在提升。《芳林要览序》中的观点是对其文学书写的理论阐明。由于颂体文学的语体要求,此类政治文学的书写自然以典雅为主流,好奇夸诞以及过于质朴均为语体失当。但此类

---

①傅璇琮等编《唐人选唐诗新编》,中华书局,2014年,第31页。

②遍照金刚撰、卢盛江校考《文镜秘府论汇校汇考》,第1493页。

文风的流行,常会强化政治的景观化与荣耀化,适宜于凸显盛世与君王的形象。在永徽时期,由于长孙无忌等人的强势,许敬宗主导的风格受到压制,其真正兴起是在显庆时期,虽然此时期许敬宗文学创作的数量已明显降低,但其在政坛与文坛的影响却可确保此种风格的流行。仅《全唐文》中所收录永徽与显庆年间在诏令书写上的风格差异,即可做出以上推断。而至李义府流配、上官仪身死,高宗朝的政治出现了调整的势头,许敬宗再次成为一种政治立场的符号,文坛也随之形成对其文学风格进行抵制的潮流,甚至在上元元年的吏部及礼部选拔的标准问题上,也出现了反对的声音①。王勃在总章至咸亨时期,提出"文场变体"的判断,以当时的政治风气以及个人的政治经历而言,当以指向许敬宗的可能性更高。但同时也应注意到王杨卢骆的文章有"当世体"之称。据祝尚书所言,"当时体"的特点为:开篇好发议论,擅长使用冒头且多以皇王之际与天人之际为理论的依据;大量用典,语义密度较高;四六句的数量增多,声律要求较为严格②。以上特点与"文场变体"似乎有着密切的关联,这也提示着"四杰"的观念表述与文本书写之间的距离。

结　语

在高宗朝前期的政局中,许敬宗因其文才、博学以及敏锐的政治洞察力,成为长孙无忌之后权重一时的人物。通过编定国史、修撰礼典、类书等方式,许氏顺应了高宗朝延续贞观后期政治文化的要求。在凸显皇帝、皇后权威的同时,迎合了高宗制礼作乐、营造盛世的政治要求,其政治书写的风格也风靡一时。但随着高宗、武后

①参见《资治通鉴》卷二〇二,第1621页。
②参见祝尚书《论初唐四杰骈文的"当时体"》,《文学遗产》2017年第5期,第39—50页。

政治分歧的强化，许敬宗被符号为一种政治立场的表征。自麟德而后，在国史、礼仪、格式乃至文学书写等领域均受到不同程度的抵制。王勃"龙朔初载，文场变体"判断的提出，正是许敬宗遭到政治对手抵制的特定时期，相较于上官仪，许敬宗的污名化更易让此种抵制正当化。但王勃等四杰的"当时体"却受到了许敬宗所主导文学风格的强势影响，故而，在文学观念的表达中，常常隐含着策略化的考量①。

第四节　唐初应制与七言近体

在中古文学研究中，"七言近体何以必要"似乎是一个关注度远低于"七言近体何以可能""七言近体如何演进"等追问的问题②。但作为一种诗歌体式，即使其产生是可能的，其演进脉络亦大体可考，若无法明确其存在的必要，则难以解释何以不同的诗歌体式在文学史上存有巨大的文本数量的差异，以及同一体式在不同历史时期影响高低的变化。一种诗歌体式可以是可能的，却不必然是能产的。以七言近体而言，其所以成体的可能，建基于四音节复合韵律词与三音节超级韵律词的出现与流行以及七言近体声律规则的构建。而其必要性则指向其演进的动力问题，也即为何在七言古诗与歌行

---

① 参见本书第三章第一节。

② 此处使用"近体"一词，既因为其出于谢榛《四溟诗话》，是本文展开讨论的一个重要缘由；同时也是因为在对律诗与古体的理解上，以张伯伟撰《全唐五代诗格汇考》所收唐人诗格为据，认为初唐时期在所谓近体的构建上呈现出多元态势，并非一种单一的、朝向某一稳定规则的明确演进。在此问题上蔡瑜、卢盛江、杜晓勤诸位教授已有颇值得关注的研究成果。另可见本书第三章第三节的相关讨论。

而外,尚需作为一种特殊体式的"七言近体"的存在? 为何在"五言近体"已然成立并成为早期近体之典范的背景之下,七言近体犹有存在的空间并逐步与五言近体平分秋色?"七言近体,起自初唐应制,句法严整"①,乃古典诗论的常规判断。只是在近百年来的文学史叙述中,因文学史观的囿限,少有论者留意此一判断所隐含的批评角度,而将之视作历史起源的脉络说明,甚至将"应制"视为七言近体血统出身上的"污点"。虽然自20世纪八九十年代以来,古典文学研究中"外缘性"批评的强势已逐步衰减,但文学本位的考察,在突破学科壁垒的尝试上依然力度有限。在已然的现象中寻找变化演进的痕迹与脉络以及由此而形成的技法与风格差异,或许是今日古代文学在诗歌体式研究上方法自觉的自然呈现,但作为学科交叉重要平面的"原理考察"却成为被洪流掩盖的河床,难以纳入考察视野。诗歌在成体之初,技法多取效于其他文体,须逐步研磨方能定型,但成熟诗体所具有的结构、语法、功能以及风格特性却必然根源于成体之初。故而,诗歌体式源头的考察,并不仅在于历史脉络的完整构图,同时也是原理考察的必然要求。七言近体的发展演进既"起自初唐应制",则其存在的动力以及所以能与五言近体并立的可能,于此或许能得到一个初步的揭示。

一　七言近体的语体移位 ②

七言句成体甚早,战国文献多见遗存③。两汉之际,"七言"独立

---

① 谢榛《四溟诗话》卷四,第122页。
② 此处的"语体移位",是指一种文学体式因为语言古今演变与言文分离的自然效应,或书写者对于韵律与语法手段的利用所产生的,典型语体在雅俗与是否正式之间的移动。
③ 参见冯胜利《汉语韵律诗体学论稿》,第209页。

成体,但多为韵语,与诗句有别,民间谣谚及字书、镜铭常加采用,内容涉及祈福、辟邪、布道与赞刺等日常生活的诸多方面,语言质朴,甚或俚俗①。七言诗自东汉后期逐步兴起,已变句中押韵为句间押韵,但以隔句韵为标志的成熟诗作却迟至鲍照之时方始出现,此时,去五言诗的确立已近四百年②。成体之后的七言诗,多为乐府题材,虽篇制结构增大,抒情功能强化,但并未能迅速改变七言"体小而俗"的语体认定③。"七言浮靡,文繁而声易杂。"④若欲成为主流诗体,真正挑战五言诗的强势,语体的提升将是其必须跨越的障碍⑤。

举凡一种文学体式通常有典型之语体,《文笔式》曰:

> 凡制作之士,祖述多门,人心不同,文体各异。较而言之,有博雅焉,有清典焉,有绮艳焉,有宏壮焉,有要约焉,有切至焉。夫模范经诰,襄述功业,渊乎不测,洋哉有闲,博雅之裁也。敷演情志,宣照德音,植义必明,结言唯正,清典之致也。体其淑姿,因其壮观,文章交映,光彩傍发,绮艳之则也。魁张奇伟,阐耀威灵,纵气凌人,扬声骇物,宏壮之道也。⑥

语体作为语言在直接交际中所产生的具有区分效应的功能性概念,其生成取决于言说所服务的对象、场合、主题及言说者态度等四重因素的综合作用,而以韵律及语法为呈现手段。语体有正式与非正式、俗常与庄典之别,各类型之内又有程度之分。正式与非正式的

---

① 参见赵敏俐《论七言诗的起源及其在汉代的发展》,《文史哲》2010年第3期,第24—43页。
② 参见萧涤非《汉魏六朝乐府文学史》,人民文学出版社,1984年,第137—138页。
③ 参见葛晓音《先秦汉魏六朝诗歌体式研究》,第244页。
④ 胡应麟《诗薮》,第21页。
⑤ 冯胜利《汉语韵律诗体学论稿》,第67页。
⑥ 张伯伟《全唐五代诗格汇考》,第78—79页。

对立在共时语言体系中生成,而庄典与否的判断尚须历时维度上
的在先语言体系的共同作用①。虽"语体"一词并未见之于中古时期
的诗文批评,但对于"语体"的敏感,却极易察觉。"博雅""清典""绮
艳"诸语,《文笔式》以文体称之,虽不尽同于"语体"概念,但与今日
文学史研究中所习称的文体则差异明显,而较近于风格概念。只是
在现代学术建立以来的认识惯习中,风格依附文体而生,于文体的
生产似乎并无内在推动之力。"语体"与风格虽有交叉,但对文体的
生产而言,更具驱动效应。《文笔式》已先论文体后及文类,当可视
作中古文论中对于"语体"效应的重视。在此知识氛围之下,应制诗
的书写,无疑为七言近体的语体移位提供了绝佳的历史契机:

> 应制诗非他诗比,自是一家句法。大抵不出于典实富艳
> 尔……若作清癯平淡之语,终不近尔。②

虽然语体并非文体,但语体的要求可以催生新的文体。在五言诗具
有压倒性影响的时代,七言若无语体的内在推动,则很难迅速完成
语体移位的进程,并进而得到在士人的频繁应用中提炼技法、拓展
诗体的功能空间。

据彭庆生《初唐诗歌系年》,自武德元年(618)至先天二年
(713),共存七言近体(包含少量绝句)应制诗133首。其中,永徽
二年(651)2首、圣历三年(久视元年,700)17首、久视二年(大足元
年、长安元年,701)2首、长安三年1首、景龙二年(708)9首、景龙三
年37首、景龙四年63首、景云二年(711)2首。唐初七言应制诗共
133首,占此时期七言276首(含古体、近体、谣谚、郊庙歌辞)总量的
48.2%。应制确为七言近体成熟的重要契机。应制诗既贵"典实富

---

①冯胜利《论语体的机制及其语法属性》,《中国语文》2010年第5期,第400—
　412页。
②葛立方《韵语阳秋》卷二,上海古籍出版社,1984年,第28页。

艳",七言近体欲自此一途趋于繁盛,语体上的适应是必然的前提。此外,由于七言近体在唐初数量有限,且主要限于应制活动。故而,所谓应制对七言近体的语体提升,于其实际效应而言,乃是七言近体获得了跨越发展的机遇,并未经过七言诗整体的语体抬升过程,甚至可以说,七言近体的语体确立有着先典雅而后再做拓展的过程。但七言近体之所以能够由此发展,更重要的原因在于四言诗的衰落。

据彭庆生《初唐诗歌系年》,初唐四言诗总计151首。其中,贞观四年7首(《曲池醋饮座铭》)、贞观六年58首(《郊庙歌辞》)、贞观九年1首(《宗庙九德之歌辞》)、贞观十四年18首(《郊庙歌辞》)、贞观十六年3首(《郊庙歌辞》),贞观二十一年1首(《皇太子释奠诗》)、永徽元年1首(《郊庙歌辞》)、总章二年8首(《中和乐九章》)、咸亨四年1首(《倬彼我系》)、调露二年(永隆元年)6首(《三月三日宴王明府山亭》)、嗣圣元年(文明元年、光宅元年)1首(《郊庙歌辞》)、垂拱四年6首(《拜洛乐章》)、载初元年(天授元年)1首(《沙洲歌谣》)、万岁通天二年(神功元年)1首(《曳鼎歌》)、神龙元年24首(《郊庙歌辞》)、神龙三年(景龙元年)4首(《郊庙歌辞》)、景龙三年4首(《祀昊天乐章》)、景云二年3首(《郊庙歌辞》)、太极元年(延和元年、先天元年)3首(《郊庙歌辞》)。在唐初四言中,与国家礼仪、宗庙相关者共136首(《郊庙歌辞》计115首、《乐章》计19首、《曳鼎歌》1首、《皇太子释奠诗》1首),另《沙洲歌谣》一首乃为武则天登基所精心制作,个人抒情言志之作则数量寥寥,四言诗此时已不再是文坛的流行诗体。四言诗的此种变化,与其成体的语言学条件的变化有着重要关联:

> 《国风》《雅》《颂》之诗,率以四言成章;若五七言之句,则间出而仅有也。《选》诗四言,汉有韦孟一篇。魏晋间作者虽众,然惟陶靖节为最,后村刘氏谓其《停云》等作突过建安是也。

宋、齐而降,作者日少。独唐韩、柳《元和圣德诗》《平淮夷雅》
脍炙人口。先儒有云:"二诗体制不同,而皆词严气伟,非后人
所及。"自时厥后,学诗者日以声律为尚,而四言益鲜矣。①

四言诗的兴起,缘于汉字的单音节化以及汉语词汇的双音节化,但
随着词汇固化度的提升、语助成分在诗中的逐步消减,四言诗失去
节奏上的多样性,功能逐步萎缩②。虽然中古之世,四言犹有"雅音
之韵,四言为正"③的语体位置,但汉语在东汉末年出现并逐步流行
的四音节作为一韵律单位的"四字句"现象④,彻底改变了四言诗存
在的韵律基础,李唐四言惟韩柳有少许佳作,应根源于此。

　　传统时期的诗学批评,在关于诗体构造问题上的相关言说,虽
重在现象描述而少机理分析,但已可见出对基本节奏问题的关注:

　　　　予谓四言、五言、七言、杂言皆天地自然之节奏,惟六言操
　　调恒促,而无依永之音,布格易板,而乏转圜之趣。古今殊少佳
　　制,非结撰之不工,乃作法之弊也。⑤

所谓"天地自然之节奏",虽然并无进一步的原理考察,然已大体描
述出汉语诗歌在诗体构造上的基本特性。汉语古典诗歌的结构系
统预设最基本、最小,亦即最佳的结构:两个音节组成一个最小音
步;两个音步(或者两个韵律单位)组成一个最小的诗行;一个最小

---

① 吴讷《文章辨体序说　文体明辨序说》,人民文学出版社,1998年,第30—31页。
② 参见葛晓音《先秦汉魏六朝诗歌体式研究》,第204页。
③ 挚虞《文章流别论》,严可均辑《全上古三代秦汉三国六朝文》,第1905页。
④ "四字句"最典型的形式即为今日汉语中的"四字格",其判定标准为"2+2"的
　节奏类型、特定的重音模式以及句法独立。参见朱赛萍《汉语的四字格》,北
　京语言文化大学出版社,2015年,第5—16页。但从四字格的发展历史而言,
　节奏类型与重音模式应是"四字句"在韵文中大量使用的原因,而句法独立则
　是四字句在长期使用中固化的结果。
⑤ 冯复京《说诗补遗》,周维德集校《全明诗话》,齐鲁书社,2005年,第3839页。

的旋律单位组成两个诗行(一个诗联);两个旋律单位组成一首最小的诗(一首绝句)①。四言诗句由两个标准音步(双音节)组成,故而四言诗成立的条件为汉字的单音节化与词汇的双音节化;五言诗句由一标准音步+一超音步(三音节)组成,其成立的条件则为三音节韵律词的出现;七言诗句由一复合音步(四音节)+一超音步组成,四音节复合韵律词的产生是其成立的语法条件。诗歌史上,四言诗、五言诗、七言诗的相继兴起,其背后的语言条件乃为双音节韵律词、三音节韵律词及四音节复合韵律词流行时间的相继。

四音节复合韵律词的出现,意味着四字模组成为一个独立的韵律单位。虽然在此单位内部依然遵循二二的节拍划分,但四字模组作为一个独立的韵律单位,会形成整体的音感效果,而内部的节拍划分则须服从整体音感的要求。四字模组的主导重音格式为1324(数位大小代表轻重等级),这必将弱化四言诗二二节奏(12,12)的独立性。松浦友久曾认为只要四言诗依然流行,大量创作七言诗,尤其是每句韵的七言诗,从节奏方面看即无特别的必要②。松浦注意到了七言诗的兴起与四言诗衰退的共时性,但因其分析七言节拍时,遵循四节拍的划分法,所以就难以注意到四音节韵律词与二二节拍的内在不同。因而,不是四言诗的流行,而是二二节拍的流行,方是七言诗不能兴盛的根本原因。随着魏晋以来,四音节韵律词的逐步增多,"四字密而不促"③的特性开始被认可,七言诗的兴起与四言诗的衰落即是必将发生的诗学现象④。四字格的流行,意味着四言诗必须通过语法的作用以对抗四字格韵律节奏的影响,方能形成相应的诗句节奏。虽然在唐代以及之后的诗歌创作中,四言依然

———————————

①冯胜利《汉语韵律诗体学论稿》,第64页。

②参见松浦友久著、孙昌武等译《中国诗歌原理》,第129页。

③刘勰著、詹锳义证《文心雕龙义证》,第1265页。

④参见冯胜利《汉语韵律诗体学论稿》,第214页。

在"郊庙歌辞"中具有不可替代的作用，但此种现象既缘于四言诗体的经典地位，也是因为配乐而歌，多少回避了韵律节奏上的挑战。而个体之作则"作者日少"，且难见佳作。由于四字格的影响，唐初四言节奏，多偏于轻快，如于志宁《四言曲池醋饮座铭》："泾抽冠筝，源开绥花。水随湾曲，树逐风斜。始攀幽桂，更折疏麻。再欢难遇，聊赏山家"①，节奏上即有此特点，王勃《倬彼我系》亦如之。而颇受吴讷称誉的韩愈《元和圣德诗》，其序曰："辄依古作四言《元和圣德诗》一篇"，却表明此篇为仿古之作，乃精心构拟而成。四言诗因与流行语言现象的历时距离，语体"庄典"化，对于士人而言已是高度技术化的诗歌体式。韩诗起首数句曰：

> 皇帝即阼，物无违拒；日旸而旸，日雨而雨。维是元年，有盗在夏；欲覆其州，以踵近武，皇帝曰嘻！岂不在我？②

为了强化二二节拍间的节奏停顿，四言诗必须大量使用虚字及语法上的并列结构，以此制约韵律节奏。在此诗中，"曰""而""维""有""以""岂"等语词的密集使用，强化了四言诗的节奏感，也为此诗赢得了"词严气伟"的赞誉。但四言诗写作的高度技术化，难以适应应制诗现场写作的要求，也意味着其作为诗体流行度的下降。"凡上一字为一句，下二字为一句，或上二字为一句，下一字为一句（三言）。上二字为一句，下三字为一句（五言）。上四字为一句，下二字为一句（六言）。上四字为一句，下三字为一句（七言）。"③虽然，今日的读者已难以越过四字格的节奏影响，去重建四言诗二二节奏的音感，从而为四言诗与七言诗的此消彼长提供

---

① 陈尚君辑校《全唐诗补编·续拾卷三》，第678页。
② 韩愈《元和圣德诗并序》，钱仲联集释《韩昌黎诗系年集释》，上海古籍出版社，1984年，第627页。
③ 遍照金刚撰、卢盛江校考《文镜秘府论汇校汇考》，第163页。

实证,但唐人无"上二字为一句,下二字为一句(四言)"的表述,当可为以上的推论提供具有历史现场感的佐证。当四言诗已不足以成为七言近体成熟与流行的历史障碍时,五言近体却处于压倒性的优势地位。

　　作为中古诗坛的主流诗体,五言近体进入应制诗的时间早于七言,其数量亦远超七言①。七言近体进入应制始自高宗永徽二年,经过四十余年的空白期,而逐步兴盛于武则天及其后的一段时期。此时,长安宫廷诗的整体风格正经历着由"风雅"向"美颂"的转向,七言近体的特性也得以逐步呈现。这一点,则是七言近体能够成为应制的主流诗体并终能与五言近体平分秋色的另一原因:

　　　　律体板,而七言较五言多两字,反觉委蛇宽舒。如崔颢《黄
　　　鹤楼》、沈佺期《卢家少妇》《龙池篇》,有汉魏遗音……诗主和
　　　平,大都古体七言不如五言近雅,唐体五言不如七言近骚,唐体
　　　五言伤于急,古体七言过于放。②

五言有着悠久的书写传统,作为应制诗曾经的首选诗体,其地位所以被七言逐步弱化,根源依然在于五言在回应应制诗对"典雅壮丽"的语体要求时,不及七言近体更为彻底。而七律"委蛇宽舒"的特点,也同时提示"典雅壮丽"非仅与语义亦和韵律相关。虽然七言近体的语体移位并未能立即动摇五言的主导地位,"夫文章之体,五言最难"③依然是唐人对诗歌体式的基本认知,但应制诗的流行却无疑促成了七言诗语体的跨越性提升。相较于古体七言的"过于放"的体式特性及语体的"小而俗",七言近体无疑更能适应应制诗的语

---

① 唐初五言应制最早见于贞观七年,至开元元年共计338首,无论是分布的广度还是整体数量,均远超七言。
② 郝敬《艺圃伧谈》,周维德集校《全明诗话》,第2906页。
③ 王昌龄《诗格》,张伯伟《全唐五代诗格汇考》,第171页。

体要求，七言近体遂迅速成为士人关注的文体形式，技法研磨的进程也由此加速。唐初七言应制，以圣历三年（久视元年）、景龙三年、景龙四年为其高峰，此时期的数量超过一百首，且其中不乏名作。虽然应制诗只是七言诗兴盛的外在推力，但也正因为应制诗的流行，才最终在四字格初步成熟后的百余年间实现了七言诗的繁盛。而在此过程中，对应制语体要求的适应，则可视为其技法研练中的核心原则。

“典雅壮丽”是“美颂型”应制诗的语体要求，也是后世所认可的应制诗的典范语体：

> 《瀛海探骊集》为朱椒雨所选，实可为应制模式。其弟虹舫少司成尝述其说曰：“袯襫之野，不可以陟廊宁；黻冕之饰，不可以遨旷林。缦缨蚪髯，非粉绿所施；苦竹哀匏，非笑歌所节。体各有宜，讵容凌杂。《三百篇》若《鸳鸯》《鱼藻》诸什，即今应制之祖也。”学者苟能从是说而引申之，则凡瑰奇隐廋、饤饾琐屑、纤巧嬛薄，有睽扬对之体者，皆宜汰除殆尽，不可令其稍犯笔端耳。①

典雅壮丽型的语体要求标识着说者与听者之间存有不可克服的情感距离，或为高低之别，或为古今之分，抑或两者兼而有之。此类情感距离，要求文本书写所涉及的题材多为公共性主题，其程度越高，典雅庄重的色彩越浓。应制诗作为高层政治人物团体活动的产物，具有无可置疑的公共性——七言近体语体移位的成功与否，其要点在于文本内容对于应制诗语体要求的应和②，而此点又必将具体化

① 林联桂《见星庐馆阁诗话》卷一，张寅彭主编《清诗话三编》，第4028页。

② “七言律最宜伟丽，又最忌粗豪，中间毫末千里，乃近体中一大关节，不可不知。”（胡应麟《诗薮·内编·七言》卷五，中华书局上海编辑所，1958年，第94页）

为七言近体在语词、对仗、用典乃至语法与韵律结构上的选择问题。

"典雅"与俗常相对,应制诗首忌在俗。俗有俗字、俗语、俗物、俗事、俗意之别。应制诗中应避免出现鄙俗与熟俗之类的字眼。在此问题上,应制诗与主流的诗歌体式有着大体相近的要求:

> 《弹雅》云:诗中用时俗字,独宜于新声,如宫词、谣谚、燕歌、吴歌、柳枝、竹枝之类,其他即唐人平调,一字著不得也。至于古调,非说文、古乐府,以至赓歌、五子篇什不可用。炼字须有分两而为取舍,炼句亦然。①

应制避俗为诗,亦避用僻字②。而对偶既是调节诗歌韵律节奏的必然要求,同时也是与日常语体拉开距离的常规技法:

> 凡文章不得不对。上句若安重字、双声、叠韵,下句亦然。若上句偏安,下句不安,则名为离支;若上句用事,下句不用事,名为缺偶。故梁朝湘东王《诗评》曰:作诗不对,本是吼文,不名为诗。③

齐整律是汉语古典诗歌成体的基本规则,对偶则是强化齐整度的重要手段。七言近体的典雅度高于古体,对偶的使用厥功甚伟。唐初《诗格》中,对偶论与声律论并足而立。虽然自上官仪至元兢,对偶

---

① 费经虞《雅伦》,《续修四库全书》集部第1697册,第232页。

② "俗有二种:一鄙俚俗,取例可知;二古今相传俗,诗曰:'小妇无所作,挟瑟上高堂'之类是也。又如送别诗,'山'字之中,必有'离颜';'溪'字之中,必有'解携';'送'字之中,必有'渡头';'来'字之中,必有'悠哉'……调笑叉语,似谑似谶,滑稽皆为诗赘,偏入嘲咏,时或有之,岂足为文章乎?"(张伯伟《全唐五代诗格汇考》,第206页)

③ 张伯伟《全唐五代诗格汇考》,第171页。另同书上官仪《笔札华梁》亦曰:"在于文章,皆须对属。其不对者,止得一处二处有之。若以不对为常,则非复文章。(若常不对,则与俗之言无异。)"(第67页)

论已发生由"重视义类节奏"向"重视文字技巧"的焦点转移①,但自然物象(星象、山川、动植)、建筑、器物系统依旧是对偶论最为基础也最为核心的部分。相较于《诗经》中自然物象多杂取日常事物及《楚辞》中美人香草系统的两分偏好,唐代的物象系统更为周密,唐初类书《艺文类聚》的类目编排已达四十六部之多且等级次序利落分明。近体诗对于对偶的强调,所隐含的并非仅为诗歌技法层面的考量,同时也可视作特定宇宙观念与生活秩序的传递。由此,作为应制诗的书写者,诗人当明了了物象选取的适恰性:

> 诗中取材各有所宜,虽一草一木,亦须位置得当。如夭桃垂柳,雅称闺闱;绿竹红蕉,恰宜秋馆。梧高柏古,绘萧寺之风光;梅老松苍,是深山之点缀。白杨只宜坟墓,衰草应切战场。此其大略,可以类推。②

应制诗中出现的自然物象通常色调明亮、形体俊美,"日月""麟凤""骏马""香车""瑞雪""和风"为其典型物象。乖陋小巧、色调灰暗者则较少入选。宋之问《奉和春初幸太平公主南庄应制》为应制诗中的佳作,也最能见出应制诗在物象使用上的特点:

> 青门路接凤凰台,素浐宸游龙骑来。
> 涧草自迎香辇合,岩花应待御筵开。
> 文移北斗成天象,酒递南山作寿杯。
> 此日侍臣将石去,共欢明主赐金回。③

由于语体的限制,应制诗中物象的选择范围有限,易于重复,士人窘

---

① 参见蔡瑜《唐诗学探索》,第4—17页。

② 严廷中《药栏诗话》甲集,《丛书集成续编》第202册,台北新文丰出版公司,1989年,第53页。

③ 陶敏、易淑琼校注《沈佺期宋之问集校注》,中华书局,2006年,第459—460页。

于材料,故难有佳作。典范的七言应制诗较五言近体虽然字数有所增加,但五十六字的容量,依然无法为诗歌所歌颂的圣帝明王提供足够的腾挪空间,书写者必须借助典故方能有效传递价值评价的具体信息①。故而,应制诗在典故的使用上,同样有较为严格的要求:

> 阮翁云:"自何、李、李、王以来,不肯用唐以后事,似不必拘,然六朝以前事,用之多古雅,唐、宋后事便不尽然。总之,唐、宋后事,须择其尤雅者用之。如刘后村七律专好用本朝事,直是恶道。"②

典故既可增加诗句的语义密度,同时也可通过历史信息的植入,提升诗歌语体的典雅度。但对于应制诗而言,其用事不但要"不用晚近之事"以拉开历史距离,同时其所使用的典故,亦应当以体现正面的道德评价为主:

> 九旗云布临嵩室,万骑星陈集颍川。
> 瑞液含滋登禹膳,飞流荐响入虞弦。
> 山扉野径朝花积,帐殿帷宫夏叶连。
> 微臣献寿迎千寿,愿奉尧年倚万年。
> 于季子《奉和圣制夏日游石淙山》③

于季子此诗中密集使用了尧、舜、禹三位上古圣王的典故,以传递颂圣之情。这也是应制诗在典故使用上的典型手法。

语词、物象与典故选用上的适恰是七言近体完成语体移位的必要步骤,但五言应制诗同样可以满足以上要求。故而,七言近体所以必要的根本原因,需要在一般性技法分析的基础上,综合五七言

---

① 参见高友工、梅祖麟著,李世跃译《唐诗三论》,第188页。
② 王楷苏《骚坛八略》上卷,张寅彭等《清诗话三编》,第1842页。
③《全唐诗》卷八〇,第869页。

诗语法与韵律结构的特点,方能得到较为彻底的解答。

二　七言近体语法结构的表现功能 ①

　　语法与韵律的相互制约是言语功能最为重要的生发机制。一切言语,无论韵散、短长,均具韵律与语义双重节奏。与散文或口语中意义节奏明显而韵律节奏相对模糊不同,汉语古典诗歌韵律节奏明显,而意义节奏通常服从于韵律节奏的制约,以"上三下四"及"上三下二"为典型的"折腰诗"通常被称为文句,即为韵律制约句法的结果②。但语法结构同样也会对韵律产生制约,或改变诗句的韵律节奏,其特例即为折腰诗;或通过语法容量以及结构组合方式的变化,以影响韵律单位间的相对轻重。由于语义节奏依赖语法结构而生,故而诗句语法单位的容量及其组合效应,对于诗歌携带信息的多寡、韵律节奏的相对轻重及其最终的表现功能影响深远。七言应制诗所以能够逐步弱化五言的影响,乃至后世七律的影响超越五律,七言诗句在语法容量与结构的特性应是最为重要的原因之一。

　　"句法"组合的词汇化,至北宋方告一段落。自此而后,论及诗歌句法者不胜枚举,然讨论的焦点多为技法的研磨与推敲,或对特定诗人句法的描述与命名,而较少留意五七言句间的根本差异③。即使有论者对五七言的句法结构有所着墨,但大体多为表层的现象陈述:

　　　　五字为句,有上二下三,上三下二,上一下四,上四下一,

---

① 此处使用的"表现功能"一词的释义,参见葛晓音《先秦汉魏六朝诗歌体式研究》,第462页。

② 参见胡震亨《唐音癸签》卷四,第31页。

③ 参见孙力平《中国古典诗歌句法流变史略》,浙江大学出版社,2011年,第4—49页。

上二下二中一，上二中二下一，上一中二下二，上一下一中三，
凡八法。

　　七字为句，中二联最忌重调。句法则有上四下三，上三下
四，上二下五，上五下二，上一下六，上六下一，上二中二下三，
上一中三下三，上二中四下一，上一中四下二，上四中一下二，
上三中一下三，此十二法尽之。[①]

五言诗句在句法组合关系上共有八种，七言诗句则有十二种之多，
但八种组合与十二组合之间的根本差异何在，此种差异对于诗句
的表现功能又会产生何种影响，并未因此得到具体的解答。或许
类似"七言诗何以必要"这样的问题未曾引起古人的关注。当下流
行的古典诗歌句法理论，较为专业而细致的成果，当推王力先生的
《汉语诗律学》，但此书借助现代汉语语法概念所做出的细密分析，
因过于繁密且与古诗论常用语词偏差较大，对文学研究的影响反
被弱化[②]。相较而言，蒋绍愚《唐诗语言研究》中"紧缩句""连贯句"
的描述，更便于文学研究的具体操作，但对于五七言句法结构的内
在差异，也未及讨论。在"七言近体何以必要"作为问题被接受之
前，五七言句法的差异问题似乎也并无追问的必要。但王、蒋两位
先生的研究却提示出仅在整体句式上讨论句法问题，难以真正触及
两者间的根本差异。由于五言诗由一个标准韵律词＋一个超韵律
词构成，而一个韵律词无论是词抑或短语均可视为一个相对独立的
语法单位，故而，五言诗句在整体上可以视为两个相对独立的语法

①冒春荣《葚原诗说》，郭绍虞编选、富寿荪校点《清诗话续编》，上海古籍出版
　社，2016年，第1498、1511页。
②据五言句中不同词类的组合形式，王力先生总结出简单主谓句式29个大类、
　60个小类、108个大目、135个细目；复杂句式49个大类，89个小类，123个大
　目，150个细目；不完全式句式17个大类，54个小类，109个大目，115个细目。
　参见王力《汉语诗律学》，上海教育出版社，1979年，第183、234页。

单位的组合。与之相应,七言诗句复合韵律词部分可分拆为两个语
法单位,如此,七言诗句即可被视为三个相对独立的语法单位的组
合。五七言句法的差异在最为基础的层面,即视为两个语法单位与
三个语法单位之间的不同。为简化分析,可以暂将五言诗句的句
法结构描述为A+B;七言诗句则为(C+A)+B(C和A的位置可相应
调整)。C可以首先视为全句的附加成分,只增加信息,不改变整体
的语法结构。此类型的七言诗句的句法结构可以描写为(C)A+B。
唐初七言应制以《石淙侍奉应制》(17首)、《夜宴安乐公主新宅》(16
首)、《幸安乐公主山庄应制》(14首)、《春日幸望春宫应制》(13首)、
《兴庆池侍宴应制》(11首)最具典型,故各取其一,以为样本,分析
如下:

　　　　(碧淀)红涔嵚嶂间,(淙嵌)洮岨洊成湾。
　　　　琪树(璇娟)花未落,银芝(窑咤)露初还。
　　　　(八风)行殿开仙榜,(七景)飞舆下石关。
　　　　(张茑)席云平圃宴,(焜煌)金记蕴名山。

　　　　　　　　　　　　　　　　　徐彦伯《石淙》①

　　　　(平阳)金榜凤凰楼,(沁水)银河鹦鹉洲。
　　　　(彩仗)遥临丹壑里,(仙舆)暂幸绿亭幽。
　　　　前池(锦石)莲花艳,后岭(香炉)桂蕊秋。
　　　　贵主(称觞)万年寿,还轻(汉武)济汾游。

　　　　　　　　　　　　　　李适《侍宴安乐公主山庄应制》②

　　　　(彩仗)雕舆俯碧浔,(行春)御气发皇心。
　　　　(摇风)细柳萦驰道,(映日)轻花出禁林。
　　　　(遍野)园亭开帟幕,(连堤)草树狎衣簪。

────────────

① 《全唐诗》卷七六,第827页。
② 《全唐诗》卷七〇,第777页。

（谬参）西掖沾尧酒，（愿沐）南薰解舜琴。

　　　　　　　马怀素《奉和圣制春日幸望春官应制》[1]

（碧水）澄潭映远空，（紫云）香驾御微风。

（汉家）城阙疑天上，（秦地）山川似镜中。

（向浦）回舟萍已绿，（分林）蔽殿槿初红。

（古来）徒羡横汾赏，（今日）宸游圣藻雄。

　　　　　　　　　　沈佺期《兴庆池侍宴应制》[2]

C部分的存在对全句上下韵律单位相对轻重的影响暂置不论。其作为附加部分，可以增大诗句的信息含量，如时空、状态、性质、程度、物象、人事以及逻辑关联等。应制诗"典雅壮丽"的语体要求是七言进入应制活动的重要推动，而应制诗语体在文本层面对齐整律的偏好以及对变化感、变异感的警惕，让空间景观成为应制诗最为重要的成分。"自景龙始创七律，诸学士所制，大都铺扬景物，宣诩谑游，以富丽竞工，亡论体变未极，声病亦多未调。"[3]铺扬景物，虽然容易造成七言近体节奏的板滞，但七言近体欲气象伟丽、庄典，物象并置则是必由之途：

　　　环溪又谓，用此格私按所作，则五言诗中，每句用上两物，即成气象；用三物即稍工，然绝少。所可举者，不过三五联耳。七言诗中，每句用上三物即成气象，至四物即愈工，然愈少，所可举者不过二三联而已。至一句用及五物者，仅有一联。至用半天下、满天下之说，求之在己者绝无，于人亦未见其有也。然后知诗道之难如此，而古今之美，备在杜诗，无复疑矣。[4]

①《全唐诗》卷九三，第1005页。

②陶敏、易淑琼校注《沈佺期宋之问集校注》，第179页。

③胡震亨《唐音癸签》卷一〇，第93页。

④吴沆《环溪诗话》，《景印文渊阁四库全书》集部第1480册，第32—33页。

近体诗中的自然物象,若使用单名,如"天""地""山""川"等,只能表现共相。但即使使用双名,通常也以表现共相为主,特别是在名词叠加的复合词中,此类性质更为凸显①。"互成对者,'天'与'地'对;'日'与'月'对;'麟'与'凤'对;'金'与'银'对;'台'与'殿'对;'楼'与'榭'对。两字若上下句安,名的名对。若两字一处用之,是名互成对。言互相成也。诗曰:'天地心间静,日月眼中明。麟凤千年贵,金银一代荣。'"②虽然,互成对的名词叠加会产生新的共相并形成独特的表现功能。但若仅停留于共相的表达,应制诗难以满足典雅壮丽的语体要求:

> 今春芳苑游,接武上琼楼。
> 宛转迎香骑,飘摇拂画球。
> 俯身迎未落,回辔逐傍流。
> 只为看花鸟,时时误失筹。
>
> 沈佺期《幸梨园亭观打球应制》③

若仅从句法语义的角度而言,五言应制亦可以满足典雅壮丽的要求,但若综合考量韵律的限制(此方面的分析见第三节),五言近体的表现功能不免会受到相应的限制。与《兴庆池侍宴应制》相较,此首五言应制诗可称雅正、清丽,但与伟丽无涉。虽然此诗中的主要意象"芳苑""琼楼""香骑",其形成方式为形容词与名词的叠加,不同于互成对中名词与名词的叠加,但两者之间只有功能上的差异:后者产生新的共相,前者则意在突显物象的特定性质,而性质依旧是共相。应制诗特别是美颂型应制诗对于"至高无上"性的表现要求,却恰恰要求展示殊相。七言句语法单位C能否完成对于"殊相"

---

① 参见高友工、梅祖麟著,李世跃译《唐诗三论》,第68—69页。
② 张伯伟《全唐五代诗格汇考》,第75页。
③ 陶敏、易淑琼校注《沈佺期宋之问集校注》,第167页。

的表现,甚至将决定七言近体语体移位的成败。"(羽盖)龙旗下绝
冥,(兰除)薜幄坐云扃。鸟和(百籁)疑调管,花发(千岩)似画屏"
(李峤《石淙》)[1],"羽盖"与"兰除"同为只能表现共相的意象,但"羽
盖"与"龙旗"、"兰除"与"薜幄"的叠加,则可以通过同类物象的并
置增强特定场景的独特性。"百籁"与"千岩"因为数量词的存在,成
为"鸟鸣"与"花发"的程度修饰语,以满足应制诗对于宏壮与阔大的
偏好。"主家别墅帝城隈,(无劳)海上觅蓬莱"(刘宪《奉和幸安乐
公主山庄应制》)[2],"无劳"提示着"因果"关系的存在,诗人以此来
凸显安乐公主山庄的壮丽华美。由于唐初应制诗前六句多为对句,
刘宪首联不对,反较少见。提示逻辑关系的推论句通常出现在应制
诗的尾联,但由于颂圣的语体要求,尾联的逻辑关系服务于对于"当
场"与"当下"的强调。"幸睹八龙游阆苑,无劳万里访蓬瀛"(宗楚客
《奉和幸安乐公主山庄应制》)[3]中,蓬瀛乃仙山,本超越于现世之上,
但安乐公主山庄壮美之极,现场即是仙境,故不必再刻意访求相传之
仙山。"贵主称觞万年寿,还轻汉武济汾游"(李适《侍宴安乐公主山
庄应制》)[4],古今的对比,本隐含了变化的观念。但应制诗常通过否
定性典故将表层的以古为尺度转化成以今为尺度,或古今本即同一
尺度,而今又是未来的尺度,如此,理想的历史形态不过即是"当下"
的重复。至此,七言句相对于五言句最重要的差异即可大体归结为
对于殊相的表现。此种能力,满足了美颂型应制诗的语体要求,同时
也为七言近体语体功能的拓展奠定了基础:

　　　　开、天以还,哲匠迭兴,研揣备至,于是后调弥纯,前美益
　　彰,字虚实互用,体正拗毕摄,七言能事始尽。所以溯龙门之派

①《全唐诗》卷六一,第728页。
②《全唐诗》卷七一,第780页。
③《全唐诗》卷四六,第564页。
④《全唐诗》卷七〇,第777页。

者,必求端沈、宋;穷沧海之观者,还归大杜陵。"宫阙星河低拂树,殿廷灯烛上薰天",必简之宏概也,然已有"梅花落处疑残雪,柳叶开时任好风"之闲婉矣。"风射蛟冰千片断,气冲鱼钥九关开",云卿之秾采也,然已有"山出尽如鸣凤岭,池成不让饮龙川"之澄朗矣。"初年尽帖宜春胜,长命先浮献寿杯",廷硕之庄调也,然已有"云山一一看皆美,竹树萧萧画不成"之疏野矣。至"忽排花上游天苑,却坐云边看帝京"之写景空活;"当轩半落天河水,绕径全低月树枝"之用事浑融;"黄莺未解林间啭,红蕊先从殿里开"之属对圆贴:虽椎轮初斫,而仍几已雕,眷此先程,允资后躅已。①

七言近体的演进与成熟,可以称之为李唐在诗歌体式上的最大创获。通过应制而得以提升语体位置的七言近体,逐步侵蚀五言近体的领域,并在中唐之后成为与五言并立的诗体,"以五言为难"的认识也逐步转变为以"七律最难"②。在此转化过程中,大量虚词进入七言句中。虚词的存在不但提示逻辑关联,同样也是表现情感的重要方式,但虚字使用逐步导致了唐诗风格的变换。"诗用实字易,用虚字难。盛唐人善用虚字,其开合呼唤,悠扬委曲,皆在于此。用之不善,则柔弱缓散,不复可振,亦当深戒。"③虚字的使用增大了诗歌的表现容量并降低了诗歌书写的难度,自然让七言重新面临语体确认的挑战,只是汉语白话的兴起,已让此种努力变得不再必要。"一代有一代之文学"成立的最为根本的原因,当是汉语语法与韵律基本结构的变改,在这个意义上,汉语诗歌可谓至七言而盛,也自七言

---

① 胡震亨《唐音癸签》卷一〇,第93页。
② 赵文哲《媕雅堂诗话》,《丛书集成续编》第201册,台北新文丰出版公司,1989年,第451—456页。
③ 李东阳撰、李庆立校释《怀麓堂诗话校释》,人民文学出版社,2009年,第98页。

而衰[①]。

　　三个独立语法单位的数量优势以及超韵律词可为短语(1+2式)又可为词(2+1式或1+1+1式的专有名词)的特性,使得七言句在整体层面上的语法组合具备了多种可能,冒春荣所分析出的十二种组合,大体可以见出七言诗句句法结构组合的多元,这也是七言语法结构区别于五言的另一特点:

> 上四下三,如"九天阊阖开宫殿,万国衣冠拜冕旒"(王维)……上三下四,如"洛阳城见梅迎雪,鱼口桥逢雪送梅"(李绅)……上二下五,如"朝罢香烟携满袖,诗成珠玉在挥毫"(杜甫)……上五下二,如"不见定王城旧处,长怀贾傅井依然"(杜甫)……上一下六,如"盘剥白鸦谷口栗,饭煮青泥坊底芹"(杜甫)……上六下一,如"忽惊屋里琴书冷,复乱檐前星宿稀"(杜甫)……上二中二下三,如"旌旗落日黄云动,鼓角因风白草翻"(李频)……上一中三下三,如"鱼吹细浪摇歌扇,燕蹴飞花落舞筵"(杜甫)……上二中四下一,如"山河北枕秦关险,驿路西连汉畤平"(崔颢)……上一中四下二,如"诗怀白阁僧吟苦,俸买青田鹤价偏"(陆龟蒙)。上四中一下二,如"永夜角声悲自语,中天月色好谁看"(杜甫)。上三中一下三,如"黄金甲锁雷霆印,红锦络缠日月符"。此皆以七言成句,句中有读者也。[②]

------

①"七言律诗始于初唐咸亨、上元间,至开、宝而作者日出。……义山继起,入少陵之室,而运以秾丽,尽态极妍,故昔人谓七言律诗莫工于晚唐。然自此作者愈多,诗道日坏。大抵组织工巧,风韵流丽,滑熟轻艳,千手雷同;若以义求之,其中竟无所有。世遂有'开口便是七言律诗,其人可知矣'之诮。"(钱良择《唐音审体·律诗七言四韵论》,丁福保辑《清诗话》,上海古籍出版社,2015年,第812页)

②冒春荣《葚原诗说》,郭绍虞编选、富寿荪校点《清诗话续编》,第1511—1512页。

句内语法组合的多样,通常会增加整体句法结构的复杂性①,而七言近体对于对偶的强调,更为此种复杂句法的出现提供了便利②。冒春荣所举出的例句,无一例外位于七言近体的中间两联,为典型的对句。对仗在词类与语法上的要求,实际上降低了上下句的语法复杂性以及理解的难度。虽然应制诗因为语体的制约,难以构造语法过于复杂的对句,但偶一出现复杂句式,如"文移北斗成天象,酒递南山作寿杯"已暗示了七言句法复杂化的可能,只是句法复杂化对于七言近体的意义远不及"表现殊相"的重要。而七言近体因整体结构上的要求,对七言句虚字实字位置的强调③,以及首联、尾联及中间两联内容与句型的规定,则更可视作七言句与五言句在句法结构上根本差异的连带效应④。

---

① "句法有倒插,有折腰,有交互,有掉字,有倒叙,有混装对,非老杜不能也。"(冒春荣《葚原诗说》,郭绍虞编选、富寿荪校点《清诗话续编》,第1512页)

② 参见高友工《美典》,生活·读书·新知三联书店,2008年,第236页。

③ "环溪尝以所作质于宗老,宗老云:'某闻诗有关窍,不可不知。'环溪问故,宗老云:'五言诗要第三字实,七言诗要第五字实,若合此,虽平淡亦佳,不合此,虽巧亦无功矣。如吾弟诗:"燕忙将入夏,蚕暖正眠春。""水痕才破腊,云态似知春。"不是不巧,只是第三字不合虚了。比"云黯天如近,雨余山似春",便不干事。'环溪亦服其言,因遍指它诗,无不验者。"(吴沆《环溪诗话》,《景印文渊阁四库全书》集部第1480册,第33页)

④ 周弼曰:"五言律有四实,谓中四句皆景物而实。开元、大历多此体,华丽典重之间,有雍容宽厚之态,此其妙也。稍变,然后入于虚,间以情思,故此体当为众体之首。昧者则堆积窒塞,寡于意味矣。四虚者,谓中四句皆情思而虚也。不以虚为虚,以实为虚,自首至尾,如行云流水,此其难也。元和以后,用此体者,骨格虽存,气象顿殊。向后则偏于枯瘠,流于轻饧,不足采矣。又前联情而虚,后联景而实。实则气势雄健,虚则态度谐婉,轻前重后,酌量适均,无窒塞轻饧之患。若前联景而实,后联情而虚,前重后轻,多流于弱。盖发兴尽,则难于继矣。"(仇兆鳌注《杜诗详注》卷一,中华书局,2004年,第8页)

三 七言句韵律结构的表现功能

汉语古典诗歌韵律结构的形成，主要受制于音节数、押韵以及超音段的音高与音长间的搭配。从诗歌整体层面而言，齐整律是四、五、七言共同遵循的韵律原则，甚至看似参差不齐的杂言诗，以整体结构而言，依然会体现出对齐整律的遵守[1]。但齐整律是对诗歌基本节奏的强化，故而，五七言诗虽然共同遵循齐整律的要求，但在基本节奏上却存有明显的不同，并由此产生表现功能与表现效果上的显著差异。松浦友久认为五律作为诗型以表现古典的、正统的或典雅、厚重、庄重之类的感觉为中心，而七律则以表达非古典、当代的或者壮丽、典丽、畅达之类的感觉为中心。此种表现感觉的差异源于诗句基本韵律节奏，也即节拍数量上的差异。松浦友久以其所提出的"句末半拍休音"概念，将五言分为上一拍、下两拍的三拍结构，而七言诗则为上两拍、下两拍的四拍结构。此种分法，并未违背七言诗句上四下三与五言诗句上二下三的基本节奏，甚至其所提出的五言节拍"头轻脚重"与七言节拍"头重脚轻"的差异，更是对此基本节奏的认同[2]。松浦友久对于诗歌原理的敏感与执着，使其著作在问世三十余年后依然保持了较高的学术影响力，但其分析，似乎难以解释为何汉语诗歌以五七言最为能产；"二字头"与"四字头"作为独立的韵律单位其内部是否也有轻重之别；"头轻脚重"与"头重脚轻"又何以会产生感觉表现上的差异，问题最终似乎又回

---

[1] "齐整律（诗歌第一要律）：提炼口语的节律而形成的齐整有序的话语形式。"（冯胜利《汉语韵律诗体学论稿》，第38页）

[2] 松浦友久著、孙昌武等译《中国诗歌原理》，第245页。

到"四字头"与"二字头"的差异。"诗以声为主宰"[1],"声音"虽然并不能直接建立起对他人体验的直接感知,却是产生感受、感染的重要契机,在声音顿挫抑扬所形成的氛围中,读者极易为诗歌所感染,继而形成某种同一感甚或相互一同感受[2]。故而,应制对于七言近体的需要以及七言近体最终与五言平分秋色,其根本原因或当由此求之。

汉语诗歌若能产则必然满足诗歌结构构造的最佳条件,也即任一诗行必须至少也至多包含两个节律单位。五言诗由上二(双音节标准音步)+下三(三音节超音步)两个节律单位组成,而七言诗由上四(复合音步)+下三两个节律单位组成。由于语言节律必须遵守"相对重轻律",作为最基础的韵律单位的"音步"即是一个"轻重单位",从而形成一个内部的双分枝结构[3]。"二字头"因顿断的节奏要求为右重,其格式为(12),而"四字头"的轻重则是前二轻于后二,具体到每一音节则轻其轻、重其重,其主导格式为(1324),间有(3124)式。而五七言诗行作为一个整体韵律单位同样也是一个双分枝的轻重组合,上二为双音节韵律词、上四为四音节韵律词、下三为三音节韵律词,所以五言诗的相对轻重结构为"头轻脚重",七言诗为"头重脚轻"。相对较重的部分即为形成诗句语义与节奏的焦点成分,所以七言诗的焦点在上四,而五言诗则在下三:

---

[1] 赵宦光《谭雅》,陈广宏、侯荣川编校《稀见明人诗话十六种》,上海古籍出版社,2014年,第794页。

[2] 张任之《心性与体知——从现象学到儒家》,商务印书馆,2019年,第132—135页。

[3] "'音步最小而必双分'是说'音步是韵律结构中的最小单位',同时必须是一个双分枝的单位,因为韵律是由轻重逆次相间的节奏组成的,而'一轻一重'为一最小韵律单位。因此这'一轻一重'之和便成为一个音步。"(冯胜利《汉语韵律句法学》,商务印书馆,2013年,第20页)

皇家贵主好神仙,别业初开云汉边。

山出尽如鸣凤岭,池成不让饮龙川。

妆楼翠幌教春住,舞阁金铺借日悬。

敬从乘舆来此地,称觞献寿乐钧天。

　　　　　　　　　沈佺期《侍宴安乐公主新庄应制》①

春豫灵池会,沧波帐殿开。

舟凌石鲸度,槎拂斗牛回。

节晦蓂全落,春迟柳暗催。

象溟看浴景,烧劫辨沉灰。

镐饮周文乐,汾歌汉武才。

不愁明月尽,自有夜珠来。

　　　　　　　　宋之问《奉和晦日幸昆明池应制》②

在七言应制诗中,由于上四乃焦点部分,故而在此复合韵律词中,常可见到修饰性成分,或以并列方式增强修饰效应的成分,同时表示逻辑关联的语词也主要出现于此。沈佺期以七言著称于初唐诗坛,其《侍宴安乐公主新庄应制》"皇家贵主""妆楼翠幌""舞阁金铺""称觞献寿",语义重复度甚高,但这恰恰是七言近体诗强化上四焦点作用的基本方式。如后来杜甫诗中,"风急天高""渚清沙白""锦江春色""玉垒浮云",乃至杜牧"深秋帘幕""落日楼台"均同一机杼。而"出山尽如鸣凤岭,池成不让饮龙川"则通过"尽如""不让"以凸显逻辑关系。虽然七言诗中虚词可以出现在下三中,但出现于此的虚词,通常传递的是当句内的逻辑关系,特别是对立的关系,如"映阶碧草自春色,隔树黄鹂空好音""同学少年多不贱,五陵裘马自轻肥"。但对立关系的效果呈现却依赖于上四的整体效

①陶敏、易淑琼校注《沈佺期宋之问集校注》,第151—152页。

②陶敏、易淑琼校注《沈佺期宋之问集校注》,第480页。

果①。而当虚词出现于上四时,某种逻辑关联则主要依赖于行间的
对立即一联而成立,如"人世几回伤往事,山形依旧枕寒流"②、"沙
鸟不知陵谷变,朝飞暮去弋阳溪"③。五言近体的焦点为下三,故宋
之问的应制诗中,"灵池会""帐殿开""石鲸度""斗牛回"诸部分才
是全诗语义与节奏的中心。由于上二难以突显"殊相",故而上二下
三的连接通常只能描述特定的行为状态或性质,由此五言诗更易于
表现"共相"与"一般性",所以五言近体适于表现传统、典雅等感觉:

> 独有宦游人,偏惊物候新。
>
> 云霞出海曙,梅柳渡江春。
>
> 淑气催黄鸟,晴光转绿蘋。
>
> 忽闻歌古调,归思欲沾巾。
>
> 杜审言《和晋陵陆丞早春游望》④

松浦友久认为五古更容易展现出对"说理"性表现的适应,而五律则
倾向于典雅清空的感觉表现⑤。由于信息过于简约的限制,五言近
体在情感表现上较七言近体更为克制。即使杜审言使用了"归思欲
沾巾"这样明确表明情感程度的语句,因受语义与韵律的双重限制,
似乎依然只能传递一般性的感伤。但如此描述,并不意味着否定五

---

① "唐律七言八句,一篇之中句句皆奇,一句之中字字皆奇,惟杜少陵《九日》诗:
'老去悲秋强自宽,兴来今日尽君欢。'不特入句便字字属对,又第一句顷刻变
化,才说悲秋,忽又自宽,以'自'对'君','自'者,我也。'羞将短发还吹帽,笑
倩傍人为正冠。'将一事翻腾作一联。又孟嘉以落帽为风流,少陵以不落为风
流,翻尽古人公案,最为妙法。"(梁峤《冰川诗式》,蔡镇楚编《中国诗话珍本
丛书》第10册,北京图书馆出版社,2004年,第576—577页)

② 陶敏、陶红雨校注《刘禹锡全集编年校注》,中华书局,2019年,第566页。

③ 杨世明校注《刘长卿集编年校注》,人民文学出版社,1999年,第200页。

④ 《全唐诗》卷六二,第731页。

⑤ 松浦友久著、孙昌武等译《中国诗歌原理》,第256页。

言诗言说特殊情感的可能,也并不否认一般性的感伤表达,尤其是
人心之至情、古今之共理所可能具有的动人心魄的能力,而是意在
强调五言近体在情感表达上相对而言的特点与限度。与此相较,七
言近体中的情感呈现更为细腻,也更为个人化:

> 逐臣北地承严谴,谓到南中每相见。
> 岂意南中岐路多,千山万水分乡县。
> 云摇雨散各翻飞,海阔天长音信稀。
> 处处山川同瘴疠,自怜能得几人归。
>
> 　　　　　宋之问《至端州驿见杜五审言沈三
> 　　　　佺期阎五朝隐王二无竞题壁慨然成咏》①

七言近体对情感的表现,多外显有余而少含蓄,这既是因为四音节
的结构为情感的细节呈现提供了便利,也是因为上四下三在音律节
奏上"头重脚轻"所形成的流畅感适宜于情感的表现:

> 令节重遨游,分镳应彩球。
> 骖骝回上苑,蹀躞绕通沟。
> 影就红尘没,光随赭汗流。
> 赏阑清景暮,歌舞乐时休。
>
> 　　　　　　　　武平一《幸梨园观打球应制》②
>
> 銮辂青旂下帝台,东郊上苑望春来。
> 黄莺未解林间啭,红蕊先从殿里开。
> 画阁条风初变柳,银塘曲水半含苔。
> 欣逢睿藻光韶律,更促霞觞畏景催。
>
> 　　　　　武平一《奉和立春内出彩花树应制》③

---

① 陶敏、易淑琼校注《沈佺期宋之问集校注》,第433页。
②《全唐诗》卷一〇二,第1082页。
③《全唐诗》卷一〇二,第1083页。

以上两首应制作于景龙四年,同出于武平一之手。五言近体欲流畅、"圆美流转",用语须清丽,追求情景互融[①],过于堆垛雄伟壮丽的意象则会造成节奏的迟缓。相较之下,七言应制因为"头重脚轻"的韵律特性,其流畅度较五言为高,由此,也部分化解了七言近体可能因为堆垛物象所造成的凝重与迟涩。七言以表现"非古典的""当代的"感觉为中心,其语言学基础在于四字格早期的口语化以及在隋唐时期的流行度。四字格本由双音节通过并合与拆补而来,当四字格盛行时,双音节的正式乃至庄典度随之提升,由之奠定了五言与七言近体在表现感觉上的差异。

四字格主要由双音节并合与拆补而来的构成方式,形成了四字格(1324)与(3124)两种重音模式。(3124)的重音模式源于双音节的拆补,此类四音节日常生活中主要作为口语使用,如"花花草草""年年岁岁"等,此外,若"别别扭扭""凑凑合合"等具有轻声成分的组合(别扭,"扭"轻声;凑合,"合"轻声),两者的重音形式为(3102)。因过于口语、俚俗,也不适宜于七言近体,甚或七言诗体。故而七言近体的四字格较少使用此种重音模式,相反歌行体中使用的频次则相对较高。由于七言诗上四下三之间的轻重关系为相对轻重,上四较重,下三也随之为重,反之亦然。故而七言欲提高诗歌的正式与典雅度,则应增加上四的整体音重。

> 姚惜抱谓诗文之道,须从声音证入。此实秘篇,然难为浅学者道也。阳音字重,入声字硬。古人因七言句长易弱,往往用阳音入声字以救之。"童""田"为阳,"风""天"为阴之类,人人知之。而入声"百"字较"十"字为硬,"白"字较"赤"字为硬,"石"字较"砾"字为硬,此类亦不可不知。袁简斋谓:"'群山万壑赴荆门',不用'千山',而用'群山',所以是唐音。"此言

---

① 参见蔡宗齐《唐代五言律诗句法与诗境》,《学术月刊》2019年第1期,第115—134页。

极是，而未发明。盖"群"字属阳而重，则句有气势而不佻。用
"千"字，属阴而轻，则句伤流利矣。七律最患流利，简斋虽知
之，而专涉流利一派，谓有行云流水之妙，岂不大谬。①

四字格的主导重音模式为(1324)，欲增加整体音重，最为直接的方
式即是增加最轻一字的音重：或改变其音长(声调)，或改变其音高
(字之轻重)。"群山"之"群"为合口三等韵，"千山"之"千"为开口四
等韵，"群"音低浊强度高于"千"字，更宜于传递历史沧桑感。此外，
改变四字格内部的语法结构也是改变整体音重的一个有效方式。
当四字格的语法关系最为紧密时，节奏最为流畅，亦最易产生轻清
之感②。故而，四字格中并列式以及修饰成分后置作为降低语法关
联密度的有效手段被频繁采用。应制诗中"舞阁金铺""称觞献寿"
是并列式；"羽骑参差""霓旌摇曳"是修饰成分后置。但因为上四
终究为一韵律整体，所以四字格很难接受二四双平的声调结构。当
考虑全句整体节奏时，降低上四与下三特别是后五字间的语法关联
度，也是增加七言句正式度的常见手段——上四与下三有明确的语
法关联度，是七古或歌行体乃至俗语七言的常见特点——在七言句
语法与韵律的互动关系中，韵律对于语法的制约更为明显，亦更为
强势，这也为七言近体提供了相较五言更大的韵律调节的空间，并
相应扩展了其表现功能。

---

① 施山《姜露盦诗话》，张寅彭主编《清诗话三编》，上海古籍出版社，2014年，第
6638页。

② "不仅仅是声调有这样的神奇功能，声母和韵母——元音和辅音也可以通
过不同的听觉刺激给人各异的主观感受。例如杜甫的《白帝城最高楼》：
'城尖径仄旌旆愁'，一句七个字，全用齿音，给人以奇绝兀傲的感受，正
符合高楼上所见的城墙荦确不平的景色。而李商隐的《锦瑟》，用'弦'
'年''鹃''烟''然'五个带[i]韵头的字押韵，绵绵密密，作者对于过往年华
的追忆与倾诉，被表现得淋漓尽致。"(朱晓农、焦磊《教我如何不想她——语
音的故事》，商务印书馆，2013年，第212页)

结　语

应制作为政治高层文学活动的典型形式,其语体要求推动了七言近体的语体移位。七言近体迅速雅化并最终促成了七言诗在唐代以及后世的繁盛。七言诗成立的语言学条件是四字格的流行,而七言近体之所以能够适应应制诗的语体要求,其根本原因在于七字句与五字句在句法结构与韵律结构上的不同,但应制活动的存在却为七言诗提供了最为重要的外在推力,并为七言诗技法的提升提供了研磨的空间,七言近体区别于五言近体的表现功能由此才逐步得以展现。虽然当下的古代文学研究已能够正确面对政治权力与文学的关联①,但通行文学史中对于应制活动的有限关注,似乎表明传统权力与文学互动关系的讨论犹有较大的推进空间。

第五节　陈子昂诗的感遇与兴寄
——基于儒家"相感"说的再讨论

作为唐代文学复古谱系构建中的重要环节,陈子昂在中唐而后的接受中,逐步完成了形象的经典化过程,也自然成为后世拼接初唐文学图景的基本版块。久经爬梳之下,似乎已如同唐代诸多的文学人物一般,难有再做考察的必要与空间。只是过往的研究多聚焦

---

① 赵敏俐在讨论七言诗的兴起时,注意到官方音乐活动与诗歌体式演进与传播之间的关系,此一点与"应制诗与七言近体演进"的讨论虽然着眼点不同,但内在的理路则大体接近(《论七言诗的起源及其在汉代的发展》,《文史哲》2010年第3期,第24—43页)。

于陈子昂的文学史地位与影响,而在有意无意间忽视其作为有着明显儒家色彩的思者与其文学书写间更为系统而内在的关联。即使于此偶有关注,也多着力于对其思想来源的考察,诸如地域、家学与交游的阐明遂成为探究此一问题的基本路径①,而对其虽较成体系但难言新创的思想本身却兴致寥寥。虽然一种并无独特思想史位置的观念体系,被相应学科忽视近乎理所当然,但于古典文学研究而言,以共识或常识出现的"平庸的思想",反而能够成为观察一个时代知识风习、认知领域以及认知结构的有效样本,并由此为理解文学书写在主题选择、风格偏好以及技法呈现上的常与变,提供视角上的指引。"作为思想方式的文学"若逸出研究视野之外,则易于忽视文学书写及文学主张作为思想样本的价值。在陈子昂的接受史中,诗歌一直为荦荦大端,其所主张的"汉魏风骨"与"兴寄"也受到了应有的重视。以儒家的"相感说"对此话题重做检视,乃是希望能够在原有研究的基础上,通过中古儒家知识领域的某些共识,以回应陈子昂诗歌何以偏好"感遇","感遇"何以感人②,"感遇"又有何种领域与边界,作为一种认知形式,"感遇"又有何种认知结构,其与"兴寄"之间又存有何种关联等问题。或许,较为纯粹的文学史意义上的陈子昂诗歌分析似无必要,但作为特定思想样本的陈子昂诗歌依然存有考辨的空间。

---

① 参见戴伟华《区域文化传统与唐诗创作风貌的离合——以楚、蜀文化为例的分析》(《华南师范大学学报》2006年第2期)、杜晓勤《从家学渊源看陈子昂的人格精神和诗歌创作》(《文学遗产》1996年第6期)诸文的相关讨论。

② 叶嘉莹先生对于诗歌感发生命之力量的强化,在古典诗歌研究中影响极大(《叶嘉莹说汉魏六朝诗》,中华书局2010年,第7—8页),此处借助儒家相感说对"感遇"再作讨论,是尝试在道德感动与人性的关联中,对感动的生发略做申论。

一　陈子昂诗的"感遇"与"相感"

儒家的"相感"说植根于中国早期思想自感应角度理解世间事物联系的言说传统，虽然作为其理论形态的"万物一体"思想，至北宋体系方始周密①，但在宋前儒学的演进脉络中，业已成为考察天人之际与古今之变的重要思维方式。故而，此处借以讨论的儒家"相感说"并非一种系统周密的理论，而是建基于以下判断之上的某些共识：（1）"相感"是一种原初的存在状态，是感应与感觉、感情的过渡或中介，也是感通、感知、感悟、感召、感染等行为或状态发生的前提；（2）"相感"以"感动"为中心与感通、感知诸语词形成相互支撑的概念群组；（3）"相感"是一种"具身性"的道德感动，也是一种道德判断，含摄感受、认知、评价等意识行为的诸多层面。故而，"相感"本身既是道德意识的见证，也是人性判断理解的见证；（4）"相感"有一定的阈值且其发生与情境及个体的能力相关②。"以身体之"的"相感"是个体无可拒绝的生命事实，并呈现于天人、人物以及人与人之间的相互感应、感发与感动。"相感"在表达"关联思维"之特性的同时，也是言说生命体验与理性思索的重要载体③。

在留存至今的陈子昂诗中，"感遇"是最为常见的书写主题。除却直接以"感遇"为题的三十八首组诗而外，《登幽州台歌》《白帝城怀古》及《岘山怀古》诸作，同样注目于个体的生命感遇④。故而，"感遇"实可视为陈子昂极易观察的主题偏好。虽然，在陈子昂所面对

---

① 参见陈来《仁学本体论》，生活·读书·新知三联书店，2014年，第34页。

② 参见王庆节《道德感动与儒家示范伦理学》，北京大学出版社，2016年，第19—46页。

③ 参见李巍《早期中国的感应思维——四种模式及其理性诉求》，《哲学研究》2017年第11期，第44—51页。

④ 参见彭庆生《陈子昂集校注》，黄山书社，2015年，第270—271页。

的自汉郑玄以来的义疏学传统中,"礼"对于儒家士人而言更具聚焦效应[①],但即使忽略孔颖达在五经注疏中关于"感"的周密论述[②],对"感"的认可与基于经典义疏而有的常识性理解,依然可以视为儒家士人的共有知识。相较于个体真实的生命体验,中古前期的知识氛围与诗论的流行观念,更能回应陈子昂对于"感遇"主题的选择。

"感遇"并非仅是一种在世情绪或情感的直接表达,同时也是感知与感悟生命与生活世界的方式,"感遇"既有对历史认识的深度,亦包含对"人之为人"的理解与践行。"感遇"的范围与边界以及其所呈现出的认知结构,与个体的能力相关,亦受限于时代的认知传统。陈子昂借以传递历史意义与生命价值之理解的"感遇"处于中古知识氛围的影响之下,自不免以"天人感应"为其观念构建的逻辑起点。

> 诸公以余从君之游最久,故秉翰参详,叙其颂曰:天道宏运兮,物各有时。匪时不生兮,匪运不成。昔者元精回潏,阳九滔灾,大人感生,尧禹恢能。阴阳既和,玄帝传家。五百数终,桀骜暴邪。子乙提运,水火革明。匪贤不昌,尹乃阿衡。六百运徂,受始淫狂。西伯考元,历在躬昌。

陈子昂《昭夷子赵氏碑》[③]

"天人感应"是"相感"观念的基本模块,在中国思想的早期,虽不免神秘信仰的成分,但其基本功能在于如何推明天道而及于人事。故而,其主张者多追求理解世间事物存在的法则与原理,并尝试由此构建良性的社会秩序。但历史的现实演化与理论推演之间,常常存在自人而言难以理解的错位。在秦汉而下的思想传统中,对于"天人感应"的接受,则会表现出既认可"天地之大德曰生",以天地亨通

---

① 参见华喆《礼是郑学:汉唐间经典诠释变迁史稿》,第8页。
② 可参看本书第一章第四节。
③ 徐鹏校点《陈子昂集》,上海古籍出版社,2013年,第106页。

为万物化生的缘由与基础，接受天地对于人与万物生命节奏与生命样态的影响；但同时，又不免在历史演化的实然与价值的应然的错位中产生对天道与天命的信任危机。因为容受着天命与人事、价值与事实以及历史与当下的复杂关系，故而"天人之际"的追索总不免浸染着深沉的历史沧桑之感。"天道宏运兮，物各有时。匪时不生兮，匪运不成。"陈子昂以对天人感应的理解，将历史展开的样态、节奏与周期归之于似乎难以有效明晰阐述的天运与天命。与之相应，在《感遇》诸诗中，也常可见到陈子昂对天命的感叹与感慨：

> 幽居观大运，悠悠念群生。
> 终古代兴没，豪圣莫能争。
> 三季沦周赧，七雄灭秦嬴。
> 复闻赤精子，提剑入咸京。
> 炎光既无象，晋虏纷纵横。
> 尧禹道既昧，昏虐势方行。
> 岂无当世雄，天道与胡兵。
> 咄咄安可言，时醉而未醒。
> 仲尼溺东鲁，伯阳遁西溟。
> 大运自古来，旅人胡叹哉！
>
> 《感遇》其一七①

在动人心魄的感慨中，悠悠群生似乎只是天运与天命迭代兴没的"掌中棋子"，难以掌握自我以及群体的命运。治乱更迭的历史循环，已让"天之大德曰生"的温情与善意渐次消退。而人世有无可能建立突破治乱循环的良性秩序，也似乎成为一种意义有限的生命追问，但若如此，生命的价值又在何处？历史又有何意义？所谓天人之间的感应，自人事而言，或许只是少数人所拥有的特出的能力。

---

① 徐鹏校点《陈子昂集》，第6页。

天授元年(690),陈子昂献《上大周受命颂表》,词曰:

> 臣草野愚陋,生长休明,亲逢圣人,又睹昌运,舜禹之政,河洛之图,悉皆目见,幸亦多矣。今者凤鸟来,赤雀至,庆云见,休气升,大周受命之珍符也。不稽元命,探秘文,采风谣,挥象物,纪天人之会以协颂声,则臣下之过也。有国彝典,其可阙乎?①

"天人感应"作为一种被时人共同分享的知识或常识,即使自汉末以来解释力有所削弱,也依然会成为合法化相应行动的重要支撑。在新的可以替而代之的观念流行以前,其地位与影响并不会产生根本性的动摇。陈子昂的诗文中,虽然不免对天道的怀疑乃至质疑,但在具体的政治行动中,却依然习于以此为合法性的根据。在《上大周受命颂表》中,祥瑞毕至成为武周受命的重要表征。"天人感应"的框架内,圣人与天地及民心的感应与感通,标示着人尤其是圣人具有应和、影响天道与天命的可能。虽然此类文字多作夸张谄媚之态,以迎合政治景观化的现实需求并由此达成特定的行动目的,但从"天人感应"的内在逻辑而言,圣人对天道的应和与影响却自然会在将理论周密化的同时,再次确认人类选择与行动的积极意义。在世生存的个体聆听天道与天命的感召,并由之承担生命的道德本分与道德责任,也因此具有真实的价值依据。

万岁通天元年(696),陈子昂从武攸宜出军征讨契丹,次年兵败,因登蓟北楼,遂有《登幽州台歌》:

> 前不见古人,后不见来者。
> 念天地之悠悠,独怆然而涕下。②

深沉而苍凉的感慨,真诚质朴而直入人心。虽然此种感叹并非历史

---

① 徐鹏校点《陈子昂集》,第161页。
② 徐鹏校点《陈子昂集》,第276页。

认知的必要条件,但此种情绪与情感却如同一部乐曲缥缈而真实的基调,使得"历史经验"具有了特定的质感。似乎唯有对历史与当下、机遇与命运有着真切而深层理解的行动者,方能有如此力度的感慨与感叹。此一类型的行动者常将一己的生命与群体的生命样态以及天道相关联,并以此作为彰显生命价值的重要判准。故而,强烈的使命意识与道德责任感自然而然地流布于其日常的言行与文字中,并以某种"神秘化"的方式加以确证。在为其父所撰写的墓志文中,陈子昂记录了一段父子间的对话:

> 尝宴坐,谓其嗣子子昂曰:"吾幽观大运,贤圣生有萌芽,时发乃茂,不可以智力图也。气同万里,而遇合不同,造膝而悖,古之合者,百无一焉。呜呼!昔尧与舜合,舜与禹合,天下得之四百余年。汤与伊尹合,天下归之五百年。文王与太公合,天下顺之四百年。幽厉板荡,天纪乱也,贤圣不相逢。老聃、仲尼,沦溺湎世,不能自昌,故有国者享年不永。弥四百余年,战国如糜,至于赤龙。赤龙之兴四百年,天纪复乱,夷胡奔突,贤圣沦亡,至于今四百年矣。天意其将周复乎?於戏!吾老矣,汝其志之。"
>
> 《我府君有周居士文林郎陈公墓志文》①

陈元敬在历史治乱震荡的往复中,以四百年的周期循环及圣贤的遇合与否作为观察天道与天运的核心视角,从而也体现出中古前期在历史理解中重人事,而尚未将体制问题纳入考察范围的时代特点②。在父子的对谈中,父亲"汝其志之"的嘱托,于陈子昂而言,近似于某种"授记"的神圣行为。"四百年圣贤遇合"的历史判断也自然使得其政治出处的选择,并不纠缠于对于一姓或一朝的忠诚与

---

① 徐鹏校点《陈子昂集》,第132页。
② 参见谢保成《增订中国史学史》,商务印书馆,2016年,第642—643页。

否。若回眸三国谯周以来巴蜀地域的学术传统,陈子昂无疑受到此
地域传统的强势影响①。此种类型的人物,好谈王霸大略,以天下众
生为己任,虽不免空疏,但多有着强烈的道德责任与担当意识,在其
生命历程中,对于他人、它物每每怀有不忍人之心:

> 苍苍丁零塞,今古缅荒途。
> 亭堠何摧兀,暴骨无全躯。
> 黄沙漠南起,白日隐西隅。
> 汉甲三十万,曾以事匈奴。
> 但见沙场死,谁怜塞上孤。
>
> 　　　　　　　　　　　　　　　　《感遇》其三②
>
> 荒哉穆天子,好与白云期。
> 宫女多怨旷,层城闭蛾眉。
> 日耽瑶池乐,岂伤桃李时。
> 青苔空萎绝,白发生罗帷。
>
> 　　　　　　　　　　　　　　　《感遇》其二五③

"不忍人之心"是对他人、它物自然而生的关切与感动,因为此种
关切隐含着道德判断,故而,实可视为一种基于生命境遇的道德感
动④。在此感动中,自我与他人、它物命运相关的共在关系得以强
化。人的一己生命应以求善并践行善为生命过程的应有样态,也在
此道德感动中获得确证。即使在生命过程中,恶无法回避,甚而在
为恶中,行动者会感受到某种独特的生理或心理的满足,但向恶与
为恶均不足以让生命成为生命。正是在向善而生的德性提升中,生

----

① 参见王文进《南朝山水与长城想象》,第370页。
② 徐鹏校点《陈子昂集》,第3页。
③ 徐鹏校点《陈子昂集》,第8页。
④ 参见王庆节《道德感动与儒家示范伦理学》,第26页。

命的价值方能得到稳定的支撑,生命的过程也由此与目的追求融而
为一。陈子昂对于天道感召的呼应,正以一己生命责任的承担为其
实践形式。故而,在《感遇》诗中,作者有对历史的整体理解,更多
却是对历史中的人物命运的关切。虽然其涉及山花山鸟之时依然
有"美人香草"影响的痕迹,相较于杜工部"白小群分命"的真诚与自
然尚差一间,但对草木零落的悲叹,已足以见出其对自然动植物的
关怀。

　　道德感动的发生,提示着感受者对于他者的道德本分与道德责
任,故而聆听天道之感召者,常以其过人的道德勇气践履其所认定
的道德责任。在陈子昂的仕宦经历中,直言敢谏是其留给后世接受
者的鲜明印象。其《谏用刑书》曰:

　　　　今陛下不务玄默,以救疲人,而反任威刑,以失其望,欲以察
　　察为政,肃理寰区,臣愚暗昧,窃有大惑。且臣闻刑者政之末节
　　也,先王以禁暴整乱,不得已而用之。今天下幸安,万物思泰,陛
　　下乃以末节之法察理平人,臣愚以为非适变随时之义也。①

"相感"的"以身体之",不仅是在"身之体"中得到体会和体认,也在
身体力行中得到证成或证实。利用酷吏以营造恐怖氛围并由之影
响官员的日常心态与行动选择,是武周前期重要的政治策略。陈子
昂的言论自政治主张而言,虽然不过为儒家轻刑任德的常规言论,
但举朝不安之际,常识的坚持更易见出言论者的政治勇气与道德。
于《谏雅州讨生羌书》《谏政理书》以及《上蜀川安危事》《上西蕃边州
安危事》诸文中,陈子昂"言王霸大略,君臣之际,甚慷慨焉"②。但政
治生活中的惯例与共识、情感与诉求以及局势与问题,乃至策略与
效应诸多因素的复杂纠缠,通常会形成政治生活对于所谓政治理想

---

① 徐鹏校点《陈子昂集》,第237页。
② 徐鹏校点《陈子昂集》,第264页。

及政治公共性的疏离,政治生活也因此更易表现出力量均衡与利益调配的实际影响。好言王霸大略者,对于政治生活的实态通常缺少应有的近距离的理解与把握,也不免忽视目标与手段之间的距离。故而,因为行政经验的缺乏,或实际行政能力的不足而产生被政治生活边缘化的失落感。出身蜀地的陈子昂,以谏高宗灵驾西归受到武则天的赏识,但"貌寝寡援",在中朝并无坚固的政治后援。虽然其意气风发,言论切直,却并不必然能够适应高层政治的挑战:

> 每上疏言政事,词旨切直,因而解罢。稍迁右拾遗。属契丹以营州叛,建安郡王武攸宜亲总戎律,特诏左补阙属之。迨及公参谋帷幕,军次渔阳,前军王孝杰等相次陷没,三军震慑。公乃进谏,感激忠义,料敌决策,请分麾下万人以为前驱,奋不顾身,上报于建安。建安愎谏,礼谢绝之,但署以军曹掌记而已。公知不合,因登蓟北楼,感昔乐生、燕昭之事,赋诗而流涕。及军罢,以父年老,表乞归侍。
>
> 赵儋《大唐剑南东川节度观察处置等使户部尚书兼御史大夫梓州刺史鲜于公为故拾遗陈公建旌德之碑》[1]

虽然强烈的道德责任感与使命感赋予了陈子昂中朝政治生涯极具辨识度的行动特性,但政治生活对于策略与技术的依赖,却自然会形成对陈子昂的集体抗拒。及离开中朝入幕,陈子昂依然试图以"感激忠义"的慷慨议论说动武攸宜,似乎过往的政治经历并未给陈氏留下太多有效的影响。其登蓟北楼而生"前不见古人,后不见来者"的悠悠之叹,留下了万古垂名的不朽文字。但动人的感伤与穿透历史的感叹与感慨,在后世所引起的共鸣,与其说是接受者对陈子昂政治才能不得施展的扼腕,更毋宁为认同人生在向善的生命践履中,受到责任意

---

[1] 徐鹏校点《陈子昂集》,第269—270页。

识、人性能力、人性欲望以及生命机遇与目标共识诸多因素之影响,而呈现为充满痛苦与磨砺,乃至偏离行动初衷与目标预设的现实形态。生命的价值与美好,或许正奠基于此充满苦痛的责任践履的过程之中。也因此,陈子昂的感伤遂成为认可生命价值,体尝生命艰难而依然以良善与美好为生命目标的在世生存者所共同持有的人生态度。

“感遇”自字面而言,常被解读为对自我或他人生命际遇的感伤与感慨。但感遇之“遇”,作为境遇却并非个体偶然撞上的某种社会环境,而是个体生存于其中、与其共在一体的生活世界。也正是因为在此共同的一体关系中,个体生命中间或发生的道德感动,在提示并强化其道德本分与道德责任的同时,也强化着其与他人、它物共在的一体感。在与他人、它物的搓揉摩荡、相互影响和应和中,不同个体之间因之而生感通共鸣[1]。当个体愈为真切地感受到此种共鸣对于生命的影响,其方才真正地有其境遇,并由之而将道德责任的承担视为生命的应然与自然之举:

> 丁亥岁云暮,西山事甲兵。
> 赢粮匝邛道,荷戟争羌城。
> 严冬阴风劲,穷岫泄云生。
> 昏曀无昼夜,羽檄复相惊。
> 攀局竟万仞,崩危走九冥。
> 籍籍峰壑里,哀哀冰雪行。
> 圣人御宇宙,闻道泰阶平。
> 肉食谋何失,藜藿缅纵横。
>
> 《感遇》其二九[2]

当对道德责任的承担实践于尽性与尽命的生命过程时,个体与自

---

① 王庆节《道德感动与儒家示范伦理学》,第6页。
② 徐鹏校点《陈子昂集》,第9页。

然、他人、它物以及人与历史、当下与未来才会形成真切的感应与共鸣，个人的生命方由之通透。也唯有在此真诚的生命践履中，生命才能在与周围世界的推荡往复的感应与共鸣中，形成自己独特的境遇，感遇的言说与书写，也因此方始能有蔼然动人的内在力量。"唐初王、杨、沈、宋擅名，然不脱齐梁之体。独陈拾遗首倡高雅冲澹之音，一扫六代之纤弱，趋于黄初、建安矣……如'世人拘目见，酤酒笑丹经。昆仑有瑶树，安得采其英？'如'林居病时久，水木澹孤清。闲卧观物化，悠悠念群生。青春始萌达，朱火已满盈。徂落方自此，感叹何时平！'……皆蝉蜕翰墨畦径，读之使人有眼空四海、神游八极之兴。"① 后村此论实可谓陈子昂之异代知音。

二 陈子昂诗的"兴寄"与诗教

"兴寄"一词，语出陈子昂《修竹篇序》，在其身后渐次流行，成为唐代诗学极为重要的语词之一。现代学术建立以来，对于"兴寄"问题的讨论，持续有年，虽间有歧解，但在"兴发""寄托"与"感慨"的理解上则存有共识②。此处的讨论，尝试在儒家"相感"说的基本框架下，将"兴寄"视作包含"相感"之路径与技术选择的效果概念，并由此考察陈子昂为何以"兴寄"为诗歌价值高下的判准。自特定

---

① 刘克庄《后村先生大全集》卷一七三《诗话前集》，《四部丛刊初编》第1331册，第6页。

② 徐文茂关于"兴寄"的讨论较有新见，其曰："如果说'兴'是指审美主客体在特定的具体环境中的相互感应、相互扬弃、相互统一的辩证运动，那'寄'则是从突出审美主体的角度来着眼的，是从审美运动中主体经由绪、意、旨，以及如何使旨具体物化为兴象并构成诗境的过程来提出的。"(《陈子昂"兴寄"说新论》，《文学评论》1998年第3期，第124—131页)此外关于"兴寄"问题的讨论，可参见张明非《论陈子昂"兴寄"说》，《广西师范大学学报》1998年第1期，第59—64页。

的视角而言,真切的"感遇"有效表达,即是有诗教之用的"兴寄"。对于以天道感召自期的士人而言,作为道德责任践履之途的诗文书写,应更符合陈子昂对于诗文创作的自我预期。

《修竹篇序》曰:

> 东方公足下:文章道弊五百年矣。汉、魏风骨,晋、宋莫传,然而文献有可征者。仆尝暇时观齐、梁间诗,彩丽竞繁,而兴寄都绝。每以永叹,思古人,常恐逶迤颓靡,风雅不作,以耿耿也。①

文章道弊的五百年,也是"赤龙之兴四百年,天纪复乱"的历史动荡期。对于好言王霸大略且以澄清天下自任的陈氏而言,文章自非雕虫之技。在儒家的伦理教化传统中,并不以形式的规范与普遍规则的给定为目标取向,而追求以道德的示例作为教化的常规路径。如此,关乎世道人心的文字,理应为文字的阅读与聆听者制作道德感动的契机。"鼓万物者莫疾乎风,感人心者莫善乎诗。"②陈子昂所主张的"兴寄",一个最直接而有效的理解,应以文字所具有的感动人心的教化能力为价值判定最为重要的依据。因此,所谓"兴寄"可解读为以感发他人为书写的基本寄托。当然,如此的理解并非主张诗歌的书写者为了读者而写作,而是诗作者通过自我对生活世界的真实关切——一种与他人的"共同关切"而自然而然地感动他人,故而诗之感人有关于技艺亦有关于题材。"兴寄"如是,所谓"风骨"亦如是③。

在唐而后的诗论中,近体声律规则的讨论代不乏人,但平仄的二元化以及对汉字之声作为声、韵、调之综合表现的忽视,却导致在近体规则讨论形成独尊态势的同时,压制了对声音之于诗文之作用

---

① 徐鹏校点《陈子昂集》,第16页。
② 陈广宏、侯荣川编校《稀见明人诗话十六种》,第747页。
③ 葛晓音《从五七古短篇看杜诗"宪章汉魏"的创变》,《北京大学学报》2017年第3期,第19—30页。

讨论的空间。声音的失落，也成为唐代之后诗论的极大损失[①]。而以诗歌作为"道德感动"之独特契机，则需以声音的关注为其自觉意识[②]。《修竹篇序》曰："一昨于解三处见明公《咏孤桐篇》，骨气端翔，音情顿挫，光英朗练，有金石声，遂用洗心饰视，发挥幽郁。不图正始之音复睹于兹，可使建安作者相视而笑。""有金石声"是陈子昂认同《咏孤桐篇》，视之为正始之音之当世遗响的重要缘由。由此亦可推知，陈氏的"兴寄"当以诗作音感效果的讲求为基本原则。此一主张，在古近体之争的诗学洪流中被逐渐压制。自然声律与人工声律的对抗，弱化了声音在古体诗歌中的实际影响：

> 声教之与义学，古昔圣王并行而不倍，余故曰：韵语之作，声而非义。汉人而下，以义夺声，赖初盛二唐渐入佳境，至于中晚，终作残灯余焰也。今余力以声韵说诗，尤惧世无钟子。王元长有言："宫商与义理俱生。"可谓千古同调，惜未竟其说耳。
>
> ……
>
> 诗以声为主宰，意为骨力，文章为皮毛，光景为兴致，阙一不可。不得已而去，当有重轻先后之殊。作者、观者各具法眼，勿失其去取。取者何？声是也。[③]

"声音"虽然并不能直接建立起对他人体验的直接感知，但却是产生感受感染的重要契机，在声音顿挫抑扬之节奏所形成的氛围中，读者极易为诗歌所感染，继而形成某种同一感甚或相互一同感受[④]。赵宧光《谭雅》对于声音的推重，在明清时期的诗话中是极有识见的文字。"诗以声为主宰"，故诗之感人，其要在声。这一点，在唐人如

---

① 参见本书第三章第三节。

② 参见唐君毅《中国哲学原论·原道篇》卷二，台北学生书局，1977年，第661页。

③ 陈广宏、侯荣川编校《稀见明人诗话十六种》，第793—794页。

④ 张任之《心性与体知——从现象学到儒家》，商务印书馆，2019年，第132—135页。

白居易、元稹处已受到足够的重视。白居易《与元九书》中:"感人心者,莫先乎情,莫始乎言,莫切乎声,莫深乎义。《诗》者,根情,苗言,华声,实义。"[①]声为感人之尤切者,故诗人欲以诗为正世道人心之具,则必于声音之道深有体悟而后方始可能[②]。在《修竹篇》中,陈子昂调声的技法,有叠字,如"龙种生南岳,孤翠郁亭亭";对偶,如"峰岭上崇崒,烟雨下微冥。夜闻鼯鼠叫,昼聒泉壑声";双声,如"哀响激金奏,密色滋玉英";语词复用,如"羞比春木荣。春木有荣歇";使用逻辑关联词,如"岂不厌凝冽""不意怜伦子"。诸多技法的采用,可以见出陈子昂在调声上的用心与刻意。但是中古汉语演化的历史趋势以及近体兴起的诗坛风气,却无疑有着更难以对抗的影响力,无论陈子昂对诗歌理想的标示何等清晰,其诗歌创作依然无法完全跳脱时代的影响。"其诗尚杂用律句,平韵者尤忌上尾。至如《鸳鸯篇》《修竹篇》等,亦皆古、律混淆,自是六朝余弊,正犹叔孙通之兴礼乐耳。"[③]即使影响深远,足可视为陈子昂代表作品的《感遇》组诗,也未能完全实现其所标示的创作理想。姚范《援鹑堂笔记》即有言曰:"(陈子昂《感遇诗》)风骨矫拔,而才韵犹有未充。讽诵之次,风调似未极跌荡洋溢之致。"[④]

"声教"而外,诗之"义学"则是"兴寄"能兴人之情、导人向善的另一要点所在。这既关乎主题的选择、情感的表达,也关乎技法的高下。在个体的生命历程中,道德感动或因物或因事而生,钟嵘《诗品序》于此有颇为周密的论说:

---

① 丁如明、聂世美校点《白居易全集》,上海古籍出版社,1999年,第647页。
② "诗有意,有辞,有音,而音为本色。无音但意与辞,凡文章皆然。舍声音,别于辞意间,索隐僻为深奥;贵艰涩为高古,余狂而不信也。"(郝敬《艺圃伧谈》,周维德集校《全明诗话》第4册,第2887页)
③ 许学夷《诗源辩体》卷一三,第144页。
④ 《续修四库全书》子部第1149册,第77页。

　　若乃春风春鸟，秋月秋蝉，夏云暑雨，冬月祁寒，斯四候之
感诸诗者也。嘉会寄诗以亲，离群托诗以怨。至于楚臣去境，
汉妾辞宫，或骨横朔野，或魂逐飞蓬，或负戈外戍，杀气雄边；塞
客衣单，孀闺泪尽；或士有解佩出朝，一去忘返；女有扬蛾入宠，
再盼倾国：凡斯种种，感荡心灵，非陈诗何以展其义，非长歌何
以释其情？故曰："《诗》可以群，可以怨。"[1]

处于与他人、它物共在的个体生命，其道德感动的发动，或因于物
候变迁、季节流转，或因他人他事的悲欢离合与人生际遇。读者在
诗歌中因声音与语义所生的感动，与此并无二致。由于道德感动的
发生首先有其亲身性的特点，须身临其境方能有感动的发生。"此
种亲身介入，虽然并不必然要求情感主体的当下事实在场，但至少
要求我们设想自己当下的在场。"[2]作为情绪状态的道德感动，并非
由逻辑推论而得，在其发生的瞬间，图像、声音与影像等常常会起
到极为重要的推动作用。所谓"见其生不忍见其死，闻其声不忍食其
肉"（《孟子·梁惠王上》），也正是因为见、闻的亲身介入所导致的道
德感动会指向相应的行动。诗之"兴寄"若欲达成引发阅读者的道德
感动，并在此种道德感动的自觉中完成生命的自我教育与德性提升，
则需要书写者在主题与技法上的有效处理。杨载《诗法家数》言：

　　（五言古诗）须要寓意深远，托词温厚，反复优游，雍容不
迫。或感古怀今，或怀人伤己，或潇洒闲适。写景要雅淡，推人
心之至情，写感慨之微意，悲欢含蓄而不伤，美刺婉曲而不露，
要有三百篇之遗意方是。观汉魏古诗，蔼然有感动人处，如《古
诗十九首》，皆当熟读玩味，自见其趣。[3]

---

[1] 钟嵘著、曹旭集注《诗品集注》，第56页。
[2] 王庆节《道德感动与儒家示范伦理学》，第31页。
[3] 何文焕辑《历代诗话》，第731页。

道德感动的亲身性特点,意味着此种情绪状态的发生与行动者的介入程度相关。故而,诗歌主题的选择应避免道德规则或某种教条的直接言说,而在物态、人事的情境构造与场景化的脉络勾连中,让阅读者产生同感共鸣。"含蓄而不伤、美刺婉曲而不露",虽然道德法则与规则的探求,同样会有产生道德感动的可能,但其相较于道德示范的影响,无疑较为弱化。"示范"不追求对他人的强行约束,而强调在行动中所彰显的道德价值。感动是人生至深至极的现象,意在动人则难以动人,刻意寻求感动也难以受到感动,只有自然的兴发感动,才能酣畅淋漓、浃肌沦髓。古诗的"托词温厚",应凝结着诗作者对于道德教化的更为生活化的理解[①]。张谦宜《絸斋诗谈》曰:"子昂胸中被古诗膏液熏蒸十分透彻,才下笔时,便有一段元气,浑灏驱遣,奔赴而来。其转换吞吐,有掩映无尽之致,使人寻味不置,愈入愈深,非上口便晓者比。但是他见得理浅,到感慨极深处,不过逃世远去,学佛学仙耳,此便是没奈何计较。"[②]诗歌教化功能的生发,不在于向阅读者提供一般性的道德规则以及或退隐、或看空等类的生命选择,而更应尝试在诗歌中通过场景化的书写,营造最易诱发道德感动的特殊时机。场景作为事件之流的截面,是观看者打量事件所以可能的条件。然而,观看者欲由场景而了解或领悟事件,其所选取的场景则须在事件中具有特殊位置,场景化的事件对于事件本身的境遇理应最具开示的功能。"凡实事、故事,皆事也,事生于景则真"[③],故而,诗中之"事",或为物态的盛衰流变,或为指引人生悲欢离合之事件的特殊场景。道德感动并不一定发生在生命美好的展演中,而更偏好在对短暂、分离、失落、牺牲等生命的非完满状态的书写中,展现对生命向善之坚持的道德价值:

―――――――――

① 参见陈嘉映《从感觉开始》,华夏出版社,2016年,第119页。
②《续修四库全书》集部第1699册,第647页。
③ 陈绎曾《文说》,《景印文渊阁四库全书》集部第1428册,第246页。

> 《十九首》所以为千古至文者，以能言人同有之情也。人情莫不思得志，而得志者有几？虽处富贵，慊慊犹有不足，况贫贱乎！志不可得而年命如流，谁不感慨！人情于所爱，莫不欲终身相守，然谁不有别离？以我之怀思，猜彼之见弃，亦其常也。夫终身相守者，不知有愁，亦复不知其乐。乍一别离，则此愁难已。逐臣弃妻，与朋友阔绝，皆同此旨。故《十九首》虽此二意，而低回反复。人人读之皆若伤我心者。此诗所以为性情之物，而同有之情，人人各具，则人人本自有诗也。[1]

道德感动的具体发动，虽然因时、因地、因事且因人而异，但其殊异中却隐含着公共性的维度。道德判断、道德感动的发生均植根于群体生活的伦理传统之中，故而，个体的道德感动总隐含着群体在不同历史境遇中对于良善生活的理解。"推人心之至情"，乃是对人生必然在日常的生命过程中，遭遇流年似水、志不获骋以及聚散无凭的诸多痛苦的接受。而某种意义上，也正是因为流年似水人生有限，个体才理解时间的诸多意味以及生命的可贵与值得珍惜的价值；也正是因为志不获骋，个体才理解为志向与理想而坚持的价值以及此种坚持对于生命的意义；也正是因为聚散无凭，个体才能深切领悟生命与他者共在并依赖于此共在的意味。故而，在生命最易经验的苦痛展示中，个体既易为他人的命运所牵动而生发道德感动，也会在此种对美善的珍爱中领悟生命何以以向善为目的[2]。相较于道理与规则的开示，事态中的人事与物象无疑更具有直指人心的能力。故而，在诗歌中使用作为示范的"典故"，或极具视觉感的物态与生活场景，最易动人[3]：

①陈祚明《采菽堂古诗选》，上海古籍出版社，2008年，第80—81页。
②参见陈嘉映《何为良好生活——行之于途而应于心》，上海文艺出版社，2015年，第255页。
③参见葛晓音《先秦汉魏六朝诗歌体式研究》，北京大学出版社，2012年，第321页。

南登碣石馆,遥望黄金台。

丘陵尽乔木,昭王安在哉?

霸图怅已矣,驱马复归来。

《燕昭王》①

兰若生春夏,芊蔚何青青。

幽独空林色,朱蕤冒紫茎。

迟迟白日晚,嫋嫋秋风生。

岁华尽摇落,芳意竟何成。

《感遇》其二②

"古人比兴都用物,至汉犹然。后人比兴都用事,至唐而盛。"③"典故"是人事活动的"残迹"与索引,其意味与生命奠基于特定境遇中的人事所具有的示范效应,以及在后世接受中的意义解读与意义增殖。对于以道德教化定位诗歌功能的书写者而言,典故,尤其是流行于普通知识阶层并不生僻之典,是生发道德感动的常见而有效的技法选择。但诗歌中的典故却不必然以道德的完满与志趣或志向的达成为书写要点,而是更偏好展现在向善与实践志向的生命进程中,行动者的遭际、痛苦与坚持。作为典范,其意义首先不在于展现伦理生活中实然与应然的合一,而更在于明示,此种合一依赖于践行者的尽性尽善、面对挑战与痛苦而努力坚持的生命样态。在陈子昂诗中,典故更多指涉生命间的隔膜、志向的难以达成,甚而包含对自我生命的放纵。典故的选择以及在诗中所流露的作者的情感投射,使得阅读者极易进入陈氏的生命世界,理解其承担道德责任的真诚与在实际践行中的彻骨之痛④。而对自然物象的呈现,同样也

---

① 徐鹏校点《陈子昂集》,第25页。

② 徐鹏校点《陈子昂集》,第3页。

③ 冯班著、何焯评《钝吟杂录》,《丛书集成初编》本,商务印书馆,1937年,第64页。

④ 参见徐文茂《论陈子昂诗歌的使事用典》,《学术月刊》1997年第12期,第34—39页。

多以处于盛极而衰的生命节点中的视觉景观为书写要点，由此传递作者对生命美好的惋惜与珍爱。虽然在后世的接受中，陈子昂的历史定位通常关联于古文运动，但若自儒家诗教的视角而言，其对于李唐及其后的诗歌创作，无疑更在于回眸汉魏传统中对于诗歌作为生发道德感动之契机的价值提示，此一点对于李唐诗歌的演进，或许具有更为深切的影响。

余　论

在中古时期的诗论中，"诗缘情"是影响极大而与"诗言志"逐步平分秋色的大判断。在当下的文学研究中，"缘情"与"言志"两说对于诗歌作为一种文学作品的身份确定而言，有着至为重要的影响。即使现代学术建立以来的研究者通常需要在"志"与"情"之间作一转圜，以避免社会功能性的过度强调对诗歌艺术的伤害，但对于生长于诗教传统之下的中古士人而言，作为教化之具的诗歌或许更是其视之为当然的基本共识。"缘情""言志"的判断，无疑多少回避了诗歌作为教化之具的功能认定。而若回避诗歌的此一功能，感遇、兴寄乃至风骨等问题虽然可以得到相应的讨论，只是忽视接受者的潜在制约，自然会限制讨论更为深层的拓展。汉魏而后，诗歌书写转向对个人生命感受与思考的反思、玄理哲思的言说、山水行览的描述以及闺房之趣的耽玩，在技巧细化而美饰日增的同时，也逐步与汉魏古诗对人心之至情、世态之常理的言说传统拉开了距离，诗歌生发道德感动的能力由之弱化。陈子昂在中古诗学中的意义，自儒家传统诗教视角而言，乃是其在晋宋以来诗歌新风习的强势之下，重新倡导一种以道德教化为根本追求的诗歌创作。故而，在特定的意义上，陈子昂的复古自然更着力于道德教化的效应，并由之主导书写形式的选择。但陈子昂的书写实践也隐微地提示，即使汉魏古诗的形式在诗教中的作用无可替代，但在汉语史演化的趋势之下,寻求在新形式中的突破应是更为可行的路径选择①。

儒家的伦理教化并不以规则或律令的"强制"与"命令"为主导,而倾向于在道德的示例中为他人确立可以取效的行为典范。在事态中生发道德感动,并由之产生自然而然的道德教化的效果。教化的要点不在于给出一种生命理想完满的状态,而是在对他人、它物的关切中,彰显生命的道德责任,并由之提示生命向善对于生命本身的成就。也正是因为此种示范性的道德教化所重视的道德感动乃是一种生命情感,故而,重视诗教则必然重视情感在诗歌中的位置与影响。所谓中国诗歌的"抒情传统"或许与此有着密切而深层的关联②。陈子昂诗中的痛苦、彷徨、感伤与感慨,是其诗歌所以能够动人的重要原因,但毋庸回避的则是,陈子昂在诗歌的技法呈现上,无论是声律,还是典故、对偶、叠词等诗歌技法的水准上,依然有可以提升的空间。唐诗能够实现"如旦晚脱笔砚"的技法的纯熟,则是超越古今之争的结果,而此一点,实是治唐文学史者的常识。

---

① "将陈子昂在《感遇》及其他各类诗歌中的实践与当时的初唐古诗相比较,可以清楚地看出:他的复古实绩主要在于从选择六句、八句、十句及十二句体这几种近体化的篇制入手,打破了宋齐体在声律及体式上难分古诗和齐梁体的混沌状态,为诗坛指出了界分古、律的关键在于上溯汉魏;并运用汉魏古诗的创作原理,兼取宋齐古诗的结构,在较长的篇制中探索古诗的表现方式,为唐代古诗独特风貌的形成奠定了基础。"(葛晓音《陈子昂与初唐五言诗古、律体调的界分——兼论明清诗论中的"唐无五古"说》,《文史哲》2011年第3期,第107页)

② "歌或曰言词乐章(world-music)所具备的形式结构,以及在内容或意向上表现出来的主体性和自抒胸臆(self-expression),是定义抒情诗的两大基本要素。《诗经》和《楚辞》,作为中国文学传统的源头,把这两项要素结合起来,只是两要素之主从位置或有差异。自此,中国文学创作的主要航道确定下来了,尽管往后这个传统不断发展与扩张。可以这样说,从此以后,中国文学注定要以抒情为主导。抒情精神(lyricism)成就了中国文学的荣耀,也造成它的局限。"(陈世骧《中国文学的抒情传统》,生活·读书·新知三联书店,2015年,第5页)

第三章　高峰与危机：
玄宗至代宗时期的儒学与文学

八世纪上半期是李唐在高层政治高频震荡之后，逐步走向稳定而渐入盛世的历史时段。在此时期，一种可称为清流崇拜的政治文化由萌生而成型，并对中晚唐以及五代宋初的政治生活产生了重要影响。张说、张九龄是此清流文化得以形成的主要推动者，二人在对文学与政治关系系统考量的基础上，引领了盛唐政治文化的走向，并加速了盛唐文化高峰的到来。天人交感的礼乐体系在当时的精英知识阶层虽然已受到极大的质疑与挑战，但言说传统的惯性以及营造盛世的政治诉求与社会心态，依然为其影响的持续提供了坚实的基础。"理想政治"与"一体之感"在此框架中相互支撑，政治与儒学及文学的关系大体平衡。儒学精神的再次彰显与盛大国势所培养的士人自信，在盛唐文学中展露无遗。但盛世之下，危机潜滋暗长，随着关中防御体系的消解、胡汉关系的逐渐失衡、社会阶层间的共情程度的弱化以及士风与官风的窳败，李唐将再次面临着秩序重建的根本挑战。武德以来，儒学对于社会的影响，无论是礼乐制度与律令格式的修订，还是为政治生活提供共识或话语资源，均体现出以政治为枢纽的特点，玄宗至代宗时期亦大体如此。因此，中古文学与政治关系的一般性考察，也就成为此时期儒学与文学关系考察的基础。

第一节　经国之大业：中古政治
与文学分析初步兼及张说的政治观念

　　文学与政治关系的讨论是古典文学研究的常规话题，百余年来成果丰厚。但观察经验的累积并不必然意味着知识含量的明确增长。由于"基础与建筑"式理论视角的强势以及文学研究者对政治学学科理论与方法的敏感度不足，"文学与政治"研究难以真正有效地将文学置于适恰的框架之中予以观察。故拙于描述文学对于政治的结构性作用，也自然难以展现文学体式演变对传统政治"一统体制与有效治理"①间之基本矛盾的回应与适应。虽然，研究者对所身处时代文学与政治关系的感受，可以为此研究现状提供一合理说辞②，但初步反思所易于导致的"实在论"陷阱③，应是更为深层的原因。而具体研究过程中，对"政治"与"文学"概念演化过程的忽

①参见周雪光《中国国家治理的制度逻辑》，第7—49页。
②"清流文化涉及的一个重要方面是语言与政治的关系，这是当下中国史研究中一个非常薄弱的环节。我们生活在只认可赤裸裸的权力的时代，虽然日常生活里，人们仍不断要从刻板的官方文字中咀嚼出政治风向的滋味，而对在古代的政治和礼仪空间中曾拥有至高权威的文辞表达，反而失去了敏感，这是令人遗憾的。"（陆扬《清流文化与唐帝国》，第15页）
③此处所言及的"实在论陷阱"主要表现为：（一）"政治"与"文学"相对于语词的独立性；（二）"政治"与"文学"间的独立性以及由此而可能产生的将语词的区分约等于生命经验的区分。

视,亦会强化此陷阱存在的合理性①。由此限制,学界在面对中古时期几为共识的"文章者,经国之大业"之类表述时,多视之为关于文学功能的修辞性表达,却漠视甚或忽视其作为一种"事实陈述"的可能性。重回中古文学与政治的"历史现场",以对抗一般性结论的流行,进而拓展文学与政治关系的研究空间遂成必要。而在当时即有"大手笔"之称誉的政坛领袖张说,则成为衡量此种考察有效与否的较佳案例。

一　文学与"政治之为政治"

在中古时期的政治生活中,"政治"以组合方式出现的频次甚低,且其所指与作为今日政治学基本概念的"政治"之间,存有较大差异②。"王道""王制"与"王政"是时人在言说相关问题上,更偏好使用的语词。讨论中古时期文学与政治的关系而借助"政治"一词,并非是对政治生活历史性背景的漠视,而是尝试在"政治为众人之事"及"政治是权力关系"之基本共识的基础上,描述"文学"在政治

①当下学界在讨论政治与文学关系时,自然而然地接受"文学"与"政治"作为双音节语词的事实,并以之反观已有巨大时间距离的古典时期,也应是强化上述理解的另一原因。双音节化是秦汉而后汉语新词产生的主要方式,组合方式变化的背后,是汉语词汇的表义规则自"隐含"向"呈现"的转变。表义规则的变化在同应表义复杂度与准确度要求的同时,也加速了汉语词类的分化,并由之强化了语词意指间的分化感受。然衡之中古时期的书写惯例,"文"与"政"虽可与其他语词组合使用,但依然保持了极高的自由度,"文"与"政"的一体性,在此时期更易观察。参见胡敕瑞《从隐含到呈现(上)——试论中古词汇的一个本质变化》,林焘主编《语言学论丛》第三十一辑,商务印书馆,2005年,第21页。

②参见刘泽华主编《中国政治思想通史·综论卷》,中国人民大学出版社,2014年,第3—6页。

生活中的结构性作用。故而，对相关结论超历史性的追求，会自然弱化对"政治"观念作谱系考察的必要。而在关于"文学"的理解上，则以刘勰《文心雕龙》为基本参照，认可中古文学的历史演化以及由之所呈现的"文学与政治"的特殊样态。但同时也尝试以"文学是语词之特殊组合方式"的理解，将"语言与政治的关系"转化为特定形态的"文学与政治之关系"，从而维持超历史性结论的有效性。由于政治结构及其运作的高度复杂性，此处的讨论在借助韦伯学说的基础上，将形式化、合法化、荣耀化及公共性视为政治生活得以成立的判定因素，文学对于政治结构性作用的分析也由此展开。

　　权力作为一种依赖于权力表现而存在于行动中的非对等性人际关系，以形式化为其存在的确证。相较于非组织性权力的随机与发散，以组织形式而存在的政治权力的权力表现则更为稳定而体现出高度形式化的特性。制度、机构、象征符号以及政令等，均为政治权力较为常见的形式化因素。但在政治权力繁杂多样的形式化方式中，文学的地位无疑最为根本。刘勰《文心雕龙》曰：

> 敷赞圣旨，莫若注经，而马、郑诸儒，弘之已精，就有深解，未足立家。唯文章之用，实经典枝条，五礼资之以成，六典因之致用。君臣所以炳焕，军国所以昭明，详其本源，莫非经典。①

刘勰对于"文章之用"的描述，在时下流行的注本中，大多被视为"文章"功能的修辞性表达，而非是"文章"历史作用与地位的中性陈述。"五礼""六典""君臣""军国"均是政治权力运作的重要领域，但以上权力关系的存在均需依赖于"文章"而得以呈现或合理化。在刘勰对"文章"的定位中，可明确做出如下推论，即"在政治上，根本就不存在任何一种没有语言维度的关键行动"，政治首先且首要是语

---

① 刘勰著、詹锳义证《文心雕龙义证》，第1909页。

言的①。虽然直接将此判断转化为"政治是文学的"会在一定程度上掩盖具体政治运作中语词使用的弹性，但不追求全面对等的"首先且首要"的设定，依然足以确保此种转化的有效性。"文学"文本作为社会生活的具体表征，其在文体（文类）以及语体上的分化，与群体生活所依赖的基本生态、资源环境及主要经济方式与组织形式之间，实为一体两面的"表征／本相"关系。因此，自静态而言，政治权力的形式化极易与文学形式形成同构效应。明朱荃宰《文通》曰：

> 训、诰、典、谟、誓、命、禁令、诏谕、约法，此上之所以宣示于下者也；章、奏、表、疏、陈请、献纳，下之所以求通于上者也；缄、题、削牍、书、启、简、记，相与往复，而碑勒纪号，镌刻垂示，所以述扬功德。若夫诘难质讯，檄移规诲，锡命逊让，荐举纠拾，引喻取譬，游戏玩弄，论裁辩对，笺固阐译，符图铭志，临诀愤叹，职秩谈说，刺毁诋讥，游词蔓衍，诡托假讽，寄寓嘲哂，则夫提奖人伦，纬经万化，奉词讨伐，穷蹙委命，非文之为用哉。②

政治权力运作自涉及对象的层级而言，有上下间、同级间、同盟与敌我间等相应区分；自功能类型而言，则有政令传递、信息流通、立场表达及政治动员上的多种差异，视角不同，分类的结果随之而变。而文学以其在文体（文类）、语体上的多样与弹性，形成对政治运作的有效呈现。文学对政治权力的形式化，意味着政治权力在结构、领域、周期以及常规实践路径等领域的具象化，政治运作中的文体

---

①凯瑞·帕罗内著，李宏图、胡传胜译《昆廷·斯金纳思想研究：历史·政治·修辞》，第33页。
②王水照编《历代文话》，复旦大学出版社，2007年，第2832页。

或语体失当,极易诱发政治事件①。静态对应而外,政治权力的历史演化同样呈现于文学文体(文类)及语体的历史演化中。"尧咨四岳,舜命八元……并陈辞帝庭,匪假书翰。然则敷奏以言,则章表之义也……至太甲既立,伊尹书诫,思庸归亳,又作书以赞。文翰献替,事斯见矣……降及七国,未变古式,言事于主,皆称上书。秦初定制,改书曰奏。汉定礼仪,则有四品:一曰章,二曰奏,三曰表,四曰议。章以谢恩,奏以按劾,表以陈请,议以执异。"②文学形态的演化能够呈现政治权力的变动,其现实基础在于帝制时代的政务运作对于文书行政的高度依赖③。文学文体的类型演化、语体的完形路径与程度以及不同文体、语体在政治运作中的相对轻重,均是文学与政治权力结构性关系历时性展现的有效路径。虽然文学与政治之间的高度对应有人为设计的痕迹,但更为可能的则是各种力量参与的政治运作演化的非预设性结果。因为文学对于政治权力的形式化,政治权力方能有相应的稳定性以及超越于有限人群的辐射性,"总体化"的想象与政治生活的方向确认经此形式化的转换方能达成。

　　政治权力的形式化自然并非仅依赖于"文学",建筑、服饰、图像与仪式等均可成为有效的形式化手段,但政治权力作为非对称性的

---

① 后晋天福十二年(947)六月甲寅朔,契丹贵族萧翰围前宰相张砺之第,曰:"汝何故言于先帝,云胡人不可以为节度使? 又,吾为宣武节度使,且国舅也;汝在中书乃帖我……今我必杀汝。"(《资治通鉴》卷二八七,第2372页)"帖"即政事堂帖,张砺以中书门下给其发帖是态度上的轻视,此是文体失当。"高骈章疏不恭,皆顾云之辞也。骈后谓左右曰:'异日朝廷以不臣见罪,此辈宁无赤族之患耶?'"(钱易撰、黄寿成点校《南部新书》丙卷,中华书局,2002年,第39页)所谓章疏不恭,即语体失当。

② 刘勰著、詹锳义证《文心雕龙义证》卷五,第820—826页。

③ 刘后滨《唐代中书门下体制研究——公文形态、政务运行与制度变迁》,第47—48页。

社会控制机制，其存在与作用发挥，必须伴随着合法化过程，而文学（语言）是最为常见也最为根本的合法化手段。其他诸种手段的运用，无法独立于文学（语言）的授权而存在，也即文学既为政治权力，同时也为权力可利用的其他资源赋予合法性印记。

> 凡王言之制有七：一曰册书，立皇后、皇太子，封诸王，临轩册命则用之；二曰制书，大赏罚、赦宥虑囚、大除授则用之；三曰慰劳制书，褒勉赞劳则用之；四曰发敕，废置州县、增减官吏、发兵、除免官爵、授六品以上官则用之；五曰敕旨，百官奏请施行则用之；六曰论事敕书，戒约臣下则用之；七曰敕牒，随事承制，不易于旧则用之。①

李唐"王言之制有七"，已大体笼括由上而下的全部重要政治行为。与当下的行政公文较为简单、明确且有意简化语体要求不同，中古尤其是中后期的公文书写则有明确的合法性言说意图。开元三年正月，玄宗下颁《册皇太子制》，其词曰：

> 黄门：朕闻王者神器，天之大业，震百里而崇孟侯，照四方而建元子，其所由来尚矣。我国家参天贰地，济以丰功，祖武宗文，承于密命，顾循菲德，寅畏鸿名。太上皇命朕以位，卿大夫补朕之阙，佥谓率先自尔，稽古惟新。国本之大，不可以不务；皇储之重，不可以不立；故宵衣当宁，闻义是将，朝服升阶，择贤而举。②

中古时代的公文书写，大多有作为基本结构的"冒头"的存在。虽然其内容应政治行动重度的差异而有繁简之别，但铺陈天道、传统以及具体语境中的必要性则是其常规手法。其功能既在于为具

---

① 《新唐书》卷四七，第1210页。
② 李希泌主编《唐大诏令集补编》，第86—87页。

体的政治行为选择提供缘由,同时也为政治权力、政治结构甚至政治行为的路径与方式提供合理性论证。虽然政治生活的技术化与去道德化倾向一直饱受诟病,但政治生活依然无法独立于一整套的"合法化叙事"而存在。即使政治权力的主导者明了权力运作或权力游戏的所谓"实相",也必须承认让他人相信合法化叙事是政治有序进行的重要保障。政治生活的合法化叙事,通常采用正当性与证成性的双重论证进路。前者作为"回溯性"概念,关注权力的来源与谱系,后者作为"前瞻性"概念,则指向权力的效用与目的。而合法化的基础设定则与特定的权威类型与国家治理模式高度相关。因此,依赖于天道与传统为基本元素的中古政治,常呈现出传统型、权威性糅合而兼顾法理性的权威形式,其治理模式也在皇帝的专制权力与官僚的常规权力的相对消长中呈现出以高度关联制为主体的具体形态①。合法化叙事可以一度掩盖暴力压制在政治运作中的实际影响,但合法化叙事最为暴力与恐怖之处,却恰恰在于对于政治暴力的合法化。"文学"与"政治"的关系于此似最为隐秘。

> 虎常问澄:"佛法云何。"澄曰:"佛法不杀。""朕为天下之主,非刑杀无以肃清海内。既违戒杀生,虽复事佛,讵获福耶?"澄曰:"帝王之事佛当在心,体恭心顺,显畅三宝,不为暴虐,不害无辜。至于凶愚无赖,非化所迁,有罪不得不杀,有恶不得不刑。但当杀可杀,刑可刑耳。若暴虐恣意,杀害非罪,虽复倾财事法,无解殃祸。愿陛下省欲兴慈,广及一切,则佛教永隆,福祚方远。"虎虽不能尽从,而为益不少。②

传统社会的政治暴力通常指向对生命的管制与杀戮,合法化叙事在处理此类政治事件时,大多采用道德化手段,将特定生命的处置认

---

① 周雪光《中国国家治理的制度逻辑》,第104页。
② 释慧皎《高僧传》,中华书局,1992年,第351页。

定为共同体的公共利益之所需。佛图澄与石虎的对话，通常被视为佛教有效影响政治生活的典型案例，而忽视表层对生命的尊重，却隐含着对政治暴力合法叙事的强化。即使是以不杀生为基本戒律的佛教组织也不得不认可政治暴力的逻辑，意味着世俗权力以生命权力为自我确认之根本方式，几为共识[1]。政治生活充斥着"黑箱操作"与"血腥杀戮"等去道德化的想象，其根源也应在于政治权力以非暴力的手段对暴力本身的合法化。

政治权力的合法化叙事意在保障政治生活的有序运行，并由此实现对政治运行成本的控制。然而，权力运行如若不依赖于暴力压制，则需要政治权威的建立。权威的建立，除依赖于"情感与利益共同体"的想象与认同外，尚须建立政治权力的荣耀性。如此，对于权力运行的自然服从才能成为普遍心态。时间维度上，政治权威由对历史传统的承继、当世辉煌的创制以及未来理想的指向共构而成；空间维度上，则以书写疆域的辽阔、位置的核心与场景的宏大为常规手段，而时空维度又共同关联于"天道"的超时空价值。故而在政治的合法化叙事中，天命、德行、荣誉、才能乃至血统等均为组构叙事的重要元素。中古政治善于利用此类语词编制事件、描述场景、引发情感并传递价值，进而营造政治权力的权威光环。在此过程中，"被治理者"同样可以参与分享的"政治体"荣耀的书写，为其基本路径之一。

> 臣闻之于师曰：元气者，天地之始，万物之祖，王政之大端也。天地之道，莫大乎阴阳；万物之灵，莫大乎黔首；王政之贵，莫大乎安人。故人安则阴阳和，阴阳和则天地平，天地平则元

---

[1] "国家主权唯是通过以下方式确立自身：在每一个场合都将生命从其形式上剥离下来，使之成为赤裸生命。"（阿甘本著、吴冠军译《神圣人——至高权力与赤裸生命》，中央编译出版社，2016年，第67页）此处的分析借助了阿甘本的"神圣人"理路。所谓神圣人即"可以被杀害，但不能被祭祀的生命"。

气正矣。①

> 谈天者八家,其七家,甘氏、石氏、浑天之类。以度数推
> 之,则华夏居天地之中也……热气特甚,盖去日较近。其地渐
> 远转寒,盖去日稍远。则洛阳告成县土圭居覆载之中明矣。②

以天地之道为定位现世政治的价值框架,是传统中国最为常见的论
述形式。在今日看来似乎故为张大其词,而近于荒诞不经的政治言
论,在时人的知识世界中,却常常可能坐落在最为真实而有效的知
识体系之上。即使此类知识曾一度受到知识精英的质疑,也难以动
摇其在政治世界中作为常规共识的基础地位。此类表述的流行,也
并非仅为神道设教以迷惑底层的需要,而是同时在宇宙论层面确定
现实政治"被选定"的角色。因此,特殊共同体中的政治结构与政治
形态便不再是各种因素作用下的偶尔结果,而是拥有天命"选定"的
荣耀。此份"荣耀"同时还强化于华夏与周边的诸种区分之上。华
夏不仅为天下的地理之中,同时也因天地灵气所钟而为人类文明之
中。生活于此共同体中的华夏子民,在分享此荣耀的同时,也自然
而然地认可了政治权力的荣耀与权威,政治权力的稳定性也在此过
程中逐步提升。

"治理者"的荣耀书写则是政治权威化的另一基本路径。只是
其荣耀须产生于权力结构中的具体位置,而表现出体制性与模式化
的特点。前者既体现于"职、阶、勋、爵"等位阶体制间相对轻重的消
长升降,也体现于某一体制内不同节点间冷热尊卑的差异;而后者
在承认历时变化的基础上,认同具体时段内荣耀展现的趋同化。在
政治荣耀的映照之下,政治生活参与者本身的影响力则相对弱化。
虽然对于为政者的颂扬在明面似乎得到了空前的强化,但个体必须
在政治结构中获得形式化的身份认可后,方始能得到政治荣耀合乎

---

① 徐鹏校点《陈子昂集》,第229页。
②《通典》卷一八五,第4978—4979页。

体制规定的垂青。以权力代表人物的皇帝而言，其政治荣耀首先来自"皇位"这一权力结构性位置的授予，而非个体的德行与功绩：

> 大明曈曈天地分，六龙负日升天门。
> 凤凰飞来衔帝箓，言我万代金皇孙。
> 灵鸡鼓舞承天敕，高翔百尺垂朱幡。
> 宸居穆清受天历，建中甲子合上元。
> 昊穹景命即已至，王事乃可酬乾坤。
> 升中告成答玄贶，泥金检玉昭鸿恩。
> 云亭之事略可记，七十二君宁独尊。
> 小臣欲上封禅表，久而未就归文园。
>
> 李益《大礼毕皇帝御丹凤门改元建中大赦》[1]

中古政治生活中对于帝王权威的营构，通常采用拉远与展演看似两极对立的书写手法。帝王既在"端拱而治"中拉远与臣子及庶民的距离，同时又在各类盛大的仪式展演中享受着臣下及庶民的仰望。然而，自具体的政治实践而言，拉远与展演均为将统治与治理分离的有效手段。此种分离并不意味着皇权的削弱，而是皇权以在庶务性领域的退让换取在政治决策领域的权力扩张。经此荣耀化的内在转换，皇权的尊荣独立于作为承载者的皇帝个人，而皇权的荣耀化在独享特定符号资源的同时，也逐步削弱其个性特征，呈现出千篇一律的模式化特点。李益对德宗的称誉，以祥瑞、血统、功绩以及甲子上元之历数为例证，在中古政治生活中不过是文人之故伎。政治的荣耀化会强化政治符号的社会价值，并在政治权力的名与实、形式权威与实质权威以及统治权与治理权之间形成有效区分，进而为国家与地方以及国家与民众之间的互动博弈提供基本共识与缓冲空间，由此提升政治权力对抗风险的能力。伴随着政治权力的荣

---

[1]《全唐诗》卷二八二，第3207页。

耀化过程,中古社会逐步形成了以皇权为代表的中央权力对于荣耀性资本的垄断,荣耀符号的授予与剥夺在中央与地方以及君主与臣民间权力互动中的重要性大幅提升①。与之相应,知识人的荣耀既越来越依赖于政治性身份的获取,也越来越易形成对特定政治身份的认同。

> 文武二柄,国家大纲,东西两班,官职同体。咸匡圣运,共列明廷,品秩相对于高卑,禄俸皆均于厚薄。不论前代,只考本朝。太宗皇帝以中外臣僚,文武参用,或自军卫而居台省,亦由衣冠而秉节旄,足明于武列文班,不令分清浊优劣。近代浮薄相尚,凌蔑旧章,假偃武以修文,竞弃本而逐末。虽蓝衫鱼简,当一见而便许升堂;纵拖紫腰金,若非类而无令接席。以是显扬荣辱,分别重轻,遂失人心,尽隳朝体。致其今日,实此之由,须议改更,渐期通济。②

文学同样并非政治权威化的唯一手段,但在为其他手段提供合理性说明的同时,在影响力上,文学也拥有其他手段难以望其项背的广度与深度。中古政治领域中,王朝中央的“知制诰”与地方藩镇的“掌书记”因此成为最具政治潜力与荣耀光环的官僚身份。“蓝衫鱼简”的自信,正是以词臣群体为代表的李唐清流文化之认同感的表征——文学在强化政治权威的同时,也被政治权力荣耀化。

政治即为有关众人之事,则自然具有为社会提供公共产品的“服务取向”,但权力组织所存在的能力限度以及权力关系自我复制与生产的社会生物学倾向,又似乎天然形成对于公共性的内部反抗。在权力关系缺少相应制衡与有效监督的传统时代,权力的自我

---

① 仇鹿鸣《权力与观众——德政碑所见唐代的中央与地方》,《唐研究》第十九卷,北京大学出版社,2013年,第79—111页。
②《旧唐书》卷二〇下,第791页。

复制与生产容易导致政治生态的失衡，权力形式应社会生活而不断延伸调整的敏感度下降，而表现出高度的"自利取向"与自我封闭化①。政治权力的荣耀也被充斥着谎言与暴力的言辞所包裹，唯有政治暴力会在特定时期得到极度的放大，但在随后迅速弱化。然而，即使是在权力的私化与黑化中，"政治正确"依然是难以正面挑战的规则底线。文学常会为"私化"的权力所借重，以维持其应有的"公共"性。政治权力的"双面性"意味着文学在权力公共性呈现上的双刃效应，文学的荣耀与卑微也由此被放大展演于权力游戏的前台。作为语词的特定组合形式，文学对于权力"公共化"的顺应与适应，有"弱形式"与"强形式"之分，但二者只是方式之别，而无关于影响力的强弱。

"弱形式"公共化的作用方式较为隐含，意在为特定的政治权力提供成系统的政治语汇，并为政治事件的认知、感受与评价提供样板。以前者而言，"治理者"群体惯于通过对语词价值与使用率的改造，将本属于极小团体的语言变成公共性的语汇②。即使在传播路径有限的中古时期，权力对于语词使用的此种偏好，也极易导致政治语汇对社会生活的强势覆盖，在边缘而底层的民间行为中，也常常充斥此类语词。

> 盖闻人之情义，山岳为期。兄弟之恩，劫石不替。况二人等，忝为叔侄，智意一般；箱柜无私，畜积不异。结义之有，尚■让金之心。骨肉之厚，不可有分飞之愿。叔唱侄和，万事周圆。妯娌谦恭，长守尊卑之礼。城隍叹念，每传孔怀之能。邻里每

① 参见阎步克《"品位—职位"视角中的传统官阶制五期演化》，《历史研究》2001年第2期，第3—14页。

② 参见维克多·克莱普勒著、印芝虹译《第三帝国的语言》，商务印书馆，2013年，第8页。

嗟,庭荆有重滋之瑞。已经三代,不乏儒风。①

以上文字出自敦煌地区所手抄的《分书样式》的起首部分,此一结构成分有"冒头"之称,政治语汇于此部分密集出场。在中古文学的多数文本书写中,必有"冒头",已可视作书写者的基本共识。虽然"冒头"与主题之间的关系有时较为松散,甚至在长期而普泛化的使用中,其含义逐步损耗而成为空洞的套语,难以承担起其本所预期的指导社会生活的功能设定。但此类语汇的流行在强化政治权力的象征性权威的同时,也在潜移默化地影响或塑造社会生活并深度影响政治体成员的行为选择。虽然,中古时期的权力与知识精英对于语词本身的思考更多出于日常使用的感受与经验反思,难以做出类似于今日语言哲学的深度分析。但机理的模糊感受并不妨碍现实的有效操控。政治权力的"惯例"与"共识"依赖于流行的政治语汇,同样也依赖于政治事件认知与感受的模式化。文学文本在结构的"同一化"而外,则通过对认知与情感的模式化以完成权力的"弱形式"公共化。

> 韦相公执谊得罪,薨变于此……赞皇感其远谪不还,为文祭曰:"维大中年月日,赵郡李德裕,谨以蔬醴之奠,敬祭于故相国韦公仆射之灵。呜呼! 皇道咸宁,藉乎贤相;德迈皋陶,功宣吕尚。文学世推,智谋神贶。一遭逸嫉,远投荒障。地虽厚兮不察,天其高兮不谅。野掇涧蘋,思违秬鬯。信成祸深,业崇身丧。某亦窜迹南陬,从公旧丘。永泯轩裳之愿,长为猿鹤之愁。嘻吁绝域,瘝寐西周。傥知公者,测公非罪;不知我者,谓我何求。其心若水,其死若休。临风敬吊,愿与神游。呜呼!"②

① S5467《分书样式》,《敦煌社会经济文献真迹释录》第二辑,全国图书馆文献缩微复制中心,1990年,第164页。
② 范摅《云溪友议》,古典文学出版社,1957年,第51—52页。

李德裕的吊文与贬谪到地后的谢表相比，应是更能表现个体真实感受的文字。但因政治权力"涟漪效应"而产生的自我禁抑，依然明显体现于行文之中①。其对"一遭谗嫉"的指责与"永泯轩裳之愿"的哀叹，均是贬谪官员在地感受的基本模式，也是能为政治权力所接受的书写样式。看似个人性的生命感受，其实不过是被政治权力预置的模式化产品。而士人对于田园与山林隐逸生活的向往，则是权力预置的另一典型模式。隐逸文学虽然会给士人的生命安顿提供一可行的选择，但隐逸文学所形成的"非政治化"心态并不能撬动政治权力的现有结构。政治权力对于社会的控制，并不仅在或主要并非自正面制定行动或生活的程序与模式，而是在压制与反抗的权力运行中，形成对行动与生活可能性的界域设定。在此意义上，隐逸似乎是以"非政治"的姿态完成了与政治的合谋。

"强形式"公共化的作用方式则相对显明而直接。此种公共化形式，也是权力公共化自我标示较为频繁使用的手段。在此种方式的运作中，政治权力通常要求文学以对抗的姿态出现，以维护政治的公共性。此种对抗常体现在文学对政治现状的抨击，即书写主题选择上的所谓"歌诗合为事而作"，同时也体现于文学对政治理想性的不断回眸。

> 臣闻道德之厚，莫尚于轩、唐；仁义之隆，莫彰于舜、禹。
> 欲继轩、唐之风，将追舜、禹之迹，必镇之以道德，弘之以仁义，

---

① 王汎森在讨论清代的文字狱时说："事实上因为官方的种种作为形成一个又一个暴风圈，形成一种看似模糊却又无所不在的敏感意识，每个事件都像投石进入池塘产生'涟漪效应'，所以许多不曾出现在禁书目录中的书物，人们为了防患未然，也对它们作了庞大的禁抑工作。至于任何真正牵扯到忌讳的物事，自然成为无所不在的自我禁抑的对象。"（王汎森《权力的毛细管作用：清代的思想、学术与心态》，北京大学出版社，2015年，第347页）中古时期虽然并无明确的文字政策，但隐形的政治风气同样会造成此种自我禁抑现象的存在。

举善而任之,择善而从之。不择善任能,而委之俗吏,既无远度,必失大体,惟奉三尺之律,以绳四海之人,欲求垂拱无为,不可得也。故圣哲君临,移风易俗,不资严刑峻法,在仁义而已。故非仁无以广施,非义无以正身。惠下以仁,正身以义,则其政不严而理,其教不肃而成矣。①

政治理想或理想政治是政治权力合法化的必要手段,也是政治生活中最为"政治正确"的共识。但传统政治颇为吊诡之处恰在于最为"政治正确"的共识,每每成为政治利益争夺的话语资源。政治理想的言说,虽然同时隐含着对政治作简单化与绝对化想象的威胁,但自帝制时代国家治理的制度逻辑而言,乃是其运作机制的内在组成部分。文学对于特定政治权力的破坏与颠覆,并不在于"政治正确"的频繁诉说,而是能够在语词生产的基础上构建超出于权力囿限的共同体的可能生活,但这一点,在传统中古的知识语境中似乎是高不可及,甚至难以纳入想象的知识图景。

二　作为政治行动的文学

在中古政治生活的具体实践中,由于复杂力量关系的存在,政治实践难免呈现出高度技术化的特性。依赖合法化叙事、遵守政治正确原则的政治实践同样充斥着力量比对、私利诉求以及禁忌与偏好等诸多元素。因此,政治实践的成败通常依赖于行动双方或多方对于局势、资源以及诉求与限度的判断,故而为政者的行政经验与策略选择在政治实践中的影响尤其巨大。歧义与分寸或许更是政治实践"技术化"甚至艺术化的判定标准。文学内在于政治,不仅表现在上文已分析的文学使"政治之为政治",而且在具体的政治实践

---

① 吴兢撰、谢保成集校《贞观政要集校》卷五,第293页。

中,也可见出"作为政治行动"的文学的忙碌身影。文学文本由语词编织而成,特殊的构筑材料,让文学具有了其他艺术门类难以企及的语法、语义以及语用密度,文学与政治间的亲密关系也大体奠基于此。虽然"文学是政治的"与"政治是文学的"的表述似乎过于激进,然却并非毫无学理依据的荒诞之言。主流的文学与政治双向影响的研究理路,在"实在论"的假定之外,实一度抽离了政治实践的历史场景。"文学与政治"问题的讨论,常常成为两块拼图之间的组合游戏,纵使在拼图的连接处有两者相互交错的预设空间,研究者也易于在忽视互生性关系的同时,错失特定历史场景中政治行动的复杂与精彩。

"行动"是具有意向性且遵守规则的个体或群体行为[1]。政治行动作为行动的特定样态,于行动者角度而言自然具有明确的行动意图。但行动者的行动意图对于行为的对向方或第三方而言,则可能存有须直接明示与不便明示以及无须明示的分别。虽然行动意图的传递可以依赖于文学之外的其他资源,但文学形式在正式度与语义密度上的优势足以保证文学在政治行动中传递政治意图的优势地位。中古时期的知识人通常具有官员与文人的叠加身份,这也意味着以文学形式传递政治意图为其当行本色。

> 张说谪岳州,常郁郁不乐。时宰相以说机辩才略,互相排摈。苏颋方大用,说与璟善,说因为《五君咏》,致书封其诗以贻颋。诚其使曰:"当候忌日近暮送之。"使者近暮至,吊客多说先公僚旧,颋览诗,呜咽流涕。翌日,上对,大陈说忠正謇谔,人望所属,不宜沦滞遐方。上因降玺书劳问,俄迁荆州长史。[2]

---

[1] 参见童世骏《"行动"和"行为":现代西方哲学研究中的一对重要概念》,《社会观察》2005年第3期,第13—15页。

[2] 尤袤《全唐诗话》卷一,何文焕辑《历代诗话》,第75页。

在时下流行的文学史书写中,《五君咏》几乎是一组可以被遗忘的诗歌文本,即使有学者因张说研究而略作提及,也大多是无关宏旨的闲笔。然而,对于当事者而言,《五君咏》本身即是一个传递政治意图的诗歌文本,其艺术水准的高低并非关注的焦点。张说通过诗歌文本所传递的是政治投靠与结盟的信号,对于苏瓌的怀念不过是让此意图的传递有一个更自然的理由而已。苏颋的呜咽既可视为众人面前的自我展演,同样也可理解为政治意图的信号传递。在中古时期的文学书写中,此类作为政治意图传递之途径的文学文本所在多有,其中另有一类则是颇具模式性的文本样式:

> 湖波连天日相腾,蛮俗生梗瘴疠烝。
> 江氛岭祲昏若凝,一蛇两头见未曾。
> 怪鸟鸣唤令人憎,蛊虫群飞夜扑灯。
> 雄虺毒螫堕股肱,食中置药肝心崩。

韩愈《永贞行》[1]

此诗的艺术水准无可置疑,而后世的接受除做此关注之外,多聚焦于对韩愈在南心态的解读,甚者乃进而论及韩愈的人格形象与思想史位置。但解读者或许会忽视贬谪者在模式化的感受与心态书写背后所传递的模式化的、可被政治生活所认可的写作意图。在华夏政治的地理版图中,中心与边缘的划定虽然边界并不稳定,但失意者去往边缘以为惩罚的设定,也预设了被贬者应有的在地感受与生活样态。书写对于此隐形共识的遵循,即意味着对被惩罚的认可以及希望能再被接纳的祈求。由模式化或程序性的文本所传递的政治意图大多因行动双方彼此心知肚明而无须明示。此类文本的书写更类似于一种政治权力关系的再度确认仪式。"景龙三年(709)二月,有司奏:皇帝践阼,及加元服,皇太后加号,皇后皇太子立,及

---

① 钱仲联集释《韩昌黎诗系年集释》,第333页。

元日，则例：诸州刺史都督，若京官五品已上在外者，并奉表疏贺；其长官无者，次官五品已上者贺表，当州遣使，余并附表，令礼部整比，送中书录帐总奏。"①此类表疏的书写在语词选择与结构安排上自然会有高度的模式性，然自行动双方而言，程式化书写的有效持续正是政治意图的有效达成。虽然当下的文学研究对此类文献已较为重视，但更多的是史料领域的拓展，而非研究视角的转移。文学研究欲对传统的文学与政治关系研究有所突破，则须认可文学文本意图的强势存在、文本意涵或意义的理解并不足以掌握文本的意图，而只有意图才是最终赋予文本的意义。所以在文学与政治关系的研究中，文学文本的有效性更甚于文本的艺术性。

行动须遵守规则，但在日常理解中类似于规则、禁忌、共识等语词每每被视为对行动的束缚。只是如此理解忽视了规则、禁忌以及共识通常会构成行动各方相互理解的基础平台，并且唯有在规则之下，所谓策略与技术的存在才有其可能与必要。在政治实践中，行动者需对力量对比与局势发展诸多因素做出综合判断，由之做出行动抉择，其中可能存有无法公之于众的政治权谋。但政治行动一旦公开化，"政治正确"即会成为不可触碰的底线，行动各方在此"共识"之下展开或合作或对抗的政治博弈。因此，对于"政治正确"的刻意强化以及阐释权的争夺，即容易成为政治行动的基本策略。文学书写中对"政治正确"的呈现，在政治局势并不明朗时，最能见出书写者对于政治的判断力与适应能力。武则天大足元年，中宗李显十七岁爱女永泰郡主李仙蕙，因兄李重润及夫武延基私议二张兄弟事，被迫自杀。李显复位后，追封永泰公主，并与武延基合葬。时为太常少卿兼修国史的徐彦伯奉命撰写《大唐故永泰公主志铭》，其词曰：

_____

① 《唐会要》卷二六，第505页。

自蛟丧雄锷，鸾愁孤影，槐火未移，柏舟空泛，珠胎毁月，怨十里之无香；琼萼凋春，恣双童之秘药。女娥箧曲，乘碧烟而忽去；弄玉箫声，入彩云而不返。呜呼哀哉！以大足元年九月四日薨，春秋十有七。[1]

徐彦伯此段文字回避了永泰公主死亡的政治因素，而归之于女性的特定生理事件，且有意通过"自蛟丧雄锷"一段文字刻意掩盖永泰公主与其夫武延基的死亡时间只隔一天的事实真相。对于有"涩体"之称的徐彦伯而言[2]，奉命撰写此文，已是身处政治漩涡之中。李显虽已复位，但武则天依然是其统治合法性的源头之一，而武氏家族则是其必须依赖以对抗相王势力、维护政治稳定的力量。选择徐彦伯作为志文的撰写者，应是李显对于其能够在生命情感、政治态度与政治局势间寻得平衡能力的信任。相对于政治行动所涉及各方的力量比对处于相对平衡时，以有意回避或模糊化事件真相维持"政治正确"，力量比对较为悬殊时，"政治正确"则易于形成对事实真相的强势覆盖。

自王风不竞，兹礼遂亡。两汉本朝，有时于迈，三国以降，日不暇给。我皇家开元首出，十代重光，寰宇大宁，车书无外……考祥展义之规，昭于国典……加以顷年边将，授任或乖，师律以亏，军威不振……皇帝宜顺时巡狩，亲幸边陲……誓师训卒。其有牧州典郡，功施于人，杖节拥旄，隐若敌国者，当崇进律之赏，加以分麾之命。若郡政不举，军令莫修，聚敛苛细，侵削战士者，宜明兹典宪，肃以天诛。[3]

玄宗先天元年十一月，睿宗发布上述《命皇帝巡边诰》，要求李隆基

---

[1] 周绍良编《唐代墓志汇编》，第1059页。
[2] 计有功辑撰《唐诗纪事》卷九，上海古籍出版社，1955年，第145页。
[3]《全唐文》卷一九，第225—226页。

离开京城巡视边陲。此诰自"政治正确"的角度而言，无可挑剔。然若留心当日宫廷政治博弈，特别是太平公主与已登皇位但权力有限的李隆基之间的权力争夺，此诰的发布意味着睿宗在政治倾向上暂时倒向太平公主一端。处此情势之下，诏书撰写者对于"政治正确"的刻意强化，既是对历史真相的有意掩盖，以迎合权力斗争之需，也是在政治斗争中的自保之道。

在政治博弈中，行动者的行动诉求，有时并不能为对方所接受，而对方的拒绝也并不违背政治正确的要求。诉求的主张者如欲达成诉求，则需要为诉求的合理性提供依据，且通常需要采取一定的言说策略，既让对方明了己方的诉求，又以不违背政治正确为前提，政治行动应情境而变的技术性在这种时刻最易得到展现。

> 李袭吉，自言左相林甫之后，父图，为洛阳令，因家焉。袭吉，乾符末，应进士举，遇乱，避地河中，依节度使李都，擢为盐铁判官……光启初，武皇遇难上源，记室殁焉，既归镇，辟掌奏者，多不如指。或有荐袭吉能文，召试称指，即署为掌书记。袭吉博学多通，尤谙悉国朝近事，为文精意练实，动据典故，无所放纵，羽檄军书，辞理宏健……三年，迁节度副使，从讨王行瑜，拜右谏议大夫。及师还渭北，武皇不获入觐，为武皇作违离表，中有警句云："穴禽有翼，听舜乐以犹来；天路无梯，望尧云而不到。"昭宗览之嘉叹。洎袭吉入奏，面诏谕之，优赐特异。[1]

李袭吉的警句是唐末五代时期幕府掌书记展现处理政治事务能力的绝佳样本。谙熟行政程序与惯例、可综观复杂局势、能推敲揣摩对方心态且有文才之长，是幕府掌书记能够胜任职位的重要素养。在波谲云诡的政局中，文学不仅可以有效避免直接的政治冲突，也可增大政治行动的弹性，以纸上的妥协冲淡现实的弥漫硝烟，并进

---

[1]《旧五代史》卷六〇，第801—802页。

而达成己方的相关诉求。而在政治局势未明之际，行动者也可通过纸上话语分寸的拿捏，为己方赢得相对宽松的行动环境：

> 剑南西川，疆界素定，藩镇守备，各有区分。顷因元臣薨谢，邻境不睦，刘辟乃因虚构隙，以恣报仇，遂劳三军，兼害百姓。朕志存含垢，道务安人，遣使宣谕，委之旄钺。如闻道路壅塞，未息干戈，轻肆攻围，拟图吞并。为臣之体，义在胜残，命将兴师，盖非获已……如刘辟禀奉朝经，轴兵却归本镇，朕务存诚信，必当委待如初。其效顺之诚，临阵归款，高位重赏，当不食言。如尚执迷，自贻覆灭，法既无赦，令在必行。
>
> 《招谕讨刘辟诏》①

元和元年，宪宗因西川节度刘辟出兵东川而下诏讨伐。但此时各地藩镇已经营有年，而宪宗则继位未久，讨伐行动并无必胜把握，且刘辟出兵东川以为要挟，也是地方藩镇政治诉求表达的常规方式。故而宪宗在讨伐诏书中，留有极大的回旋余地，既将两川之争归于已逝的前任节度韦皋，同时也为刘辟保留了选择空间。但随着军事行动的顺利推进以及宪宗更改德宗时期处理藩镇原则决心的强化，诏书中的措辞便明确而强硬：

> 近者德宗皇帝举柔服之规，授宰衡之任，弘我庙胜，遂康巴庸，故得南诏入贡，西戎寝患。成绩始著，元臣丧亡，刘辟乘此变故，坐邀符节。朕以枉成命者，虽乖于理体；从权便者，所冀于辑宁。竟违卿士之谟，遂允侥求之志，朕之于辟，恩亦弘矣。曾不知负牛羊之力，饱则逾凶；畜枭獍之心，驯之益悖。诳惑士伍，围迫梓州，诱陷戎臣，塞绝剑路。师徒所至，烧掠无遗，干纪之辜，擢发无数。朕为人司牧，育彼黎元，如辟之罪，非朕敢舍。是用叶群率之谋，除百姓之害，永清妖孽，底定一方，伐罪吊人，

---

① 宋敏求编《唐大诏令集》卷一一八，第622页。

于是乎在。其逆贼刘辟在身官爵，宜并削除。

　　　　　　　　　　　　　　　　　　《招谕剑南诸州诏》①

在诏书中，宪宗将刘辟称为"逆贼"并削夺在身官爵，政治斡旋已几无可能。诏书的主体部分历数刘辟的罪行，其首要目的并不在于为讨伐行动提供合理缘由，而是试图以刘辟事件作为改变德宗惯例、重建政治规则的起点与示例②，因此诏书的书写需要通过特定的文学手法以增强感染力，从而扩大刘辟事件的政治效应。

　　行动效应是随行动过程而自然产生的连带结果，如同在自然状态下投入湖中的石子必然会引起泛向远处的涟漪。只是在行动中，行动者在力图达成行动意图时，对于行动效应并不必然有明确的预期。而以刘辟事件而言，行动者对于效应的预期甚至远过于对于行动本身的意图实现，文学技法作为特定的行动策略，在此时尤为必要。西川平定后，刘辟被押送长安，与其幼子同被处死。韩愈在《元和圣德诗》中对此有颇为详细的描述：

　　　辟穷见窘，无地自处，俯视大江，不见洲渚，遂自颠倒，若杵投臼。取之江中，枷脰械手。妇女累累，啼哭拜叩。来献阙下，以告庙社。周示城市，咸使观睹。解脱挛索，夹以砧斧。婉婉弱子，赤立伛偻，牵头曳足，先断腰膂。次及其徒，体骸撑拄。末乃取辟，骇汗如写，挥刀纷纭，争刌脍脯。优赏将吏，扶珪缀组，帛堆其家，粟塞其庾。③

被削夺在身官爵并被视为"逆贼"的刘辟，已然成为丧失一切生命形式，为共同体所排斥在外的赤裸生命④。作为国人共同的敌人，其身

---

① 宋敏求编《唐大诏令集》卷一一八，第622页。
② 参见陆扬《清流文化与唐帝国》，第19—58页。
③ 钱仲联集释《韩昌黎诗系年集释》，第628页。
④ 参见阿甘本著、吴冠军译《神圣人——至高权力与赤裸生命》中编。

体乃至血脉传承的消亡，均不过是共同体为维持健康生命的应有措施——总有一些人将被排除在外，是传统政治权力隐含的逻辑，也是其生命权力有效行使的保证。虽然对于以国家名义进行的生命剥夺，文学书写间有提及，然如韩愈刻画刑杀场景几至骇人耳目，在雅文学的传统中并不多见。其所以如此的原因，也应是对行动效应的刻意制造。而与《元和圣德诗》依赖文本自身的传播以放大行动效应不同，在政治行动中还有别一可能的存在，即行动者同样期待效应的放大，但文学只是作为诱因而存在。

> 夏四月八日，帝书碑并匠镌讫，将欲送寺，法师惭荷圣慈，不敢空然待送，乃率慈恩徒众及京城僧尼，各营幢盖、宝帐、幡华，共至芳林门迎。敕又遣太常九部乐，长安、万年二县音声共送。幢最卑者上出云霓，幡极短者犹摩霄汉，凡三百余事，音声车千余乘。至七日冥集城西安福门街。其夜雨。八日，路不堪行，敕遣且停……十四日旦，方乃引发，幢幡等次第陈列，从芳林门至慈恩寺，三十里间烂然盈满。帝登安福门楼望之甚悦，京都士女观者百余万人。[1]

显庆元年(656)，唐高宗应玄奘之请为慈恩寺撰写碑文，并由此而引发长安僧俗间一场盛大的礼仪活动。在活动的大多数执行者与旁观者眼中，高宗撰写碑文是对玄奘与佛教的荣宠，也是玄奘与高宗亲密关系的体现。但此时玄奘与高宗间的关系已经极其微妙[2]。高宗对玄奘请求的热切回应，于双方而言均具有姿态展演的意味。在此类行动效应的制造中，文学文本无法依赖自身的力量独立完成，而更依赖于社会力量的动员，这也意味着文学文本必须能够在对

---

[1] 慧立、彦悰《大慈恩寺三藏法师传》卷九，中华书局，2000年，第189页。

[2] 参见刘淑芬《玄奘的最后十年(655—664)——兼论总章二年(669)改葬事》，《中华文史论丛》2009年第3期，第39—40页。

象、事件、时机、场合等诸因素上做出恰当的选择。

三　张说的政治观念

"作为政治家的文学家"与"作为文学家的政治家"在唐研究领域依然是极易受到质疑的命名，至少在今日成果甚为丰厚的唐代政治思想及文学研究中，政治与文学的交叉地带依然身处暗影之中。政治学研究较少关注文学文本中的政治思想，更遑论文学本身的政治思想史意义①。而文学研究虽然能够注意到张说在政坛的政治影响，但也很难有效考察张说作为一个政治思想家的可能性，并于此框架下探究"大手笔"所可能具有的超文学意义。历史学界由汪篯先生所提出的"文儒—吏能"的解释框架，对于文史研究具有极大的影响，但无论其解释效力如何，政治思想史眼光的缺位却是显然的事实②。若文学与政治关系研究遵循原有的模式持续滑行，难免会错过可能存在的风景。而此处所做的尝试，意在通过对唐代一位重要政治人物的政治观念的发掘，以为中古文学研究提供一点微末新意。

《旧唐书》卷九九中有一段文字与本节所讨论的问题颇有关联，节录如下：

> 开元十年……其冬，秘书监姜皎犯罪，嘉贞又附会王守一奏请杖之，皎遂死于路。俄而广州都督裴伷先下狱，上召侍臣问当何罪，嘉贞又请杖之。兵部尚书张说进曰："臣闻刑不上大夫，以其近于君也。故曰：'士可杀，不可辱。'臣今秋受诏巡

① 在刘泽华总主编、张分田等主编的《中国政治思想通史·隋唐卷》(中国人民大学出版社，2014年)中，身为唐前期政治人物的张说未被提及，其"大手笔"所可能隐含的政治思想史意义更无成为问题的可能。

② 参见陆扬《清流文化与唐帝国》下编《唐代的清流文化——一个现象的概述》(第213—263页)。

边,中途闻姜皎以罪于朝堂决杖,配流而死。皎官是三品,亦有微功。若其有犯,应死即杀,应流即流,不宜决杖廷辱,以卒伍待之。且律有八议,勋贵在焉。皎事已往,不可追悔。佃先只宜据状流贬,不可轻又决罚。"上然其言。嘉贞不悦,退谓说曰:"何言事之深也?"说曰:"宰相者,时来即为,岂能长据?若贵臣尽当可杖,但恐吾等行当及之。此言非为佃先,乃为天下士君子也。"初,嘉贞为兵部员外郎,时张说为侍郎。及是,说位在嘉贞下,既无所推让,说颇不平,因以此言激怒嘉贞,由是与说不叶。①

史臣在记录二张的论辩后,留下了一段可视为原因推定的文字。或许二人之争确有地位变化所引起的心态失衡的因素,但此段文字所期待引起的阅读效应则似乎偏于将二人之争视作政治生活的偶然花絮。即使张说的言说常被视为对士人尊严的维护,从而引发知识人的内心共鸣,但也止步于一种政治态度的表达而已。张说作为武则天时期即登上政坛,而玄宗朝又"前后三秉大政,掌文学之任凡三十年"②的重要政治人物,其地位与影响毋庸置疑。然而,如此人物对于开元政治的影响,唐史的定位鲜有超出"引文儒士,佐佑王化"之模糊表述而外的论断。张说身后,谥号的确定曾有争议,后由玄宗钦定为"文贞",同时玄宗也曾为其薨逝下诏悼念:

弘济艰难,参其功者时杰;经纬礼乐,赞其道者人师。式瞻而百度允釐,既往而千载贻范。台衡轩鼎,垂黼藻于当今;徽策宠章,播芳蕤于后叶。故开府仪同三司、尚书左丞相、集贤院学士知院事、上柱国、燕国公张说,辰象降灵,云龙合契。元和体其冲粹,妙有释其至赜。挹而莫测,仰之弥高。精义探系表之

微,英辞鼓天下之动。昔待春诵,绸缪岁华。含春容之声,叩而
尽应;蕴泉源之智,启而斯沃。授命兴国,则天衢以通;济用和
民,则朝政惟允。司钧总六官之纪,端揆为万邦之式。方弘风
纬俗,返本于上古之初;而迈德振仁,不臻于中寿之福。于嗟不
慭,既丧斯文。宣室余谈,泠然在耳;王殿遗草,宛留其迹。言
念忠贤,良深震悼。①

在诏书中,玄宗对张说的政治才能倍加赞誉。但由于传统政治语词
与今日政治学概念的巨大差异,张说的政治贡献被掩盖在满目琳琅
的精致语词中,今日此段文字的阅读者,在认可张说的重要影响而
外,于政治理念层面也难以由此获得更为明晰的体认。所幸在张说
自身所留下的政论文字中略微透露出其对于政治理念的刻意关注:

> 臣愚伏愿崇太学,简明师,重道尊儒,以养天下之士。今
> 《礼经》残缺,学校凌迟,历代经史,率多纰缪,实殿下阐扬之
> 日,刊定之秋。伏愿博采文士,旌求硕学,表正九经,刊考三史,
> 则圣贤遗范,粲然可观。况殿下至性神聪,留情国体,幸以问安
> 之暇,应务之余,引进文儒,详观古典,商略前载,讨论得失,降
> 温颜,开谠议,则政途理体,日以增益,继业承祧,永垂德美。
>
> 张说《上东宫请讲学启》②

此段文字中的“理体”一词,与开元十年玄宗为《唐六典》修撰所手写
六条中的“理典”条,应有大体接近的政治反思的自觉。七世纪晚期
及八世纪最初的十年是高层政治极度动荡的历史时期,李隆基在成
长以及获得最高权力的过程中,经历了多次惊心动魄的宫廷斗争。
其对“理典”的关注,应有对于政治权力稳定问题的思考。如何有
效维护“国家权力”的安全,也即皇权的安全与王朝的安全,并非是

---

①《旧唐书》卷九七,第3056页。
②《全唐文》卷二二四,第2266页。

一个易于找到答案的追问。在李隆基时期,皇帝权力一直处于强化
的态势之中。政治中心由大明宫向兴庆宫的转移、皇太子地位弱化
的逐步制度化、内廷的政治参与度稳步提升以及使职差遣的常态化
等,均是李隆基强化皇权安全的重要举措①。但皇帝权力的强化在
皇权政治的时代同样是充满政治风险的尝试,甚而何谓皇帝权力的
强化都是充满疑惑的问题。皇帝权力的强化自然不意味着传统政
治再增加一位不断越出体制与规则的强悍人物。皇帝权力的扩大
必须经由制度途径才能成为政治生活的结构性事实。这也即意味
着皇权的安全必须被纳入王朝安全的框架之下。张说能够"前后三
秉大政",在此政治理念上与玄宗应能大体合拍。

　　权力的私化与腐化以及向心力的弱化,是王朝政治安全最为
内在也最为强大的敌人。张说的政治生涯开始于武则天时期,而此
时期由于武氏好以刑杀威下,政治生活的恐怖气息弥漫。《资治通
鉴》卷二○五曰:"太后自垂拱以来,任用酷吏,先诛唐宗室贵戚数
百人,次及大臣数百家,其刺史、郎将以下,不可胜数。每除一官,
户婢窃相谓曰:'鬼朴又来矣。'不旬月,辄遭掩捕、族诛。"②政治生
活的恐怖会强化官员的自保与私利意识,投机结党、慎言避祸以及
高蹈山林均会弱化政治生活的公共性并降低政治合法性叙事的可
信度。武周而后的中宗与睿宗时期,高层政治依然乱象横生。至玄
宗之时,重建政治生活的常态秩序并进而提升政治合法性叙事的可
信度,是其有无可能开创新的政治格局的起点。张说在开元十年时
与张嘉贞的争论,实可以于此政治语境之下再加衡量。政治合法性
叙事在某种意义上是政治实践的外在"皮肤",可以避免政治实践以
"真实面目"示人,从而强化政治符号在政治实践中凝聚共识与提供
缓冲的重要作用。同时此种叙事对于强化政治正确以及培养政治

---

① 参见任士英《唐代玄宗肃宗之际的中枢政局》,社会科学文献出版社,2003年。
②《资治通鉴》卷二○五,第1649页。

的理想情怀均影响巨大。欲强化政治合法性叙事的可信度,王朝政治必须高度的形式化。形式化会强化政治的荣耀感,而荣耀感则会在维持形式化的同时凝聚政治的向心力。张说对张嘉贞的驳斥,意在增强官员身份的荣耀感,并由此确立政治生活的荣耀感。进入官僚体制即意味着对此荣耀的分享,但进入此荣耀圈者须经过一定的资格确认。张说所谓"引进文儒",乃因文儒所具有的政治潜力。

> 臣闻:七声无主,律吕综其和;五彩无章,黼黻交其丽。是知气有壹郁,非巧辞莫之通;形有万变,非工文莫之写。先王以是经天地,究人神,闻寂寞,鉴幽昧,文之辞义大矣哉!
>
> 张说《中宗上官昭容集序》①

睿宗景云二年(711),张说为死于宫廷政变的上官婉儿文集作序。序中的此段文字对于文学功能的揄扬几乎已尽其极致。虽然曹丕、陆机、刘勰乃至唐初的部分史臣均有过大体接近的表述,但在高宗以后具有官方性质的文字中则鲜有提及。张说对于上官婉儿历史功绩的描述以及对其文学才能的称誉,并非仅为上官婉儿一人而发,而实可视为意在树立一类王朝人才的典范。虽然张说对文学的重视,与高宗以来中央中枢行政体制由三省制逐步向"中书门下"过渡所导致的公文文体对"奏状"的强化有关,但张说依然是八世纪初李唐高层官僚中较少能认识到文学在政治生活中拥有无可替代之价值且能将其付之于政治实践的少数人物。其所认可的"文学"人才与今日所理解的"文学"之间存有巨大差异。

> 贺知章自太常少卿迁礼部侍郎,兼集贤学士。一日并谢二恩。时源乾曜与张说同秉政,乾曜问说曰:"贺公久著盛名,今日一时两加荣命,足为学者光耀。然学士与侍郎,何者为美?"

---

① 熊飞校注《张说集校注》,中华书局,2013年,第1318页。

说对曰："侍郎，自皇朝已来，为衣冠之华选，自非望实具美，无
以居之。虽然，终是具员之英，又非往贤所慕。学士者，怀先王
之道，为缙绅轨仪，蕴扬班之词彩，兼游夏之文学，始可处之无
愧。二美之中，此为最矣。"①

"学士"是张说所认可的人才之典范。此类人才有词彩、文学之长之
外，须谙熟行政之道，且其言行风范可为官员所效仿，而徒有文才并
不为政坛所重。《明皇杂录》曰："天宝中，刘希夷、王昌龄、祖咏、张
若虚、孟浩然、常建、李白、杜甫，虽有文名，俱流落不偶，恃才浮诞
而然也。"②今人或视之为文人落拓、才不逢时，为之起慨然之叹，然
于此亦可见出唐人择才之苛。张说的人才标准在中唐之后影响逐
步扩大并进而形成李唐中后期特定的"清流文化"，长于四六表章
的"词臣"及"词臣家族"成为政坛被众人所瞩目的焦点角色③。其在
裴行俭神道碑中所提及的初唐四杰的一段逸事，至中唐时已衍生出
"士之致远，先器识而后文艺"的流行说法④。虽然，此论或许并非张
说的本意，但以"识度"在中唐之后人才评价标准中的影响而言，又
可视为对张说人才观念的践履⑤。"吾内有宰辅，重德作为股肱；外
有侯伯，虎臣用寄藩翰。至于参我密命，立于内庭，即必取其器识宏
深，文翰遒丽，动能持正，静必居中；指温树而不言，付虚襟而无隐，
此所以选翰林学士之意也。"⑥文学在政治中的影响力以及文士的
荣耀感于此制词之中已尽其极致。而玄宗朝在王朝政治安全框架

---

① 刘肃《大唐新语》卷一一，中华书局，1997年，第165页。
② 郑处诲《明皇杂录》，中华书局，1994年，第64页。
③ 此一问题陆扬《清流文化与唐帝国》已有较为深入的讨论。
④ 参见黄永年《士"先器识而后文艺"正义》，《唐史论丛》第4辑，三秦出版社，
　　1988年，第96—108页。
⑤ 参见陶敏、陶红雨校注《刘禹锡全集编年校注》第2067—2068页。
⑥《全唐文》卷七二六《授萧邺翰林学士制》，第7476页。

内对皇权安全的设计，也大体采用了以上思路。除以制度化方式降低皇太子的政治职权、压缩宰相的决策权从而强化皇帝乾纲独断的角色外，主要采用非制度化的手段以增强皇帝的权威。加尊号、称圣的同时，皇帝还成为此时期学术、思想与文学诸领域的领导者，皇帝不但主持各类思想文化活动，且以注经撰文的方式确立其领导地位。此外，颂圣文学更是不可或缺的常规手段。虽然皇帝权威的制度化建设依然在持续进行之中，中唐德宗宪宗之时更有重要措施出台，但其基本思路应在张说的设想之中。

结　语

在帝制时代的文学的历史发展中，中古是一个极为特殊的时段。政治人物以揄扬文学的方式表达对政治生活的理解以及对政治理想的构建。文学既成为"政治之为政治"的保证，同时也是作为政治行动的重要方式。虽然中古前期的历史变局一度形成了独特的"皇权变态"，但皇权作为中国传统政治的核心，其基本态势依然是逐步强化。至玄宗时期，复杂的宫廷政治，导致"皇帝权力的安全"与"王朝权力的安全"解决的迫切度空前强化。以"大手笔"著称的张说在此问题的回应中，再次回到对"文学"揄扬的轨道之上，并由此影响了玄宗朝以及李唐中后期的制度设计与政治文化。虽然传统政治因其无法解决的内部缺陷以及政治官僚的行政能力等问题，难以真正有效解决以上问题，更遑论还有外部异己力量的存在，但政治文化的因之变改却是已然的历史事实。遗憾的是当下文学史研究在此问题上的关注力度有限，既难以有效回应文学与政治的关联问题，在理解特定历史时期的思想与文化世界时，也难以跳出"纯文学"的囿限。

第二节　"燕许大手笔"的成立及其对李唐中后期"清流"文化的影响

——以知制诰的职务要求为视角

在唐代文学研究中，"文学与政治"关系的讨论是一个难以有效推进但又无法回避的问题。即使研究者尝试对研究对象做出政治维度的分析，但大多未能突破儒家政治观念表述惯例的影响，以"应然"的诗教说相标榜，而轻视或忽视"实然"政治生活的复杂性。故而，其研究方法及相关结论常有悖于研究者"回归历史现场"的初衷与预期。虽然中古政治思想史研究在方法与结论乃至表述方式上未能给予文学研究应有的启示，可以为此现状提供说辞，但也同样提示了研究方式转换的必要与迫切①。由于王廷知制诰及幕府掌书记所拥有的耀眼的政治光环与政治影响力，唐代中后期实可视为"文章者，乃经国之大业"得以极致体现的特殊时段。考察此时段及其前后的文学样态，"作为政治行动的文学"以及"作为政治观念或思想"的文学文本，理应成为研究者的基本共识。这类考察，需要研究者对进行文学书写的政治人物之身份、际遇、问题、观念、资源以及时代风气有综观的自觉与能力。故而，须依赖于多学科、长时段的积累而后方有成效。文学史主流书写的唐诗偏好，虽不必然压制其他类型文学形式的呈现空间，但却影响了文学研究层次与路径的

---

① 《隋唐政治思想史》是唐代政治思想史研究的代表性成果，但其研究对象的选择及其所给出的相关结论，依然是传统研究方式的延续，"文学"文本极少作为政治思想的有效文本被纳入讨论（刘泽华主编《中国政治思想通史》，中国人民大学出版社，2014年）。

拓展，并由此弱化了文学研究在问题解释上的彻底性与有效度[①]。在这种影响之下，张说、苏颋虽以"燕许大手笔"并称于当世，但在后世的接受则有明显的程度差异。"大手笔"的相关研究，也主要聚焦于概念历史演化的分析以及文章体式、技法与风格等问题的讨论[②]。虽然其研究自有较高的学术价值，然而却难以有效回应诸如"何以唐人所认可的大手笔均有代掌王言的经历""在众多的代掌王言者中，燕许又因何有过人之誉""燕许大手笔对于唐代中后期政治文化又有何种影响"等追问。因而，转换观察视角，在文学技法分析的基础上，对"燕许大手笔"重加讨论，既是回应以上追问，也是尝试为中古政治与文学分析提供案例的一项必要工作。

一 才学与识度："知制诰"的职位要求

"大手笔"一词，最早见于《晋书·王珣传》，意指"哀册谥议"类文字，后拓展为与重要军国事件相关的朝廷公文，至唐代更衍生出对执掌王言者的赞叹之意。据曲景毅的研究，在唐代享有大手笔之誉的士人共有十六位之多，但其中皇甫湜的"大手笔"之称，乃是裴度在特定场合下自我回护的解嘲之语[③]，故实有此称者为十五位。此十五人的任官履历中，均曾有代掌王言的"知制诰"经历，故而，以"知制诰"为唐代文人能享有"大手笔"之称的前提，应大体能与唐人的认知合拍。而韩休《苏颋文集序》及白居易《冯宿除兵部郎中知制诰制》等文，亦足以提供当世的佐证[④]。即使唐人所认定的大手笔

---

① 参见刘顺《语言演变及语体完形与"一代有一代之文学"》，《上海师范大学学报》2017年第3期，第104—115页。

② 参见曲景毅《唐代"大手笔"作家研究》，中国社会科学出版社，2015年。

③ 参见《太平广记》卷二四四，第1890页。

④ 《全唐文》卷二九五，第2987页；《全唐文》卷六六一，第6724—6725页。

有包含诏令之外的章疏碑志的可能,其人获此称誉亦可能在去"知制诰"之后,但诏令作为政治书写的典范,依然可以为大手笔之类的文本书写确立规则与样板①。唐代执掌王言者,通常为正式职官的中书舍人,或为以他官充使职的知制诰与翰林学士。杜佑《通典》卷二一曰:"自永淳以来,天下文章道盛,台阁髦彦,无不以文章达。故中书舍人为文士之极任,朝廷之盛选,诸官莫比焉。"虽然杜佑的描述并未提及李唐后期更为重要的翰林学士草诏现象②,但知制诰为万众所瞩目却可想见。而巨大的政治荣耀,也意味着"知制诰"对于代掌王言者的能力有着极其苛刻的要求。

　　唐代的官方文学尤其是应用类型文字,在当下主流文学史的章节安排中,无疑处于较为边缘化的位置。由于对诗歌以及"非主流文人"的高度关注,文学史似乎逐步形成了"才人不遇"与"文士多穷"的经典表述。但此种表述若缺少应有的比对,则不免相左于时人的常规认知。《北史》中有一段颇值得关注的文字:

　　　　收以温子昇全不作赋,邢虽有一两首,又非所长,常云:
　　"会须能作赋,始成大才士。唯以章表碑志自许,此外更同儿
　　戏。"自武定二年以后,国家大事诏命,军国文词,皆收所作。每

---

① 参见吴丽娱《唐礼摭遗:中古书仪研究》,第103页。
② 关于翰林学士草诏的重要性,《唐会要》卷五七曰:"故事,中书以黄白二麻,为纶命轻重之辨,近者所由,独得用黄麻,其白麻皆在此院。自非国之重事拜授,于德音赦宥者,则不得由于斯矣。"(第978页)关于学士院草诏的问题,赖瑞和《唐代高层文官》对"学士院的知制诰"的解读如下:"就作用而言,舍人院的知制诰,简单易懂,凡是非中书舍人的官员,原本职务不是掌诰,现在受命去掌诰,即马上获得知制诰的官衔,让他可以立即执行草诏的使职。但学士院的知制诰,比较难理解。按翰林学士原本就是掌诰的使职,不带知制诰其实也可以草诏……但有不少(非全部)翰林学士,在入院一段时间(可短至数天,长至二年)后,亦可获得知制诰衔,似乎这两个掌诰的使职(翰林学士和知制诰)在重复重叠使用。"(第229页)

> 有警急，受诏立成。或时中使催促，收笔下有同宿构，敏速之
> 工，邢、温所不逮也。①

魏收以"会须能作赋"作为才士的判断标准，在主流的文学史中常被
视为文人相轻的普通案例，即使有研究者对此展开讨论，但也鲜有
自魏收代掌王言之角度立言者。以文才与学养而言，赋相较于诗歌
以及其他章表碑志而外的文学体式，无疑具有更高的彰显度，会作
赋者方能有效回应代掌王言对于书写者能力的挑战。而在其所拥
有的综合能力中，高超的文学才华是"知制诰"的首要条件：

> 诏令之重，润色攸难，其文流则失正，其词质则不丽，固宜
> 酌风雅之变，参汉魏之作，发挥纶旨，其在兹乎？
>
> 常衮《授庾准杨炎知制诰制》②

诏令"润色攸难"的判断，并非仅仅出于修辞技艺层面的考量，也是
诏令作为独特文学形式在语体层面的要求使然。语体上的严格要
求，是王言之制与常规文学书写的重要区别③。在《文心雕龙》中所
出现的许多文体，其所以产生的动力，正源于传统政治生活对于语
体的高度要求。知制诰者文学才能展现的领域之一，即为对王言之
语体要求的判断：

> 萧华虽陷贼中，李泌尝荐之。后泌归山，肃宗终相之，唯举
> 薛胜掌纶诰，终不行。或问于泌，泌云：胜官卑，难于发端。乃
> 置其《拔河赋》于案，冀肃宗览之，遂更荐。肃宗至，果读之，不
> 称旨，曰："天子者君父，而以天子玉齿对金钱荧煌乎？"他日复

---

① 《北史》卷五六，第2034—2035页。
② 《全唐文》卷四一〇，第4209页。
③ 参见冯胜利《汉语韵律诗体学论稿》，第67页。

荐，终不得，信命也。①

虽然肃宗拒绝李泌对于薛胜的荐举或有其他原因，但薛胜在语体上
的失误，无疑为肃宗的拒绝提供了合理的借口。语体关涉诏令文字
的成立与否，而非诏令文字水平的高下，故而，语体适度是王言之制
的书写规则：

> 夫王言崇秘，大观在上，所以百辟其刑，万邦作孚。故授官
> 选贤，则义炳重离之辉；优文封策，则气含风雨之润；敕戒恒诰，
> 则笔吐星汉之华；治戎燮伐，则声存浡雷之威；眚灾肆赦，则文
> 有春露之滋；明罚敕法，则辞有秋霜之烈。②

王言之制的语体要求，既在于"无诞词、无巧语，诚直温润"③的一般
性主张，同时也在于因王言之制的体式之异而产生的具体差异。对
语体的敏感是知制诰者文学才能的基本要素。书写者既需明了王
言之制在语体上的基本特性，同时也须应王言之制的内在差异而呈
现应有的区别度：

> 凡王言之制有七：一曰册书，立皇后、皇太后，封诸王，临
> 轩册命则用之；二曰制书，大赏罚、赦宥虑囚、大除授则用之；三
> 曰慰劳制书，褒勉赞劳则用之；四曰发敕，废置州县、增减官吏、
> 发兵、除免官爵、授六品以上官则用之；五曰敕旨，百官奏请施
> 行则用之；六曰论事敕书，戒约臣下则用之；七曰敕牒，随事承
> 制，不易于旧则用之。④

语体作为话语交际的产物，具有鲜明的语境印记，言说所服务的对

①《太平广记》卷一四九，第1072页。
②刘勰著、詹锳义证《文心雕龙义证》，第745—746页。
③《全唐文》卷六一一，第6176页。
④《新唐书》卷四七，第1210页。

象、场合、话题以及言说者的态度共同制约着语体的呈现。王言之制有七,对象、场合、话题均有差异,对于语体自然会有不同的要求。知制诰者须能适应,并在诏令书写中有效呈现。此种语体之别既可表现于体式结构,如在起首部分,各类诏令的冒头应能够体现出不同文体类型的分别;同时也可以体现于诏令主题及语词选择的偏好之上。王言之语体有其常态,亦偶有变态。天宝十五载(756)秋七月甲子,玄宗颁布《幸普安郡制》,自责其过曰:

> 伊朕薄德,不能守厥位,贻祸海内,负兹苍生。是用罪己责躬,寤寐战灼。上愧乎天地,下愧乎庶人;外愧乎四海,内愧乎九族。①

制书在王言等级中仅次于册书,其典型语体为庄重、典雅,并有意标示话语双方的身份与情感距离,以此彰显帝王在话语中的主导性。玄宗此制是在仓皇出逃后,试图重聚人心以对抗安史叛乱的意图下所发布的朝廷诏令,特定的言说意图与言说环境,决定了玄宗以俯身自责作为寻求臣民情感认同的手段。为了拉近情感距离,贾至引入散句并尽量避免使用典故,齐整度与语义密度的降低,确保了当时的人们"及闻是诏,远近相庆,咸思效忠于复兴"的巨大效应②。德宗建中年间因泾源兵乱出狩奉天,陆贽为其草罪己诏,亦是机杼同出。

　　由于语体的实现手段为韵律、词汇及语法,因此,诏令对语体的要求,已隐含了对知制诰者须具有深厚学养的内在期待。诏令作为国家政治生活的重要组成部分,涉及政治、文化、经济、教育等诸多领域,主题亦颇为多样,而知制诰者通常只能依照在上者的要求草拟文稿,故而非博学多识者难以胜任。上元三年(676),徐坚为其曾

---

① 《全唐文》卷三六六,第3719页。
② 《旧唐书》卷九,第234页。

担任知制诰长达九年的父亲徐齐聃撰写墓志，其中有词曰："先君禀辰象之祯辉，体山河之秀气。……甫年小学，窥览不疲。镂金群玉之书，五行俱下；兰叶芝英之字，一见无忘……年十余，太宗闻而召赋诗。受诏辄成，特蒙赏叹，因赐金装刀子一具。……年十四，为弘文馆学生，齿迹环林，连踪国胄，博通经史，具览群书。谈丛发而珠玉开，文锋举而琳琅坠。俄而才华藉甚，郁号文宗。"①虽然一般墓志都存有部分虚美的文字，但"博通经史，具览群书"可以反映此一时期世人对于知制诰的一般认识，当无可疑之处。由于"王者尊极，一日万机，四方进奏、中外表疏批答，或诏从中出。宸翰所挥，亦资其检讨，谓之视草"②，知制诰者须如南朝徐摛，谙熟《五经》大义、历代史及释教、百家杂说③，方能适应这一"文士为荣"④的职务要求。

　　与常规的文学书写相类，知制诰者的文学才能，自然在技术层面应有所体现。但李唐前期，书写者的文才，更多是以书写的迟速以及文本整体的水平高下为衡量标准，与日常文学书写的技艺鉴别并无明显差异。"倚马可待"之捷才的揄扬而外⑤，其褒赞之语，如"（崔）融为文典丽，当时罕有其比"⑥、"（孙）逖尤善思，文理精练"⑦，均为整体评价，知制诰者以他人不能易一词为荣。而中后期，则逐步形成摘句而论的风习，构思敏速外，更多关注局部的出彩

---

①胡戟、荣新江主编《大唐西市博物馆藏墓志》上，北京大学出版社，2012年，第196—199页。

②《旧唐书》卷四三，第1854页。

③《梁书》卷三〇，第447页。

④《旧唐书》卷四三，页1854。

⑤"倚马可待"是中古时期评论记室等类人才的常用语词，唐代前期虽并不必然沿用此词，但称赏"捷才"的标准却大体一致。参见《通典》卷二一，第564—565页。

⑥《旧唐书》卷九四，第3000页。

⑦《旧唐书》卷一九〇中，第5044页。

之处,故而"至有以一联之工而遂擅终身之官爵者"①。知制诰的文学技艺也因此更多体现在对时局及当事者态度与心理的深度揣摩,且能在数句之中加以体现:

> 封敖字硕夫……会昌初,以员外郎知制诰,召入翰林为学士,拜中书舍人。敖构思敏速,语近而理胜,不务奇涩,武宗深重之。尝草《赐阵伤边将诏》,警句云:"伤居尔体,痛在朕躬。"帝览而善之……李德裕在相位,定策破回鹘,诛刘稹……其制语有"遏横议于风波,定奇谋于掌握。逆稹盗兵,壶关昼锁,造膝嘉话,开怀静思,意皆我同,言不他惑。"制出,敖往庆之,德裕口诵此数句,抚敖曰:"陆生有言,所恨文不迨意。如卿此语,秉笔者不易措言。"座中解其所赐玉带以遗敖,深礼重之。②

唐代诏令以四六文为其大端,四六文上下句之间,在逻辑上有相对、相承以及并列等组合的可能。故而长于此道者,多善于利用此种文体特点敷衍成文而为名句。如刘三复代李德裕草表,中有"山名北固,长怀恋阙之心;地接东溟,却羡朝宗之路"③、李袭吉代李克用作《违离表》,中有"穴禽有翼,听舜乐以犹来;天路无梯,望尧云而不到"(《全唐文纪事》卷九六),均为传颂一时的名言佳句。然此类佳句,多利用上下句间,或单句内或明或暗的相对关系,适合在下位者的章表之用,故幕府掌书记以此为能。而出于中央王廷的诏令,则以相承或并列为主,以应和语体的要求。但李唐中后期对于知制诰者评价标准的变化,并非在于表层书写技艺的高下之别,而是更注重书写者"识度",也即在纷繁复杂的政局变化中的应对能力:

> (元和)十二年七月丙辰,以中书侍郎平章事裴度为门下

①刘公纯等点校《叶适集》,中华书局,2010年,第803页。
②《旧唐书》卷一六八,第4392—4393页。
③王谠撰、周勋初校证《唐语林校证》卷三,中华书局,1987年,第279页。

侍郎平章事,充彰义军节度,申光蔡等州观察,淮西宣慰处置
等使。其制,翰林学士中书舍人令狐楚所草也。度以是行兼招
抚,请改其辞中"未翦其类"为"未革其志"。又以韩弘为都统,
请改"更张琴瑟"为"近辍枢轴",又改"烦我台席"为"授以成
算"。宪宗皆从之。乃罢楚学士。①

裴度赴淮西之时,宪宗欲平定淮西吴元济的战争已持续四年,但因诸
道养寇自重者多,故推进迟缓。裴度兼"招抚"之名,意味着宪宗对于
政治让步空间的预留,但"未翦其类"的用语,则为明示敌我之别,几
无政治斡旋的余地。元和九年,宪宗以韩弘代替严绶为淮西诸军行
营都统。为示尊重,故以"近辍枢轴"变改"更张琴瑟"之语,传递朝
廷认可严绶前期领导工作的政治意图,同时也表明裴度此行并不会
对淮西行营的人事、战略做重大调整。而"授以成算"则在标示予以
裴度支持的同时,也强调裴度淮西之行乃是朝廷的精心决策。令狐
楚所草诏令原文,存于《旧唐书·裴度传》中。以其原文而论,令狐楚
对于裴度淮西之行的政治意图领会不足,已有失职之嫌,故被宪宗罢
免此职。知制诰的识度及其学养与书写技艺之间并无明确的对应关
系,而更依赖于其自身的政治洞察力。历史学界对于文书行政的研
究虽持续有年,在诏令的体制及体式与生成机制及程序②、诏令的政

①《册府元龟》卷五五三,第6640页。
②主要研究成果有中村裕一《唐代制敕研究》(东京汲古书院,1990年)、《唐代
　官文书研究》(京都中文出版社,1991年)、《唐代公文书研究》(东京汲古书
　院,1996年)、《隋唐王言の研究》(东京汲古书院,2003年);刘后滨《唐代中书
　门下体制研究——公文形态、政务运行与制度变迁》(齐鲁书社,2008年)、王
　兴振《北魏王言制度研究》(甘肃人民美术出版社,2018年)、朱红霞《代天子
　立言:唐代制诰的生成、传播与文学研究》(上海人民出版社,2017年)、代国
　玺《汉代公文形态新探》(《中国史研究》2015年第2期,第23—49页)、禹成旼
　《唐代德音考》(《中国史研究》2006年第2期,第101—109页)。

治功能①、知制诰群体②等方面均有较为系统而专深的讨论，但对于知制诰的个人能力，却尚未给予应有的重视，故而也极少留意此种洞察力在文书行政中的作用。此种能力，需要书写者明了政治运行的基本规则，尤其需要其对于社会不同阶层间的关系以及行动中诸多复杂而微妙的因素有一种综合把握的能力。在特定的意义上，这是一种不能传授而只能在政治经验中累积且具有"天才"意味的特殊能力③。

> 尚书祠部郎中、知制诰、赐绯鱼袋元稹，去年夏拔自祠曹员外，试知制诰。而能芟繁词，刬弊句，使吾文章言语与三代同风。引之而成纶綍，垂之而为典训。凡秉笔者，莫敢与汝争能。是用命尔为中书舍人，以司诏令。尝因暇日，前席与语，语及时政，甚开朕心。是用命尔为翰林学士，以备访问。仍以章绶，宠荣其身。④

唐代中后期，政治权力分掌于翰林学士、盐铁转运使、宰相、节度使以及诸宦官使职之手⑤。中书舍人虽有知制诰之权，但若不能充翰林学士之职，其权力则大打折扣。而翰林学士作为"天子私人"，

---

① 主要研究成果有富谷至《文书行政的汉帝国》（刘恒武、孔李波译，江苏人民出版社，2013年）、魏斌《"伏准赦文"与晚唐行政运作》（《中国史研究》2006年第1期，第95—106页）、《唐代赦书内容的扩展与大赦职能的变化》（《历史研究》2006年第4期，第21—35页）。

② 主要研究成果有傅璇琮《唐翰林学士传论》（辽海出版社，2005年）、毛蕾《唐代翰林学士》（社会科学文献出版社，2000年）、刘万川《唐代中书舍人与文学》（人民出版社，2017年）、赖瑞和《唐代高层文官》（台北联经出版事业股份有限公司，2016年）。

③ 关于"识度"的理解，可参看黄永年《"士先器识而后文艺"正义》，《唐史论丛》第四辑，三秦出版社，1988年，第96—108页。

④ 朱金城笺校《白居易集笺校》卷五〇，第2954页。

⑤ 赖瑞和《唐代高层文官》，第258页。

知制诰的同时,也以政治顾问的角色参与朝廷军国重事。此外,翰林学士由于与皇帝及宦官等人的近密关系,在入相的机遇上远高于其他职位。据毛蕾的统计,唐后期自德宗至懿宗,共有宰相一百五十九位,其中六十七人曾有翰林学士的任职经历,而出任翰林学士承旨者的入相机率又为之最①。白居易在制文中将"语及时政,甚开朕心"作为元稹入翰林院的重要缘由,正是时人对知制诰者"识度"期待的反映。

知制诰者的身份以及影响力在唐代的前后期虽有一定的差异,但都居于王朝政治核心位置。故而,政治运作的特定规则,自然会对知制诰者的政治品格产生相应的要求,谨言慎行是其立身于朝、寻求仕途晋升的基本保证。白居易《钱徽司封郎中知制诰制》曰:

> 中台草奏,内庭掌文,西掖书命,皆难其人也。非慎行敏识,茂学懿文,四者兼之,则不在此选。祠部郎中、翰林学士钱徽,蔼然儒风,粲然词藻,缜密若玉,端直如弦。自参禁司,益播其美,贞方敬慎,久而弥彰。应对必见于据经,奏议多闻于削稿,迨今六载,其道如初。②

白居易的制文对知制诰者的素养作了极为精准的描述,而在诸因素中,作为政治品格的慎行,则得到了无以复加的强调。这既是知制诰能够胜任职务的要求,也是因其巨大的政治影响力而产生的社会期待。在大多文人放荡无行的中古时期③,知制诰者所拥有的政治素养无疑迥出时辈之上。李德裕认为"朝廷显官,须是公卿子弟"④,应是其长期处于政治权力核心地带的经验之谈。后世文学

---

① 毛蕾《唐代翰林学士》,第50—51页。
② 李希泌主编《唐大诏令集补编》,第276页。
③ 颜之推撰、王利器集解《颜氏家训集解》卷三,第199—200页。
④ 《旧唐书》卷一八,第602—603页。

史主流书写所营造的"才人不遇"的经典形象,文学观念的影响而外,更可能是源于书写者对特定历史时段政治生活的隔膜。

二 "王霸尽在":"燕许大手笔"的成立

在关于"燕许大手笔"的研究中,从文学技法角度作细密的文本解读,并分析其在文学史上的影响是最为常见,也是较能坚持古典文学学科本位的研究方式①。但此类研究在推进相关问题之理解的同时,却因其对中古时期文学与政治、思想以及社会生活的高度交织有意或无意的忽视,而不免产生研究结论相对平面的遗憾。正如上文的推论所示,文才殊非大手笔成立的核心因素,其在决定政治书写水平高下中的影响力,较"识度"则相差一间。"苏味道、李峤等,俱为辅相,各处穹崇。观其章疏之能,非无奥赡;验以弼谐之道,阙有贞纯。故狄仁杰有言曰:'苏、李足为文吏矣。'得非龊龊者乎!摸棱之病,尤足可讥。崔融、卢藏用、徐彦伯等,文学之功,不让苏、李,止有守常之道,而无应变之机。"②五代自政治文化而言,处于李唐中后期的延长线上,其对文臣"弼谐"与"应变"的强调,正源于唐人对知制诰者(词臣)识度的期待。而识度也是唐代词臣对抗"文人龊龊"指责的有效武器。"及夫先圣微旨,稽古未传,缺文必补,坠礼咸甄,与经籍为笙簧,于朝廷为粉泽,固不可详而载也。始公之从事,实以懿文,而风雅陵夷,已数百年矣。时多吏议,摈落文人,庸引雕虫,沮我胜气。邱明有耻,子云不为,乃未知宗匠所作,王霸尽在。及公大用,激昂后来,天将以公为木铎矣,斯文岂丧?"③"王霸尽在"是同样身为著名词臣的张九龄对张说文章的定位,也是对时论以文

①参见曲景毅《唐代"大手笔"作家研究》。

②《旧唐书》卷九四,第3007页。

③《全唐文》卷二九二,第2965页。

学为雕虫之技的回应①。同时代的接受态度及其接受角度,应更能提醒今日分析此类政治性书写所应采取的研究路径。过于关注文学技法的解读,或许恰恰翻转了词臣对政治书写的自我定位。

汪篯先生在论述玄宗朝政局时,曾提出极具影响力的文学与吏治之争的解释框架。虽然此框架近数年来已受到强有力的挑战②,但对于"燕许大手笔"的分析而言,依然不失为一个颇有启发的研究视角。

《唐语林》卷三曰:

> 姚梁公与崔监司在中书。梁公有子丧,在假旬日,政事委积,处置皆不得。言于玄宗,玄宗曰:"朕以天下事本付姚崇,以卿坐镇雅俗。"及梁公出,顷刻间决遣尽毕。时齐平阳为舍人,在旁见之。梁公自以为能,颇有得色,乃问平阳曰:"余之为相,比何等人?"齐未及对。梁公曰:"何如管、晏?"曰:"不可比管、晏。管、晏作法,虽不及后,犹及其身。相公前入相,所立法令施未竟,悉更之,以此不及。"梁公曰:"然则竟如何?"曰:"相公可谓救时之相也。"梁公投笔曰:"救时之相,岂易得乎?"

在玄宗朝的二十六位宰相中,姚崇任职时长的排序为十名之外,但其与同样任职三年两月的宋璟,却在身后有极高的认同度,成为与房、杜并肩的名相。姚崇以长于吏道著称,曾三为宰相。然其初次为相的武周长安二年十月至中宗神龙元年、二次为相的景云元年至景元二年,均是唐代政局极度复杂的历史时期。故而,在此意义上,

---

① 此处"王霸尽在"并非王道与霸道并列之义,而义偏"王道",意在赞誉张说的政治才能。

② 参见陆扬《清流文化与唐帝国》,第213—263页。"文儒"与"吏能"的相关讨论,参见汪篯:《唐玄宗时期吏治与文学之争——玄宗朝政治史发微之二》,唐长孺等编《汪篯隋唐史论稿》,中国社会科学出版社,1981年,第196—208页。

《新唐书》所言"崇以善应变以成天下"，应是对姚崇善处危局之能的准确概括。但善应变者，常有突破规则和惯习的举动。开元中，山东发生蝗灾。姚崇奏请遣使分捕。姚崇此举，与修德禳灾的政治惯例大相违背。朝议纷纷之下，姚崇虽坚行捕蝗之举，但为缓解玄宗的政治压力，建议以堂牒而非敕书的形式处分捕蝗行动。凡此，均可见出姚崇应变的能力。作为对于自身才能有足够自信的政治人物，强调从心适变，是姚崇自开元入相以来一直坚持的政治理念。开元二年正月，姚崇为抑制佛教过度发展，奏曰："佛不在外，求之于心……但发心慈悲，行事利益，使苍生安乐，即是佛身。"[1]同年二月，玄宗有《禁坊市铸佛写经诏》曰："殊不知佛非在外，法本居心，近取诸身，道则不远"[2]，与姚崇上疏中的观点基本一致。开元九年，姚崇病逝，其遗言中曰："且佛者觉也，在乎方寸……功德须自发心，旁助宁应获报？"[3]而在其有限的存世文章中，另有数处关涉"心"论。如《执秤诫并序》曰："心苟至公，人将大同。心能执一，政乃无失"[4]；《辞金诫并序》曰："古之君子，策名委质，翼翼小心。乾乾终日，慎乎在位。"[5]虽然开元以来姚崇对于"心"的理解有明显的禅宗影响的痕迹，但自其至死持之而言，将之视为其政治行动的基础理念，应非毫无理据的过度推论。而张说对于"心"的关注，则始于其在政坛始露头角的载初元年（690）：

> 策曰"适时之务何先，经国之图何取"。臣闻古者，因人以立法，乘时以设教，以义制事，以礼制心。夫人者，理得则气和，业安则心固，崇让则不竞，知耻则远刑。若强人之所不能，虽令

---

[1]《旧唐书》卷九六，第3023页。
[2]《全唐文》卷二六，第109页。
[3]《旧唐书》卷九六，第3028页。
[4]《全唐文》卷二〇六，第2084页。
[5]《全唐文》卷二〇六，第2085页。

不劝；禁人之所必犯，虽罚必违……窃见今之俗吏，或匪正人。以刻为明，以苛为察，以剥下为利，以附上为诚。综核之词，考课专于刀笔；抚字之宰，职务具于簿书……伏愿陛下，进经术之士，退培克之吏，崇简易之化，流恺悌之风。画一成歌，此适时之务也……周用王道，教化一而人从；汉杂霸道，刑罚严而俗伪。[1]

"以义制事，以礼制心"的表述，于李唐而言，并非始自张说，在贞观十二年的《诫吴王恪敕》中即有此句[2]。但在张说重新提及之前的数十年内，此一观念近乎湮没无闻。对"心"的关注，并非唐前儒学的主流取向。自思想史的脉络而言，南朝梁武帝萧衍在《神明成佛义记》中"心统性用"的论点，或应是其主张的早期源头[3]，而武则天以来逐渐兴起的禅宗东山法门则是"心"论兴起的直接诱因。与姚崇"从心适变"不同，张说对于心的理解更接近萧衍，承认心统性用，故有生善生恶的双重可能，因而，心的作用须有外在的形式规范予以调适，"礼"则成为约束心灵的必要形式。义有适宜之意，"以义制事"是政治人物面对实际生活时的通达态度，但此句须与下句合观，即以礼、以常为主，以变为辅。尊重政治惯例，兴礼乐立一代之规矩是持此论者政治行动的基础观念。苏颋于"心"虽并无有意论述的文字，但以其所留存的文字及其与张说、张九龄的政治交往而言，其政治态度与理念应较为接近于二张，而稍疏离于姚崇。

"从心适变"的政治人物可以在短时间内解决迫在眉睫的难题，易于赢得政治声誉，但其不必然有关于政治之道的根本思考与举措。而"以礼制心"者，在面临迫切的难题之时，常因循守旧，不足应变。然其中非固守迂执者，通常有关于政治之道的系统设计，有

---

① 徐松撰、孟二冬补正《登科记考补正》，第117—118页。
② 李希泌主编《唐大诏令集补编》，第112页。
③ 参见潘桂明《中国佛教思想史稿》，凤凰出版社，2009年，第481—482页。

潜在的开创新局的可能。张九龄既以"王霸尽在"称许张说之文，则"王道蓝图"的还原与勾画方是考察"燕许大手笔"的正确路径，而苏颋的大手笔同样需要在此框架下加以理解与定位。"燕公之文，如梗木楠枝，缔构大厦，上栋下宇，孕育气象，可以燮阴阳而阅寒暑，坐天子而朝群后。许公之文，如应钟鼙鼓，笙簧錞磬，崇牙树羽，考以宫县，可以奉明神，享宗庙。"（皇甫湜《谕业》）[1] 张说缔构大厦，苏颋则是细部的修饰者。若将皇甫湜的《谕业》一文不仅仅视为文章技法层面的批评，而同时将其作为关于政治观念的解读，以上对于燕许的定位即有了当世接受的文献佐证。

　　"大一统体制"与"有效治理"之间的紧张关系，是传统中国国家政治生活中最为根本也最难解决的问题。一统体制所依赖的基本维系机制乃是官僚体制与一统观念制度[2]。作为玄宗朝举足轻重的政治人物，姚崇与燕许之间的分歧，虽掺杂有明显的个人恩怨色彩，但一场具有深远意义的政治纷争，以基本维系机制的理解为视角，应可确保其得到适当的历史评价。"燕许大手笔"的成立，须经此考量。为分析的便宜，官僚体制与一统观念制度可同样拆解为制度（观念）与举措两个层面。由于本文的讨论限于"大手笔"所设定的文本范围，故而在文本有所体现者方视为有效材料，但姚崇存世的文章数量极其有限，在分析"燕许大手笔"时，姚崇通常只能作为一个隐含的对话者在场。而燕许由于角色定位的不同，二者在基本维系机制上的理解也常会呈现一定的层次差异。

　　《新唐书·姚崇传》曾予其"罢冗职、修制度"的评价，但能提供佐证的材料十分有限，且以剥夺中书舍人的政务权力最为著称，故而，自制度层面而言，姚崇似乎没有体系性的主张。这也符合"救时宰相"的当世定位。相较而言，张说在官僚制度上则有明确的理

---

①《全唐文》卷六八七，第7035页。
②参见周雪光《中国国家治理的制度逻辑》，第10—11页。

解。开元十年,玄宗与张说试图修定一部可为大唐行政法典的著作。虽然此部仿《周官》之制的著作《唐六典》在张说身后十年的开元二十六年方始修成,但张说试图整顿行政体系、为李唐确立稳定官僚制度的努力却有其实据①。《唐六典》的修撰,实缘于李唐职官体系在立国之初即存在的结构性问题。"自昔三代以上,分置六卿,比周百事。至秦及汉,虽事不师古,犹制度未繁。后汉有三公九卿,而尚书之任,又益重矣。魏晋以降,职制日增。后周依《周礼》置六官,而年代短促,人情相习已久,不能革其视听。故隋氏复废六官,多依北齐之制。官职重设,庶务烦滞,加六尚书似周之六卿,又更别立寺、监,则户部与太府分地官司徒职事,礼部与太常分春官与宗伯职事,刑部与大理分秋官司寇职事,工部与将作分冬官司空职事。自余百司之任,多类于斯,欲求理要,实在简省。"②唐初多沿杨隋旧制,故自高祖、太宗以来,李唐制度即处于不断调整以应对结构失调、皇权扩张与现实之需的进程之中。而张说在唐代制度变革中所发挥的作用则有节点性的意义:

> 初,三省长官议事于门下省之政事堂,其后,裴炎自侍中迁中书令,乃徙政事堂于中书省。开元中,张说为相,又改政事堂号"中书门下",列五房于其后:一曰吏房,二曰枢机房,三曰兵房,四曰户房,五曰刑礼房,分曹以主众务焉。③

---

① "开元十年,起居舍人陆坚被旨修《六典》,上手写白麻纸凡六条,曰'理、教、礼、政、刑、事典',令以类相从,撰录以进。张说以其事委徐坚,思之历年,未知所适。又委毋煚、余钦、韦述,始以今式入六司,象《周礼》'六官'之制,其沿革并入注,然用功艰难。其后,张九龄又以委陆善经,李林甫委苑咸,二十六年奏草上。"(陶敏辑校《景龙文馆记 集贤注记》,中华书局,2015年,第255页)

② 《通典》卷二五,第691页。

③ 《新唐书》卷四六,第1183页。

对李唐政治体制影响深远的"中书门下"体制，自张说而制度化，李唐兵制同样也变革于张说①。其在永昌元年对策中所言及的"策曰：'适时之务何先，经国之图何最？'臣闻古者因人以立法，乘时以设教"②，在开元时期的政治生活中，终得以制度性的落实。虽然姚崇相较而言并无制度化的体系设计，但处于李唐制度的变革调整的历史大势之中，作为救时宰相，他同样在行政运作中体现出积极应变的姿态，故而在此层面上，两人之间并无根本差异。其分歧之处，主要在于人才选拔任用间的矛盾。姚崇认为"庸儒执文，不识通变"，故其所重用的人才以长于吏道的干练之才为主③，但此类人才的政治道德易为人诟病。"开元二年十一月，紫微令姚崇奏……因是舍人唯知撰制，不复分知机务。既文书填委，遂令书录，委之堂后人，其权势倾动天下，姚竟因主书赵诲赃犯所累罢相。"④而张说在载初元年的策论中已明确指出俗吏政治道德低下所导致的巨大危害，故其提出以经术之士作为官员选拔的主体对象。但张说所言之经术之士，并不同于一般理解的纯粹的儒家士人，而是具有文才识度的"文儒"。对"文"的揄扬成为张说与姚崇最为明显的分歧。

> 臣闻：七声无主，律吕综其和；五彩无章，黼黻交其丽。是知气有壹郁，非巧辞莫之通；形有万变，非工文莫之写。先王以是经天地，究人神，阐寂寞，鉴幽昧，文之辞义大矣哉……自则天久视之后，中宗景龙之际，十数年间，六合清谧，内峻图书之府，外辟修文之馆，搜英猎俊，野无遗才。右职以精学为先，大臣以无文为耻。每豫游宫观，行幸河山，白云起而帝歌，翠华飞

①可参看陈寅恪《隋唐制度渊源略论稿》，第137—155页。
②熊飞校注《张说集校注》，第1372页。
③参见汪篯《唐玄宗时期吏治与文学之争——玄宗朝政治史发微之二》，唐长孺等编《汪篯隋唐史论稿》，中国社会科学出版社，1981年，第196—208页。
④《通典》卷二一，第565页。

而臣赋。雅颂之盛,与三代同风。

张说《中宗上官昭容集序》①

在这篇以上官氏为称量天下之文宗的《中宗上官昭容集序》中,张说赞叹"文"有经天纬地的巨大能量。此种观点,在《洛州张司马集序》《齐黄门侍郎卢思道碑》等文中亦有体现。而在《卢思道碑》中,张说以"吟咏性情,纪述事业,润色王道,发挥圣门"之"文伯"为文士的典范,可见出其对于文士好为浮词、不切实用的有意回应。与之相应,苏颋在其制文中提及"文儒"一词今日可见者共计八处之多。在其后孙逖、常衮等人的制文中,"文儒"出现的频次更高。张说的人才标准经苏颋而成为一个时期的共识,但苏颋的影响并未止步于此,其制文中对于相关对象个人能力的描述,更清晰地勾画出"文儒"的特定标准:

> 敕:朝议郎左补阙内供奉判尚书主爵员外郎韩休,理识清畅,襟灵夷雅,探学精微,属词婉丽,甲科对策,尝副求贤。左史记言,用观书法。可行起居郎,散官如故。

苏颋《授韩休起居郎制》②

> 黄门:朝议大夫前行尚书水部郎中兼修国史上柱国长垣县开国男吴兢,雅思周密,素风清旷,著书微婉,东观是称,起草闲达,南宫所重。宜列谏臣之位,复膺良史之才。

苏颋《授吴兢谏议大夫制》③

在苏颋所作的诸多涉及人事变动的制文中,偏于道德含义的"清(直)"、能力考量的"识(思)"以及文才与学养,通常是其着墨的重点。虽然"清"、文才等标准写入制文非自苏颋始,但自出现的频次

---

① 熊飞校注《张说集校注》,第1318页。
②《全唐文》卷二五〇,第2531页。
③《全唐文》卷二五〇,第2531页。

以及组合的紧密度而言，李唐前期尚无能与苏颋比肩者。苏颋此一书写行为的意义在文学研究中并未得到应有的关注，一个可能的原因是，文学研究者通常能够注意到社会实践行为对于日常词汇的意义赋予，却容易忽视评价性语词在促进社会行为正当化中的作用。通过官方诏令中此类语词组合的高密度使用，苏颋在确定理想文儒形象的同时，也促发了一个有"清流"之名的群体的生成。虽然"清流"一词在汉代即已因士大夫之群体自觉而产生，此一群体以道德相标榜，主持"清议"，有"澄清天下之志"①。魏晋而下，门第的兴起、玄言清谈的知识趣味等因素的作用之下，"清流"逐步与国家治理的政治情怀拉开距离，而更在意于官职的清、浊分类与个体生命形态的展演②。但至唐代中后期，士人官僚却再次以"文学"改造了"清流"原有的含义，而成为一个在出身、德行、外形、文才、识度等方面具有过人之处的群体的称谓（下文若非特别强调，所言"清流"，即指中晚唐之"清流"）③。在此意义上，张说虽然因"文"之揄扬而有助于唐代中后期清流文化的形成，但苏颋才是直接的推动者。

　　一统观念制度是一统体制的另一支柱。姚崇"从心适变"的政治态度，也自然会影响到其对于儒家学说的接受，而其存世的文字中并无太多值得关注的关于一统观念层面的构想，在此问题上，姚崇难以与燕许构成真正的对话，而张说则在"一统观念制度"的构想上大放异彩。一统观念制度作为国家的文化共识，包含制度设计与观念的生产及传播。以前者而言，张说是唐代礼学巅峰之作《大唐开元礼》的直接推动者④。虽然《大唐开元礼》的最终完成已至开

① 参见余英时《士与中国文化》，上海人民出版社，2003年，第251—353页。
② 参见马鹏翔《君子与名士——汉晋士人理想人格转型之研究》第四章、第五章，南开大学2014年博士论文。
③ 参见陆扬《清流文化与唐帝国》，第234页。
④ 参见吴丽娱《营造盛世：〈大唐开元礼〉的撰作缘起》，《中国史研究》2005年第3期，第73—94页。

元末期,但同样可明确认定的是,张说有在制度层面构想唐王朝观念共识的努力。关于王朝的政治走向及其命运,在李渊与李世民时期一直是高层政治关注的焦点问题之一。即使问题的参与者能够明确王朝必然会在未来的某个时段走向崩塌,但如何延长王朝的寿命,已足以支撑讨论的热情。然而至贞观末期,面对历史兴亡的翼翼小心已开始为王朝盛世即将到来的荣耀所替代。在贞观末期的特别是许敬宗所草制的诏令中,被前期历史事件与规律压抑的天相、祥瑞等逐步成为政治行动合法化的依据①。历史与未来的位置被当下所取代,天人感应重新成为共识构建的核心观念。张说对于玄宗主流观念的生产与传播,大体沿袭了在八世纪初期被短暂中断的传统,重新回归于天人感应的框架之下。其《大唐祀封禅颂》曰:

> 皇帝攘内难而启新命,戴睿宗而缵旧服,宇宙更辟,朝廷始位,盖羲轩氏之造皇图也。九族敦序,百姓昭明,万邦咸和,黎人于变,立土圭以步历,革铜浑以正天,盖唐虞氏之张帝道也。天地四时,六官著礼,井田三壤,五圻成赋,广九庙以尊祖,定六律以和神,盖三代之设王制也。武纬之,文经之,圣谟之,神化之。然犹战战兢兢,日慎一日,纳规诲以进德,遂忠良以代工,讲习乎无为之书,讨论乎集贤之殿。宠勇爵,贵经门,翼乎鹓鸾之列在庭,毅乎貔貅之师居鄙。人和傍感,神宝沓至,乾符坤珍,千品万类,超图溢牒,未始闻记。②

封禅泰山是玄宗朝政辉光荣耀的礼仪大典,也是一个伟大时代的自我宣言。在此文中,羲轩氏之造皇图、唐虞之张帝道、三代之设王制,历史中圣王的辉煌时刻,成为玄宗伟大形象的注脚。国泰民安,

---

① 参见李丹婕《承继还是革命——唐朝政权建立及其历史叙事》,《中华文史论丛》2013年第3期,第123—156页。

② 熊飞校注《张说集校注》,第608页。

祥瑞毕至,一切均指向完美的当下。在同篇文章中,张说更进一步指出帝王能否封禅的标准:"封禅之义有三,帝王之略有七。七者何? 传不云,道德仁义礼智信乎? 顺之称圣哲,逆之号狂悖。三者,一位当五行图箓之序;二时会四海升平之运;三德具钦明文思之美,是谓与天合符,名不死矣。有一不足,而云封禅,人且未许,其如天何!"张说的上述言论,在赞叹玄宗之圣而外,其重要的意义之一,在于为帝王与盛世确立了可以形式化或准形式化的判定标准,而这也是张说"大手笔"甚为重要的特点。《开元正历握乾符颂》称美玄宗,则自道德、学养、文才、制度、音乐、书法、军事等不同角度加以论述,又自大宝、大政、大祥、大历四个层面论证玄宗得天之命;《论神兵军大总管功状》论忠、善之德行,以"至忠之状有三,为善之迹有五"[①],并作条分缕析的细致解读;《唐故夏州都督太原王公神道碑》以王方翼"雄姿沉毅,凛难犯之色;虚怀信厚,坦招纳之量;识略精断,达应变之权;神守密静,坚不夺之节"[②]《故开府仪同三司上柱国赠扬州刺史大都督梁国文贞公碑》赞姚崇"位为帝之四辅,才为国之六翮,言为代之轨物,行为人之师表"[③],笔墨简练而又能尽两人之长。张说"大手笔"有缔构大厦的美誉,既在于其能确立王道政治的理想标准,也在于其所提供的具体的实践路径。即使是在对个人品格与能力的评价中,张说也能做到尽可能细致而有条理的解读。相比于同时代的其他书写者,张说对形式化的要求无人可及。正因如此,张说才能为当世及后来的书写者开辟可以跟随的道路。苏颋在观念的形式化及开拓性上较张说为弱,在相近题材上,苏颋长于场景的铺排。其《封东岳朝觐颂并序》写玄宗封禅泰山大典:"己丑,宏观轶区宇,盛仪振开辟。高临建凤,万队张皇以烛山;上御飞

---

① 熊飞校注《张说集校注》,第1453页。
② 熊飞校注《张说集校注》,第773—774页。
③ 熊飞校注《张说集校注》,第743页。

龙,百神翕习以扶道。……庚寅……至尊辛卯有事于社首。"①在天人关系的理解上,苏颋与张说大体接近,但苏颋分析的文字较少。而正因长于描述场景,故能够调节节奏与展现动态的三字句在苏颋笔下的非诏令性文字中的出现频次远高于张说②。在依以成名的诏令文字中,好引经为文外,以简洁的笔墨传递儒家观念是苏颋文字的特点。《授姜皎太常卿制》曰"命卿之贵,以象冬春;化人之本,孰逾礼乐"③,《授毕构太子詹事制》曰"摄生遂性,义存于尚德;去剧从简,礼切于优贤"④,《睿宗受禅制》曰"天下神器,非上圣无以运其机;域中大业,非元良无以固其本。钦若灵命,寅奉神宗,屈己顺人,用安四海,承祧主鬯,实贞万国"⑤。诸如此类的文字,在苏颋制文中所在多有。在一统观念的生产上,苏颋更依赖于传统资源,虽然其不足以胜任缔构大厦的工作,但无疑是张说事业有力的助推者。

在中国中古乃至帝制中国的整个漫长时段,一统观念构建的成效,须以能否有效服务于政治权力形式化、荣耀化、合法化及公共性的基本要求为判定标准⑥。张说与苏颋在一统观念生产上的努力,在开元盛世的悠久赞歌以及关于二人的历史评价中已可得以印证。而在一统观念的传播上,张说同样长于此道,加尊号、封禅、巡游、以皇诞为国家节日等均为其传播的有效手法。所有高度仪式化的权力展演均指向权力的形式化、荣耀化以及权威化与公共性,并由此营构盛世,强化共同体的认同感。与此同时,形式权威与实质权威之间的弹性增大,亦提升了权力运作的空间,这也是权力自我延续的重要方式。然以文本书写而言,张说以及作为其同行者的苏颋所

① 《全唐文》卷二五〇,第2525页。
② 曲景毅《唐代"大手笔"作家研究》,第103—105页。
③ 《全唐文》,第2540页。
④ 《全唐文》,第2547页。
⑤ 《全唐文》,第2557页。
⑥ 参见本书第三章第一节。

可展现的，在观念的制作环节已大体呈现完毕。

三　"燕许大手笔"对李唐中后期
"清流"文化的影响

　　唐代中后期的"清流"文化，陆扬在其极具开创性的《唐代的清流文化——一个现象的概述》一文中已做了颇为细致的分析工作。其所以选择以"清流"这个对于唐研究而言较为陌生的语词概括唐后期的新型政治文化精英①，"最主要的原因是'清流'这一概念不仅存在于当时的公共话语之中，而且有越来越清晰的指涉，同时也包含了一种特殊的社会认知，而不仅仅是一种制度上的身份。这正可以涵盖一个依托社会想象和政治成功双重力量而形成的精英群体。"②"清流"是以翰林学士等词臣为重要身份象征的政治文化精英，其与以大明宫为中心的文化想象、以代朝廷立言为最高目标的文学实践以及进士词科及其相关礼仪，共同构成了中晚唐"清流"文化的四大要素③。陆扬将"清流"文化视作一个能够感受中晚唐乃至五代宋初特殊氛围的"事件"，并以此现象为核心考察中晚唐政治和社会的变迁。"清流"概念的提出，不仅挑战了原有的门阀世家与新兴士族对抗升降的解释系统，也以具体现象的考察与结论的得出冲击"唐宋转型"说的解释效力。而其对于"在古代的政治和礼仪空间

----

① 此处的"政治文化"一词，其内涵主要采用阿尔蒙德（Gabriel Almond）为代表的美国"政治科学"派的相关说明，将政治文化视为一个民族在特定时期流行的一套政治态度、政治信仰和感情，它由本民族的历史和当代社会、经济和政治活动进程所促成。关于"政治文化"的相关讨论，参见迈克尔·布林特著，卢春龙、袁倩译《政治文化的谱系》，中国社科文献出版社，2013年。
② 陆扬《清流文化与唐帝国》，第214页。
③ 陆扬《清流文化与唐帝国》，第240页。

中曾拥有至高权威的文辞表达"①的强调,对于中古文学研究亦是一个颇值得关注的判断。作为一个极具生发效应的概念,"清流"文化的讨论,应会对唐后期的研究领域与方法选取产生一定的焦点移转的作用。而此一章节的讨论所以尚有进行的必要,源于在对"清流"文化产生的溯源及群体身份认同之理解等问题上,本文与《唐代的清流文化》一文的相关结论略有差异。

相较于陆文尝试为"近代以来"寻找一个具体的时间节点,而以张九龄作为标志性人物,笔者更愿意将"近代以来"视作一个不易确指、只能加以模糊化处理的时段标示。而尝试从社会词汇的变化入手,观察其可能的近源。毕竟,"清流"一词若能真正形成与传统用法的根本性差异,且代表唐代中后期某种独特的政治文化,则必然须有一组可以对其加以支持的社会词汇。这既包括此群体内外的认同性词汇,也应包括自我反思性或外在否定乃至攻击性词汇。在此意义上,张说与苏颋的工作更为重要。二人在影响"文"一词使用的社会态度的同时,更以语词间的组合关系,引导新的"文儒"也即文官形象的树立。唐代中后期的"清流"群体的生产,相比于张九龄,更得益于此二人的努力,但也因此须面对张说、苏颋所曾经面临过的挑战。在某种意义上,此种挑战的有效应对,也是决定"清流"能否在唐代中后期构成一种政治文化现象的决定性因素。

李唐建国初期,政坛领袖大多文才武略兼具,行政履历上,文武两套职官系统中,交叉任职亦颇为常见。此时期诏令中,"文武"并用或上下句分用,可与此现象相互印证②。及高宗武则天时期,因高

---

① 陆扬《清流文化与唐帝国》,第15页。
② 《册侯君集改封陈国公文》曰:"体业贞固,识量恢弘,任切腹心,寄深文武。"(宋敏求编《唐大诏令集》,第337页)《长孙无忌司空制》曰:"风度峻远,才包文武。"(同前,第216页)《李靖右仆射制》曰:"博综机务,兼资文武。"(同前,第216页)

层政治权力结构的调整及政治斗争的复杂化,武将受猜忌者众,而开国旧臣凋零将尽,文士渐不愿居武将之职,文武分途自此加剧[①],"清流"由之具备了成长的制度条件与社会氛围。天祐二年(905),国祚将终的唐王廷颁布敕书,词曰:

> 文武二柄,国家大纲,东西两班,官职同体。咸匡圣运,共列明廷,品秩相对于高卑,禄俸皆均于厚薄。不论前代,只考本朝。太宗皇帝以中外臣僚,文武参用,或自军卫而居台省,亦由衣冠而秉节旄,足明于武列文班,不令分清浊优劣。近代浮薄相尚,凌蔑旧章,假偃武以修文,竞弃本而逐末。虽蓝衫鱼简,当一见而便许升堂;纵拖紫腰金,若非类而无令接席。以是显扬荣辱,分别重轻,遽失人心,尽隳朝体。致其今日,实此之由,须议改更,渐期通济。[②]

哀帝初年,已大权在握的朱温欲用牙将张廷范为太常卿,遭到其政治同盟、时为宰相的裴枢的拒绝。裴枢因此被朱温目为浮薄之徒而罢相,随后,即有此敕的颁布。敕文中正以文武分途、偃武修文,作为蓝衫鱼简者"浮薄相尚"的制度源头。故而,在时间节点上将高宗武则天时期视为一个独特的历史时段,与唐人自身的感受大体合拍。虽然,"清流"群体及"清流"文化的形成需要依赖科举影响的提升、中书舍人的去佞幸化[③]以及中央—乡里间互动的历史态

---

① 唐初的文武分途问题,参见陈寅恪《隋唐制度渊源略论稿》,第234—235页。陈寅恪先生的观点后来曾受到岑仲勉、黄永年诸先生的挑战。而此处所作的推论,乃是在具体事实的层面描述可以观察的政治现象,与陈寅恪所作的推断之间分处不同层面。

② 《旧唐书》卷二〇下,第791页。

③ 参见黄桢《中书省与"佞幸传"——南朝正史佞幸书写的制度背景》,《中国史研究》2018年第4期,第77—94页。

势等诸多因素的合力①，从"文儒"到形成独特的"清流"认同，尚需一个较长时期的过渡。但自文武分途以来，文士龌龊或庸儒执文的指责，一直是在行政系统中逐步占据上风的文儒必须去面对的挑战。

"龌龊""不达通变"，或为道德的败坏、或为不切实际、或为固执而不知变通，与"浮薄"之间有着明确的意涵上的一致性。"浮薄"的压力与"清流"的生成过程相始终。张说、苏颋在揄扬文儒之时，试图通过"清/直"的政治道德及"识度"所标示的行政能力，以引导长于文才的士人适应帝国行政的要求。但张说、苏颋对于政治形式化及政治道德的强调，极易引发皇权的反弹。"上在位多载，倦于万机，恒以大臣接对拘检，难徇私欲，自得林甫，一以委成。故杜绝逆耳之言，恣行宴乐，衽席无别，不以为耻，由林甫之赞成也。"②玄宗以大臣接对拘检，应指张九龄"遇事无细大皆力争"③。《旧唐书》及《资治通鉴》将张九龄的罢相归因于玄宗迫政，但李肇《唐国史补》中的一段材料，或可提供另外的解释："开元已前，有事于外，则命使臣，否则止。自置八节度、十采访，始有坐而为使。其后名号益广，大抵生于置兵，盛于兴利，普于衔命，于是为使则重，为官则轻。故天宝末，佩印有至四十者。"④使职的设置虽为因应时局而生，但亦是皇权作为最高权力对官僚常规权力的介入，故其规模与影响的扩大可以视作皇权提升的标志，但必然会与原有的官僚体制形成冲

---

① "唐制以散阶标志个别官人的身份，是魏晋以来'人之品'长期演变的归宿。自南北朝后期起，在'官＝士'的演变趋势下，'人之品'的定义权逐渐由乡里转到朝廷之手，评定官（士）人资格的权力脱离乡里，'士人—乡里'间的制度联系发生断裂。"（王德权《为士之道：中唐士人的自省风气》，台北政大出版社，2019年，第61页）

② 《旧唐书》卷一〇六，第3238页。

③ 《资治通鉴》卷二一四，第1734页。

④ 李肇撰、聂清风校注《唐国史补校注》，中华书局，2021年，第239页。

突。同时，皇权的扩张也会引发政治生态与政治道德的连锁反应。因此，张九龄与玄宗之间的矛盾，玄宗个人的怠政只是传统史家偏好道德评价的书写惯习使然。文儒试图将政治权力高度形式化的努力与皇权之间内在矛盾的激化，方是根本原因。在政治视野与行政能力上弱于张说的张九龄，是两种权力运作逻辑内在紧张的牺牲品，同时也是玄宗朝具有明确"清流"自觉的高层官僚。"清流"的内涵，也在其政治言论中逐步清晰化：

> （玄宗）又将以凉州都督牛仙客为尚书，九龄执曰："不可。尚书，古纳言，唐家多用旧相，不然，历内外贵任，妙有德望者为之。仙客，河、湟一使典耳，使班常伯，天下其谓何？"又欲赐实封，九龄曰："汉法非有功不封，唐遵汉法，太宗之制也。边将积谷帛，缮器械，适所职耳。陛下必赏之，金帛可也，独不宜裂地以封。"帝怒曰："岂以仙客寒士嫌之邪？卿固素有门阀哉？"九龄顿首曰："臣荒陬孤生，陛下过听，以文学用臣。仙客擢胥吏，目不知书。韩信，淮阴一壮夫，羞绛、灌等列。陛下必用仙客，臣实耻之。"帝不悦。翌日，林甫进曰："仙客，宰相材也，乃不堪尚书邪？九龄文吏，拘古义，失大体。"帝由是决用仙客不疑。[1]

开元十三年，玄宗封禅泰山时，张九龄在官员奖拔上即与张说有过争论。也许张说在引文儒之臣以佐佑王化时，已经意识到可能会存在的群体自我封闭化倾向，故其奖拔的人员中包含大量张九龄无法认可的非"清流"。但作为张说的继任者，张九龄的态度并未因之而有相应的调整。其与玄宗关于牛仙客的冲突，则是其"清流"理念的再次阐明。虽然"清流"认同是唐代中后期一种极易观察的政治文化，但一个具有明确自我认同意识的群体的产生，需要独特的历

---

[1]《新唐书》卷一二六，第4428—4429页。

史契机。在张九龄将"德望""词学""历史内外贵任"作为"清流"的认定标准之前,这几项因素在李唐人才选用中的影响已然存在。然若无一个外在的力量介入原有惯习,进而产生利益冲突的可能,李唐区别于传统的"清流"群体的自觉意识①恐依然难以产生。外在的异己力量催生了"清流"群体,但同时也提示其作为利益群体要面对的挑战,特别是皇权的挑战。故而,"清流"文化若欲得到生长的空间,必须对此加以适应。

倚重代掌王言的中书官员,本即导源于汉魏之际特殊政治局势之下皇权扩张的策略选择②。"清流"对皇权的适应,在政治运作规则与逻辑层面,在于其对唐中后期政治局势的适应。"清流"以对使职兴起及内廷政治作用强化的接受,主动消解了其与皇权之间的直接冲突,有"皇帝私人"之称的翰林学士与宦官(任使职者)、节度使、宰相及盐铁转运使分享朝廷大权的态势,即是其有效适应的明证。而作为一个利益群体,由于在政治运作中的利益取向,依然难以避免会与皇权及另一种好以"浮薄"相责的群体产生冲突:

> (元和十三年九月)甲辰,以户部侍郎、判度支皇甫镈同中书门下平章事,依前判度支。以卫尉卿充诸道盐铁转运使程异为工部侍郎、同中书门下平章事,依前充使。是时,上切于财赋,故用聚敛之臣居相位。诏下,群情惊骇,宰臣裴度、崔群极

①吕才《〈东皋子〉后序》有王绩"叹曰:'天乃不令吾饱美酒。'遂挂冠归田。自是,太乐丞为清流。"(《全唐文》卷一六〇,第1639页)此处的"清流",取官职的清浊相分之意。宋之问《春游宴兵部韦员外韦曲庄序》中即有"闾门之秀士咸集,京邑之清流毕萃"的描述,但此处的"清流"更近于清流高门之意,与"且(王)劭为河朔清流,(袁)充乃江南望族,干没荣利,得不以道,颓其家声,良可叹息"(《隋书》卷六九)中的意义相近。

②祝总斌《两汉魏晋南北朝宰相制度研究》,中国社会科学出版社,1998年,第314—318页。

　　谏,不纳。二人请退。荧惑近哭星。①

　　裴度、崔群面临的挑战,肃宗时的房琯也曾遭遇。后房琯被贬,诏书中有"虚浮简傲者,进为同人"②的斥责之语。当国事危急需要有救时之才的能吏时,"清流"的短处便极易被放大③。而来自群体内部的自我反思,同样也会强化此种挥之不去的焦虑感:

> 帝谓杨嗣复曰:"韦温不放姚勖入省,有故事否?"嗣复对曰:"韦温志在铨择清流。然姚勖士行无玷,梁公元崇之孙,自殿中判盐铁案,陛下奖之,宜也。若人有吏能,不入清流,孰为陛下当烦剧者? 此衰晋之风也。"④

　　"清流"能够成为一种举足轻重的政治文化现象,得益于文书行政的重要性自武则天以来的强化趋势,更得益于安史之乱后藩镇林立所形成的独特的权力结构。此种结构为"作为政治行动的文学书写"及形式权威与符号权力提供了极大的发挥空间。但"清流"若要有效回应"浮薄"的指责,则需在政治生活中有无可替代的建树。"清流"对于"识度"的强调,虽然依然以文学书写为本位,但也更突出行动能力的展演,也即在对"作为政治行动的文学书写"的强化:

> 呜呼! 咫尺之管,文敏者执而运之,所知皆合。在藩耸万夫之观望。立朝贲群寮之颊舌,居内成大政之风霆。导畎浍于章奏,鼓洪澜于训诰,笔端肤寸,膏润天下,文章之用,极其至矣。⑤

---

①《旧唐书》卷一五,第464页。

②李希泌主编《唐大诏令集补编》,第696页。

③参见孙光宪撰、贾二强点校《北梦琐言》,中华书局,2002年,第282—283页。

④《旧唐书》卷一六八,第4379页。

⑤《全唐文》卷六〇五,第6108页。

刘禹锡对"文敏者"无以复加的称扬,是"清流"政治自信的根源,也是其作为一政治群体的核心价值所在。但其政治作用的发挥,尚需具体的政治事件以为佐证:

> 德宗时,李纳陆梁,上表欲进钱五百万。上怒谓宰相曰:"朕岂藉进奉!"崔文公曰:"陛下欲知真伪不难,但诏纳便以回赐三军,即其情露矣。纳若遵诏,是陛下恩给三军;纳若不从,是其树怨于军中也。"上曰:"赐之何名?"祐甫曰:"两河用军已来,天平功居多,朝廷未及优赏。"上以为然。诏至,纳惭恚,构疾而终。①

德宗时的处理方式,在穆宗朝亦有体现。其时,幽州朱克融因朝廷赐春衣事,在奏文中向朝廷发难。穆宗极为忧虑,但裴度却轻松化解,诏下幽州,一切尽如所料②。此类以"纸上硝烟"进行政治运作的方式,在中晚唐的史料中屡见不鲜。如《北梦琐言》卷第五载:"唐僖宗皇帝蒙尘于蜀,朝士未集,阙人掌诰。乐朋龟、侯翩辈虽居翰林,而排难解纷之才,非所长也。高太尉镇淮海,拥兵不进,与浙西周宝不睦,表章递奏,各述短长。朝廷欲降诏和之,学士草词,殊不惬旨。前进士李端有壮笔,军容田令孜知之,召而与语,授以毫翰。李仍请酒,饮数杯,诏书一笔而成,文藻之外,乃奇辩也,深称上旨。除行在知制诰,官至省郎。旧说李绅相镇淮海,奏荐副使章服,累表不允。有一举人候谒,绅相知其文词,请撰一表,其略云:'当道地管八州,军雄千乘。副使著绿,不称其宜。'相国大喜,果以此章而获恩命也。李太尉破昭义,自草诏意而宣付翰林。至如郑文公自草高太尉诏,皆务集事,非侵局夺美也。"③在李唐中晚期,无论是直接的兵戎相

---

① 王谠撰、周勋初校证《唐语林校证》,第58—59页。
②《旧唐书》卷一四二,第4428—4429页。
③ 孙光宪撰、贾二强点校《北梦琐言》,第102页。

见，还是日常行政中的明争暗斗，文书往来作为重要的政治运作手段实可视为朝野间的共识。虽然"清流"的自我认同中，仪表姿容、门第出身、政治德行、仕途迁转经历等在不同时段均曾产生不可忽视的影响，但毫无疑问，作为政治行动的文学书写能力才是其中最为核心的因素，也是"清流"能够回应外在质疑，且历经多次政治巨变而能将其影响延伸至五代宋初的根本原因。"燕许大手笔"引导了"清流"的产生，也为"清流"留下了难以解决的难题，而"清流"正是在适应时局变化的进程中回应此历史难题，才最终形成了中晚唐独特的政治文化现象。但随着社会阶层的升降、政治文化的转型、文本书写之语言学条件的变化，乃至士人知识趣味的新变，此种独特的"清流"文化逐步被新的典范所取代。

结　语

曾担任"知制诰"，是李唐文士能够享受"大手笔"之誉的前提。在前期以中书舍人"知制诰"、后期以翰林学士"知制诰"为文士之极任的社会心态中，对"知制诰"职务要求的解读，无疑是有效理解"大手笔"的前提。虽然关于"大手笔"文学技法的分析已极为细致深入，但若缺乏制度与"语言行动"视角的观察，则难以真正理解唐代当世接受中，"大手笔"形成的核心因素何在以及唐人何以会形成对于"清流"的高度认同。张说、苏颋所以能以"大手笔"名世，"识度"的影响更大于"文才"。二人的工作在揄扬文儒的同时，也经张九龄的中介而催生了存有先天痼疾的"清流"的产生。而"清流"则在安史之乱后的特定时局中，有效回应了挑战，形成了具有举足轻重之影响的政治文化现象。

第三节　唐代七言近体的声律规则
与句法机制分析
——兼及杜诗"沉郁顿挫"的生成

　　以诗歌体制的演进而言,近体的确立与成熟无疑为唐代诗学的标志性成果。而一诗体的成熟,自不仅有可视为典范的作品,其构成机制的大体稳定也是题中之意。由于近体确立的里程碑性,五七言近体演进过程的推演及其构成机制的考察一度成为唐诗学研究的焦点话题,在律化规则及声律范型的还原与构拟、句法与句式以及近体演化的进程与节点等问题的考辨上,并有诸多创获。且近年来考察者多能注意到近体声律规则在多元理解中逐步凝聚成型的历史事实,在增强研究结论历史感与有效度的同时,也体现出唐文学研究方法论意识的强化①。但近体研究在基本节奏,即流行诗体为上下两个韵律单位组合的机理与功能特性分析上则有明显再作推敲的必要,而平仄二元化的强势,也影响了诗歌文本技术性分析中对"声"作为声韵调之综合表现的关注。此外,关于句法机制的研究,在作为制约因素的韵律及语体分析上也尚需更为细致的探究工作②。七言近体的研究本即与政治生活存有高度关联,而诗歌体式的分析,同时也是考察儒学与文学文本呈现方式不可忽视的另一视角。

---

① 大陆近年来在此研究方面具有集大成特点的成果,当推杜晓勤的专著《六朝声律与唐诗体格》(北京大学出版社,2017年)。
② 蔡瑜教授较早撰文讨论此一问题,但大陆学界似乎并未给予应有的重视。参见蔡瑜《唐诗学探索》。卢盛江教授《文镜秘府论研究》则是近年来关于唐代诗格研究的集大成之作。

一　七言近体的声律规则

节奏与韵律是诗歌形成的语言学基础,七言自莫能外。由于唐人诗格中关于声律的讨论多集中于五言,与七言直接相关者寥寥。七言近体声律规则的推敲,不得不参照五言的声律规则。虽然唐人七言近体的创作实践会在一定程度为此种参照提供检验标准并提示限度,但间接构拟是后世讨论唐代七言近体声律规则无法掩盖的共有特性。

(一)基本节奏

汉语古典诗歌的形成以最基本、最小的单位为最佳形式[①]。最小的诗句由两个音步组成,七言以七字成句,故音步划分,即构成七言近体、也是七言诗的基本节奏。《文镜秘府论·天卷》曰:

上四字为一句,下三字为一句(七言)。[②]

七言诗句以"上四下三"为基本节奏,乃七言诗批评的常识,但"二二二一"的节拍划分在实际诗学批评中对"四三"节奏的强势,却又暴露出"四三"节奏的意义并未得到应有的阐明。"上四下三"的划分,让七言句形成两个相对独立的韵律单位。"上四"通常由两个韵律短语也即双音步组合而成,为复合韵律词,但四字整体构成一韵律单位,"二二"的划分则是韵律单位内部的次级再分;"下三"为一超韵律词也即超音步,三字整体构成一韵律单位,"二一"划分同样也是韵律单位内部的次级再分。在原则上,次级再分应遵循上一级的韵律规则。

"上四下三"作为独立的韵律单位均遵守音高下倾及末尾重音

---

① 冯胜利《汉语韵律诗体学论稿》,第41页。
② 遍照金刚撰、卢盛江校考《文镜秘府论汇校汇考》,第163页。

的一般规则①,但"上四""下三"间的起点音高与下倾斜率则可不同,即"上四"与"下三"间享有音高重置的自由。若七言为一整体韵律单位,无"上四下三"的节奏划分,因音高下倾规则的制约,其调式平滑下倾,难以形成诗句内部的节奏变化。而两个相对独立的韵律单位则让音高重置成为诗句的常态,奠定了诗歌节律变换的基础。虽然今日已难以推知唐代前期各字的大体调值,但借助普通话的调值作一推拟,即使具体数值存有差异,其原理应大体相通。如以"晴川历历汉阳树"为例,"上四"——"晴川历历"声调特征为(阴)平(阴)平去去,调值分别为(55)(55)(51)(51),但因韵律单元内相邻声调的相互影响,变调为(55)(55)(52)(31),表现出明显的降调特征。"下三"——"汉阳树"变调的调值为(54)(44)(42),同为音高下倾,但整体声调的调域上线与调域下线均高于"上四",从而形成一句内部的"抑扬"节奏。但若"晴川历历汉阳树"变形为"晴川(上)历历(可见的)汉阳树",则原有的节奏变化感被大体秡平。

　　"上四下三"的末尾重音因韵律单位的顿断延停而生,可以视为两个独立韵律单位存在的语音确证。同时,由于末尾重音的焦点作用,末字的重音表现,即音强与时长对韵律单位整体的音征感受影响较大,书写者通常通过调整末字或改变相邻音节的方式影响句末重音,并进而影响整个韵律单位的音征表现。如王安石改"日斜奏罢长杨赋"为"日斜奏赋长杨罢",曰"诗家语,如此乃健"②。虽然从句法的所谓"陌生化"角度进行分析,亦有合理之处,但此类句法实为近体的常规句法,"陌生化"的特征并不明显,解释力反不若声律分析。经此变化,"日斜奏罢长杨赋"的语法结构由"状语+动宾短语"变为"日斜奏赋长杨罢"的"状语+主谓短语+主谓短语"。在增加诗句语法密度的同时,诗句的语义密度也得以提升,前句只言一

---

① 邓丹《汉语韵律词研究》,第24页。
② 魏庆之著、王仲闻点校《诗人玉屑》,中华书局,2007年,第196—197页。

事，而后句则又及"奏罢"的心态与感受，且为语义焦点所在。"上四下三"的独立性与文学色彩更强，也更易形成诗句内部的抑扬变化。其二，"罢"为去声，全浊开口二等，洪音；"赋"为去声，全清合口三等，细音。由于"上四"作为整体韵律单位的主导重音模式为1324（数字越大则越重），"罢"字本可提升"上四"的音感强度，但"奏罢长杨赋"作为动宾结构，会导致"罢"在"奏"后的轻声化以及"上四"整体音重的弱化，其增强音感的作用反不及"赋"。而"罢"被置于句尾，则处于重音位置，可增强"下三"乃至全句的音感强度，更利于表现书写者的自信昂扬之态。杜甫"香稻啄余鹦鹉粒"一句，论者多聚焦句式，但若变为"鹦鹉啄余香稻粒"，平仄结构并无变化，惟音征感受不同。两者差异的要点在于，"上四"的重音结构为1324时，增强1的音感强度即可增强"上四"的整体音感强度。"香稻啄余"与"鹦鹉啄余"的重要区别应在此处。但"二二"节拍的强势，忽视了"上四"与"下三"作为整体韵律单位的独特功能及其对诗歌技法的影响。

　　"上四下三"之基本节奏所形成的音高重置与末尾重音是七言诗成立的前提，七言的语法结构可以多样，但韵律节奏则必须遵循"上四下三"的基本要求，违反规则的"折腰诗"是文句而非诗句。诗句最忌折腰，以句法就声律是诗句的首要原则：

> 句法有倒装横插、明暗呼应、藏头歇后诸法。法所从生，本为声律所拘，十字之意，不能直达，因委曲以就之，所以律诗句法多于古诗，实由唐人开此法门。[1]

韵律制约句法，句法的诸多变化本为韵律移位的结果；但韵律同样受制于句法，以七言近体而言，"上四下三"的整体性，是韵律构成与调整的句法基础。由此，"上四"与"下三"在形式上必须遵守语法

---

[1] 冒春荣《葚原诗说》，郭绍虞编选、富寿荪校点《清诗话续编》，第1498页。

规则的基本要求,韵律构成的实际效应,也以整体效果为第一原则。"上四"与"下三"的节奏划分,构成了七言诗韵律与语法相互作用的独特性,但是此种独特性无法在平仄二元化及节拍重"二二""二一"而忽视"上四"与"下三"之整体性的分析框架内有效呈现。

（二）病忌

八病说始自齐梁,为近体新声的消极规则,唐初大体沿其旧说①。上官仪《笔札华梁》论文病曰：

> 第一,平头。第二,上尾。第三,蜂腰。第四,鹤膝。如班姬诗云："新裂齐纨素,皎洁如霜雪。裁为合欢扇,团团似明月。""素"与"扇"同去声是也……第五,大韵。第六,小韵。第七,傍纽。第八,正纽。②

上官仪列举文病八种,于"鹤膝"一病详加解释,可由此推论出,鹤膝所犯之声为平上去入四声,非平仄二元之声。由于齐梁以降,虽并无以二元论病忌者,但刘滔"平声赊缓,有用处最多,参彼三声,殆为太半"③已初具四声二元意识,故《笔札华梁》于声病理论实无实质上的推进。略后于《笔札华梁》的佚名《文笔式》重论八病之说,释义详切。平头、上尾、蜂腰、鹤膝四病为平上去入声调之犯；大韵、小韵为音韵之犯；旁纽、正纽为声纽之犯。若以病犯之位置论,又可再分为：蜂腰之病为一句之病；大韵、小韵、旁纽、正纽为一句与一联之病；平头为一联之病；上尾为联间之病。但释义详切并不必然关联于理论的深度与系统,《文笔式》的八病说对于病犯的说明,并未能突破以诗为证的释义惯习,超出经验感受之外的说明尝试依然难觅

---

① 参见卢盛江《文镜秘府论研究》,第417—542页。
② 张伯伟《全唐五代诗格汇考》,第64—65页。
③ 遍照金刚撰、卢盛江校考《文镜秘府论汇校汇考》,第908页。

其踪。而刘勰"双声隔字而每舛,叠韵离句而必睽"①则成为八病理
论在理据思考上难以逾越的高峰。

《文笔式》病忌说的另一特点为,其于八病说的释义虽然细致
甚至琐碎,但多聚焦一句或一联,长于局部推敲,却乏整体思考。以
一联而言,五言近体多尾押平声,因二五不同声,五十不同声(避上
尾),一联顿断处的声调特征可推定为(非)平调/非平调与非平调/
平调,节奏周期上的对立与回环效应较为明显。近体多尾押平声,
可突出韵调,也可止顿全联,形成特定节奏单位的完整度与稳定感,
但随之而来即是联间的配合以及成篇的问题。由于偶数句顿断处
的声调特征固定为具有三种组合模式的非平调/平调,第三句须同
时回避鹤膝与蜂腰之病,其(非)平调/非平调的组合模式,由第一
句的九种降至六种,但第三四句内的组合模式依然有十八种之多,
而第五第六句间以及第七第八句间亦同样如此。过多的组合可能,
虽然会给一句或一联的创作提供更大的自由空间,但同时也会弱化
病忌之说在成篇中的约束作用。近体的声律若止步于八病说,将难
以在理论上解决有句无篇的难题。虽然《文笔式》对八病说作了更
为细致的探讨,鹤膝说已轮转至全篇②,但法度依然过于宽松,缺少
诗篇整体高度上的指导规则。但这也从另一角度说明,此时只有
"非近体"的标准样式而无近体的标准样式,声律理论的转化或完善
尚有赖于更为细致且具全局特点的调声技法。

(三)调声

唐人在声律理论上的重要贡献,当源于调声技法对于八病说的
突破。调声术的规则更为积极,也更具谋划全篇的特点,近体格律
的构建至此进入新的历史阶段。元兢《诗髓脑·调声》曰:

　　调声之术,其例有三:一曰换头,二曰护腰,三曰相承。

---

① 刘勰著、詹锳义证《文心雕龙义证》,第1218页。
② 参见蔡瑜《唐诗学探索》,第34—36页。

　　一、换头者……此篇第一句头两字平，次句头两字去上入；
次句头两字去上入，次句头两字平；次句头两字又平，次句头两
字去上入；次句头两字又去上入，次句头两字又平。如此轮转，
自初以终篇，名为双换头，是最善也。若不可得如此……如此
轮转终篇，唯换第二字，其第一字与下句第一字用平不妨，此亦
名为换头，然不及双换。

　　二、护腰者，腰，谓五字之中第三字也。护者，上句之腰不
宜于与下句腰同声。然同去上入则不可，用平声无妨也。

　　三、相承者，若上句五字之内，去上入字则多，而平声极
少者，则下句用三平承之。(《全唐五代诗格汇考》，第114—
116页)

《文笔式》论八病，平头、鹤膝、大韵、旁纽四种病犯较为宽松。《诗髓
脑》八病之说，则重平头、上尾、鹤膝、蜂腰，但改蜂腰"二五不同声"
为不可同上去入声、平头"五言诗一六不可同声"为一六二七不可同
声，以合拍于"换头"术，而大韵"已下四病，但须知之，不必须避"①。
综合而言，言句中病犯，《诗髓脑》守"蜂腰"成说而略有变化，以同
平声不为病；联内病犯增"护腰"，虽仍为消极规则，但却是八病旧说
之外的重要突破；"相承"为联内积极规则，但适用范围有限，远不及
"换头"谋及全篇之重要。元兢调声的主要技法，以声调而论，已平
上去入四声两分；以一句而论，"二五不可同去上入声"；一联而论，
第一二字与第六七字非平调/平调对立或第二字与第七字非平调/
平调对立、"第三字与第八字不可同上去入声""上句平声字少下句
以三平承之"；联间以至全篇而论，双换头或拈二必守其一，轮转终
篇；相连奇数句尾不可同去上入声。相较而言，虽《诗髓脑》的四声
二元意识较《文笔式》更为明确，但依然为四声参用，护腰与换头方

────────────

① 张伯伟《全唐五代诗格汇考》，第119页。

是《诗髓脑》调声术的核心技法。护腰,以第三第八字不可同上去入声,重视一句之内的第三字胜于第四字,此一点也体现了唐人格律说与后人的极大差异。在五言诗的上二下三结构中,第三字为下三的首字,其调值将会决定下三整体声调的起点高度,且其时长在2+1及1+1+1的组合模式中,均长于第四字,故一般而言,第三字对下三韵律节奏的影响相比更易呈现为过渡调的第四字更为重要。但由于下三还有1+2式的组合结构,在此结构中,第三音节的时长通常短于第四音节,在整体节奏上的影响稍弱,故论近体声律亦有重第四字甚于第三字者。换头,双换最佳,必守拈二轮转终篇。以拈二为例,若全篇八句,则必有一、四、五、八或二、三、六、七两种各句第二字为平声的基本模式,从而构成节奏上的对立、回环与往复,突显近体的节奏特点。而依据近体多尾押平声的特点,第一种模式的出现频次要远高于第二种模式,且由此可以推出第四句与第八句,二五必为平声。再同时考虑蜂腰、上尾与鹤膝的避忌要求,第一句第五字有三种选择,而第三句第五字与第二字均降为两种,其他奇数句亦如之,诗句组合的自由度已大大降低,但近体新声确立基本格律模式的可能性却由之提升。

　　元兢的调声三术自然是唐人声律说的极大创获,但四声二元的强化,无疑会降低声纽与韵母在调声中的影响,不便近体入乐[1],进而激起相应的理论反弹:

　　　　诗上句第二字重中轻,不与下句第二字同声为一管。上去入声一管。上句平声,下句上去入;上句上去入,下句平声。以次平声,以次又上去入;以次上去入,以次又平声。如此轮回用之,直至于尾。两头管上去入相近,是诗律也。

　　　　夫用字有数般:有轻,有重;有重中轻,有轻中重;有虽重

---

① 参见吴相洲《永明体与音乐关系研究》,北京大学出版社,2006年,第164—198页。

浊可用者,有轻清不可用者。事须细律之。若用重字,即以轻
字拂之,便快也。

今世间之人,或识清而不知浊,或识浊而不知清。若以清
为韵,余尽须用清;若以浊为韵,余尽须用浊;若清浊相和,名为
落韵。(《全唐五代诗格汇考》,第149、162—163、171—172页)

王昌龄的声律说同样遵循拈二原则,但声调韵参用,平上去入轮转
之外,字之重轻亦须轮转,拈二规则较元兢更为严密;此外,韵尾清
浊一律,要求亦更为细化。但王昌龄轻重相间、相拨之说,却突显了
小韵与蜂腰在调声上的积极作用,部分弥补了拈二与押韵自由度的
缺损。至此,唐代前期声律理论的基本面貌已大体勾勒完毕。略而
言之,至王昌龄《诗格》时,唐人尚无"律诗"之名,亦无基本句式的总
结。从最初的八病说至元兢的调声三术以及王昌龄的拈二与声调
韵的参用,唐人的声律建设更多的是出于创作经验的总结与修正,
而非"理想目标"引领下的线性演进。故而,唐初"新声"的认定标准
较"律体"当更加宽松。其基本技法与规则可概括如下:

语音:四声二分而上去入参用;四声二分、上去入参用且区
分清浊声韵调参用。

调声:守拈二、护腰、相承、平头、上尾、鹤膝,蜂腰则或守
或否。

以上为五言近体的声律规则,由于唐人诗格无专论七言近体者,七
言近体的声律规则只可据五言推论而得。王昌龄《诗格》所录七律
两首[1],可分析如下:

闲看秋水心无染,高卧寒林手自栽。庐阜高僧留偈别,茅
山道士寄书来。

---

[1] 张伯伟《全唐五代诗格汇考》,第151页。

调：平平平上平平上　　平去平平上去平　　平上平平入入　　平平上
上去平平

声：浊清清清清浊浊　　清浊浊浊清浊浊　　浊浊清浊浊浊　　浊清浊
浊清清浊

韵：二一三三三三三　　一一一三三一　　三三一一三三三
二二一三三一

燕知社日辞巢去，菊为重阳冒雨开。残薄何时称献纳，临
岐终日自迟回。

调：去平上入平平去　　入去平平去上平　　平入平平平去入　　平平平
入去平平

声：清清浊浊浊浊清　　清浊浊浊浊浊清　　浊浊浊浊清清浊　　浊浊清
浊浊浊浊

韵：四三三三三三三　　三三三三一三　　一一一三三三一
三三三三三一

　　　　　　　　　　　　　　　　　　（阴影字体为全浊全清）

自哂鄙夫多野性，贫居数亩半临湍。黓云带雨来茅洞，山
鹊将雏上药栏。

调：去上上平上去　　平平去上去平平　　平平去上平平去　　平入平
平去入平

声：浊清清清清浊清　　浊清清浊清浊清　　清浊清浊浊浊浊　　清清清
浊浊浊浊

韵：三三三三一三三　　三三三一三一　　四三一三一二一
二三三三三一

仙箓满床闲不厌，阴符在箧老羞看。更怜童子宜春服，花
里寻师到杏坛。

调：平入上平平去　　平平上入上平平　　去平上平平入　　平上平
平去上平

声：清浊浊浊浊清清　　清浊浊清浊清清　　清浊浊清清浊　　清浊浊

清清浊浊

　　韵：三一一三二三三　　三三一四一三一　　二四一三三三三
三二三三一二一

两诗每句第二字及第四字的平仄组合，完全符合拈二的要求。由于第二字与第四字均有节奏停延而二弱于四，第四字应为七言拈二之节点，第二字则为七言另一次等拈二之节点，两诗二四两字的平仄组合遂可称之为"双拈二"；两诗每联第五字均平仄不同，符合"护腰"之说；上下句第一、第三字不同去上入声，无平头；每联第七字第十四字不同声，无上尾；第一首，奇数句尾为上入去入，相连处不同声，无鹤膝。第二首，奇数句尾为去去去入，但声母为清浊清浊、韵等为三一三三，以字之清浊论，依旧无鹤膝；两诗每句第四、七字不同上入去声，无蜂腰。综合而言，两诗所遵循的声律规则与蔡瑜所拟构之七言格律高度重合，即双拈二；上下句第一、第三字不可同上去入声；护腰；无上尾。①

　　蔡瑜曾据《唐人选唐诗》所收七言近体，验证唐人七言近体的合律度，有以下结论：

　　　　当我们以本文所推寻的七律理论检证唐人选本中的规范时，偶或出现出律现象，较常发生在"上下句第一字不可同上入去声"或"护腰"上，且多是同入声或同去声字的情形。极少数是在"双拈二"上略有一、二字失粘或失对，至于在"上下句第三字不可同上去入声"及"无上尾"上出律的可以说是微乎其微。（《唐代七言格律拟议》）

据蔡瑜的分析，唐人七言近体已高度合律，偶有出律。"上下句第一字不可同上入去声"与"护腰"出律的频次较高，"双拈二"次之。出

————————

① 参见蔡瑜《唐代七言格律拟议》，《文史哲学报》1999年第51期，第31—54页。

律现象的出现,既可能为诗体常与变之间推移的常态所致,也可能出于规则理解的不同。由于唐人七言格律,主要参照元兢的调声术与王昌龄的声韵调参用说,其内部可能会出现彼此参用的纠缠。故而当某处违反某规则时,以另一规则代之,或可合律。《御览诗》七言近体近百首,不合"上下句第一字不可同去上入声"者,七首七联,但若以字之轻重再作区分,同上去入声且难别轻重者减少为三首三联,比率大为降低①。此外,《御览诗》七律"护腰"(每句四七不同上去入声)不合者亦仅"机中锦字论长恨"(同去声)、"嵩南春遍伤魂梦"(同去声)两句,其字之轻重,可分析为:"字"全浊开口三等,"恨"全浊开口一等;"遍"全清开口四等,"梦"次浊合口三等,两字间轻重区别度较高,似又可合律。"双拈二"的二四两字平仄组合,理论上虽有"彼此相对"或"彼此相同"两种可能,但因"上四"作为一整体韵律单位,二四双平的组合出现频次甚低,故"彼此相对"更为主流,其粘对全篇的基本模式为"平仄仄平仄平平仄平仄仄平仄平平仄"。蔡瑜据唐人创作实践所得出的判断亦可为佐证。当"双拈二"不合基本模式时,常呈现出上下四句各有规律的特点,但亦有逸出常规者。现存唐人诗格中最早以"互体""背律"指称此类现象的是王叡《炙毂子诗格》,时已入晚唐,而"背律"者又享"此是大才,不

---

① 其七联分别为:柳中庸《河阳桥送别》:"若傍阑干千里望,北风驱马雨潇潇。"若(开三入)、北(开一入)。卢纶《春夜对月》:"是夜巴歌应金石,岂殊衫影对青光。"《曲江春望》:"翠黛红妆画舸中,共惊云色带微风。"是(开三上)、岂(开三上),翠(合三去)、共(合三去)。于鹄《江南意》:"众中不得分明语,暗掷金钱卜远人。"众(合三去)、暗(开一去)。杨凌《上巳》:"帝京元已足繁华,细管清弦七贵家。"帝(开四去)、细(开四去)。李益《临滹沱见入蕃使列名》:"万里关山今不闭,汉家频许郅支和。"《咏牡丹赠从兄正封》:"始知年少求名处,满眼空中别有花。"万(合三去)、汉(开一去),始(开三上)、满(合一上)(傅璇琮等编《唐人选唐诗新编》,第559、568、571、575、589、602、607页)。

拘常格之体"的称誉①。由此也可见出唐人在七言声律探索上的自由以及定型过程的漫长与开放。

李唐之后对于七言格律理解更为严格而固定，其中虽有"变体""尊体"之功，但无疑也会简化其内在的复杂度：

> 夫诗之声也，岂曰平而平、仄而仄焉已哉？即平之声，有轻有重，有清有浊；而仄之声，亦有轻有重，有清有浊，此天地自然之声也。而唐以后鲜有知之者。不知轻重清浊之声，且不可以循古之恒裁，而况能尽诗之变体邪？今以律之变体言之，如曰"昔人已乘白云去"……等若干章。此又专在于轻重清浊之间尔。平仄云乎哉？
>
> 林希恩《诗文浪谈》②

四声二分的意识在唐时已十分清晰，但上去入依然三分以及声韵调的参用，既让唐代近体具有了较高的入乐度，也在"情与声"的关联上为诗人提供了独特的书写体验。四声归为平仄及不论声纽与韵母简化了律诗写作的难度，并以案头化的代价，确立了正体与拗体的两分标准。虽然此种变化亦是近体演进的合理样态，但当研究者将某种历史形态作为其常态时，则不免产生理解上的错位：

> 到了去蜀入夔以后，杜甫的拗律，却由尝试而真正达到了一种成熟的境地，以拗折之笔，写拗涩之情，夐然有独往之致，造成了杜甫在七律一体的另一成就，而《白帝城最高楼》一首，就正可为杜甫成熟之拗律的代表作品。此诗开端"城尖径仄旌旆愁"一句，"仄"字、"旆"字都是仄声，从一开始就是拗起，写出一片险仄苦愁情景。次句"独立缥缈之飞楼"，"立"字与"缈"字又是两仄声字，声律既已拗折，而复于句中用一"之"

---

① 张伯伟《全唐五代诗格汇考》，第389页。
② 陶宗仪《说郛三种》之《说郛续》卷三三，上海古籍出版社，1988年，第1576页。

字，变律诗之句法而为歌行之句法，且连用三平声，奇险中又别有潇洒飞扬之致，而独立苍茫之悲慨亦在言外。①

叶嘉莹先生乃说诗大家，但以上解释似乎尚需推敲。以"四六""二四"同"仄"断一句为拗，在杜甫之时，并无"病忌"之依据。唐代前期诗格五言重二五不同上入去声，七言推理而得四七不同上入去声，无四六不可同之说。而"二四"为"双拈二"之节点，本即有相对或相同的可能，二四同仄，亦不违背唐人的基本共识。至于三平调，元兢调声术有明确说明，亦不违旧说。若论全诗格律，"上下句第一、三字不可同上去入声"，合；护腰，合；无上尾，合；无蜂腰，合。全诗"双拈二"的情形为"平入 入上 入平 平上 平平 上上 平去 入平"，异于常规，但上四句第二字之平仄符合粘对规则，下四句第四字符合粘对规则，只是限于样本容量，无法考知此种变化是否为"双拈二"的另一标准变例。但若依此判断此诗为"拗体"，则无疑忽视了其预设的前提在杜甫之时尚不明确的现实。另"城尖径仄旌旆愁"，所以有"险仄苦愁情景"，若仅以仄声连用为据，恐不及自发音方式角度的分析，更能体现声音与情感之间的联系②，这也是平仄二元化带来的另一层遮蔽。

二 七言近体的句法机制

在诗歌与其他文体的区别中，"句"相对于"篇"的独立具有较高的辨识度。诗句是诗体成立的基础单位，句法作为构句之法，内

---

① 叶嘉莹《杜甫秋兴八首集说》，北京大学出版社，2014年，第36页。
② "声母和韵母——元音和辅音也可以通过不同的听觉刺激给人各异的主观感受。例如杜甫的《白帝城最高楼》：'城尖径仄旌旆愁'，一句七个字，全用齿音，给人奇绝兀傲的感觉，正符合高楼上所见的城墙荦确不平的景色。"（朱晓农、焦磊《教我如何不想她——语音的故事》，第212页）

涵字法而外扩至一篇之法,对诗篇之成体及艺术水准之高下影响巨大。近体作为唐代诗学的重要创获,其句法千余年来论者甚夥,惟传统诗学批评多零星见解,少系统论述,而现代学术建立以来的句法分析多聚焦句法结构,于诗歌句法的内在制约机制尚留有再做分析的空间。只是唐人前期的诗格类著作于句法机制并无过多留意,故下文所做推论既有依唐人之说略做敷衍者,也有借助后世诗论所做的“一般机制”的考察,此种考察无疑多少会偏离唐人的当世理解。

（一）韵律对句法的制约

作为诗歌的表现形式,韵律节奏虽然必须借助于语言文字方能实现,但七言近体的诗体特性决定了诗句的构造必须接受韵律的制约。此种制约首先体现在其句法对上四下三节拍的尊重。七言句的组合类型多样,以“上四”而言,有2+2、1+3、3+1与1+1+1+1四种;“三下”有1+2、2+1、1+1+1三种。若以一句论,则组合类型可达12种之多。但所有的组合均不能违背基本节拍的上四下三,否则即为折腰,是文句非诗句。若要保持上四下三的节奏,第五字与第六字及第七字成词或成语的可能性一定不能小于其与第四字的组合;同时,由于上四再分节拍为“二二”,第三字与第四字成词或成语的可能性不能小于其与第二字的组合。若上四中1+3型的3为词,则3宜在前,不可在后。下三的组合类型有三种,但节拍只有二一与一二两种,即中字与前字或后字之间须有成词或成语的可能。

上四与下三的节拍划分,让七言句成为两个独立的韵律单位,也奠定了韵律短语的语法结构相对于句法的优先性。韵律对句法的制约优先实现于韵律单位内部。在下三的结构中,三音节或为韵律词,节拍为2+1（排除专有名词的特殊情况）;或为韵律短语,节拍为1+2。因受下三句尾停延的影响,三音节为末字重音。1+2型的组合类型,左轻右重,单音节处的停顿为句内延停,整体时长拉伸有限;2+1型,左重右轻,单音节处的停顿为句末延停,时长拉伸弹性较大。重音所在为三音节之焦点，故而三音节常会产生组合类型的变换并由此导致句法结构的变化。如"红琥珀"变换为"琥珀红"，以凸显色彩，语法结构则由偏正短语转为主谓短语。另如"山果落"，主谓短语，焦点为"落"；"落山果"，动宾短语，焦点变为"山果"。上四为复合韵律词，因其节奏须再分为二二，语法结构多一层组合关系而稍显复杂，但在上四的层面上，依然或为韵律短语或为韵律词。当其组合类型为3+1式，亦同样惟此两种可能。上四的顿断在二四处，四长于二，其内部的重音结构通常为轻/次重/次轻/重（1324）①，以整体言则前二轻于后二。韵律影响句法的方式，为调整一二间、三四间或者一二与三四间的位置，并由此改变原有的语法结构。如"清渚白沙"变为"渚清沙白"，"萋萋芳草"变为"芳草萋萋"。但上四结构调整与否，要考虑下三的韵律节奏要求，从而在整句的节奏上形成相应的组合效果②。

七言句由上四下三组合而成，句法因受两个独立韵律单位语法的限制，底层结构为韵律短语的叠加，既可以形成名词+名词+名词的名词句、主谓宾结构大体完备的简单句，也可以形成较为复杂的紧缩句，故七言句法常有"出格"现象。然而，无论其句法如何，七言句法作为整体，其艺术水准的高下依然要受到韵律的制约。句由字而成，字调生出句调，字有清浊平仄，句调的谐和实即字调组合的适恰：

予一夕过林太史贞恒馆留酌，因谈诗法："妙在平仄四声而有清浊抑扬之分。试以东、董、栋、笃四声调之，东字平平直起，

---

① 参见冯胜利《汉语的韵律、词法与句法》，北京大学出版社，2009年，第67—72页。

② 刘熙载《艺概·诗概》："诗无论五七言及句法倒顺，总须将上半句与下半句比权量力，使足相当。不然，头尖足弱，无一可者。"（刘熙载撰、袁津琥校注《艺概注稿》，中华书局，2009年，第377页）

气舒且长,其声扬也;董字上转,气咽促然易尽,其声抑也,栋字去而悠远,气振愈高,其声扬也;笃字下入而疾,气收斩然,其声抑也。夫四声抑扬,不失疾徐之节,惟歌诗者能之,而未知所以妙也。"①

谢榛论诗重字之抑扬清浊,允为卓识。但具体分析,却因技术手段的限制,流于感受层面,与今日语音学研究的相关结论较有距离②。字分平仄而有清浊抑扬,字之相联则成句调,调亦有抑扬。在句调的层次上,上节所构拟的调声规则,即可成为上四下三组合谐和度的判断标准,并影响韵律单位内部的语法结构。

　　　　梁邹张萧亭云:"五音分于清浊,清浊出于喉齿牙舌唇……清浊分而五音判矣。今人作诗但论平仄,而抑扬清浊多所不讲,似亦非是。试述一例:'归来饱饭黄昏后,不脱蓑衣卧月明。''饱饭'二字皆仄,转作'饭饱';'黄昏'二字皆平,转作'昏黄',则不谐矣。"仆谓诗有无穷之兴趣在笔墨字句之外,即有自然之音响在平仄清浊之间。③

若字仅以平仄论,如"不尽长江滚滚来"调整为"长江不尽滚滚来",因"尽滚滚"为三仄声连用,不及原调谐和,可以解释偏正结构之"不尽长江"何以优于主谓之"长江不尽",但于"饭饱""昏黄"则难尽其曲折。唐人调声术声韵调参用在后世的失落,恐是后世诗学的绝大损失。

　　韵律对句法的制约既体现于短语层面与句子层面,同样也会体现于一联一篇的整体层面。但此种制约不能单独作用于固定为二二节奏的上四,而更多地体现为下三节奏的改变,以及由此而来

---

① 谢榛《四溟诗话》,第77页。
② 参见朱晓农《音韵研究》,商务印书馆,2008年,第41页。
③ 吴文溥《南野堂笔记》,张寅彭主编《清诗话三编》,第1993页。

的语法结构的变化。据五言诗的称谓习惯，1+2式为撷腰，2+1式为解镫，组合的不同会产生前字与中字在时长与重音的微妙变化，解镫与撷腰的参用有助于形成诗歌基本节奏的变化：

> 撷腰、解镫并非病，文中自宜有之，不间则为病。然解镫须与撷腰相间，则屡迁其体。不可得句相间，但时然之。近文人篇中有然，相间者偶然耳。然悟之而为诗者，不亦尽善者乎。此病亦名"散"。[1]

1+2式为右起音步，在汉语的表述习惯中，右起造语；2+1为左起音步，左起构词。造语音步的相对轻重，为左轻右重，首音节的停顿可以拖长，音节间的联系相对宽松；构词音步，则为左重右轻，音节紧凑，拖拍在尾音。撷腰右重，音节的停顿重在弥补左轻；解镫左重，停顿重在弥补右轻，但1+2间的音节停顿时长不及2+1式的尾音停顿，解镫相对撷腰为重。撷腰句较为灵动，解镫句则相对滞重。此种相对轻重对古典诗歌至关重要，以五七言而言，五言基本节拍为上二下三，前轻后重，故五言句偏好撷腰；七言基本节拍为上四下三，前重后轻，七言句则多解镫。一联中，出句撷腰、应句解镫更易产生节奏上的稳定感；全篇中，五言以解镫偶间撷腰，七言以撷腰偶间解镫则轻重适度。解镫与撷腰语法结构不同，故而两者的相间，也就是韵律节奏在诗联或诗篇层面上对语法的制约。

（二）语体的制约

语体是语言在直接交际中所产生的具有区分效应的功能体系，有正式与非正式、俗常与庄典之别。正式与非正式的对立在共时语言体系中生成，而庄典与否的判断则尚须依赖历时维度上在先语言体系的参照[2]。在冯胜利的理论中，对象、场合、内容及态度构成语

---

[1] 张伯伟《全唐五代诗格汇考》，第123页。
[2] 参见冯胜利《汉语韵律诗体学论稿》，第90页。

体的鉴定标准,但似乎称之为语体的生成机制更能体现语体生成的自觉,此种机制同时也是距离感的鉴定标准。在日常生活中,正式语体生成的场合与主题更具公共性,话语参与者之间的情感距离较日常俗语更远,言说者的态度也以认真严肃为主,而庄典体对公共性的要求更高。以文体而言,文体之雅俗,代有升降,但文体有雅俗之别,则为各时代之共相。在唐人的文体意识中,诗为"书语"[1],而具体到七言近体,其正式度相较于其他诗体则更高:

> 贾静子曰:七律与五七言古及五律不同。诸诗可以清空一气如话,清者不涉于俗,空者不杂于古,一气者首尾相应,如话者不事雕饰。而七律则冠裳佩玉,如《西京》《东都》诸赋,陆离灿烂,可以清而不可以空,可以一气而不可如话,所以唐人作者寥寥。即少陵间有七律清空一气如话如郭明龙所云者,亦闲适、赠送变调,非清庙、明堂之什也。[2]

五七言古及五律的语体要求为不涉于俗亦可不杂于古,与正式体的要求合拍。但七律须清而不空,即不涉于俗而必杂于古,有两汉古雅之貌,如此七律在语体上高于正式体,然不为清庙、明堂,则低于庄典体,故可暂称之为"典雅"体。

七律以"典雅"为语体要求,具体至文本层面,会自然形成对俚俗的抵制:

> 杜诗中凡称令弟、令兄、先生、郑公、大夫、主人、宫主、驸马、老夫、公子,皆俚语,切不可效之入诗中。[3]

---

[1]《隋书》卷七〇:"(李)密共化及隔水而语,密数之……化及默然,俯视良久,乃瞋目大言曰:'共你论相杀事,何须作书语耶?'"(第1630—1631页)

[2] 魏裔介《魏裔介诗论》,张寅彭主编《清诗话三编》,第38页。

[3] 王文禄《诗的》,台湾艺文印书馆影印明隆庆王文禄辑刊百陵学山本,1964—1969年。

语体之俗，有字俗、语俗、音俗、物俗、事俗与意俗之别。语体代有升降，雅俗不可一概论，然以时人而言，"七律"语体的标准应大体稳定。故而此标准的遵用与违叛常能成为一时代文体变化的标志。刘禹锡不用"糕"等俗字，而杜甫、韩愈则用之无讳，非仅关涉于个人之偏好，亦为文体变迁的大势使然。七律忌俗，但常用、熟用亦可成俗：

> 俗有二种：一鄙俚俗，取例可知；二古今相传俗，诗曰："小妇无所作，挟瑟上高堂"之类是也。①

避俗为典雅语体成立的消极规则，但语体的成立，尤赖于言说者或书写者的创雅之功。"七律"之典雅，在文本呈现层面，当求字、词、事、意之古，并在语法层面有所追摹。字之古，一在字形之古，但易流于生涩怪癖；一在来历之古，其极端者即为"无一字无来历"，但其来历，多以经史为主，诗中之字，以向下求之为禁忌；词之古，既为其来历之古，亦为其所指向为古，因而词之古常表现为典故之运用，词古即事古，二者遂合二为一。因典故多为实字组，典故的使用必然增强"七律"中实字使用的密度：

> 七言近体，起自初唐应制，句法严整。或实字叠用，虚字单使，自无敷演之病……中唐诗虚字愈多……钱仲文七言律，《品汇》所取十九首，上四字虚者亦强半，如"不知凤沼霖初霁，但觉尧天日转明""鸳衾久别难为梦，凤管遥闻更起愁"之类。凡多用虚字便是讲，讲则宋调之根，岂独始于元白！②

"七律"典雅则必厚重，诗句之厚重，源于语象的密集与语意层次的丰富。虚字有转折连接之力，但若过度使用，诗句必然清轻有余典

---

① 张伯伟《全唐五代诗格汇考》，第206页。
② 谢榛《四溟诗话》卷四，第122页。

重不足。由于基本节拍为上四下三，前重后轻，"七律"虚字的位置，当以处上四为第一原则，不然则诗句节奏过于流动明快，近于歌行。至于古意①，在句法上，由于两汉处上古汉语向中古汉语过渡的末期，古法尚存，"七律"可加效仿，以增古雅："古人妙于文，惟妙故健。文有顺而健，有逆置而弥健。迁、固多得此法。'必我也，为汉患者。''必汤也，令天下重足而立，侧目而视。''必我也''必汤也'置之于上，其语弥健而法。作文至此，妙矣。"②此种离析及倒置法，杜诗常有之，但论其奇者众言其古者少。至于意之古，由于七言诗成熟较晚，"七律"尤晚，适用于五言的古意营够之法难以挪用，故而无作为整体的"七律"古意之说。"七律"之意古，惟"超时空效果"之营造一途。如"深秋帘幕千家雨，落日楼台一笛风""人世几回伤往事，山形依旧枕寒流"均为其佳例。在此层面上，"七律"达到了其他诗体难望项背的高度，但由此引发的技法问题的讨论则另需专文讨论。

（三）结构的制约

唐人前期诗格喜论调声外，多聚焦于句法。在技法层面有所论及者，有句内句间之对偶、篇首之入题、情景关系之处理以及不同诗句差异之辨析与诗句病忌之提示，周全而细密，可谓句法之大端。然以结构论句法者，除如何入题外，仅论及一联上下句关系的处理，如"生杀回薄势""都商量入作势"③稍觉薄弱。即"不愁明月尽，自有夜珠来"结束全篇，尤涉健举的话头亦未顾及。为初学者讲法的自我定位及五七言近体以八句为篇的惯例尚未定型的特点，似乎深度影响了前期诗格句法论的呈现样态。但诗歌之句法若不以全局

---

①"古意"释义，参见葛晓音《先秦汉魏六朝诗歌体式研究》，第300—321页。
②陈造《江湖长翁文集》卷二九《文法》，《宋集珍本丛刊》，线装书局，2004年，第665页。
③张伯伟《全唐五代诗格汇考》，第151—152页。

论,则必有不足：

> 七律之妙,在讲章法与句法。句法不成就,则随手砌凑,软
> 弱平缓,神不旺,气不壮,无雄奇杰特。章法不成就,则率漫复
> 乱,无先后起结、衔承次第、浅深开合、细大远近虚实之分,令人
> 对之惛昧,不得爽豁。故句法则须如铸成,一字不可移易,又须
> 有奇警华妙典贵,声响律切高亮。章法则须一气呵成,开合动
> 荡,首尾一线贯注。①

章法讲求全篇布局,各联有位置之别,遂由此而生出功能、风格以及
句型等诸多差异。首末两联,一起一结多用散句,故不以对属为能,
虚词使用及句型中出现简单句的频次最高。中间两联以对属为常,
名词句大多出现于此,而惯常采用的则为紧缩句。两联之间,上联
承首下联起尾,语义语势各有偏重,但一联事、一联景,两者不可雷
同亦为必遵之规则。若以全篇而言,则四联之间须勾连为一整体。

> 律诗要法：起、承、转、合。……
>
> 五言七言,句语虽殊,法律则一。起句尤难,起句先须阔占
> 地步,要高远,不可苟且。中间两联,句法或四字截,或两字截,
> 须要血脉贯通,音韵相应,对偶相停,上下匀称。有两句共一意
> 者,有各意者。若上联已共意,则下联须各意,前联既咏状,后
> 联须说人事。两联最忌同律。颈联转意要变化,须多下实字。
> 字实则自然响亮,而句法健。其尾联要能开一步,别运生意结
> 之,然亦有合起意者,亦妙。
>
> 杨载《诗法家数》②

"七律"欲典雅厚重而无堆垛板滞之弊,须依赖于诗句间张力的营

---

① 方东树著、汪绍楹校点《昭昧詹言》卷一四,人民文学出版社,1961年,第375页。
② 何文焕辑《历代诗话》,第728—730页。

造。"七律"适宜"大题",其张力营造重在空间上远近、高下的落差对比、时间上古往今来的映衬对照,并试图形成某种超时间并由而超空间的修辞效果。故而,"七律"间的起承转合与意脉营造,以跳跃回环的方式呈现,排斥细部间的层层架构。以章法论成败同样也适用于"七律"之外的其他七言诗体:

> 《大雅·緜》九章,初诵太王迁豳,建都邑,营宫室而已,至其八章乃曰……至其九章乃曰……事不接,文不属,如连山断岭,虽相去绝远,而气象联络,观者知其脉理之为一也。①

句数的增多,看似会增加作者的书写自由,但张力感的营造,无法延续于一个较长的诗篇内。长篇要铺写局部又须照应整体的起承转合,以保持内在的意脉贯通,对作者的要求实际更高。章法变则句法亦由之而变,"七律"尤难,而其他诸体欲成佳作亦甚为不易。

三　杜诗"沉郁顿挫"的生成

"沉郁顿挫"出于工部而渐成后世论诗者评杜的常语。工部虽未享当世盛名,但中唐而后,誉之者众,南宋时已有千家注杜之说,解杜之作可谓夥矣。近半个世纪以来,与"沉郁顿挫"相关的论文与著作,亦可以千篇计,此中似无再作回旋的余地。但平仄二元化的过深烙印及重思想轻技法的研究偏好,难以形成沉郁与顿挫的并重格局,声韵格律的分析常被杜诗的"出格"现象移转焦点②。而即以思想分析独大的解释传统而言,也重在思想内容的分析,对于思想如何传递的技法考量则注目者寥寥。故论者虽众,此话题犹可再做

---

①苏辙著、曾枣庄等校点《栾城集》,上海古籍出版社,2009年,第1553页。
②叶嘉莹《杜甫秋兴八首集说》集众家论诗之说,论及声律者仅"翁批:'心'字,此一平声细腻沉顿"者数处,实可见声律分析的弱势。

推敲。

　　"沉郁顿挫"之连用出于工部，但"沉郁"与"顿挫"二词，却其来有自。"沉郁"出于《楚辞》，表情思的沉痛郁结，如《楚辞·九章·思美人》："申旦以舒中情兮，志沉菀而莫达。"[1]陆机《思归赋》："伊我思之沉郁，怆感物而增深。"[2]此外，"沉郁"亦可形容思想的广博深邃，如刘歆《与扬雄书从取方言》："非子云澹雅之才，沉郁之思，不能经年锐积，以成此书。"[3]钟嵘《诗品序》："方今皇帝，资生知之上才，体沉郁之幽思，文丽日月，学究天人。"[4]而"顿挫"之说，多指音调曲折回环。如《后汉书·孔融传赞》："北海天逸，音情顿挫。"李贤注："顿挫犹抑扬也。"[5]刘禹锡《和浙西李大夫霜夜对月听小童吹觱篥歌依本韵》："冲融顿挫心使指，雄吼如风转如水。"[6]王运熙、杨明《中国文学批评通史》亦曰："顿挫用于文学，指作品语言声调的停顿转折。"[7]此种解释，自然无误，但却忽略了"顿挫"除了声调上的停顿转折外，尚有作为技法的可能。故"沉郁顿挫"既已连用，当作整体论之：

　　　　古人文章妙处，全是"沉郁顿挫"四字。"沉"者，如物落水，
　　　　必须到底，方著痛痒，此"沉"之妙也。否则，仍是一"浮"字。
　　　　"郁"者，如物蟠结胸中，展转萦遏，不能宣畅；又如忧深念切而
　　　　进退维艰，左右窒碍，塞厄不通，已是无可如何，又不能自已。
　　　　于是一言数转，一意数回，此"郁"之妙也。否则，仍是一"率"

---

① 洪兴祖撰、白化文等点校《楚辞补注》，中华书局，2002年，第146—147页。

② 陆机撰、杨明校笺《陆机集校笺》，上海古籍出版社，2016年，第106页。

③ 严可均辑《全上古三代秦汉三国六朝文》，第349页。

④ 钟嵘著、曹旭集注《诗品集注》，第83页。

⑤《后汉书》卷七〇，2293页。

⑥ 陶敏、陶红雨校注《刘禹锡全集编年校注》，第623页。

⑦ 王运熙、杨明《隋唐五代文学批评史》，上海古籍出版社，1996年，第293页。

字。"顿"者,如物流行无滞,极其爽快,忽然停住不行,使人心神驰向,如望如疑,如有丧失,如有怨慕,此"顿"之妙也。否则,仍是一"直"字。"挫"者,如锯解木,虽是一来一往,而齿凿巉巉,数百森列,每一往来,其数百齿必一一历过,是一来,凡数百来,一往,凡数百往也。又如歌者,一字故曼其声,高下低徊,抑扬百转,此"挫"之妙也。否则,仍是一"平"字。①

姚莹此论,以对举法,释"沉郁顿挫"之要点,明白显豁,出常流之外。"顿挫"为"沉郁"呈现之技法,但"沉郁"的呈现非仅赖于"顿挫"。

作为情感状态的"沉郁"之"沉",在于情感真切,所以能关痛痒;情感广厚博大,所以如物沉水底;情感幽微,所以能尽人所不能尽。"郁"则为情积于胸,千转百折而化解不得。故自技法层面而言,所谓"沉郁"的技法问题,即如何展现情感的真切、博厚、幽微与郁积。工部写情,小不遗江花江鸟,博则及于家国天下,故有"国身通一"之誉。其写情的基本模式为:由自身的所感所受,推及他人并进而及于家国天下,以自身感受的真切确保所推廓之情的真切。情感的真切,依赖于诗人对细节呈现的准确与真实,如"邻人满墙头",写农人质朴的温情;"夜雨剪春韭",写离乱中友朋相聚之乐,千载之下,犹在目前,令人动容。而情感的幽微,则依赖于诗人写他人所未曾写或不能写,如"自寄一封书,今已十月后。反畏消息来,寸心亦何有?"写活离乱中的个人心态;"自非旷士怀,登兹翻百忧",则是一个醒者对危机来临的深深忧患。情感的真切与幽微,让工部情感的推廓有了稳定的基础,但只有完成此推廓过程,情感才能由真而沉。故而如何打破隔碍,才是工部面对的真正难题,也是对其诗歌标志性技法产生关键影响的难题。由个人而家国天下,诗作需处理的空间感也随之扩大,所以在工部的诗作中,空间感相对于时间感更为

① 姚莹《康輶纪行》卷一三,《四库未收书辑刊》第5辑第14册,北京出版社,2000年,第319页。

明确，也更为重要：

> 右丞云："不是如此，杜诗妙处人罕能知。……常人作诗，但说得眼前，远不过数十里内；杜诗一句能说数百里，能说两州军，能说半天下，能说满天下，此其所为妙……"环溪又问："如何是说眼前事，以至满天下事？"右丞云："如'独鹤不知何事舞，饥乌似欲向人啼'，只是说眼前所见。如'蓝水远从千涧落，玉山高并两峰寒'，即是说数千里内事。如'三峡楼台淹日月，五溪衣服共云山'，即是说数百里内事。至如'浮云连海岱，平野入青徐'，即是一句说两州军。如'吴楚东南坼'，即是一句说半天下；至'乾坤日夜浮'，即是一句说满天下。"①

工部善写空间，尤善于将情感融于对空间的书写之中。其技法一为将空间的拟人化，如"吴楚东南坼""乾坤日夜浮"，以空间的晃动传达时代的动荡与个人的压抑；"两峰寒"与"掩日月"，"寒""掩"情感色调的冷暗，即诗人情感状态的明暗。此外，工部惯于利用空间的对比以营造特定的空间感受。如"关塞极天唯鸟道，江湖满地一渔翁"，个人在阔大空间中无处安顿的悲凉，绘之如见。但工部此类空间感的营造常借助于虚词或实词的作用，如"自巴蜀""有齐梁"，而非两个名词组的并置。此种手法，也决定了工部对时间感的呈现，多聚焦于历史中的具体人事，如"出师未捷身先死""刘向传经心事违"，即使是长时段的时间表达，杜诗的历史也总是充满痛苦、偶有希冀的历史，如"百年多病独登台""百年世事不胜悲"，而如"人世几回伤往事，山形依旧枕寒流"般超越具体时空的历史理解，在杜诗中难觅踪影，故而，杜诗中的忧愁与伤痛千回百转终难化解，此即其情感之所以"沉而郁"。

　　"顿挫"对"沉郁"的呈现，既有同处，凡挫必顿，亦有异处，顿则

---

① 吴沆《环溪诗话》，《景印文渊阁四库全书》集部第1480册，第31—32页。

不必挫。顿为停顿、顿止；挫为密集行为的重复。从语法的角度而言，"顿"为语句内的停顿及某种态势的止顿与收煞；"挫"则为围绕某中心语的辞意叠加：

> 七律有三顿句法，又有加倍写法。三顿如老杜"风急天高猿啸哀"二句是也，倍写如"无边落木"一联是也。"落木""长江"，既以"萧萧""滚滚"形之矣，更加"无边""不尽"于上，非加倍写法乎？要之只是叠：三顿是实叠之妙，倍写是虚叠之妙。①

七言的基本节奏为上四下三，由于下三的三音节组合除特殊句式外，难以形成两个独立的意义单位。故而，七言只有通过上四内部二二的调整，方能形成上四内部的语意并举。此类句型的上四从句法结构上为并列短语，从全句而言，则可以形成名词句与紧缩句，而以后者的频次为高。工部的七言，长于以三顿构句，如"天开地裂长安陌，寒尽春生洛阳殿"（《冬末以事之东都湖诚东遇孟云卿复归刘颢宅宿宴饮散因为醉歌》）、"稠花乱蕊畏江滨"（《江畔独步寻花》）、"江花江鸟岂终极"（《哀江头》）。三顿句式，上四二二间的停顿，较其他句式更为明显，故而此类诗句多有重拙迟缓之感。此外，情感呈现的曲折以及压抑情感的宣泄，也是顿的手法之一，前者如"同学少年多不贱，五陵衣马自轻肥"，内心感慨在"多"与"自"中；后者如"怡然敬父执，问我来何方"下接"问答未及已，驱儿罗酒浆"陡然收煞。而如"闻道长安似弈棋，百年世事不胜悲"，悲凉至极，但下仅以"王侯第宅皆新主，文武衣冠异昔时。直北关山金鼓振，征西车马羽书迟"两句承之，不作铺叙，故其势不败，其情积郁不散。"挫"的重复性，则体现于中心语关联语意的密集，如"无食无儿一妇人"，无食、无儿语义叠加，写老妇人之孤苦；"即从巴峡穿巫峡、便下襄阳向洛阳"，写战乱甫定的快慰。顿挫技法的使用，为近体句法提供了相

---

① 黄培芳《香石诗话》，张寅彭主编《清诗话三编》，第2684页。

应的变式,后世诸多句法的变化与创新均可溯源于工部,工部以"顿挫"自许,亦由以然也。

　　顿挫在声调上的表现,主要为同声钮或同韵母的使用。后世由于平仄二元化的强大影响,论平仄而不及声钮、韵母,故于工部诗歌声律特色多以"拗救"论之。但如此的解释,并不足以回答杜诗何以以"顿挫"名世。下文以《秋兴八首》中的两首为例,分析其声钮或韵母的使用情况:

　　　　诗句:玉露凋伤枫树林,巫山巫峡气萧森。江间波浪兼天涌,塞上风云接地阴。
　　　　声钮:疑来端书非禅来　微生微匣溪心生　见见帮来见透余　心禅非云精定影
　　　　韵母:烛模萧阳东虞侵　虞山虞冶微萧侵　江山戈唐添光钟　代阳东文叶脂侵
　　　　诗句:丛菊两开他日泪,孤舟一系故园心。寒衣处处催刀尺,白帝城高急暮砧。
　　　　声钮:从见来溪透日来　见章影匣见疑心　匣影昌昌清端昌　并端禅见见明知
　　　　韵母:东屋阳哈歌质脂　模尤质齐模桓侵　寒微鱼鱼灰豪昔　陌齐清豪缉模侵

　　　　诗句:蓬莱宫阙对南山,承露金茎霄汉间。西望瑶池降王母,东来紫气满函关。
　　　　声钮:并来见溪端泥生　禅来见匣心晓见　心微以澄见云明　端来精溪明匣见
　　　　韵母:东哈东约灰覃山　蒸模侵耕宵寒山　齐阳宵支绛阳侯　东哈支微桓覃删
　　　　诗句:云移雉尾开宫扇,日绕龙鳞识圣颜。一卧沧江惊岁晚，几回青琐点朝班。

> 声钮：云以澄微溪见书　日日来来书书疑　影疑清见见心微　见匣清新端澄帮

> 韵母：文支脂微咍东仙　质宵钟真职劲删　质戈唐江庚祭元　脂灰青戈添宵删

上列两诗一句或一联之内，出现同声钮或同韵钮的比例甚高，但据《诗髓脑》文病说，其病犯多集中于傍钮与小韵，如："江间波浪兼天涌"，"江间"为不隔字之双声，不为病，但"兼""接"与"江间"则为隔字双声犯"傍钮"；"一卧沧江惊岁晚，几回青琐点朝班"，"卧"与"琐"同戈韵，犯小韵。虽然傍钮与小韵在唐人的写作惯例中已为可以忽视的病犯，但从工部犯此病忌的密度，却可看出工部对此手法使用的自觉。此外，由于上四重音结构的主导模式为1324，故而，重其轻则可增加上四整体的音重，并进而影响全句。工部用"群山万壑赴荆门"而非"千山万壑赴荆门"，乃因"群"较"千"为重，"群山万壑"遂较"千山万壑"更为迟缓厚重。故而，工部近体的顿挫形成的根本原因，自声律而言，实为同声钮及同韵钮字的频繁使用，以及对韵律单位整体音感机制的熟稔。虽然平仄规则的有效利用同样可以增强工部诗歌的沉郁顿挫之美，但若过度聚焦于此则难免影响顿挫成因的有效揭示。

结　语

唐代前期七言近体的声律规则与后世存有较大差异，声韵调的并重及上去入声的选用既显示了近体规则多元的特点，也为近体与音乐之间的关系提供了另一佐证。后世平仄二元的强势，虽然有辨体之功，但却多少掩盖了唐人在声律建设方面的成就，也强化了近体诗的案头特色。唐人在诗体上的极大创获在于七律，作为新的诗体，唐人在声律、语体与章法的制约机制下，形成了七律的一些基本句法，并开始形成个人与时代的风格特色。杜甫的"沉郁顿挫"，也应在唐人自身的声律与句法机制下寻得相应的解释。

第四节　盛唐诗的文化精神
——以李白、杜甫为例

贞观之后，文书行政及科举在政治生活中的影响抬升，诗文遂成一时代士人群趋之鹄的。上自天子百官下至贩夫走卒均有擅长诗文者①，至开元、天宝之际，唐代诗文发展至其高峰，以社会接受而言，尤以诗歌为其代表。盛唐文学高峰的到来，乃是诸种合力共同作用的结果。开元初年以来，因科举之助推而逐步成型的"清流文化"，对于盛唐文学高峰的来临，作用尤为关键。虽然"清流文化"更为推崇可为"大手笔"的词臣，但其所产生的推重文学才能的连带效应，却会自然强化文学的荣耀度。开明的政治文化、强大的国力、崇尚诗文的社会环境，为盛唐文士提供了难得一遇的千载良机，也最终成就了中国古典文学难以复制的辉煌。数十年间，涌现了大量一流的诗人与诗作。据《全唐诗》载，盛唐诗人约二百八十人，共留诗六千余首，虽然诗人及诗作数量均不及中唐及晚唐，但在一流诗人出现的密度上，中唐及晚唐则难望盛唐项背。鲁九皋《诗学源流考》曰："开元、天宝之际，笃生李、杜二公，集数百年之大成。太白天才绝世，而古风乐府，循循守古人规矩；子美学穷奥窔，而感时触事、忧伤念乱之作，极力独开生面。盖太白得力于《国风》，而子美得力于大、小《雅》，要自子建、渊明而后，二家特为不祧之祖。其辅二家

---

① 参见胡震亨《唐音癸签》卷二七，第281页。

而起者，有王维、孟浩然、高适、岑参、李颀、王昌龄、刘眘虚、裴迪、储光羲、常建、崔颢诸人。而元结又有《箧中集》一选，集沈千运、王季友、于逖、孟云卿、张彪、赵微明、元融七人之作，都为一卷，其诗歌直接汉人。故论诗者至开、宝之世，莫不推为千载之盛也。"①盛唐诗坛群星璀璨，不但涌现了一大批一流的诗人，更出现了足为盛唐乃至古典中国诗歌代表性人物的李白、杜甫。盛唐诗歌的文化精神也随着李、杜的出现而透显。马一浮先生论《诗》以感为体，重诗歌感发兴起之功用。其曰：闻诗者当"如迷忽觉，如梦忽醒，如仆者之起，如病者之苏。"②诗是生命体验的呈现，是生命可能的探寻；而诗歌的阅读乃是与他人心灵的照面，是诗人与读者超越时空的交流与应和。于此应和中，诗人得其知音，读者则因感发而复苏自我的心灵，进而拓展其对于生命的体验。叶嘉莹先生以为马一浮先生的解读，为自古以来关于诗歌绝佳的说明，而盛唐诗歌正足为马氏诗论的最佳注脚。"至于唐诗本身呢，则千载之下仍是那么'色泽鲜妍，如旦晚脱笔砚者'……正是这种新鲜的活力，带着蓬勃的朝气，形成盛唐之音，展现为绚丽壮观的广阔天地。"③盛唐诗歌所以千载而下觑面犹新，源于其为诗人灵心一片的自然抒发，不矫不伪，阅读者乃能与诗人心灵直接照面了无隔碍。"为什么唐诗会这样呢？我想这是因为唐诗表达了我们古今相通的人性，而且是用永远新鲜的感性的经验来表达。所以唐诗一方面是永恒的人性，另一方面又永远是感性的、新鲜的。而这个古今相通的人性，恰恰正是中国文化内心深处的梦。"④盛唐文学的文化精神是古今相通的人性与人情的艺术传达，也是对儒、释、道等多家思想资源以及周边族群文化的吸纳

① 鲁九皋《诗学源流考》，郭绍虞编选、富寿荪校点《清诗话续编》，第1294—1295页。
② 吴光主编《马一浮全集》第1册，浙江古籍出版社，2013年，第136页。
③ 林庚《唐诗综论》，人民文学出版社，1987年，第221页。
④ 胡晓明《诗与文化心灵》，中华书局，2006年，第154页。

融通，而其核心则为儒学精神在文学创作中的践履。而此一点既关涉于个体自我生命的完善，亦是华夏文化正统在文学领域的确认。盛唐诗歌的艺术风格，可分为前后两期，前期以浪漫高华为主体风格，后期则转入沉郁顿挫。然风格虽有转变，但成就前后两期风格乃至成就盛唐诗歌风格的，仍为"气"与"情"——"气"盛而"情"真。

一　"气"盛与生命力的强健

"气"为中国传统思想的核心语词之一。气，其本意为云气，《说文解字》云："气，云气也，象形。"[①]"山川初出者为气，升于天者为云。"[②]由气之生成、消散、变态万千，遂引之以为万物生成及变化的质素或本原。《老子》第四十二章曰："道生一，一生二，二生三，三生万物。万物负阴而抱阳，冲气以为和。"[③]道生万物，气为万物构成的物质要素。在上海博物馆刊行的馆藏战国竹简中，有《亘先》（按："亘"同"恒"）一篇，文中对"气为自生"颇为强调：

> 亘先无有，质、静、虚。质大质，静大静，虚大虚。自厌不自忍，或作。有或焉有气，有气焉有有，有有焉有始，有始焉有往者。未有天地，未有作行，出生虚静，为一若寂，梦梦静同，而未或明、未或滋生。气是自生，亘莫生气。气是自生自作。亘气之生，不独有与也。或，亘焉，生或者同焉。昏昏不宁，求亓所生。翼生翼，畏生畏，惮生悲，悲生惮，哀生哀，求欲自复。复生之生行，浊气生地，清气生天。气信神哉，云云相生。信盈天地……有出于或，性出于有，音出于性，言出于音，名出于言，事

---

①许慎撰、徐铉校定《说文解字》，中华书局，2002年，第14页。

②饶炯《说文解字部首订》，转引自《古文字诂林》，上海教育出版社，1999年，第311页。

③朱谦之校释《老子校释》，中华书局，2006年，第174—175页。

出于名。①

虽然此简所言及的生成论框架与当时知识界同行观点大体接近,如《淮南子·天文》章及《列子·天瑞篇》均有类似论述。但对于"气为自生"的强调,则使"气"初具本体论的特点。至唐初孔颖达《周易正义》,"气"本体论的特点大体已经确定,并成为由汉代"气"论向宋代"气"论过渡的重要桥梁。"'精气为物'者,谓阴阳精灵之气,氤氲积聚而为万物也。'游魂为变'者,物既积聚,极则分散,将散之时,浮游精魂,去离物形,而为改变,则生变为死,成变为败,或未死之间,变为异类也。"②在孔颖达看来万物的生灭成毁皆因阴阳二气的聚散,阴阳二气成为支配世界的根本法则,本体论的特点已然凸显。

　　气在成为万物之质素与本因的同时,亦与个体的情感相关,"人们的呼吸出入之息除了正常、平静的呼吸之外,还有强烈的、深长的呼吸,古人叫作太息,今人叫作叹气、感叹。因此《释名·释天》说:'气,忔也。'忔,《说文》云:'太息也,从心从气。'一般说来,人们的叹气或感叹多带有强烈的感情色彩,表现出一定的心境和感情。正由于这样,忔字从心。从这里出发,在长期的演变过程中,气字逐渐具有了表示人们的精神或心理状态,表现人们情感或情绪的意义。"③气与万物的生灭成毁及个体的心理情感有关,加之"气"自先秦以来又具"泛生命性""泛道德性"等特点,故而"气"于中国古代思想可谓影响甚大。

　　盛唐士人"气"盛之气,既承先秦讫唐以来思想界"气"论发展之成果,亦不脱文论中气论发展的笼罩。略而论之,此"气"盛,首先为个体生命力的强健。开元、天宝之际,政治清明,国力强盛,士人入

---

① 马承源主编《上海博物馆藏战国楚竹书(三)》,上海古籍出版社,2003年,第285—293页。

② 《周易正义》卷七,第267页。

③ 张奇伟《孟子"浩然之气"辨正》,《中国哲学史》2001年第2期,第43页。

仕之途较为通畅,个体胸怀博大、洒脱透明;形象积极健康,昂扬向上,以担负天下为己任:

> 赵客缦胡缨,吴钩霜雪明。
> 银鞍照白马,飒沓如流星。
> 十步杀一人,千里不留行。
> 事了拂衣去,深藏身与名。
> 闲过信陵饮,脱剑膝前横。
> 将炙啖朱亥,持觞劝侯嬴。
> 三杯吐然诺,五岳倒为轻。
> 眼花耳热后,意气素霓生。
> 救赵挥金槌,邯郸先震惊。
> 千秋二壮士,烜赫大梁城。
> 纵死侠骨香,不惭世上英。
> 谁能书阁下,白首《太玄经》。

李白《侠客行》[1]

"侠"一词,首出韩非子《五蠹》:"儒以文乱法,侠以武犯禁。"[2]至汉司马迁著《史记》为《游侠列传》,"侠"之特征开始明确。"今游侠,其行虽不轨于正义,然其言必信,其行必果,已诺必诚,不爱其躯,赴士之阨困,既已存亡死生矣,而不矜其能,羞伐其德,盖亦有足多者焉。"[3]侠常逸于主流规则之外,以其自有的价值标准为行事之原则,但多以"仗义疏财""救危扶困""信死守诺"为表征,而于民族国家危难之时,又常能赴汤蹈火,为国家民族之命运而奔走。李白

---

[1]瞿蜕园、朱金城校注《李白集校注》,上海古籍出版社,2018年,第330—331页。

[2]王先慎撰、钟哲点校《韩非子集解》卷一九,中华书局,2003年,第449页。

[3]《史记》卷一二四,第3181页。

《侠客行》多用前代侠客之典，或出《庄子》、或出《史记》、或出汉魏诗赋，全诗慷慨激昂，历叙侠士的狂放不羁、快意恩仇、重义守信与功成身退，而实不过为作者个体之写照。李白诗歌如朝阳，如少年，满是乐观与自信，即使曾有茫然，有徘徊，但"长风破浪会有时，直挂云帆济沧海"的豪情依然喷薄欲出；即使是书写一己之忧，于李白笔下却已是无人我、无古今的"万古愁"，心胸吞古今，笔底起波澜。"只要和中唐士人孟郊、李贺的愁比一比，和晚唐士人温庭筠、李商隐的愁比一比，和宋词里那类锁在小楼深院中的闲愁比一比，就可以感觉到李白即使是愁，也是强者之愁，也有一股浩然的壮气充溢其间。"① 同样强健的生命力，在与李白同时代的盛唐其他诗人身上亦有体现，对于侠之精神的强调是盛唐文人的群体偏好，王昌龄、王维、张籍均有《少年行》诗，崔颢有《游侠篇》，高适有《邯郸少年行》。王维《少年行》其二云："出身仕汉羽林郎，初随骠骑战渔阳。孰知不向边庭苦，纵死犹闻侠骨香。"② 系马高楼，痛饮酣歌，本为少年侠客狂荡之状，而唐时侠士多存功名之望，为国效力，立功边塞，求得封侯之赏，亦为其题内之意。《唐诗解》评此诗云："此羽林少年羡布衣任侠而为愤激之词……安知不向边庭之苦者乃能垂身后名……此盖指郭解之流，虽或捐躯，而侠烈之声不灭。"③ 盛唐士人多不愿辜负此生，而尝试在尽情尽性的生命践履中成就自我与他人，因此，在当时的诗歌文本中，边塞落日、长江黄河、高山平原、日月经天、江河行地成为唐诗的经典意象；动如长江滚滚、黄河奔流般雄浑充沛的生命情感，在鼓荡诗人的同时，也感发着后世无数的阅读者。

① 袁行霈《李白诗歌与盛唐文化》，《文学遗产》1986年第1期，第3—11页。
② 陈铁民校注《王维集校注》，中华书局，2005年，第34页。
③ 唐汝询选释、王振汉点校《唐诗解》，河北大学出版社，2010年，第582页。

二　"气"盛与生命能力的确信

"气"盛,其次表现为盛唐文士对于自我能力的确信。在唐初孔颖达主持编定的《五经正义》中,曾专门论及文士与一个时代治与乱的关系。孔氏认为士人当以时代的诊疗者自居,此既表明士人当有诊断病因的识力与明述病情的勇气,亦当有开具药方的能力。士当以天下家国为先,以国家之治及文化的传承为一己之生命责任,乃儒家原有之共识,经孔颖达《五经正义》的推扬,以"致君尧舜""淳风化俗"为己任,遂成为盛唐文士的群体自觉。在李白诗歌中,谢安与鲁仲连为其所特为称赏的人物:《梁园吟》云"东山高卧时起来,欲济苍生未应晚";《永王东巡歌》其二云"三川北虏乱如麻,四海南奔似永嘉。但用东山谢安石,为君谈笑静胡沙";《赠韦秘书子春》又咏曰"谢公不徒然,起来为苍生";《送裴十八图南归嵩山二首》其二再咏曰"谢公终一起,相与济苍生"[1]。效法谢安为国为民建不朽功业,是李白念兹在兹的生命追求。谢安而外,却秦存赵的义士鲁仲连,也是其所称慕的先贤,《古风》(五十九首)其十:

> 齐有倜傥生,鲁连特高妙。
> 明月出海底,一朝开光曜。
> 却秦振英声,后世仰末照。
> 意轻千金赠,顾向平原笑。
> 吾亦澹荡人,拂衣可同调。[2]

鲁仲连为齐地游士,逢秦军围赵,魏欲令赵尊秦为帝。鲁仲连认为秦乃弃礼仪尚首功之国,魏助秦迫赵不过自速其亡而已,遂以利害

---

① 瞿蜕园、朱金城校注《李白集校注》,第598、651、731、1205页。
② 瞿蜕园、朱金城校注《李白集校注》,第136页。

说动魏使,秦军因之退却。李白以己为鲁氏之同调,既是对鲁连功业的仰慕,也是对秦不以仁义而取天下的痛斥,字里行间传递着李白对唐代政治合于道义的期待:

> 大雅久不作,吾衰竟谁陈?
> 王风委蔓草,战国多荆榛。
> 龙虎相啖食,兵戈逮狂秦。
> 正声何微茫!哀怨起骚人。
> 扬马激颓波,开流荡无垠。
> 废兴虽万变,宪章亦已沦。
> 自从建安来,绮丽不足珍。
> 圣代复元古,垂衣贵清真。
> 群才属休明,乘运共跃鳞。
> 文质相炳焕,众星罗秋旻。
> 我志在删述,垂辉映千春。
> 希圣如有立,绝笔于获麟。
>
> 李白《古风》其一[①]

李白此诗以西周盛世之雅颂为参照,屈骚及建安以来的文学遂为变风、变雅,落入第二义。而扬雄及司马相如之作,承汉帝国恢弘气象,故使文学自骚怨之音中振起。李白以雅颂与政治一表一里,而政治清明以成就帝国的盛世乃是雅颂文学的前提。故此诗明为论文学雅颂之正变,而实关切于政治之治乱。对于大雅的呼唤,亦是对王道政治的渴望。诗人以删诗的孔圣自比,所传达的是诗人对于斯文自任与助君王化成天下责任的自觉承担。"李白诗歌的气象也表现在一些政治诗中。他常以鲁仲连、范蠡、乐毅、谢安等人自许,要求自己像他们那样施展才能'济苍生''安社稷''使寰区大

[①] 瞿蜕园、朱金城校注《李白集校注》,第111页。

定，海县清一'。他希望自己有所作为，也相信自己能够有所作为。他一生没有放弃对理想的追求，也没有丧失信心。'天生我材必有用''东山高卧时起来'，这种强烈的自信心和使命感，使得他的诗歌气象非凡。"① 盛唐是士人政治热情空前高涨的时代，杜甫早年所作《奉赠韦左丞丈二十二韵》诗有句云"致君尧舜上，再使风俗淳"②，实可看作一代士人政治意愿的绝佳写照。

三　"气"盛与生命自由的追寻

"气"盛，还表现为士人对于现世政治的超越，即对个体自由的肯定，此为"气"之泛道德性于传统儒家士人的重要影响。《尚书·泰誓》云："惟天地万物父母；惟人万物之灵。"③ 天地间最美好者为人之生命，故而为万物之灵者当如《诗经·小雅·小宛》所言："夙兴夜寐，毋忝尔所生！"④ 个体应认真努力地对待生命的践履，不辜负生命的美好与上天的善意。参与现世政治，为生民立命是实践生命的美好，但生命的美好在肯定现世政治生活的同时，也超越了现世政治，在某种意义上它更是对于生命价值的美学表达。《孟子·公孙丑上》："我善养吾浩然之气"，此气"难言也。其为气也，至大至刚，以直养而无害，则塞于天地之间。其为气也，配义与道；无是，馁也。"⑤ 孟子认为，气既为个体生命存在的感性特征，同时亦内在蕴聚着人的精神生命。个体所养之"浩然之气"，"配道与义"而生，乃为全体之善。个体充溢此"至大至刚"的浩然之气则辉光

---

① 袁行霈《李白诗歌与盛唐文化》，《文学遗产》1986年第1期，第3—11页。
② 仇兆鳌注《杜诗详注》卷一，第74页。
③ 孔颖达《尚书正义》，第270页。
④ 孔颖达《毛诗正义》卷一二，第745页。
⑤ 孟子《孟子·尽心下》，朱熹《四书章句集注》，第231页。

四射,魅力无穷。孟子又言:"可欲之谓善,有诸己之谓信,充实之谓美,充实而有光辉之谓大,大而化之之谓圣,圣而不可知之之谓神。"[1]个体由"养气"而善、信、美、大、圣、神,生命的美好展现无遗。"孟子从生命活动的节律动态的角度,透视'生命内部最深的动',把'气'从原本的'自然元气'状态,超越为内涵伦理道德意义的,具有人的精神品格的'浩然之气',又进一步升华为'充实而有光辉'的'大美'之境界,进而思考对生存的关怀意义。"[2]"气"内涵了对于现世价值的超越,对于盛唐士人来说,对于政治的超越表现为"致君尧舜"的同时保持"格君之非"的自觉,并在数谏不听之时弃君而去。在参与政治的同时,不丧失主体的个体自由,不以现世的政治价值压制或取代个体的生命价值。李白《答王十二寒夜独酌有怀》诗云:"严陵高揖汉天子,何必长剑拄颐事玉阶。"《梦游天姥吟留别》:"安能摧眉折腰事权贵,使我不得开心颜。"在李白看来自己与君主、权贵具同一平等人格,当君主与权贵不能以礼相待时,便以嬉笑怒骂加以反抗,保持与君王的有限合作;当君政失道时,更是严词抨击:

> 大车扬飞尘,亭午暗阡陌。
> 中贵多黄金,连云开甲宅。
> 路逢斗鸡者,冠盖何辉赫!
> 鼻息干虹蜺,行人皆怵惕。
> 世无洗耳翁,谁知尧与跖!
>
> 李白《古风》其二四[3]

安史之乱前,于玄宗朝政以如此批评者,杜甫外无可与比肩者。"叶

---

[1] 孟子《孟子·尽心下》,朱熹《四书章句集注》,第370页。
[2] 盖光《孟子"浩然之气"的生命智慧和美学向度》,《管子学刊》2002年第4期,第26页。
[3] 瞿蜕园、朱金城校注《李白集校注》,第167页。

燮《原诗》外编卷下：'观白挥洒万乘之前,无异长安市上醉眠时,此
何如气也!'又云：'历观千古诗人,有大名者,舍白之外,孰能有是气
者乎!'则表明李白蔑视专制君主的态度,'戏万乘如僚友的风姿',
是专制社会知识分子最可宝贵的品格……李白此风姿可以说是盛
唐士人浪漫情调的极致,但其中则具有人格尊严平等、蔑视专制君
主的严肃意义,而此意义的根源则为儒道二家的人性思想。"① 当君
主不能待士人以礼且行之以道时,士人则另寻人生价值的依托,此
种选择,多为一种审美型的生存方式：

> 吾爱孟夫子,风流天下闻。
> 红颜弃轩冕,白首卧松云。
> 醉月频中圣,迷花不事君。
> 高山安可仰? 徒此揖清芬。
>
> 李白《赠孟浩然》②

孟浩然仕途多舛,而以江湖青山为人生极乐,在李白看来实为士人
之佳选。观花饮酒,无俗务劳身,无俗情挂怀,无君主权贵,洒脱而
自由,故士人何不"且放白鹿青崖间,须行即骑访名山"。

　　盛唐士人以"气"行之,成就了诗歌的雄浑壮阔与浪漫高华。盛
唐之时,士人亦有自觉以"气"为论诗论文之重要标准者,任华《杂言
寄李白》："古来文章有能奔逸气,耸高格,清人心神,惊人魂魄。我
闻当今有李白。"③清人叶燮翁论曰："李白天才自然,出类拔萃……
非以才得之,乃以气得之也……苟有气以鼓之,如弓之括力至引满,
自可无坚不摧……历观千古诗人,有大名者,舍白之外,孰能有是气

---

① 邓小军《唐代文学的文化精神》,第217—218页。
② 瞿蜕园、朱金城校注《李白集校注》,第705页。
③《全唐诗》卷二六一,第2895页。

者乎！"①叶氏对李白可谓推崇备至，但所言确为中肯之论。"气"盛乃盛唐诗人共有之特征，而李白又为其中之特出者，故翁方纲在论及盛唐诗歌时言："盛唐诸公之妙，自在气体醇厚。"②"气"为生命力之表征，"气"盛则个体对于生命的感受力则愈强，故而"气"盛者多"情"，惟其"气"盛，不屑作伪，此"情"为生命感受的真实表达，真而不矫。

四　情真与家国通一、国身通一的情怀

"情"一词在中国文化史上较"志""气"为晚出，《诗经》《尚书》中仅一见，《论语》二见，至《左传》及战国诸子著述方才广泛使用。"其初始的涵义多指事物的情况与情实（尤重在实情，故'情'与'真'常相通），后来才逐渐转向人的情感心理。"③至唐初，传统"情"论，系统有二：一为《左传》之"六情"说："性谓五性，情谓六情以充之。五性本于五行，六情本于六气……昭二十五年《左传》'民有好、恶、喜、怒、哀、乐，生于六气'。是六情法六气也。"④二为《礼记》之"七情"说："何谓人情？喜、怒、哀、惧、爱、恶、欲，七者弗学而能。"⑤孔颖达认为"惧盖怒中之别出，己情为怒，闻彼怒而惧。是怒之与惧，外内相依"⑥，将《礼记》之"七情"归纳于《左传》之"六情"，从而以官方名义解决关于"情"的分歧。六情本六气而生，六气为阴、阳、风、雨、晦、明，是"气"之六种变态。以儒家传统诗教的"引譬连类"，六

────────────

①叶燮《原诗》，人民文学出版社，2005年，第64—65页。
②翁方纲《石洲诗话》，人民文学出版社，1981年，第35页。
③陈伯海《中国诗学之现代观》，上海古籍出版社，2006年，第71页。
④孔颖达《毛诗正义》卷一八，第1219页。
⑤孔颖达《毛诗正义》卷一八，第1219页。
⑥孔颖达《毛诗正义》卷一八，第1219页。

气又关涉于群体生活尤其是政治文化的清浊与治乱①。孔颖达认为"情缘物动,物感情迁"②,非个体自造于心,惟有发于真情之诗方可动人,方能为天地间第一等的诗歌。若言不由衷,则情为"矫情",动人也难。情由气生,此气彻内彻外,将士人一片包裹,惟其"气"盛,故情深、情真;惟情深、情真,乃能常葆个体之"气"盛。

　　盛唐士人之"情真",首先表现为家国通一、国身通一的情怀。将家、国连成一片,可上溯至先秦儒学,其实质乃将政治、文化与伦理勾连为一,而以"家"为起点。《易·家人卦》云:"家人:利女贞。《象》曰:家人,女正位乎内,男正位乎外。男女正,天地之大义也。家人有严君焉,父母之谓也。父父、子子、兄兄、弟弟、夫夫、妇妇而家道正,正家而天下定矣。"③《中庸》亦云:"君子之道,造端乎夫妇,及其至也,察乎天地。"④治国平天下须以"家"为起点,家国同构,其目的欲将亲亲长长与尊尊贤贤相结合,并推而广之,以求化成天下,营造温情脉脉的群体生活。"家国通一精神,一方面,将中国人的乡关之恋政治化、理性化……另一方面,家国通一精神又将中国人的政治情结生命化、人伦化。"⑤家国通一的情怀落实于士人个体,又表现为国身通一的生命态度。此亦《诗大序》所言"以一国之事,系一人之本"。士人的个体生命乃与国家、民族、文化同一律动。家国通一、国身通一情怀,既是盛唐诗人对于安定充满人伦意味的现世生活的渴望,也是诗人对于天下家国责任的承担。杜甫早年有诗云:"致君尧舜上,再使风俗淳。"至其晚年,此情结依然纠缠于诗人内心:"死为星辰终不灭,致君尧舜焉肯朽"(《可叹》),"附书与裴因

---

① 参见郑毓瑜《引譬连类:文学研究的关键词》前言,生活·读书·新知三联书店,2017年,第14页。

② 孔颖达《毛诗正义》卷一,第3页。

③ 孔颖达《周易正义》卷四,第158页。

④ 孔颖达《礼记正义》卷五二,第1429页。

⑤ 胡晓明《中国诗学之精神》,江西人民出版社,2001年,第172页。

示苏,此生已愧须人扶。致君尧舜付公等,早据要路思捐躯"(《暮秋枉裴道州手札,率尔遣兴,寄近呈苏涣侍御》)。诗人一生颠沛流离,备尝辛酸,然于家国、民族的命运却始终挂怀。杜甫是盛唐最具忧患意识的诗人,早在开元盛世的歌舞升平中就已敏锐感觉到帝国危机的来临:

> 《乐游园歌》《渼陂行》等写诗人自己之由乐转哀,由迷茫而觉醒,显示了形象思维和逻辑思维的和谐一致,所以篇终出现了"此身饮罢无归处,独立苍茫自咏诗"和"少壮几时奈老何,向来哀乐何其多"这种发自内心深处的富有思辨内蕴的咏叹。而《饮中八仙歌》则在很大的程度上是直觉感受的产物。杜甫在某一天猛省从过去到当前那些酒徒之可哀,而从他们当中游离出来,变成当时一个先行者的独特存在。但他对于这种被迫无所为,乐其非所当乐的生活悲剧,最初还不是能够立即体察得很深刻的,因此只能感到错愕与怅惘。①

虽然杜甫的《饮中八仙歌》只是诗人对于时代的朦胧感受,但诗人的忧患之感,正来自诗人对于国家、民众命运的深深关切,故能较同时代其他诗人更为敏锐。此后,诗人对于唐帝国命运的忧患逐步明显,以诗歌忧国忧民、反映现实、参与现实政治,成为诗人的行动自觉。《同诸公登慈恩寺塔》为与高适、薛据同题之作,当高、薛尚在感叹"盛时惭阮步"时,杜甫已敏锐觉察出帝国的岌岌可危之势:"'高标''烈风''登兹''百忧',岌岌乎有漂摇崩析之恐,正起兴也。'泾渭不可求',长安不可辨,所以'回首'而思'叫虞舜'。"②君政失道,权贵荒淫,而在朝士人多是为稻粱谋者,唐尧虞舜的盛世对于天宝

①程千帆、莫砺锋、张宏生《被开拓的诗世界》,上海古籍出版社,1990年,第139页。
②钱谦益《钱注杜诗》卷一,上海古籍出版社,2009年,第19页。

时期的大唐而言已是遥不可及的梦想，帝国已是危机四伏，衰态毕
显。天宝十四载，诗人有《自京赴奉先县咏怀五百字》长诗，诗人自
述报国无门、幼子饥卒的悲酸，痛斥权贵恣意求乐不顾民生，造成矛
盾激化。观天下汹汹之势已成，诗人"忧端齐终南，澒洞不可掇"①。
"此与《北征》为集中巨篇……甫以布衣之士乃心帝室，而是时明皇
失政，大乱已成，方且君臣荒宴，若罔闻知。甫从局外蒿目时艰，欲
言不可，盖有日矣，而一于此诗发之。前述平日之衷曲，后写当前之
酸楚，至于中幅，以所经为纲，所见为目，言言深切，字字沉痛。《板》
《荡》之后，未有能及此者，此甫之所以度越千古而上继《三百篇》
乎？"②及安史乱发，唐帝国风雨飘摇之际，诗人四处奔走，于乱世之
中践履士人应尽的生命职责，与国同忧愤，与国同悲喜：

> 孟冬十郡良家子，血作陈陶泽中水。
> 野旷天清无战声，四万义军同日死。
> 群胡归来血洗箭，仍唱夷歌饮都市。
> 都人回面向北啼，日夜更望官军至。
>
> 杜甫《悲陈陶》③
>
> 我军青坂在东门，天寒饮马太白窟。
> 黄头奚儿日向西，数骑弯弓敢驰突。
> 山雪河冰晚萧瑟，青是烽烟白是骨。
> 焉得附书与我军，忍待明年莫仓卒。
>
> 杜甫《悲青坂》④

陈陶之败，是由于官军之轻进。诗人悲痛之余，虽痛恨诗礼之邦成

---

① 仇兆鳌注《杜诗详注》卷四，第273页。
② 《御选唐宋诗醇》卷九，《景印文渊阁四库全书》集部1448册，第221页。
③ 仇兆鳌注《杜诗详注》卷四，第314页。
④ 仇兆鳌注《杜诗详注》卷四，第316页。

胡儿饮马之地，但仍然告诫唐军当忍辱待时，以求必胜。拳拳为国
之心，历千载而犹动读者心魄，其人其诗遂为国身通一精神的全幅
体现。其另一巨作《北征》，历述对肃宗失政的忧虑与对山河破碎、
民生多艰的关切，希望君王能以"煌煌太宗业"为典范，争取"周汉
获再兴"。邓小军先生以为《北征》不啻为唐朝中兴之宣言，并进而
论言："杜甫生命的最后光芒，仍投射向苦难中的祖国。国身通一精
神，乃贯彻杜甫生命全程和全部诗史。"①

　　家国通一、国身通一的情怀在表现为诗人对国家、国民与文化
命运之关切与责任之承担的同时，还表现为对家庭伦理生活的向往
及对家人的脉脉温情。此又常与"恋阙"相纽结而相互强化。杜甫
《野望》：

> 西山白雪三城戍，南浦清江万里桥。
> 海内风尘诸弟隔，天涯涕泪一身遥。
> 惟将迟暮供多病，未有涓埃答圣朝。
> 跨马出郊时极目，不堪人事日萧条。②

家国乱离，兄弟分散，跨马出郊，人事萧条，诗人思念诸弟，迎风泪洒。
及得弟消息，则云"近有平阴信，遥怜舍弟存"，为弟能保存性命于乱
世而觉慰藉。但国难依旧，诗人终恐"不知临老日，招得几人魂"。共
处乱世，彼此存亡难卜，不知为弟招兄，兄招弟，何其沉痛。在杜诗的
思家诗中，最能体现诗人之一往情深者，当为其念妻之作《月夜》：

> 今夜鄜州月，闺中只独看。
> 遥怜小儿女，未解忆长安。
> 香雾云鬟湿，清辉玉臂寒。

---

①邓小军《唐代文学的文化精神》，第273页。
②仇兆鳌注《杜诗详注》卷一〇，第880页。

　　何时倚虚幌,双照泪痕干? ①

诗人身处长安,思念远在鄜州的妻子,想象妻子也在望月思夫,儿女
尚幼不解母亲忆长安的苦衷而诗人解得。此诗既为对妻子的思念,
也有对妻子的愧疚。杜甫念妻之作数首,有对妻子之敬:"时乱怜渠
小,家贫仰母慈"(《遣兴》);有对妻子之爱:"夜阑更秉烛,相对如梦
寐"(《羌村三首》);而更多的则是对与自己患难与共、共尝辛酸的妻
子的愧疚之情:"何日干戈尽,飘飘愧老妻"(《自阆州领妻子却赴蜀
山行三首》),诗人自言亏欠老妻甚多,惟企望国家早日平定战乱,有
相弥补的机会。念妻之时,诗人常念及家中幼子:"生还对童稚,似
欲忘饥渴。"(《北征》)亲子之爱自肺腑流出。清人袁枚言:"人但知
杜少陵每饭不忘君;而不知其于友朋、弟妹、夫妻、儿女间,何在不一
往情深耶?"②可谓老杜千载之知音。

五　情真与民胞物与的人性精神

　　盛唐士人之"情真",其次表现为民胞物与的人性人道精神,其
具体展现,一为对他人平等人格的尊重。在杜甫的诗歌中,为奴婢
所作之诗《示獠奴阿段》,可视为此一观念的绝佳体现:

　　　　山木苍苍落日曛,竹竿袅袅细泉分。
　　　　郡人入夜争余沥,竖子寻源独不闻。
　　　　病渴三更回白首,传声一注湿青云。
　　　　曾惊陶侃胡奴异,怪尔常穿虎豹群。③

阿段为獠奴。据《通典》:"獠盖蛮之别种,往代初出自梁、益之间,自

---

① 仇兆鳌注《杜诗详注》卷四,第309页。
② 袁枚著、顾学颉校点《随园诗话》卷一四,人民文学出版社,1982年,第498页。
③ 仇兆鳌注《杜诗详注》卷一五,第1271页。

汉中达于邛筰，川谷之间，所在皆有。俗多不辨姓氏，又无名字，所生男女，长幼次第呼之。其丈夫称阿谟、阿段，妇人阿夷、阿等之类，皆其语之次第称谓也。"①阿段为奴，且为蛮人，唐时多被视作贱隶，等同于禽兽。"奴婢贱人，律比畜产。"②诗人对阿段不与他人相争，穿林寻源，解决自己的饮水问题深表感谢，并对阿段的聪明与勇敢深致赞美。当引水竹筒破损，隶人信行入山为诗人修水筒时，诗人又作诗《信行远修水筒》感谢：

> 汝性不茹荤，清静仆夫内。
> 秉心识本源，于事少凝滞。
> 云端水筒坼，林表山石碎。
> 触热藉子修，通流与厨会。
> 往来四十里，荒险崖谷大。
> 日曛惊未餐，貌赤愧相对。
> 浮瓜供老病，裂饼尝所爱。
> 于斯答恭谨，足以殊殿最。
> 诐要方士符，何假将军佩。
> 行诸直如笔，用意崎岖外。③

诗人在对信行长途跋涉、不惮艰险修理水筒表示感激的同时，更对信行美好的品格深表赞叹。在诗人看来，信行是一个对自己的良善本性有着相当自觉的人，并能在践履中保持人性的一致。诗人对阿段和信行人格的尊重和品行的赞美，是诗人对社会地位低下之人同具良好本性，同样可归于至善的肯定。李白有诗："我宿五松下，寂寞无所欢。田家秋作苦，邻女夜春寒。跪进雕胡饭，月光明素盘。

---

① 《通典》卷一八七，第5050页。

② 刘俊文《唐律疏议笺解》，第473页。

③ 仇兆鳌注《杜诗详注》，第1309—1310页。

令人惭漂母，三谢不能餐。"(李白《宿五松山下荀媪家》)①此为对农人的尊重与感愧，亦为盛唐诗人真情的闪耀。惟其认同人性皆善与人格的普遍平等，诗人乃能处他人、它物之境地，为他人、它物作设身处地之想，由此达成心与心之间的相互感通，此为民胞物与情怀表现之二。个体生命为天命的美好创造，人生世间当以君子自期，不辜负生命之美好。自儒家看来，成己与成人、成物，乃为一体之两面，个体当积极参与社会生活，以个体生命之美好促成社会生活的和谐。"唯天下至诚，为能尽其性；能尽其性，则能尽人之性；能尽人之性，则能尽物之性；能尽物之性，则可以赞天地之化育；可以赞天地之化育，则可以与天地参矣。"②《中庸》释"诚"曰："诚者非自成己而已也，所以成物也。成己，仁也；成物，知也。性之德也，合外内之道也。"③人与天、地并而为三，个体应自觉承担"化成天下""开物成务"的道德责任，以"恻隐之心"为发端，将"人饥己饥""人溺己溺"的情怀推而广之，遍及社会与自然。杜甫后期诗歌常超越自我之苦痛，为游子、寡妻、老母、盛年而无家室者、饱受离乱者代言。卢世㴶云："五言律，至盛唐诸家而极矣，然未有富似子美者也，又富矣又有用也。何言乎用？动天地，格鬼神，吁谟定命，远猷辰告，蒿目时艰，勤恤民隐，主文而谲谏，言之者无罪，而闻之者足以戒。是诚有用文章，子美所独饶也。"(吴乔《围炉诗话》卷二)④而为生民立言之时，老杜又能对他人内心体察细微。《又呈吴郎》诗曰：

> 堂前扑枣任西邻，无食无儿一妇人。
>
> 不为困穷宁有此，只缘恐惧转须亲。
>
> 即防远客虽多事，便插疏篱却任真。

---

① 瞿蜕园、朱金城校注《李白集校注》，第1515页。

② 朱熹《四书章句集注》，第32页。

③ 朱熹《四书章句集注》，第34页。

④ 郭绍虞编选、富寿荪校点《清诗话续编》，第521页。

> 已诉征求贫到骨，正思戎马泪盈巾。①

杜甫居夔州时，堂前有枣树，西邻老妇常来打枣充饥。后诗人离夔，草堂转由吴郎居住，吴郎为防他人打枣，乃在树边围篱。杜甫知后，以此诗劝解吴郎，西邻老妇为穷困所逼，不得已打邻家之枣以果腹，其内心已是不安，当此之时，应该表现出更大的热情以消解老妇内心的惶恐。昔日我在之时，老妇已向我哭诉正是官方征求无度造成了她的彻骨贫寒，并言处此兵荒马乱之世，不知生活安定将待何时，说此之时，老妇泪水沾衣。对此老妇，吴郎枣树围篱又哪里应该？诗人关心弱者，且能处对方之境，为其设想，绝不以"嗟，来食"的态度对待弱者。此种情怀旁及鱼、兽、禽、鸟，老杜诗歌世界遂一片温暖、通透：

> 南岳自兹近，湘流东逝深。
> 和风引桂楫，春日涨云岑。
> 回首过津口，而多枫树林。
> 白鱼困密网，黄鸟喧嘉音。
> 物微限通塞，恻隐仁者心。
> 瓮余不尽酒，膝有无声琴。
> 圣贤两寂寞，眇眇独开襟。

> 杜甫《过津口》②

杜甫此诗与孟子学说深相符契。诗人于春明景和之日过津口，两岸枫林茂密，黄鸟在欢快歌唱，而白鱼却陷入密网之中，诗人由此感悟，物有通塞，生命不能相互感通，而人生世间，应本"恻隐之心"并推而广之。诗人的生命在此时刻与圣贤与鱼、鸟感通无碍。万物与人同为一"气"流行变态而成，人与物之间的相互感通，同样真挚：

---

① 仇兆鳌注《杜诗详注》卷二〇，第1762页。
② 仇兆鳌注《杜诗详注》卷二二，第1963—1964页。

门外鸬鹚去不来，沙头忽见眼相猜。

自今已后知人意，一日须来一百回。

杜甫《三绝句》其二①

鸬鹚是诗人的朋友，"山鸟山花吾友于"，山鸟与山花也是诗人的朋友，诗人以"恻隐之心"为发端，营造了充满温情的生活世界。诗人以自己的生命体验，将民胞物与的情怀践履于社会与自然之中，在将盛唐诗人之"情真"推向顶峰的同时，也以孤明先发的姿态沾溉其身后儒者颇多。

结　语

盛唐诗歌"气"盛、"情"真，而又"兴象超远"，以"自然意象"抒气传情，是盛唐诗歌的根本艺术法则。在自然中，诗人汲取生机、获取力量、复苏心灵、安顿生命，并以灵心妙手采"自然意象"入诗，成就了盛唐诗歌的"既多兴象，复备风骨"的整体风貌。盛唐诗歌是诸种因素合力的结果，其中与儒学面对社会问题所作之积极调整有着非常重要的关联，随着盛唐最后一位重要诗人杜甫的离去，盛唐诗歌落下大幕。唐代帝国的政治、文化与社会局势的整体面貌已生巨变，新一代的士人面临着全新的时代使命，儒学的调整也在悄然进行，由此而来，唐代诗歌的发展又进入一个新的历史时期。中国诗学的"感物"传统，在佛教的侵蚀与中唐巨变中，儒学自我调整的双向压力之下，终于再难维持其在中古时期的影响而逐步衰落。中国诗学比德连类与物先感随的"心—物"关系，亦将面临被新的关系结构所取代的命运。

---

① 钱谦益《钱注杜诗》卷一二，第406页。

第五节　制度变迁的文本印迹：
开元、天宝墓志文中的"孝"之书写

　　陈寅恪先生在《唐代政治史述论稿》中以安史乱后，李唐"虽号称一朝，实成为二国"①，玄宗朝则是前后期的重要分界，而进士科的崇重与府兵制的破坏乃是时局变迁的关键。虽然在中古政治史研究中，对于"阶层升降"的关注更易被理解为陈寅恪先生的治史特色②，但"制度"考察无疑是支撑其历史判断的基础视角。府兵制与科举制有着同样的将地方势力中央化的政治意图③，乃是王朝调整国家与地方关系的制度设计，阶层升降遂为制度运作的社会结果。在制度变革较为剧烈的历史时期，政治话语以及参与者的自我设定与认同均会产生相应的变化，并使得文本书写与行动展演表现出明显的制度性的特点。而"墓志"作为一种特殊的类型化文本，则可展示制度运作过程的某些历史面向。作为一种书写方式，墓志为"逝者"追溯谱系、回顾生平，具有"盖棺论定"的性质。虽然在墓志文的

---

① 陈寅恪《唐代政治史述论稿》，第19页。
② 参见仇鹿鸣《事件、过程与政治文化——近年来中古政治史研究的评述与思考》，《学术月刊》2019年第10期，第160—171页。
③ 实施府兵制度的关中集团，原本即结合政治力与社会化势力，用意是使得地方力量走向中央化，隋唐承袭传统，中央化更形明显，中军统率十二军、十二卫，这是中央集权的具体表现，然而，自隋统一中国以后，对全国（关中、山东、南方）人物最具影响的政策，厥为废九品中正，将官吏任用权（包括州郡长吏）皆集中在吏部。参见毛汉光《中国中古社会史论》，第104页。

书写中，谱系与事件及声誉诸元素的部分失实，乃是此种文体内在的特性，但此种"真伪交织"与书写的模式化，却使得墓志成为观察一个历史时期特定群体自我预期的重要文本①。个体文本上的"失实"，自然是出于书写者的主动选择，但其模式化，则确保了此种墓志中的"人生"作为一种集体"信仰"的"制度性角色"②。制度是较为稳定和可重复的行动与思考模式，但其效应与影响，却依赖于"运作"与"过程"，乃是"规范"与"人事"折中的结果③。故而，自"制度性文本"的视角考察墓志，既可以在不同时期墓志书写的模式变迁中认知制度与社会生活的变动，亦可在具体的文本中感受"规范"与"人事"间的合作、对抗与妥协，进而能够更为有效地理解制度及其

①"自永嘉已来二百余年，建国称王者十有六君，吾皆游其都邑，目见其事。国灭之后，观其史书，皆非实录。莫不推过于人，引善自向……'生时中庸之人耳，及其死也，碑志墓志，莫不穷天地之大德，尽生民之能事，为君共尧舜连衡，为臣与伊皋等迹。牧民之官，浮虎慕其清尘；执法之吏，埋轮谢其梗直。所谓生为盗跖，死为夷齐，妄言伤正，华辞损实。'"（杨衒之撰、周祖谟校释《洛阳伽蓝记校释》卷二，中华书局，2010年，第65—66页）

②"'制度'是人们长期稳定和可重复的行动与思考模式——无论这些模式的形成是来自外部权威的强制、还是主动的信仰，或是内心无意识的自觉遵守。按照社会学与政治学的一般认识，我们将制度分为三类。第一类制度是被国家或社会权威力量支持的规制性体系。包括如正式或非正式的法规、通用的话语结构、政府或社会的组织结构等。第二类是规范性因素，包括如常规行为、价值、社会或政治规范等。第三类则是人们已经习以为常的文化认知体系，包括话语符号系统、思维模式或道德标准等。"（罗祎楠《中国国家治理"内生性演化"的学理探索——以宋元明历史为例》，《中国社会科学》2019年第1期，第126—127页）

③邓小南《走向"活"的制度史：以宋代官僚政治制度史研究为例的点滴思考》，《朗润学史丛稿》，中华书局，2010年，第497—505页。

影响下的时代生活①。

一　士人"孝誉"与"乡间"的疏离

"孝"在儒家的言说脉络中,既关于"汝心安否"的个体情感的满足,同时也是与晨昏定省、三年之丧相关的公共规范,故而有着公共性与个人性的双重指向②。这意味着孝不仅发生于家庭内部,同时也处于社会公共舆论与法规体系的规约之下。"孝"也因此具有较高的形式化与展演性的特点。而在墓志,此一关涉志主生平颇具评价性质的文字中,公共舆论的认可是德行与事功的有效佐证。"孝"所发生于其中的社会空间、人际网络及其相应的展现方式,也因此会在墓志的书写中留下极为明显的痕迹。

在个体行为展演的诸社会空间与人际网络中,家庭及其所在的地方通常会成为基本元素。《唐代墓志汇编》编号永徽〇八八的《大唐故处士何君墓志》言曰:"君自幼及长,资仁履孝,乡间表其素德,朋友归其忠恕。"③此方墓志中出现的"乡间"一词,在《唐代墓志汇编》及《唐代墓志汇编续集》所收录的约5164方墓志中,除贞观〇二九《故河阴县主簿南阳张君墓志》"敷信义于州里"外④,最为早

---

① 关于中古墓志的研究,可参见陆扬《从墓志的史料分析走向墓志的史学分析——以〈新出魏晋南北朝墓志疏证〉为中心》(《中华文史论丛》2006年第4期,第95—127页)、仇鹿鸣《十余年来中古墓志整理与刊布情况述评》(《唐宋历史评论》2018年第3辑,第3—25页)。中国语言文学领域的研究则重在关注文学体式及语词语义的考察,如徐海容《唐代碑志文研究》(中华书局,2018年)、姚美玲《唐代墓志词汇研究》(华东师范大学出版社,2008年)。
② 参见朱承《"孝"是公共规范还是个人美德》,《道德与文明》2019年第6期,第43—50页。
③ 周绍良编《唐代墓志汇编》,第188页。
④ 周绍良编《唐代墓志汇编》,第28页。

见。但由于墓主的处士身份,其活动空间主要以乡间社会为主,似乎并不具备作为分析样本的价值。然而,若以《唐代墓志汇编》及《续集》为例,则"乡间""州里"类语词,主要见于高宗武则天时期,其后则有明显的衰减趋势,此种文本语词的变化因此具有相应的历史意义。在高宗武则天时期的诸方墓志中,"乡间"虽亦用之于有仕宦经历者,但主要与"处士"高度关联,其使用情况,列表如下:

出处	篇名	纪年	录文	身份
《唐代墓志汇编》(永徽一一七,第207页)	《唐故处士金君墓志铭并序》	永徽	少而冲寂,故乡党称其有人,宗族许之无二。	处士
《唐代墓志汇编》(显庆一五〇,第324页)	《大唐魏君志铭》	显庆	孝友于闺闱,悌顺于乡间。	布衣
《唐代墓志汇编》(显庆一五一,第325页)	《大唐高君墓志铭并序》	显庆	德行被于州间,信义传于亲友。	布衣
《唐代墓志汇编》(显庆一五三,第325页)	佚名	显庆	四行遍于乡间,七德传于州邑。	布衣
《唐代墓志汇编》(麟德〇六九,第440页)	《大唐故张府君墓志铭并序》	麟德	于是逍遥风月,放旷琴樽,准的后昆,轨仪雅俗。乡间仰其风则,远近挹其徽猷。	布衣
《唐代墓志汇编》(乾封〇三二,第463页)	《唐故处士张君墓志铭并序》	乾封	令誉播于朝野,嘉声溢于乡间。	处士
《唐代墓志汇编》(乾封〇五二,第477页)	《大唐故谢君墓志铭并序》	乾封	僚执敬其信,乡党伫其仁。	布衣
《唐代墓志汇编》(咸亨〇一五,第519页)	《唐故曹州离狐县丞盖府君墓志铭》	咸亨	州僚县宰,吊祭成行,乡里以为哀荣,咸增悲仰。	县丞

出处	篇名	纪年	录文	身份
《唐代墓志汇编》（咸亨〇七九，第567页）	佚名	咸亨	雅量洞开，乡间望为规矩。	布衣
《唐代墓志汇编续集》（咸亨〇二二，第200页）①	佚名	咸亨	君无讳字海生，高昌人也。内怀忠孝，喻及乡小；外布淳和，名流郡邑。	布衣
《唐代墓志汇编》（仪凤〇二八，第643页）	《唐故王君墓志铭并序》	仪凤	言行著于乡邻，名实传于远近。	上仪同陪戎副尉，长居于乡
《唐代墓志汇编续编》（仪凤〇一二，第236页）	《唐故处士王君墓志铭并序》	仪凤	乡党号曰神童，闾族称其曾子。	处士
《唐代墓志汇编》（垂拱〇〇八，第733页）	《大唐故处士河东柳君墓志铭》	垂拱	乡里归其德，僚友称其悌。	处士
《唐代墓志汇编》（万岁登封〇〇三，第885页）	《大周左监门长上弘农杨君墓志铭并序》	万岁登封	乡党称其仁，侪类钦其义。	左监门卫长上
《唐代墓志汇编》（景龙〇三五，第1106页）	《唐南阳居士韩君墓志铭并序》	景龙	宗族称孝焉，乡党称悌焉。	居士

　　在以上诸方墓志中，有乡间称誉者，虽亦偶见基层官僚，但多为布衣、处士。于此，已可见出，"乡里"之誉与官僚特别是中央化的中高层官僚群体的疏离。虽然，《汇编》及《续集》所收录的墓志截止于1996年，其后更有大量的唐代墓志被整理出版，但其绝对数量及墓志出土的随机性，却可保证以上样本选取的有效性。及入玄宗时

① 周绍良、赵超主编《唐代墓志汇编续集》，上海古籍出版社，2001年。

期，开元二十九年间共有四例（其中一例存疑）。《大唐故特进中书令博陵郡王赠幽州刺史崔公墓志铭并序》（开元〇二六）："是故州党称其孝也，兄弟称其仁也，子孙称其慈也，朋友称其信也，父子称其廉也，邦国称其忠也。"[1]《唐故左武卫中郎将军石府君墓志铭并序》（开元一九三）："故得乡党称悌焉，朋友称义焉。"[2]《唐故太中大夫使持节泗州诸军事泗州刺史琅耶王公墓志铭并序》（开元二九二）："故乡党称其孝也，僚友称其悌也。"[3]《大唐故彭州唐兴府左果毅上柱国程府君墓志铭并序》（开元五一一）："朋友许□，乡党称仁。"[4]相较于高宗武则天时期六十年共十五度的出现频次，开元时期"乡间"的使用，主要用于中高层官僚，其中原因虽然遽难断定，但其出现频次无疑有了明显的弱化。而至天宝时期，则未见一例。"乡间"在士人典型形象制作中的影响，业已极度边缘化。

　　"乡间"类语词在墓志中，指代志主所属地域社会的地方舆论。自东汉始，地方舆论在士人入仕中作用显著，并一度体现出与官方政治导向的高度合拍[5]。中央试图有效治理地方，对于地方舆论的重视与引导，即成为一种务实的路径选择。但地方舆论在东汉后期逐渐为名士所操控，由道德评议转向政治议论，与中央王廷的政治意图形成对抗之势。故而，东汉以后，制定有效引导地方舆论的制度路径，即成为中央与地方互动的核心问题之一，九品中正制遂应运而生。《晋书·卫瓘传》曰："魏氏承颠覆之运，起丧乱之后，人士流移，考详无地，故立九品之制，粗且为一时选用之本耳。其始造也，乡邑清议，不拘爵位，褒贬所加，足为劝励，犹有乡论余风。中

---

① 周绍良编《唐代墓志汇编》，第1169页。

② 周绍良编《唐代墓志汇编》，第1291页。

③ 周绍良编《唐代墓志汇编》，第1357页。

④ 周绍良编《唐代墓志汇编》，第1506页。

⑤ 参见卜宪群《乡论与秩序：先秦至汉魏乡里舆论与国家关系的历史考察》，《中国社会科学》2018年第12期，第176—198页。

间渐染,遂计资定品,使天下观望,唯以居位为贵。"①九品中正制本为曹魏整顿社会秩序的产物,其认可乡论的影响,但又不同于乡论。作为一种人才选用制度,九品中正制既有较为清晰的人物品评标准,同时亦强调人物的出身资历,故可视为中央集权与地方世家大族相互妥协的产物。九品中正制在其运行的历史过程中,"尊世胄,卑寒士"②,强化了士族特权,降低了社会阶层间的流动性。由于魏晋南北朝时期世家大族以乡里为其根基,"乡里"遂成为士人入仕具有制度影响的特定空间③,但魏晋以来士人多兼带官品与乡品以标明身份的现象,亦表明中央王廷试图通过制度手段控制地方社会的政治运作一直未曾中止。自杨隋再统南北,废九品中正制,将官吏任用权(包括州郡长吏)收归吏部,"乡里"在士人仕宦中已不再充当不可或缺的制度角色。《隋书》卷二八《百官志》下曰:"(开皇)三年四月⋯⋯旧周、齐州郡县职,自州都、郡县正已下,皆州郡将县令至而调用,理时事。至是不知时事,直谓之乡官。别置品官,皆吏部除授,每岁考殿最。"④《通典·选举二》论及此开皇新制曰:"自是,海内一命以上之官,州郡无复辟署矣。"⑤及炀帝推行科举,双重制度变革的压力之下,理论上"乡里"于士人的入仕与仕途迁转已无制度性影响。士人及其家庭在历史变局中,不得不以地理空间的移动,寻求新的制度认可及建立与此制度相适应的关系网络。

　　南朝沈约曾论及汉代士人入仕曰:"顷自汉代,本无士庶之别,

---

①《晋书》卷三六,第1058页。

②《新唐书》卷一九九,第5677页。

③"在古代国家型态里,与'国(朝廷)'直接互动的对象不是个别的士人,也不是士人所属的私家,而是士人所从出的'乡里';士人起家入仕的完整意义是指士人作为乡里推举的人才,进入帝国范畴下由各乡里(郡国)共同构筑而成的政治世界(即'国')。"(王德权《为士之道:中唐士人的自省之风》,第5—6页)

④《隋书》卷二八,第792页。

⑤《通典》卷一四,第342页。

自非仕宦,不至京师,罢公卿牧守,并还乡里,小人瞻仰,以成风俗。
且黉校棋布,传经授业,学优而仕,始自乡邑,本于小吏干佐,方至文
学功曹,积以岁月,乃得察举。人才秀异,始为公府所辟,迁为牧守,
入作台司。汉之得人,于斯为盛。"[1]在重视乡论,行察举征辟的选
士制度之下,士人在入仕王廷之前,有长期生活及任职于地方的经
历,并于致仕后重归乡里,从而形成了王廷—乡里—士人之间的良
性互动。在此过程中,由于士人入仕须取得乡论的认可,故而重视
在乡里空间中德行的展演,即成为士人成士的必然选择。士人德行
的示范效应,对于乡里的良序生活亦有不可替代的作用。但杨隋以
来的制度变革,却导致了士人成士与乡里社会的分离。此种变化,
不但会带来士风的失坠,也将形成基层社会治理的新的难题。李唐
自高宗时期即引发舆论,垂拱中,纳言魏玄同上疏言曰:

> 夫委任责成,君之体也。所委者众,所用者精,故能得济
> 济之多士,盛芃芃之械朴。裴子野有言曰:"官人之难,先王言
> 之尚矣。居家观其孝友,乡党取其诚信。出入观其志义,忧难
> 取其知谋。烦之以事,以观其能;临之以义,以察其度。始于学
> 校,抡于州里,告诸六事,而后贡之于王庭。其在汉家,尚犹然
> 矣。州郡积其功能,而为五府所辟;五府举其掾属,而升于朝
> 廷。三公得参除署尚书,奏之天子。一人之身,所关者众,一贤
> 之进,其课也详。故能官得其人,鲜有败事。晋魏反是,所失宏
> 多。"子野所论,盖区区之宋耳,犹谓下胜其弊,而况于当今乎!
> 今不待州县之举,直取于书判,恐非先德行而后言语之意也。[2]

魏玄同以当今选士任官之法,虽权归吏部,但难以有效考察士人之
德行与能力,而士人萃处京师,奔竞仕途亦必然导致士风窳败。以

---

①《通典》卷一六,第388页。
②《唐会要》卷七四,第1336—1337页。

上议论,在此时期并非异响别调,但在中央—地方格局变迁的历史趋势之下,难以赢得皇权的认可①。高宗武则天时期墓志中,出现"乡间"类语词的志主身份主要为处士,既是因为未曾出仕的志主主要生活的空间依然是"乡里",也同时表明,在士人成士(入仕)的过程中,"乡里"的认可已不再是必备因素,士人甚至必须脱离乡里身份方能得到入仕的资格。虽然在官员身份的墓志中同样有"乡间称之"的表述存在,但有限的数量,可能只是在选士任官引发舆论关注后的文本痕迹。开元二十九年所出现的四例已无在乡的处士而全为官员,但自志主生平经历及墓志上下文的写法而言,更多只是出于行文的语义与节奏均衡的技法考量。至天宝时,"乡间"类语词则未得一见,其原因应是社会诸阶层已完成对制度的适应过程,南北士族向两京的迁徙过程,也大体完成于此一时期。《新唐书·艺文志》言及殷璠所编《丹杨集》曰:"(包)融与储光羲皆延陵人;曲阿有余杭尉丁仙芝、缑氏主簿蔡隐丘、监察御史蔡希周、渭南尉蔡希寂、处士张彦雄、张潮、校书郎张晕、吏部常选周瑀、长洲尉谈戭,句容有忠王府仓曹参军殷遥、硖石主簿樊光、横阳主簿沈如筠,江宁有右拾遗孙处玄、处士徐延寿,丹徒有江都主簿马挺、武进尉申堂构,十八人皆有诗名。殷璠汇次其诗,为《丹杨集》者。"②殷璠《丹阳集》编次于开元末年,"止录吴人",所录诸人也大多活跃于吴地,但至天宝年间,以上诸人大多长期定居甚至营葬于两京地区。盘桓乡里者,后世多湮没无闻。此一点,也说明开元、天宝之际是江南士族迁徙两京的节点时段,而迁徙两京则是维持家族影响的重要选择③。北方士族向两京的迁徙也主要发生于开元年间,并同样是适应制度变化

① 参见王德权《为士之道:中唐士人的自省风气》,第69—108页。
② 《新唐书》卷六〇,第1609—1610页。
③ 参见周鼎《家族、地域与信仰:〈唐润州仁静观魏法师碑〉所见唐初江南社会》,
   《史林》2019年第1期,第38—46页。

的主动选择①。向两京的迁徙,也由之使得家族葬地发生变化。"自天宝以还,山东士人皆改葬两京,利于便近。"②山东士人皆改葬两京,乃是制度变革之下所形成的新的时代风习。士人奔竞仕途依然是此时期制度影响下的士人群像,只是玄宗时期较为安定富足的社会生活一度延缓了危机的到来,指向中央—地方关系的反思风气的卷土重来,已是安史之乱之后③。

二　"孝养"模式的变化

政治制度对于个体或集体行动以及其利益与偏好会产生相应的约束与引导,并通过对社会竞争性集团权力关系的构造,形塑个体或集体行动模式④。选士任官制度的冲击之下,无论是入仕前的求官而游,还是任官后的因宦而游,唐代士人通常自青年时期始即处于不断的空间位移之中,其与乡里及家庭间实际的空间距离,均意味着传统的生活方式必须面临转变的内在要求⑤。

《大唐故右金吾将军魏公墓志铭并序》(开元二四一)追述志主魏靖生平曰:

> 公讳靖,字昭绪,巨鹿曲阳人……公即仓曹府君之少子也。

---

① 毛汉光以十姓为例分析士族的中央化过程,其中多为北方大族,其结论如下:"绝大多数著房著支在安史乱前完成'新贯',安史之乱或许对未完成新贯的房支有催促作用,但最大的迁徙风潮却发生在高宗武后及玄宗期间。"据毛汉光先生的统计,数据如下:高宗时九个、武后时四个、中宗时一个、睿宗时一个、玄宗时二十二个。参见毛汉光《中国中古社会史论》,第332页。
② 朱金城笺校《白居易集笺校》,第3749页。
③ 《全唐文》卷三六八,第3735页。
④ 参见马雪松《政治世界的制度逻辑》,光明日报出版社,2013年,第88—89页。
⑤ 唐代士人的因宦而游,参见胡云薇《千里宦游成底事,每年风景是他乡——试论唐代的宦游与家庭》,《台大历史学报》第41期,2008年6月,第65—107页。

> 含元精之和,立殊俗之操,性与忠孝,天资礼乐。行成于中,退
> 有克家之誉;道应于外,进为观国之光。弱冠应制举,授成武
> 尉,转郑县尉、大理评事、监察御史、殿中侍御史,出为鄠县令,
> 又贬为温州岳城主簿,符离县令,幽、冀、郴、蕲、鄞五州司马,
> 濮、原二州长史,库部郎中,万年县令,庆、沁、易、泾四州刺史,
> 灵、庆、秦三州都督,入为右金吾将军。以开元十四年……终于
> 邠州□定驿。①

魏靖自弱冠之年便进入仕途,在漫长的仕宦生涯中,足迹遍布南北,官职亦自基层而至高层,并最终以六十八岁的高龄病逝于官驿。无论是其通过制举取得入仕资格,还是仕途中的迁谪流转,与"乡里"社会之间均难产生高度关联。虽然魏靖成功的仕宦生涯不能为多数士人所复制,但与乡里的分离以及与家庭一定的疏离却是大多士人共有的生命经验。故而,伴随着"乡闾"的影响暗淡,孝养将必然展现出与社会变化相适应的调整。《通典》卷六十八载《天子诸侯大夫士之子事亲仪》曰:

> 凡为人子之礼,冬温而夏清,昏定而晨省,出必告,反必
> 面。所游必有常,所习必有业。恒言不称老。居不主奥,坐不
> 中席,行不中道,立不中门。听于无声,视于无形。不登高,不
> 临深,不苟訾,不苟笑,不服阇,不登危,惧辱亲也。父命呼,唯
> 而不诺,手执业则投之,食在口则吐之,走而不趋。亲老,出不
> 易方,复不过时。不有私财。为人子者,父母存,冠衣不纯素;
> 孤子当室,冠衣不纯采。父母有疾,冠者不栉,行不翔,言不惰,
> 琴瑟不御,食肉不至变味,饮酒不至变貌,笑不至矧,怒不至詈。
> 疾止复故。故州闾乡党称其孝,兄弟亲戚称其慈,僚友称其弟,

① 周绍良编《唐代墓志汇编》,第1323页。

　　　　执友称其仁,交游称其信,此孝子之行也。[①]

　　为人子者的事亲之仪,本有着明确的外在形式与内在德性的双重要求。但此种孝行却必须以父子共居为前提并以乡里社会作为人际网络的主要构成。在士族以乡里为权力根基的历史时期内,晨昏定省以侍亲并追求乡里之誉,乃是士人入仕、参与中央王朝官僚政治的前提,故易于遵行且因制度导向而产生六朝以服丧过礼为尚的社会风习[②]。此种风习在唐代依然得到了一定程度的延续,甚而在特定思想观念的影响之下,具有时间节点意义的开元时期,"诚孝动天"在墓志中有着极高的出现频次。

　　《大唐故苏州常熟县令孝子太原郭府君墓志铭并序》(开元九年)曰:"幽素府君有三子,其季曰我公。俱仁孝绝伦,感通天地。太夫人有疾,思羊肉,时禁屠宰,犯者加刑,日号泣于旻天而不知所出。忽有慈乌衔肉置之阶上,故得以馨洁其膳。犹疑其傥然。他时忆菴罗果,属髯发之辰,有类求芙蓉于木末,不可得也。兄弟仰天而叹,庭树为之犯雪霜华而实矣。"[③]诚孝动天,故有异象,在永徽而后开元之前的墓志中零星出现,但开元时期则形成一个类型书写的高峰:

出处	篇名	纪年	录文
《唐代墓志汇编》(开元〇二六,第1169页)	《大唐故特进中书令博陵郡王赠幽州刺史崔公墓志铭并序》	开元三年	所居有胡汉两燕,更巢乳哺,又两犬递相乳养,甘露降于庭树。

---

① 《通典》卷六八,第1887—1888页。
② 郑雅如《亲恩难报:唐代士人的孝道实践及其体制化》,第79—80页。
③ 周绍良编《唐代墓志汇编》开元一三六,第1251页。

出处	篇名	纪年	录文
《唐代墓志汇编》（开元一五九，第1266页）	《唐故中书令赠荆州大都督清河崔府君妻齐国太夫人杜氏墓志铭并序》	开元六年	尝有白雀灵龟止于座侧，当时共加异焉，以为孝感所致。
《唐代墓志汇编》（开元一七四，第1277页）	《大唐故银青光禄大夫守工部尚书赠荆州大都督清河郡开国公上柱国崔公墓志铭并序》	开元十一年	丁内忧去职，水浆不入于口者七日，泣血三年，未尝见齿。又有白鼠驯于庐侧，冬笋抽于庭际，人咸以为孝感所致。
《唐代墓志汇编》（开元一七六，第1279页）	《大唐故王府君夫人故赞皇郡太君赵郡李氏墓志铭并序》	开元十一年	居未几，而县东南忽涌一泉，溜吐金沙，波含玉液。太夫人洗心调膳，常汲而取斯，时议所嘉，金以为王君孝感之所致也。
《唐代墓志汇编》（开元二二二，第1310页）	《唐故太子舍人敬府君墓志铭并序》	开元十一年	无何，丁太夫人艰，□公秉孝自天，周服逾制，君子忧之以灭性，朋友谕之以死孝，□门有丛竹而冬笋合干，时人以为公之孝感□所致也。
《唐代墓志汇编》（开元三四七，第1396页）	《大唐故右领军卫将军上柱国新城县开国伯薛府君墓志文并序》	开元二十年	府君秉淳粹之淑姿，含灵和之休气……冬夏扇枕之仪，晨昏盥漱之敬，既抽邻笋，复致丁藤。
《唐代墓志汇编》（开元三六六，第1410页）	《大唐故苑西面副监孝子房公墓志铭并序》	开元二十年	青萱绿篠，凌霜雪而抽萌；狡兔野麏，入邱垄而狎义。
《唐代墓志汇编》（开元五二三，第1516页）	《大唐故朝议郎行尚书祠部员外郎裴君墓志铭并序》	开元二十八年	孝感之至，以发皇□，报应之期，有如影响。

　　除却以上与行孝相关的用例,开元三一四方(开元十八年)用"合冰济渡"的神迹,同样为天人感应的影响提供了文本佐证①。而天宝时期则仅有一例,且推敲其文义,则更近于修辞技法的使用,而非事实之实录。其词曰:"侍奉慈母,时不暇仰。于是坚冰鱼来,寒园笋植。"②因为没有具体的事例以为支撑,此处孝感的表述像是随手捡拾而来的知识模块,也由之缺少取信于人的效果,故而不足以视为表征此时期观念共识的有效文本。因此,孝感类的书写,以玄宗朝而言,基本可视为以二十年为节点的一种书写风习。与此现象相应的,是在对志主德性的书写中颇为强调其德性天生,钟灵秀气的特异之处。故如"生而歧嶷"③"幼而柔嘉"④"丕承庆灵"⑤"秉淳粹之淑姿,含灵和之休气"⑥"禀愿五行,资和□气"⑦等类表述极为流行。德性天成,不学而能,可以视为因天人感应影响所致,但其语义的另一指向则是对德性的重视以及对孝行后天培养的忽视。

　　天人感应而有吉凶休咎之变在两汉以来的政治生活中,本即为极有影响的公共知识,但反思质疑之音亦不绝于书。唐初时,"天行有常"的观念在五经注疏中已有清晰表达,天命与人事之间关系

---

①周绍良编《唐代墓志汇编》,第1374页。

②周绍良编《唐代墓志汇编》天宝一五七《唐郫郡故高君墓志铭并序》,第1641页。

③周绍良编《唐代墓志汇编》开元〇一〇《唐故朝议大夫给事中上柱国戴府君墓志铭并序》,第1157页。

④周绍良编《唐代墓志汇编》开元〇一七《大唐故通直郎守武荣州南安县令王府君墓志铭并序》,第1162页。

⑤周绍良编《唐代墓志汇编》开元一七四《大唐故银青光禄大夫守工部尚书赠荆州大都督清河郡开国公上柱国崔公墓志铭并序》,第1277页。

⑥周绍良编《唐代墓志汇编》开元三四七《大唐故右领军卫将军上柱国新城县开国伯薛府君墓志文并序》,第1396页。

⑦周绍良编《唐代墓志汇编》开元五一一《大唐故彭州唐兴府左果毅上柱国程府君墓志文并序》,第1506页。

业已呈现出颇为注重人事的认知取向①。武则天后期至开元中所出现的较为集中的孝感书写，是"天人感应"在政治生活中再度活跃的表征。姚崇与张说、张九龄之间政治观念的分歧，即存有在天人关系理解上的差异②。此时期所出现的各类政治谶言、星象、祥瑞与灾变，均是天人感应政治影响的彰显。毕竟对于应对复杂政局的政治言论而言，依然甚有影响的"天人感应"，无疑更易于进行景观制作，亦更有资格成为政治言说更为便宜的话语资源，且较为容易赢得底层民众的认可。但"孝感动天"在开元时期的文本呈现，终究只是一时之现象。对于需要在官僚体系中寻得身份认同与维持家族影响力的李唐士人而言，孝感动天所依赖的过度的形式展演，因为选士任官制度的约束已难以实现。《唐故绛州司户参军慕容君墓志》（咸亨〇七七）曰："司马公时为卫州长史，君以久隔晨昏，深思定省，隆暑之月，驾言遄迈，冒兹炎郁，遂积疲痫，登涉往来，斩加沉笃，勉力扶曳，归赴京都，居育之疾□瘳，负□之歌奄切。以总章元年八月十七日终于宣阳里，春秋卅有二。"③时为绛州司户参军的慕容知敬因盛暑探问异地任官的父亲，旅途艰难而罹疾以盛年而终。虽然慕容之事只为个案，但士人与父母家庭间的异地而居却为常态，这既增加了行孝的行动成本，也实际上使得经典中晨昏定省的行孝如仪已无可能。故而，当时至天宝，士人已逐步适应制度变化所带来的挑战，孝养的典范方式也大体确立。《大唐故少府监范阳县伯张公墓志铭并序》（天宝一一〇）曰："始公之伯曾祖华州刺史大师、营州都督俭、左卫大将军延师各以勋庸，荷斯宠禄，朱荣齐列，时人荣之，京师所谓三戟张氏者也。公与元昆左威卫将军去疑、次兄右卫将军去惑、弟太仆卿去逸、驸马都尉去盈，咸能克己励行，嗣徽前烈，忠

---

①孔颖达《春秋左传正义》，第1242页。

②参见王德权《为士之道：中唐士人的自省之风》，第231—243页。

③周绍良编《唐代墓志汇编》，第566页。

孝开国，识金印之犹存；清白传家，知玉环之不坠。冠盖之里，以为美谈。”①无论是维持原有家声于不坠，还是尝试提升家族的社会地位，入仕为官已是不二之途。而官方有意通过制度与观念，诸如追赠、赗赙、立庙等措施，以推行以忠成孝的治理策略，也是士人群体行孝方式转变的有力助推。以忠成孝、以荣孝亲是更具操作性也更具彰显度的行孝方式，此种方式的流行也可见出儒家伦理对于制度环境的适应②。此外，宗教因素的影响，同样也是天宝时期孝感书写渐趋消亡不可忽视的原因之一。

《西山广化寺三藏无畏不空法师塔记》（开元四五五）记载开元时期佛教观念的变化曰：

> 自大教东流，诸僧间以神异助化，是皆功行成熟，契彻心源，自觉本智，现量发圣，绝非咒力幻术所致也。殆自东晋尸利密已降，宣译秘咒，要其大归，不过祀鬼神驱邪妄，为人禳灾释患而已。其间往往不□无假名比邱，自外国来，挟术惊愚，有所谓罗汉法者，正幺麿邪术下劣之技，亦犹道家雷公法之类也，兹岂高道巨德弘禅主教者齿哉！及开元中，西域金刚智、无畏、不空三大士，始传密教，以玄言德祥，开佑至尊，即其神功显效，几与造化之力均焉。故三大士虽宏密教，抑本智现量发圣与。③

善无畏、金刚智、不空为唐代密宗三大士，密宗主张身密、言密与意密，对于心性的理解，以如来清净藏为基础，近于禅宗④。在宫廷及民间则因其仪轨、秘咒而颇为流行，但于中国思想影响有限⑤。虽然此塔记对于密宗宗师的评述是否过为揄扬难以断定，然其对于佛

①周绍良编《唐代墓志汇编》，第1608—1609页。

②参见郑雅如《亲恩难报：唐代士人的孝道实践及其体制化》，第352页。

③周绍良编《唐代墓志汇编》，第1470—1471页。

④潘桂明《中国佛教思想史稿》，第524页。

⑤周一良《唐代密宗》，上海远东出版社，2012年，第7—8页。

教进入东土以来影响社会多以感应福报之说的描述则大体不谬，塔记对其予以抨击，以及"现量"所主张的"现成，一触即觉，不假思量计较"①，与儒家天人感应的认知方式及取譬连类的言说模式截然不同——时代的知识兴趣与认知方式或许已经展现出转向的态势。从当时流行的佛教典籍，亦可见出此种明显变化的存在。《续集》麟德〇〇九的一篇灰身塔记载曰："相州邺县万春乡绥德里住段王村刘才戡□才□父灰身塔　父讳□，字宝文。父存之日，敬造□像一帐，礼十万拜，造涅槃经，读一七遍；造法华经，读□九遍；造维摩经，读十四遍；造金刚般若经并论，读廿一遍。右并父自造。父□后，才戡等息，为父敬造楞伽、地治，各转二遍。今所造功德，具录如前。"②此灰身塔乃村民为亡父所立，于此可见其中所言及之佛教经典的流行程度。而经典义理也自然会在文本的流传中逐步扩大影响。《大唐故泗州刺史琅邪王妻河东裴郡君夫民墓志铭并序》（开元〇七八）："（夫民）诗书礼乐，无不明闲，手自缮写法华经，演钞金刚华严涅槃奥义，比廿余载，志求无上道，外荣华，去滋味，厌服锦绣，不茹薰辛，虽处居常修梵行，每禅家皆多法乐，说经论广劝童蒙，尝谓女于氏二娘嗣子涣：吾久依止福寂和上，彼岸者降伏其心，心是道场，如如不远，伏惟证密行矣，登正觉耶？"③夫民学佛，主张"降伏其心，心是道场"，乃以明心见性之内心的自证为第一要义，已属即心求佛求净土的如来清净禅。由于士族女性佛教信仰的流行及其在子女教育中的影响，佛教尤其是禅门教义会自然而然地渗入士人的知识图景之中，并由此影响儒家天人感应及取譬连类的知识传

----

① 王夫之《相宗络索》，《船山全书》第 13 册，岳麓书社，1996 年，第 536—537 页。
② 周绍良、赵超主编《唐代墓志汇编续集》，第 145 页。
③ 周绍良编《唐代墓志汇编》，第 1587 页。

统①。在此趋势之下，墓志文中孝感书写的难得一见，恰恰是在墓志这种极能体现儒家义理的文体中暗示了儒学即将面临的严峻挑战。

开元、天宝墓志书写上在"孝感"上的差异，是儒家思想在中央王朝与地方社会结构关系调整的制度语境中所做出的回应与适应。于此也可知皇权利用制度与舆论对于社会生活的改造。在制度的实践过程中，士人既改变着对于行孝标准形式的认可，也通过家族内部成员角色功能的分化以应对外部生活的巨变。而儒家的制度与观念同样生存于充满竞争的知识环境中，以佛教为代表的思想观念、仪式与行动，正以更具吸引力的思想与仪规影响着士人的知识构成。而女性在此过程中则扮演了重要的角色，由此也可知女性在新的历史时期在家庭中的影响。

三　士族女性的"孝养"模式

在选士与任官的制度压力之下，唐代的士人常常处于与家庭成员空间分离的状态之中，日常"孝养"乃至维系家庭关系的和睦、子女教育、经济收支诸问题，必然需要适当的承担者，唐代的士族女性也因此面临如何应对传统与变局的要求。唐代女性社会地位的确立，或许存有胡族遗风的影响，但政治制度以及唐代家庭形态的变

---

① "'感物说'于魏晋时代以降在诗学中出现，实在也是将'情'提升到近乎哲学的层次之上所当要发生的事。因为'感'对个人而言是感情，在宇宙的意义上却是'感应'。它是区别于西方传统的'从属性思维'之中国'关联性思维'的中心概念。由'感应'，事物之间不再以从属性的因果关系相联系：万物之存在，皆须依赖整个世界有机系统而成为其构成之部分。它们之间的相互作用，并非由于机械性的推动力或因果关系，而是出于一种神秘的共鸣。"（萧驰《佛法与诗境》，第242页）

化[①]应是更为根本的原因。由于墓志文体特点的限制,汉唐间的墓志在以称誉志主德行的取向上大体一致,但相近的叙事焦点,甚至相同的语词表达均可应时代的变化而产生不同理解的可能。

　　罗新、叶炜《新出魏晋南北朝墓志疏证》收录一方北齐《李祖牧妻宋灵媛墓志》,从中可以蠡测北朝女性墓志书写的基本模式。其辞曰:

> 　　夫人远禀庆灵,近钟世德,芬芳袭物,光彩映人。纵使朝霞暮雨,比方南国,莲灼苕华,弗能加美。兼以窥案图史,规模保傅,六行四德,不肃而成。织纴绮绘之巧,组纠𬘬络之妙,自擅婉娩之功,无愧葛覃之旨。卒能牢笼众嫒,仪范庶姜,秦晋匹也,钦我令淑。良人言求,宋子乃疲十驾,夫人爱适华庭,率登百两。及结缡成礼,齐眉展敬,闺壸之内,风教穆如。上下悌恭,中外彝序,共沐仁恩,俱仰慈则。房中牖下之莫,𬞟藻荇菜之虔,肃展清祠,祗奉赞裸。至于比兴鹦鹉,缘情芍药,皆能掩映左嫔,吞含蔡琰。故柔闲用显,贞顺克修,初为梁鸿之妻,终成文伯之母。[②]

宋灵媛墓志叙其容貌、德行以及文学之才,满纸琳琅,但少有具体事迹,更像是在确立一个女性立身行事的典范,而非一位女性四十余年个体人生的纪念文字。虽然假象过大、词肥义瘠乃是六朝乃至唐初碑志文字的通例[③],但书写的格套却恰恰可以证实女性在家庭生

---

① "在魏晋南北朝传统世家大族门阀制度下,或百室合户,或千丁共籍,大家族对于宗族属党的荫庇十分普遍。隋统一后,命令'大功以下,兼令析籍',目的就是要消解世家的势力。传统世家大族制度由于隋唐时期的打击逐渐走向解体。"(张国刚《唐代家庭与社会》,中华书局,2014年,第1页)

② 罗新、叶炜《新出魏晋南北朝墓志疏证》,中华书局,2005年,第216页。

③ 参见钱钟书《管锥编》,中华书局,1996年,第1527页。另可参见臧克和《"词肥义瘠"与"假象过大"——碑板文字语用考察之一》,《中国文字研究》第15辑,2011年,第101—110页。

活中"适恰"的角色定位与行为方式。"上下悌恭,中外彝序,共沐仁恩,俱仰慈则",衡以南北朝以来女性多妒,且家庭内部父母及非同出子女之间亦常有纷争的现实生活①,可能多为纸上之具文。而在墓志中未能出现的家庭成员以及与实际生活有意拉远距离的写法,反而会透露出家庭生活的真实样态。南北朝墓志中对于女性形象的制作,偏重于女性"孝、不妒、正色"②。此种书写传统,同样见于唐初时期的女性墓志文。《大唐校尉陈公故夫人刘氏墓志□铭》(贞观〇五七):"二九早笄,娉归陈氏,文禅班姬,德迈梁妇,终温且惠,淑慎其身,名全身正,受之父母,遵事□姑,以佐君子,靡□□失,贞顺之始也。非姑之制不服,非姑之礼不说,非姑之行不履,非姑之矩不则,非典不言,非法不动,口无诔言,身无误行,然后赞扬阴德以承宗祀,为母□□具焉,为妇之道毕矣。"③女性柔顺、敬从乃至曲从之德,是形象构成的主要元素,而妇容与文才只是连带而及的部分。此种写法,已疏远于《列女传》将女性能力及德性置于与男性相接近的标准之下予以考量的传统,而认同《女诫》对于"教顺""曲从"的女

① 颜之推撰、王利器集解《颜氏家训集解》卷一:"凡庸之性,后夫多宠前夫之孤,后妻必虐前妻之子;非唯妇人怀嫉妒之情,丈夫有沉惑之僻,亦事势使之然也。前夫之孤,不敢与我子争家,提携鞠养,积习生爱,故宠之;前妻之子,每居己生之上,宦学婚嫁,莫不为防焉,故虐之。异姓宠则父母被怨,继亲虐则兄弟为仇,家有此者,皆门户之祸也。"(第37页)另可参见郑雅如《情感与制度:魏晋时代的母子关系》,台大出版委员会,2001年,第126—139页。
② 俞士玲曾以魏晋时期史家对曹魏三皇后的不同书写为例,考察魏晋社会对女性的三种想象。由于墓志的文体限制,其对女性的书写集中于第一类,即"依据后妃之德和女德要素建构的女性,女德要素偏重于极端的孝、不妒、正色,其叙事具戏剧性,人物表演性强,但总能看到过去典范叙事的影子,因而缺乏人物个性和生命力,这类女性其实是依照男性理想而塑造的他者式女性。"(俞士玲《汉晋女德建构》,人民文学出版社,2018年,第116页)
③ 周绍良编《唐代墓志汇编》,第45页。

性标准像的设定①。在武德〇〇四、贞观〇四三、永徽〇五八等多方墓志中，均可见此种格套化的书写。此种写法在魏晋而后的女性书写中或许最具生命力，但在制度变化的挑战之下，唐代女性同样不得不面对新的角色设定的要求。

当男性宦游他乡，不能侍奉父母时，为妻者即面临着两难的选择。《唐缙云郡司马贾崇璋夫人陆氏墓志铭并序》曰："（夫人）常修梵行，六亲取则，尤能字人之孤，果合宜家之道。时贾公转乐平郡别驾，又除缙云郡司马。太夫人在堂，以为太行孟门，勾吴瓯越，天下至险，山乘舆，水乘舟，我不行矣，汝其往哉。无摧北上之轮，罢著东征之赋。夫人曰：'从政为忠臣，事姑为孝妇，能割随夫之贵，躬行孝养之礼，缙云之役，誓将仍旧。'太夫人曰：'此行令吾子独往，是益吾忧耳。'严命临户，垂泪首途。"②在转任缙云郡司马之前，贾崇璋已有多年任职他乡的经历。因母亲不能随行，留居侍养的责任一直由陆氏承担。另据墓志中"尤能字他人之孤"的表述，贾崇璋应与其他女性育有子女，而其养育的责任同样由陆氏承担。虽然侍奉父母与教育子女一直是女性的家庭责任，但制度变迁之下，女性家庭内部的压力必然随之抬升。在墓志中更为具体的描述，可以见出女性参与家庭生活的细节及其在日常生活中所感受的压力。陆氏所面对的两难抉择与其日常所扮演的角色，应是唐代士族女性生活的常态。《唐故中散大夫荥阳郡长史崔府君故夫人文水县君太原王氏墓志》（天宝二一六）曰：

> 始笄之岁，归我先府君。率修闲和，勤劳辅佐，夙夜恭俭，以成妇顺，樽节轨范，以正母仪。事姑以孝闻，主馈以义著，蓄无奸货，散必周急。若乃祭祀宾客之礼，举而门风行；邕睦仁让之教，敦而家事理。是以六姻称礼乐标首，九族为德义楷模。

---

① 俞士玲《汉晋女德建构》，第54—55页。
② 周绍良编《唐代墓志汇编》，第1671页。

当府君命为大夫，而夫人食邑文水，天书褒德，爰降紫泥，地理
开封，将分石□，一时荣观，百代美谈。夫人繁衍之庆，成人者
有七；出身入仕，训以忠为令德；辞家适人，戒以虔恭中馈。故
誉称骋骥，议美乘龙。虽孟母徙邻，大家垂训，未之逾也。君子
谓府君贤于外而夫人贤于内矣。[1]

王氏墓志由其子执笔，故笔下含情，对其母王氏嫁入崔家后的辛劳
能有较为切近的观察与理解。王氏事姑训子、和睦亲族、主理收支，
家内之事多得其力，其与丈夫"分贤内外"的称誉，可视为唐代士人
家庭生活的典范。墓志中言及成人者有七，以唐代儿童的一般死亡
率推知，其所养育的子女人数应不止此数。墓志亦未言及是否有非
自己出的子女，然据唐代士人婚姻状况的常情，则存在极大的可能。
墓志断断如此，以之为妇人之美德，而社会常态恐与此颇成对反。
北朝女性多妒[2]，唐代前期女性颇存嫉妒之风[3]，男性多有别宅藏
妇的现象。"【准】唐天宝六载五月二十四日敕节文，百官、百姓身亡
殁后，称是别宅异居男女及妻妾等，府县多有前件诉讼。身在纵不同
居，亦合收编本籍，既别居无籍，即明非子息。及加推案，皆有端由。
或其母先因奸私，或素是出妻弃妾，苟祈侥幸，利彼资财，遂使真伪难
分，官吏惑听。其百官、百姓身亡之后，称是在外别生男女及妻妾，先
不入户籍者，一切禁断。辄经府县陈诉，不须为理，仍量事科决，勒还
本居。"[4]男性在家庭之外与异性同居并育有子女，在唐代前期与士
大夫妻多妒乃一现象之两面。此问题进而引发中央王廷关注，并以
敕书形式予以裁断，足以证明墓志文中对女性形象的书写虽有可能

---

[1] 周绍良编《唐代墓志汇编》，第1682页。

[2]《北齐书》卷二八，第385页。

[3] 段成式《酉阳杂俎前集》卷八，《唐五代笔记小说大观》，上海古籍出版社，2000
年，第616页。

[4] 窦仪等《宋刑统》卷一二，中华书局，1984年，第197—198页。

出于个体真实,但更多的是传递社会的群体预期。大历以后女性妒忌之风衰减,与墓志文本中女性形象的制作应有较高的关联度。

在承担侍养双亲、训育子女的同时,因为唐代家庭处于魏晋世家大族向两宋宗族形态的过渡期,无论是共同抵御制度风险的压力,还是出于亲亲相助的血缘伦理,家族成员间的日常交往与援贫济困也是士族女性重要的家庭职责。《唐故中书令赠荆州大都督清河崔府君妻齐国太夫人杜氏墓志铭并序》(开元一五九):"夫人丕承庆灵,诞茂贞淑,天性纯至,宽正仁友……年十七,归于唐中书令、赠荆州大都督、清河崔知温。贞顺极妇道之美,慈训备母仪之德,博涉礼经,尤精释典。时六房同居,和睦上下,抚诸孤侄,有若己子。至于闺门礼法,吉凶仪制,内外远近,咸取则焉。"①对于唐代士人而言,同族与姻亲是重要的人脉资源,也是个人乃至家庭对抗风险、维持社会地位的有力助援。对于士族女性而言,协调不同情感与利益关系,以及有意识地培养家族子弟,乃是颇难回应的挑战。此外,宗庙与墓地也是凝聚家族认同的重要元素。士族女性不但需要明了吉凶仪制,胜任"主中馈"的主妇职责,还有可能需要归葬殁于异地或暂厝未葬的家族成员。《大唐故十学士太子中舍人上柱国河间县开国男赠率更令刘府君墓志》(开元三〇四):"及公枉殁南荒,夫人携幼度岭,行哭徒跣,扶榇还乡,寒暑四年,江山万里,一朝而止,谁不嗟伏。"②《大唐故泽王府户曹参军裴君墓志并序》(开元一二五):"夫人京兆杜氏,晋镇南将军当阳成侯预之十一代孙,皇朝汝州郏城县令立素之季女也……而良人早丁荼毒,兼丧友于,岁月不便,松楸未植,爰始弥留,深相托付。夫人罄竭资产,营求窀穸,四序未周,三坟咸举。吴逵之妇未足拟仪,皮京之妻岂能连类。道路伤叹,

---

① 周绍良编《唐代墓志汇编》,第1266页。

② 周绍良编《唐代墓志汇编》,第1366页。

亲朋嗟感。"①唐代士人归葬家族茔地的风习,与魏晋以来家族聚居
形态中所形成的传统相关,亦与侍死如生的孝养观念及对死后世界
的理解相关。但对处于转型期的士人家庭而言,南北漂泊中的家庭
成员若欲维系情感认同,归葬祖茔即成为应对成员离散适恰的选
择,甚至当一个家族的主要成员迫于生存压力已整体移居异地,亦
不忘归葬祖茔。《唐故右金吾卫仓曹参军郑府君墓志铭并叙》(残志
〇三一)②:

> 府君荣阳人,讳鲁字子隐……迨绛州、工部相继凋谢,府君
> 顾谓诸子曰:善自位者,然后为用。前日家声不泯,黳吾二仲,
> 而今而后,非我所及。度吾能者:奉先训,养诸孤,以谨家儁,
> 其殆庶乎? 谓京师艰食,终不能衣食婴幼,往岁工部佐戎于荆,
> 尝植不毛之田数百亩,芜废于兹亦一纪矣。府君乃喟然南来,
> 复垦于是,疏卑为溉,陪高而亩,及今三年,而岁入千斛。是岁
> 分命迻二嫂氏洎诸孤于二京。春三月,绛州夫人卢氏从四子至
> 自京师;秋八月,工部夫人卢氏至自洛阳。噫! 府君遇疾于七
> 月……是月十七日,终于江陵县之东郊别业,享年五十七。明
> 年廿一日,返葬于洛阳,并以十一月四日,窆于邙山之东麓,祔
> 先人之旧域,故夫人之故封焉。③

归葬家族墓地,通常是身处制度性流动而有极高可能逝于异地的士
人对于身后的安排。但若综合考量唐代的水陆交通及墓地营护与
入葬的诸项费用支出,归葬意味着家庭将面临沉重的经济压力与较

---

① 周绍良编《唐代墓志汇编》,第1241页。
② "郑鲁去世于其子之后,则墓志应撰于元和十五年之后,郑鲁去世时迁居荆州
　已有三四年,则其卒年或在元和十六年至十九年之间。"(张葳《唐中晚期北方
　士人主动移居江南现象探析——以唐代墓志材料为中心》,《史学月刊》2010
　年第9期,第44页)
③ 周绍良编《唐代墓志汇编》,第2558—2559页。

高的安全风险。无论是遵循惯例归葬家人,还是另有选择,实际主持家庭生活的士族女性通常都会面临着极大的压力。《唐故试太常寺奉礼郎赵郡李府君墓志文》(元和〇九四):"崔嫂以信乎巫神,不护灵旐,可为痛哉!敢志于石,用告幽壤。谨志。博陵不义不顺,不奔不护,明神有知,终不得祔。"①李绛在志文中指责不愿护椟归葬的崔氏,颇有刻石为记,留其骂名于千载的决绝。此种写法虽然只为墓志文之特例,但士族女性所面对的亲情与舆论的压力于此可见一斑。

　　和睦家庭、孝养姑舅、训导子女、归葬家人以及管理家庭事务,是唐代士族女性日常所要面临的生活重负。与此同时,因为选士任官的制度影响,士族女性又极可能会与丈夫分居两地,进而产生相应的夫妻情感问题。加之唐代士族男性晚婚现象较为普遍,与妻子之间多有一定的年龄差异,故女性寡居遂成为常态。在治生持家与情感归属的双重压力之下,佛教乃是女性纾解压力、安顿身心的一般选择。《大唐故汝州刺史李府君夫人邓国夫人韦氏墓志铭并序》(天宝一六六):"夫人讳小孩,京兆人也……府君早归才杰,累典藩郡,舆颂美其中和,国风资其内范。至于瀚濯斯保,织纴为事,躬理节制,动成威仪,左右罕窥其喜怒,宗亲益播其声绩。至于恤驭童仆,保和娣姒,寒燠适性,往来无虞,妇礼益贵于朝廷,里言不逾于闺阃,故中外怡怡如也。逮府君冥寞朝露,而夫人低徊昼哭,服丧之后,禅悦为心,尝依止大照禅师,广通方便,爰拘有相,适为烦恼之津;暂证无生,因契涅槃之境。"②韦小孩在丈夫死后选择皈依佛教,寻求内心的安顿自然是一种合理的意图;但对于唐代很多需要经历漫长寡居生活的士族女性而言,选择佛教或道教作为信仰,同时也是守贞不嫁的姿态表达。此外,佛道教义对于世俗欲望的态度,也

---

① 周绍良编《唐代墓志汇编》,第2015页。
② 周绍良编《唐代墓志汇编》,第1647页。

表明宗教信仰与个人德性之间的关联。此外,个人情感、欲望的克制,对于家庭的和睦亦颇为重要。故而,开元、天宝之后,女性的皈依佛道尤其是佛教遂成为其墓志书写的基本模式。

四　作为言说策略的"孝"之言说

作为一种有着"盖棺论定"意味的特殊文体,墓志对于志主生命的回顾,既受到文体传统的限制,亦不免成为一个时期主流观念的文本表达[①]。在开元、天宝时期的墓志文中,"孝"与"忠"的关系处理,并不违背以此作为处理父子与君臣关系之伦理原则的认知传统;但制度的演变及汉晋以来有关"忠孝先后"论争的双重影响[②],却自然使得对"孝"与"忠"的理解以及关于两者关系的处理有了新的变化,而"忠""孝"也在互动的过程中呈现出作为言说策略的"实相"。

"孝"作为报本反始的情感与行动,要求行孝者能够具有相应的物质、情感与荣耀的供给能力。当"乡里"在士人成士的过程中已不再具有制度性的影响力时,"孝"养越来越依赖于士人制度性身份的

---

① 参见郑毓瑜《文本风景:自我与空间的相互定义》,台北麦田出版社,2005年,第193页。

② 由于魏晋中央与地方间的关系结构,忠孝之辨中颇值得关注的一个理论取向是忠之原则的自然合理。如《晋书》所载车胤之论曰:"夫尊尊亲亲,立人之本,王化所由,二端而已。故先王设教,务弘其极,尊郊社之敬,制越绋之礼,严宗庙之祀,厌庶子之服,所以经纬人文,化成天下。夫屈家事于王道,厌私恩于祖宗,岂非上行乎下,父行乎子! 若尊尊之心有时而替,宜厌之情触事而申,祖宗之敬微,而君臣之礼亏矣。严恪微于祖宗,致敬亏于事上,而欲俗安化隆,不亦难乎!"(《晋书》卷二〇,第629页)另可参见陈壁生《孝经学史》(华东师范大学出版社,2015年)、李若晖《久旷大仪:汉代儒学政制研究》(商务印书馆,2018年)。

获取。"孝"以取得乡论的认可,从而获取入仕的资格,已实际颠倒为取得入仕的资格以为"孝"之前提。《唐故朝散大夫滁州别驾萧府君墓志铭并序》(开元四二〇):"公幼而纯固,专精学植;传乃为癖,诗而能言。年十六,国子明经擢第……满岁,丁兰陵府君忧,而泣血过制,誓身不仕。亲党谓之曰:'扬名不复,非孝也。'亦以蒸尝或阙,遂起为苏州长洲令。"[1]扬名显亲与物质供给的压力,成为士人入仕的重要因由,士人群体至此已难以回避忠孝关系中"忠"之影响抬升的事实。但对于中央王朝的国家治理而言,忠先于孝的观念虽然早已出现于律令格式之中而成为制度规定[2],然谋反、谋大逆等罪名的规定与日常的政治生活之间毕竟有着足够距离,特殊境遇中的伦理问题,可以展现伦理规则的底线,但对于复杂的社会生活而言,忠孝共存中的关系处理更为常态,在唐人的认知中,"忠孝"共存的观念尚难以被视作群体间的共识。代宗朝曾有一场关于尚书韦陟谥号"忠孝"的争论,太常博士程皓主张谥曰"忠孝",刑部尚书颜真卿存有异议,以为"忠孝不并,已为孝子不得为忠臣,为忠臣不得为孝子"。程皓进而议曰:"'夫孝,始于事亲,中于事君,终于立身。'此圣人之教也。至于忠孝不并,有为而言。将由亲在于家,君危于国;奉亲则孰当问主,赴君则无能养亲。恩义相迫,事或难兼。故徐庶指心,翻然辞蜀。陵母刎颈,卒令归汉。各求所志,盖取诸随。至若奉慈亲,当圣代,出事主,入事亲,忠孝两全,谁曰不可?岂以不仕为孝,舍亲为忠哉!"[3]程皓以为"忠孝不并"只是特殊的境遇使然,而在圣王盛世则可忠孝两全。程皓所言,"有司不能驳",若兼顾颜真卿的驳议,则可推知,在代宗之前,士人群体以忠孝不能两全为自然而然。即使在现实的生活中,出事君、入孝亲同样是惯常现象,但在

---

① 周绍良编《唐代墓志汇编》,第1447页。
② 《唐律疏议》卷一"十恶"条前三条为"谋反""谋大逆""谋叛",位置最为优先。
③ 封演撰、赵贞信校注《封氏闻见记校注》卷四,第34页。

观念层面,士人依然持续了魏晋南北朝以来的旧传统,认为两者之间存在着不可消弭的紧张。在此种认识之下,忠先于孝的政治导向即难以被士人所自觉接受。程皓的主张实际上预示着安史之乱后政治伦理在观念领域的变革。而在开元、天宝时期,玄宗的努力,乃是尝试借助对于"孝"的强调,以达成对"忠"作为自然伦理的地位认定。

开元十年及天宝三载,唐玄宗两次御注《孝经》并颁行天下。相较于郑注,御注显著的特点,乃是对于《孝经》原载典礼的删改[1]以及通过增删经文的方式提升忠的伦理位置[2]。经过玄宗的两次御注,《孝经》从孔子教化天下的政书而转为时王以圣人之教教化天下的伦理读本[3]。在御注中有一则疏文颇有意味:"夫人伦正性,在蒙幼之中,导之斯通,壅之斯蔽。故先王慎其所养,于是乎有胎中之教,膝下之训。感之以惠和而日亲焉;期之以恭顺而日严焉。夫亲也者,缘乎正性而达人情者也。故因其亲严之心,教以爱敬之范,则不严而治,不肃而成。"[4]玄宗此注强调孝对于后天教化的依赖,也因有此人性观念,时王教化天下众民方始自然合理。相较而言,高宗至玄宗早期墓志中对于性乃天成的描述,则弱化了后天教化的必要,时王教化天下作用有限。但自开元二十年后,孝乃天成的写法已难见于墓志,与孝经御注以及开元末期及天宝初期玄宗两道政令的颁布应存有关联:

> 如闻百官及庶人家,殡葬颇违古则,无复哀戚,递相夸尚。
> 富者逾于礼法,贫者殚其资产,无益于死,徒损于生,伤风败化,

---

① 皮锡瑞撰、吴仰湘点校《孝经郑注疏》,中华书局,2017年,第1页。

② 参见朱海《唐玄宗御注〈孝经〉考》,《魏晋南北朝隋唐史资料》第20辑,2003年,第124—135页。

③ 陈壁生《孝经学史》,第230页。

④ 李隆基注、邢昺疏《孝经注疏》卷五,阮元校刻《十三经注疏》,中华书局,2003年,第2554页。

斯斁尤甚。自今已后,送终之仪,一依令式。至坟墓所,仍不得
聚饮肉食,宜令所繇,严加禁断。更有违者,科违敕罪。

唐玄宗《禁殡葬违法诏》①

古之送终,所尚平俭。比来习俗,渐至于奢。苟炫耀于衢
路,复何益于泉壤?又凡庶之中,情理多阙,每因送葬,或酣饮
而归,及寒食上墓之时,亦便为宴乐,在于风俗,岂成礼教。自
今已后,其缘葬事有不依礼法者,委所由州县并左右街使严加
捉搦,一切禁断。其有犯者,官人殿黜,白身人所在决一顿。

唐玄宗《禁丧葬违礼及士人干利诏》②

"子生三年,而后免于父母之怀","孝"本植根于脆弱与依赖的人类
根本处境,但"孝"需要被感召的事实,也提示"孝"并非本能,亦非人
之本性③。"孝"的实现与后天的教育及生存环境高度交织且总是面
临着孝道衰落的可能。"孝"的艰难以及孝在国家治理中无可替代
的作用,决定了孝同时作为一种公共德性的位置,以及国家通过制
度与舆论等手段予以褒赞与惩处的必要。玄宗在开元末期及天宝
初发布的关于禁止丧葬违礼的诏令,虽依然是延续汉魏以来,国家
通过行政方式强化政治权力的伦理职能,以引导与强化社会结构与
秩序的旧传统。但当行孝需要教化在一个时段内被再次强化时,礼
仪规制作为教化的资源便会被同样凸显。《大唐故监察御史赵郡李
府君夫人博陵崔氏墓志铭并序》(天宝一九七):

善乎! 府君之世,昆弟孝友;夫人之家,上和下睦,内外一
体,其教可知。居有孟徒之贤,行有班随之赋,积善余庆,议者

---

① 《全唐文》卷二八,第325页。
② 《全唐文》卷三一,第349页。
③ 王珏《孝何以是一种德性? ——在德性伦理学的视域下重审亲亲之爱》,《文
　史哲》2015年第4期,第12—16页。

荣之。自夫人之初笄也,以府君素无祜恃,乃叹曰:"幸承中栉,不逮舅姑,徒习鞶绅之仪,终无奉戴之日。故睦娣姒以申义,和亲族以辅仁,丧不逾节,礼也;勤则不匮,智也;能训诸子,慈也。夫人有伯兄季弟、长姊孤侄,或死生契阔,时命屯否,拯之救悬,常若不及。事不迹而心已行,此胡质而清畏人知,介推文不求显,此夫人之孝也。"①

博陵崔氏的墓志文中刻意强调了"习鞶绅之仪"与"丧不逾节"的生命细节,而礼学知识与制度仪节的随俗调整,均注重后天教育对于孝行之影响的特点,也自然使得政治权力对孝道的指导与约束合理正当。

在唐初抬升忠之伦理地位的诸多举措中,借助"孝"作为天伦的自然伦理特性,将"忠"同样的自然化在唐律中即有明确的展现。《唐律疏议》卷第一"十恶"条:"一曰谋反。【疏】议曰:案《公羊传》云:'君亲无将,将而必诛。'谓将有逆心,而害于君父者,则必诛之。《左传》云:'天反时为灾,人反德为乱。'然王者居宸极之至尊,奉上天之宝命,同二仪之覆载,作兆庶之父母。为子为臣,惟忠惟孝。乃敢包藏凶慝,将起逆心,规反天常,悖逆人理,故曰'谋反'。"②唐律对谋反的解读,将君臣关系视为"天常",强调君臣秩序作为自然法则的地位,"谋反"之罪为"十恶"之首,乃是其悖反了人间的自然秩序原则③。经此解读,君臣关系在观念上已无须再取法自然的父子关系,而同样成为至高的自然法则。玄宗时,司马贞在《史记》中增

---

① 周绍良编《唐代墓志汇编》,第1669页。
② 刘俊文《唐律疏议笺解》,第56页。
③ 甘怀真《皇权、礼仪与经典诠释:中国古代政治史研究》,华东师范大学出版社,2008年,第232页。

补《三皇本纪》，正是此观念在历史领域的自然延伸[1]。当帝王制序成为历史的起点时，有父子、然后有君臣即不再是讨论君臣关系毋庸置疑的逻辑起点。但自代宗时期颜真卿与程皓之间的论争而言，君臣秩序为自然法则的观念尚未能形成其相对于父子伦理的优位，家与国之间也尚未形成国事优先的共识。所谓"小孝孝家""大孝孝国"尚依赖于公、私观念的结合与转化，而此过程需至宋儒时方始完成[2]。在开元、天宝之时的墓志文中，任官能尽其职依旧是"忠"的一般书写方式。《大唐故通直郎守武荣州南安县令王府君墓志铭并序》（开元〇一七）："君幼而柔嘉，夙怀耿介，雅尚贞懿，恬然虚白。弱冠明经擢第，补岗州司法参军。南海遐鄙，中典罕及，评刑断狱，多阙矜慎。持法作吏，屡闻峭刻，我君莅之，树德斯在。改任泉州录事参军。贞以从政，清以徇物，远邦准的，邻郡规矩。秩满，授武荣州南安令。下车宣风，阖境潜化，成自于我，政刑于物。训以昭业，教已逮人，邑杜权回，俗无浮竞。脂膏不润，威惠自居，旬月之间，政声斯洽，古称三善，亦奠以加。"[3]王基多年任职南方边鄙之地，墓志中称扬其为官理政颇得民誉。虽然墓志所言未必尽为实语，但以尽忠职守为士人忠于国家的展现方式，却可反映是时士人群体的共有理解。而对于孝为父子天伦的认可，也为士人的进退出处提供了一定的话语空间，士人既可因为禄养或荣养之需而出仕，亦可以"孝乎虽孝，友于兄弟，施于有政，是亦为政，何必从仕哉！"[4]甚而，在忠孝

---

[1] 司马贞很清楚他增补的这段历史资料很少，而且没有绝对的可靠性。但他无法存而不论，反而坚持在文明的初始，就已经有了最高的统治者，建立了君臣关系与教化的秩序。这个看法将王权黏着到历史的起点。参见廖宜方《王权的祭典》，台大出版中心，2020年，第184—185页。

[2] 任玥《"孝"与"忠"的双重变奏——从忠孝关系的演变看儒学传统的历史实践》，《政治思想史》2016年第4期，第29—45页。

[3] 周绍良编《唐代墓志汇编》，第1162页。

[4] 周绍良、赵超主编《唐代墓志汇编续集》，第511页。

不能两全的特定境遇中，依然有以尽孝为首选的可能①。由于"孝"所提供的行动选择、所能带来的个人声誉以及其在与其他社会资本间转换的能力，"孝"也常常成为相互指责攻击的焦点，并产生连锁的社会与政治效应。兢惧的心态之下，强化伦理道德的劝诫与人生教诲，标显家法门风，成为士族回应风险的重要方式②。

　　"孝"作为言说策略的可能，与行动意图和行为方式以及结果间的多重关系相关③，也缘于家、国及公与私在所涉及之领域范围上的对应，而此亦说明儒家的理论常常依赖于阐释解读的特性。中古时期政治领域的忠孝之争，更多乃是不同的行动者依据相应意图与理论资源所做出的策略性的阐释④。对于"忠"而言，由于自先秦以来，其内涵需要"国家本身的利益""天下人民的利益""合乎道德伦理"三者的支撑⑤。即使唐代已在律令、经典注疏等层面将"忠"抬升至自然法则的位置，但观念在日常生活层面的流行，需要社会各阶层不同方式的接受，加之人类行动对于边际效应的讲求，"忠"依然难免作为话语策略而被使用。只是由于开元、天宝时期的社会生活

---

① 参见仇鹿鸣《一位"贰臣"的生命史——〈王伣墓志〉所见唐廷处置陷伪安史臣僚政策的转变》，《文史》2018年第2辑，第43—70页。

② 马新、齐涛认为中古家族的家规、家法、家训发达，以劝诫教诲为主，而近古宗族新式族规，则以约束性条规为主，有明确的强制性和惩罚性（《试论唐代宗族的转型》，《文史哲》2014年第2期，第66—78页）。

③ "今之愚民，既葬不掩，谓乎不忍也；既掩不虞，谓乎庐墓也。伤者必过毁，甚者必越礼，上者要天子之旌表，次者受诸侯之褒赞。自汉、魏以降，厥风逾甚。愚民蚩蚩，过毁者谓得仪；越礼者谓大孝。奸者凭之，以避征徭；伪者扇之，以收名誉。所在之州鄙，砻石峨然。问所从来，曰：'有至孝也。庐墓三年，孝感至瑞，郡守闻于天子，天子为之旌表焉。'呜呼！夫古之庐墓，至畜妻子于宅兆之前，其波流弊，至今寖慢焉。"（皮日休《鄙孝议下篇》，萧涤非、郑庆笃整理《皮子文薮》，上海古籍出版社，2017年，第96—97页）

④ 甘怀真《皇权、礼仪与经典诠释：中国古代政治史研究》，第9页。

⑤ 参见佐藤将之《中国古代的"忠"论研究》，第88—89页。

安定以及墓志的文体限制，"忠"作为话语策略在此时期的墓志中并无太多的展现。

结　语

开元、天宝时期是隋唐"中央—地方"关系调整制度效应逐步展现的特殊时段，南北士族的中央化进程大体完成。士人与乡里制度性关联的脱离展现于墓志文中，即是乡间类语词的衰减。士人孝行的展演在延续魏晋南朝孝感传统的同时，也强调孝自天成的命定论。但皇权抬升的历史趋势，在使君臣伦理被解读为自然原则的同时，也让帝王承担了教化社会的责任。而知识风习的转变，尤其是佛教禅宗的流行，亦使得墓志中孝的书写更注重后天教化与礼仪规制的影响。制度的革新，在家庭内部的角色分担上所产生的影响，是对士族女性的德性与功绩的关注。当"忠""孝"成为公私领域最为根本的伦理规则时，对其策略化的使用，也自然而然地展现于包括墓志在内的不同的文本书写中。

唐代的儒学与文学

刘顺 著

下 册

中华书局

第四章 危机应对与儒学转型：
德宗至文宗时期的儒学与文学

宝应二年(763)，史朝义自缢而死，安史乱平。但此次武装叛乱所遗留的政治影响，却深度左右了李唐中后期的政治生活。一个颇为独特的"藩镇时代"，在以郡县制为制度特点的中央与地方关系间，楔入了颇具制度建构功能的结构性力量。尤其是当"河朔故事"作为具有制度性意味的政治惯例而被认可时，"藩镇格局"由此具备了一种"制度性"权力视角的独特价值[1]。无论是接受、改造抑或拒斥，中唐以后王朝治理的制度设计、观念形构、行动选择以及政治心态等，均难以回避藩镇格局或显或隐的影响。而当此种格局又迭加以隋唐时期官制贵族化的制度实践所强化的士人与乡里间的分离态势[2]，其对中唐的知识与观念世界实具有极大的冲击效应。中唐士人的挑战既在于如何构建现实的政治秩序，也在于如何重建对于政治生活之必要与正当的共识。凡此，均可见出文学作为一种思想方式的独特价值。

---

① 参见罗祎楠《中国国家治理"内生性演化"的学理探索——以宋元明历史为例》，《中国社会科学》2019年第1期，第123—136页。
② 参见王德权《为士之道：中唐士人的自省风气》，第48页。

第一节　陆贽政论与唐德宗时期的政局

陆贽(754—805),字敬舆,吴郡人。自建中时,即因德宗的赏识而进入政治核心层,至贞元十年方罢为太子宾客。在十余年高层政治的实践中,作为德宗政治幕僚的代表性人物之一,陆贽在此价值与共识有待重建的特殊时期,以其全局考量的能力,在全面介入德宗朝前期政治生活的同时,也为李唐中后期的制度与观念的设计与调整提供了系统性的话语资源。对陆贽的考察,遂成为理解这一独特时刻的适恰样本。

一　“诚”与德宗朝的政治伦理

作为一种与众人有关的等差性权力关系,政治生活依赖于体系性的合法性话语,以形成对政治行动的较为稳定的价值判断,并由此制作政治权威、构建认同并降低社会治理的运行成本。政治伦理遂由之呈现于政治生活的话语及其他各类符号实践的历史过程之中。与政治理论相关的语词既是政治制度与结构的表相,亦是制度与结构变迁的风向标符。对于高度国家化的以郡县制为基本制度的隋唐社会而言,上古时期以氏族为基础形式的方国体制,已是遥远的历史记忆,而难以对现实的国家制度构成现实的影响,西周封建体制则是存有直接影响的制度遗产。虽然封建制与郡县制都有“大一统”的政治理念,但表层的相似之下,却存有政治意图与权力结构上的巨大差异。

始皇二十六年(前221),秦一统天下,“中央—地方”关系进入新的调整期:

　　　　丞相绾等言:"诸侯初破,燕、齐、荆地远,不为置王,毋以填之。请立诸子,唯上幸许。"始皇下其议于群臣,群臣皆以为便。廷尉李斯议曰:"周文武所封子弟同姓甚众,然后属疏远,相攻击如仇雠,诸侯更相诛伐,周天子弗能禁止。今海内赖陛下神灵一统,皆为郡县,诸子功臣以公赋税重赏赐之,甚足易制。天下无异意,则安宁之术也。置诸侯不便。"①

与封建制以治权委托代理的间接治理方式不同,郡县制追求中央对地方的直接管理,大一统及君臣间的分化度大幅度提升②。与地方行政制度变革相应,皇帝制度则成为官僚体制变革的焦点,并在汉代完成了超绝性的皇帝礼仪,皇帝独尊的态势,与"君不亢高,臣不极卑"③的周制精神拉开古今相异的制度性距离。其政治伦理也在律令体系的强制之下,自西周"尊尊""贤贤"的双向性伦理关系转为以"尊卑"型为特质的单向性伦理关系。秦汉之后,政治伦理虽与春秋之前大体有同样的德目语辞,但其意涵与功能却颇为不同:

　　　　左氏书在"忠""节"二德上,大体尚合春秋及战国初期人之观念。如"弑君"之赵盾,左氏引孔子语竟评为"古之良大夫"(宣二年),又称之为"忠"(成八年)。春秋初年,周、郑交质,左氏载"君子曰"仅谓:"信不由中,质无益也……君子结二国之信,行之以礼,又焉用质?"于"挟天子以令诸侯"、抗击王师、"射王中肩"之郑庄公,则赞扬备至。陈大夫泄冶因谏陈灵公"宣淫"而被杀,左氏引孔子评之曰:"《诗》云:民之多辟,无自立辟。其泄冶之谓乎!"(宣九年《传》)反以为泄冶多事当死。

①《史记》卷六,第238—239页。
②参见陈赟《周礼与"家天下"的王制——以殷周制度论为中心》,中国人民大学出版社,2019年,第352页。
③孔颖达《春秋左传正义》卷五三,第1515页。

此皆春秋时人之伦理观念与后世大有不同者。左氏"凡例"竟言:"凡弑君称君,君无道也;称臣,臣之罪也。"(宣四年)……此类思想皆属早期儒家之思想,孟子以后即基本上不可见。[①]

虽然政治伦理存有超越性的维度,但政治生活作为一种组织化的等差性权力活动,却决定了权力群体或团体间的力量比对与运作能力的高低,方是左右政治伦理特性的关键因素[②]。当郡县制和皇帝制度成为秦汉而下政治生活的基本制度之时[③],政治伦理也越来越受制于政治制度的规范与塑造,并逐步形成对政治生活的高度依附[④]:

> 帝之驭下以深刻为明,汤之决狱以惨酷为忠,而仲舒乃以经术附会之。王、何以老、庄宗旨释经,昔人犹谓其罪深于桀、纣,况以圣经为缘饰淫刑之具,道人主以多杀乎! 其罪又深于王、何矣! 又按:《汉刑法志》言:自公孙弘以《春秋》之义绳下,张汤以峻文决理,于是见知腹诽之狱兴。《汤传》又言,汤请博士弟子治《春秋》《尚书》者补廷尉史。盖汉人专务以《春秋》决狱,陋儒酷吏,遂得以因缘假饰。往往见二传中所谓责备之说、诛心之说、无将之说,与其所谓巧诋深文者相类耳。圣贤之意,岂有是哉![⑤]

儒学欲要获得相对于政治较为对等的地位,不得不取径于制度系统。如此,在权力结构与制度模式的调整均表现明确的强化尊卑之

① 童书业《春秋左传研究》,中华书局,2006年,第245页。
② "周之废兴,与汉殊异。昔周爵五等,诸侯从政,本根既微,枝叶强大,故其末流有从横之事,势数然也。汉承秦制,改立郡县,主有专已之威,臣无百年之柄。"(《后汉书》卷四〇,中华书局,2011年,第1323页)
③ 参见管东贵《从宗法封建制到皇帝郡县制的演变——以血缘解纽为脉络》,中华书局,2010年,第193—204页。
④ 参见李若晖《久旷大仪:汉代儒学政制研究》,第128—129页。
⑤《文献通考》卷一八二,第1567页。

取向时,以独立性的自我降格为历史代价,似乎是儒学必然的命运,政治儒学与心性儒学的分裂亦由此而然。虽然"道德"的政治并不必然带来理想的社会生活,但制度压迫之下,对政治德性要求的弱化,却无疑会产生对于社会治理的全局性影响:

> 泊隋文帝,素非学术,盗有天下,不欲权分,罢州郡之辟,废乡里之举,内外一命,悉归吏曹;才厕班列,皆由执政。则执政参吏部之职,吏部总州郡之权,罔征体国推诚、代天理物之本意,是故铨综失叙,受任多滥。[①]

地方行政制度与官僚选任制度的变革,强化了中央对于地方的权力控制。即使在中古前期,因门阀士族的强势而存有特定时期的"皇权之变态",中央介入地方及主张主权与治权相统一的态势却无疑更具有自我制度化的能力[②]。但在国家治理能力有限的历史时期,此种变革不得不依赖于律令的规训与压制,在增大社会治理成本与风险的同时,也会造成中央与基层社会(民众)之间的分裂。

郡县制的推行标志着中央对地方介入能力与程度的强化,但周制的亲亲、尊尊原则以及与之相配套的制度、礼仪与习俗亦随之受到冲击。因为皇权与中央地位的凸显,合上下为一体的双向性政治伦理,对于权力范围、边界与功能的制度性影响力渐次衰减,权力的私化及其暴力特性对于社会治理乃至政治文化则影响加剧,"忠"与"孝"作为最为重要的德目为政治言论所标榜。人伦关系中,较能体现人际平等关系的"朋友"一维受到刻意压制,体现伦理双向性特质的"诚"与"信"在政治言说中的地位明显弱化[③]。单向度的政治伦

---

① 《通典》卷一八,第455页。
② 参见王安泰《再造封建——魏晋南北朝的爵制与政治秩序》,台大出版中心,2013年,第262页。
③ 参见孔颖达《春秋左传正义》卷二一,第607页。

理,在政治与道德的关系上,会导致后者被过度的技术化,并成为政治运作的策略与手腕①。但政治制度与政治伦理变革期的秦与隋均二世而亡的历史现实,却以自身在国家治理上的失败提醒后世此种变革的限度。

承隋亡之鉴,李唐立国初期,于地方行政制度曾有过封建与郡县优劣关系的讨论,且曾一度有封建功臣的尝试②。虽不果行,但对于如何确保家天下的权力安全以及提升国家治理能力的关注,也自然影响了对政治伦理的思考。"臣闻为国之基,必资于德礼;君之所保,惟在于诚信。诚信立则下无二心,德礼形则远人斯格。然则德礼、诚信,国之大纲,在于父子君臣,不可斯须而废也。"③封建与郡县的区别,并不仅在于"爵非世及,用贤之路斯广;民无定主,附下之情不固",即官吏选拔与社会治理上的差异④,其最为核心的区别乃是权力关系上,是否存在相对独立的群体或层级,并进而在制度上形成对治权与主权的有效分离。若缺少力量比对上一定的均衡,即使在政治言说中强调诚信在政治运作中的影响与地位,也难免人去政废的结局。在皇权不断强化的历史走向之下,"诚"作为单向的伦理要求已是政治生活的常态:

> 君子修身,莫善于诚信。夫诚信者,君子所以事君上,怀下人也。天不言而人推高焉,地不言而人推厚焉,四时不言而人与期焉,此以诚信为本者也。故诚信者,天地之所守而君子之所贵也。⑤

帝王政论从《帝范》到《臣轨》的名称变化,隐含着政治伦理变迁的脉

---

① 参见余英时《历史与思想》,台北联经出版事业股份有限公司,1976年,第41页。
②《新唐书》卷一〇一,第3950—3951页。
③ 吴兢撰、谢保成集校《贞观政要集校》卷五,第308页。
④《旧唐书》卷七二,第2575页。
⑤ 武则天《臣轨》卷下《诚信章》,日本清风阁藏明治十五年刻本。

络。与太宗时期"诚信"所传递出"君君""臣臣"的双向性不同，武则天的政论中"诚信"已主要指向臣下的政治操守。当一个时代缺少应有的制衡性的权力关系，亦无绝对超越性的对象以形成对主流伦理思想的强力冲击，单向政治伦理便不免逐步覆盖社会生活[1]，而渐次成为民众政治生活的常识性知识与基本心态：

> 人臣之节，有死无二；为国之体，叛而必诛。况乎委质贼廷，宴安逆命，耽受宠禄，淹延岁时，不顾恩义，助其效用，此其可宥，法将何施？ 达奚珣等或受任台辅，位极人臣；或累叶宠荣，姻联戚里；或历践台阁，或职通中外。夫以犬马微贱之畜，犹知恋主；龟蛇蠢动之类，皆能报恩。岂曰人臣，曾无感激？ 自逆胡作乱，倾覆邦家，凡在黎元，皆含怨愤，杀身殉国者，不可胜数。此等黔首，犹不背国恩。受任于枭獍之间，容谋于豺虺之辈，静言此情，何可放宥。[2]

安史之乱对于李唐的意义，若自政治伦理而言，似乎将原有的潜在的歧义与争端，以颇为极端的方式展现于非此即彼的行动选择之中。虽然肃宗所主张的"忠"的至上性，在此时并未能成为一个被官僚群体自然接受的最高价值，但"贵族"的余脉与官僚群体中特定的人际组合，已难以独立形成制度性对抗的可能[3]。即使迫于平叛与乱后重建秩序的现实压力，君臣关系的暂时缓和却具有了更为鲜明的权谋之术的色彩[4]。相较而言，安史乱后所形成的藩镇林立的政治格局，对于中唐时期政治伦理的调整与再确认，却更具有制度性的影响力，也由此为陆贽的危机应对与政治思考提供了独特的历史

---

① 参见王四达、赵威《"天人相分"观与荀子正义思想的误区》，《哲学研究》2017年第9期，第38—47页。

② 《旧唐书》卷一〇，第250页。

③ 参见仇鹿鸣：《长安与河北之间：中晚唐的政治与文化》，第85—86页。

④ 参见《太平御览》卷六三六，第2850页。

契机。

大历十四年,代宗崩,"在藩齿胄之年,曾为统帅;及出震承乾之日,颇负经纶"①的德宗即位,随即尝试调整代宗以来的治理策略,整顿国家秩序以树立王廷的绝对权威。建中二年正月,德宗言及其政治行动的合理依据曰:"贼本无资以为乱,皆藉我土地,假我位号,以聚其众耳。向日因其所欲而命之多矣,而乱日益滋。是爵命不足以已乱而适足以长乱也。"②"家天下"对权力独占及对社会资源的覆盖性支配,于德宗而言,既是其尝试建立的权力格局,也是其视为具有强解释力的合法性话语。但德宗的强硬姿态及随后所采取的相关行动,却使得政局急转直下,建中三年(782)十一月,幽州朱滔称冀王,自称孤,恒冀王武俊、魏博田悦、淄青李纳分别称赵王、魏王和齐王,自称寡人。强藩与中央的对抗,至此以地方藩镇政治意图的高调展演而进入一个难解的困局之中。建中四年,陆贽上《论两河及淮西利害状》《论关中事宜状》,分析时局并指出关中防御空虚的潜在危机,建议德宗调整武力压制的应对策略,但并未受到德宗的关注。同年,泾卒兵变,德宗仓皇出狩奉天,陆贽由此成为德宗时期高层政治的核心人员,并主导了此时期政治策略调整的走向:

> 自陛下嗣承大宝,志壹中区,穷用甲兵,竭取财赋。盰庶未达于暂劳之旨,而怨咨已深;昊穹不假以悔祸之期,而患难继起。复以刑谪太峻,禁防伤严,上下不亲,情志多壅。乃至变生都辇,盗据宫闱,九庙鞠陷于匪人,六师出次于郊邑。奔逼忧厄,言之痛心,自古祸乱所钟,罕有若此之暴。今重围虽解,逋寇尚存,裂土假王者四凶,滔天僭帝者二竖,又有顾瞻怀贰,叛援党奸,其流实繁,不可悉数。皇舆未复,国柄未归,劳者未获休,功者未及赏,困穷者未暇恤,滞抑者未克伸,将欲纾多难而

①《旧唐书》卷一三,第401页。
②《资治通鉴》卷二二六,第1852页。

收群心，唯在赦令诚言而已。安危所属，其可忽诸！动人以言，所感已浅，言又不切，人谁肯怀……令兹德音，亦类于是。悔过之意不得不深，引咎之辞不得不尽。招延不可以不广，润泽不可以不弘。宣畅郁埋，不可不洞开襟抱；洗刷疵垢，不可不荡去瘢痕。使天下闻之，廓然一变，若披重昏而睹朗曜，人人得其所欲，则何有不从者乎？ ①

兴元元年，陆贽上《奉天论赦书事条状》，主张以"诚言"为赦书撰写的核心原则，反思建中以来的过失，以悔过的姿态调整政治策略，养成一体共感的政治风气。由于自武则天《改元光宅赦文》以来，赦文即具有在"推恩天下"之外"厘革旧政"的功能②，兴元赦文的颁布已实际成为德宗朝政治方向调整的宣言。在《奉天改元大赦制》中，陆贽以"致理兴化，必在推诚"为国家治理的根本原则，并将建中以来的危局归责于德宗"抚驭乖方，信诚靡著"。"诚"之价值位置的标树，对于特殊时期的德宗政局而言，已具有危机之下立新求变的明确意图：

> 朕晨兴夕惕，惟念前非。乃者公卿百寮，累抗章疏，猥以徽号，加于朕躬。固辞不获，俯遂舆议。昨因内省，良用蹵然！体阴阳不测之谓"神"，与天地合德之谓"圣"，顾惟浅昧，非所宜当。"文"者所以化成，"武"者所以定乱，今化之不被，乱是用兴，岂可更徇群情，苟膺虚美，重余不德，只益怀惭！自今以后，中外所上书奏，不得更称"圣神文武"之号。
>
> 陆贽《奉天改元大赦制》③

---

① 王素点校《陆贽集》，中华书局2006年，第413—415页。
② 参见魏斌《唐代赦书内容的扩展与大赦职能的变化》，《历史研究》2006年第4期，第21—35页；刘后滨《文书、信息与权力：唐代中枢政务运行机制研究反思》，《唐宋历史评论》第3辑，社会科学文献出版社，2017年，第265—287页。
③ 王素点校《陆贽集》，第5—6页。

皇帝的圣人化源于战国以来君王对于政治理想与社会资源的利用，在宣扬受命而王的同时，强化帝王的威权以及治下的盛世荣耀①。皇帝的圣人化与政治伦理的单向化自秦汉以后对"大一统"理想的影响极为深远，权力的高度集中、帝王的超绝性位置以及尊卑观念的制度化，已然成为政治生活的基本观念。陆贽赦文中，德宗对于尊号的拒绝以及流涕自责以悔过的姿态表达，均与此种常识化的政治观念拉开了距离。

"诚"在陆贽的各类文字中，并不仅为"不自欺"与"亦不欺人"的自我道德修养的养成之术，而是在藩镇林立的局面之下，试图通过对具有挑战王廷权威的结构性力量的认可，以形成对政治伦理的稳定支撑：

> 朕是用上顺天意，俯从人心，涤尔疵瑕，复尔爵位，坦然靡阻，君臣如初。功载鼎彝，名藏王府，子孙代代，为国勋臣，河、山带砺，传祚无绝。朕方布大信，承天子人，若食其言，何以享国。呜呼！其祗若命，用保无疆之休。
>
> 陆贽《赐李纳王武俊等铁券文》②

《资治通鉴》中《奉天改元大赦制》与《赐李纳王武俊等铁券文》对于强藩的相对独立做出了制度性的认定，王廷与强藩之间逐步形成了有效互动的政治惯例。虽然封建功臣以稳定乱后政局的提议，李泌已倡于先③，但真正落实于王朝制度层面，则自陆贽始。相比于德宗追求权力高度集中的"大一统"，陆贽更能认清时局，对于封建与郡县的利弊亦有相较于时流而独立的认识。自此而后，李唐王朝的

---

① 参见萧璠《皇帝的圣人化及其意义试论》，《"中央研究院"历史语言研究所集刊》1993年，第1—37页。
② 王素点校《陆贽集》，第292页。
③ 《资治通鉴》卷二一九，第1781页。

"河朔故事"提示着相对于长安的河北的特殊,也自然对中央与地方州郡的关系互动产生了重要影响。"横海节度使乌重胤奏:'河朔藩镇所以能旅拒朝命六十余年者,由诸州县各置镇将领事,收刺史、县令之权,自作威福。向使刺史各得行其职,则虽有奸雄如安、史,必不能以一州独反也。臣所领德、棣、景三州,已举牒各还刺史职事,应在州兵并令刺史领之。'夏,四月,丙寅,诏诸道节度、都团练、都防御、经略等使所统支郡兵马,并令刺史领之。"①德宗而后的李唐诸帝对于政治局势的决策均难以跳开德宗的影响,宪宗在治理藩镇上的成绩,虽然为其赢得了中兴之帝的称誉,但治理成本的激增却反向证明了此种方式的不足。藩镇林立的格局,对于王廷的集权会形成相应的离心态势,只是分权并不必然与社会治理的有效性产生抵触。而当中央对于藩镇的削弱策略真正得以有效践行时,李唐王朝却因此种失衡迅速为新崛起的势力所取代②。李唐在安史乱后依然能持续一百余年,自然有藩镇正面影响的存在,所谓"寓封建于郡县"的国家治理设想,恰因此时期独特的权力结构得到了践行的历史机遇:

> 封建之失,其专在下;郡县之失,其专在上。古之圣人,以公心待天下之人,胙之土而分之国;今之君人者,尽四海之内为我郡县犹不足也,人人而疑之,事事而制之,科条文簿日多于一日,而又设之监司,设之督抚,以为如此,守令不得以残害其民矣。不知有司之官,凛凛焉救过之不给,以得代为幸,而无肯为其民兴一日之利者,民乌得而不穷,国乌得而不弱?率此不变,虽千百年,而吾知其与乱同事,日甚一日者矣。然则尊令长之秩,而予之以生财治人之权,罢监司之任,设世官之奖,行辟

---

① 《资治通鉴》卷二四一,第1971页。
② 参见张达志《肥乡之役与孟州之置——唐武宗朝地方秩序的重整》,《史林》2015年第1期,第23—36页。

属之法,所谓寓封建之意于郡县之中,而二千年以来之敝可以复振。

顾炎武《郡县论一》①

王廷的高度集权虽然可以提升社会管理中的力量动员能力,也可因一家之私而实现权力对社会群体的有限开放。但治理手段的限制、权力阶层的有限理性以及官僚阶层在日常治理中的私化倾向,均会导致郡县制下国家治理能力的弱化。而政治伦理的单向性在弱化权力制衡之可能的同时,也会导致奔竞求利之风的兴起。"寓封建之意于郡县之中"则可以分权形成治权相对于主权的相对制衡,并进而形成治理者与在地的情感与利益认同,由此应对郡县制所产生的危机。在此意义上,陆贽对于河朔为主的地方强藩半独立性的认可,既是其对于此种地方性力量在在地治理上正面价值的认可,也是其试图利用藩镇对原有王朝体制与心态的冲击,以重新主张权力"公天下"的维度:

夫国家作事,以公共为心者,人必乐而从之;以私奉为心者,人必咈而叛之。故燕昭筑金台,天下称其贤;殷纣作玉杯,百代传其恶;盖为人与为己殊也。周文之囿百里,时患其尚小;齐宣之囿四十里,时病其太大;盖同利与专利异也。

陆贽《奉天请罢琼林大盈二库状》②

权力公共性指向政治生活的意图与目标,构成权力合法性支撑的核心结构。即使权力在历史的践行和运作过程中不免腐化和私化,但权力的公共维度依然是不可挑战的政治底线,并常常成为政治诠释拉锯的焦点对象。权力的公共性必然反对权力的封闭而追求"贤贤"的制度与文化构建,但对于底层民众而言,权力的公共性更在于

---

① 华忱之点校《顾亭林诗文集》,中华书局,1983年,第12页。
② 王素点校《陆贽集》,第424—425页。

执政者认可底层对于自我利益主张的自然合理性，从而在"民为邦本"的利益共享的基础上营造政治认同的氛围。虽然"夫国家作事，以公共为心"的主张在儒家的政论中并无理论上的新创，但与普通的政论者不同，陆贽在以"诚"为起点构建其政论体系的同时[1]，也更为在意制度在实践政治意图中的核心作用：

> 国之纪纲，在于制度。士、农、工、贾，各有所专。凡在食禄之家，不得与人争利。此王者所以节材力，励廉隅，是古今之所同，不可得而变革者也。代理则其道存而不犯，代乱则其制委而不行。其道存则贵贱有章，丰杀有度，车服田宅，莫敢僭逾，虽积货财，无所施设，是以咸安其分，罕徇贪求。藏不偏多，故物不偏罄；用不偏厚，故人不偏穷。
>
> 陆贽《均节赋税恤百姓六条》[2]

以"制度"确立权力的边界，于陆贽而言，或许是对抗权力滥用与私用、以防止权力拥有者过度占有社会资源最可依赖的路径。虽然藩镇格局并不足以为根本改变王朝的地方行政体系，政治者的道德自觉也不能确保权力的正当行使，但对于"道"的超越性价值的认可与鼓吹，以《中庸》《大学》的再发现，使得"诚"与"道"在理论话语上达成了一体化，也指示了个体修身与治国理政之间的连贯性。"制度"因为"道"的支撑而获得了约束权力行使的正当性，政治生活的践行者常会在依道以行的判断中获得明确的认同感。"（陆贽）及辅政，不敢自爱，事之不可者，皆争之，所言悉剀拂帝短，恳到深切。或规其太过，贽曰：'吾上不负天子，下不负所学，遑他恤乎？'"[3]陆贽

---

[1]"或问贾谊、陆贽言论如何？曰：'贾谊是就事上说仁义，陆贽是就仁义上说事'。"（钟哲点校《陆九渊集》卷三四，中华书局，1980年，第414页）

[2]王素点校《陆贽集》，第767页。

[3]王素点校《陆贽集》附录卷一，第805页。

对德宗的谏议，并不仅止步于政治行动中的举措失宜，而常常聚焦于此类政治言行对于制度、程序或政治正确原则的背离。其《奉天请数对群臣兼许令论事状》曰："是则圣贤为理，务询众心，不敢忽细微，不敢侮鳏寡"[1]，以"君主不可独治"劝说德宗采听众议；《谢密旨因论所宣事状》曰："伏以理国化人，在于奖一善使天下之为善者劝，罚一恶使天下之为恶者惩。是以爵人必于朝，刑人必于市，惟恐众之不睹，事之不彰。君上行之无愧心，兆庶听之无疑议，受赏安之无怍色，当刑居之无怨言，此圣王所以宣明典章，与天下公共者也。"[2]"程序"以可以不断重复的形式化的方式，确保政治行动在惯例与规则的约束之下进行，重视"制度"之用者，必视"程序"之破坏为极为严重之政治事件。而在中唐使职职事官化的背景之下[3]，陆贽的理念难免与此现状产生不易调和的矛盾。

贞元三年，陆贽上《论翰林学士不宜草拟诏敕状》曰：

> 玄宗末，方置翰林，张垍因缘国亲，特承宠遇，当时之议，以为非宜，然止于唱和文章，批答表疏，其于枢密，辄不预知。肃宗在灵武、凤翔，事多草创，权宜济急，遂破旧章，翰林之中，始掌书诏，因循未革，以至于今。岁月滋深，渐逾职分。顷者物议尤所不平，皆云学士是天子私人，侵败纪纲，致使圣代亏至公之体，宰相有备位之名。陛下若俯顺人情，大革前弊，凡在诏敕，悉归中书，远近闻之，必称至当。[4]

陆贽的此次奏议，因其与吴通微、吴通玄兄弟之间的矛盾，而常被视

① 王素点校《陆贽集》，第394页。
② 王素点校《陆贽集》，第562—563页。
③ 王谠撰、周勋初校证《唐语林校证》，第515—516页。
④ 王素点校《陆贽集》，第774页。

为挟私报怨之举①。如此解读虽不无道理，但却易于忽视陆贽的政治观念中"制度"的重要位置。使职的职事官化本就杂有扩张皇权侵夺官僚常规权力的意图，陆贽既试图强化政治伦理的双向性，必然会走向以"制度"明确君臣以及君民间权力的范围与边界。其对于归翰林学士草诏权于中书舍人的动议，不过是其主张在行政领域的具体实践。其于皇帝绕开中书门下行用墨制又谏曰："伏详令式及国朝典故，凡有诏令，合由于中书，如或墨制施行，所司不须承受，盖所以示王者无私之意。"②陆贽对于政治理念的坚持，无疑强化了其与德宗之间的对抗。虽然危局之中的德宗表现出对陆贽理念的认同与对其政治能力的依仗，但德宗却无法接受双向性伦理的制约，也难以真正认可寓封建之意于郡县的治理方略，"诚"在德宗只是社会治理的应时的手段。即使其无力实现其内心的中央集权下的大一统，德宗依然以特殊的方式保持对于高层政治的掌控③。陆贽在德宗后期的政治遭遇，实为二人政治分歧的必然结果。虽然陆贽并未能实现其改造李唐政治伦理与提升王廷权威的政治意图，但其以"诚"为政治理想构建的核心语词，却对中唐时期的政论及思想言说产生了极大的影响。无论是否有着内在精神的相契，以"诚"为依据或以"诚"为目标已是流行的言说模式：

> 惟公早精六学，尤邃三《礼》。晚节究观历代史，端诚正议，宏达卓越。立于大朝，名致直言。④

① 赖瑞和《论唐代中书舍人的使职化》，《清华大学学报》2015年第2期，第68—77页。
② 陈鸿墀《全唐文纪事》卷六三，上海古籍出版社，1987年，第783页。
③ "德宗惩辅相之失，自是除拜命令，不专委于中书。凡奏拟用人，十阻其七。贞元以后，宰相备位而已。每择官，再三审覆，事多中辍。"（王谠撰、周勋初校证《唐语林校证》，第540页）
④ 郭广伟校点《权德舆诗文集》卷一三，上海古籍出版社，2008年，第221页。

但人主常势，患在不能推诚，人臣之弊，患在不能自竭。①

明刑以行令，理兵以御戎。然后经之以礼乐，纬之以道德，推诚信以化之，播风雅以畅之。

李渤《上封事表》②

盖诚信著于上，则忠孝行于下；敬让立于内，则夷狄和于外。

元稹《才识兼茂明于体用策一道》③

道者至诚而不息者也。至诚而不息则虚，虚而不息则明，明而不息则照天地而无遗，非他也，此尽性命之道也。

李翱《复性书上》④

朕方推表大信，置人心腹，庶使诸侯方岳，鼓冶化道，血气飞走，涵泳性分。

《停宰臣监搜诏》⑤

"诚"的流行与中唐时期的思想新变关联密切，自陆贽而后，《大学》《中庸》的地位提升，儒家经典自"五经"系统向"四书"系统的转移已见端倪，心性儒学的讨论亦更为深入。此种变化虽不必尽归其源头于陆贽，但以王言之力与宰相之尊，陆贽的影响传播之力当时实难有比肩者⑥。

---

① 《旧唐书》卷一四，第415页。

② 《文苑英华》卷六二二，第3223页。

③ 周相录校注《元稹集校注》卷二八，第821页。

④ 《全唐文》卷六三七，第6434页。

⑤ 宋敏求编《唐大诏令集》卷一〇一，第515页。

⑥ 参见杨朗《"诚"：中唐舆论环境下兴起的一种道德观念》，《文史哲》2015年第2期，第134—141页。

二　势：王朝安全与政治识度

建中四年，泾卒兵变，德宗出狩奉天，其时"海内大摇，物情几去"[1]。陆贽在兵变前夕的《论两河及淮西利害状》与《论关中事宜状》中所言及的王朝安全的危机，已转为现实的挑战。作为德宗所倚重的政治幕僚，如何重建王朝安全并实现王朝平稳有序的社会治理，是陆贽在奉天时期及随后数年政治言论的主导话题。而在此时期的言论中，法家影响的痕迹极为明显。虽然对于仁义的崇尚会形成儒家士人在政治领域道德优先的偏好，但政治作为一种与众人相关的等差性权力关系，无法不依赖于暴力以形成秩序并强化自身的行动能力。政治的表相与实相之间并不直接对应，或许更是政治生活的常态。陆贽的学养及其所展现出的政治识度，非常儒所能跂望[2]，其关于"势"的政治解读，构成了其思想的包容特性，也为德宗朝重建王朝安全提供了智力的指导[3]。

李唐初期本有居关中以驭天下的制度安排，但玄宗后期原有制度崩坏，已有外重内轻之势。安史乱后，肃、代二宗虽曾尝试重建关中的防御体系，以维持王廷相对于地方的军事与财政诸方面的优势，但藩镇与外族的连环影响，却使暂时的平衡处于极度脆弱的状态之下。而德宗急于树立中央权威的意图，却再次形成了关中空虚的态势。建中四年，陆贽上《论关中事宜状》：

> 至于君人有大柄，立国有大权，得之必强，失之必弱，是则历代不易，百王所同。夫君人之柄，在明其德威；立国之权，在

---

[1] 王素点校《陆贽集》，第523页。

[2] 参见王素点校《陆贽集》，第834页。

[3] 参见杨国荣《人类行动与实践智慧》，生活·读书·新知三联书店，2013年，第26页。

审其轻重。德与威不可偏废也，轻与重不可倒持也。蓄威以昭德，偏废则危；居重以驭轻，倒持则悖。恃威则德丧于身，取败之道也；失重则轻移诸己，启祸之门也。陛下天锡勇智，志期削平，忿兹昏迷，整旅奋伐，海内震叠，莫敢宁居，此诚英主拨乱拯物，不得已而用之。然威武四加，非谓蓄矣。所可兢兢保惜，慎守而不失者，唯居重驭轻之权耳。陛下又果于成务，急于应机，竭国以奉军，倾中以资外，倒持之势，今又似焉。①

"国之安危在势"，势必有轻重②。"轻重"是权力的等差性特性，也是权力组织化形式最易观察的表相。轻重适宜意味着权责配置得当，权力组织有较强的组织行动能力。于王朝的国家治理而言，其"轻重"即为君臣、君民之间权力大小的结构性落差，也意指中央相对地方、华夏相对于四夷在物质资源及符号资源配置上的权重分异。所谓轻重失当可能意味着王廷实质权力的衰减，也可能是因认同度较低所导致的符号权力或权威的弱化。而对于帝制时代的传统中国而言，有效治理的难题，尚需追求大一统的皇权可有效应对皇权与官僚权力之间的裂痕、治理机制的弹性与限度，尤其是目标导向与激励机制之间的可能会存在的失调现象③。君主在造就或维持轻重态势时，要注意德威并重的原则，陆贽以此为国家治理的"二柄"。"二柄"之说见于《韩非子·二柄》④，不同之处在于陆贽以德威为二柄，而韩非以刑德为二柄。"柄"是君主在王朝治理中所能利用的措施与资源。所谓"威"，在指向君主对于臣民生命与资源合法处置的权力之外，同时也意指君主对于权威的利用。而权威则来自一个结构体系所具有的对于结构体内部成员行动与情感的不以暴力干涉

① 王素点校《陆贽集》，第335页。
② 王先慎撰、钟哲点校《韩非子集解》卷二〇，第470页。
③ 周雪光《中国国家治理的制度逻辑》，第418—439页。
④ 王先慎撰、钟哲点校《韩非子集解》卷二，第39页。

为特点的导向与约束力。权威的产生同样源于权力拥有者的能力，也可能产生于某种政治体内部的传统与惯例。

> 十月，泾原兵犯阙，上幸奉天。京师问至，诸将退军。李抱真将还潞泽，田悦说武俊与朱滔袭击之……贾林复说武俊曰："大夫冀邦豪族，不合谋据中华。且滔心幽险，王室强即藉大夫援之，卑即思有并吞。且河朔无冀国，唯赵、魏、燕耳。今朱滔称冀，则窥大夫冀州，其兆已形矣。若滔力制山东，大夫须整臣礼，不从，即为所攻夺，此时臣滔乎？"武俊投袂作色曰："二百年宗社，我尚不能臣，谁能臣田舍汉！"由此定计，遂南修好抱真，西连盟马燧。①

李唐二百年王朝治理所建立的政治权威，虽然受到安史之乱的强力冲击，但相较于其他新崛起的地方势力，在认可度上依然有明显的优势。此种权威，对于中晚唐中央与地方间的结构平衡至为关键②。虽然德宗朝因此而衍生出制度化的内廷系统未必符合陆贽言论的本义，但利用权威以进行社会治理的思路却并无二致。在日常的权力运作中，符号资源的认可度是观察权力权威度的重要参照，故而，重视权威则必然在意符号权力的有效度，以形成实质权力与符号权力相资为用的态势。"夫立国之道，惟义与权；诱人之方，惟名与利。名近虚而于教为重，利近实而于德为轻，凡所以裁是非、立法制者，则存乎其义。至于参虚实，揣轻重，并行而不伤，迭用而不悖，因众之欲，度时之宜，消息盈虚，使人不倦者，则存乎其权。专实利而不济之以虚，则耗匮而物力不给；专虚名而不副之以实，则诞谩

---

① 《旧唐书》卷一四二，第3874—3875页。
② 陆扬认为制度化的皇帝权威对中晚唐的影响极为深远。参见陆扬《清流文化与唐帝国》，第6页。

而人情不趋。"①名与利、实与虚的相济为用是治理成本与激励机制两重限制之下最可实现有效治理目标的政治行动的调节原则。而此种原则的具体践行则需要在"德"的上位规则的约束之下②。"德"是君主的另一大柄,在实际的政治运行中首先表现为对臣民资源需求的认可:

> 伏以初经大变,海内震惊,无论顺逆贤愚,必皆企竦观听。陛下一言失则四方解体,一事当则万姓属心,动关安危,不可不慎。臣谓当今急务,在于审察群情。若群情之所甚欲者,陛下先行之;群情之所甚恶者,陛下先去之。欲恶与天下同,而天下不归者,自古及今,未之有也。夫理乱之本,系于人心,况乎当变故动摇之时,在危疑向背之际,人之所归则植,人之所去则倾。陛下安可不审察群情,同其欲恶,使亿兆归趣,以靖邦家乎!此诚当今之所急也!③

构建上下共感的情感共同体是对于"王政"的常规设定,但情感的共同体必须建立在资源合理配置的基础之上。王朝的社会治理若欲享有德政之称,要避免对民众合理利益主张的压制及对其资源的盘剥。而对于资源合理配置的追求则必然导向对社会公平与正义的主张,由此,"德"也因之而有"义"的意涵。"势"产生于结构性的人际关系,本无善恶之分,若"势"不能以"义"相约束,极易造成灾难性的后果④。所谓君王之"义",其核心要义是在将以君主为领袖的国家政治生活纳入一个时期政治共识话语的约束之中,也即政治言行应遵循"政治正确"的原则。"且为国之道,以义训人。将教事君,

① 王素点校《陆贽集》,第449页。
② 王素点校《陆贽集》,第446页。
③ 王素点校《陆贽集》,第367页。
④ "夫势者,便治而利乱者也。"(王先慎撰、钟哲点校《韩非子集解》卷一七,第389—390页)

先令顺长。用能弭争夺之祸,绝窥觎之心。圣人所以兴敬让而服暴强,礼达而分定故也。假使士宁为将,慢上虐人,万荣怀奉国之诚,禀嫉恶之性,弃而违之,斯可矣。讨而逐之,亦可矣。谋其帅而篡其位,则不可焉。何者? 方镇之臣,事多专制,欲加之罪,谁则无辞! 若使倾夺之徒,便得代居其任,利之所在,人各有心,此源潜滋,祸必难救。非独长乱之道,亦开谋逆之端,四方诸侯,谁不解体? 得一夫而丧群帅,其何利之有焉!"[1]贞元八年(792),宣武军节度使刘玄佐病逝,其子刘士宁继任,残忍好杀,不能得众。贞元十年正月为大将李万荣所逐,朝廷以李万荣为留后。后李万荣求节钺,陆贽以"为国之道,以义训人",故建议德宗毋允万荣所请。在陆贽看来,王廷的政治举措应能够在"义以行之"的原则之下解决各类纷争,而不可以一时之便损害政治的正当原则。作为高层政治的核心成员,陆贽自然明了在均衡各种力量关系的日常政治行为中,会杂有各类不可公之于众的密室谋划,但政治行动一旦公之于众则必须完成自我的正当化。而中央相对于地方、君王相对于臣民的结构性优势,同样也可以其主张正义的能力作为考量的参照。若此种能力弱化或丧失,则此种结构即有崩坍的可能[2]。

君主以德威二柄"成势""持势",但此过程必以"成势"者对于"事态"与"情势"的把握为前提。建中四年,德宗与地方强藩多线作战,关中空虚,陆贽上《论两河及淮西利害状》:

> 臣谓幽、燕、恒、魏之寇,势缓而祸轻;汝、洛、荥、汴之虞,势急而祸重。缓者宜图之以计,今失于屯戍太多;急者宜备之以严,今失于守御不足。何以言其然也? 自胡羯称乱,首起蓟门,中兴已来,未暇芟荡,因其降将,即而抚之。朝廷置河朔于

度外，殆三十年，非一朝一夕之所急也。田悦累经覆败，气沮势羸，偷全余生，无复远略。武俊蕃种，有勇无谋……皆受田悦诱陷，遂为猖狂出师。事起无名，众情不附，进退惶惑，内外防虞。所以才至魏郊，遽又退归巢穴。意在自保，势无他图。加以洪河、太行御其冲，并、汾、洺、潞压其腹，虽欲放肆，亦何能为？又此郡凶徒，互相劫制，急则合力，退则背憎，是皆苟且之徒，必无越轶之患。此臣所以谓幽、燕、恒、魏之寇，势缓而祸轻。希烈忍于伤残，果于吞噬，据蔡、许富全之地，益邓、襄卤获之资，意殊无厌，兵且未衄，东寇则转输将阻，北窥则都城或惊。此臣所谓汝、洛、荥、汴之虞，势急而祸重。①

对事态实然的观察是造就应然之时势的前提。在事态或势态的形成中，行动者的意图、能力、策略、可资利用的资源、所处身于其中的传统与惯例以及相关行动者的应对乃至偶然的突发因素，均会以轻重不等的方式发挥影响。事态与势态有简单与复杂之别，不同的经历者或观察者也因自身身份、认知、感受与意欲的差异而产生理解上的分歧。此种分歧既有水准的高下之别，亦有价值判断上的褒贬之分。事态或势态的分析者，需要在做出描述的同时，给出其所以如此的分析。在陆贽的诸多有关于事态与势态的奏状中，在所以如此层面上的剖切分明是其极具个人化的风格，此种风格对于当时与其后的文学主张与书写实践存有不可忽视的影响②。事态与势态的实然与所以然，或许会因自然与历史条件的影响而有不同的具体形态，但作为人际活动的条件与结果，事态与势态所以如此的最终

① 王素点校《陆贽集》，第325—328页。
② 赵翼谓："是愈之先早有以古文名家者……又如陆宣公《奏议》，虽亦不脱骈偶之习，而指切事情，纤微毕到，其气又浑灏流转，行乎其所不得不行，此岂可以骈偶少之。此皆在愈之前，固已有早开风气者矣。"（赵翼著、王树民校注《廿二史札记校正》卷二〇，第442页）

依据，却受制于世人之意欲，此一点也是"成势"者必须明了的"势"之理：

> 臣闻立国之本，在乎得众，得众之要，在乎见情。故仲尼以谓"人情者，圣王之田"，言理道所由生也。是则时之否泰，事之损益，万化所系，必因人情……故喻君为舟，喻人为水。水能载舟，亦能覆舟。舟即君道，水即人情。舟顺水之道乃浮，违则没；君得人之情乃固，失则危。是以古先圣王之居人上也，必以其心从天下之心，而不敢以天下之人从其欲。乃至"兢兢业业，一日二日万机"。夫几者，事之微也。以圣人之德，天子之尊，且犹慎事之微，乃至一日万虑，岂不以居上接下，惧失其情欤？①

对于"人情"的理解，以君主的社会治理而言，必然走向富之与教之两种方式的并行。前者指向对人之所欲的满足，后者指向对人之所欲的引导与调节。意欲作为一种具有追求自我实现特点的意识能力，乃是生命活动最为基础的推动力量。意欲在所欲之对象的选择上有着极高的自由度，但生命所活动于其中的文化传统却会形成对意欲之所欲的强势制约，也正因如此，君主对于人情的理解与引导方始可能。刑与礼在帝制时代的中国，一直是君主引导与调节人之意欲最为依赖的手段，但刑与礼的制定与推行，需要"道"或"理"的支撑以提供价值判断上的最高依据，故"势态"的当然与所以然常受到理之必然及道之应然的制约。但也正如人之意欲在历史进程中的变化生新，"道"与"理"同样在具体形态上会呈现出因时而变的必要。道、理与势之变，常有几微先兆，但"几者，事之微"（《文选》卷一三），唯有极具政治判断力之人，方能洞察先机。因为"成势"有恒，故见"几"可以预知走势；因为"势"有变势，故见"几"可以应变，避免危局，以成新势。善察几者，必知"道"与"权"之间的常变

---

① 王素点校《陆贽集》，第372—373页。

相成：

> 议者谓之权宜，臣又未谕其理。夫权之为义，取类权衡。衡者称也，权者锤也。故权在于悬，则物之多少可准；权施于事，则义之轻重不差。其趣理也，必取重而舍轻；其远祸也，必择轻而避重。苟非明哲，难尽精微，故圣人贵之，乃曰："可与适道，未可与立；可与立，未可与权。"言知机之难也。今者甫平大乱，将复天衢，辇路所经，首行胁夺，易一帅而亏万乘之义，得一方而结四海之疑，乃是重其所轻，而轻其所重，谓之权也，不亦反乎！以反道为权，以任数为智，君上行之必失众，臣下用之必陷身，历代之所以多丧乱而长奸邪，由此误也。①

"权"是行动者应因情势而做出的行动选择，但"权"殊非俗常意味上的权变与权宜。陆贽以"权施于事，则义之轻重不差"，也即"权"在道、理的限度内趣理或远祸。在贞元后期逐步兴起的春秋学派②及其后继者若柳宗元的思想言论中，可以明确发现与陆贽解读理念的相近的表述，这也是陆贽在"诚"论而外，对形成中唐思想世界共识话语的另一贡献：

> 果以为仁，仁必知经，果以为智，智必知权，是又未尽于经权之道也。何也？经也者，常也；权也者，达经者也，皆仁智之事也，离之，滋惑矣。经非权则泥，权非经则悖，是二者，强名也。曰当，斯尽之矣。当也者，大中之道也，离而为名，大中之器用也。知经而不知权，不知经者也；知权而不知经，不知权者

---

① 王素点校《陆贽集》，第515—516页。
② 中唐时期的春秋学派是啖助、赵匡、陆淳三人所开创的思想学派。啖助大历五年（770）过世，留有《春秋集传集注》及《统例》的遗稿，后经赵匡、陆淳的损益编修，而于贞元十二年由时任国子博士陆淳进献于德宗，春秋学派的影响自此而影响日增。

也。偏知而谓之智,不智者也;偏守而谓之仁,不仁者也。知经者,不以异物害吾道;知权者,不以常人怫吾虑。合之于一而不疑者,信于道而已者也。

柳宗元《断刑论下》[1]

在帝制时代的学术思想史上,中唐是一个多少有些特殊的历史时段。相较于"思想平庸"的盛唐[2],中唐则因思想与知识在危机中寻求突破的冲动而颇见生机勃勃的态势。虽然相较于两宋思想的具有体系,中唐人的思考真诚而尚显质朴,但真实的焦虑与危机感,却使此时期的思考在问题与方向上具有了超越时代的恒久价值。而若重构此时期的思想世界,陆贽在后世思想史中的身影暗淡似乎多少背离了当时的历史实况。柳宗元的一个重要的思想源头是产生并成熟于吴地的春秋学派,但自春秋学派在长安的流行时间而言,同样可以视为是在陆贽言论的影响之下。经与权的关系处理,在行用的原则上,权不违道而应成道,但对于王朝治理的政治事件而言,坐而论道不若见之于行事。而在具体的政治事件中,能否做出合宜的行动判断,却依赖于事件参与者所具有的"识度"。"识度"是唐人较常使用以作为考量人物能力优劣的语词。作为一种政治生活中的综合判断能力,"识度"需要行动者明了政治运行的惯例与基本规则,同时尤其需要其对于社会不同阶层间的关系以及行动中诸多复杂而微妙的因素有一种综合把握的能力。在特定的意义上,这是一种不能传授而只能在学养累积与经验磨砺中提升且具有一定"天才"意味的特殊能力[3]:

①尹占华、韩文奇校注《柳宗元集校注》卷三,中华书局,2013年,第263—264页。
②葛兆光《中国思想史》第二卷,第9—22页。
③关于"识度"的理解,可参看黄永年《"士先器识而后文艺"正义》,《唐史论丛》第4辑,1988年,第96—108页。

夫知本乃能通于变，学古所以行于今，今之教人，则异于是。工祝陈礼乐之器而不知其情，生徒诵《礼》《乐》之文而不试以事。欲人无惑，其可得邪！将革前非，固有良术。尧、舜率天下以义，比屋可封；桀、纣率天下以暴，比屋可戮。然则上之化下，罔或不从。而三仁、四凶，较然自异，有教无类，岂虚言哉！作乐移风，闻诸昔典。夫至雅必淡，至音希声。文侯列国之贤君，犹曰"则惟恐寐"，矧彼流俗，其能化乎？将使天地同和，灾沴不作，黎人丕变，奸慝不萌。何施何为，以致于此？王者制理，必因其时，故忠敬质文，更变迭救，三代之际，罔不由之。自秦划古法，汉杂霸道，纷沦千祀，王教不兴。国家接周、隋之余，俗未淳一。处都邑者，利巧而无耻；服田亩者，朴野而近愚。尚文则弥长其浇风，复质又莫救其鄙俗。立教之本，将安所从？①

贞元元年，制举诸科的策问出于陆贽之手，上引文字出于《策问博通坟典达于教化科》。贞元七年陆贽曾以兵部侍郎知礼部贡举，拔擢韩愈、李观等二十三人，中多俊杰，有"龙虎榜"之誉。但因此次科举杂文策论的试题未能留存，故贞元元年的策题乃是考察陆贽选材理念直接的文献依据。在策问中，陆贽以对比并置的方式，将知本与通变、识古与行今、明器文与解情事诸项能力的综合观察作为人才选拔的标准，以"经术、治术，理本相通；内圣、外王，源流一贯"②为人才政治能力的典范。而此种能力，以唐人的当世评价称之，即为"识（度）"：

　　　　（崔纵）素风自远，代济忠贞，庆之所钟，继有才哲。气质

---

① 王素点校《陆贽集》，第191—192页。
② 王素点校《陆贽集》，第194页。

淳茂,识度淹通。[①]

　　(贾耽)豁达贞方,识通大体。明九域山川之要,究五方风俗之宜。恒因物情,以施教化,所莅之郡,霭其休声。[②]

　　(萧复)性质端亮,理识精敏。约己弘物,体方用圆。为邦必表其理能,及雷亟闻于鲠议。[③]

　　(杜亚)识精体要,学究宗源,妙于用而有常,通其变而能久。为理敦教化之本,立言参礼法之中,道无淄磷,行有枝叶。[④]

在《陆贽集》中,与"识度"或"识X"这类的称誉一般只会出现在文官任命的制文中,武将的制文中则多强调其"忠勇"之长[⑤]。"王言如丝,其出如纶",陆贽在制文中对于具有褒贬功能的语词的刻意选择,是其对语词在社会行动合法化中作用的认同,也是其对于王言覆盖效应的借用。"识度"在中晚唐的知识氛围中,已经成为人才认定的重要依据,也是非以吏干见长的文官回应"浮薄""迂腐"指责,确认自身行政能力的共识性标准。曾在张说《赠太尉裴公(行俭)神道碑》中所提及的初唐四杰的一段逸事,至中唐时已衍生出"士之致远,先器识而后文艺"的流行说法[⑥],并成为"文士之极任"[⑦]的中书舍人(包括后期以他官知制诰者)选任的重要标准。

---

① 王素点校《陆贽集》,第244页。

② 王素点校《陆贽集》,第242页。

③ 王素点校《陆贽集》,第214—215页。

④ 王素点校《陆贽集》,第268页。

⑤ 陆贽《李晟司徒兼中书制》:"布忠信为军声,持义烈为战器";《刘洽检校司空充诸道兵马都统制》:"秉志端亮,饬躬简俭。博厚足以容众,和易足以长人。纯孝荣亲,尽忠事国";《浑瑊京畿金商节度使制》:"忠贞博厚,温恭简肃。"(王素点校《陆贽集》,第210、262—263、266页)

⑥ 关于此问题的详细讨论,可参见黄永年《"士先器识而后文艺"正义》,《唐史论丛》第4辑,1988年,第96—108页。

⑦ 《通典》卷二一,第564页。

虽然德宗在两唐书中并无太高的评价，但也正是在建中之乱后，重回长安的德宗终于解决了关中的安全问题。自兴元元年（784）直至广明元年（880），再未出现帝王出狩的窘境，"居关中以驭天下"的态势在中晚唐复杂的权力结构中得以维持，从而为王朝的安全提供了有力的支撑。即使在贞元年间陆贽与德宗因为理念上的差异已有裂隙，贞元十一年陆贽更是被远谪忠州，但作为贞元前期重要的政治谋臣，其对于德宗朝安全之势的造就应有不容忽视的贡献。

三　天命与人力：政治人物的使命与责任

天命与人力关系的讨论，在先秦以来儒家的思想传统中，和群与己、义与利、经与权等同为核心话题，是儒家构架理论系统的重要板块①。相较于其他问题的考量对于过程、机制与原则或道理的偏重，天命与人力则更易表现为对某种状态尤其是行动结果所以如此的说明。而又因"天命"在技术或其他层面上的难以追问与不可追问，命与力的解释结构便于情感的纾解而非原因与原理的追问。虽然在儒学自身的传统中，有道德领域论力不论命、事功领域言力兼言命的共识，但因为"势"在事功领域所存在的影响，"命"受其挤压，在表达注定的、"非人力之所能为"的因果解释外，更意在做出行动责任上的分解与认定，并以对应然的理解给出对事件之实然的价值判断。在日常的知识世界中，"命与力"相对于儒家的其他语词组合具有极为强烈的情感性，也最易与个体的生命际遇形成关联，故而有着极高的使用频次与流行度。但也正因为其植入日常生活的

---

① 儒学的核心问题聚焦于天人、义利、群己、言意诸关系，儒学的转型奠基于核心问题的转移或其理解方式的转变。可参见杨国荣《善的历程——儒家价值体系的历史衍化及其现代转换》（上海人民出版社，1994年）导论部分。

强度，其所展现出的样态更能预示时代思想的某种变局。贞元十一年，主张"勿谓事不由人而自解"的陆贽被贬离长安①。贞元十九年，韩愈、柳宗元与刘禹锡之间就天人关系展开了一场具有思想史意义的论争。虽然很难直接考量陆贽在此思想事件中的实际影响，但"天论"的发生必然产生于特定的知识氛围中，同时作为政治人物，此次论争也自然会有可直接观察的文本意图。由于天人关系所具有的体系性特点以及其在儒家思想中的基础性位置，并不适宜作为中唐政治人物理论思考的直接起点，故而，在此思想的进程中，"命与力"关联所形成的时代的思想状态，更适宜成为天论产生的前导，由此，也能更有效地还原陆贽对于中唐思想世界的实际影响。

建中元年，术士桑道茂上言奉天有天子气，奏请修固奉天城防。及德宗出狩，遂因此而以国家兴亡皆有天命，事不由人②。陆贽上《论叙迁幸之由状》曰：

> 圣旨又以家国兴衰，皆有天命，今遇此厄运，应不由人者。臣志性介劣，学识庸浅，凡是占算秘术，都不涉其源流，至于兴衰大端，则尝闻诸典籍。《书》曰："天视自我人视，天听自我人听。"……此则天所视听，皆因于人，天降灾祥，皆考其德，非于人事之外，别有天命也……六经会通，皆为祸福由人，不言盛衰有命。盖人事著于下，而天命降于上。是以事有得失，而命有吉凶，天人之间，影响相准。《诗》《书》已后，史传相承，理乱废兴，大略可记。人事理而天命降乱者，未之有也；人事乱而天命降康者，亦未之有也。③

德宗因桑道茂的预言，对其出狩奉天做出了事由天命的解读，在命

---

① 王素点校《陆贽集》，第363页。
② 《资治通鉴》卷二二六，第1849页。
③ 王素点校《陆贽集》，第360—361页。

与力的理解上,德宗的言说多少背离了认可天人交相影响的知识传统。虽然其言论有回护卢杞的政治意图,并不足以视为德宗在此问题上的真实认知,但策略性的使用,却可以暴露出在当时的知识界甚至政治高层中,"人力难为,事由天定"应是一种较为流行的"命与力"的解读①。这也提示考察当世知识群体有关"命与力"的言说,对于理解政治人物相关言论所具有的"语境"意义。陆贽以"天人之间,影响相准",虽依然认可天人交感的旧传统,但强调天命不离人事,实际已经虚化了"天"的位置与影响。其对于"命与力"的阐释自思想的原创性而言并无特出之处,但其意图与价值却应在当世的知识语境中予以适恰的衡量。

德宗即位之初,锐意图治,在国家礼仪与礼制伦常领域屡有兴作,欲藉此伸张皇权②。至建中四年出狩奉天,德宗的礼制讨论与更革,主要集中于郊祀与庙制中太祖地位的确定。建中二年,朝廷欲行"丧毕而祫"之礼。九月,太常博士陈京上疏曰:

> 《春秋》之义,毁庙之主,陈于太祖,未毁庙之主,皆升合食于太祖。太祖之位,在西而东向,其下子孙,昭穆相对,南北为别,初无毁庙迁主不享之文……宜别为献祖、懿祖立庙,禘祫祭之,以重其亲;则太祖于太庙遂居东向,以全其尊。伏以德明、兴圣二皇帝,曩立庙,至禘祫之时,常用缋礼,今则别庙之制,便

---

① "又见缙等施财立寺,穷极瑰丽,每对扬启沃,必以业果为证。以为国家庆祚灵长,皆福报所资,业力已定,虽小有患难,不足道也。故禄山、思明毒乱方炽,而皆有子祸;仆固怀恩将乱而死;西戎犯阙,未击而退。此皆非人事之明征也。帝信之愈甚。公卿大臣既挂以业报,则人事弃而不修,故大历刑政,日以陵迟,有由然也。"(《旧唐书》卷一一八,第3417—3418页)
② 德宗初期在礼学领域的兴革,参见张文昌《制礼以教天下:唐宋礼书与国家社会》,第59—77页。

就兴圣庙藏祫为宜。[①]

陈京奏议尊太祖太庙东向之位，"以全其尊"；别立献祖、懿祖之庙，"以重其亲"。但时为礼仪使、太子少师的颜真卿，则明确反对禘祫礼中太祖的东向之位："太祖景皇帝以受命始封之功，处百代不迁之庙，配天崇享，是极尊严。且至禘祫之时，暂居昭穆之位，屈己申孝，敬奉祖宗，缘齿族之礼，广尊先之道，此实太祖明神悉悉之本意，亦所以化被天下，率循孝悌也。请依晋蔡谟等议，至十月祫享之日，奉献祖神主居东向之位，自懿祖、太祖洎诸祖宗，遵左昭右穆之列。此有彰国家重本尚顺之明义，足为万代不易之令典也。"[②] 颜真卿以献祖神主应居东向之位，以血统亲亲原则的强化，表明国家以孝亲之道治国为根本方略。但其与陈京均认同太祖郊祀中配天的崇高位置，则表明两人虽有在亲亲之道理解上的差异，但对于宝应元年以来，代宗朝崇树太祖郊庙礼仪位置的礼制革新[③]，态度却高度一致。相较于高祖、太宗的马上取天下的历史功绩，太祖有"受命始封之功"，代宗的礼制革新即有重功绩向受命始封过渡的意味。户崎哲彦曾依据中唐藩镇格局的政治态势，认为代宗而后尊崇有"始封"之功的太祖[④]，是为了在标示正统的同时，弱化地方藩镇以功绩为标榜的正当性[⑤]。李肇《唐国史补》载："刘太真为《陈少游行状》，比之齐桓、晋文，物议嚣腾。后坐贡院任情，责及前事，乃贬信州刺史。"[⑥] 刘太真被贬信州，乃是当时舆论环境的佐证。虽然建中二年

---

①《旧唐书》卷二六，第1000—1001页。
②《旧唐书》卷二六，第1001页。
③《旧唐书》卷二一，第836页。
④《唐会要》卷九下，第192页。
⑤参见冯茜《中晚唐郊庙礼制新变中的儒学色彩——礼制意义上的"太祖"在唐代郊庙中的出现及其地位的凸显》，《文史》2014年第3辑，第241—254页。
⑥李肇撰、王福元校注《唐国史补校注》，第127页。

之后,在禘祫礼中关于太祖神主位置的讨论至贞元十九年方始尘埃
落定,但尊崇太祖始封的历史地位却一脉相承①。出狩奉天的德宗,
自然明了代宗宝应以来试图以郊庙礼仪压制功绩取向的意图,但受
命始封的太祖,在提示祖德流长、累世之功而外,并不否认人力在受
命始封中的作用。而德宗以"国家兴衰,皆有天命",则在人力与天
命的两极关系上倒向了后者。此种理解所带来的一个潜在的危险
在于,对于人事在历史中意义的彻底否定②。当人力无关于历史的
兴亡,传统对于当下即不再具有典范的意义,"未来"的维度也无从
为当下指引方向,惟余缺少价值支撑的无目的无方向的当下生活。
在此种生活中,作为普遍之物的道与理,只是空洞的语词,圣王、经
典、制度乃至种族意识均为无根基之物。如若德宗的言论借王言
之势予以传播,所谓王业中兴则不过为梦言呓语,虚无与幻灭感将
是难以治愈的时代病症。自安史之乱发生的天宝十载至德宗出狩
奉天的建中四年,在强藩与异族强势冲击之下,曾经的盛世荣光早
已不足支撑唐人中兴梦想,德行及能力与寿夭贫富间不对等的常态
化,不断引发对于"天命"的追问:

> 属禄山肆逆,陷洛阳,公提家族避地南迁,遘疾于路,以天
> 宝十五年三月十一日,殁于汝阳溱水之上,春秋五十有三。即
> 其所而野殡,难故也。仁而不寿,才不大展,天之报善,其有
> 耶? 其无耶? ③

> 猗欤伟欤,何施而臻于此,夫盛德大业至矣! 呜呼! 善积

①朱溢《唐至北宋时期的太庙禘祫礼仪》,《复旦学报》2012年第1期,第75—
　84页。
②"夫论成败者,固当以人事为主,必推命而言,则其理悖矣……夫推命而论兴
　灭,委运而忘褒贬,以之垂诫,不其惑乎?"刘知己著、浦起龙通释《史通通释》
　第一六,第433—434页。
③周绍良、赵超主编《唐代墓志汇编》,第1812页。

　　于身，胤绝于身，天道神理，大欺我也。①

对于"天命"或"天意"的追问，通常并不企图追寻一个合乎情理的答案，而是追问者在不得不接受某种结果时，对于"不公"的情感宣泄。虽然此种情感的表述方式同样有套路化写作的可能，并不一定与特定的世态时局存有高度关联，但当此情感的宣泄与另一种和日常生活相关的文字书写形成高度呼应时，对于天命的追问，即可能意味着一个时代在社会与思想秩序上的动荡：

> 　　永徽中，卢齐卿卒亡，及苏，说见其舅李某，为冥司判官，有吏押案曰："宇文融合为宰相。"舅曰："宇文融岂堪为宰相？"吏曰："天曹符已下，数日多少，即由判官。"舅乃判一百日。既而拜宰相，果百日而罢。②

> 　　卢大惭而退。乃知结褵之亲，命固前定，不可苟求，乃验巫言有征矣。③

唐人重仕宦婚姻，但在始好意作奇的中唐传奇中，却常常出现仕宦与婚姻均为前定的程式化的情节编排。在此类文字中，无论个体尝试如何去对抗代表定命的预言，最终都不得不认可个体无力改变天命的事实，甚至"生人一饮一啄，无非前定"④。乃至于另有一类文字如《樱桃青衣》《南柯太守传》《枕中记》，则在特殊经历之后认识到世俗价值的虚幻。无论是生命过程中个体寿夭贫贵的特定际遇，还是生老病死同归寂灭的最终归宿，"天命注定"似乎成为对生命之无力及价值之虚无有刻骨体会的中唐人安顿心灵与生命机遇，最可接受

---

① 周绍良编《唐代墓志汇编》，第1823页。
② 《太平广记》卷一四六，第1051页。
③ 牛僧孺、李复言撰、程毅中点校《玄怪录　续玄怪录》，中华书局，2006年，第165页。
④ 牛僧孺、李复言撰、程毅中点校《玄怪录　续玄怪录》，第98页。

的极为有效的武器。但"天命注定"对于"人力"的压制,或导致生命
责任意识的弱化,形成诿过的风气①,同时这也是最为简易有效地
将社会现状及其分层结构予以合理化的语词,故而常会被特定群体
用作谋取私利的工具。陆贽对于德宗的回应,在此语境中,意在强
化理政者的使命与责任意识②,以应对出狩奉天的危机以及官僚尤
其是文官群体自高宗以来即已受到的"浮薄"的讥评。

贞元八年,陆贽上《论朝官阙员及刺史等改转伦序状》论及人才
任用之道:

> 右臣闻于经曰:"济济多士,文王以宁。"又曰:"无旷庶官,
> 天工人其代之。"盖谓士不可不多,官不可不备,敦付物以能之
> 义,阐恭己无为之风,此理道得失之所由也。夫圣人之于爱才,
> 不唯仄席求思而已,乃复引进以崇其术业,历试以发其器能,旌
> 善以重其言,优禄以全其操。岁月积久,声实并丰。列之于朝
> 则王室尊,分之于土则藩镇重。故《诗》序太平之君子,能长育
> 人才;《书》比梓人之理材,既勤朴斫,惟施丹臒;《礼》著造士;
> 《易》尚养贤。盖以人皆含灵,惟所诱致。如玉之在璞,抵掷则
> 瓦石,追琢则圭璋;如水之发源,壅阏则污泥,疏浚则川沼。③

国家治理的危机其核心应是人才危机,陆贽既然以天命无非人事,
则世之离乱系于人才之培养与任用,人才养成有三术、七患。人才
代有,其能否为世所用,则多系于人主用人之理念与制度之良窳。虽
"人之才性,与时升降",然以术业、器能与操行为考察要则大体相
近。由于陆贽所留存的奏议文字,其言说的对象多为德宗本人,且具

---

① 权德舆认为穷通寿夭与仁鄙枉直均为天之所赋,但历史的理乱兴衰却在于此
　 可能性之下之下的人事作为(郭广伟校点《权德舆诗文集》,第470页)。
② 德宗与李泌曾有关于"命定"的谈论(《新唐书》卷一三九,第4637页)。李泌
　 主张"主相造命,不当言命",与陆贽有大体相近的言说意图。
③ 王素点校《陆贽集》,第695—696页。

体建议又多与德宗的政治言行相关，故其政论较少士人"自我省思"的视角。但其对"人事"的揄扬以及对士人在社会治理中作用的肯定，于当时士人自省之风的强化与为士之道的凝定而言，在内在理路声气相应的同时，也提供了极为重要的政治高层的舆论支持。

唐代士人自省之风的形成，源于士人对于素业、言行与德行分离以及士人理民意识与能力弱化的自觉①。虽然对于士风的批评已习见于唐前的各类文字，即以李唐而言，亦非自中唐而始。但安史之乱前后，士人群体所逐步呈现出的焦灼感与身份认同的危机却极为独特：

> 近代无乡里之选，多寄隶京师，随时聚散，怀牒自命，积以为常。吠形一发，群响雷应，铨擢多误。知之固难，使名实两亏、朋友道薄，盖由此也。况众邪为雄，孤正失守，诱中人之性，易于不善；求便身之路，庸知直道。不从流俗，修身俟死者益寡焉。加以三尊阙师训之丧，朋友无寝门之哭，学府无衰服之制。礼亡寝远，言者为非，人从以偷，俗用不笃。
>
> 李华《正交论》②

"名实两亏、朋友道薄"是士风败坏的明证，当士风有关于天下之理乱具备共识性的约束力时，士人的此种自责在直抵内心的痛悔中，也即有了明确的欲担荷天下的责任意识③。入仕的压力、漂泊京城的聚散无根之感以及人生的穷通寿夭与德术器能之间的落差感，是此时期与士风相关的文字中最易捕捉的信息。而这也意味着中唐士人的自省之风，在指向士风重建的同时，也需要制度性的解决渠

---

① 参见王德权《修身与理物：中唐士人自省之风的两个面向》，《台湾师大历史学报》第35期，2006年，第1—48页。

② 《全唐文》卷三一七，第3216页。

③ "四人之业，士最关于风化。近代趋仕，靡然向风，致使禄山一呼而四海震荡，思明再乱而十年不复。向使礼让之道弘，仁义之道著，则忠臣孝子比屋可封，逆节不得而萌也，人心不得而摇也。"（《旧唐书》卷一一九，第3433页）

道以纾解士人的生存压力,并同时为士人参与社会治理提供稳定的
参与路径:

> 太史公云:"身修者官未尝乱也。"然则修身而不能及治者
> 有矣,未有不自己而能及民者。今之号为有志于治者,咸能知
> 民困于杼柚,罢于征徭,则曰司牧之道,莫先于简廉奉法而已。
> 其或才拘于局促,智限于罢懦,不能斟酌盈虚,使人不倦,以不
> 知事为简,以清一身为廉,以守旧弊为奉法,是心清于椳闑之
> 内,而柄移于胥吏之手。岁登事简,偷可理也;岁札理丛,则溃
> 然携矣。故曰,身修而不及理者有矣。
>
> 　　　　　　　　　　　　　　刘禹锡《答饶州元使君书》①

"修身与及物"成为重压之下士人重建身份认同的基本方式,但如何
修身以及如何及物,却殊非易于回应的问题。以前者而言,理论的
突破与制度设计的并重方能在为修身提供内在依据的同时避免将
其过于个体化的倾向。故而心性儒学的拓展、乡举里选的尝试以及
在科举考试中强化德性考察均是"修身"之问的自然延展。以后者
而言,历史价值的确认、圣王谱系的制作、经典地位的重建、典章制
度与文化本位的强化等均将成为中唐思想世界的重要话题。"古道
天道长,人道短。我道天道短,人道长……尧舜留得神圣事,百代
天子有典章。仲尼留得孝顺语,千年万岁父子不敢相灭亡。没后千
余载,唐家天子封作文宣王……周公《周礼》十二卷,有能行者知纪
纲……天能夭人命,人使道无穷。若此神圣事,谁道人道短,岂非人
道长?"②元稹的《人道短》在唐代思想史及文学史均无显赫的影响,
但其对"人道"的自信及其所涉及的领域,恰恰对"及物"做了较为全
面的覆盖,而其将天道与人道的长短的对立,也展现了天命与人力

---

① 陶敏、陶红雨校注《刘禹锡全集编年校注》,第1609页。
② 周相录校注《元稹集校注》卷二三,第690页。

之辨与天人之论惟隔一间的亲密联系。

结　语

建中四年的泾卒兵变,迫使出狩奉天的德宗调整即位之初的治理理念与措施。在陆贽的建议之下,以河朔为主的地方强藩的存在获得了制度性的确认,中唐社会也因此获得了安定,自此之后的百年,关中的地位未再受到强势挑战。陆贽尝试以藩镇格局所形成的权力关系为基础,构建存有制度保障的以“诚”为中心的双向性政治伦理关系,并由此形成李唐内部的资源配置格局。但陆贽的杂封建与郡县于一体的政治构想与德宗大一统的追求之间有着难以弥补的裂隙。相较而言,其对于“势”的构想更符合德宗朝对于“王朝安全”的目标设定。陆贽政论中对于天命与人力的解读,则对当世的社会心态与知识氛围产生了冲击,对于贞元而后的思想世界有着极为深远的影响。

第二节　元、白制诰的政治训诫与
元和长庆之际的政局

穆宗长庆三年(823),时任杭州刺史的白居易有《余思未尽加为六韵重寄微之》诗,称誉元稹变革诏令文体之功绩曰“制从长庆辞高古”[1]。“知制诰”本为李唐“文士之极任”[2],为王廷喉舌,具有极佳

---

[1] 朱金城笺校《白居易集笺校》,第1532页。此句自注曰:“微之长庆初知制诰,文格高古,始变俗体,继者效之也。”

[2]《通典》卷二一,第564页。

的政治前景与巨大的政治影响力。故而,"王言"的体式或文风的调整、变化通常有其明确的政治意图。但在后世的唐代文学研究中,由于唐诗的文体优势及学科本位的限制,即使元、白的诏令变革受到一定的关注,过于偏好书写技法的讨论,却不免与诏令作为"王言"的角色定位相偏离。而在"新体"与"旧体"讨论上以骈、散为考量标准的选取,也同样体现出古典文学研究在涉及政治话题时的应对乏力①。相较之下,历史学界对于文书行政的研究持续有年,在诏令的体制及体式与生成机制及程序、知制诰群体、诏令的政治功能等方面均有较为系统而专深的讨论②。但以上研究,以诏令的政治功能而言,则主要集中于政令发布、官员任免及事态处置之上,诏令通常作为政治事件的佐证材料出现于行文之中,而较少留意作为"王言"的诏令在形成与维护政治共识中的作用。此种作用既表现于诏令文本对于某种"共识"意图的直接表达,亦伴随于政治事件具

---

① 鞠岩《唐代制诰文改革与古文运动之关系》(《文艺研究》2011年第5期,第50—57页)自制诰改革的谱系构建中确立元、白的历史地位;王永波《元白的郎官知制诰经历与制诰文创作》(《中华文化论坛》2019年第6期,第100—107页)较为具体地分析了元白制诰的文本特点;刘曙初《制从长庆辞高古——论元白对制诰文体的改革》(《古籍研究》2005年卷下,第81—94页)对元白制诰做了详细的文本分析,并讨论了制诏"新体"与"旧体"的相关问题;周京艳《中唐元、白制诰研究》(《北京大学学报》2012年第4期,第86—94页)认为元、白制诰内容真实、形式自由,摆脱了先前制诰形式和内容上的缺点,并具有制诰少有的文学性;傅绍磊《论宦官内争与元稹及其制诰改革》(《西南交通大学学报》2009年第5期,第52—60)自内廷的政治格局讨论元稹的制诰改革,有明确的突破传统研究路径的意图;朱红霞《代天子立言:唐代制诰的生成、传播与文学研究》对制诰的生产机制等问题作了较为详尽的研究,但制诰政治功能的解读犹留存有较大的拓展空间。

② 参见本书第三章第二节第一部分。

有倾向性的行文之中①。元、白对于制诰的变革，其意图并不在于诏令语言表达的精准或质朴。重申诏令的政治训诫功能，确立适当的中央权威介入地方政治的方式，并由此为元和、长庆之际的政治生活提供规则与共识，应是元、白更为核心的政治意图。

一　"中兴"之下的挑战：元和、长庆之际的局势

元和十五年正月庚子，宪宗崩殂，穆宗继位，明年改元长庆，后安史之乱的李唐又进入了一个特定的历史时期。相较于以改变德宗朝"中央—地方"互动规则、重新制定政治秩序、有"中兴"之誉的宪宗，"再失河朔"的穆宗在两唐书中是一位守成无力的君主。但若将"德宗—宪宗—穆宗"作为一个相对完整的历史时期予以观察，宪宗对于德宗政治惯例的挑战，在穆宗时期方始得到最终的检验。自建中至长庆，乃是不同的力量交互纷争，表达诉求与底线，并经历分化与重组的历史时段②。"元和中兴"虽然一度提升了中央王廷的权威及其介入地方事务的能力，但依赖于军事征讨与赏赐利诱的运作方式，无疑会导致国家社会治理成本的激增而难以为继③。与之相应，此一时期也是一个观念纷杂、原有共识被逐步侵蚀而空洞化的思想时刻。

元和十二年，宪宗平淮西吴元济，十四年，再定淄青李师道。"自广德以来，垂六十年，藩镇跋扈河南、北三十余州，自除官吏，不

①目前在中古史研究领域，陆扬是较早关注政治之语言维度的历史学者。但由于语言与政治问题的复杂度，中古文史研究在此问题上的讨论存有极大的提升空间。

②陆扬《清流文化与唐帝国》，第19页。

③"自宪宗征四方，国用已虚，上即位，赏赐左右及宿卫诸军无节，及幽、镇用兵久无功，府藏空竭，势不能支。"（《资治通鉴》二四二，第1980页）

供贡赋，至是尽遵朝廷约束。"①通过连续的军事征讨，唐帝国稳定了河南②，并借助魏博田弘正的向化，而连带形成了对于河朔三镇的有效控制。虽然宪宗持续多年的军事行动并不能在地方行政制度上根本动摇藩镇的地位，亦无力彻底改变河北三镇的政治立场，但河南地方的"去平卢化"③以及河北"将""兵"势力的崛起④，已改变了地方节镇原有的权力结构，新的地方军事格局与新的权力结构均意味着明确新的权力边界与游戏规则的必要。洪迈在《容斋三笔》中言及安史之乱后的地方权力格局曰：

> 唐世于诸道置按察使，后改为采访处置使，治于所部之大郡。既又改为观察，其有戎旅之地，即置节度使。分天下为四十余道，大者十余州，小者二三州，但令访察善恶，举其大纲。然兵甲、财赋、民俗之事，无所不领，谓之都府，权势不胜其重，能生杀人，或专私其所领州，而虐视支郡。元结为道州刺史，作《舂陵行》，以为"诸使诛求符牒二百余通"，又作《贼退示官吏》一篇，以为"忍苦哀敛"。阳城守道州，赋税不时，观察使数诮责，又遣判官督赋，城自囚于狱。判官去，复遣官来按举。韩愈《送许郢州序》云："为刺史者常私于其民，不以实应乎府，为观察使者常急于其赋，不以情信乎州，财已竭而敛不休，人已穷而赋愈急。"韩皋为浙西观察使，封杖决安吉令孙澥至死。一时所行，大抵类此。⑤

①《资治通鉴》卷二四一，第1970页。

②安史之乱后唐帝国对河南地方藩镇的经营，参见李碧妍《危机与重构：唐帝国及其地方诸侯》第一章（北京师范大学出版社，2015年）。

③李碧妍《危机与重构：唐帝国及其地方诸侯》，第112—113页。

④秦中亮《河朔藩镇性格说再检讨——兼论魏博牙兵形象的文本建构》，《学术月刊》2019年第12期，第159—168页。

⑤洪迈《容斋随笔》，上海古籍出版社，1998年，第497页。

地方节镇对于州县的控制是其权力扩张的制度性渠道,李唐王廷自代宗时即尝试赋予州刺史相对节镇、观察的独立地位,但自代宗、德宗之际的政局走向而言,其相关政令在河南、河北等独立性较高的地区多为纸上之具文。元和时期,经过持续的军事行动,地方强藩父子相承的权力过渡方式再难为继,李唐希望主导地方州县废置与人员任免的意图,终于得到了一个有效落实的历史契机。

> （元和十四年夏四月）丙寅,诏:"诸道节度、都团练、防御、经略等使所管支郡,除本军州外,别置镇遏、守捉、兵马者,并合属刺史。如刺史带本州团练、防御、镇遏等使,其兵马额便隶此使。如无别使,即属军事。其有边于溪洞连接蕃蛮之处,特建城镇,不关州郡者,不在此限。"[1]

元和十四年,宪宗对于地方的军事行动大体告一段落。但其在制度层面确立州对于节镇、观察权限的分割,是否能够在帝国的政治运行中得到践行,原有的权力所有者群体又会展现出何种态度、采用何种应对策略,均因为元和十五年宪宗的突然死亡而充满了不确定的风险。前朝的政治设计,其政治运作的实际检验与效应,便自然而然地留给了穆宗君臣。

宪宗的努力提振了皇权的威信,但"中兴"的耀眼辉光之下,是治理成本激增所导致的生民的困窘。元稹曾作《田家词》曰:"牛吒吒,田确确,旱块敲牛蹄趵趵。种得官仓珠颗谷,六十年来兵簇簇,月月食粮车辘辘。一日官军收海服,驱牛驾车食牛肉。归来收得牛两角,重铸锄犁作斤𨫼。姑舂妇担去输官,输官不足归卖屋。愿官早胜仇早覆,农死有儿牛有犊,誓不遣官军粮不足。"[2]克制的表达之下,是诗人对生民之苦的怜悯。虽然早在贞元时期元稹即积愤于

---

①《旧唐书》卷一五,第467页。
②周相录校注《元稹集校注》,第685页。

藩镇的跋扈①，但目击生民之困，却使其试图寻找一个更为合理的治理之道。元和十三年，时为通州司马的元稹作《连昌宫词》曰："今皇神圣丞相明，诏书才下吴蜀平。官军又取淮西贼，此贼亦除天下宁。年年耕种宫前道，今年不遣子孙耕。老翁此意深望幸，努力庙谋休用兵。"②在此诗中，元稹对元和初年制举试策中已清晰表述的"销兵"观念，作了再次的确认。而白居易在伤生民之苦及主张销兵的问题上，与元稹有着高度的认同，其《策林·销兵数》曰："臣窃见当今募新兵，占旧额，张虚簿，破见粮者，天下尽是矣。斯则致众之由，积费之本也。今若去虚名，就实数，则一日之内，十已减其二三矣。若使逃不补，死不填，则十年之间，十又减其三四矣。故不散弃之，则军情无怨也；不增加之，则兵数自销也。"③无论是减轻民众负担、降低政治运作的制度成本，还是为应对中央—地方关系的新局势，"销兵"顺理成章地成为处理宪宗朝政治遗产，实现治理方略调整的一个表征④。而对于元、白而言，如何为朝野间确立稳定的共识，以解决藩镇以及其他社会问题，是二人在元和初年之后的再次合作后所面临的更为艰巨的挑战。而政治经验的增长与政治识度的提升以及二人所共同具有的"词臣"身份，使得二人的政治应对更倚重于"王言"的制度性权威⑤。

　　长庆元年四月，元稹为《戒励风俗德音》曰：

　　　　末俗偷巧，内荏外刚，卿大夫无进思尽忠之诚，多退有后言

①周相录校注《元稹集校注》，第853—854页。
②周相录校注《元稹集校注》，第706页。
③朱金城笺校《白居易集笺校》，第3510页。
④孟彦弘《"姑息"与"用兵"——朝廷藩镇政策的确立及其实施》，《唐史论丛》2010年第1期，第115—145页。
⑤陆扬《孤独的白居易：九世纪政治与文化转型中的诗人》，《北京大学学报》2019年第6期，第104—121页。

之谤；士庶人无切磋琢磨之益，多销铄浸润之谗。进则谀言诣笑
以相求，退则群居杂处以相议。留中不出之请，盖发其阴私；公
论不容之词，实生于朋党。擢一官则曰恩皆自我，黜一职则曰事
出他门。比周之迹已彰，尚矜介特；由径之踪尽露，自谓贞方。
居省寺者，不能以勤恪莅官，而曰务从简易；提纪纲者，不能以
准绳检下，而曰密奏风闻。献章疏者，更相是非；备顾问者，互
有憎爱。苟非秦镜照胆，尧羊触邪，时君听之，安可不惑？①

长庆元年三月，元稹与李德裕、李绅劾奏钱徽取士不公，穆宗诏王
起、白居易重试，黜落贵游子弟多人。四月，元稹草《戒励风俗德
音》。制文对自卿大夫至士庶人之不同阶层，居省寺者、提纪纲者
之不同身份均做了极为严厉的指斥。于元稹而言，元和、长庆之际
风气浇薄、人心窳败，言与行、名与实呈现出高度分裂的状态。官僚
全体的自利取向、军将与内廷的跋扈、士人的浮薄无一不在侵蚀着
"公""忠"等政治德性的内涵。此时期的思想世界而言，已非"二元
世界观"所能概括。毕竟，"二元的世界"在各自的领域内，依然具
有一个稳定的价值标准②。而前者，则更类似于一个表里"两歧"的
结构。公开的政治言论以德性相标榜，但实际的行动逻辑却以私
利为进退；人际交往则追逐实利、彼此相轻好为捕风之论，俯身谄
媚的话语姿态之下，多是压抑扭曲的屈辱与伤痛；是非无定，鼓筴
掉舌者众。凡此种种，均意味着这是一个诚信基础被动摇的历史
时期。

> 太行之路能摧车，若比人心是坦途。
> 巫峡之水能覆舟，若比人心是安流。

---

① 周相录校注《元稹集校注》，第1017—1018页。
② 陈弱水《唐代文士与中国思想的转型》，广西师范大学出版社，2009年，第
　67页。

人心好恶苦不常,好生毛羽恶生疮。

……

不独人间夫与妻,近代君臣亦如此。

君不见,左纳言,右内史,朝承恩,暮赐死。

行路难,不在水,不在山,只在人情反覆间。

白居易《太行路》①

"人心难测"是此时期诗文写作中,颇易观察的主题偏好。顾况《行路难》曰:"一生肝胆向人尽,相识不如不相识。"②刘禹锡《竹枝词》曰:"长恨人心不如水,等闲平地起波澜。"③权德舆《答客问》曰:"先师曰:'人藏其心,不可测度。'庄生亦云:'人心险于山川,难于知天。'噫夫!淳化为醨,利胜于义久矣。"④孟郊《择友》曰:"兽中有人性,形异遭人隔。人中有兽心,几人能真识。"⑤对于"人心"慨叹与警惕的文字所在多有,白居易的《太行路》只是当时情绪氛围中,并不特出的一篇文字⑥。在此时期的唐人小说中,常可见到道教徒炼丹而终功亏一篑以及士人遇妖的情节,虽然自小说的故事情节而言,两者间有着较为明显的差异,但"真伪"难辨却是文本中共同的思想预设。甚而在稍晚时段的小说中,开始出现老猿化形为妇人而责其夫以恩义的"人兽之别"的情节⑦。不同文本类型中,所流露出

① 朱金城笺校《白居易集笺校》,第170—171页。

②《全唐诗》卷二六五,第2934页。

③ 陶敏、陶红雨校注《刘禹锡全集编年校注》,第551页。

④ 郭广伟校点《权德舆诗文集》卷三〇,第463页。

⑤《全唐诗》卷三七四,第4213页。

⑥ 关于此时期士人道德感受的考察,可参见刘顺《中唐时期文儒的转型与宋学的开启》,《学术月刊》2009年第3期,第122—130页。

⑦ 裴铏《传奇》,《唐五代笔记小说大观》,第1145页。

的情绪感受,形成了一种迥异于盛唐时期的时代感[1]。"真假难辨"的时代感受自然有其知识论的基础,但其所展现出的日常生活领域名实的分裂,却有着明确的政治效应。虽然一个话语纷争、共识游移的时期,并不一定意味着政治的晦暗,反而会有催生知识领域应对挑战之兴趣与勇气的可能。但对于帝制时代的社会控制而言,若无"名定而实辨"的语言控制,则难有"循名责实"的政治操作[2]。

二 政治训诫:元、白制诰的文本分析

陈寅恪先生在《元白诗笺证稿》第四章《艳诗及悼亡诗》中,曾言及"凡士大夫阶级之转移升降,往往与道德标准及社会风习之变迁有关"[3],并以此解释元稹在情感上的选择,而目之为"工于投机取巧之才人"。陈先生敏锐地注意到新旧两种道德的并行所产生的对抗以及特定个体对此状态的适应与利用,自是史家的卓识。但其聚焦社会阶层变迁的研究取径,却自然难以对语言维度在政治生活中的影响予以较高的关注。虽然其亦曾留意元、白在制诰变革上的成就,但并未深论元、白的政治意图与政治效应。而关于元稹德行的评价,也让陈寅恪先生很难认可《戒励风俗德音》之类的文字并非因于惯例,而是出自一种深思熟虑的政治思考。由于两《唐书》、《资治通鉴》中对其交结宦官、与裴度交恶的书写,元稹在唐宋之后的历史

---

[1] "贺知章'金龟换酒'的那片厚意,汪伦对待朋友的那份深情,李白、杜甫、高适等人'醉眠秋共被,携手日同行'的那份惬意,处处使人感到温暖、和谐……而杜甫《忆昔》诗中所说的'天下朋友皆胶漆',正是对盛唐时代人际关系的总体印象。"(孟二冬《中唐诗歌之开拓与新变》,北京大学出版社,2006年,第8页)

[2] 参见曹峰《中国古代"名"的政治思想史研究》,上海古籍出版社,2017年,第70—71页。

[3] 陈寅恪《元白诗笺证稿》,第85页。

评价中,常被视为德难配位者①。与之同时,相较于制度的构建、谋略的规划、纷争的解决等可以具体考察的政治功绩,追求名正言顺、名以责实似乎不过是政治言论的旧调,且其成效高低亦难短期检验,故而,此类政治思考与践行常被治史者所忽视。元、白在制诰领域的变革,也由之成为文学史研究的"适恰"话题,而弱化了其作为一种社会治理方式的典范意义。

长庆三年前后,业已离开权力中枢的元稹作《制诰序》曰:

> 制诰本于《书》,《书》之诰命训誓,皆一时之约束也。自非训导职业,则必指言美恶,以明诛赏之意焉。是以读《说命》则知辅相之不易,读《胤征》则知废怠之可诛。秦汉已来,未之或改。近世以科试取士文章,司言者苟务刊饰,不根事实,升之者美溢于词,而不知所以美之之谓;黜之者罪溢于纸,而不知所以罪之之来。而又拘以属对,跼以圆方,类之于赋判者流,先王之约束,盖扫地矣。②

元和十五年五月,元稹以祠部员外郎知制诰。长庆元年十月,元稹罢学士,出为工部侍郎,其知制诰的时长不足两年。在《制诰序》中,元稹回溯了制诰的源头,并由此确定其为"一时之约束"的经典功能。其功能的践行,以"训导职业"与"指言美恶"为基本路径。元稹对于"制诰本于《书》"的强调,其根本意图,并不在于语言形式上的回复秦汉或三代。虽然,在行文中,有对近世以来之制诰"拘于属对、跼于圆方"的批评,但元、白制诰并不回避属对的使用,而是强调以制诰典范的政治功能引领其修辞技法的选择。制诰既为"一时之

---

① 元稹身后政治评价的污名化,参见吴伟斌《元稹评传》,河南人民出版社,2008年,第287—384页。
② 周相录校注《元稹集校注》,第1007页。

约束"，实可视之为政治生活中的训诫话语①。"训诫"作为一种警示性的话语表达，其首要的功能，在于提示被训诫者的制度性身份及与此相关的政治德性与能力。元和十五年，元稹草《郑涵授尚书考功郎中冯宿刑部郎中制》，词曰：

> 敕：二帝三王之所以仁声无穷，绩用明而刑罚当也。尚书郎专是两者，畴将若予？佥曰：涵文无害，可以彰善恶；宿思无邪，可以尽哀矜。庶尹百吏之能否，四海九州之性命，用汝参断，汝其戒之。夫刻则害善，放则利淫，滞则不通，流则自挠。惟是四者，时考之难。亟则失情，缓则留狱，深则碍恕，纵则生奸。惟是四者，时刑之难。八者不乱，然后可以有志于理矣。②

此篇制文为人事任免而发布，但元稹却自考功郎中与刑部郎中的制度性身份，言说其政治职责、政治德性与行政才能的相关规定与期待，乃是以具体的人事任免为契机，重申官员的"职分"意识。此制与长庆元年的《批宰臣请上尊号第二表》相参，即可见出元稹的用意。"况今四海虽清，物力方困；六戎虽伏，边备尚劳；百吏虽存，官业多旷；万目虽设，纪律未张。有此四者，不遑荒宁。思与卿士，夙夜俾乂。卿宜为我提振大法，修明政经，慭筹戎夷，阜康黎庶。四者既理，名焉用之！"③"官业多旷""纪律未张"是元稹对长庆元年政局的认知，而在同年发布的《戒励风俗德音》中，亦有大体接近的表述。在名实分裂，难以循名而责实的现状之下，若期待政治风气的改变，对于"名"的谆谆告诫，就成为"正名""名定而实辨"的前提。在政治

---

① 刘寅《"训诫"话语与加洛林时代的政治文化》对"训诫"作了以下界定："简单来说，'训诫'是一种兼具道德性、政治性和宗教性的警告，用来提醒政教人物在现世的基督教世界秩序中守持好自己的本职工作。"（《历史研究》2017年第1期，126页）
② 周相录校注《元稹集校注》，第1138—1139页。
③ 周相录校注《元稹集校注》，第1030页。

生活中，"正名"既可以新的语词来反映或引导生成特定的社会现实与思想现象，亦可表现为通过对原有语词的使用，以重申某种广义的包含观念与惯习的制度。"敕：吏部郎中杨嗣复：官天下之文武，重事也。兵部郎中二员，一在侍从，不居外省。旁求其一，颇甚难之。而执事者皆曰：'近以文章词赋之士为名辈，由此者坐至公卿，闲达宪章，用是稀少。'而吏曹郎嗣复，州里秀异，议论宏博，宜其以所长自多。然而操制吏事，细大无遗。用副简求，允谓宜称。"①制文借揄扬杨嗣复的行政之才，指斥近代文士崇尚"清流"而鄙薄实务的风习，并以"州里秀异"的表述，赞誉杨嗣复的优良品行，从而与当时关于科举、铨选与士风问题的讨论形成对话②。由于政治制度可借助强制性权力、理性算计与文化浸染的不同路径，对个体或集体行动及其自我角色定位产生约束作用③。故而，应对"官业多旷""纪律未张"以及引导政治新方向的有效方式，即是对官员制度性身份的再度确认与赋予新意。此种举措，不仅包含身份、德性与才能的种种表述，同时亦隐含了对于清晰权力边界的要求，而这也是"训诫"话语的另一政治功能。这一点对于元和、长庆之际中央—地方关系而言，正是建立互动规则与边界的重要方式。

长庆元年，元稹有《王沂可河南府永宁县令范传规可陕州安邑县令制》，文曰："敕：前汴宋亳颖等州观察推官、殿中侍御史、内供奉赐绯鱼袋王沂……比制，诸侯吏府罢则归之有司，以叙常秩。近或不时以闻，谬异前诏。朕申明之，以复故典。而去岁司徒弘以沂等入觐，因献其能。越在后庚之前，且宠上台之请。命汝好爵，时予加

---

① 周相录校注《元稹集校注》，第1137—1138。
② 参见王德权《修身与理物：中唐士人自省之风的两个面向》，《台湾师大历史学报》第35期，2006年，第1—48页。
③ 参见马雪松《政治世界的制度逻辑》，光明日报出版社，2013年，第95页。

恩,勉字邦畿,无虐黎献。"①主导地方州县官员的任命,是李唐自代宗以来遏止地方势力过大的明确的政治意图。但在中央与地方的互动中,前者的实际控制能力与其权威通常会受到地方强势力量的对抗,进而形成纸上具文与实际行政各行其是的态势。对于元和、长庆之际的王廷而言,借助宪宗的政治遗产重申制度,以此确立新时期的权力边界和互动规则,方是将宪宗时期中央—地方关系常态化的终极检验。元和初期,宪宗本即有整顿秩序的诏令发布,但并未能得到有效的执行,而元和时期的元稹正是此政治态势下的失意者。其身后,由白居易执笔的墓志中,曾追述其元和初期的政绩：

> 服除之明日,授监察御史。使于蜀,按任敬仲狱得情。又劾奏东川帅违诏条过籍税。又奏平涂山甫等八十八家冤事。名动三川,三川人慕之,其后多以公姓字名其子。朝廷病东诸侯不奉法,东御史府不治事,命公分台而董之。时有河南尉离局从军职,尹不能止。监察使死,其柩乘传入邮,邮吏不敢诘……浙右帅封杖杖安吉令至死,子不敢愬。凡此者数十事,或奏,或劾,或移,岁余皆举正之。②

元稹在监察御史任上所行使的乃是制度权力,其举措的依据同样也缘于制度条文。其本是宪宗整顿秩序的执行者,却因此而成为复杂局势下的牺牲品。漫长的外贬生涯,似乎并未改变元稹对于"制度"在政治运行中之作用的认识。在重回权力中枢后,"制度"依然是其规约政治行动逻辑、规则与权力边界最为依赖的思想资源。于此而外,经义、故事以及特定的政治情境,也会充当元、白"职分"训诫的正当性依据。

---

① 周相录校注《元稹集校注》,第1185—1186页。
② 朱金城笺校《白居易集笺校》,第3736页。

　　长庆元年,元稹有《加陈楚检校左仆射制》:"门下:昔楚师多寒,楚子巡而抚之,士皆如挟纩,明号令之可以动人也……於戏!《书》云:'功懋懋赏',言其当也;《传》曰:'舍爵策勋',言其速也。"[1]"故事"并不一定会凝定为规则或制度,但其作为示例却同样会为特定的政治行动提供正当性的依据。在元和、长庆之际的诏令中,援引历朝及当代"故事",通见于元、白二人。但在引经为据上,元稹除《尚书》《左传》外,尚有《礼记》《春秋》(《起复田布魏博节度等使制》)、《诗经》(《崔弘礼可郑州刺史制》)、《周礼》(《高端等授官制》),《论语》(《批宰臣请上尊号第二表》);而白居易元和长庆之际以中书舍人身份所草制诰,引经为据的数量则甚少,除《裴度李夷简王播郑绲杨于陵等各赐爵并回授爵制》用《礼记》而外,难得一见。制诏依经为据,本有据经立制与依经决事的文本意图,由于中书舍人在中唐以后的两制草诏格局中地位相较翰林学士已相对边缘[2],其所草诏令多与具体政务相关。白居易元和、长庆之际诏令的特点,也是遵循"职分"的表现。元稹引经为据亦非仅为行文典雅、庄重的需要,乃是试图由此将儒家义理植入政治生活,从而引导王朝政治的价值观念。其《赠田宏正母郑氏等制》曰:"门下:检校司徒田宏正母、赠韩国太夫人郑氏等,诗云:'哀哀父母,生我劬劳。''欲报之德,昊天罔极。'子欲养而亲不待之词也。朕有臣宏正等,皆社稷之臣也。或寄重股肱,或亲连肺腑。而克忠于国,克孝于家。歌康公念母之诗,感日碑见图而泣。朕方推广孝,以阐大猷,乃诏有司,

---

① 周相录校注《元稹集校注》,第1073页。

② "元和初,学士院别置书诏印。凡赦书、德音、立后、建储、大诛讨、拜免三公将相曰'制',百官班于宣政殿而听之。赐与征召、宣索处分之诏、慰抚军旅之书,祠飨道释之文,陵寝荐献之表,答奏疏赐军号,皆学士院主之,余则中书舍人主之。"(《册府元龟》卷五五〇,第6600页)另参见吴晓丰《中晚唐两制草诏格局的形成及演变》,《史学月刊》2020年第1期,第29—42页。

深惟赠典。"①制文对于臣子忠、孝的称扬及其所传递的以忠成孝的路径选择，在中唐的政治生活中并无太多的特出之处。但对于特定官僚群体封赠的制度化并以之为王廷处理中央—地方关系的重要方式，却是始于穆宗时期，其中应有元稹的贡献②。而元稹另一值得关注的贡献，是其对忠、孝内涵的具体化，并再次将政治官僚的"忠""孝"置入社会治理的框架之下，以标示权力之"公"。其奉命之作《沂国公魏博德政碑》曰：

> 陛下语宰相曰："弘正在魏，吾何患焉？"即日内出五诏，诏弘正为中书令，节度于镇。且诏父子皆为帅，以大其威。十一月甲寅，成德献状曰："弘正自去魏，魏人哭之，镇人歌之。奉宣诏条，除去僭异，犹魏政也。且臣闻之，德之至者有二，政之大者有三。三政：一曰仁，为惠政；二曰法，为善政；三曰谦，为和政。二德：一曰忠，为令德；二曰孝，为吉德。今弘正献魏博六州之地，平淄青四代之寇，入镇冀不测之泉，可以为忠矣。祖考食宗庙，父子分土疆，兄弟罗轩冕，可以为孝矣。始初，山东键闭束缚，泳而游之，歌而舞之，可以为仁矣；始初，山东逼越废怠，裁而制之，举而用之，可以为法矣；始初，山东傲狠取地，德以让之，功以助之，可以为谦矣，谦法仁孝，资之以忠，不曰德政，谓之何哉？"③

德政碑同样是中晚唐国家权力渗入地方的象征物④。其对地方的影响不仅体现于作为政治荣誉的光环、碑石形制的景观效应，同时也

---

① 周相录校注《元稹集校注》，第1254页。
② 郑雅如《亲恩难报：唐代士人的孝道实践及其体制化》，第252—253页。
③ 周相录校注《元稹集校注》，第1295—1296页。
④ 仇鹿鸣对德政碑颁授、书写与建立的相关程序与物质形态及政治功能做了较为系统的研究，但对德政碑文本的分析则未多关注。参见仇鹿鸣《权力与观众——德政碑所见唐代的中央与地方》，《唐研究》第十九卷，第79—111页。

在于德政碑文文本中观念表达所具有的传递政治共识的作用,从而会影响或改造相关区域日常的政治话语,并由之制约行动者的形象确立与行动选择。在中央控制地方能力有限或被明显弱化的时代,共识的凝定可以让地方精英形成与王廷大体相近的政治话语与修辞习惯。在此基础上,易于达成对于政治生活之性质与目标的共同理解,进而共同维护政治互动的规则、默契与平衡。元稹在德政碑中所传递的是王廷对以节镇为代表的地方官员更为具体的职分要求。而此种要求以治民理政为旨归,更成为地方难以挑战的正当性依据。长庆元年,元稹作《牛元翼可深冀州节度使制》,词曰:"夫以尔之材力,而取彼之凶残,是犹以火焚枯,以石压卵,螳臂拒辙,鸡肋承拳,万万相殊,破之必矣。而况于镇之黎人,皆朕之赤子;尔之部曲,即镇之卒徒。闻尔鼙鼓之音,怀尔椒兰之德。吾知此辈,谁不革心?尔其寒者衣之,饥者食之。无废室庐,无害农稼。苟获戎首,置之藁街。下以报忠臣之冤,上以告先帝之庙。则蚩蚩从乱,予又何诛?於戏!杀人盈城,尔其深戒;孥戮誓众,朕不忍言。"[1]是年,成德变乱,移镇未久的田弘正罹难,长安王廷不得不再次兴兵征讨。授牛元翼节度使制即草于此一时期。制文中对于百姓之苦再三致意,虽然有政治策略的考量,但对于以民生为旨归的政治理念的念兹在兹,却自有一片赤诚、蔼然动人的力量。

经义、制度、故事而外,"情境"对于话语训诫的正当与适恰,亦有着不应漠视的影响。情境中有行动者的情感、诉求、正当性资源、行动偏好、力量比对等诸多因素的交互作用,故而,对于"情境"的感受与认知,是政治识度的重要表现。在制文中,元稹展现出极佳的政治判断力。"长庆初,幽州军士作乱,诏授刘悟检校司空、幽州节度使。元稹行制曰:'朕以辽阳巨镇,自我康宁,姑欲抚之以仁,然后示之以礼,而守臣婴疾,幕吏擅权,挠政行私,亏恩剥下,过为捶楚,

---

[1] 周相录校注《元稹集校注》,第1087页。

妄作威棱,不均飨士之羊,徒养乘轩之鹤,致兹扰变,职此之由,不有将才,孰惩儿戏!'唐自广德以来,垂六十年,藩镇跋扈,河南北三十余州自除官吏,不供贡赋。此判可谓明见万里之外。"①识度是一种综观情境并能做出正确抉择而具有某种天才意味的能力,其既是唐人考量士人的流行标准,也是知制诰者能够胜任职务的内在要求。元稹的政治识度在五代宋初曾颇受称誉,但随着政治德性的污名化,在后世所建立"元才子"的经典形象中,他不再被视为李唐颇有建树的政治人物。

元稹制诰的训诫话语所指向的人员,因翰林学士制诏的特点,而主要指向中高级的官僚,但在类似于《戒励风俗德音》中亦对普通士人做出训诫,其训诫对象体现出整体覆盖的态势,而面向宦官这一特殊群体的制诏,则恰恰补足了此一整体覆盖的缺环。其《宋常春等可内侍省内仆局令制》曰:"汝其往哉,予用训尔。夫处众莫若顺,犯众则不安;约身莫若廉,奉身则不足。推是两者,引而伸之,然后入可以近天子之光,出可以护将军之旅矣。罔或失坠,以贻后艰。勉当柱国之荣,无忘立表之誓。"②"内廷权力系统的制度化"是唐德宗时代皇权主动应对危机的产物。通过参与日常政务的制度性权力的赋予,宦官成为李唐权力结构中的重要板块,也是唐代中后期诸多重大政治事件的谋划者或参与者。虽然宦官群体中不乏德才尚佳者,但饱受诟病者亦所在多有;故而,在较长的历史时期,对于宦官的群体性排斥是流行的接受态度③,元稹在后世的污名化也与其"结交宦官"存有关联。元稹的制文特别提醒宦官勿跋扈、勿贪

---

① 蒋一葵校《木石居精校八朝偶隽》卷三,《续修四库全书》集部第1714册,第618页。
② 周相录校注《元稹集校注》,第1218页。
③ 国内学界对于宦官群体正面价值的研究成果有限,其中代表性的成果为陆扬的《清流文化与唐帝国》。

娄,以谦和、廉谨为"职分"。至此,元稹的政治训诫已可完全覆盖李唐外朝与内廷的不同群体。不同群体的政治品格、行政才能、权力边界均包括于其"职分"之下,而制度、经义、故事与情境则构成了理解"职分"的依据。无论元稹通过制诰的训诫是否能够有效改变元和、长庆之际的政治文化,其具有系统的政治考量却毋庸置疑。

三 元、白制诰的形式变革

元稹制诰在文本形式上的变革,在唐代文学研究中是一个传统的话题。特别是最近十余年来,更有了较为集中的讨论[①]。但相关研究虽已能在李唐制诰脉络演进的长程视野之下,考察元稹制诰的文体变革,而于唐前尤其是两汉制诏的形态,却少有专门的比对参照。由此,便会在理解"与三代同风"的当世评价上留下有待补足的缺环。与此同时,元稹对于话语训诫的运用,以制诰最有成绩亦最有影响,但在其他文体的书写中,同样易于观察到对于话语训诫功能的强调。而若放宽考量的群体范围,也可发现,大体前后的历史时期,话语"训诫"在不同士人的言论与书写实践中均有所呈现。在此意义上,可以说,元稹制诰对于政治训诫的理解,发生于一个变革剧烈、"追寻确定性"的知识氛围中[②]。

长庆元年,白居易作《元稹除中书舍人翰林学士赐紫金鱼袋制》盛赞其能曰:

> 敕:仲尼曰:"志有之,言以足志,文以足言,言之无文,行

[①] 相关研究成果的综述见于本书导言脚注。

[②] 妹尾达彦系统谈论了九世纪的中国社会,以之为向具有近代特有的各项特征的社会转变的起点之重要时期。参见其《9世纪的转型:以白居易为例》,《唐研究》第11卷,北京大学出版社,2005年,第485—524页;其另有《韩愈与长安——9世纪的转型》,《唐史论丛》第9辑,2007年,第1—28页。

而不远。”故吾精求雄文达识之士，掌密命，立内庭。甚难其人，
尔中吾选。尚书祠部郎中、知制诰、赐绯鱼袋元稹，去年夏拔自
祠曹员外，试知制诰。而能芟繁词，划弊句，使吾文章言语与三
代同风。引之而成纶綍，垂之而为典训。凡秉笔者，莫敢与汝
争能。是用命尔为中书舍人，以司诏令。尝因暇日，前席与语，
语及时政，甚开朕心。是用命尔为翰林学士，以备访问。①

"与三代同风"是白居易对于元稹制诰之能的称誉，同样的表述也出
现于元稹《沈传师授中书舍人制》中②，可谓二人在制诰功能理解上
的共识。以《全唐文》为据，"与三代同风"除上引两例外，共十一处，
其中论唐文者三处。出现频次如此之高，也可见二人对此理解的用
心。元稹追溯诏令源头于《尚书》，既在于强调其诰誓训诫的功能，
亦有其文章体式上的借鉴意图。《尚书·大禹谟》曰：

> 帝曰："来，禹。洚水儆予，成允成功，惟汝贤……汝惟不
> 矜，天下莫与汝争能。汝惟不伐，天下莫与汝争功。予懋乃德，
> 嘉乃丕绩，天之历数在汝躬，汝终陟元后。人心惟危，道心惟
> 微，惟精惟一，允执厥中。无稽之言勿听，弗询之谋勿庸。可爱
> 非君？可畏非民？众非元后何戴？后非众罔与守邦？钦哉！
> 慎乃有位，敬修其可愿。四海困穷，天禄永终。惟口出好兴戎，
> 朕言不再。"③

《尚书》中的诰誓典训，以敬天畏民、恪尽职守为常规内容。而在文
体形式上，则主要有"尔汝"面谕的对话式；序德能、言理道再及警训
之言的层级结构；语言则以短句为主，但并不排斥偶对。在此三类
文体形式中，又尤以"尔汝"面谕与警训诫谕更具文体上的"变体"识

---

① 朱金城笺校《白居易集笺校》，第2954页。
② 周相录校注《元稹集校注》，第1109页。
③ 孔颖达《尚书正义》卷四，第93页。

别度。

　　"尔汝"面谕的言说方式,有利于拉近言说双方的情感距离,使得在上位者的训诫有与下位者同一处境的适恰与真诚。在政治生活中,政治训诫的力量并不主要来自语词的意义,而更依赖于语词与情感及其他联想的连接能力①。由"尔汝"面谕所营造的话语氛围极易形成言说双方的一体感受,故而,成为化解分歧、凝聚认同的极佳方式。《尚书》诰誓式的政治言说,无疑更能适应以"礼治"为尚的政治文化或中央王廷控制力有限的政治形势。但也因为对此一体感的要求,言说者应根据言说对象的认知与道德感受等能力的高低调整话语策略,整体而言,语义密度不宜过高。因此,政治言语行动中,简明、清晰的话语表达最为适宜。《尚书》而后至李唐,惟西汉制诏最能保有此种风格。《文心雕龙·诏策》概述制诏之历史曰:

　　　　其在三代,事兼诰誓。誓以训戒,诰以敷政,命喻自天,故授官锡胤。《易》之《姤》象:"后以施命诰四方。"诰命动民,若天下之有风矣。降及七国,并称曰命,命者,使也。秦并天下,改命曰制……观文、景以前,诏体浮杂,武帝崇儒,选言弘奥。策封三王,文同训典;劝戒渊雅,垂范后代;及制诰严助,即云厌承明庐,盖宠才之恩也。孝宣玺书,责博于陈遂,亦故旧之厚也。②

西汉诏令以武帝时期之选言弘奥、劝戒渊雅最足称道,其中又以封三王策为其典型。故而,元稹制诰"与三代同风"另一参照的典范,当为西汉武帝诏令《封广陵王策》:

　　　　维六年四月乙巳,皇帝使御史大夫汤庙立子胥为广陵王。曰:於戏!小子胥,受兹赤社!朕承祖考,维稽古建尔国家,封

①参见以赛亚·伯林著,胡自信、魏钊凌译《观念的力量》,译林出版社,2019年,第8页。
②刘勰著、詹锳义证《文心雕龙义证》,第726—736页。

于南土,世为汉藩辅。古人有言曰:"大江之南,五湖之间,其人
轻心。杨州保疆,三代要服,不及以政。"於戏! 悉尔心,战战
兢兢,乃惠乃顺,毋侗好轶,毋迩宵人,维法维则。《书》云"臣
不作威,不作福",靡有后羞。於戏! 保国艾民,可不敬与! 王
其戒之。①

西汉的文书制度承袭秦制,而又追拟周代,形成命令文书之"法
治传统"与策书之"礼治"传统并行的格局,以适应汉家杂王霸道而
治之的治国方略②。武帝封三王策模仿《尚书》,以"尔汝"面谕的谆
谆告诫,构成陈义简远而与殷勤温厚的语言风格③。元稹制诏中,颇
为明显的文体特征之一,即为此"尔汝"式体例的运用。

长庆元年,成德军乱,元稹草《起复田布魏博节度等使制》,词
曰:"田布,咨尔先臣,惟国元老,首自河朔,来朝帝庭……以尔布
《诗》《书》并习,忠孝两全。尝用魏师,克征淮蘖。素行恩信,共著
勋庸。岂无奋激之徒,为报寇仇之党? 且魏之诸将,由尔父之崇高;
魏之三军,蒙尔父之仁爱。昔既同其美利,今岂忘其深冤? 尔其淬
砺勇夫,敬恭义士。"④田弘正移镇成德,亡于兵乱,虽导源于河北强
藩极高的独立性与渐趋膨胀的利益诉求,但王廷举措失宜亦有以致
之。况长期军事行动之后,穆宗朝本已有策略调整的意图,再起兵

---

① 《史记》卷六〇,第2113页。同卷载汉武帝《封燕王策》《封齐王策》,文本语体
　相近。
② 代国玺《汉代公文形态新探》,《中国史研究》2015年第2期,第23—29页。
③ "自五十八篇而后,起衰周至五代之末,又千数百载间,其为诏令温厚简尽,而
　犹时有三代之遗法者,唯西汉为然。其进退美恶,不以溢言没其实,其申饬训
　戒者皆至诚明白,节缓而思深。至丛脞大坏之余,其施置虽已不合古道,当人
　心,然犹陈义恳到,雍容而不迫。此其一代之文流风未泯。顾犹不可及,又况
　文实兼盛哉!"《西汉诏令序》,曾枣庄等编《全宋文》第155册,上海辞书出版
　社、安徽教育出版社,2006年,第260页。
④ 周相录校注《元稹集校注》,第1079页。

锋乃是政治正确之下的被迫应对。元稹制文有对田弘正罹难的痛惜、对孝子田布的慰勉与同仇敌忾的一体之愤，但行文之中总有一缕王廷力不能致的无奈。在元稹的制文中，此种"尔汝"面谕的表述方式，颇为常见，但此制却有其特出之处。自此一制文，不仅可以观察到政治规训所试图营造的一体性的情感认同，更能感受此种训诫话语作为特定时期政治策略的限度以及其中所隐含的一定程度的无力感——这是当时中央—地方特定格局之下的文本应对。元和十五年十二月末，白居易以主客郎中知制诰，在当时的两制格局中，地位与影响不及元稹。但相较于其在早年《策林·议文章》主要自"尚质抑淫，著诚去伪"的角度，理解"与三代同风"[1]，再任词臣的白居易已认同元稹对于政治训诫的理解，其制诰也体现出在元稹主导下的变革态势。作为重要的合作者，白居易此时期的中书制诰，同样亦有对"尔汝"面谕书写方式的频繁使用。其《张聿可衢州刺史制》曰："敕：中散大夫、行尚书工部员外郎、上柱国、吴县开国男、食邑三百户张聿：内外庶官，同归共理；牧守之任，最亲吾人。盖弛张举措由其心，赏罚威福悬其手。若一日失其职，一郡非其人，而未达于朝听之间，为害已甚矣。选授之际，得不慎也？以尔聿前领建溪有理行，次临溓郡著能名，用尔所长，副吾所急。"[2]由于"尔汝"面谕式制诰的使用，受限于帝—臣之间的身份与情感距离，中书制诰因所草诏令的政治影响有限，故而，即使其采用"尔汝"面谕的书写方式，也缺少某种谆谆告诫、情意深重之感。但此类书写方式在不同等级制诰中的使用，却恰可证实此时期政治训诫尝试达成的官僚群体的覆盖效应。

　　在元、白的制诰变革之前，李唐制诏有"如西汉时文"[3]之誉者

---

① 朱金城笺校《白居易集笺校》，第3547—3548页。

② 朱金城笺校《白居易集笺校》，第2887—2888页。

③ 李舟《独孤常州集序》，《全唐文》卷四四三，第4520页。

为贾至。但贾至制诏非以"尔汝"面谕式见长，而是擅于制尾的警示训诫①。这也正是《尚书》与汉武帝封三王策的文体特征。在元、白尤其是前者的制诏中，制尾警示训诫所在多有。其文本形式之一，即以"於戏"为发端，但非位高权重者则难得一见。其《授李愿检校司空宣武军节度使制》曰："於戏！睢阳在尔之东，张巡效忠之诚尚在；夷门在尔之境，侯嬴报恩之迹犹存。又安知憧憧往来之徒，不有以仁义匡尔者？勉服休命，其惟戒之。"②《授王播刑部尚书诸道盐铁转运等使制》："於戏！知人则哲，宪考能之；顾兹不明，敢有贰事？尔其追奉先眷，佐予冲人，忠尽始终，以服休命。"③白居易《韦绶从左丞授礼部尚书薛放从工部侍郎授刑部侍郎丁公著从给事中授工部侍郎三人同制》："於戏！贞百工，平五刑，典三礼，皆重任清秩，予无爱焉。盖欲表二三子之道不虚行，而明予一人德无不报也。"④另一形式则为，无"於戏"，或无发端之辞，直接警示训诫的形式。如元稹《崔倰授尚书户部侍郎制》："朕保其始，尔思其终。始终不渝，乃可用义。"⑤白居易《武昭除石州刺史制》："尔宜酬乃己知，副我朝奖。抚獯戎杂居之俗，安离石重困之人。勉而莅之，其任不细。"⑥不同形式的警示训诫，均以对被训诫者"职分"的强调为重点。于此，足可见出元和、长庆之际政治文化的时代特点。而文学研究界对此文体现象，在思想解读而外，多自骈散之分的角度分析

---

① 贾至《命三王制》云："咨尔元子等，其敬德朕命，谦恭祗敬，以见师傅；矜庄简肃，以见众官；慈恤惠爱，以养百姓；忠恕哀矜，以折庶狱；色不可犯，以临军政；犯而必恕，以纳忠规。"（宋敏求编《唐大诏令集》卷三六，第155页）

② 周相录校注《元稹集校注》，第1063页。

③ 周相录校注《元稹集校注》，第1104页。

④ 朱金城笺校《白居易集笺校》，第2949页。

⑤ 周相录校注《元稹集校注》，第1110页。

⑥ 朱金城笺校《白居易集笺校》，第2997页。

其文体变化①。但"以儒家思想为宗旨"的表述，如若止步于一般性的结论，则不免会遮蔽政治语境的影响。在元、白制诰的训诫中，因被训诫者身份、处境与可利用资源之差异而有相异的表述，其关于儒家义理的选择，也会因事而有不同。同时，以骈散之别为视角，亦有其限度。至少在元、白制诰中，无论新体、旧体均不乏偶对者，应政治训诫所需而追求简洁、得体而从容的文本风格，才是"芟繁词、划弊句"的根本目的，骈散的技法采用要视此而定，片面追求去骈用散，或不免受当世之讥②。

结　语

自元和十五年二月，以"祠部员外郎试知制诰"至长庆元年十月罢翰林学士，元稹的词臣经历不足两年，而白居易的二任词臣的时长也大体如之。但以元稹为主导的制诰变革却在元和、长庆之际的政治史中留下了不可磨灭的痕迹。元、白以对宪宗政治遗产及穆宗朝政治现状的认识，尝试通过政治训诫强化官僚群体职分意识的方式，以期应对时代的危机，平稳实现国家治理策略的转变。经义、制度、故事与情境成为元、白政治训诫的正当性资源；制度身份、德性、才能与权力边界则成为"职分"的内涵，而其训诫则试图达成自外朝而内廷的完整覆盖。在此意图之下，元、白制诰回眸《尚书》、西汉武帝诏令，并由此完成了文本形式上的变革，达致王言"与三代同风"

---

① 鞠岩《贾至中书制诰与唐代古文运动》，《北京大学学报》2010年第4期，第74—80页。

② "贞元中，刘忠州任大夫，科选多滥进，有无名子自云山东野客，移书于刘：'……其常衮之徒，令天下受屈；且衮以小道矫俗，以大言夸时，宏辞曾下登科，平判又不入等；徒以窃居翰苑，谬践掖垣，虽十年掌于王言，岂一句在于人口！以散铺不对为古，以率意不经为奇；作者见之痛心，后来闻之抚掌。'"（王定保撰、姜汉椿校注《唐摭言校注》卷一三，第274—275页）

的政治效应。而若放宽眼界，此时期作为一个特殊的寻求确定性的历史时期，在诸如墓志、碑铭、赠序、厅壁记、箴、诫、诗等不同文体均出现了指向"职分"的训诫话语。因而，在此意义上，元、白的制诏变革实际发生于一个群体性的认知氛围之中。

第三节　历史之势与生民之意：
柳宗元政论中的政治与道德

柳宗元的政论文字以《封建论》最为系统亦最具影响，无论是以"柳宗元之论，当为万世法"[1]，还是言其"未必得圣人意"[2]，多认可其作为士人政论中"大文章"的历史定位[3]。但中唐之时，"四郊多垒"的藩镇格局，以及由宋而清皇帝专权下封建—郡县双轨的制度现实，在为后世的柳文解读提供语境指引的同时，也将问题的思考聚焦于封建与郡县制度的现实合理性上，由之弱化了柳宗元政论相对于主流观念的特出之处及其所可能具有的普遍意义[4]。而20世纪

---

[1] 苏轼《论封建》，孔凡礼点校《苏轼文集》，中华书局，2008年，第158页。

[2]《柳宗元集》，第75页。

[3] 章士钊著、郭华清校注《〈柳文指要〉校注》，世界图书出版公司，2016年，第64页。柳文的后世接受，吴文治《柳宗元资料汇编》（中华书局，2003年）做了较为全面的收录，可参看。

[4] 熊十力论汉儒四善，三为"通经致用"："非徒侈博闻，事笺注。但其致用，只在帝政之下言匡济。如辅君德，及用人行政方面，竭力以图功效。自汉以迄清世，所谓名儒名臣，经国济民之大业，不过如此。至于社会及政治上许多根本问题，如君主之权力，及贫富不均等等。汉以来儒者，似少能注意。因其只为考据之业，未知于大处用思故耳。"（熊十力《熊十力全集》第三卷，湖北人民出版社，2001年，第814—815页）

以来历史学界在方法论与历史规律探寻上的热情,虽然一度提升了柳宗元政论的典范价值,但移植于西学的文本解读,却忽略了政治与道德之分野与互动在西方政治理论中的重要影响[①],柳文在国家权力形成过程及社会治理实践中对于道德的关注,也自然难以赢得同情的理解。虽然传统中国的政治言论本即有明显的道德偏好,但"道德的政治"与"政治的道德"或因迫于现实压力,或因受限于理论自觉而缺少分疏的言说惯习,却压制了政治与道德深度思考的空间,例如权力的来源与谱系、效用与目的乃至"国家与乡里"及"国家与个人"互动的边界与规则等政治观念的一般问题均难得到一定历史深度的讨论。在此意义上,柳宗元政论对于传统政治观念的首要价值,当不在于其对于历史事件的描述是否真实、其关于历史演变的推论是否有效,而是其对于政治一般性问题的思考尝试。

一 国家权力形成及社会治理中的德性问题

对于国家权力形成过程的追溯,在儒学自身的传统中,自孔子以来逐步建立起以帝、王为分期的古史脉络。虽然孔子及其弟子所建立的古史,对于历史的开端以及国家权力的起源问题有着明显的理想化的处理方式,而多少与历史学所追求的真实拉开了距离。但帝系构建与帝德考辨及王制摹画的经学旨趣,对于人性、生活方式以及华夏文明之政教精神的影响,却极为深远[②]。故而,对于藏经于史的历史理解而言,历史"起源"的不同理解与确认,即可能隐含着在政治、人性与生活方式等理解上的差异。柳宗元对于国家权力起源的描述,虽然逻辑推论的成分要远大于考古学意义上的事实清

---

① 参见尚文华《道德与政治的分野与互动》,《哲学研究》2017年第2期,第86—94页。
② 参见陈赟《周礼与"家天下"的王制:以〈殷周制度论〉为中心》,中国人民大学
   出版社,2019年,第1—10页。

理,但其更近于荀子而疏远于孟子一系的上古文明"简史",却自然有其超越史实层面的"经学"关怀。

元和三年(808),身在永州的柳宗元作《贞符》,论曰:

> 惟人之初,总总而生,林林而群。雪霜风雨雷雹暴其外,于是乃知架巢空穴,挽草木,取皮革;饥渴牝牡之欲驱其内,于是乃知噬禽兽,咀果谷,合偶而居。交焉而争,睽焉而斗……然后强有力者出而治之,往往为曹于险阻,用号令起,而君臣什伍之法立。德绍者嗣,道怠者夺。于是有圣人焉曰黄帝,游其兵车,交贯乎其内,一统类,齐制量,然犹大公之道不克建。于是有圣人焉曰尧,置州牧四岳,持而纲之,立有德有功有能者,参而维之,运臂率指,屈伸把握,莫不率率。尧年老,举圣人而禅焉,大公乃克建。①

柳宗元所勾勒的上古文明简史,颇易见出荀子影响的痕迹。在此一文明演进的脉络中,保全生命的饮食男女之欲以及因之而生的种种纷争斗乱成为文明演进最为本原的驱动力量。相较于孔孟一系,对于人性良善的自觉,柳宗元更认同荀子关于"性本恶"的认定②。由于自然欲望的驱动,个体出于自我保全的需要而有合群的规则与生活,并逐步实现群体德性的进步,而以尧舜禅让的公天下为政治文明的巅峰。柳宗元既以"厥初罔匪极乱",世间的有序生活以"有力者出而治之"为前提,则政治组织(国家)在文明起源与存续的价值上必然优先于个人。但因此而生的问题,首先在于,在群体性的生活之前是否存有一个类似"原子式"的个体? 如若这样的个体只是一种逻辑假设,又如何回应个体在现实世界之内所必然具有的基于

①《柳宗元集》,第31页。
②关于荀子"性恶"的解读,学界颇有差异。可参看黄玉顺《中国正义论的形成——周孔孟荀的制度伦理学传统》,东方出版社,2015年,第309—449页。

血缘之上的自然认同？而若以群体生活为生命的基本事实，则在此过程中，人性或道德又会发挥何种作用？这是否意味着在文明演进过程中，道德不仅是此过程的结果，而且是在其展开伊始即为不可忽视的因素？其次，如果接受"原子式"个体的设定，也会遭遇此种个体如何展开公共生活的问题。即使出于理性的考量，有序的生活是可以实现的群体目标，但这样的生活在何种意义上是德性的？如若理性不含有德性的维度，"公天下"只是某种修辞手法的借用，而究其实不过为出于功利考量的某种均衡状态，那么理性的判断、推理与自我节制的能力又如何与道德情感与能力建立内在的关联？虽然，以上的追问有着明显的现代学术的背景，但在柳宗元的政论文字中，对如何由纷乱走向有序，由欲望走向道德的回应却随处可见。

与孔孟一系重视帝系与帝德在理解上古文明中的核心位置相类，"圣人"同样是柳宗元历史理解的关键环节：

> 呜呼！天地之道尚德而右功，帝王之政崇德而赏功。故尧、舜至德而位不及嗣，汤、武大功而祚延于世。有夏德配于二圣，而唐、虞让功焉；功冠于三代，而商、周让德焉。宜乎立极垂统，贻于后裔，当位作圣，著为世准。则涂山者，功之所由定，德之所由济，政之所由立，有天下者宜取于此。[①]

"圣人"是有功德于人世，德性与能力均可称完满而又有天赋特性的文明制作者。孔孟对于帝系与帝德的谱系构造，让"圣人"具有了相应的历史品性。以肉身方式存在的"圣人"在充任政治领导角色的同时，也使得人类文明的创造与突破乃至理想的政治生活成为可能。但"圣人"在历史演进中的意义凸显，却有着颇为明显的人为制造的痕迹。历史的解释者试图以此典范谱系的树立，以应对历史脉络建构中的难题。因为"圣人"德性与能力的完满，群体生活的困

---

① 柳宗元《涂山铭》，《柳宗元集》，第546页。

惑以及群体规则与制度、日常生活方式乃至未来的政治远景诸问题均再难产生撼动人心的力量，一切只待圣人的再次临世或生活的钟摆再次回归圣王的频次。在《涂山铭》中，柳宗元称扬圣王的功德，与孔孟的历史解读理路大体接近，但其不同之处则在于，柳宗元所生活的中唐，皇帝称圣已是李唐延续数代的政治传统，而皇帝制度也是不可挑战的政治思考的前提。"圣人"的存在，以人在生命之始的天赋差异，回避了对于个体自然平等的可能假定，在合理化等差性的社会结构分化的同时，也抑制了对于人性的思考所可能具有的颠覆效应。但在柳宗元的政论文字中，却对"圣人"的历史影响保持了极为谨慎的态度。"夫殷、周之不革者，是不得已也。盖以诸侯归殷者三千焉，资以黜夏，汤不得而废；归周者八百焉，资以胜殷，武王不得而易。徇之以为安，仍之以为俗，汤、武之所不得已也。夫不得已，非公之大者也，私其力于己也，私其卫于子孙也。秦之所以革之者，其为制，公之大者也；其情，私也，私其一己之威也，私其尽臣畜于我也。然而公天下之端自秦始。夫天下之道，理安，斯得人者也。使贤者居上，不肖者居下，而后可以理安。今夫封建者，继世而理。继世而理者，上果贤乎？下果不肖乎？则生人之理乱未可知也。将欲利其社稷，以一其人之视听，则又有世大夫世食禄邑，以尽其封略。圣贤生于其时，亦无以立于天下，封建者为之也。岂圣人之制使至于是乎？吾固曰：'非圣人之意也，势也。'"[1]"圣人"在历史演进中的作用，受到历史之势的极大制约。其对于文明的制作与开创，乃是应势而为的结果，历史自身演进的结构与态势，方是最终的决定力量。柳宗元在《封建论》中对于"圣人"的定位，在后世受到了程度不同的批评[2]。但其对于"圣人"历史作用的有意压制，当并

---

① 《柳宗元集》，第74—75页。

② 此种批评，主要聚焦于"势"与"公""私"的理解。参见《文献通考》第2060页和《朱子语类》卷一三九，第3303页。

非出于对人的观念与行动在历史进程中之影响的忽视，而是在皇帝圣化而政局又殊非太平的时局之下，对于皇权的约束尝试以及对于政治前景的谨慎乐观。"势"有"事势""时势"与"理势"之别，虽然，柳宗元对于"势"的解读偏于事势与时势，更意在强调其所具有的不可违的特性，而未能明确势中之理的"当然"之义，但对于"势"乃自然与社会自发性后果的理解，却让柳宗元颇为警惕社会治理中整体解决的思路。相较于孔孟对于"圣人"的赞誉，柳宗元则意在强调所谓"圣人"在历史中能力的限度乃至道德的瑕疵。"夫不得已，非公之大者也"，殷周封建众国并非出于公天下的政治情怀，而是迫于形势之下的顺势而为。相较于孔孟在对周礼的回眸中，由"家天下"的制度设计追求"公天下"之超越性的经学旨趣，柳宗元则表现出由经入史的理性姿态，认可历史的格局与态势在文明型构与演进中的主导作用。在其关于殷周封建制度的论述中，并未对两者间的差异过多关注，也未能理解周代的制度设计对于其后华夏文明的奠基作用，故而，难以确认人类的参与与创造在历史演进中的价值，并由此导致了其理论逻辑上的不自洽。但其尝试在政治与社会间建立关联理解的分析视角却有着超越于时代的意义。时人以为柳文"雄深雅健，似司马子长"[1]，其尤要者非为所谓文学技法与艺术风格的接近，而是"究天人之际，通古今之变"意图上的亲近。因受限于时代的学术风气与技术条件，柳宗元难以在社会形成之基础的观察与解读上展现出"历史考古"的知识深度，其对于古今之纵向维度的偏好，在司马迁以来的史学传统中，难以真正发现中央—地方之横向维度在历史解释中的价值，也自然不足以形成对原有解读模式的根本挑战[2]。

---

①韩愈《柳子厚墓志铭》，刘真伦、岳珍校注《韩愈文集汇校笺注》，中华书局，2010年，第2417页。

②管东贵《从宗法封建制到皇帝郡县制的演变——以血缘解纽为脉络》，中华书局，2010年，第125—126页。

在尝试建立政治与社会之间关联的同时，柳宗元也自政治的德性维度对社会生活做出相应的解读，"公""私"之辨遂构成其史论中极具穿透力度的组成部分。柳氏以为公共生活维度的"公"与个体以及群体维度的"私"之间，并不存有直接的对应关系，个体维度之"私"可能成就公共维度之"公"；混淆不同维度日常生活运行与凝聚的内在差异，以"公"为唯一尺度，反而会造成公共社会的失序与混乱。"私"作为一种个体或群体自爱与自我保全的情绪与诉求，并不必然导致"恶"的产生，且其存在也为意志的自我实现提供了最为根本的推动之力，进而形成社会诸层面不同的利益诉求及力量比对格局，人类生活的文明演进缘此"大势"方葆有生机。以政治的力量强化社会日常生活及整体目标上的"公"与"义"，在导致道德的虚伪和窳败的同时，也会因道德与政治过于亲密而引发权力的恐怖与生活的灾难。处身中唐士人自省与自愧风气之下的柳宗元，自然知晓道德的不足仰赖。[1]政治与道德并不产生必然的冲突，甚而有道德的政治人物是政治生活的必需，但道德一旦成为政治行动的依据与考量的根本标准，则必然导致对政治与道德的双重伤害。在国家治理的认识上，柳宗元与韩非子的思考有一定程度的重叠[2]。区分"政"与"制"，追求大公之制并以之为政治运作的规则与限度，在标榜以"生民之意"为社会治理之核心意图的同时，将具体政治行动中的动

---

[1] 杨伯在《欲采蘋花不自由：复古思潮与中唐士人心态研究》中以"自污"之说为视角，考察贞元、元和之际的政治伦理、政治人格与话语策略。（南开大学出版社，2010年，第171页）与王德权的"自省风气"说构成了一组有效认知中唐士人心态的分析框架。

[2] "且夫尧、舜、桀、纣千世而一出，是比肩随踵而生也；世之治者不绝于中，吾所以为言势者中也。中者，上不及尧、舜而下亦不为桀、纣，抱法处势则治，背法去势则乱。今废势背法而待尧、舜，尧、舜至乃治，是千世乱而一治也；抱法处势而待桀、纣，桀、纣至乃乱，是千世治而一乱也。"（王先慎撰、钟哲点校《韩非子集解》卷一七，第392页）

机与意图的善恶考量置于边缘——柳宗元对"公"的谨慎，即使是在子学重兴的中唐，也有难以掩盖的光芒：

> 子厚之论封建，不仅为从来无人写过之大文章，而且说明子厚政治理论系统，及其施行方法之全部面貌。……吾人自文中仔细看来，子厚所暗示之推广义，则由秦达唐，封建虽经秦皇大举破坏，而其残余形象及其思想，乃如野火后之春草，到处丛生。是必须有秦皇第二出现，制与情全出于公，而以人民之利安为真实对象，从思想上为封建余毒之根本肃清，此吾读《封建论》之大概领略也。①

章士钊由《封建论》而生发的思考，有着特定时代的理想气息，"制与情全出于公"的憧憬，指向对圣人出世的期待，但其也因此与柳宗元对于政治与道德复杂关联的考量失之交臂。甚而时至今日，柳宗元在公私之辨上的理论成就依然未能成为一般知识领域的常规认识。历史之势的制约以及道德与政治之间的分界，均会削弱"圣人"在社会治理与历史演变中的作用，即使柳宗元对于"圣人"的挑战并不彻底，但其形象相对于孔孟一系中的完满已颇为单薄。

　　与其"圣人"观念相呼应，柳宗元在天人关系上的主张，同样将皇权的合法与神圣天命相剥离，而以世间的德性与功绩作为衡量的标准。柳氏否定天命的存在，在天人关系上主张"天人不相与"，但其认可人受命的偶然性。"生死悠悠尔，一气聚散之。偶来纷喜怒，奄忽已复辞。为役孰贱辱？为贵非神奇。一朝纩息定，枯朽无妍媸。"②"一气聚散"的认识本有人之自然生命先天平等的理解上的可能，但若过度放大"气之清浊有体"的解释效力，则又不免将后天的差异归于先天的偶然。故而，柳宗元对于"一气聚散"的强调，自

---

① 章士钊著、郭华清校注《〈柳文指要〉校注》，第64页。
② 柳宗元《掩役夫张进骸》，《柳宗元集》，第1261页。

然会形成对现世诸多不平等现象的有力质疑：

> 余曰："嘻！世固有事去名存而冒焉若是耶？"步之人曰："子何独怪是？今世有负其姓而立于天下者，曰：'吾门大，他不我敌也。'问其位与德，曰：'久矣其先也。'然而彼犹曰'我大'，世亦曰'某氏大'。其冒于号有以异于兹步者乎？向使有闻兹步之号，而不足釜錡、钱镈、刀鈇者，怀价而来，能有得其欲乎？则求位与德于彼，其不可得亦犹是也。位存焉而德无有，犹不足大其门，然世且乐为之下。子胡不怪彼而独怪于是？"①

在柳宗元对于社会治理的构想中，"使贤者居上，不肖者居下，而后可以理安"②。分辨贤能与不肖之别，且使各当其位，是社会有序而能给民之求的前提。判定贤能的标准则在于后天的社会治理能力，即使此种能力有天赋的成分，但无论是所谓天命还是血统等先天因素均不应成为左右判断的决定因素。然而，社会生活的事实却常为贤能与不肖颠倒其位的态势③，世人不惟难以真正地识别与理解贤人，甚而会在日常接受的惯习中，认可权力结构的私化与封闭④。柳宗元尝试合理化"贱妨贵、远间亲、新间旧"的社会流动⑤，以此对抗"家天下"所极易导致的阶层固化。但权力自我复制的社会生物学倾向，在皇权的时代必然展现出对血统的高度依赖。在权力的社会基础无法根本改变的情形之下，柳宗元"旧调重弹"的"任贤"主张，既缺乏足够辨识度的制度设计，也难以对抗制度运行过程中权力群体的共谋自觉⑥，故不得不依赖于社会治理者的道德自觉，并由之

---

① 柳宗元《永州铁炉步志》，《柳宗元集》，第756页。
② 柳宗元《封建论》，《柳宗元集》，第74页。
③ 柳宗元《复吴子松说》，《柳宗元集》，第466页。
④ 柳宗元《咸宜》，《柳宗元集》，第561页。
⑤ 柳宗元《六逆论》，《柳宗元集》，第95页。
⑥ 周雪光《中国国家治理的制度逻辑》，第198页。

强化政治话语中道德化表述的强度。但道德话语的流行度与社会治理的专业化之间常错位而行,故而,柳宗元的两难,实可视为特定权力关系结构下知识群体的共有经验。因为对于人类治乱循环的历史过往的熟谙,对人类智力与道德水准的清醒[①],柳宗元在社会治理的目标设定上并无陈义过高的前景悬设。一个"理想或最好的社会"并不在其理解的视域之内,治乱依然是其进行历史评估最为基本的判定标准。虽然大体稳定而均衡的社会并非理念构想中的最佳方案,但它或许是最为有效最可追寻的总体目标[②]。但即使柳宗元虚化"圣人"在历史中的作用,且对政治与道德之间的关联保持了足够的警惕,其依然将社会有效治理的期待,聚焦于社会"贤能",期待此一群体能够具有相应的政治品行与能力,因此,在柳宗元的政论中,国家整体层面上的政治与道德的疏离在个人领域依然有着高度的关联。

二 "大人君子"的治理能力与道德责任: "明"与"志"

在儒家政治言述的传统中,人性善恶常与国家治理的方式与理念直接对应,此种对应既是理想政治的起点,也是社会治理的判准与目标。此种理解自我合法化的一个重要方式,是化国为家、化家为身,从而形成身体修辞的强大影响[③]。与之相较,对于人性能力及其与道德责任之间的关联则疏于考察。社会治理的相关规则与

---

① 柳宗元《与杨诲之书》,《柳宗元集》,第847—848页。
② 赵汀阳《历史之道:意义链和问题链》,《哲学研究》2019年第1期,第116—125页。
③ 参见杨儒宾、张再林编《中国哲学研究的身体维度》,台湾大学人文社会高等研究院东亚儒学研究中心,2018年,第167—212页。

技术的讨论,也不免处于较为边缘的位置①。但对人性善恶与道德
责任的过度偏好,却会导致儒家政论传统对于社会治理的想象,更
适合一个层级清晰且群体间互动关系极为明确而简单的"理想"社
会②。儒家政论对于社会治理的作用发挥不得不依赖于或借助于其
他思想流派的创制与影响。于此传统之下,柳宗元对于人的理解,
既出于建基于政治经验之上的谨慎,亦是其迥出时辈的识度使然。

柳宗元《天爵论》曰：

> 仁义忠信,先儒名以为天爵,未之尽也。夫天之贵斯人也,
> 则付刚健、纯粹于其躬,倬为至灵,大者圣神,其次贤能,所谓贵
> 也。刚健之气,钟于人也为志,得之者,运行而可大,悠久而不
> 息,拳拳于得善,孜孜于嗜学,则志者其一端耳。纯粹之气,注
> 于人也为明;得之者,爽达而先觉,鉴照而无隐,盹盹于独见,渊
> 渊于默识,则明者又其一端耳。明离为天之用,恒久为天之道,
> 举斯二者,人伦之要尽是焉。故善言天爵者,不必在道德忠信,
> 明与志而已矣……故人有好学不倦而迷其道挠其志者,明之不
> 至耳;有照物无遗而荡其性脱其守者,志之不至耳。明以鉴之,
> 志以取之,役用其道德之本,舒布其五常之质,充之而弥六合,
> 播之而奋百代,圣贤之事也。然则圣贤之异愚也,职此而已。
> 使仲尼之志之明可得而夺,则庸夫矣;授之于庸夫,则仲尼矣。
> 若乃明之远迩,志之恒久,庸非天爵之有级哉? 故圣人曰"敏以

①"'术'字,本非不好底事。只缘后来把做变诈看了,便道是不好。却不知天下
事有难处处,须著个巧底道理始得。当齐王见牛之时,恻隐之心已发乎中。
又见衅钟事大似住不得,只得以所不见者而易之,乃是他既用旋得那事,又不
抑遏了这不忍之心……遂不得而流行矣。此乃所谓术也。"(《朱子语类》卷五
一,第1223页)
②顾炎武《爱百姓故刑罚中》,黄汝成集释《日知录集释》卷六,第366—367页。

求之"，明之谓也；"为之不厌"，志之谓也。①

柳宗元以得天赋之刚健、纯粹之气为人之"志"与"明"，前者是一种追求生命意图自我实现而同时又具有道德意味的持久的意志力，后者则是一种极高明的判断能力。"志"与"明"相互影响，相互成就。故而，"志"作为生命意图，于圣贤君子而言，应"拳拳于得善，孜孜于嗜学"；"明"作为具有天赋特性的判断能力，则要求君子"盹盹于独见，渊渊于默识"，具备抉择生命方向以及在特定的社会环境中达成生命意图的能力。因为"明"所提示的生命方向与实践路径，"志"方能避免"迷失其道"的危险，并进而获得超越于个体意欲之上的公共性与普遍性；而"明"若无"志"之支撑，既易于丧失其德性的维度，也会失去其在追求公共福祉的实践中磨砺提升的可能②。由此，于柳宗元而言，"明"与"志"实为一体。相较于儒家好言性之善恶的传统，柳氏对于"明""志"的论述，在对善恶之所以然做出依据分析的同时，也体现出明确的在公共领域考察行动者之意图、路径与能力的特性，从而在伦理的善恶与政治的治乱之间建立起本然的关联。虽然在宋明而后的儒学谱系中，柳宗元在人物谱中并非不可或缺，但若以思想的深度而言，其在中唐乃至后世本应具有更高的思想史位置。

　　在今日文史学界关于中唐社会与思想的常规考察中，安史之乱是极易得到关注的历史事件，而隋唐政治之社会基础缓慢变化的（漫）长过程则易于受到漠视。然若以士人群体的当世言论为据，

---

① 柳宗元《天爵论》，《柳宗元集》，第79—80页。
② 虽然柳宗元以天赋之气论"明""志"，但无论是意志力还是判断力，两者均不否认后天生命经验的作用，故而在柳宗元的言述中，即使并未明确言及后天生命实践的影响，但也应是其言中之意。大陆学界对"明"在儒学思想中之作用的考察，当以杨泽波《孟子性善论研究》（上海人民出版社，2016年）最为系统深入。

则颇能见出此一群体对基层社会变化的敏感①。当朝廷—乡里关系发生重要变化时，士人在科举及官员任命制度的规约之下，不得不奔走于权门，其社会影响力的发挥也越来越依赖于制度性权力的获取。士风的窳败以及士人介入地方行使社会治理能力的弱化，导致了此时期士人自省之风的兴起②。如何有效参与社会治理，确立士人的身份认同，常常成为言语论争背后的基本共识。在此意义上，柳宗元以"志""明"共举，以明贤愚之别，但以士人参与社会治理的自觉而言，以"志"为先，似乎更能体现中唐时期的思想特点：

> 今丈人乃盛誉山泽之臞者，以为寿且神，其道若与尧、舜、孔子似不相类，何哉？又乃曰：饵药可以久寿，将分以见与，固小子之所不欲得也。尝以君子之道，处焉则外愚而内益智，外讷而内益辩，外柔而内益刚；出焉则外内若一，而时动以取其宜当，而生人之性得以安，圣人之道得以光。获是而中，虽不至耇老，其道寿矣。今夫山泽之臞，于我无有焉。视世之乱若理，视人之害若利，视道之悖若义；我寿而生，彼夭而死，固无能动其肺肝焉。昧昧而趋，屯屯而居，浩然若有余；掘草烹石，以私其筋骨而日以益愚，他人莫利，已独以愉。若是者愈千百年，滋所谓夭也，又何以为高明之图哉？③

饵药自寿或其他注目一己之私而自外于天下理乱之人，是心眼俱冷的自私者，也自然不是以尧舜孔子之道自任的同行者，士人之"志"应以世之安危、人之利病为急务。这也意味着，人性责任的自觉承担是士人身份确认的前提。因为对于世人乃至其他生命体的关切，

---

① 参见王德权《为士之道：中唐士人的自省风气》，第69—107页。
② 王德权《修身与理物：中唐士人自省之风的两个面向》，《台湾师大历史学报》第35期，2006年，第1—48页。
③ 柳宗元《答周君巢饵药久寿书》，《柳宗元集》，第840页。

人的生命具有了超越的道德意义。而同时，也因为"志"所具有的自我实现的生命冲动，对于人性责任的承担即意味着自我的生命将在特定的方向上，以历史而具体的方式加以展开，进而使个体的生命获得公共维度的存在意义并展现出相应的人生境界①：

> 彼伊尹，圣人也。圣人出于天下，不夏、商其心，心乎生民而已。曰："孰能由吾言？由吾言者为尧、舜，而吾生人尧、舜人矣。"退而思曰："汤诚仁，其功迟；桀诚不仁，朝吾从而暮及于天下可也。"于是就桀。②

贞元、永贞之际，身在长安的柳宗元曾受教于陆淳，颇受新《春秋》学派"原情为本"治经方法的影响③，在个体行动之意义的判定中，重视对行动意图的考察，并以此作为意义赋予的重要参照。伊尹五就桀而仕，故受后世儒者的非议，但柳宗元则以伊尹行动的抉择乃出于"心乎生民"，不拘浮名，不尚狷介，实为士人之典范。此种见解，亦见之于柳宗元对陆淳释"纪侯大去其国"④的称赏。圣贤之人既以"心乎生民"为本，则必然在特定的历史情境中实践其意图指向，其相应的行动能力遂由之成为目标达成的前提：

> 今之号为有志于治者，咸能知民困于杼柚，罢于征徭，则曰司牧之道，莫先于简廉奉法而已。其或材拘于局促，智限于罢儒，不能斟酌盈虚，使人不倦。以不知事为简，以清一身为廉，

---

① 参见杨国荣《论意义世界》，《中国社会科学》2009年第4期，第24页。

② 柳宗元《伊尹五就桀赞》，《柳宗元集》，第522页。

③ "是故《春秋》以权辅正，以诚断礼，正以忠道原情为本，不拘浮名，不尚狷介，从宜救乱，因时黜陟，或贵非礼勿动，或贵贞而不谅，进退抑扬，去华居实，故曰'救周之弊，革礼之薄'也。"（陆淳《春秋集传纂例》，《景印文渊阁四库全书》经部第146册，第379页）

④ 陆淳撰、柴可辅点校《春秋集传微旨》卷上，上海古籍出版社，2019年，第27页。

> 以守旧弊为奉法。是心清于棍闱之内，而柄移于胥吏之手。岁
> 登事简，偷可理也；岁札理丛，则溃然携矣。故曰，身修而不及
> 理者有矣。①

虽然在儒家的言说传统中，修身通常被设置为齐家治国的起点，但
两者间巨大的裂隙却易于被道德至上的接受惯习所掩盖，而表现出
对政治生活过于理想化的平面想象。这既压制了儒家政治学理论
的拓展空间，也会造成士人群体实际社会治理能力的弱化。柳宗元
时代的中唐，士人与乡里的分离在强化士人漂泊感的同时，也意味
着士人必须以再建"士人—乡里"关系作为自我身份确认及参与社
会治理的基本路径。社会治理发生于较为复杂的人际之间，相较于
修身主要指向自我行为与心灵状态的规约与省察，有效治理需要在
政治生活的基本共识之下，于特定的环境中实现有序的群体生活，
治理目标的达成与否依赖于行动者的判断力、技能乃至对时机、方
法与结果等因素的综合把握。在政治生活中，良善的意图并不足以
实现所追求的行动目标，故"有志于治者"须"明于治"②，而"明"者
则以"大中之道"为政治行动的基本原则：

> 果以为仁必知经，智必知权，是又未尽于经权之道也。何
> 也？经也者，常也；权也者，达经者也。皆仁智之事也。离之，
> 滋惑矣。经非权则泥，权非经则悖。是二者，强名也。曰当，斯
> 尽之矣。当也者，大中之道也。离而为名者，大中之器用也。

---

① 刘禹锡《答饶州元使君书》，陶敏、陶红雨校注《刘禹锡全集编年校注》，第
1609页。
② 在柳文中曾多次提及"明"对于生命的意义。其《零陵三亭记》曰："邑之有观
游，或者以为非政，是大不然。夫气烦则虑乱，视壅则志滞。君子必有游息之
物，高明之具，使之清宁平夷，恒若有余，然后理达而事成。"（《柳宗元集》第
737页）另《永州龙兴寺西轩记》《永州龙兴寺东丘记》《永州法华寺新作西亭
记》诸文均有论及。

> 知经而不知权,不知经者也;知权而不知经,不知权者也。偏知
> 而谓之智,不智者也;偏守而谓之仁,不仁者也。知经者,不以
> 异物害吾道;知权者,不以常人怫吾虑。合之于一而不疑者,信
> 于道而已者也。且古之所以言天者,盖以愚蚩蚩者耳,非为聪
> 明睿智者设也。①

"经"是人类漫长历史生活中所逐渐生成演化而趋稳定的制度、规
则、典范以及众人习以为常的惯习,接近于广义的制度概念。其存
在表明正当与必然在政治生活中所具有的主宰能力,但政治生活必
须面对和回应偶然的挑战,甚而此种挑战会不断祛魅正当与必然的
恒定与普遍,以提示其本所具有的偶然。偶然是政治生活难以预测
的变量,虽然"经"可为特定情境中的行动者在相关事件中建立关联
提供可能,但行动者必须能够在此指引之下做出恰当的行动应对。
因为政治生活中偶然事件的发生乃为必然,故而最大的必然正是偶
然,而偶然也因必然(正当与必然)得到理解的可能而方始事件化。
政治生活的偶然与必然要求行动者以审慎的态度与明辨的能力加
以应对,若两者皆有不足,或偏执其一,则难以达成社会有效治理的
行动目标。柳宗元所追求的"大中之道",依旧不离"志""明"合一的
基本思路。也正因对于"大中之道"的坚持,其更能在社会治理的过
程中表现出应对策略的开放性:

> 柳子曰:君子有二道,诚而明者,不可教以利;明而诚者,
> 利进而害退焉。吾为是言,为利而为之者设也。或安而行之,
> 或利而行之,及其成功,一也。吾哀夫没于利者,以乱人而自败
> 也,姑设是,庶由利之小大登进其志,幸而不挠乎下,以成其政,
> 交得其大利。吾言不得已尔,何暇从容若孟子乎? 孟子好道而

---

① 柳宗元《断刑论下》,《柳宗元集》,第91页。

无情，其功缓以疏，未若孔子之急民也。①

柳宗元虽并无明确的上智下愚不移的主张，但文本中多次言及对不同群体的区分对待，已足以表明其在关于人性的理解上与韩愈的亲近。"志"作为一种有着明确指向的意志能力，实为人"欲"之一种。柳宗元强调圣贤之志在其生命过程的展开与生命意义的确立中的作用，同样也认可普通民众对于欲望追求的合理，甚而在其文明生成演化的进程中更视之为最为本源的推动力。故而在社会治理中，柳宗元认可"利"的积极价值，但行动者对于如何达成利益的实现以及如何在大利与小利之间做出准确的判断，却殊非易事：

> 今世之嗜取者，遇货不避，以厚其室，不知为己累也，唯恐其不积。及其怠而踬也，黜弃之，迁徙之，亦以病矣。苟能起，又不艾。日思高其位，大其禄，而贪取滋甚，以近于危坠，观前之死亡不知戒。虽其形魁然大者也，其名人也，而智则小虫也。亦足哀夫！②

逐利是个体欲望的自然展开，但作为一种生命行动，需经正当性的考量，并同时应在效用的适宜及行动方式的合理有效上得到检验。因为利益通常所具有的稀缺性，无论是物质利益还是可加转换的符号利益，均要在人际互动的关系框架之下予以衡量。对于利益的过度追逐，既会导致个体生命可能空间的压缩，也会产生群体关系的失衡。社会治理者理应知晓逐利的效用与限度，也应明确欲望在日常政治社会中对民众心态及行为方式的影响，并由之选择相应的治理方式。"越人信祥而易杀，傲化而偭仁。病且忧，则聚巫师，用鸡卜。始则杀小牲；不可，则杀中牲；又不可，则杀大牲；而又不可，则诀亲戚饬死事，曰'神不置我矣'，因不食，蔽面死。以故户易耗，田

---

① 柳宗元《吏商》，《柳宗元集》，第564页。
② 柳宗元《蝜蝂传》，《柳宗元集》，第484页。

易荒,而畜字不孳。董之礼则顽,束之刑则逃,唯浮图事神而语大,可因而入焉,有以佐教化。"①民众会在日常生活中因受到欲望的支配而有诸多纷争,甚而不惜为恶以求得欲望的满足。但因群体制度与惯习的规约,行动者大多期待行动的正当性能够不受质疑。故而,如何在民众群体中建立正当性的话语资源,对于社会治理而言尤为必要。此种话语资源不追求形态的系统与深刻,而更青睐可视化程度较高且善恶二元对比分明的话语资源。与韩愈有着明确的排佛姿态不同,柳宗元对于佛道、诸子乃至地方性的知识与信仰资源,均以"佐教化"为标准加以利用。韩、柳之别,于柳宗元而言也即是孔、孟之别,孟子陈义虽高,然"好道而无情,其功缓以疏,未若孔子之急民"。在此意义上,以民生为急的柳宗元虽是一位有着极高为政热情的社会治理者,但其对于民众以及基层社会的理解,却让其较之韩愈更为理智而审慎,更强调传统的正当性资源的影响,承认"且古之所以言天者,盖以愚蚩蚩者耳"的合理。柳宗元是中唐士人群体中极少能够关注到时之古今、地之南北与民之智愚之影响,而又具有丰富社会治理经验的政治人物,其影响在宋儒而后儒学史中的低落,也恰恰反映了及物维度在儒家政论领域的相对弱势。

三　历史生活的检验:事与理的一体不二

　　台湾学者王德权曾自修身与理物的不同取向,理解中唐士人在应对时局并回应"士何事"追问的过程中所形成的取径差异,为解读中唐的思想世界及韩柳之别提供了重要的理论参照②。虽然此种分疏不免对历史事实有简化处理,但在此框架之下,某些原本处于焦点之外的言论却可因之得到重新打量的机遇。柳宗元以"及物"

①柳宗元《柳州复大云寺记》,《柳宗元集》,第752页。
②王德权《为士之道:中唐士人的自省风气》,第373页。

为士人应对危局参与社会治理的基本方式，并非是对修身问题的搁置，也非是对理论构建的漠视，而是追求在意图、路径、方式与效用的整体性中确立一种思想的效用与价值。无论中唐士人在修身与及物上有何种境界的标榜与理论的构想，若无历史生活的具体检验，则不免流于语词不及物的空转①。柳宗元对于事（物）与理（道）一体关系的主张，作为一种介入中唐思想世界与社会生活的方式，既指向以南宗禅为代表的言说风习，也在回应社会关系巨变之际士人群体所面临的挑战，而尤以后者为要。

在《柳河东文集》中，有一篇名为《东海若》的奇特文字，颇能见出柳宗元在事与理关系上的理解：

> 今有为佛者二人，同出于毗卢遮那之海，而汨于五浊之粪，而幽于三有之瓠，而窒于无明之石，而杂于十二类之蟯蚘。人有问焉，其一人曰：“我佛也，毗卢遮那、五浊、三有、无明、十二类，皆空也，一也，无善无恶，无因无果，无修无证，无佛无众生，皆无焉，吾何求也！”问者曰：“子之所言，性也，有事焉。夫性与事，一而二、二而一者也，子守而一定，大患者至矣。”其人曰：“子去矣，无乱我。”其一人曰：“嘻，吾毒之久矣！吾尽吾力而不足以去无明，穷吾智而不足以超三有、离五浊，而异夫十二类也。就能之，其大小劫之多不可知也，若之何？”问者乃为陈西方之事，使修念佛三昧一空有之说。于是圣人怜之，接而致之极乐之境，而得以去群恶，集万行，居圣者之地，同佛知见矣。

---

① 渠敬东《探寻中国人的社会生命——以〈金翼〉的社会学研究为例》：“任何社会生活的逻辑和规则都不会自行空转，倘若没有人用自己的言行和思考参与其中，没有发生在人与人之间的‘事件化’过程将这些逻辑和规则激活，没有人为自身和他人的生命历程加以‘叙述转化’和‘解释重置’，文化也便无法得到传承和延续。只有进入到具体的人的世界中，社会才会敞开、才会获得真正的生命。”（《中国社会科学》2019年第4期，第100页）

　　向之一人者，终与十二类同而不变也。①

柳宗元是中唐于佛教义理有精深理解的少数儒家士人，自称"自幼好佛，求其道积三十年"②，受天台宗的影响尤为明显，亲近天台宗"一心三观"之说，批评禅宗的自性清净、顿悟见性与返照心源③。其对禅宗的态度亦体现于被视为净土宗名文的《东海若》。该文中为佛者二人的差异，在中唐的语境中乃是禅宗与净土宗在解脱根据、修行路径与方法上的根本分歧④。而若悬置柳宗元在佛教不同宗派间的具体态度，其接受与批评的基本依据乃是"体用不二"的认知方式。《送琛上人南游序》曰："而今之言禅者，有流荡舛误，迭相师用，妄取空语，而脱略方便，颠倒真实，以陷乎己，而又陷乎人。又有能言体而不及用者，不知二者之不可斯须离也。离之外矣，是世之所大患也。"⑤南宗禅马祖一系主张"平常心是道"，于南宗乃至佛教的简易与世俗化本有推廓之力，但其风即行，遂成呵佛骂祖、蔑视经戒、无修无证的禅林习气，在消弭佛教与世俗之距离的同时，也对佛教作为一种宗教存在的依据与必要形成冲击。言体而不及用，即为事与理的两截。"体"在秦汉思想中业已成为核心概念，是理解、描述、规定形下与形上对象的本质性范畴，至王弼，"体"已具所以然之义，既是众体各别的特质，也是众体一体的依据。"用"有运用、作用、表现之义，至李唐时，以上诸义已大体齐备。而在中唐时期的佛教思想中，体用相即、理事不二及理事圆融已是极为流行的基本教义⑥，并由此推动了中国古典思想的范式由"体"向"理"的过渡。柳

---

①《柳宗元集》，第567页。

②柳宗元《送巽上人赴中丞叔父召序》，《柳宗元集》，第671页。

③参见孙昌武《柳宗元与佛教》，《文学遗产》2015年第3期，第73—81页。

④参见张勇《论柳宗元的〈东海若〉》，《文学遗产》2009年第2期，第30—35页。

⑤《柳宗元集》，第680页。

⑥参见潘桂明《中国佛教思想史稿》，江苏人民出版社，2009年，第800—801页。

宗元处此进程之中，其对语词的使用也常体、理(道)互用，虽然"理"偏于事物间关联与秩序以及对人之意味的考量，但尚未成为最高的范畴。于过渡期的思想形态而言，柳宗元对于体用相即与理事不二的使用实可大体等而视之。理(道)是以语词概念所形成的对于特定对象、领域乃至生活世界之理解的体系性的话语形式，包含对认知对象之实然、所然、应然以及当然的把握。"理"所表现的是思者对于对象的事实认知与价值评判，"事"则可以理解为人的活动及其结果①，在此意义上，"理"即为"事"。但于柳宗元而言，"理事不二"并不意在说明"理"即为"事"，而是强调无无事之理，"理"必在"事"中方有现实的品格；同时"理"也必在"事"中方能得到认知与价值层面的检验，并由之确定其效用的高低与德性的真伪。

相较于柳宗元天人之论在儒学史上的影响，其对于"事"的关注则极少能引起后世理论分析的兴趣。但也正因此一特点，柳宗元以融经入史的方式，尝试提升儒学应世的能力，并以此作为儒学确立影响的根本路径，其与韩愈、李翱一系也由此分途。"近世之言理道者众矣，率由大中而出者咸无焉。其言本儒术，则迂回茫洋而不知其适；其或切于事，则奇峭刻覈，不能从容，卒泥乎大道。甚者好怪而妄言，推天引神，以为灵奇，恍惚若化而终不可逐。故道不明于天下，而学者之至少也。"②柳宗元并不以中唐儒学的危机在于"儒以中道御群生，罕言性命，故世衰而寝息"③，而是近世儒者或空言理道而不能行用于当世，或有应世之初衷，但又不得其法，由此，儒学遂成为书斋之内的文字游戏④。儒学若欲挽救衰世，应以切事及物

①杨国荣《基于"事"的世界》，《哲学研究》2016年第11期，第76—84页。
②柳宗元《与吕道州温论非国语书》，《柳宗元集》，第822页。
③刘禹锡《袁州萍乡县杨岐山故广禅师碑》，陶敏、陶红雨校注《刘禹锡全集编年校注》，第1547页。
④柳宗元《答问》，《柳宗元集》，第433页。

为目标取向,其理道的言说应有制度依托、路径设计以及方式展演等一系列的整体思考:

> 夫皮冠者,是虞人之物也。物者,道之准也。守其物,由其准,而后其道存焉。苟舍之,是失道也。凡圣人之所以为经纪,为名物,无非道者。命之曰官,官是以行吾道云尔。是故立之君臣、官府、衣裳、舆马、章绶之数,会朝、表著、周旋、行列之等,是道之所存也。则又示之典命、书制、符玺、奏复之文,参伍、殷辅、陪台之役,是道之所由也。则又劝之以爵禄、庆赏之美,惩之以黜远、鞭扑、桎梏、斩杀之惨,是道之所行也。故自天子至于庶人,咸守其经分,而无有失道者,和之至也。失其物,去其准,道从而丧矣。①

当在最高范畴领域争胜佛老,并不在柳宗元理论构想的视域之内时,在"方内"的现实生活中,确立儒学区别于佛老的特性,让儒家之道具有了鲜明的现实品格。制度、路径与方式的形成过程,是特定的社会群体对于所遭遇问题的回应,也是群体意志的逐步成型。故而,对于"事"的注重,乃是对于制度与文化环境以及群体互动过程的焦点化。柳宗元以理事不二作为考量思想构造与实践的判准,于儒学而言,则意味着能否化民及物乃是圣贤"志"与"明"最为根本的依据之所在。

圣贤理民及物,以生民之意为"志",有超越一己之私为天下公的德性高度。但生命行动的理解有意图、方式、目标、结果以及效应等不同角度,对于行动尤其是复杂行动的德性价值的判定殊非易事,且行动的德性价值既然体现于行动者在自由抉择的条件下对生命责任的自觉承担,故而,在具体的行动境遇中才能有效考量行动的道德含量以及行动者的德性水准:

---

① 柳宗元《守道论》,《柳宗元集》,第82页。

> 天下之士为修洁者,有如河间之始为妻妇者乎? 天下之言
> 朋友相慕望,有如河间与其夫之切密者乎? 河间一自败于强暴,
> 诚服其利,归敌其夫犹盗贼仇雠,不忍一视其面,卒计以杀之,无
> 须臾之戚。则凡以情爱相恋结者,得不有邪利之猾其中耶? 亦
> 足知恩之难恃矣! 朋友固如此,况君臣之际,尤可畏哉![1]

河间妇以道德秀洁为人所称赏,但一旦力迫于外,利诱于中,即不免
为败德之人。中唐士人本即有士风窳败的社会观感,人心多伪诈,
"等闲平地起波澜"[2]也几为士人之常行。柳宗元对河间妇的书写,
实是对此时期士人好以道德标榜而实多落井下石者的愤慨。由于
道德所具有的对行动正当化的巨大能力,在士人以"生民为意"的自
我标示中,可能掩藏着以此谋私的可能,社会治理者的行动意图须
经实践的展开方能得到真伪的考量。而行动者的判断力亦同样见
之于特定境遇中选择的适恰:

> 凡大人之道有三:一曰正蒙难,二曰法授圣,三曰化及民。
> 殷有仁人曰箕子,实具兹道,以立于世。故孔子述六经之旨,尤
> 殷勤焉。当纣之时,大道悖乱,天威之动不能戒,圣人之言无
> 所用。进死以并命,诚仁矣,无益吾祀故不为;委身以存祀,诚
> 仁矣,与去吾国故不忍。具是二道,有行之者矣。是用保其明
> 哲,与之俯仰,晦是谟范,辱于囚奴,昏而无邪,隤而不息。故在
> 《易》曰"箕子之明夷",正蒙难也。及天命既改,生人以正。乃
> 出大法,用为圣师,周人得以序彝伦而立大典。故在《书》曰"以
> 箕子归,作《洪范》",法授圣也。及封朝鲜,推道训俗,惟德无
> 陋,惟人无远,用广殷祀,俾夷为华,化及民也。率是大道,藂于

---

①柳宗元《河间传》,《柳宗元集》,第1343—1344页。
②刘禹锡《竹枝词》其三,陶敏、陶红雨校注《刘禹锡全集编年校注》,第551页。

厥躬，天地变化，我得其正，其大人欤？①

社会的有效治理需要贤者居上愚者居下的分层结构，处身位置不同，则职守与责任不同，参与社会治理的方式亦有差异。大人之道有三，应时而变，处中而行。而于当世的士人群体而言，其"明"遂体现于"守官行道"原则的坚持。"孟子曰：'有官守者，不得其职则去。'然则失其道而居其官者，古人之不与也。是故在上不为抗，在下不为损，矢人者不为不仁，函人者不为不仁，率其职，司其局，交相致以全其工也。易位而处，各安其分，而道达于天下矣。且夫官所以行道也，而曰守道不如守官，盖亦丧其本矣。"②《守道论》驳斥"守道不如守官"之说，但又以"未有守官而失道，守道而失官之事者也"，则在对"官"之理解有异于时人之外，亦透漏出中唐士人在特殊的历史时局之下，对于介入社会治理不得不依赖于制度性权力之获取的事实的认可。但守道与守官之间，总不免在理想与现实、目标与路径等诸多方面难以应合的复杂态势，故而士人当秉持"方其中，圆其外"③的应世之道，以在及物与修身之间寻得平衡。惟有在具体的历史境遇中，"明"方得适恰的检验与磨练提升的机遇，士人之"志"的成就亦因之而可能。

结　语

柳宗元为文主张"得其高朗，探其深赜"④，故谈辨论理多周密精深，其政论文章实足为其中之翘楚。虽然在后世的接受中，《封建论》对于"势"的关注更易引发解读阐释的热情，但其对于公、私于政

---

① 柳宗元《箕子碑》，《柳宗元集》，第117—118页。
② 柳宗元《守道论》，《柳宗元集》，第82—83页。
③ 柳宗元《与杨诲之书》，《柳宗元集》，第848页。
④ 柳宗元《与友人论为文书》，《柳宗元集》，第829页。

治生活之影响的考察，则将政治与道德之分野与互动的考量，提升到极高的理论水准之上。因此，柳宗元对于"人"之分析，不再首先聚焦于性之善恶，而以"志"与"明"为贤愚分判的标准，也以此为达成社会有效治理的重要前提。经此迂回，道德维度的影响被重新置入政治生活。在回应中唐社会危局并确立为士之道的过程中，相较于韩愈、李翱一系偏好对于心性问题的探索，柳宗元则将理民及物作为运思的重心，并在对佛教思想的接受中形成了道在物中、理事不二的基本判断，从而为"志"与"明"现实品格的获取奠定了理论基础。虽然在宋明而后的儒学史中，柳宗元并无特出的历史位置，但若衡以中唐时期的思想实况，后世无疑错失了一位重要的思想人物，也因而与一些具有极大拓展空间的理论问题失之交臂。

第四节　中唐韩、柳文中的人性与政治

在先秦以来的思想脉络中，对于人性的理解，或处于思想论争的漩涡中心，或成为某一思想流派构建政治与社会观念的逻辑起点①。人性论所具有的思想聚合力，使其成为考量思想变迁及思想周密度的重要标尺，也是思想解读是否实现"语境化"的重要判准。今日言及中唐，总难以置身于"唐宋转型说"的影响之外，但转型在提示转向与巨变的同时，也暗示一种可以有效观察的连续脉络的存在。韩愈、柳宗元对于人性问题的讨论，自理论的新创而言，似乎并无突出的思想史位置。后世接受中对于道统谱系与文道关系的焦点化，在确立韩、柳历史地位的同时，也自然而然地遮蔽了对此问题

---

① 徐复观《中国人性论史（先秦篇）·序》，上海三联书店，2001年，第2页。

关注的必要与兴致①。由此，韩愈、柳宗元即使在文学史、哲学史研究中拥有无可替代的影响力，但基于历史处境与生存经验的思想言说却可能因一种过度文本化的解读倾向，而难以得到应有的"语境化"的理解。如若将韩、柳的文本书写视为对中唐政治与社会危机的回应，则思想的新创乃至技法的更新或许也是问题回应过程中的衍生效应。韩、柳在人性的基本理解上与荀子为近②，并非仅为纯粹的理论兴趣使然，中唐时期的历史事件与政治态势的冲击应亦有以致之。在此过程中，韩、柳间的思想差异逐步清晰，中唐而后，人性（理、气）、忠孝以及意（心、理）与事等问题占据思想光谱中心位置的格局也于此见其端倪。

一 中唐时期的虐杀及相食与性三品说

自孔子主张"为仁由己"，将对"礼"的贯彻与落实植根于个体为人的自觉，进而至子思以"天命之谓性"、孟子曰"人有四端"，在天人关系的框架中，认定个体生命的自然价值，"天地之性人为贵"③已

---

① 冯友兰先生《中国哲学史》第十章第一节专论韩愈，以其"真可为宋明道学家先驱之人"，但对其《原性》篇则着墨甚少。相较而言，李翱所受的关注则更高（华东师范大学出版社，2000年，第197—204页）。劳思光先生虽对韩愈《原性》有较为详细的论述，但对其"性三品"说，则曰："此盖因韩氏对孟荀二家之说均不深知其义，而于此处所关涉之哲学问题亦不能掌握。"（《新编中国哲学史》三卷上，广西师范大学出版社，2005年，第20页）钱穆先生《朱子新学案》释《语类》相关段落曰："韩愈之只将仁义礼智说性，是能在人性与物性之同中求异，又能于人与人性之异中求同，故朱子赞其识见之高。然少说一气字，则亦是论性不备也。"相较冯、劳二位先生，钱穆先生予韩愈《原性》较高的认可。（《朱子新学案（二）》，九州出版社，2011年，第18页）

② 关于荀子"性恶"的解读，学界颇有差异。可参看黄玉顺《中国正义论的形成——周孔孟荀的制度伦理学传统》，东方出版社，2015年，第309—449页。

③ 《孝经注疏》卷五，阮元校刻《十三经注疏》，第2553页。

可视为儒家在人性理解上的基本共识。期间虽有荀子一系以性恶立说，但亦同样自人性能力层面肯定生命"最为天下贵"的价值。当个体的生命拥有天赋的价值之时，作为类别的人即拥有了超越于伦理与政治之上的维度。即使等差依然是处理人际关系的重要原则，但相互救助及不可杀人却是不可突破的人之为人的底线，这也意味着人对于自我以及他人有天然的人性责任。虽然，在漫长的历史进程中，对于人之生命的残害乃至虐杀屡见不鲜，提示着一种理念即使在得到制度保障的前提之下，依然会因制度的执行能力以及行动者个人或群体的认知能力与惯习的限制，而难以形成对现实生活的全面覆盖。但只要此种理念存在并发挥着不可忽视的影响力，对于生命的剥夺即需要相应的合理化过程，更遑论对于生命的残害与虐杀[①]。

元和元年(806)，宪宗因西川节度使刘辟出兵东川，下令征讨。九月，战事结束，刘辟被擒，后处死于长安。韩愈《元和圣德诗》对行刑过程有颇为详细的记述：

> 来献阙下，以告庙社。周示城市，咸使观睹。解脱挛索，夹以砧斧。婉婉弱子，赤立偃偻。牵头曳足，先断腰膂。次及其徒，体骸撑挂。末乃取辟，骇汗如寫。挥刀纷纭，争刌脍脯。[②]

血腥、恐怖的行刑过程被记录于以圣德为名的四言诗中，与以祥瑞毕呈、年丰民乐、万国来朝为样板景观的书写传统拉开了足够的距离，韩愈也因此写法受到后世的批评。《元和圣德诗》对于刑杀细节的书写有着明确的放大事件效应，以震慑藩镇的意图，但此种笔法所传递的对于生命的态度，应可成为理解韩愈人性观念的重要线

---

① 卜正民等所著《杀千刀——中西视野下的凌迟处死》对中国历史上的"合法"虐杀有过系统的讨论，但详于宋后，于唐代关注有限。

② 钱仲联集释《韩昌黎诗系年集释》，第628页。

索。虽然对于生命的虐杀，秦汉以来并非鲜见，但对于生命自然价值的认可，也在此历史时段中自文本理念而成为一种极有影响的政治价值。《汉书·董仲舒传》载其策论曰：

> 人受命于天，固超然异于群生，入有父子兄弟之亲，出有君臣上下之谊，会聚相遇，则有耆老长幼之施；粲然有文以相接，驩然有恩以相爱，此人之所以贵也。生五谷以食之，桑麻以衣之，六畜以养之，服牛乘马，圈豹槛虎，是其得天之灵，贵于物也。故孔子曰："天地之性人为贵。"①

董仲舒以为"人"有德性与智慧，可役使万物以为己用，故而"为贵"。在两汉的经学义解与政治言论中，"天地之性人为贵"多次见于经注、奏疏及诏令，实可视为当世知识与政治领域的价值共识②。在律令领域，其影响亦在逐步提升，而展现为对于生命自然原则优先的主张。《后汉书·张敏传》曰："敏复上疏曰：'……臣伏见孔子垂经典，皋陶造法律，原其本意，皆欲禁民为非也。未晓《轻侮》之法将以何禁？ 必不能使不相轻侮，而更开相杀之路，执宪之吏复容其奸枉。议者或曰：'平法当先论生。'臣愚以为天地之性，唯人为贵，杀人者死，三代通制。"③张敏以"天地之性，唯人为贵"为理据，试图以刑止杀，介入民间复仇，阻止"反开杀路"的《轻侮法》的推行。虽然在魏晋南北朝时期，因为律令"准五服以制罪"，生命的伦理原则有逐步强化的明确倾向，但也只是在特殊的生命事件中形成对人性自然价值的局部冲击。正史叙事中对于"纵囚归狱"的频繁书写所

---

① 《汉书》卷五六，第2516页。
② 关于此问题的分析，可参见陈壁生《经义与政教——以〈孝经〉"天地之性人为贵"为例》，《中国哲学史》2015年第2期，第56—63页。
③ 《后汉书》卷四四，第1503页。

营造的重视生命的文化氛围①，以及官方诏令中对于人性自然价值的认可②，则构成了隋唐之际理解个体生命的基本语境。虽然唐太宗纵囚归狱的举措，一试辄止，但贞观时期对于人性的理解所保有的温情③，对于逐步进入律令制时代的唐人而言，依然是颇可珍视的政治遗产。贞观十七年，"兰成坐腰斩。右武候将军丘行恭探兰成心肝食之；上闻而让之曰：'兰成谋反，国有常刑，何至如此！若以为忠孝，则太子诸王先食之矣，岂至卿邪！'行恭惭而拜谢。"④太宗在谋反案中，强调"国有常刑"，反对在此过程中有违人之常情的举动，无疑明确了反对虐杀生命的官方姿态。高宗以至玄宗时期的诏令中，轻刑重生一直是唐王朝基本的政治理念。李唐前期的政治生活中虽偶有生命虐杀事件的发生，但并不足以挑战"天地之性人为贵"的认知氛围⑤。相较于白居易《七德舞》以"死囚四百来归狱"⑥为贞观之德政，韩愈《元和圣德诗》对于生命的书写则有了太多令阅读者毛骨悚然的血腥与恐怖。但颂诗的题材特性，却决定了书写者在此问题上并非时代的异议者，而这也意味着一个历史时期对于人性

---

① 中古历史对于"纵囚归狱"的书写，可参看陈爽《纵囚归狱与初唐的德政制造》，《历史研究》2018年第2期，第18—34页。

② 《隋书》卷七三："于是悉召流人，并令携负妻子俱入，赐宴于殿庭而赦之。乃下诏曰：'凡在有生，含灵禀性，咸知好恶，并识是非。若临以至诚，明加劝导，则俗必从化，人皆迁善。'"（第1686页）

③ 《新唐书》卷五六："（贞观四年）太宗尝览《明堂针灸图》，见人之五藏皆近背，针灸失所，则其害致死，叹曰：'夫棰者，五刑之轻；死者，人之所重。安得犯至轻之刑而或致死？'遂诏罪人无得鞭背。"（第1409页）

④ 《资治通鉴》卷一九六，第1573页。

⑤ 以上两种对于生命的虐杀在唐代前期已然存在，但其出现的频次较低，且合法度有限。贞观初王君操报父仇，"剔其心肝"（《新唐书》卷一九五，第5585页）。神龙元年，"诛易之、昌宗于迎仙院，及其兄昌期、同休、从弟景雄皆枭首天津桥，士庶欢踊，脔取之，一夕尽"（《新唐书》卷一〇四，第4016页）。

⑥ 朱金城笺校《白居易集笺校》，第140页。

理解上的变化。

自安史之乱始,指向生命的虐杀及相食事件频繁出现。在此类事件中,"刳其心肝"与"脔(杀)而食之"的处置方式最为典型。天宝十五载,"安禄山使孙孝哲杀霍国长公主及王妃、驸马等于崇仁坊,刳其心,以祭安庆宗"①。至德元年,张巡、许远困守睢阳,粮尽食人;鲁炅被围南阳,人相食。建中四年,"(石)演芬乃使门客郜成义密疏,具言怀光无状,请罢其总统……怀光使左右脔食之,皆曰:'此忠烈士也!可令速死。'乃以刀断其颈"②。贞元十五年,宣武节度董晋卒,军情不安,"(陆)长源性刚不适变,又不为备。才八日,军乱,杀长源及叔度等,食其肉,放兵大掠"③。元和二年,浙西李锜策动兵变,"因给冬服,锜坐幄中,以挽硬、蕃落自卫,(王)澹与中使入谒,既出,众持刀嫚骂,杀澹食之。监军使遣牙将赵琦慰谕,又食之"④。元和中,"蔡将有李端者,过溵河降重胤。其妻为贼束缚于树,脔食至死,将绝,犹呼其夫曰:'善事乌仆射'"⑤。高频出现的生命虐杀事件,在满足特定生命情感诉求之外,更多指向行动效应的营造。但作为同类,如何能够坦然面对虐杀乃至相食的生命场景?人既然为人,又如何自怵惕恻隐的不忍而至残忍如斯?即使佛教的地狱变相⑥及民间对于人肉疗疾的传言可以为此行为提供相应的参照,但信仰领域及民间行为对于功能的偏重,并不能直接解决行为的是非

①《资治通鉴》卷二一八,第1774页。

②《旧唐书》卷一八七,第4907—4908页。

③《新唐书》卷一五一,第4822页。

④《新唐书》卷二二四,第6382页。

⑤《旧唐书》卷一六一,第4223页。

⑥陈允吉《佛教与中国文学论稿》,上海古籍出版社,2010年,第383页。

问题①。且隋唐死罪,惟有绞、斩两类②,对于韩愈而言,刘辟事件书写的合法化,在于酷刑(虐杀)的正当化,而其对此行为的正当化,也自然会潜在地将上述的虐杀行为合理化。但如若试图突破相互救助及不可杀人的道德底线,韩愈必须将处于相关事件中的某些个体"非人化",且此种"非人化"的处理必须天然合理,方始能有对抗"天地之性人为贵"的理论深度。由此,韩愈对于人性的理解,即不能不首先为人之"非人化"预留解读的空间。其大体成文于贞元二十年前后的《原性》一文曰:"性之品有上中下三。上焉者,善焉而已矣;中焉者,可导而上下也;下焉者,恶焉而已矣。"③以三品论性而以最下者无向善的可能,则人世间于逻辑上必存有性恶而无善者。如此,若以"善"为人之为人的判准,则下焉者即为"非人"之禽兽。在韩愈的诗文中,有着极为明显的人兽并置的论说偏好④:

> 呜呼!士穷乃见节义。今夫平居里巷相慕悦,酒食游戏相征逐,诩诩强笑语,以相取下,握手出肺肝相示,指天日涕泣,誓生死不相背负,真若可信。一旦临小利害,仅如毛发比,反眼若不相识,落陷阱不一引手救,而反挤之,又下石焉者皆是也。此宜禽兽夷狄所不忍为,而其人自视以为得计。⑤

---

① 韩愈《鄠人对》:"《新史·孝友传》云:唐时陈藏器注《本草拾遗》,谓人肉治羸疾。自是民间以父母疾,多刲股肉以进。或给帛,或旌门。"(刘真伦、岳珍校注《韩愈文集汇校笺注》,第3164页)

② 《资治通鉴》卷一七五:"诏曰:夫绞以致毙,斩则殊形,除恶之体,于斯已极。"(第1388页)

③ 刘真伦、岳珍校注《韩愈文集汇校笺注》,第47页。

④ 如《送浮屠文畅师序》:"民之初生,固若禽兽夷狄然";《送郑权尚书序》:"好则人,怒则兽";《祭马仆射文》:"惟东有猘,惟西有疵";《祭张给事文》:"疵犺发崪,阖府屠割"(刘真伦、岳珍校注《韩愈文集汇校笺注》,第1074、1205、1430、1495页)。

⑤ 韩愈《柳子厚墓志铭》,刘真伦、岳珍校注《韩愈文集汇校笺注》,第2408页。

当某些个体或群体(夷狄)因为蒙昧与德性的欠缺而被视为禽兽之时,对其生命的剥夺即可回避"不可杀人"的难题。对其生命的虐杀,也由之成为对于其罪行的恰当回应。与之相应,非官方授权的对于生命的虐杀本身亦可成为人之禽兽化的佐证。故而,韩愈的人性论也即成为其对时代问题回应的理论形式。

然而,相形之下,韩愈所面对的最为真切的难题,则来自睢阳张巡、许远事件:

> 当二公之初守也,宁能知人之卒不救? 弃城而逆遁,苟此不能守,虽避之他处何益? 及其无救而且穷也,将其创残饿羸之余,虽欲去,必不达。二公之贤,其讲之精矣。守一城,捍天下。以千百就尽之卒,战百万日滋之师,蔽遮江淮,沮遏其势。天下之不亡,其谁之功也? 当是时,弃城而图存者不可一二数,擅强兵坐而观者相环也。不追议此,而责二公以死守,亦见其自比于逆乱,设淫辞而助之攻也。①

张巡、许远坚守睢阳,阻止安史叛军的南下,保全了李唐王朝的财政命脉并牵制了叛军向西的力量。由于河南地区复杂的人事结构与地缘政治,困守孤城的张、许二人未得救援,终城破而死②。后张、许二人虽得追赠并于当地立庙,但守城时,粮尽食人却是难以回避的话题。虽鲁炅守南阳亦曾食人,然二者性质相近,且以前者的影响为大,更易成为关注焦点。相较于诛杀刘辟、吴元济等叛臣而视之为禽兽,困守城中的无辜民众,则难以被等同于道德窳败的禽兽。如此,张巡、许远所杀而食之者即为同类之人,此类行为如何自我合理化? 又能否被合理化? 即使其可以主张一种合理化的理由,人又

---

① 韩愈《张中丞传后叙》,刘真伦、岳珍校注《韩愈文集汇校笺注》,第296—297页。
② 关于此时河南地区的政治地理格局,参见李碧妍《危机与重构:唐帝国及其地方诸侯》,第15—113页。

如何面对行动中的"忍"与"不忍"？对于韩愈，乃至中唐时期的知识群体而言，睢阳事件提出了一个道德的难题，这不仅是一场军事领域的攻防战斗，更是一场思想领域的惨烈纷争。

　　在韩愈作《张中丞传序》之前的上元二年，已有李翰为之作传，"巡亡三日而镐至……时议者或谓：巡始守睢阳，众六万，既粮尽，不持满按队出再生之路，与夫食人，宁若全人？于是张澹、李纾、董南史、张建封、樊晃、朱巨川、李翰咸谓巡蔽遮江、淮，沮贼势，天下不亡，其功也。翰等皆有名士，由是天下无异言。"[①]张、许守城的悲壮与惨烈，造成了睢阳地方难以弥补的心灵创伤，也向当时的知识群体提供了一个必须予以回应的难题。虽然李翰等人不断为张、许辩护，但时空双重距离的拉远，却不免隔膜于事件亲历者的真实体验，所谓"天下无异言"不过纸上之具言。或许，"空城唯白骨，同往无贱贵。哀哉岂独今，千载当歔欷"[②]的感叹，却更能见出睢阳事件对时人的创痛。无论是人禽之辨，还是人与人之间生命价值的高低之别，均要求韩愈在人性论上予以回应，这也意味着其对于人的理解，必然包含着先天的等差。韩愈既无法主张"天生德于予"，亦无法认可一气化生之偶然所隐含的先天平等，由此，其在天人关系上所展现的"天人相仇"的决绝姿态，即是其人性观念的内在逻辑使然。也因为其认可生命价值的等差，故而，人性上自然原则的失落，必然导致伦理原则与政治原则在政治与社会生活中的优位。而自其对于睢阳事件的理解而言，也易于推论出国家、家族与个人的价值间的高低位序。

　　安史之乱后政治生态平衡的重建，不得不以攻占杀伐为手段。以武力相博弈，最易呈现政治运作血腥残暴的面像，也会自然而然地改变时人对于政治运作方式与人性的基本理解。与韩愈大体同

---

① 《新唐书》卷一九二，第5540—5541页。

② 韦应物《睢阳感怀》，陶敏等校注《韦应物集校注》，上海古籍出版社，2007年，第416页。

时的柳宗元,同样也面临着回应现实的挑战。但与韩愈在宣武与武宁
节镇两度鲜些丧身兵变且曾为史官谙熟近代史事不同,柳宗元对于是
时的生命虐杀只有远距离的打量。此种生命经历的差异,对于两人
回应人性难题的方式当会产生不可忽视的影响。在刘辟事件后,柳
宗元曾有《剑门铭》一文,与《元和圣德诗》的写法有着明显的差异:

> 天兵徐驱,卒乘啴啴。大憝囚戮,戎夏咸欢。帝图厥功,惟
> 梁是先。开国进位,南服于藩。邦之清夷,人以完安。铭功鉴
> 乱,永代是观。①

《剑门铭》回避了处决刘辟的具体过程,而刻意突出"人以完安"的事
件效应。由于韩文在前,柳宗元不再详述刑杀场景可能只是文本的
技术选择,并不必然能够推定两人在人性问题上存有可予清晰区分
的差异。但《武冈铭》曰"愿完父子"②、《平淮夷雅》曰"完其室家,仰
父俯子"③,足可见出柳宗元对于社会有序、民众生命得以保全的关
注。在柳宗元的诗文中,另有使用频次极高的"生人"一词,亦流露
出其对他人的真实关切④。"生人"是生活于现世今生的一切生灵、
含生者,柳宗元以此意指一切体尝生命苦患的在世者,此处并无在
上位者俯视下民的优越感受,相反其近于众生皆苦的语义,却意味
着众生皆处苦海,故众生平等之意。

　　虽然在具体的语境之下,柳宗元同样会以人禽之别及人际等差
作为事件解读的预设前提,但在天人不相与的框架下,柳宗元更强
调"一气化生"的偶然,并由此提示生命先天的平等:

---

①《柳宗元集》,第544页。
②《柳宗元集》,第552页。
③《柳宗元集》,第9页。
④户崎哲彦《读柳宗元〈武冈铭并序〉》,《中华文史论丛》2013年第1期,第206—
　　249页。

　　　房于是取二毫,如其第书之。既而抵戏者二人,则视其贱
者而贱之,贵者而贵之。其使之击触也,必先贱者,不得已而使
贵者,则皆慄焉惕焉,亦鲜克以中。其获也,得朱焉则若有余,
得墨焉则若不足。余谛睨之,以思其始,则皆类也,房子一书之
而轻重若是。适近其手而先焉,非能择其善而朱之,否而墨之
也。然而上焉而上,下焉而下,贵焉而贵,贱焉而贱,其易彼而
敬此,遂以远焉。然则若世之所以贵贱人者,有异房之贵贱兹
棋者钦? 无亦近而先之耳![1]

偶然是对一切合理化现实秩序与状态的潜在的否定,当偶然在生命
的起点与过程中不断植入自身的影响,所谓稳定的结构、秩序与意
义或许只是世人的执念。在"天人不相与"的大判断之下,柳宗元虽
然同样认可人在日常生活中作为秩序创制者与意义赋予者的角色,
但其似乎也更能敏锐感受到超越维度的隐去所可能产生的对"圣
人"迷信与盲从的危险[2]。故而,其在认可历史人物对于文明创作的
伟大功绩的同时,亦强调"势"的影响并将人之"志"与"明"视为"天
爵",以此来削弱圣人在历史演化中的作用。

　　"志"与"明"是个体因一气化生先天而有的能力,个体间此种能
力的差异虽然有后天磨砺的影响存在,但其尤要者在于先天而有的
能力的强度。因为对先天因素的强调,柳宗元又一次将现实生活中
人性能力的差异回溯至先天的偶然:

　　　　生死悠悠尔,一气聚散之。
　　　　偶来纷喜怒,奄忽已复辞。
　　　　为役孰贱辱? 为贵非神奇。
　　　　一朝矿息定,枯朽无妍媸。[3]

---

[1] 柳宗元《序棋》,《柳宗元集》,第648—649页。
[2] 参见本书第四章第二节。
[3] 柳宗元《掩役夫张进骸》,《柳宗元集》,第1261页。

一气聚散,悠悠无定,生命本有自然平等的维度,由此一气化生的平等也就有强化生命一体之感的效应。因此平等与一体的存在,柳宗元对于赋形为禽兽的生命也予以令人动容的同情。其《宥蝮蛇文》曰:"吾悲夫天形汝躯,绝翼去足,无以自扶,曲脊屈胁,惟行之纡。目兼蜂虿,色混泥涂,其颈蹙恶,其腹次且,褰鼻钩牙,穴出榛居。蓄怒而蟠,衔毒而趋,志薪害物,阴妒潜狙。汝之禀受若是,虽欲为龜为蟺,焉可得已?凡汝之为恶,非乐乎此,缘形役性,不可自止。草摇风动,百毒齐起,首拳脊努,呷舌摇尾。不遑其凶,若病乎己。世皆寒心,我独悲尔。吾将薙吾庭,葺吾楹,窒吾垣,严吾扃,俾奥草不植,而穴隙不萌。与汝异途,不相交争。"[1]人禽之别是气化的结果,赋形的偶然决定了生命存于世的基本形态与方式。被赋形者只是自然造化的掌中棋子,无法影响此赋形的过程,故而偶然而得恶禽猛兽之形,已是值得同情的生命事实。虽然依据偶然的内在逻辑,生命体间的同情不免矫揉造作,但相较韩愈对于恶禽的冷眼相看中常夹杂着几丝嘲讽[2],柳宗元此种情感的流露,对于意义世界的维护弥足珍贵。但也正因为天人相分的结构之下,生命的价值缺少超越维度的支撑,生命体间的一体感与人性责任难以成为"人之为人"的奠基成分。故而,宋儒必须通过超越维度的重建,以"天理"的阐明去回应韩柳的难题[3]。

---

① 《柳宗元集》,第497页。

② 可参见韩愈《病鸱》,钱仲联集释《韩昌黎诗系年集释》,第1024页。

③ "天以阴阳五行化生万物,气以成形,而理亦赋焉,犹命令也。于是人物之生,因各得其所赋之理,以为健顺五常之德,所谓性也……人物各循其性之自然,则其日用事物之间,莫不各有当行之路,是则所谓道也……性道虽同,而气禀或异,故不能无过不及之差,圣人因人物之所当行者而品节之,以为法于天下,则谓之教,若礼、乐、刑、政之属是也。盖人之所以为人,道之所以为道,圣人之所以为教,原其所自,无一不本于天而备于我。"(朱熹《四书章句集注》,第17页)

元和初，柳宗元在永州曾应南霁云之子南承嗣之请，作《唐故特进赠开府仪同三司扬州大都督南府君睢阳庙碑》，如何面对人相食的难题同样摆到了柳宗元的面前：

> 时惟南公，天与拳勇，神资机智，艺穷百中，豪出千人。不遇兴词，郁龙眉之都尉；数奇见惜，挫猿臂之将军……贼徒乃弃疾于我，悉众合围。技虽穷于九攻，志益专于三板。偪阳悬布之劲，汧城凿穴之奇。息意牵羊，羞郑师之大临；甘心易子，鄙宋臣之病告。诸侯环顾而莫救，国命阻绝而无归。以有尽之疲人，敌无已之强寇。①

柳宗元采用了其在《乞巧文》中认之为"眩耀为文，琐碎排偶，抽黄对白，啽哢飞走"的骈四俪六式组织文字，以骈文体式的特性来弱化问题的难度。虽然骈文体式更符合王言的言说体例，但骈文好用典故，易于敷衍文字的特性，有助于书写者推远事件距离，以掩饰作者体验与观念的强度②。由于睢阳事件无法回避守城的忠义与人相食之残忍重叠交织而成的难题，柳宗元以"甘心易子"的典故，凸显守城者的忠勇与悲壮，并借此回避了与人相食正面相对的难题。但此种刻意的文体选择与书写策略，无疑暗示了柳宗元在食人问题上与韩愈颇有距离的个体态度。虽然在初盛唐的文学书写中，亦不乏"十步杀一人"的粗豪壮气，但流于文学想象的类型表达与真实的生存经验间毕竟存有极大的差异。然而，安史之乱及其后续效应，却将对待生命的虐杀植入了士人群体的日常生活。此种变化在催生理论难题的同时，也逐步减损了士人对于生命事件的敏感度。以与

---

① 《柳宗元集》，第138—141页。

② 刘宁《以王言褒忠臣：柳宗元〈南霁云睢阳庙碑〉的骈体写作用心》一文对于柳宗元的文体选择做了较为细致的分析，但却忽视了人相食所形成的中唐思想的难题（《中国社会科学院研究生院学报》2018年第5期，第74—82页）。

韩愈、柳宗元同时代的刘禹锡为例,其在《城西行》中虽以"城西人散
泰街平,雨洗血痕春草生",暗示人性与历史的残忍与冷漠①。但其
《美温尚书镇定兴元以诗寄贺》一诗则已流露对于果决杀伐的认可,
其诗曰:"旌旗入境犬无声,戮尽鲸鲵汉水清。从此世人开耳目,始
知名将出书生。"②此诗本事见于《旧唐书·温造传》:"(温造)即召
坐卒,诘以杀绛之状。志忠、张丕夹阶立,拔剑呼曰'杀'。围兵齐
奋,其贼首教练使丘铸等并官健千人,皆斩首于地,血流四注。监军
杨叔元在座,遽起求哀,拥造靴以请命,遣兵卫出之,以俟朝旨。敕
旨配流康州。其亲刃绛者斩一百断,号令者斩三断,余并斩首。内
一百首祭李绛,三十首祭王景延、赵存约等,并投尸于江。"③将某些
人禽兽化自然而然地合理化了指向生命的虐杀,无论此种杀伐自时
人应对政治危机的视角而言是何等的必要,权力展示过程中的血腥
与残暴毕竟会改变一个时期的对于生命理解的基本共识,而这也构
成了中唐思想转型最为真实的"现场感"。因为对于人性理解上的
差异,在国事与家事的理解上也自然体现出相应的差异。故而,中
唐时期的人性观念应可成为理解忠义观念的逻辑起点。时下的文
学或思想文学研究,偏重文本意义解读取向无疑多少隔膜了时人的
生命感受,也自然难以实现中唐文学思想研究的语境化。

二　国事与家事孰先:韩、柳的忠义观

　　唐宋间思想文化的转型,若以君臣及君民关系为考察的对象,
"忠"之内涵的变化极为清晰,日趋成为一种在下位者对于政治领
袖的无限义务。与之相应,隋唐时期政治领域尚有一定影响的双向

---

①陶敏、陶红雨校注《刘禹锡全集编年校注》,第427页。
②陶敏、陶红雨校注《刘禹锡全集编年校注》,第886页。
③《旧唐书》卷一六五,第4318页。

伦理关系渐趋衰没，自汉代以来政治伦理的单向化进程也将尘埃落定①。虽然对"忠"是否自"孝"分歧而出学界渐持否定意见，但两者的并置使用却意味着作为社会领域最为基础的人伦关系之间的交叉重叠的亲缘关系。自西周而下，"孝"由生者与已逝祖先的关系转变为以父子血缘为主干的生者间关系②，并在儒家的思想演进中具有了一种超越的价值优先位置，即使此种价值优先曾受到"天地之性人为贵"的挑战，但其强势地位却难以撼动。魏晋南朝时期，"孝"更是理解君父、家国先后关系的重要依据③。故而，在政治领域，忠孝的并置既意味着孝作为一种国家治理之术的影响，同时也可能意味着"忠"通过语词的修辞术为自身赢得作为"天伦"的位置④。忠孝间的此种关系，使得《孝经》在儒家经典中具有政治大典的突出位置⑤。唐太宗时，即亲论《孝经》曰："孝者，善事父母，自家刑国，忠于其君，战陈勇，朋友信，扬名显亲，此之谓孝。"⑥太宗注意到身份差异对于"孝"的语境意义，虽较合《孝经》本义，但以"自家刑国，忠于其君"为"孝"，则有强化忠君的明确意图。高宗时，进士、明经两科加试《孝经》《老子》；武则天《臣轨》则以"忠臣出于孝子之门"，强调"先其君而后其亲，先其国而后其家"。及玄宗时，两度亲注《孝经》并颁行天下，更是大体完成了忠孝的同质化过程，也构成了考察中唐时期"忠"之观念变迁的一般的知识氛围。

---

① 参见李若晖《久旷大仪：汉代儒学政制研究》，第107—132页。

② 参见查昌国《先秦"孝""友"观念研究》，安徽大学出版社，2006年，第10—29页。

③ 朱雷、唐刚卯选编《唐长孺文存》，第246页。

④ 陈璧生《孝经学史》，第225页。

⑤ "训世之风，唯礼与孝。孝是立身之本，礼固为政之先……源其人伦详备者，岂过礼与《孝经》乎。《孝经》者，自庶达帝，不易之典，从生暨死，终始具焉……三德之基，人伦为主，百行之首，要道为源。"（法琳《辩正论》卷七，大正新修大藏经本）

⑥《旧唐书》卷二四，第917页。

天宝二年，唐玄宗再次修订颁布《孝经御注》，其序曰："圣人知孝之可以教人也，故因严以教敬，因亲以教爱，于是以顺移忠之道昭矣，立身扬名之义彰矣。"① 再次修订《孝经》，玄宗将"以顺移忠"作为意图，删改郑注、孔传，并以御注的形式，动摇《孝经》在两汉以来作为政教大典的经典地位②：

> 故自天子至于庶人，孝无终始，而患不及者，未之有也。
> 明皇注：始自天子，终于庶人，尊卑虽殊，孝道同致，而患不能及者，未之有也。言无此理，故曰未有。③

玄宗在修订中将"而患不及己者"中的"己"字删去，严可均辑郑注曰："明皇本无'己'字，盖臆删耳。据郑注'患难不及其身'，'身'即'己'也。《正义》引刘瓛云'而患行孝不及己者'，又云'何患不及己者哉'，则经文元有'己'字。"④《孝经》首章《开宗明义章》论孝之终始，其后分天子、诸侯、卿大夫、士而及庶人之孝，故《庶人章》此处经文有回应首章且总论孝道之意图。郑注曰："总说五孝，上从天子，下至庶人，皆当孝无终始。能行孝道，故患难不及其身也。"⑤ 明皇注删去"己"，则将此处本文释读为始自天子、终于庶人，皆应各行其孝，是没有道理担忧自己做不到的。《孝经》论孝虽亦主张自天子至庶人均应履行孝道，但身份职责有异，故行孝的方式不同。如其论

---

① 李隆基《孝经注疏序》，阮元校刻《十三经注疏》，第2540页。
② 郑雅如《亲恩难报：唐代士人的孝道实践及其体制化》，第244页。
③《孝经注疏》卷三，阮元校刻《十三经注疏》，第2549页。
④ 皮锡瑞撰、吴仰湘点校《孝经郑注疏》，中华书局，2017年，第47页。《敦煌经部文献合集》录《孝经》残卷，《庶人章第六》正文为："用天之道，分地之利，谨身节用，以养父母。此庶人之孝。故自天子至于庶人，孝无终始，而患不及己者，未之有也。"（张涌泉编《敦煌经部文献合集》，中华书局，2008年，第1893页）
⑤ 皮锡瑞《孝经郑注疏》，第47页。

天子之孝曰："爱敬尽于事亲，而德教加于百姓，形于四海，盖天子之孝也。"[1]"孝"于在上位者而言，意味着社会与政治责任的担负，而非单纯上下一致的孝养父母的伦理责任。玄宗的改篡，削弱了《孝经》作为政典的功能，并由之将天子之孝与其社会与政治责任剥离，从而为政治伦理的单向度化提供理论支撑[2]。与之相应，玄宗同样将《孝经》正文中有损天子绝对权威的相关礼仪予以删落：

> 案：《祭义》疏曰："《孝经》'虽天子，必有父也'，注：'谓养老也。'父，谓君老也。……此食三老而属弟者，以上文祀文王于明堂为孝，故以食三老、五更为弟，文有所对也。"然则《祭义》之文不必泥，邢氏所疑，孔疏早已解之。《援神契》《白虎通》皆曰："尊三老者，父象也。"《白虎通》又曰："既以父事，父一而已。"谯周《五经然否论》曰："汉中兴，定礼仪，群臣欲令三老答拜。城门校尉董钧驳曰：'养三老，所以教事父之道。若答拜，是使天下答子拜也。'诏从钧议。"是古说皆谓父事三老以教孝，非但同'倍年以长'之敬。明皇注于郑引古礼以解经者皆刊落之，专以空言解经，实为宋、明以来作俑。邢疏依阿唐注，排斥古义，是其蔽也。[3]

养老礼的刊落，虽有空言解经之弊，但玄宗的意图实在于强化皇帝独尊的政治权威。当"忠"作为政治伦理已具有与"孝"相抗衡甚或超而越之的地位，皇天同尊也就是自然的结果。在唐初《五经正义》中有明确表达的"天子有爵"乃官僚制度之一级的观念，在皇帝称圣已然成为政治现实的态势之下，不免成为纸上之空文。虽然玄宗强

---

[1] 皮锡瑞《孝经郑注疏》，第19页。

[2] 乔秀岩、叶纯芳《学术史读书记》，生活·读书·新知三联书店，2019年，第205页。

[3] 皮锡瑞《孝经郑注疏》，第106页。

化政治伦理的实践会受到社会的柔性抵抗,但《孝经》御注在目标与路径上已为其后继者作了颇为细致的指引。

由于人性论上所主张的三品说以及个人在贞元时期的入幕经历,韩愈在国家、家庭与个体之间,更倾向于认同国家价值的优先,其在《猫相乳说》中明确提出"国事既毕,家道乃行"[1]的主张。韩愈对于"忠"的理解,处身于天宝而后的思想语境之中,且其论证思路也在《孝经》御注的笼罩之下:

> 悲夫!为人谋而不忠者,范蠡其近之矣。夫君存与存,君亡与亡,备三才之道,未有不显然而自知矣。勾践奋鸟栖之势,申鼠窜之息,竟能焚姑苏,虏夫差。方行淮泗之上,以受东诸侯之盟者,范蠡、文种有其力也。既有其力,则宜闭雷霆,藏风云,截断三江,叱开四方,高提霸王之器,大弘夏禹之烈,使天下徘徊,知越有人矣。奈何反未及国,则背君而去。既行之于身,又移之于人,人臣之节合如是耶?且臣之于君,其道在于全大义,弘休烈。生死之际,又何足道哉!况君者,天也,天可逃乎?[2]

范蠡的识时而退,在君臣以义合的双向政治伦理之下,不过为士大夫出处选择的常态。此种双向伦理既要求君臣各自的职责分际,同样也认可臣下对于此种关系结合自主选择的权力。虽然政治伦理单向化的进程逐步改变着秦汉以来的政治生态,但直至天宝而后的中唐,双向伦理关系依然有不容忽视的影响力。潼关失守,"万乘南巡,各顾其生"[3],当时的社会舆论即认为,玄宗抛弃百官、仓促离开长安,是背弃君臣大义的举动,故而,臣下另寻出路亦不过是自然而

①刘真伦、岳珍校注《韩愈文集汇校笺注》,第427页。
②韩愈《范蠡招大夫文种议》,刘真伦、岳珍校注《韩愈文集汇校笺注》,第3061页。
③《旧唐书》卷一一二,第3345页。

合理的选择①。但在安史之乱的刺激之下，李唐王朝强化"忠"的意愿无疑会更为强化，也更易赢得认同。韩愈对于范蠡的批评及对龙逄的称誉，已不再接受臣下智免的选择，从而应和于安史之乱后李唐王廷对于"忠"绝对优先的宣扬：

> 人臣之节，有死无二；为国之体，叛而必诛。况乎委质贼廷，宴安逆命，耽受宠禄，淹延岁时，不顾恩义，助其效用，此其可宥，法将何施？达奚珣等或受任台辅，位极人臣；或累叶宠荣，姻联戚里，或历践台阁，或职通中外。夫以犬马微贱之畜，犹知恋主；龟蛇蠢动之类，皆能报恩。岂曰人臣，曾无感激？自逆胡作乱，倾覆邦家，凡在黎元，皆含怨愤，杀身殉国者，不可胜数。此等黔首，犹不背国恩。受任于枭獍之间，咨谋于豺虺之辈，静言此情，何可放宥。②

肃宗的诏书，强调君臣间的恩报关系，并以"有死无二"作为臣下政治操守的原则。若此意图得以推行，臣下政治行为选择的空间将被极大压缩。虽然复杂的政治局势为士大夫群体柔性对抗提供了结构性的社会条件，但宣扬"忠"的价值优位却得到了越来越多的社会回应③。张建封、李翰、独孤及、元稹等人或为张巡、许远辩诬，或作论指斥"贰臣"，已逐步改变中唐时期的舆论环境，士人群体政治出处的道德压力增大，自省思过也渐成士林风习④。由于"智免"者行

---

① "或曰：'洛阳之存亡，操兵者实任其咎，非执法吏所能抗。师败将奔，去之可也。委身寇仇，以死谁怼？'及以为不然。勇者御而忠者守，必社稷是卫，则生死以之。危而去之，是智免也，于忠何有？"（《全唐文》卷三八六《故御史中丞卢奕谥议》，第3925页）

② 《旧唐书》卷一〇，第250页。

③ 关于中唐社会对"忠"的相关言论与接受态度，参见仇鹿鸣《长安与河北之间：中晚唐的政治与文化》，第33—86页。

④ 参见王德权《为士之道：中唐士人的自省风气》，第109—150页。

动选择的正当性多源于养亲尽孝的需要,故而,"以忠成孝"即成为"国事优先"的制度导向①。"立人之道,惟孝与忠。孝莫大于荣亲,忠莫先于竭节。惟尔师长卿校,洎乎方岳列藩,保乂皇家,交修庶绩,竭节之效,既昭乃诚,荣亲之恩,宜洽国典。"②贞元九年的南郊赦文以荣亲为孝之极致,而荣亲则需要政治制度性的资源赐予,经此转圜,尽忠乃是尽孝的最佳路径。由此"忠"相对于"孝"的优位即可在社会生活中自然而然地合理化。韩愈《欧阳生哀辞》曰:"詹,闽越人也,父母老矣。其心将以有得于是而归为父母荣也,虽其父母之心亦皆然。詹在侧,虽无离忧,其志不乐也;詹在京师,虽有离忧,其志乐也。若詹者,所谓以志养志者欤!詹虽未得位,其名声流于人人,其德行信于朋友,虽詹与其父母皆可无憾也。"③欧阳詹贞元八年与韩愈同榜登第,后曾任国子监四门助教,不幸早亡。韩愈所作哀辞,既痛友人之亡,亦以求仕荣亲为"志养",以安顿中唐士人漂泊流转中的两难与挣扎。

相较于韩愈对于中唐王廷舆论导向的认同甚而应和,柳宗元则在回向经典的过程中,保持了对政治单向伦理强化的警惕。其《答元饶州论〈春秋〉书》曰:

> 复于亡友凌生处,尽得《宗指》《辨疑》《集注》等一通。伏而读之,于"纪侯大去其国",见圣人之道与尧、舜合,不唯文

①在李唐后期的诏令中,"国先于家"是一种易于观察的文本现象:"(史宪忠)生知臣节,幼学兵符,气高风云,声振河朔。许国之心既壮,忘家之义以明,忠必尽于君臣,情可断于昆弟,秉是名节,服吾周行。"(李希泌主编《唐大诏令集补编》,第206页)"具官某乙……言皆许国,志在忘家。"(李希泌主编《唐大诏令集补编》,第230页)"具官某……累代以勋劳报国,徇节忘生;一门以忠孝承家,推心济物。"(李希泌主编《唐大诏令集补编》,第236页)

②陆贽《贞元九年冬至大礼大赦制》,王素点校《陆贽集》,第77页。

③刘真伦、岳珍校注《韩愈文集汇校笺注》,第1278—1279页。

王、周公之志独取其法耳;于"夫人姜氏会齐侯于禚",见圣人立
孝经之大端,所以明其分也;于"楚人杀陈夏征舒,丁亥,楚子入
陈,纳公孙宁、仪行父于陈",见圣人褒贬予夺,唯当之所在,所
谓瑕瑜不掩也。①

柳宗元对于啖助、赵匡、陆淳的《春秋》学极为服膺,其于亡友凌准处
所得即为啖、赵《春秋》学的相关著述。其中"纪侯大去其国"条曰:

(陆)淳闻于师曰:"国君死社稷,先王之制也。纪侯进不
能死难,退不能事齐,失为邦之道矣。《春秋》不遂其意,何也?
曰:天生民而树之君,所以司牧之,故尧禅舜、舜禅禹,非贤非
德,莫敢居之;若捐躯以守位,残民以守国,斯皆三代以降家天
下之意也。故语曰:'唯天为大,唯尧则之','《韶》尽美矣,又
尽善也;《武》,尽美矣,未尽善也','禹,吾无间然矣'。达斯语
者,其知《春秋》之旨乎!"②

"天生民而树之君",君为民而立,其德能不称者则不能居其位。故
而,纪侯虽不能守其国,但不残其民,合于王者之道。在此政治伦理
关系中,在上者有着明确的政治职责,且其政治行动的选择以生民
之利为标准,即使应以死守社稷也首先为王者之责。认可"纪侯大
去其国"之政治伦理的柳宗元自然会和韩愈在"忠"是否为臣下"有
死无二"的理解上产生差异。而其对《孝经》"所以明其分也"的再
次确认,则恰恰与玄宗御注的政治意图形成了隐性的对抗。另其以
"唯当之所在"作为圣人褒贬予夺的标准,乃是将公"义"作为政治
行动的价值依据,由此将私"恩"限制于家庭内部,并由此清晰忠与
孝的边界。《非国语·嗜芰》曰:"屈到嗜芰。将死,戒其宗老曰:'苟
祭我,必以芰。'及祥,宗老将荐芰,屈建命去之,曰:'国君有牛享,

---

① 《柳宗元集》,第819页。
② 陆淳撰、柴可辅点校《春秋集传微旨》卷上,第27页。

大夫有羊馈，士有豚犬之奠，庶人有鱼炙之荐。笾豆脯醢，则上下共之。不羞珍异，不陈庶侈，夫子其以私欲干国之典？'遂不用。非曰：门内之理恩掩义。父子，恩之至也。而芰之荐不为愆义。屈子以礼之末，忍绝其父将死之言，吾未敢贤乎尔也。苟荐其羊馈，而进芰于笾，是固不为非。《礼》之言斋也，曰：'思其所嗜。'屈建曾无思乎？且曰违而道，吾以为逆也。"①柳宗元以"门内之理恩掩义"，不仅在于强调父子伦理关系处理的基本原则，同时在明确"义"理当成为社会公共领域的基本原则。其所谓"父子，恩之至也"，亦是对将君臣关系视为"恩报"的反驳。虽然在中唐的舆论环境中，柳宗元无法公开表达对"忠"被逐步理解为一种单向度政治理论关系的异议，但其对于父子关系的着意凸显，却自然会导向对于政治"公义"原则及其治理能力的要求，故而，其在面对复仇问题时会展现出一种有限认同的姿态：

> 且其议曰："人必有子，子必有亲，亲亲相仇，其乱谁救？"是惑于礼也甚矣。礼之所谓仇者，盖以冤抑沉痛，而号无告也；非谓抵罪触法，陷于大戮。而曰"彼杀之，我乃杀之"，不议曲直，暴寡胁弱而已。其非经背圣，不亦甚哉！《周礼》："调人掌司万人之仇。凡杀人而义者，令勿仇，仇之则死。""有反杀者，邦国交仇之。"又安得亲亲相仇也？《春秋公羊传》曰："父不受诛，子复仇可也。父受诛，子复仇，此推刃之道。复仇不除害。"今若取此以断两下相杀，则合于礼矣。且夫不忘仇，孝也；不爱死，义也。元庆能不越于礼，服孝死义，是必达理而闻道者也。夫达理闻道之人，岂其以王法为敌仇者哉？②

柳宗元驳斥陈子昂在徐元庆复父仇案中的建议，主张公权力的

---

①《柳宗元集》，第1325页。
②柳宗元《驳复仇议》，《柳宗元集》，第103—104页。

介入以当"义"与否作为裁决的标准，避免民众因陷入"父仇不共戴天"的舆论压力中而循环报复，造成个体与家庭的生存悲剧，并由此形成良性的社会秩序。但公权力的介入会受到能力与德性的双重制约，不免会产生对受害一方的叠加伤害。故而，柳宗元将复仇作为适宜的自力救济的途径，既是以对血亲复仇的认可，以标识父子伦理至高的价值位次，也是对公权力社会治理能力的重要补足。

李唐自武后垂拱年间至宪宗元和初，对于民间复仇持打压态度，以主张公权力在社会事务处理上的至上性①。但由于宣扬"孝"道本身即为国家的治理之术，且其在秦汉以来的发展也缘于中央王朝试图以此离散民间社会组织，降低基层社会流动性，从而调节中央与地方关系的政治意图的实践②。即使孝道的宣扬会导致地方家族势力的发展，并因此与中央之间形成新的合作形态，但其在"以忠成孝"的制度设计之下依然是促成社会凝聚、提升社会治理效果的重要方式。由此，至元和时期，"复仇"的问题再次成为一个热点性的话题，柳宗元的《驳复仇议》为复仇的有限认同，在韩愈的议论中亦有所体现：

> 职方员外郎韩愈献议曰："伏奉今月五日敕：复仇，据礼经则义不同天，征法令则杀人者死。礼法二事，皆王教之端，有此异同，必资论辩，宜令都省集议闻奏者。伏以子复父仇，见于《春秋》，见于《礼记》，又见于《周官》，又见于诸子史，不可胜数，未有非而罪之者也。最宜详于律，而律无其条，非阙文也。盖以为不许复仇，则伤孝子之心，而乖先王之训；许复仇，则人将倚法专杀，无以禁止其端矣。夫律虽本于圣人，然执而行之

---

① 参见李隆献《复仇观的省察与诠释：先秦两汉魏晋南北朝隋唐编》，台大出版中心，2012年，第115—116页。

② 增渊龙夫著、吕静译《中国古代的社会与国家》，上海古籍出版社，2017年，第91—92页。

者,有司也。经之所明者,制有司也。丁宁其义于经,而深没其
文于律者,其意将使法吏一断于法,而经术之士,得引经而议
也……臣愚以为复仇之名虽同,而其事各异。或百姓相仇,如
《周官》所称,可议于今者;或为官吏所诛,如《公羊》所称,不可
行于今者。又《周官》所称,将复仇,先告于士则无罪者,若孤稚
羸弱,抱微志而伺敌人之便,恐不能自言于官,未可以为断于今
也。然则杀之与赦,不可一例。宜定其制曰:凡有复父仇者,事
发,具其事由,下尚书省集议奏闻。酌其宜而处之,则经律无失
其指矣。"①

对于民间复仇,韩愈虽自经义所强调的父子天伦的角度做了一定的
认可,但在复仇的案例上,则主张依据事件的具体情形由官方集议
而定。其与柳宗元的不同,在于后者认为复仇的合理缘于公权力
不能有效主张社会公义,韩愈则回避了公权力可能存在的结构性缺
陷,而只是意在调节经(主张复仇)与律(禁止复仇)之间的关系,以
弥补两者间过于紧张所可能产生的裂隙。因此,如何有效强化政治
权威依然是韩愈思考的要点所在,其运思的方向在身后也得到了宋
儒更为明确的回应②。但即使如此,在中唐时期的思想语境中,"孝
行"与"民本"依然是极具"政治正确"度的社会观念,韩愈对于"忠"
的宣扬,本因其对于重建中唐社会秩序的思考使然,故而自然不会

---

① 《旧唐书》卷五〇,第2153—2154页。
② 《宋史》卷四四六:"士大夫忠义之气,至于五季,变化殆尽。宋之初兴,范质、
　　王溥,犹有余憾,况其他哉! 艺祖首褒韩通,次表卫融,足示意向。厥后西北
　　疆场之臣,勇于死敌,往往无惧。真、仁之世,田锡、王禹偁、范仲淹、欧阳修、
　　唐介诸贤,以直言谠论倡于朝,于是中外搢绅知以名节相高,廉耻相尚,尽去
　　五季之陋矣。故靖康之变,志士投袂,起而勤王,临难不屈,所在有之。及宋
　　之亡,忠节相望,班班可书,匡直辅翼之功,盖非一日之积也。"(第13149页)

与以上观念形成实质的对抗，且会在行文中作一定的揄扬①。与柳宗元自公权力社会治理的效应论证复仇的合理不同，韩愈更在意对于调和经律的政治意图的展现。而此种差异，在两人关于现实之善恶判断的视角选择上亦有体现。

三　意之善与事之善：韩、柳的善恶论

在后世的接受中，韩愈较之柳宗元无疑具有更高的思想史位置。虽然在宋明儒学的思想谱系中，对道统的构建是韩愈最为重要的理论贡献，但若尝试重绘中唐时期的思想光谱，韩愈以"心"作为判断现实善恶的视角，则是将梁肃、权德舆等人对于心性问题讨论的具体化②。虽然韩愈对于"心"并无较有深度的理论分析，但对于"心"与现实善恶之间关联的强化，却向其后的儒者提出了须予以回应的问题：现实的善恶依"心"而定，其合理的依据与限度何在？"心"具有何等的功能与结构？心之善恶与性之善恶有何关联？"心"之善恶与人的修养之间又有何具体的方法路径？以上诸问题

---

① "徐处得地中，文德为治。及偃王诞当国，益除去刑争末事。凡所以君国子民待四方，一出于仁义。当此之时，周天子穆王无道……与楚连谋伐徐。徐不忍斗其民，北走彭城武原山下，百姓随而从之万有余家。偃王死，民号其山为徐山，凿石为室，以祠偃王。偃王虽走死失国，民戴其嗣，为君如初。驹王、章禹，祖孙相望。自秦至今，名公巨人，继迹史书。徐氏十望，其九皆本于偃王。"（韩愈《衢州徐偃王庙碑》，刘真伦、岳珍校注《韩愈文集汇校笺注》，第1865页）

② "或问心要者，答曰：'心本清净而无境者也，非遣境以会心，非去垢以取净，神妙独立，不与物俱。能悟斯者，不为习气生死幻蕴之所累也。'故荐绅先生知道入理者多游焉。尝试言之：以《中庸》之自诚而明，以尽万物之性；以《大易》之寂然不动，感而遂通，则方袍褒衣，其极一致也。向使师与孔圣同时，其颜生、闵损之列欤？"（权德舆《唐故章敬寺百岩禅师碑铭》，郭广伟校点《权德舆诗文集》卷一八，第294页）

并不必然由韩愈提出,但却可由其表述所体现的端绪合理推论而得。与韩愈在人性论及忠孝观念上存有差异的柳宗元,同样在现实善恶的判定依据上保持了异议者的角色。其以"事"论善恶的解读视角似乎并未引起宋明儒学的高度关注①,但若抛开宋明儒者在佛教问题上的批评,柳宗元对"事"的聚焦则恰恰构成了理学对抗过度心性化、形上化的重要话语资源。故而,韩、柳回应中唐社会问题的路径取向,本应具有更高的思想史意义。

　　贞元十年,韩愈有《省试颜子不贰过论》,论及颜回"不贰过"曰:"夫圣人抱诚明之正性,根中庸之至德。苟发诸中,形诸外者,不由思虑,莫匪规矩。不善之心无自入焉,可择之行无自加焉。故惟圣人无过。所谓过者,非谓发于行,彰于言,人皆谓之过而后为过也,生于其心则为过矣。故颜子之过,此类也。不贰者,盖能止之于始萌,绝之于未形,不贰之于言行也。"②在此段文字中,韩愈意在给出其对于"过"的理解,并由此阐明颜回何以"不贰过"。自文章的书写技法论,以上文字未见特出之处,但自儒学思想的演进而言,却颇值留意:

　　　　《易·系辞下》:"子曰:颜氏之子,其殆庶几乎?有不善未尝不知,知之未尝复行也。"韩康伯注:"在理则昧,造形而悟,颜子之分也。失之于几,故有不善;得之于二,不远而复。故知之未尝复行也。"《周易集解》引虞翻曰:"几者,神妙也。颜子知微,故殆庶几。"孔颖达疏:"其殆庶几乎者,言圣人知几,颜子亚圣,未能知几,但殆近庶慕而已。故云其殆庶几乎。又以殆为辞,有不善未尝不知者,若知几之人,本无不善。以颜子未

---

① 在宋儒中,朱熹对于柳宗元思想的此一特点有着较高的认同:"柳子厚虽无状,却又占便宜,如致君泽民事,也说要做。"(《朱子语类》卷一三七,第3270页)

② 韩愈《省试颜子不贰过论》,刘真伦、岳珍校注《韩愈文集汇校笺注》,第529页。

能知几，故有不善。不近于几之人，既有不善，不能自知于恶，此颜子以其近几，若有不善，未尝不自知也。知之未尝复行者，以颜子通几，既知不善之事，见过则改，未尝复更行之。但颜子于几理闇昧，故有不善之事，于形器显著乃自觉悟。所有不善，未尝复行。”（刘真伦、岳珍）谨按：所谓“不贰过”，韩康伯、虞翻谓“失之于几不远而复”；皇侃《义疏》、孔颖达疏、邢昺疏谓“有不善未尝复行”。韩愈“绝之于未形，不贰之于言行”之说，即出于韩康伯、虞翻。[①]

韩康伯、虞翻以“在理则昧，造形而悟，颜子之分也”释读颜子何以“不贰过”，与魏晋以来王弼易学兴起渐与郑注争途，而逐步实现思想范式自“形”向“体”的过渡有着密切关联[②]。因此，不能“知几”而需“见形”是颜回所以不能无过的原因，其焦点在“知”。孔颖达以“既知不善之事，见过则改”，善与不善应在形器显著的“事”上加以分判。两者间虽存有明显的差异，但并不以“过”为纯粹道德的善恶却颇为一致。以人的行动而言，事实认知与价值评价交叉并存，实然与当然共同引导着人的现实生活。韩愈以“生于其心则为过”，将善与不善归于意之善恶，在解读的形式上近于韩康伯、虞翻。只是韩愈之“过”却极易导向纯粹的道德维度，而将作为一种综合判断能力的“识度”简化为单向的善恶之别。

贞元十六年（800）五月，徐泗濠节度使张建封卒，佐幕于此的韩愈被迫离徐而至下邳，衣食为忧，遂作《闵己赋》：“余悲不及古之人兮，伊时势而则然。独闵闵其曷已兮，凭文章以自宣。昔颜氏之庶几兮，在隐约而平宽。固哲人之细事兮，夫子乃嗟叹其贤。恶饮食乎陋巷兮，亦足以颐神而保年。有至圣而为之依归兮，又何不自

---

① 韩愈《省试颜子不贰过论》，刘真伦、岳珍校注《韩愈文集汇校笺注》，第535页。
② 贡华南《从“形与体之辩”到“体与理之辩”——中国古典哲学思想范式之嬗变历程》，《中国社会科学》2017年第4期，第128—148页。

得于艰难。曰:余昏昏其无类兮,望夫人其已远。行舟楫而不识四方兮,涉大水之漫漫。勤祖先之所贻兮,勉汲汲于前修之言。虽举足以蹈道兮,哀与我者为谁。"①虽然在论颜子不贰过中,韩愈予心以特殊的关注,但并未因此走向对"孔颜之乐"的讨论,以颜回箪食陋巷"固哲人之细事"在后世也受到颇为激烈的抨击。"颜子之故居所谓'陋巷'者,有井存焉,而不在颜氏久矣。胶西太守孔君宗翰始得其地,浚治其井,作亭于其上,命之曰颜乐。昔夫子以箪食瓢饮贤颜子,而韩子乃以为哲人之细事,何哉? 苏子曰:古之观人也,必于其小者观之,其大者容有伪焉。人能碎千金之璧,不能无失声于破釜;能搏猛虎,不能无变色于蜂虿。孰知箪食瓢饮之为哲人之大事乎! 乃作《颜乐亭诗》以遗孔君,正韩子之说,且用以自警云。"②韩愈强调以"心"论善恶,是处身中唐思想秩序与价值观念相对混杂的境况中,对于重建秩序及价值共识的一种路径的设想,其注重个体自省之目标并不在于个体私人天地中的德性的完善,而首在于政治与社会目标的达成。即使韩愈注重自内圣开出外王的进路,其在人性论上对人性价值等差与次序的坚持,也会形成对外王的偏重。苏轼以及其他儒者对于韩愈的批评,多少忽视了"孔颜之乐"问题化所产生的思想环境与中唐时期的差异③。但以思想演进转化的造始而言,则不得不归功于韩愈。

因为注重对"心"的考察,韩愈的文章常常会对行动者的心态作细致的描写或推论,如《张中丞传后叙》中写道:

> 两家子弟材智下,不能通知二父志。以为巡死而远就虏,

---

① 《全唐文》卷五四七,第5543页。
② 苏轼《颜乐亭诗叙》,冯应榴辑注、黄任轲等校点《苏轼诗集合注》卷一五,上海古籍出版社,2009年,第685页。
③ 关于宋儒对"孔颜之乐"解读及对韩愈的批评,参见刘顺《宋儒的韩愈接受——以"孔颜之乐"为中心的考察》,《中原文化研究》2013年第3期,第90—97页。

疑畏死而辞服于贼。远诚畏死，何苦守尺寸之地，食其所爱之
肉，以与贼抗而不降乎？当其围守时，外无蚍蜉蚁子之援。所
欲忠者，国与主耳。而贼语以国亡主灭慑之。远见救援不至，
而贼来益众，必以其言为信。外无待而犹死守，人相食且尽，虽
愚人亦能数日而知死处矣，远之不畏死亦明矣。乌有城坏而其
徒俱死，独蒙愧耻求活？虽至愚者不忍为。呜呼！而谓远之贤
而为之邪？①

韩愈通过"原心"的方式，彰显许远的忠义之志，以回击非议之辞，为
许远辩诬。在中唐特定的历史语境中，韩愈的选择无疑有助于提升
忠义等德目在社会中的影响力。但由"心"论事、论人，不免过于偏
重对行动者内心的考察，会相对忽视事件展开的方式、结果与效应
等诸多因素。且内心的考察无法实现"明见性"的追求，故而难以避
免乡愿与伪诈。即使将监督的职责归于行动者自身，但自我何以能
够有效达成自警、自省，在韩愈处尚未形成明确的问题意识。而相
形之下，柳宗元对于"事"的注重，则提示了考察善恶的另外的可能。
其《问答》曰："先生曰：'仆少尝学问，不根师说，心信古书，以为凡
事皆易，不折之以当世急务，徒知开口而言，闭目而息，挺而行，踬而
伏，不穷喜怒，不究曲直，冲罗陷阱，不知颠踣，愚蠢狂悖，若是甚矣。
又何以恭客之教而承厚德哉？"②虽然柳宗元对于"意（心）"的作用，
正如韩愈对于"事"，并非完全无视；但"事"构成了柳宗元讨论现实
善恶的基本视角，乃是重视以一种可以客观化的标准去衡量行动者
的能力与德性，进而达成所谓的"中道"：

　　宗元白化光足下：近世之言理道者众矣，率由大中而出者
　　咸无焉。其言本儒术，则迂回茫洋而不知其适；其或切于事，

---

①韩愈《张中丞传后叙》，刘真伦、岳珍校注《韩愈文集汇校笺注》，第296页。
②《柳宗元集》，第433页。

则苛峭刻覈，不能从容，卒泥乎大道。甚者好怪而妄言，推天引神，以为灵奇，恍惚若化而终不可逐。故道不明于天下，而学者之至少也。①

　　相较于韩愈以"心"论善恶，易于导致对道德的狂热，柳宗元以"事（及物）"论善恶，则注意到事实认知与价值评价双重维度的影响。"事"的目的是"心"的指向；事的展开是"心"之能力的呈现；事的展开同时也是对外部世界法则与诸条件的适应；事的完结则是"心"之预期的自我实现的样态，而"心"终究需要在"事"中生成、调整与自我实现，故而，认可"事"在生活世界中的中心作用，才能实现有效与正当的统一②。

　　柳宗元的《吏商》《河间传》《答吴武陵论非国语书》诸文均是将"事"的展开作为判准，由此，其在对待佛教的态度上自然更为包容。"事"所展开的世界无疑较"心"更为广阔。虽然朱熹关于"其实只是要讨官职而已"的论评失之苛刻③，但离"事"言"心"易流于空疏的弊端，却是韩愈难以逃避的责难：

　　　　然而述三皇太古之道，舍近取远，务高言而鲜事实，此少过也。君子之于学也务为道，为道必求知古，知古明道，而后履之以身，施之于事，而又见于文章而发之，以信后世。其道，周公、孔子、孟轲之徒常履而行之者是也；其文章，则六经所载至今而取信者是也。其道易知而可法，其言易明而可行……孔子之言道，曰"道不远人"；言中庸者，曰"率性之谓道"，又曰"可离非道也。"……凡此所谓道者，乃圣人之道也，此履之于身、施之于事而可得者也……孔子之后，惟孟轲最知道，然其言不过于教

---

① 柳宗元《与吕道州温论非国语书》，《柳宗元集》，第822页。
② 杨国荣《基于"事"的世界》，《哲学研究》2016年第11期，第76—84页。
③ 《朱子语类》卷一三七，第3260页。

人树桑麻、畜鸡豚，以谓养生送死为王道之本……而其事乃世人之甚易知而近者，盖切于事实而已。①

士人如何在德性与能力的双重向度上适合社会治理的要求，以完成为士之道的重建，是至中唐即被强化的时代问题。韩愈、柳宗元自此有了极为明确的路径上的差异。欧阳修在儒学史上的影响力虽不及宋初五子，但其所言及的明道必求知古，而后履之于身、施之于事，却极为符合汉儒以经义论政，追求知古知今的精神相合拍，也为理解中唐的古文运动提供了颇具启示意义的接受角度②。宋儒之学追求自修身而及物，内圣与外王为一体。唯有"施之于事"重归事的世界，儒家士人才能避免成为私人世界中自了汉，也惟有进入"事"的世界，也才能防止空言心性的弊端。韩、柳取径的分歧，至此又将重新融合。而韩愈另外的贡献则在于对"心"的关注，为宋儒引导了问题的方向。在"涵养须用敬"③的工夫论而外，关于"心"的分析，也是同样重要的问题：

> 夫心者，人之所以主乎身者也，一而不二者也，为主而不为客者也，命物而不命于物者也。故以心观物，则物之理得。今复有物以反观乎心，则是此心外复有一心，而能管乎此心也。然则所谓心者，为一耶，为二耶？为主耶，为客耶？为命物者耶，为命于物者耶？此亦不待校而审其言之谬矣……大抵圣人

---

① 欧阳修《与张秀才第二书》，洪本健校笺《欧阳修诗文集校笺》，上海古籍出版社，2009年，第1759—1760页。

② "刘氏逢禄《论语·述何篇》：'故，古也。六经皆述古昔、称先王者也。知新，谓通其大义，以斟酌后世之制作，汉初经师皆是也。'案：刘说亦是……孔颖达《礼记叙》：'博物通人，知今温古，考前代之宪章，参当时之得失。'是汉、唐人解'知新'多如刘说。"（刘宝楠撰、高流水点校《论语正义》，中华书局，1990年，第55页）

③ 程颢、程颐撰，王孝鱼点校《二程集》，中华书局，2004年，第188页。

之学，本心以穷理，而顺理以应物，如身使臂，如臂使指，其道夷
而通，其居广而安，其理实而行自然。释氏之学，以心求心，以
心使心，如口龁口，如目视目，其机危而迫，其途险而塞，其理
虚而其势逆。盖其言虽有若相似者，而其实之不同，盖如此也。
然非夫审思明辨之君子，其亦孰能无惑于斯耶？①

虽然，关于"心（意）"的分析并不在韩愈思考的关注范围之类，但由
其对于"心"之善恶的偏重，则必然会走向对意识活动及其道德能力
的分析。故而，韩、柳对于中唐而后的思想世界而言，其隐含的重要
贡献在于其所展开极具生长性的问题域，而此一点在流行的韩、柳
研究中并未得到应有的关注。

结　语

　　中唐时期的政治与社会危机，尤其是因虐杀与人相食所引发
的人性危机，对于韩、柳的理论思索与文章书写产生了整体的影响。
二人因为人生经历与生命体验的差异，在人性论、政治伦理以及现
实善恶的判定标准上产生了较为明显的差异，但修身与及物的分
歧，所各自展开的问题域在推进中唐时期的思想进程的同时，也预
示了宋学演进的方向。虽然韩、柳在身后的接受上存在影响的差
异，且所受关注的重点也并不在人性及政治伦理诸领域，然而，若研
究者尝试自历史语境的重构以考察韩、柳的思想，或许会对二人的
历史影响有新的解读的可能。

---

① 朱熹《观心说》，朱杰人等主编《朱子全书》第23册，上海古籍出版社、安徽教
　育出版社，2002年，第3278—3279页。

第五节 刘禹锡文集中的历史与政治

长庆四年(824)，韩愈病逝，刘禹锡作《祭韩吏部文》以为悼念，其中有"子长在笔，予长在论。持矛举盾，卒不能困"[1]的表述，以概括彼己之专擅。此一言论，在后世曾引起非议[2]，且若衡以两宋以来思想世界对韩、刘二人接受上的差异，"予长在论"的自评似乎有高自标置的嫌疑。但迟暮之年的刘禹锡在明了韩愈当世影响的境况之下犹作此语，并以"时惟子厚，审言其间"，则其必有以此评为"公论"的自信。后世思想谱系中影响的差异，虽然有其内在的学术逻辑，但对于一般性话题的偏好，无疑会降低对更为语境化的思想言论的关注热情，也易于以言论的理论深度压制其实践的效度。韩愈、柳宗元、刘禹锡三人中，刘离世最晚，与政治高层间亦有着更为强大的关系网络[3]，且其父及其本人有较为长期在刘晏、杜佑幕下从事盐铁转运的经历，故而，相较于韩、柳，其政论有着更为明确的实践取向。在此意义上，"予长在论"一个合理的解释，即是对于当世政治与社会问题解决的适恰度的评价。虽然，注重于具体问题的应对，有时不免以深度思考为"空言"，而忽视超越维度的价值，但对历史经验的尊重以及对历史多层次的考察与体验，也会强化相关言说的"历史感"，"历史"遂成为刘禹锡政治理解的基本视角。这既体现于天人相分框架下其"政治哲学"的历史维度的强化、政治实践

---

① 陶敏、陶红雨校注《刘禹锡全集编年校注》，第1844页。
② 王应麟《困学纪闻》卷一七，上海古籍出版社，2008年，第1855页。
③ 刘禹锡的交游网络，可参见瞿蜕园笺证《刘禹锡集笺证·附录二》，上海古籍出版社，2018年，第1587—1699页。

（国家治理）以"制度为要"的历史识见，亦体现于以咏史抒怀为政治评价的方式选择之上。虽然自身处中唐历史语境中的刘禹锡而言，政治认知上的形式齐整应非其自觉的追求，但后世采铜于山的理解惯例，却不得不依赖于特定的知识框架以寻求理解的可能。

一　"天与人交相胜"：
政治认知中历史维度的强化

在先秦以来的儒家学说中，对于"天"的理解，逐步形成自然之天、主宰之天与义理之天的共识。"天人关系"的理解，也成为儒家构建社会秩序的重要依托[1]。"天"作为超越维度的终极依据关乎秩序构建的合法性；"人"作为历史维度的现实依据则关乎秩序构建的合理性[2]。"天人合一"在此意义上，即是社会秩序之"应然"与"当然"的统一。但两汉以来，"天人感应"观念在政治领域的实践却逐步产生了两者内在关系上的紧张，现实的权力逻辑，常常左右对"当然"的解读，从而将逻辑上的以"人道合天道"转化成历史生活中的"以天道合人道"[3]。自"禅让"而"汤武革命"以至"应天受命"，儒家在权力来源的正当性与合法性上，越来越失去道义、天命对于世俗权力的制衡能力[4]。故而，自魏晋以来，以"天人感应"为主要表现形式的"天人合一"即不断受到质疑与挑战。"天"成为政治权力运作

---

① 参见余英时《论天人之际：中国古代思想起源试探》，中华书局，2014年，第153页。

② 参见丁为祥《命与天命：儒家天人关系的双重视角》，《中国哲学史》2007年第4期，第11—21页。

③ 参见黄一农《制天命而用：星占、术数与中国古代社会》，四川人民出版社，2018年，第16页。

④ 参见曹婉丰《先秦秦汉儒家革命思想变迁》，《中国哲学史》2017年第2期，第58—63页。

中的工具与手段之时，其超越维度遂渐趋消隐①。即使在政治话语中，"禅让"与"天命"的铺陈依然表现出强大的惯性，但以之为政治之缘饰的定位，已不足以形成对于现世政治的反思性批评②。李唐时，伴随"天行有常"观念的流行，"人事"在历史认知与现实政治中的影响也由之提升。虽然在政治话语中，直接否认"天命"依然有违一时期的政治共识，"不独天命"方是更为策略化的表述方式③，但"天论"出现于中唐之时氛围已然形成。

　　元和中，时在朗州的刘禹锡，因柳子厚所作《天说》，"非所以尽天人之际，故余作《天论》，以极其辩云"：

> 　　人能胜乎天者，法也。法大行则是为公是，非为公非……故曰：天之所能者，生万物也；人之所能者，治万物也。法大行，则其人曰："天何预人邪？我蹈道而已。"法大弛，则其人曰："道竟何为邪？任天而已。"法小弛，则天人之论驳焉。今以一己之穷通，而欲质天之有无，惑矣！余曰：天恒执其所能以临乎下，非有预乎治乱云尔；人恒执其所能以仰乎天，非有预乎寒暑

----

① "夫以昭昭大明，照临下土，忽尔奸亡，俾昼作夜，其为怪异，莫斯之甚。故鸣之以鼓桴，射之以弓矢。庶人奔走以相从，啬夫驰骋以告众。降物辟寝以哀之，祝币史辞以礼之。立贬食去乐之数，制以门废朝之典。示之以罪己之宜，教之以修德之法。所以重天变，警人君也。天道深远，有时而验，或亦人之祸衅，偶与相逢，故圣人得因其变常，假为劝戒。知达之士，识先圣之幽情；中下之主，信妖祥以自惧。但神道可以助教，不可专以为教。神之则惑众，去之则害宜。故其言若有若无，其事若信若不信，期于大通而已。世之学者，宜知其趣焉。"（孔颖达《春秋左传正义》，第1242页）
② 参见华喆《高贵乡公太学问〈尚书〉事探微——兼论"天命"理想在魏晋的终结》，《中国史研究》2018年第2期，第51—62页。
③ "开元前后的天人之分意识萌生于重人事的脉络中，姚崇坚持其作法出于志在安民的心情，也就是重人事。重人事成为开元至贞元间议论天人关系的主轴。"（王德权《为士之道：中唐士人的自省风气》，第239页）

云尔。①

与韩愈主张"天与人交相残"、柳宗元言"天与人不相与"相较，刘禹锡以"天与人交相胜，还相用"，在天人相分的共有理解之下，有限认可了天人之间相互影响的存在，其观点也由之更为柔和而圆融。但"天"的自然化，却是极为明确的论断。作为"有形之大者"，天以生物、有四时寒暑为能。"天"虽有关于人事活动的空间、资源与限度，但与世间政治的治乱无关。人则以"法"的创制与运用为能，并担负世间治乱的全部责任。与柳宗元《贞符》一文对于世间文明起源的描述相似②，刘禹锡同样将"法"的制作作为文明的节点，但"法"若不仅追求某种结构与秩序的形成，而与"公是""公非"相关，则"法"必然面临着"何谓善之法"，"一个善的法'应当如何''何以可能''有何效用'"等一系列问题的追问。对于刘禹锡，乃至同样主张天人相分的韩愈、柳宗元而言，"何谓善之法"，或许是最难回应的问题。

在《天论下》中，刘禹锡再以回眸历史的方式，强调"天"无预于人事："尧、舜之书，首曰'稽古'，不曰稽天；幽、厉之诗，首曰'上帝'，不言人事。在舜之庭，元凯举焉，曰'舜用之'，不曰天授；在殷中宗，袭乱而兴，心知说贤，乃曰'帝赉'。尧民之余，难以神诬……由是而言，天预人乎？"③刘禹锡对《尚书·尧典》"曰若稽古帝尧"的解释，相左于郑笺以"稽古"为"同天"，认可孔疏"以人系天，与义无取"的判断，但也同时回避了孔疏对于超越维度的认同。孔疏曰：

　　言"顺考古道"者，古人之道非无得失，施之当时又有可否，考其事之是非，知其宜于今世，乃顺而行之，言其行可否，顺是不顺非也。考"古"者自己之前，无远近之限，但事有可取，皆

---

①陶敏、陶红雨校注《刘禹锡全集编年校注》，第1686—1687页。
②《柳宗元集》，第31页。
③陶敏、陶红雨校注《刘禹锡全集编年校注》，第1695页。

考而顺之……郑玄信纬，训"稽"为同，训"古"为天，言"能顺天
而行之，与之同功"。《论语》称"惟尧则天"，《诗》美文王"顺帝
之则"，然则圣人之道莫不同天合德，岂待同天之语，然后得同
之哉？《书》为世教，当因之人事，以人系天，于义无取。且"古"
之为天，经无此训。①

孔颖达以《尚书》的首要功能在于社会治理，当以人事活动的历史为
依据，方为深切著明，而不应推之于"天命"，且训"古"为"天"也缺
少经学文献的支撑。但孔颖达并未因此否定"天"作为超越维度的
价值，亦认可同天合德的可能，且在《诗》之疏解中有以"古"为"天"
的例证②，刘禹锡《天论下》中对于"古""天"的分疏，在天人关系的
基本理解上已不同于孔疏。虽然注重历史，在人的历史实践中追
索道义、公正与有序的世间生活的可能，是自孔子以来的儒家旧传
统③，但相较于孔孟在历史脉络的勾画中藏经于史，以"天命""天
道"或"民本"作为世俗的正义与公平超越维度的支撑，刘禹锡的
天人相分框架下的"法"则缺少了本应具有的超越维度。若与汉
儒的某些言论相参照，即可知此"天人相分"对于政论的影响。《汉
书·谷永传》曰："臣闻天生蒸民，不能相治，为立王者以统理之，方
制海内非为天子，列土封疆非为诸侯，皆以为民也。垂三统，列三
正，去无道，开有德，不私一姓，明天下乃天下之天下，非一人之天下
也。王者躬行道德，承顺天地，博爱仁恕，恩及行苇，籍税取民不过

---

① 孔颖达《尚书正义》，第26页。
② 《毛诗·玄鸟》"古帝命武汤，正域彼四方"句，郑笺："古帝，天也。天帝命有威
　武之德者成汤，使之长有邦域，为政于天下。""正义曰：汤之受命，上天命之，
　故知古帝谓天也。《尚书纬》云：'曰若稽古帝尧。'稽，同也。古，天也。是谓
　天为古，故得称天为古帝也。"（孔颖达《毛诗正义》，第1445—1449页）
③ 徐复观《两汉思想史》，华东师范大学出版社，2001年，第157页。

常法,宫室车服不逾制度,事节财足,黎庶和睦。"①谷永以"天"为民而立王,乃是"公天下"主张的超越维度的依托。而类似观念,即使是在秦政而后的两汉,亦屡见于各类著述,实可视为知识领域的基本共识之一。儒家对于权力之公有的追求,在理论形态上,以"义理之天""天命"说主张权力原出于天,而以"天子"为爵位之一作为制约权力的制度形式②。但君天同尊甚而"天子僭天"的历史现实,却形成巨大的反讽效应。《汉书·贡禹传》曰:

> 今大夫僭诸侯,诸侯僭天子,天子过天道,其日久矣。承衰救乱,矫复古化,在于陛下。臣愚以为尽如太古难,宜少放古以自节焉。《论语》曰:"君子乐节礼乐。"……今民大饥而死,死又不葬,为犬猪食。人至相食,而厩马食粟,苦其大肥,气盛怒至,乃日步作之。王者受命于天,为民父母,固当若此乎! 天不见邪?……天生圣人,盖为万民,非独使自娱乐而已也。故《诗》曰:"天难谌斯,不易惟王;""上帝临女,毋贰尔心。"③

"天子过天道"是对天道(天命)的僭越,与公权力的私化互为表里。在家天下的时代,即使儒家的知识人在政治理念上依然保有追求权力"正当"的热情④,但两汉经学尤其是今文经学对于政治生活的影响,主要体现于经义而非礼制,对于权力制衡的政治追求,既缺少结构性力量的支持,也难以转化为相应的政治制度⑤。故而其影响逐步衰减,而呈现出以经义缘饰政教的历史面向。魏晋以来的对于政治权利的公共运用,已更多是在认可皇天同尊的前提下指向官僚权

①《汉书》卷八五,第3466—3467页。
②孔颖达《礼记正义》,第123页。
③《汉书》卷七二,第3070—3072页。
④参见李若晖《久旷大仪:汉代儒学政制研究》,第196—235页。
⑤陈壁生《经义与政教——以〈孝经〉"天地之性人为贵"为例》,《中国哲学史》2015年第2期,第56—63页。

力的社会治理，政治言论中"政治哲学"的意味弱化，而更偏好于在历史事件中建立人物典范与治理模式。但超越维度影响的弱化乃至被工具化，与其理论位置的彻底失落之间，毕竟有着根本的不同。在此意义上，"天论"的出现，预示着一个新的思想时刻的到来。

刘禹锡的《天论》中，"天"被自然化为"有形之大者"，虽然"天"依然以境遇、资源、限度等方式影响人类历史，但并不具有超越维度的意义。虽然自历史事实的角度而言，《天论》对于"主宰之天"的否定，有助于时人认清政治的"真实"面容，提升政治认知的理性[1]。但刘禹锡并未能再进一步确立"义理之天"的超越位置，故而难以解决历史生活中"公是""公非"何以成立，而历史中的"法"又何以能够达成此一企向的问题。虽然自历史维度而言，在"法"的有无与优劣的判断上，相关结论通常并不缺乏普遍性。然而，若如对于"善"的超越维度无所考量，则"法"之善的标准自然会形成结果导向的优势，进而会强化世俗团体或个人的权威。虽然一种"善"法本身即应是有效的，有助于提升社会的治理水平，但超越维度缺失的影响，于刘禹锡的政论而言，不仅仅在于何谓"公是""公非"的难题，同时也在于"法"何以可能的追问？且在"法"的诞生过程中，有无自发性秩序产生的可能，其在"法"的形成过程中又有何种意义？在更早而同样主张天人相分的荀子处，其以圣人的存在作为问题的答案，而刘禹锡则大体沿用此一思路。《荀子·性恶》曰：

> 今人之性恶，必将待师法然后正，得礼义然后治。今人无师法则偏险而不正，无礼义则悖乱而不治。古者圣王以人之性恶，以为偏险而不正，悖乱而不治，是以为之起礼义，制法度，以矫饰人之情性而正之，以扰化人之情性而导之也。始皆出于治，合于道者也。今之人，化师法，积文学，道礼义者为君子；

---

[1] 陶敏、陶红雨校注《刘禹锡全集编年校注》，第2191页。

纵性情，安恣睢，而违礼义者为小人。用此观之，然则人之性恶明矣，其善者，伪也。①

荀子以人性本朴（恶），故圣人制法度虽然回应了制度何以可能的问题，但圣人与常人有何异同的问题又应之而生。圣人可以是智力出众者，但若其本性中没有"善"的存在，或者人的认知能力中不含有德性的维度，则圣人何以有导人向善的人性责任②？无论在构建人类历史脉络的过程中秉持何种人性理论、对"天"又有何种理解，问题最终依然会追索至"善"在人类文明起源中的作用。刘禹锡在将"天"自然化的同时，也以"大凡恒人之所以灵于庶类，以其能群以胜物也"③，并在人性的理解上表现出对荀子人性论的接受。其《竹枝词》其六曰："懊恼人心不如石，少时东去复西来。"其七曰："长恨人心不如水，等闲平地起波澜。"④《游桃源一百韵》曰：

> 大方播群类，秀气肖翕辟。
> 性静本同和，物牵成阻阸。
> 是非斗方寸，荤血昏精魄。
> 遂令多夭伤，犹喜见斑白……
> 尝闻履忠信，可以行蛮貊。
> 自迷希古心，妄恃干时画。
> 巧言忽成锦，苦志徒食蘗。
> 平地生峰峦，深心有矛戟。
> 曾波一震荡，弱植果沦溺。⑤

① 王先谦《荀子集解》，第435页。
② 梁涛《〈荀子·性恶〉篇"伪"的多重含义及特殊表达——兼论荀子"圣凡差异说"与"人性平等说"的矛盾》，《中国哲学史》2019年第6期，第10—17页。
③ 刘禹锡《上杜司徒书》，陶敏、陶红雨校注《刘禹锡全集编年校注》，第1520页。
④ 陶敏、陶红雨校注《刘禹锡全集编年校注》，第551页。
⑤ 陶敏、陶红雨校注《刘禹锡全集编年校注》，第286页。

天地万物，一气化生，气有清浊，故有愚智之分，然人性本静则圣凡无殊，但因人欲而有生纷争，加之是非难定，遂有现实人心的险如山川。虽然刘禹锡并未直言人性本恶，但个体的政治经历与生命遭际自然会影响其对于道德在社会生活中影响的定位，其于现实人心之恶的不断书写也强化了对于"智"的认可。"至人之生，无有种类，同人者形，出人者智"①，能够制"法"者，必然是智力超全者。因为对人性的怀疑，刘禹锡更为在意"法"对于人之生命成长以及社会生活的影响。"嗟乎，石以砥焉，化钝为利；法以砥焉，化愚为智。武王得之，商俗以厚；高帝得之，杰材以凑。得既有自，失岂无因。汉氏以还，三光景分，随道阔狭，用之得人。五百余年，唐风始振，悬此大砥，以砻兆民。播生在天，成器在君。天为物天，君为人天，安有执砺世之具而患乎无贤欤！"②刘禹锡以世间的有序生活以"法"为前提，强调制度对于人性的制约与引导，则政治组织（国家）在文明起源与存续的价值上必然优先于个人，并自然会逻辑地导向人之生命的等差③。而对"法"之社会效应的强调，则使其政治主张具有了一定的开放度：

> 然则儒以中道御群生，罕言性命，故世衰而寖息；佛以大悲救诸苦，广启因业，故劫浊而益尊。自白马东来而人知像教，佛衣始传而人知心法。弘以权实，示其摄修。味真实者即清净以观空，存相好者怖威神而迁善，厚于求者植因以觊福，罹于苦者证业以销冤。革盗心于冥昧之间，泯爱缘于生死之际，阴助教化，总持人天。所谓生成之外，别有陶冶，刑政不及，曲为调柔，

---

① 刘禹锡《大唐曹溪第六祖大鉴禅师第二碑》，陶敏、陶红雨校注《刘禹锡全集编年校注》，第1777页。
② 刘禹锡《砥石赋》，陶敏、陶红雨校注《刘禹锡全集编年校注》，第1591页。
③ 参见本书第四章第三节。

其方可言,其旨不可得而言也。①

而其在《赠别君素上人》诗序中慨叹"余知突奥于《中庸》,启键关于内典",亦同样表明其对于佛教在对治人心上的系统周密。但其既称"同人者形,出人者智",又曰"佛以大慈救诸苦",则已然认可"智"与"善"的内在同一。此一点,对于"以中道御群生"的儒家而言,具有明确的启示之意。

超群的智力或许能制作出适应社会治理需求的礼法、制度,但此类制度如何能够同时是"正当"的? 又如何能够确定权力运用在面对个体或群体时的边界与限度? 而若不做"正当性"的考察,一个有秩序的社会又如何一定能是保有"公是""公非"之理想的良性社会? 这意味着,身处"天人相分"的思想氛围下,如刘禹锡者,难免会同样面临着如何在人性、良性的社会与超越维度之间建立关联的挑战,但以"所以然"与"所当然"的统一的"天理"的构建,需至两宋方始完成。朱熹《四书章句集注》曰:

> 天命之谓性,率性之谓道,修道之谓教。
>
> 命,犹令也。性,即理也。天以阴阳五行化生万物,气以成形,而理亦赋焉,犹命令也。于是人物之生,因各得其所赋之理,以为健顺五常之德,所谓性也。率,循也。道,犹路也。人物各循其性之自然,则其日用事物之间,莫不各有当行之路,是则所谓道也。修,品节之也。性道虽同,而气禀或异,故不能无过不及之差,圣人因人物之所当行者而品节之,以为法于天下,则谓之教,若礼、乐、刑、政之属是也。盖人之所以为人,道之所以为道,圣人之所以为教,原其所自,无一不本于天而备

---

① 刘禹锡《袁州萍乡县杨岐山故广禅师碑》,陶敏、陶红雨校注《刘禹锡全集编年校注》,第1547—1548页。

于我。①

朱熹的"天理"观，沿宋儒剥离神灵之天的传统，主张天理与人性的
同一，并深化了天理的层次，乃是宋儒理学最为集大成的体现。"天
理"既是抽象的所当然，也是具体的所当然，其涵括了所以然、能然、
必然、自然等丰富的层次。在坚持"天理"的超越价值的同时，也尝
试以具体领域的"应该"与"如何"（格物致知）确保了"正当"在社会
生活中被实践的可能②。虽然一种良性的主张并不必然会转化成制
度现实，也难免在权力介入的过程中背离其初衷，但宋儒在"天理"
构建上的运思，毕竟展现出理论所可能达及的深度，以及儒家知识
人在回应社会问题、参与社会治理上的真诚。而在此意义上，更能
见出中唐与两宋之间内在的联系性。

二　政治实践中的历史识见

文宗开成三年，刘禹锡作《许州文宣王新庙碑》称美杜佑之孙杜
悰治理许州的功绩。在文中，其追溯在杜佑幕下的经历曰："禹锡昔
年忝岐公门下生，四参公府"③，对于杜佑的提携之恩念兹在兹。杜
佑是一代名相，其从政履历多与度支盐铁相关，编撰《通典》亦主张
自典章制度观察历史变迁，寻求理国之道，故其政论偏重实学。永
贞之后，杜佑对外贬的刘禹锡少有援手，似关系渐疏，但刘禹锡对杜
佑执礼不衰。而刘禹锡父刘绪、舅卢征均为经济改革派刘晏故吏。
缘此影响，在中唐时期的国家与社会治理问题上，刘禹锡极为务实，

---

① 朱熹《四书章句集注》，第17页。
② 参见杨立华《天理的内涵：朱子天理观的再思考》，《中国哲学史》2014年第2期，
　第65—69页。
③ 陶敏、陶红雨校注《刘禹锡全集编年校注》，第2058页。

且展现出清晰的"制度性权力"的观察视角①。虽然,在今日留存的刘禹锡文集中,并无系统的典章制度类的著述,但其对于"法"的重视,并不仅仅体现于"法"之制作所具有的文明开创的意义,同样也展现于国家与社会治理中的核心作用的确认。

贞元十六年(800)二十九岁的刘禹锡入杜佑幕,先后为徐泗濠及淮南节度掌书记,直至贞元十八年方始调补京兆渭南主簿离幕。而在此期间,杜佑《通典》得以撰成,刘为其助手之一,另若衡以《汴州刺史厅壁记》《天论》诸文,杜佑《通典》重视历史理解中典章制度的基本理念,刘禹锡应无异议。杜佑《进〈通典〉表》曰:

> 夫《孝经》《尚书》《诗》《礼》《易》《传》,皆父子君臣之要道,十伦五教之宏纲,如日月之下临,天地之大德,百王是式,终古攸遵。然率多记言,罕存法制,愚管窥测,岂达精深,辄肆荒唐,诚为臆度。每念懵学,冀探政经,略观历代众贤高论,多陈索失之弊,或阙匡拯之方。臣既庸浅,宁详损益,未原其始,莫畅其终。尚赖周氏典礼,秦皇荡灭不尽,或有繁杂,且用准凭。至于往昔是非,可为来今龟鉴,布在方策,亦粗研寻。自顷纂修,年涉三纪,识寡思拙,心昧词芜。

杜佑并不否认儒家经典在社会治理中的纲领作用,但"罕存法制",却使得儒家之"道"缺少实践的具体路径。空言"正当"与"应当"的理想,既不足以解决现实的社会危机,也会自然损耗"道"的价值。虽然儒家自孔子即有"见之于行事"的明确主张,但史事关联制度亦有涉于义理,故后世即使同重"人事",也不免解释偏好上重"制"与重"义"的不同。在历史回眸中,为当世提供资治之道,本是史学的基本功能。中唐之时,处于时代巨变之下的儒家知识人,同样尝试

①罗祎楠《中国国家治理"内生性演化"的学理探索——以宋元明历史为例》,《中国社会科学》2019年第1期,第123—136页。

在通古今之变的框架下，追寻应对危局重整社会秩序的可能答案。但此时的李唐，"中央—地方"的行政体制、胡汉间的区隔与认同、官僚的能力与道德、士人与乡里的离合等问题丛杂交错，欲提纲挈领，必有高超的政治识度方始可能。在此过程中，史学之功能已自传统取鉴求治、惩善扬恶转向以史治世、重典章舆地之学及以史治心、正心以治世的两大新取向①。前者即以贾耽、刘秩、杜佑、李吉甫诸人为主，而后一系则以啖、赵《春秋》学派及韩愈、李翱、皇甫湜为代表。皇甫湜曾著《编年纪传论》，言及"良史"曰：

> 湜以为合圣人之经者，以心不以迹；得良史之体者，在适不在同。编年、纪传，系于时之所宜，才之所长者耳，何常之有！夫是非与圣人同辨，善恶得天下之中，不虚美，不隐恶，则为纪为传、为编年，是皆良史矣。②

所谓"良史"之要，已非直笔实录，而是能合圣人之经，得天下是非之中。由此，撰史者对于圣人褒贬的用心应有体认，并以之为董理世道人心的根本大法。而李翱则在《答皇甫湜书》中表达了大体相近的认识："用仲尼褒贬之心，取天下公是公非以为本。群党之所谓为是者，仆未必以为是；群党之所谓为非者，仆未必以为非。使仆书成而传，则富贵而功德不著者，未必声名于后；贫贱而道德全者，未必不煊赫于无穷。韩退之所谓'诛奸谀于既死，发潜德之幽光'，是翱心也。"③李翱同样以危机应对当以圣人所立褒贬之标准校正天下人心，以人心之约束与教化作为达成社会治理的根本路径。若以皇甫湜与李翱的史论与杜佑《进〈通典〉表》相参照，即可发现杜佑"愚管窥测，岂达高深，辄肆荒唐，诚为臆度"的表述，所隐含批评的正是

---

① 参见谢保成《隋唐五代史学》，第191—234页。

② 皇甫湜《编年纪传论》，《全唐文》卷六八六，第7030页。

③ 李翱《答皇甫湜书》，《全唐文》卷六三五，第6410—6411页。

此一系的观点。刘禹锡在历史认知及士人参与国家与社会治理中路径选择的差异，也应是此种史学取向的根本差异所致①。

刘禹锡认为"人能胜乎天者，法也"，其对"法"的位置与影响的认可近于杜佑。《通典》"以食货为之首（十二卷），选举次之（六卷），职官又次之（二十二卷），礼又次之（百卷），乐又次之（七卷），刑又次之（大刑用甲兵，十五卷。其次五刑，八卷），州郡又次之（十四卷），边防末之（十六卷）"②，举凡社会组织之基本制度如经济、法律、职官、军事边防、地方行政等均有论述，可见杜佑史识之高卓。刘禹锡对于"法"的理解，在此规章制度层面与杜佑并无异见，但其似乎对"法"的理解较宽泛，颇为重视观念层次，尤其是政治话语作为一代之"法"的意义，而这一点也符合今日政治学对于"制度"的一般性理解③。其《唐故中书侍郎平章事韦公集纪》曰：

> 谨按公未为近臣已前所著词赋赞论、纪述铭志，皆文士之词也，以才丽为主。自入为学士至宰相以往所执笔，皆经纶制置、财成润色之词也，以识度为宗。观其发德音，福生人，沛然如时雨；褒元老，谕功臣，穆然如景风。命相之册和而庄，命将之诰昭而毅。荐贤能，其气似孔文举；论经学，其博似刘子骏；发十难以摧言利者，其辨似管夷吾。噫！逢时得君，奋智谋以取高位，而令名随之，岂不伟哉！④

---

① "在士风恶化与生民至患扩大的背景下，贞元、元和之际的士人自省之风渐分化为'修身'与'理物'两途，韩愈、李翱等强调心性，柳宗元、刘禹锡则关注士人的外在实践。"（王德权《修身与理物：中唐士人自省之风的两个面向》，《台湾师大历史学报》第35期，2006年，第1—48页）

②《通典》，第1页。

③ 参见罗祎楠《中国国家治理"内生性演化"的学理探索——以宋元明历史为例》，《中国社会科学》2019年第1期，第123—136页。

④ 陶敏、陶红雨校注《刘禹锡全集编年校注》，第2067—2068页。

刘禹锡赞叹韦处厚的文学长才，尤其是对其知制诰时所作诏令的得体与良好的社会效应大加称誉。在魏晋以来的知识传统中，"文章者，经国之大业"的表述并非一种过于夸大的修辞表达。由于政治生活必须建基于语言之上，故而，政治的语言维度对于国家与社会治理的影响持久而深远。王朝的政治运行而言，既体现于制度与礼仪的运行与展演，同样也体现于其对于具有共识意义的政治话语的制作与传递。政治话语表达着政治参与者对政治生活性质和目标的理解，乃是一个时代政治文化塑形的重要依托。故而，流行的政治话语，在社会各阶层与各地域分享价值共识、凝聚社会认同上的作用实无可替代①。政治话语涵盖日常表述、各体诗文、章表奏疏、墓铭碑志及诏令王言，而若以其对于政治话语流行度的影响而言，又以诏令王言最为重要。在今日可见的刘禹锡诗文中，存有数篇拟诏文字，其虽非正式颁行的王朝诏令，但其写法依然可以见出刘禹锡的用心。《授仓部郎中制》曰："周制，仓人以辨于邦用，廪人以待乎匦颁。后代或均输，或平籴，皆周官仓廪之职也。於戏！王者藏于天下，吾何私焉。收敛以时，储蓄必谨，俾夫凶荒无患，贫富克均。宜味京坻之诗，勿守豆区之限。可。"②《授主客郎中制》曰："汉制，尚书郎四人，一人主营部，成帝又置客曹，主外国戎狄事，皆今主客之任也。"③大体言之，刘禹锡拟制中层职任，多叙制度、明职任而兼及任官者的德性。其集中尚有《授比部郎中制》《授屯田郎中制》，写法相近。对于高层或皇亲的拟诏，则重在凸显德能风范与共识性价值，如《拟册皇太子文》曰：

> 咨尔元子王某，袭列圣之姿，体健行之质。吹铜秉异，辨日耀奇，早习德成，克敬师保。事业可大，和顺积中，天纵温文，生

①参见本书第三章第一节。
②陶敏、陶红雨校注《刘禹锡全集编年校注》，第1904页。
③陶敏、陶红雨校注《刘禹锡全集编年校注》，第1906页。

知孝悌。洎分茅土，望出东平，符彩昭彰，礼乐文错。固可正位
重震，为天下储君；人神叶从，德任相称。仰稽令典，光载盛仪，
是用册命尔为皇太子，往钦哉！夫富贵莫大于家天下，忠孝莫
大于敬君亲。俟尔一人，贞于万国。[①]

虽然诏令类文字的书写，不免有写法上的格套，但其频繁使用，却会
形成某一时期关于"政治正确"的常规理解，进而成为常规政治运作
的基本话语方式并强势影响基层社会的日常表达。刘禹锡在拟诏
中对于"家天下"与"忠孝莫大于敬君亲"的强调，也可见出在"四郊
多垒"的现实格局下，士人试图重树王朝权威的努力[②]。在刘禹锡的
关系网络中，元稹对诏令的此种作用有着极为清醒的认识。刘禹锡
与元稹交情甚笃，其对于政治语言的理解及拟诏文的书写，理应受
到后者的影响[③]。元虽与韩、刘交往密切，但在古文的理解上则保持
了相应的距离，政治观念上的差异应是其根由所在。

　　刘禹锡强调"法"在国家与社会治理中的作用，强调"法"之框架
下"人"的作用，皆同于杜佑。"客有能通本朝之雅故者，曰：'时之污
崇视辅臣之用，房与杜迹何观焉。建官取士之制，地征口赋之令，礼
乐刑法之章，因隋而已矣。二公奚施为？'余愀然曰：'三王之道，犹
夫循环，非必变焉，审所当救而已。隋之过，岂制置名数之间邪？顾
名与事乖耳，因之何害焉！夫上材之道，非务所举必的然可使户晓

① 陶敏、陶红雨校注《刘禹锡全集编年校注》，第1912页。
② 仇鹿鸣在《权力与观众：德政碑所见唐代的中央与地方》一文考察了德政碑作
　 为政治景观，在沟通中央与藩镇中的作用，其考察重心在于制度过程与规制
　 及景观效应。此文收入《长安与河北之间：中晚唐的政治与文化》，第124—
　 173页。李唐中后期诏令中政治话语的变化及其意图，见本书第二章第二节。
③ 瞿蜕园先生认为刘禹锡与元稹有"声应气求之感"，交情甚密。见其《刘禹锡
　 集笺证》附录二《刘禹锡交游录》，第1617—1621页。

为迹也。'"①在国家与社会治理的过程中，制度虽然居核心位置，但制度的运行过程中，依然会有较大的弹性空间，故而人在此过程中有着不可忽视的影响。况制度有因革，为政者须能识时而变，"法"的地位的强化，理应包含对于参与者与运作过程的重视②。故而，在较为宽泛的意义上，刘禹锡所言之"法"既包括制度与观念，也涵括了"制"与"政"两个不同的层面。《答饶州元使君书》曰：

> 太史公云："身修者，官未尝乱也。"然则修身而不能及治者有矣，未有不自己而能及民者。今之号为有志于治者，咸能知民困于杼柚，罢于征徭，则曰司牧之道，莫先于简廉奉法而已。其或才拘于局促，智限于罢懦，不能斟酌盈虚，使人不倦，以不知事为简，以清一身为廉，以守旧弊为奉法，是心清于根阃之内，而柄移于胥吏之手。岁登事简，偷可理也；岁札理丛，则溃然携矣。故曰，身修而不及理者有矣。若执事之言政，诣理切情，斥去迂缓，简而通，和而毅，其修整非止乎一身，必将及物也。③

刘禹锡认可修身对于士人的意义，但并不认为道德修养与为政能力之间的直接对应。士人若不能亲知庶务、明计簿、理案牍、知变通，则难以达成任官理民的目的，即使在道德上无可非议，亦只是自了汉而已。李唐中后期的政治文化本即有"蓝衫鱼简者""浮薄相尚"的风气④，刘禹锡对于行政能力的注重，遂有针砭此风气的意图。其《古调二首》之二曰："簿领乃俗士，清谈信古风。吾观苏令

---

① 刘禹锡《辩迹论》，陶敏、陶红雨校注《刘禹锡全集编年校注》，第2195—2196页。
② "今《通典》之作，昭昭乎其警学者之群迷欤！以为君子致用，在乎经邦，经邦在乎立事，立事在乎师古，师古在乎随时。必参今古之宜，穷始终之要，始可以度其古，终可以行于今，问而辨之，端如贯珠，举而行之，审如中鹄。夫然，故施于文学，可为通儒，施于政事，可建皇极。"（李翰《通典序》，《通典》，第1—2页）
③ 陶敏、陶红雨校注《刘禹锡全集编年校注》，第1609页。
④ 《旧唐书》卷二〇，第791页。

绰，朱墨一何工！"①苏绰乃北周名臣，杜佑《通典》以之为与姜太公、管仲等齐名的"六贤"之一，可谓推崇备至②。刘禹锡此诗称赞苏绰，则着重点出其对文案程式的用心③。因对于为政之道因时而变及治理实效的强调，王道与霸道的严格分辨在刘禹锡的观念中已无足轻重。"古之贤而治者，称谓各异，非至当有二也，顾遭时不同耳。夫民足则怀安，安则自重而畏法；乏则思滥，滥则迫利而轻禁。故文、景之民厚其生，为吏者率以仁恕显；武、宣之民亟于役，为吏者率以武健称。其宽猛迭用，犹质文循环，必稽其弊而矫之，是宜审其救弊耳。"④王霸之辨本是先秦儒家政治哲学的基本观念，此一分辨牵涉政治权力的正当与制度设置的合理等根本问题，并指向对于良性政治生活的理解。"王道"强调德治、强调民心、强调礼乐规范，否定统治者的功利性和将民众工具化，其主张者以孟子为代表；而霸道则注重严刑峻法及威逼利诱在治理中的作用，其主张者多为法家一系⑤。王霸之辨基于不同的人性理解，刘禹锡在人性论上接近荀子，其对于王霸之道的选择也类似于荀子，认为两者并无性质上的差异而只是程度有别，故称赞吕温"能明王道似荀卿"⑥。其以"文景"与"武宣"治理之术"宽猛迭用，犹质文循环"，亦是其对于汉家杂霸道而治之之道的认可。而此种认识，也是中唐时代思想氛围的影

---

① 陶敏、陶红雨校注《刘禹锡全集编年校注》，第71页。

② 《通典》，第295页。

③ "拜大行台左丞，参典机密。自是宠遇日隆。绰始制文案程式，朱出墨入，及计帐、户籍之法。"（《周书》卷二三，第382页）

④ 刘禹锡《答饶州元使君书》，陶敏、陶红雨校注《刘禹锡全集编年校注》，第1608—1609页。

⑤ 参见王正《重思先秦儒家的王霸之辨》，《中国哲学史》2016年第3期，第13—19页。

⑥ 刘禹锡《唐故衡州刺史吕君集纪》，陶敏、陶红雨校注《刘禹锡全集编年校注》，第1800页。

响使然①。

三　咏史抒怀中的政治评价

　　在唐后诗文评的流行观念中,中唐似乎是一个与盛唐截然不同的历史时期,尤其是在诗歌领域,相较于盛唐气象的高华壮气,中唐的衰飒寒俭已成为唐帝国逐步走向衰亡的征兆。无论此一结论是否能够成立,但自诗文的阅读经验而言,中唐士人确然感受到所处身的时代已迥然不同于贞观与开、天时期。虽然自时间的距离而言,玄宗朝的落幕尚不足百年,但清晰的断裂感却加剧着中唐士人"时过境迁"的体验,也由之强化着这一群体的"历史感"。"历史"的涵义之一,是指在时间维度上所发生的事件的部分或总和,然而于人类社会而言,唯有建立于以变化、转折、断裂为表现形式的"历史性"之上,历史方始成立。以人对历史的经验而言,既有基于历史遗存与文献所形成的关于过往的客观感知,亦有一种将当下与过去联系在一起的悲欣交集、爱恨交织的奇特感受——"崇高的历史经验"②。而后者更类似于一种对于历史难以明言的直观的把握。这两种历史经验,在刘禹锡的诗文中均可寻得非严格意义上的对应。由于史书编撰本即有明确的政治意图③,加之八、九世纪政治对于社会演化的影响力,历史著述虽有纪传、编年等体式之异,但同样多为政治史,政治事件或制度变革则成为"历史性"的判准。在此时代的知识风习中,刘禹锡的历史书写成为政治观念表达的常用方式,

①"安史乱后,可能有不少士大夫热烈讨论救时的'王霸大略'。"(廖宜方《唐代的历史记忆》,第131页)
②参见周建漳《历史哲学》,北京大学出版社,2015年,第76—136页。
③"夫史,非独纪历代之事,盖欲昭往昔之盛衰,鉴君臣之善恶,载政事之得失,观人才之吉凶,知邦家之休戚,以至寒暑灾祥,褒贬予夺,无一而不笔之者,有义存焉。"(蒋大器《三国志通俗演义序》,明嘉靖元年刻本)

其书写中的历史认知与感受也应政治意图与感受的变化而呈现出较为复杂的样态。

　　历史在一般的理解上是发生于时间与空间中的人事的部分或总和,故而对历史的书写总会在不同的时间与空间的层面上展开,而时间则通常又被视为空间中的运动,故而,以时间为历史书写的尺度也即隐含着以相应的空间为尺度。刘禹锡的历史书写,若为分析上的便宜,可适当以时间为尺度作相应的区分。如此,或许可以看出刘禹锡对于历史理解及政治评价的不同层次,以及其相应的解释限度。其第一种时间尺度,主要以个人的经历与遭际为坐标,通过对历史人物、事件的书写,以传递个人的感受与相应的对于当世政治的评价。其《咏史二首》曰:"骠骑非无势,少卿终不去。世道剧颓波,我心如砥柱。(其一)贾生明王道,卫绾工车戏。同遇汉文时,何人居贵位?(其二)"①第一首用任安之典。《汉书·卫青霍去病传》:"乃置大司马位,大将军、票骑将军皆为大司马。定令,令票骑将军秩禄与大将军等。自是后,青日衰而去病日益贵。青故人门下多去事去病,辄得官爵,唯独任安不肯去。"②第二首用卫绾事,而与史实略有出入。"《汉书》:绾以戏车为郎,事文帝,功次迁中郎将。应劭曰:'能左右超乘。'颜师古则曰:'戏车,若今之弄车之技。然绾亦似在谊后,非同时也。绾在文帝时,未尝居贵位,魏泰《隐居诗话》已辨之矣。而改'戏车'作'车戏'以趁韵,亦觉未安。'"③两诗以《咏史》为名,写法上一仍班固《咏史》以来的旧传统,其意图并不在于对于历史事实真伪或历史进程的某种认知,而是借助人物或事件以传递个人的感叹。在此过程中作为案例或样本的历史并不一定在真实性上无可挑剔,甚而某种流行的对于历史人物的脸谱化的

---

① 陶敏、陶红雨校注《刘禹锡全集编年校注》,第84—85页。
②《汉书》卷五五,第2488页。
③ 汪师韩《韩门缀学》卷五,清乾隆刻上湖遗集本。

评价,亦可以成为较为稳定的"历史知识"。《咏史二首》作于永贞元年秋八月,此时王叔文已失权柄,刘禹锡投身于其中的永贞新政也将被强行终止,长安政坛不免一场新的人事调整。两诗借任安、卫绾之事,讥讽世态炎凉、慨叹贤愚失序。在此类历史书写中,时间因以个体的生命时间为坐标,故而并非被刻意强调的因素,而更易表现出当下的"点"与历史之"点"的对应。书写者通过对历史人物和事件的回眸,以传递相应的政治意图或生命感受,从而为自我的行动与处境寻得合理化的依据,其目的并不在于事件真伪的考辨与历史中人事活动的深层次认识。由于生命经历与感受的投射,其对于历史人物或事件的评价,通常会具有浓厚的情感色彩[1]。但也因为此种感慨的不断重演,具体的情感表现会具有某种较为一致的形式。此种古今同慨,每每指向对于权力逻辑过于强势的无奈。《华它论》曰:

> 夫以它之不宜杀,昭昭然不足言也。独病夫史书之义,是将推此而广耳。吾观自曹魏以来,执死生之柄者,用一恚而杀材能,众矣,又乌用书它之事为? 呜呼,前事之不忘,期有劝且惩也,而暴者复藉口以快意。孙权则曰:"曹孟德杀孔文举矣,孤于虞翻何如?"而孔融亦以应泰山杀孝廉自譬。仲谋近霸者,文举有高名,犹以可惩为故事,矧它人哉! [2]

权力逻辑的过度强势,会导致权力的私化,并进而产生对权力结构本身的颠覆。史书编撰本有著录教训以为鉴戒的明确意图,但后之视今,犹今之视昔的感慨,或许更能见出以历史阐释约束政治的弱势。以个人的经历与遭际为坐标的历史书写,本指向对具体的时间与人物的评价,遂有明确的情感投射,但并不必然导向对政治现实

---

[1] 邓京力《历史评价的理论与实践》,人民出版社,2009年,第45页。
[2] 陶敏、陶红雨校注《刘禹锡全集编年校注》,第2205页。

的彻底失望,而常常表现出失望中"人事可为"的坚守,并对个人命运的转机保有较高的期待。然而,个体命运的不断叠加与重演,自然会产生拓展历史观察时段的冲动。

元和十年,刘禹锡赴连州刺史任,有《荆门道怀古》曰:

> 南国山川旧帝畿,宋台梁馆尚依稀。
> 马嘶古树行人歇,麦秀空城野雉飞。
> 风吹落叶填宫井,火入荒陵化宝衣。
> 徒使词臣庾开府,咸阳终日苦思归。①

此诗虽然提及身在北周不得南返的庾信,但诗歌的重心却已是一个王朝的衰亡,其时间尺度不再是个体的经验与遭际,而转化为"中时段"的社会(王朝)时间。"中时段"的时间尺度,由于帝制时代历史变动感的频率有限,在诗文中常以一个王朝的终结为典型形式。一个王朝的衰落,可以在另一个王朝兴起的历史叙事中得到历史定位。但如若历史进步的线性论未能进入书写者的历史视野,王朝的终结即不免产生"发展"与"循环"之间的冲突。书写者对于历史的回望,总会有偏离圣王相承历史的废墟或遗迹的出现,提示着无可跳脱的兴盛衰亡周而复始的生命周期。虽然刘禹锡并无明确的历史发展观念的表述,但他对于人类文明创制的历史脉络的构建,却自然隐含了文明发展演化的推论。而他在南方的任官经历,也同样可以佐证中原与在地之间文明程度的高下。《阳山庙观赛神》曰:"汉家都尉旧征蛮,血食如今配此山。曲盖幽深苍桧下,洞箫愁绝翠屏间。荆巫脉脉传神语,野老婆娑起醉颜。日落风生庙门外,几人连踏竹歌还。"②南蛮赛神、血食征南的汉将、连踏《竹歌》是中原士人所观察的南方,也不免质朴而开化不足的流行表述。在其所服膺

---

① 陶敏、陶红雨校注《刘禹锡全集编年校注》,第355—356页。
② 陶敏、陶红雨校注《刘禹锡全集编年校注》,第162页。

的杜佑《通典》中，则有更为清晰的表述："昔贤有言曰：失道而后德，失德而后仁，失仁而后义，失义而后礼，诚谓削厚为薄，散醇为醨。又曰：古者人至老死不相往来，不交不争，自求自足。盖嫉时浇巧，美往昔敦淳，务以激励勉其慕向也。然人之常情，非今是古，其朴质事少，信固可美；而鄙风弊俗，或亦有之。缅惟古之中华，多类今之夷狄，有居处巢穴焉，有葬无封树焉，有手团食焉，有祭立尸焉，聊陈一二，不能遍举。"[1]杜佑以非今是古虽是人之常情，却并不能反映真实的历史过程。华夏早期质朴不免夷狄之风，然惟"服章之美、礼仪之大"方为华夏别异于周边族群的根本所在。但对于历史进程，即使儒家士人大多认可由蛮荒而文明的演进，《公羊》中亦有自乱世而至太平世的"三世"说，王朝兴盛衰亡的周期重演依然有足够动摇文明线性演进的自信。政论中文质循环表述的强势，难以导出自文明或生产关系等视角观察历史规律的可能，历史"循环"的感受与王朝治乱的往复相叠加所形成的认知惯性，对于已尝试自制度角度理解王朝政治与历史脉络的杜佑、刘禹锡，依然构成强大而难以突破的理解模式。

在已发生的历史过程中，因为王朝总有生命的周期，故而在王朝的并未给定起点与终点的周期内，人事有可为的空间。"天下英雄气，千秋尚凛然。势分三足鼎，业复五铢钱。得相能开国，生儿不象贤。凄凉蜀故妓，来舞魏宫前。"[2]乘势而起的英雄或造势的英雄的存在，均可证明人并非历史过程的被动参与者与旁观者。正是人的参与方使历史成为可能，也由之让王朝兴盛衰亡的历史有了真实展演的可能，故而在王朝的兴盛中，有对英雄的赞叹；在王朝的衰亡中，有对无能者的讥讽。"台城六代竞豪华，结绮临春事最奢。万户千门成野草，只缘一曲后庭花。"[3]对于一位尝试自制度角度观察政

---

① 《通典》卷一八五，第4979—4980页。

② 刘禹锡《蜀先主庙》，陶敏、陶红雨校注《刘禹锡全集编年校注》，第536页。

③ 刘禹锡《台城》，陶敏、陶红雨校注《刘禹锡全集编年校注》，第677页。

治运作与历史演变的士人而言,将王朝的兴亡归于"一曲后庭花"多少有了一点反讽的意味,毕竟,在王朝兴亡的周期重演面前,自不免有人力难为的感叹!"世间人事有何穷?过后思量尽是空。早晚同归洛阳陌,卜邻须近祝鸡翁。"[1]历史的进程与走向,在人事尽空的感慨之下,自然难以把捉:"汉寿城边野草春,荒祠古墓对荆榛。田中牧竖烧刍狗,陌上行人看石麟。华表半空经霹雳,碑文才见满埃尘。不知何日东瀛变,此地还成要路津。"[2]一座城池、一片地域在历史中的位置与影响,在沧海桑田的漫长时光中,有着非人力所能领会的秘密。对于历史,作为有"智"者,有认知探索的生命冲动,但作为有限度的生命,历史总在接受认知中拒绝一劳永逸式的认知幻相。

　　当时间尺度自一个王朝或一个历史时期延展而及于更多王朝或更长时段的考量时,"长时段"的时间尺度即随之出现。"长时段"的时间跨度最大,所涉及的空间范围也最为宽广。但由于刘禹锡"长时段"的历史感主要出现于怀古类诗歌的书写中,受限于体式,其空间选择多以某种具有历史兴亡之感的历史遗迹叠加自然景观,以呈现空间的深广度。其《西塞山怀古》曰:"西晋楼船下益州,金陵王气漠然收。千寻铁锁沉江底,一片降幡出石头。人世几回伤往事,山形依旧枕寒流。今逢四海为家日,故垒萧萧芦荻秋。"[3]此诗是刘禹锡的名作,"人世几回伤往事,山形依旧枕寒流"一联有纵目千年、阅尽人世沧桑之感。虽然此种写法在中唐以后的中国诗学史中渐趋熟滥,但对于刘禹锡这样生活在中唐的诗人而言,则是一种对于观念与技法的开创。在人事的变迁流转与山形的万古如旧

────────

[1] 刘禹锡《重寄表臣二首》其二,陶敏、陶红雨校注《刘禹锡全集编年校注》,第479页。

[2] 刘禹锡《汉寿城春望》,陶敏、陶红雨校注《刘禹锡全集编年校注》,第304页。

[3] 陶敏、陶红雨校注《刘禹锡全集编年校注》,第565—566页。

的参照中，是中晚唐敏感的士人对于时代巨变所产生的断裂感一种言说的尝试[①]。在此种表达中，山静水流、日升月落的宇宙自然节奏、兴盛衰亡的历史节奏以及个体对于历史与宇宙意义的追问交融一体。在其表层，似乎极易感受到相对于自然永恒的生命的短暂与世俗功名伟业的虚幻，唯"樵音绕故垒"[②]、"月夜歌谣有渔父"[③]，樵夫与渔翁方是能与山水同在的人世的"永恒者"[④]。但渔翁与樵夫在生活方式上的自然质朴，以及樵音与渔歌中对于"古今多少事"的言说，与其说是在"笑谈"中否定历史的沉重，而毋宁以之为一种关于生命、历史、宇宙的不论之论。此种超越的"笑谈"，乃是提示世人意义制作的限度，无论如何努力去参与生活、言说生活，终究只是一种关于生活的"真实"的言说，历史的"真实"在此言说之内，又在此之外。唯有世人真切地投入历史，追寻"真实"，樵音与渔歌才不是无根的闲谈。故而，在长时段的时间尺度中，真实投入的生命有失落有忧伤，但生命的不完美与历史生活的不完美，是需要在世者去承担的命运与责任。山形依旧、人事流迁，但"芳林新叶催陈叶""病树前头万木春"，遗迹与山水之间正是人在宇宙之间的位置。

---

① 邝龑子《"多少楼台烟雨中"——从杜牧诗看自然之道中的历史感》，《南开学报》2016年第5期，第31—51页。

② 刘禹锡《晚岁登武陵城顾望水陆怅然有作》，陶敏、陶红雨校注《刘禹锡全集编年校注》，第310页。

③ 刘禹锡《自江陵沿流道中》，陶敏、陶红雨校注《刘禹锡全集编年校注》，第560页。

④ "渔樵是山水之友，心境与青山相似，生活在超验和经验两界的分界线上，既理解山水的形而上尺度，又看得见历史的事迹，因此渔樵能够成为山水的代言人。"（赵汀阳《历史·山水·渔樵》，生活·读书·新知三联书店，2019年，第60页）

结　语

在李唐而后的思想史中,刘禹锡并非一个不可或缺的人物,无论是其对于天人关系的理解,还是对于"法"在文明演进与国家治理中影响的强调,似乎都不足以形成具有区分度的系统理论,但刘禹锡在这些问题上所表现出的历史感,却有着特殊的思想史意义。其提示着出身于时代危机之下的士人如何回应问题,形成何种具体主张,进而又会在何处留下当时虽已明确却未能有效回应的问题,以及当世或许未曾明确而后世必须予以回应的问题。或许,正是在这些问题的不断回应中,才会达成思想与社会的转型。而若衡以诗歌的演变,刘禹锡对于历史的书写,无疑具有宗师性的历史位置。其在诗中所展现出的悲欣交集,在不同的时间尺度上更易理解,而多重叠加的时间尺度也正定位了人在历史中的位置。

第六节　中晚唐的邑客与地方社会

"邑客"在中晚唐的各类文献中,又有"客""诸客""官客""措大"诸种称谓,乃指侨寓异乡的衣冠士流①。此处之"客",兼有"客居"与"(食)宾客"之义②。与唐代前期个体因学、因宦而游不同,邑客的形成则表现出士人家族或宗族、甚而地域性整体流动的特点。相较于高宗至玄宗时期,士人的群体流动因科举、仕宦之需,以向两

---

① 参见周鼎《"邑客"论——侨寓士人与中晚唐地方社会》,《中国史研究》2020年第4期,第125—141页。
②《旧唐书》卷一四八,第4002页。

京迁移为目标的中央化[①]，"邑客"因避乱、仕宦及因应经济压力的挑战而侨寓他乡，有着士族再度走向地方社会的明显趋势。当此种具有政治、文化乃至相对经济优势的社会力量进入处于行政、财税制度调整期，且地方势力逐步抬升的侨寓之地，即必然成为构建地方新秩序的重要参与者。甚而，此种地方博弈因邑客所具有的文化品格以及纵横两向的关系网络，而具有改造旧制度、形成新惯例，并进而凝定思想或观念新共识的可能。若以长时段的观察而言，中唐而后中央与地方关系的调整、理学的兴起、地方精英的士绅化、地方社会生活新秩序的形成，虽有自上而下与自下而上两种相互影响的路径，但上下之间却需有一个对于自我所承担之制度角色有着明确认同与践行能力的群体。因社会动荡的直接推动走向侨寓之地的邑客，则成为士族"萃处京畿"[②]而后被迫适应或主动承担此种制度角色的先行者。甚而，在中晚唐"邑客"身份认同的形成过程中，同样也可见出制度性影响的存在。在此意义上，观察邑客侨寓地方之际，对于在地的认知、体验与适应、其与不同群体的互动、自我身份与生活惯习的维持，乃至其对于所依赖的思想资源的利用与改造，应是理解唐宋社会转型内在机理的适恰方式。虽然在中晚唐的士族流动中，北方中国同样是士人或士族流动的目的区域，但北方的相对动荡以及地域文化上的准军事性格，却限制了其对于世家高门的吸引力[③]。北方社会，尤其是以河朔三镇为典型的强藩，在仕宦与婚姻上的地域性与封闭性，也自然使得北方社会在社会凝聚上更易表现出路径的单一性与制度层面的地方性。相较之下，"避地衣冠

---

① 毛汉光《中国中古社会史论》，第234—333页。

②《通典》卷一七，第417页。

③ 参见盛会莲《从墓志看中晚唐幽州社会与政局——以周珲墓志为中心》，《北方文物》2019年第3期，第89—96页；张天虹《中晚唐五代的河朔藩镇与社会流动》，社会科学文献出版社，2021年，第177页。

尽向南"的士人群体①,则身处更为复杂的社会境遇之中,其与南方社会的博弈互动,也由之更具有历史的纵深意味。

一 信息沟通与舆论制作:邑客与州县长官

侨寓他乡的邑客,于地方社会而言,在其迁入之初,自然是一种相对陌生的社会力量。但随着时间的推移,邑客与地方势力之间即使并不必然和畅融洽,亦不妨碍前者对于地方社会的认知与体察程度的提升,更遑论邑客中本即有"前资官"这一有地方任职经历的群体②。而邑客对于政治制度及其运作所相关之程序、惯例的谙熟,也使其更能有效感知政治风向的变化、揣摩政治行动的意图、体察行动参与者的诉求与底线,进而应和政治实践的节奏。相比于基层民众与乡村胥吏,邑客群体无疑具有更为强大的、依托政治制度及其相关资源参与地方治理的能力。虽然邑客在地方的生存及向两京社会的阶层流动依赖于士族间的利益与情感关系网络,但对于国家治理的制度性权力的分享,方是其能够适应地方、维持影响,甚而参与地方性与全局性制度生成的关键所在。

世家大族向两京的迁徙,是地方势力以中央化与官僚化的方式对于制度变迁的适应,但由此而形成的士人与乡里社会的分离,却不免导致李唐政治、文化势力与社会势力之间的脱节,进而弱化了王廷对于基层社会的管理能力。当此种管理能力的不足因安史之乱的发生被焦点化时,对于基层的陌生即成为亟待解决的问题。《旧唐书·杨炎传》曰:

> 开元中,玄宗修道德,以宽仁为理本,故不为版籍之书,人

---

① 参见张剑光《唐代经济与社会研究》,上海交通大学出版社,2013年,第99页。
② 周鼎《侨寓与仕宦:社会史视野下的唐代州县摄官》,《文史哲》2020年第3期,第36—44页。

户浸溢，堤防不禁。丁口转死，非旧名矣；田亩移换，非旧额矣；
贫富升降，非旧第矣。户部徒以空文总其故书，盖得非当时之
实……迨至德之后，天下兵起，始以兵役，因之饥疠，征求运输，
百役并作，人户凋耗，版图空虚。军国之用，仰给于度支、转运
二使；四方征镇，又自给于节度、都团练使。赋敛之司数四，而
莫相统摄，于是纲目大坏，朝廷不能覆诸使，诸使不能覆诸州，
四方贡献，悉入内库。权臣猾吏，因缘为奸，或公托进献，私为
赃盗者动万万计。河南、山东、荆襄、剑南有重兵处，皆厚自奉
养，王赋所入无几。①

玄宗时期，迫于"钱谷不入"与"户口流散"，推行以宇文融之"括户"
为代表的地方田户管理新举措。但括户之前提为有田可授，遂自然
引起利益受损者的舆论反弹和虚与应对。"不为版籍之书"也限制
了对地方社会的认知程度。②当中唐而后，地方治理趋于实务取向
时③，如何有效掌控地方信息，遂成为王廷调整地方行政及赋税制
度，并由此明确官员的身份、职任与权力边界的基础。作为权力末
端的胥吏，虽然是王廷权力机构及基层社会管理的主要执行者④，
但胥吏群体因其政治德性的不足，极易成为以权谋私、残害民众的

①《旧唐书》卷一一八，第3420—3421页。
②孟宪实《宇文融括户与财政使职》，《唐研究》第7卷，2001年，第357—388页。
③参见吕家慧《中晚唐循吏观念的复兴与书写》，《北京大学学报》2018年第5
期，第106—114页。
④"新型胥吏不但以压倒多数参与国家政治，将流外官从中央省部寺监、诸司诸
使机构中排挤出来，而且以新行政手段的代言人身份登上历史舞台，在国家
行政中扮演重要角色，并影响了国家政治、社会的方方面面。……地方胥吏
的贪赃枉法、横行乡里没有任何形式的束缚，因此，地方胥吏违法更多，黠吏
为盗，成为唐后期严重的社会现象。"黄正建主编《中晚唐社会与政治研究》，
中国社会科学出版社，2006年，第89—95页。

秩序破坏者,难以有效承担王廷与地方社会信息沟通的职责①。而出任地方的州县长官又多频繁迁转,难久在其任,自然须依赖谙熟地方风土者,以建立顺畅的信息沟通渠道。

《旧唐书》卷一二八载:"清河客李萼,年二十余,与郡人来乞师,谓真卿曰:'……今清河,实公之西邻也,仆幸寓家,得其虚实,知可为长者用。'"②李萼说服颜真卿的理由之一就是其客居清河,知晓清河的时局,从而能够做出可行的政治判断。长庆元年(821),张弘靖任幽州节度使时,曾密奏挽留赴京任监察御史的张彻,其理由为:"臣又始至孤怯,须强佐乃济。"③开成五年十一月,岭南节度使卢均奏曰:"当道伏以海峤择吏与江淮不同,若非谙熟土风,即难搜求民瘼。且岭中往日之弊是南选,今日之弊是北选。臣当管二十五州,唯韶、广两州官寮,每年吏部选授,道途遥远,瘴疠交侵,选人若家事任持,身名真实,孰不自负,无由肯来,更以俸入单微,每岁号为比远,若非下司贫弱令史,即是远处无能之流。比及到官,皆有积债,十中无一,肯识廉耻。臣到任四年,备知情状,其潮州官吏,伏望特循往例,不令吏部注拟,且委本道求才,若摄官廉慎有闻,依前许观察使奏正。事堪经久,法可施行。"④卢均以岭南僻远,非仕宦乐土,若以吏部铨选方式选任官员,则难得干能之官,无法承担岭南地方治理的责任,故而奏请以节度使便宜征辟选任的方式,回应官僚铨选在政治实践中的制度缺陷。虽然卢均在奏文中特别提及岭南与江淮之间的差异,易使奏文的阅览者以为"谙熟土风"只是诸如岭南僻远之地达成地方有效治理的前提,但卢均对于岭南地域特性的

---

① 参见张国刚《唐代乡村基层组织及其演变》,《北京大学学报》2009年第5期,第112—126页。

② 《旧唐书》卷一二八,第3590页。

③ 韩愈《唐故幽州节度判官赠给事中清河张君墓志铭》,刘真伦、岳珍校注《韩愈文集汇校笺注》,第2604页。

④ 《唐会要》卷七五,第1371页。

强调,不过是政治生活中颇为常见的表达策略而已。即以其言及的江淮而言,"谙熟土风"同样是州县长官僚佐选任的重要标准。

罗隐《广陵妖乱志》记载:"吕用之,鄱阳安仁里细民也。性桀黠,略知文字。父璜,以货茗为业,来往于淮浙间……用之素负贩,久客广陵,公私利病,无不详熟。鼎灶之暇,妄陈时政得失,渤海益奇之,渐加委仗。"[1]吕用之虽非严格意义上的"邑客",但其通文字、久客广陵且有议政之能力,已大体近于"邑客"。其所以能够引起高骈的关注并成为节度使府的重要幕僚,得益于对江淮风土的谙熟。杜牧为黄州刺史时,以"刺史知之"为地方治理之关键:"牧为刺史,凡十六月,未尝为吏,不知吏道。黄境邻蔡,治出武夫,仅五十年,令行一切,后有文吏,未尽削除。伏腊节序,牲醪杂须,吏仅百辈,公取于民,里胥因缘,侵窃十倍,简料民费,半于公租,刺史知之,悉皆除去。乡正村长,强为之名,豪者尸之,得纵强取,三万户多五百人,刺史知之,亦悉除去。茧丝之租,两耗其二铢;税谷之赋,斗耗其一升,刺史知之,亦悉除去。吏顽者笞而出之,吏良者勉而进之。"[2]"知之"是州县长官对于地方历史与现状的掌握,涉及经济、文化、社会民生诸多层面,对于多数异地为官的中高层官僚而言殊非易事。其所以能"知之",则不仅需要州县长官相应的德性与能力,亦依赖熟悉当地民情者的信息提供。在州县长官的日常行政中,常可见到"宾客"的身影。州县长官应接宾客,甚至引起王廷关注而以诏令予以训诫。武宗会昌元年正月,诏曰:"州县官比闻纵情杯酒之间,施刑喜怒之际,致使簿书停废,狱讼滞冤。其县令每月非暇日不得辄会宾客游宴;其刺史除暇日外,有宾客须申宴饯者听之,仍须简省。诸道观察使任居廉察,表率一方,宜自励清规,

①李定广校笺《罗隐集系年校笺》,人民文学出版社,2013年,第853—854页。
②杜牧《祭城隍神祈雨文》,吴在庆校注《杜牧集系年校注》,中华书局,2015年,
　　第902页。

以为程法。"①州县长官应接宾客,自然有构建关系网络与诗酒娱情的考量,宾客的往来流动即是信息的流通,人际网络的构建也是信息网络的形成过程。州县长官对于信息的依赖,以及地方治理的策略选择②,于日常宴饮之风皆有助成之功。而"宾客"对于信息的获取,则不仅依赖久客地方的生存经验,更依托于此一群体在基层社会的以"摄""假摄"为任官方式的为官经历。此种经历既提供了其认知与体验地方社会的制度便利,亦有效磨练了其参与地方治理的行政经历及行政能力。正是因为邑客在地方社会中所承担的角色,使得邑客的"摄""假摄"超越了个体或家族之私而有了"公"的制度性权力的特点。"右件官,顷佐一门,实扬二职。袭韦贤之经术,有崔琰之须眉。久为旅人,不遇知己。今龙城属部,象县分封,虽求瘼颁条,允归于通守;而提纲举辖,必藉于外台。子其正色当官,洁身照物,逢柔莫茹,有蠹必攻。罗含擅誉于琳琅,犹闻谦受;梁竦徒劳于州县,未曰通材。勿耻上官,以渝清节。事须差摄柳州录事参军。"③韦重在差摄柳州录事参军之前,即有任职地方的经历并有一定的为政口碑,其本人具经学之优长且有崔琰之貌,故而,当柳州录事参军之职空阙时,韦重遂有谋求假摄的机会。在此种地方官员的任命奏请过程中,"邑客"多依赖于地方长官的垂青拔擢,故而易于表现出相应的人身依附关系。其对于州镇长官而言,不仅是地方治理的协助者,同时也是其政绩及形象制作的主要发起者或参与人。而当邑客所承担的信息沟通不再以地方治理为焦点,呈现出向更高阶层流动的特点时,舆论制作的意味便由之凸显。

　　《全唐文》卷七四六《濠州刺史刘公善政述》曰:

---

① 《册府元龟》卷一五八,第1913页。
② 韩延寿为颍川太守时,以接对郡中长老为治理之策,对于重视循吏的中晚唐官员群体而言,应具有一定的样本效应(参见《汉书》卷七六,第3210—3216页)。
③ 刘学锴、余恕诚校注《李商隐文编年校注》,中华书局,2010年,第1407页。

客有自濠梁来者,余讯之曰:"濠梁之政何如?"客曰:"今刺史彭城刘公,始受命至徐方,与廉使约曰:'诏条节度团练兵镇巡内州者,悉以隶州,今濠州未如诏条,请如诏条。廉使多称军须卒迫,征科若干,不如期以军法从事,皆两税敕额外也,自今请非诏敕不征。'廉使曰:'诺。'濠州每年率供武宁军将士粮一十万石,斗取耗一升送廉使,州自取一升给他费。吏因缘而更盗,则三倍矣。自今请准仓部式外不入。'廉使曰:'诺。'刘公至止,坚守不渝,由是州无他门,赋无横敛,人一知教,熙熙然如登春台矣。"……刘公治郡,嘉绩长美,详举则繁也,亦取大遗小之义耳。其书以备太史氏采录焉。[1]

在地方政治舆论的制作中,邑客因其学识与政治经验,相较于地方民众更能敏锐捕捉王廷政治的新动向,从而策略性地凸显符合高层期待的治理事迹与官员形象。邑客在与滁州长史卢子骏的对谈中,刻意描述了濠州刺史对于王廷处分节镇与州郡权责诏令的坚持。此一点,若衡之于宪宗以后王廷调整德宗朝政治惯例,强化州郡相对于节镇的军政与民事权力,从而确立新型的中央—地方关系的政治意图,则可见出邑客在舆论制作上的判断力。由于政绩考课事关官员的仕途迁转,官员政绩的舆论制作也更易展现其渠道的制度化及展演内容的模式化。"大和四年,高陵人李士清等六十三人,思前令刘君之德,诣县请金石刻。县令以状申府,府以状考于明法吏。吏上言:谨按宝应诏书,凡以政绩将立碑者,其具所纪之文上尚书考功,有司考其词,宜有纪者,乃奏。明年八月庚午,诏曰:可。"[2]德政碑本为中央王廷褒奖官员的"政绩激励"工具[3],须遵循特定的奏请

<hr />

[1]《全唐文》卷七四六,第7729页。
[2] 刘禹锡《高陵县令刘君遗爱碑》,陶敏、陶红雨校注《刘禹锡全集编年校注》,第1961—1962页。
[3] 参见仇鹿鸣《长安与河北之间:中晚唐的政治与文化》,第169页。

规定方能刻石立碑①。对于基层民众而言，德政碑的奏请理应为一种颇为陌生的政治实践，无论是动议的发起、群体意图的表达、文本的书写以及制度渠道与程序，若无熟悉相关政治运作者的引领，即难以成为地方社会一种具有仪式景观效应的政治事件。出于不同际遇与动机而走向地方的"邑客"，无疑是此种政治舆论及政治景观极为适恰的制作人与引领者。但毫无疑问，"邑客居人，攀辕隘路"②的舆论制作总不免掺杂诸多的私利考量而失实过度难以取信③。即使如此，也并不意味着地方舆论的制作完全逸出王朝政治的期待之外。

孙樵《书褒城驿壁》曰：

> 有老吏笑于旁，且曰："举今州县皆驿也……凡与天子共治天下者，刺史、县令而已，以其耳目接于民，而政令速于行也。今朝廷命官，既已轻任刺史、县令，而又促数于更易，且刺史、县令，远者三岁一更，近者一二岁再更，故州县之政，苟有不利于民，可以出意革去其甚者，在刺史曰：'明日我即去，何用如此！'在县令亦曰：'明日我即去，何用如此！'当愁醉酏，当饥饱鲜，囊帛椟金，笑与秩终。呜呼，州县真驿耶！矧更代之隙，黠吏因缘，恣为奸欺，以卖州县者乎？如此而欲望生民不困，财力不竭，户口不破，垦田不寡，难哉！"④

---

① "（贞元）十四年十二月十二日，考功奏：'所在长史，请立德政碑并须去任后申请，仍须有灼然事迹，乃许奏成。若无故在任申请者，刺史、县令，委本道观察使勘问。'"（《唐会要》卷六九，第1214页）

② 胡戟、荣新江编《大唐西市博物馆藏墓志·唐故登仕郎守随州司功参军上柱国阎府君墓志》，北京大学出版社，2012年，第829页。

③ "柳公绰为山南东道节度观察使，司农少卿李彤前为邓州刺史，坐赃钱百余万，仍自刻石纪功，号为善政碑。公绰以事闻，贬吉州司马同正。"（《册府元龟》卷六九五，第8287页）

④ 孙樵撰、丁恩全校注《〈孙可之文集〉校注》，中国社会科学出版社，2020年，第43页。

虽然唐代前期内重外轻的任官心态已不完全为中晚唐官僚所接受，褒城老者之言或有过当之处①，但其对于官员频于迁转的描述符合中晚唐的官员任免的惯例。短暂的任期，难以培养州县长官对于任职地的情感认同，若再同时考量其德性的良窳与治理能力的高低，所谓地方治理的实绩自然不免有刻意制作的成分。但地方人员构成的复杂以及舆论所可能存在的分歧，为自上而下的信息获取提供了参考比对的可能。如此，均为"邑客"的地方生存提供了制度空间。

文宗大和七年(833)七月，中书门下奏曰：

> 应诸州刺史除授序迁，须凭显效。若非责实，无以劝人。近者受代归朝，皆望超擢，在郡治绩，无由尽知。或自陈制置事条，固难取信。或别求本道荐状，多是徇情。将明宪章，在核名实。伏请自今已后，刺史得替代，待去郡一个月后，委知州上佐，及录事参军，各下诸县，取者老百姓等状。如有兴利除害、惠及生民、廉洁奉公、肃清风教者，各具事实，申本道观察使检勘得实……如事不可称者，不在荐限。仍望委度支、盐铁分巡院内官同访察，各申报本使录奏。如除授后，访知所举不实，观察判官、分巡院官及知州上佐等，并停见任一二年，不得叙用。如缘在郡赃私事发，别议处分，其观察使奏取进止。②

对于地方官僚群体出于能力不及与自利取向所可能存在的"拼凑应对"与"共谋行为"③，王廷本即有极为清晰的认知④，亦尝试通过制度设计予以应对。其过程即是国家治理的运作实践中，多重行动逻辑交互影响，并进而推动制度变迁的历史过程。作为个体或群体

---

① 《新唐书》卷一三九，第4635页。
② 《唐会要》卷六八，第1205—1206页。
③ 参见周雪光《中国国家治理的制度逻辑》，第239、200页。
④ "盗贼之作，为害实深。州县官人，多求虚誉。苟言盗发不欲陈告，村乡长正，知其此情，递相劝止，十不言一。"(《唐会要》卷四一，第745页)

的政治行动的参与者,其对于关联群体行动逻辑的感知越清晰,生成与维护自我群体行动逻辑的能力越强大,也即意味着在政治生活中有着更高的参与制度生成的几率。邑客自两京或本籍向异地的流动,虽然削弱了此一群体在科举以及仕途迁转上所享有的部分便利,但再度走向地方社会,却增强了其与地方社会的关联度。这一具有"游客所聚,易生讥议"[1]之接受印象的群体,因所具有的政治经验与学养,在本土地方势力逐步崛起的进程中,确保了其在国家治理中不可替代的位置。

二　关系网络与邑客的在地认同

陈寅恪先生在《唐代政治史述论稿》中曾言及"武后—玄宗"时期,作为李唐乃至中古社会转折点的历史意义。在此半个世纪左右的时段中,世家大族因应政治生活的变化,而大体完成了中央化与官僚化的角色转变,个体化官僚制[2]及双家与多家形态构成了唐代士人日常生活的常态[3]。世家大族在向两京为焦点的迁徙中也自然经历了其与地方社会之间制度关联的脱离,并由此经历了另一种意义上的"邑客"生活。及安史乱发,以"走向南方"为主的异地寓居,于士族而言,已殊非一种过于陌生的生活形态。甚而,迁徙目的地的高度重合,会为士族间的关系网络增加新的触角延伸的可能。与此同时,两京的安定以及新的均衡态势的大体形成,亦为寄寓异地的邑客群体提供了与政治高层强化关系网络的可能。客观的关系

---

① 杜牧《唐故歙州刺史邢君墓志铭并序》,吴在庆校注《杜牧集系年校注》,第737页。

② 参见王德权《为士之道:中唐士人的自省风气》,第61页。

③ 毛汉光以十姓为例分析士族的中央化进程,其主要发生时期为高宗、武后及玄宗时期。参见毛汉光《中国中古社会史论》,第332页。

网络的存在与邑客对于此种关系网络社会功能的理解与期待，共同构成了邑客如何理解自我与在地关系的重要参照。

　　邑客寓居他乡，本不过是"身皆东西南北之人焉"①具体而微的地方版本，对于愈为依赖科举为进身渠道的中晚唐士人或士人家庭而言，稳定的制度渠道并未因士人所居地的迁移而有根本性的改变。士人可以投牒自举的制度规定，也避免了士人和移居之地的制度性矛盾过早地发生。士族的中央化与官僚化虽抑制了此一群体对于社会阶层流动的掌控，但也为其生存拓展出新的制度空间。崔敦礼《平江同官小录序》曰：

> 　　古之时，诸侯裂土而封，士之仕者各于其国，不在西封在东境，世其职，因以为姓氏。官曹之所联接，朝夕之所同事，非其宗族，则其父兄之执；非少长之父，则其里巷之亲戚。后世九州四海相易而仕，平时风马牛邈不相及，怀章随牒，丛萃而群处。秩既满，又飘然而去，君南我北，了不闻在否，世系不省，爵里不传。十年之后，升沉反覆，卑者走尘土，高者上霄汉，情隔势绝，相忘若不相识。②

崔敦礼所言及的士人仕宦南北，因官员选任之制而缘散缘聚，正是隋唐以来个体化官僚制的社会效应。而崔氏所言及的古今之别，自魏晋以来即屡见不鲜，所聚焦者亦主要为乡里社会在士人仕宦资格之养成中的作用，且多将士人与社会道德风习的窳败归因于选士之制的调整③。但是制度的生成及其实践却自然有其内在的逻辑与机制，此一方面的南北飘萍、德行有亏，同时也可能是另一方面的阶

---

① 贾至《议杨绾条奏贡举疏》，《全唐文》卷三六八，第3736页。
② 崔敦礼《宫教集》卷六，《景印文渊阁四库全书》集部第1151册，第827页。
③ 卜宪群《乡论与秩序：先秦至汉魏乡里舆论与国家关系的历史考察》，《中国社会科学》2018年第12期，第176—198页。

层流动与社会公正。此时的对抗帝制，亦常会转变为彼时的顺服依赖。与司马南渡时士族的南方迁徙，伴随政治、文化中心的同步迁移不同，中晚唐的邑客则面临着与政治、文化中心的空间分离。科举制与官员选任制度的变迁，恰为邑客维持其或提升社会位置提供了制度便利，一定程度上降低了因居地迁移所产生的阶层滑落的风险[①]。但在邑客纵横两向的关系网络中，科举乃是最为基础亦最为核心的网结。

李纵墓志载墓主江东之政曰："昔我文公之镇江东，族兄弟之从者五人，兄弟之子从者八人，皆遂家焉。及公介戎政于二州，复衣食之诸父兄弟、姑姊妹、从子、从女，聚居者数十人，熙熙和乐，他族无与比者。时中州丧乱之后，士人多奔走江浙间，游公之门，称为食客者十余人，皆名士也。公之所从，有若李公栖筠、韦公元甫、独孤公及……公之与游，有若崔太傅祐甫、杨中书炎、袁给事高、谢舍人良弼，皆人望也。"[②]李纵为曾任浙江东西节度使的李希言之子，后亦有长期任职浙江东西两道的经历，并曾任湖州司马、本州团练副使及试太子洗马、兼常州长史等职。游走于其门下者不乏中晚唐的政治精英，而此类高层文官大多依赖科举进身。虽然科举之途竞争激烈，致有"获登朝班，千百无一"[③]之说，但科举的开放性却为参与者的人生命运增添了一种可能。虽然此种可能颇为微小，然总有下位者的位置提升，以及更为确定的在上位者的阶层滑落的危险，使得关系网络的编织成为一种增强机遇与回避风险的共同选择。因而，在上位者对于士子的甄别、资助、拔擢，即成为具有投资意味的刻意

[①]"三百年来，科第之设，草泽望之起家，簪绂望之继世；孤寒失之，其族馁矣；世禄失之，其族绝矣。"（王定保撰、姜汉椿校注《唐摭言校注》卷九，第181页）

[②]毛阳光、余扶危主编《洛阳流散唐代墓志汇编》，国家图书馆出版社，2013年，第543页。

[③]陆贽《论朝官阙员及刺史等改转伦序状》，王素点校《陆贽集》，第703页。

之举,其成功者亦多享有具鉴识之能的美誉。即使在存有亲缘关系的士族内部,邑客与两京官僚的关系网络,同样遵循以科举为先的交往逻辑,而致有"孤寒"与"子弟"之争。

杜牧《唐故尚书吏部侍郎赠吏部尚书沈公行状》述沈传师事曰:

> 贞元末,举进士。时许公孟容为给事中,权文公为礼部侍郎,时称权、许。进士中否,二公未尝不相闻于其间者。其年,礼部毕事,文公诣许曰:"亦有遗恨。"曰:"为谁?"曰:"沈某一人耳。"许曰:"谁家子? 某不之知。"文公因具言先少保名字,许曰:"若如此,我故人子。"后数日,径诣公,且责不相见。公谢曰:"闻于丈人,或援致中第,是累丈人公举,违某孤进,故不敢自达。"①

沈传师举进士,本有父辈姻旧的关系网络可以借用,但其以"孤进"自期,当年未能登科。权、许二人引以为憾,其原因以两人间的对话推论,非为遗珠有恨,而是漏却故人之子的遗憾。权、许二人在两唐书中形象颇为正面,而知贡举之时亦不无姻旧之私。于此,亦可见出唐人在科举中的日常心态。唐代科举在解送与考试制度上所存在的,在今人看来,或许为制度缺陷的规则设计,于唐人而言,可能不过为皇权与世族之间相互妥协的结果。但也正是此种制度设计,形成了士人奔竞权门的群体像②,邑客也在激烈的竞争中,因为代际的自然更迭,逐步与两京权贵姻旧的关系单薄疏远。所谓"孤寒"与"子弟",并不必然来自不同的阶级,而更可能主要源于阶层内部

---

① 吴在庆校注《杜牧集系年校注》,第924页。
② 《柳宗元集》,第655—656页。

的分化①。《北梦琐言》卷四曰："唐荆州衣冠薮泽，每岁解送举人，多不成名，号曰'天荒解'。刘蜕舍人以荆解及第，号为'破天荒'。"②荆州既有衣冠薮泽之称，则此地应是北人南移的重点区域之一，但元和而后③，至刘蜕方有登第者，可见寓居地方的邑客，已难以依赖父祖先辈的姻旧关系获取相应的进身机遇。刘蜕《上礼部裴侍郎书》记其应举之艰难曰："家在九曲之南，去长安近四千里，膝下无怡怡之助，四海无强大之亲。日行六十里，用半岁为往来程。岁须三月侍亲左右，又留二月为乞假衣食于道路，是一岁之中，独留一月在长安。王侯听尊，媒妁声深，况有疾病寒暑风雨之不可期者，杂处一岁之中哉！是风雨生白发，田园变荒芜，求抱关养亲，亦不可期也。"④居地与长安遥远的空间距离、无可为奥援的姻旧之亲、衣食难继的窘迫与不得晨昏定省的愧悔，是进退难得其宜的孤寒之士共有的人生难题。科举曾经为李唐社会所带来的阶层流动效应，已呈现出明显的衰减之势。虽然科举制度本无法解决士人治生养亲、阶层流动乃至吏治人才之培养等诸多社会问题，但其巨大的制度效应，却使其成为社会批评的焦点。

北宋时期，华镇《上门下许侍郎书》言及唐代科举有如下议论：

> 某尝谓李唐设科举以网罗天下英雄豪杰，三百年间，号为得

---

① "中唐政治体系运作下逐渐出现与'公卿子弟'相对的'孤'字，这是'孤寒'一词不同于过去寒士、寒素的主要理由。以当时政治结构观之，公卿子弟未运用父祖政治关系亦得名为孤进，则'孤者未必寒'。相对地，出身庶族或中下层官僚之子弟属无政治关系可援用者，故'寒者必定孤'。"（王德权《为士之道：中唐士人的自省风气》，第176页）

② 孙光宪《北梦琐言》，第81页。

③ 武元衡《送魏正则擢第归江陵》："高文常独步，折桂及韶年。关国通秦限，波涛隔汉川。"（《全唐诗》卷三一六，第3554页）武元衡元和十年长安被刺，因此魏正则中举的时间下限应为元和时期，早于刘蜕。

④ 《全唐文》卷七八九，第8256页。

人者，莫盛于进士。当是时，谓南宫主文为座主，谓登第进士为门生，上之人荣得士之明，下之人怀藻鉴之德，扬揄品目，至于终身，敦尚恩纪，子孙不替。方其盛时，为官抢才，志在公议，不遗分契，趋于笃厚，得君子之高谊，成风俗之佳事，斯可尚矣。厥后事变，弊沿法生，扇奔竞之风，开请托之路，善谋者冒耻以苟得，恬淡者抱屈而陆沉。公道既沦，私分亦薄，徒习故事，浸成佻浮，故有受命公朝、拜恩私室之论，有识之士，以为不然而病之。①

华镇对于李唐三百年科举史的总结与批评，亦常见于中晚唐士人之言论，实为旧调重弹②。于此，亦可感知制度效应于社会惯习之影响巨大而持久，制度变革本身则缓慢而艰难。唐人对于制度在社会治理与风习培养中的作用，已不乏了然于心者，但唐人对于科举制度的调整动议，在门第社会的余晖之下，以"乡里"舆论的再制度化作为问题应对的主要策略，既相左于个体化官僚制的政治意图，也难以在士族与乡里社会已然疏离的现实之下获得践行的社会基础，故而多为纸上空文。晚唐科举对于"子弟"的抑制，依赖于皇权的直接介入与知贡举者的政治品格，并不足以为解决阶层逐渐固化的社会难题，其最终演化为孤寒借助武人之力，实施对"子弟"非理性的报复。随着关中政治地位的衰落，门阀政治走向终结，在新的权力结构之下，科举更为重要的制度变革也将随之到来。士人与乡里社会之间的制度性关联，也由"合久必分"走向"分久必合"。

邑客对于地方的认同，虽然可因其代际绵延而自然生成，但维持相对地方社会阶层优势的利益诉求，却使得邑客必须依赖于国家层面的制度保障。只有通过制度并善于利用制度，方能达成对于个体与家族社会角色与功能的稳固与有序提升。虽然邑客在中晚唐科举中被逐步边缘化，其与两京核心权贵家族的关系越趋疏离，但中晚唐

①华镇《云溪居士集》卷二四，《景印文渊阁四库全书》集部第1119册，第551页。
②参见《通典》卷一七，第402—428页。

地方行政及财政制度的新变化，却在一个半世纪的历史进程中，为邑客提供了另外一种应对生存危机的制度渠道。《唐会要》卷七九载：大中五年十月，中书门下奏"伏见诸道及州府，如县令、录事参军有阙，及见任官公事阙败，切要替换，即任举所知闻奏，及须莅官曾有课绩，处已必能清廉。如论荐不当，举主先议惩殿，其判司、参军、文学、县尉、丞、簿等，不奉限。其河东、潞府、邠宁、泾原、灵武、振武、鄜坊、沧德、易定、夏州、三川等道，或道路悬远；或俸料单微，每年选人，多不肯受，若一例不许，则都俸不在给留别限，仍勒知后判官，不许则都无正官，今请前件数道，除县令、录事参军外，其判司、尉、县丞、簿，每年量许奏三员。"[1]安史之乱后，因节镇体系的确立与盐铁转运体系的形成，以及官员人事任免中使职的职事官化，中晚唐已难以维持一官之任尽出吏部的旧制度，而不得不认可地方节镇观察及度支、盐铁诸使对于人事选任权力的分享，并予以明确的制度规定。宣宗大中五年的中书门下奏议，不过为李唐中晚期颇为常见的政治议题[2]。虽然，制度规定会对此种选任权力构成限制，但同时也是对此种权力正当性的认可。地方州牧长官对于吏部的分权，会体现出形式上的"僭越"，在习于以中央集权与制度的统一性为"大一统"之判准的认知传统中，会不免以之为国家治理中亟待解决的病态。但如此理解，则不免会忽视唐人的当世接受。在中晚唐人有关于士人选任诸弊端的言论中，"修身与及物"出现的频次极高[3]，而甚少对于地方人事任免权的激烈批评。中晚唐人斥责对抗王廷的地方强藩，但并不由之否认节镇体系对于王朝安全的贡献。相较于后人的"时代意

---

[1]《唐会要》卷七九，第1452页。

[2] 同类型的奏议，有宝历二年十二月吏部奏议、大和四年五月中书门下奏议、开成三年四月中书门下奏议等。见《唐会要》卷七四、卷七六的相关记载。

[3] 刘禹锡《答饶州元使君书》，陶敏、陶红雨校注《刘禹锡全集编年校注》，第1608页。

见"，时人的"历史意见"，应更能体现出唐人对于王朝"有效治理"之
难度的清醒。

地方对于吏部的分权，为流寓他乡、"所业唯官"①的邑客提供
了科举与吏部铨选之外的另一条维持生计或重振家声的制度路径。
但正如邑客在科举中的边缘化，在地方征辟选任的制度实践中也少
有邑客如萧复、韦皋等通过特定的历史机遇与人际网络达成向高层
跃升的可能②。在地方系统的官员选任中，使府幕僚的辟召为人瞩
目，颇为难得。邑客任职地方主要以州县基层文官的假摄、差摄最
为常见。李商隐《前摄临桂县令李文俨》曰："右件官，我李本枝，诸
刘贵族，能彰美锦，令肃阳鳊。临桂既有正官，丰水方思健令。无辞
久假，勉慰一同。已闻言偃之弦歌，更伫潘仁之桃李。事须差摄丰
水县令。"③李文俨在差摄丰水县令之前，已有差摄临桂县令等职的
经历，且政绩较佳。若衡以文意，李文俨应出身于李唐皇族，但代际
更迭，族属疏远，已与一般士人无别。所谓"差摄"，"皆使自辟召，然
后上闻。其未奉报者称摄。其节度、防御等使僚佐辟奏之例，亦如
之"④。差摄虽并非经由吏部除授程序确认的职任代理，有临时差遣的特

————————

① 杜牧《唐故复州司马杜君墓志铭并序》，吴在庆校注《杜牧集系年校注》，第
　763页。
②《太平广记》卷一七〇："张延赏累代台铉，每宴宾客，选子婿，莫有入意者。其
　妻苗氏，太宰苗晋卿之女也，夫人有鉴，甚别英锐，特选韦皋秀才曰：'此人之
　贵，无以比俦。'既以女妻之。不二三岁，以韦郎性度高廓，不拘小节，张公稍
　悔之，至不齿礼……后权陇右军事，会德宗行幸奉天，西面之功，独居其上，
　圣驾旋复之日，自金吾持节西川，以代延赏。"（第1244页）笔记小说自史料之
　"个体真实"而言，自不免剪裁拼贴，甚而有意作伪。但韦皋少长江南，后为
　入幕之宾，再因时局而成西川节帅则合乎事实。此外如段文昌、杨收亦有自
　邑客而终入相的经历，但如此经历元和而后难得一见。孙光宪《北梦琐言》卷
　九："唐杨收、段文昌皆以孤进贵为宰相，率爱奢侈。"（第202页）
③ 刘学锴、余恕诚校注《李商隐文编年校注》，第1397页。
④《通典》卷三二，第890页。

点,然在实际的地方政治运作中,差摄行为不免常态化。文宗《谕刺史诏》曰:"刺史分忧,得以专达。事有违法,观察使然后奏闻。如闻州司常务,巨细所裁,官吏移摄,将士解补,占留支用刑狱等,动须禀奉,不得自专,虽有政能,无所施设,选置长吏,将何责成?"①宪宗对于刺史职责的明确,乃是元和时期强调州之独立性,以弱化节镇观察权力的制度设计,王廷以诏令的方式确认刺史拥有的官吏移摄的职权。相较于唐代前期官员假摄多见于边远州县,且以在任官员之兼领他职为主。中晚唐的差摄则以未曾任官者或前资官代领相应职务,其区域亦自边远区域、地方强藩扩展而至内地州县②。州县摄官非正员官,上升的前景有限,俸禄亦相对微薄。李德裕《潞磁等四州县令录事参军状》曰:"右,缘地贫俸薄,无人情愿,多是假摄,破害疲甿。"③状文中所言及的州县归属昭义,素有贫乏俭朴之风,州县官多为差摄之人,其他边远州县的官员选任应大体相类。以此,既满足地方治理的需要,也可为地方寓居而艰于谋生的邑客提供生活的保障。《太平广记》卷二五六"苏芸"条曰:"岭表多假吏,而里巷目为使君,而贫窭徒行者甚众。元和中,进士苏芸南地淹游,尝有诗云:郭里多榕树,街中足使君。"④同书卷三八五"崔绍"条云:"南越会府,有摄官承乏之利,济沦落羁滞衣冠。绍迫于冻馁,常屈至于此。"⑤即使前景黯淡,俸禄难言丰厚,但相较于庞大的邑客群体,差摄依然是艰于谋生者难得的机遇,这也使得邑客与在任中高层官员间的姻旧关系变得尤为重要。此种关系网络在内地使府僚佐、州县差摄之职的竞争中,影响更为明确。

①《全唐文》卷七一,第752页。
②参见周鼎《侨寓与仕宦:社会史视野下的唐代州县摄官》,《文史哲》2020年第3期,第36—44页。
③傅璇琮、周建国校笺《李德裕文集校笺》,中华书局,2018年,第374页。
④《太平广记》,第1993页。
⑤《太平广记》,第3068页。

　　崔致远为前湖南观察巡官裴璙致书高骈曰："右件人是某座主侍郎再从弟……自数年继遭剽劫，生计荡尽，骨肉凋零，久在江南，近投当府。愿披情恳，泣告尊慈。驻留多时，不幸疾苦。遂且扶持发去。云欲径往襄阳，迎接侍郎。今得书云：行至滁州，前去未得。道途既阻，沟壑是虞。况乃孤孀三十余口，更无产业，未卜定居……伏乞太尉相公，念以程穷计尽，愍其柱促声哀，特赐于庐、寿管内场院，或堰埭中补署散职。所冀月有俸入，便获安家。"[1] 在推荐裴璙的信中，某座主侍郎再从弟的身份是崔致远刻意强调的信息，即使在裴璙未能获得任职机会而前去襄阳时，"侍郎"依然是左右裴璙行动选择的主导因素。崔致远如此处理，自然是根据政坛惯例推敲高骈心理，以提升推荐成功的概率。而另据《唐语林校证》卷一所载"李蟾"事，更易见出关系网络的影响："李尚书蟾性仁爱，厚于中外亲戚，时推为首。尝为一簿，遍记内外宗族姓名，及其所居郡县，置于左右。历官南曹。牧守及选人相知者赴所任，常阅籍以嘱之。"[2] 但关系网络的维持，依赖于构成者相互间情感的厚薄及资源的丰俭，难以承受代际更迭与宦途升沉的挑战。无论邑客如何经营此种关系网络，依赖此种关系网络，受益者恐只能是其中的少数。其终究要尝试寻找合乎在地特点的治生持家的方式，这也将是邑客在地化过程中颇为重要的一步。

　　《太平广记》卷一六五"郑澣"曰：

　　　　郑澣以俭素自居。尹河南日，有从父昆弟之孙自覃怀来谒者。力农自赡，未尝干谒，拜揖甚野，束带亦古。澣之子弟仆御，皆笑其疏质，而澣独怜之。问其所欲，则曰："某为本邑，以民待之久矣，思得承乏一尉，乃锦游乡里也。"澣然之。而澣之清誉重

① 崔致远著、李时人等编校《崔致远全集》，上海古籍出版社，2018年，第435—436页。
② 王谠撰、周勋初校证《唐语林校证》，第21页。

> 德，为时所归，或书于郡守，犹臂之使指也。郑孙将去前一日，召甥侄与之会食。有蒸饼，郑孙去其皮而后食。澣大嗟怒，谓曰："皮之与中，何以异也？仆尝病浇态讹俗，骄侈自奉。思得以还淳反朴，敦厚风俗。是犹怜子力田弊衣，必能知艰于稼穑，奈何嚣浮甚于五侯家绮纨乳臭儿耶。"因引手请所弃者，郑孙错愕失据，器而奉之，澣尽食之。遂揖归宾阁。赠五缣而遣之。①

在这则故事中，有唐人颇为熟悉的"因食而叹"情节，也让故事处于疑信之间。然郑孙久居乡里，以农事为家计，乡里也以农人待之，则是邑客寄寓生活的一种有文献为佐证的新变化，反颇为可信。郑孙本期望通过与郑澣间的亲缘关系获得承乏一尉的机会，以改善寄寓的生存状态，但故事以近乎刻意为之的情节设计而终使其期望落空。如若不执着于情节的个体真实，故事所表达的乃是亲缘网络终难以依靠的现实。故事对于导致功败垂成的偶然的强调，在不经意中将此种关系网络的失效归之于在下者德性的缺憾或不知所以的命运，所透露的是此种关系网络之失效自然而然的一般心态。但也正是关系网络维持的艰难，持家治生的压迫之下，邑客的行为选择亦将会有更为现实的转向。《唐故右金吾卫仓曹参军郑府君墓志铭并叙》曰："谓京师艰食，终不能衣食蓥幼。往岁工部佐戎于荆，尝植不毛之田数百亩，芜废于兹亦一纪矣。府君乃喟然南来，复垦于是，疏卑为溉，陪高而亩，及今三年，而岁入千斛。是岁分命迓二嫂氏泊诸孤于二京。"②郑鲁迫于生计，选择离京入荆而以南亩之业维持家庭生活。虽然依据墓志的简短文字难以推知郑鲁是否有亲身劳作的农业经历，但参照刘轲《上座主书》"日有芟夷畚筑之役"③、杜牧

---

① 《太平广记》，第1204—1205页。
② 周绍良编《唐代墓志汇编》，第2558—2559页。
③ 徐松撰、孟二冬补正《登科记考补正》，第759页。

《唐故复州司马杜君墓志铭并序》"烈日笠首，自督耕夫"①的描述，亦可想象其对田间劳作应有的参与程度。从事南亩之业，对于曾经"所业为官"的邑客而言，乃是固化其与地方关系的一个重要因素。以南亩收益治生持家，通常并非依赖邑客自身向田间劳作的投入，而是以地产田亩的购置为主导方式。邑客曾经所拥有的政治、经济优势，也为其地方的田亩购置提供了便利。与田亩购置相联系的即是房屋（别业）的修葺，以及因"衣冠多难，归葬则稀"②所导致的归葬地的新选择③，邑客也将面临向乡村富民的身份转化，其间亦偶有以商而富者。虽然此一过程的发生需要较长的历史时间，但其预示着新的变化的开始，却也是难以否认的事实。

与邑客购置田亩以治生持家相类，其婚姻关系的选择，也表现出新的变化。"关图有一妹甚聪惠，文学书札罔不动人。图常语同僚曰：'某家有一进士，所恨不栉耳。'后寓居江陵，有鹾贾常某者，囊蓄千金，三峡人也，亦家于江陵，深结托图，图亦以长者待之。数载，常公殂，有一子，状貌颇有儒雅之风纪，而略晓文墨。图竟以其妹妻之，则常修也。关氏乃与修读书，习二十余年，才学优博，越绝流辈。

---

① 吴在庆校注《杜牧集系年校注》，第763页。
② 胡可先、杨琼编《唐代诗人墓志汇编》，上海古籍出版社，2021年，第479页。
③ 祖茔是凝聚家族认同的地理坐标。中晚唐士人身死他乡，多有归葬两京的传统，若非特殊的政治原因或家人力有不逮，不能将家人归葬者，通常都要面对极大的舆论压力。如元和四年，李绛《唐故试太常寺奉礼郎赵郡李府君墓志文》即对不愿护榇归葬的崔氏予以颇为激烈的批评："崔嫂以信乎巫神，不护灵梓，可为痛哉！敢志于石，用告幽壤。谨志。博陵不义不顺，不奔不护，明神有知，终不得祔。"（周绍良编《唐代墓志汇编》，第2015页）但邑客寄寓异地，艰于生计，葬于异地，或非所愿，但却是必然发生的社会现象。《旧唐书》卷一六七："（段文昌）于荆、蜀皆有先祖故第……以先人坟墓在荆州，别营居第以置祖祢影堂，岁时伏腊，良辰美景享荐之。"（第4369页）

咸通六年登科,座主司空李公蔚也。"①关图嫁妹于盐商之子,不合士族婚姻选择的惯例,与其寓居江陵的生存处境及盐商财力雄厚应有关联。而盐商之子通过读书习业亦可参与科举,则更便于寄寓士人与地方有力者的联合,以提升家族的社会地位,对抗阶层滑落的危险。虽然关图的选择相于于依然强大的士族圈内联姻的传统②,但却无疑展示了一种新的地方关系网络的可能。此种可能由特例而常态,却需至两宋之时方始达成③。崔致远《双女坟记》记双女议婚之始末曰:"致远乃问曰:'娘子居在何方?族序是谁?'紫裙者陨泪曰:'儿与小妹,宣城郡溧水县楚城乡张氏之二女也。……先父不为县吏,独占乡豪,富似铜山,侈同金谷。及姊年十八,妹年十六,父母论嫁,阿奴则订婚盐商,小妹则许嫁茗估。姊妹每说移天,未满于心。郁结难伸,遽至夭亡。'"④崔致远所遇之姊妹二人,乃地方富豪之女,因不满父母的婚姻安排郁郁而终。姊妹二人所许配之对象,无论盐商抑或茗估,所经营之盐、茶均为利益颇丰的大宗商品,可见其父在婚姻上的选择意图。但姊妹二人却希望能与士族结缘,然终未能如愿。在崔致远对双女婚姻心态的转述中,可以推见士商之间的联姻已是地方社会之新趋势的痕迹。但此种婚姻关系的连接需要士商双方基于利益与舆论的复杂考量。在中晚唐时期,士商联

---

① 徐松撰、孟二冬补正《登科记考补正》卷二三,第949页。

② 唐僖宗乾符时,刘彦谦所书《唐故乐安郡孙府君墓志铭并序》所言之婚姻关系,更合乎士族生活的常态:"府君姓孙氏,讳绫,其先周文王少子康叔之后,本贯青州乐安郡。初随祖过江,止润州丹阳县,后避兵徙居广陵焉……府君绍缵宗嗣,承训礼婚会稽虞氏。夫人四德具美,令淑播闻,颈剖明珠,不征兰梦。育男三人,□□保待。长曰宝,婚清河张氏;仲曰志,娶颍川陈氏;季曰□,□□阳汤氏;皆高援名族,明奉箕箒,各有孙息。"(周绍良、赵超主编《唐代墓志汇编续集》,第1133页)

③ 黄宽重《宋代的家族与社会》,第250页。

④ 李时人等编校《崔致远全集》,第762页。

姻似乎并非一个可被双方自然接受的选择，而这也可视为寄寓士人与地方社会间关系并不融洽的一个表征。"江陵在唐世，号衣冠薮泽，人言琵琶多于饭甑，措大多于鲫鱼……大凡无艺子弟，率以门阀轻薄，广明之乱，遭罹甚多，咸自致也。"[①]邑客与地方社会之间的冲突，或缘于士族子弟"轻薄"，对于地方规则或惯习缺乏尊重，而其根本原因则是邑客群体对于基层利益的侵夺[②]。邑客与地方社会关系的转变，或须等到门第社会消融、地方豪强成为王朝权力之新基础时，方始有真正的可能[③]。在此过程中，邑客与乡村有力者之间的直接对抗，则构成了新型地方关系生成的主要面向。

三　豪吏束手与救济乡里：邑客的"经典"像

中晚唐的社会变化，自地方社会的变化而言，不仅为邑客的移入所带来的问题与机遇，同时也缘于自开元天宝以来的唐代乡村基层组织结构的变化。伴随户口的增长，作为自然居民点的"村"的功能得以扩张与强化，并逐步取代"里"的位置，形成了"县—乡—村"的基层组织结构[④]。安史之乱后，王廷为解决财政危机，增大了对于乡村的控制力度，村落作为管理实体的角色越趋明确，而胥吏阶层在地方治理中所发挥的影响日益重要，赋役、户籍以及日常生活秩序等与地方社会相关的诸多事务均有他们的深度参与。此外，地方

---

① 孙光宪《北梦琐言》，第412页。

② 武宗会昌元年有诏曰："应州县等，每有过客衣冠，皆求应接行李，苟不供给，必致怨尤。刺史、县令务取虚名，不惜百姓，夫蓄皆配人户，酒食科率所由……遍扰闾里。蠹政害人，莫斯为甚。"（《册府元龟》卷四八四，第5791页）

③ 谭凯著，胡耀飞、谢宇荣译《中古中国门阀大族的消亡》，社会科学文献出版社，2017年，第244页。

④ 参见张国刚《唐代乡村基层组织及其演变》，《北京大学学报》2009年第5期，第112—126页。

因经济或宗族势力而影响一方的地方有力者,也是地方社会生活秩序的主导者之一。邑客在地方社会,其所要分享的制度权力、社会财富乃至民间舆论,常会和胥吏与土豪之间产生不同层面的冲突。正是在此博弈中,邑客逐步形成了对于自我形象的经典想象,并同时为地方"士绅"的形成提示了生成的基本路径。

胥吏虽大多处于权力的末端,却是官方政令的主要执行者,体量庞大并直接管理基层民众与地方社会。《通典》卷四〇述"内外职掌"云:"右内外文武官员凡万八千八百五。内职掌:斋郎、府史、亭长、掌固、主膳、幕士、习驭、驾士、门仆、陵户、乐工、供膳、兽医、学生……亲事、帐内等。外职掌:州县仓督、录事、佐史、府史、典狱、门事、执刀、白直、市令、市丞、助教、津吏、里正及岳庙斋郎并折冲府旅帅、队正、队副等……都计文武官及诸色胥史等,总三十六万八千六百六十八人。"①在三十余万的胥吏队伍中,内职掌多由品官子弟担任,外职掌则主要来自寒庶阶层。州县胥吏之职任多与庶务相关,本难有为国史载录或士人记述的机遇,但玄宗时期强化乡里控制的括户、造籍诸行为,提升了州县胥吏的被关注度,并多聚焦于此一群体与基层民众的冲突。安史之乱后,财税领域的相应调整,则更使地方胥吏的形象趋于恶化。《通鉴》卷二二二载:"租庸使元载以江、淮虽经兵荒,其民比诸道犹有赀产,乃按籍举八年租调之违负及逋逃者,计其大数而征之;择豪吏为县令而督之,不问负之有无,赀之高下,察民有粟帛者发徒围之,籍其所有而中分之……民有蓄谷十斛者,则重足以待命,或相聚山泽为群盗,州县不能制。"②相较于胥吏偏于身份说明的中性表述,"豪吏"作为地方有力者,则具有更明确的作为政府"爪牙"且有极高自利取向的意味。此种依违两间的特性,让"豪吏"既无法成为地方民众利益的维护者,也无法成

---

① 《通典》卷四〇,第1106页。
② 《资治通鉴》卷二二二,第1808页。

为州县长官地方治理的合作者。在中晚唐的各类文献中，"豪吏"每每是被利用、被打压的形象。

王谠《唐语林》载韩滉之事云："韩晋公镇浙西地，痛行捶挞，人皆股慄。时德宗幸梁洋，众心遽惑，公控领十五部人不动摇，而遍惩里胥。或有诘者，云：'里胥闻擒贼不获，惧死而逃，哨聚其类，曰："我辈进退皆死，何如死中求生乎？"乃挠村劫县，浸蔓滋多。且里胥者，皆乡县豪吏，族系相依。杖煞一番老而狡黠者，其后补署，悉用年少，惜身保家，不敢为恶矣。今上在外，不欲更有小寇以挠上心。'……其里胥不杖死者，必恐为乱，乃置浙东营吏，俾掌军籍，衣以紫服，皆乐为之。潜除酋豪，人不觉也。"[1]由于中晚唐节镇类型与治理方式的地域差异，加之经济方式与自然环境的影响，北方中国地方势力的兴起，以中下层军士影响节镇性格及其权力格局为表现形式[2]；南方中国，尤其是江淮地区，则重点表现为土豪势力对原有地方权力结构与利益分配机制的冲击[3]。由豪而吏是地方势力利益诉求的表达，而以出于土豪者为吏，则是王朝官员对于地方关系格局的顺应与利用。在上下互动与博弈中，有所谓"狡吏不畏刑"[4]之说。豪吏既难以突破自利取向的限制，成为地方利益的维护者，也难以在短期内适应政局变化所带来的政治规则与惯例的调整，并具有相应的自我正当化的言说与论证能力，这使得豪吏在社会治理中的形象亦颇为反面。虽然韩滉的应对策略并不能改变土豪崛起的趋势，但所赢得的赞誉却是此时期官员群体心态的自然展露。

皇甫湜《吉州刺史厅壁记》曰："自江而南，吉为富州。民朋吏

---

① 王谠撰、周勋初校证《唐语林校证》卷一，第62页。
② 参见李碧妍《危机与重构：唐帝国及其地方诸侯》，第544—545页。
③ 蔡帆《朝廷　土豪　藩镇：唐后期江淮地域政治与社会秩序》，浙江大学出版社，2021年，第292页。
④ 皮日休《橡媪叹》，《皮子文薮》，第127页。

罳,分土艰政。盖以近岁,适兹不幸,绍继无状。大官以降为者,羞薄而不省务;子弟以资授者,纵欲而不顾法,州遂疮痍。御史中丞张公历刺缙云、浔阳,用清白端正之治。诏书宠褒,赐以金紫,移莅于吉。下车之初,视簿书,簿书棼如丝;视胥吏,胥吏沸如糜。召诘其官,皆眊然如酲;登进其民,皆薾然而疲。公噫眙良久,于是大新其典……未及再期,庶富而教,至于无事。"[1]皇甫湜对于吉州州政的分析,首言簿书,次及胥吏,其间次序非出偶然,而是中唐以来士人自省风气中对于地方治理之要因的流行认知。在王朝对乡里社会的控制中,以田制、户籍与乡里制度为支柱,而户籍与乡里制度则是王朝实现乡村控制的根本性制度保障[2]。自开天之际,胥吏群体随着王朝控制乡村意图的强化而渐次增长其在地方政治中的曝光度,并逐步成为理解官员地方治理理念的参照系。胥吏熟悉乡村社会,又长于庶务尤其是户籍的编制,故而成为最为熟稔地方社会相关信息的群体。当此一群体尚未完全摆脱道德水准低下的接受标签时,即成为地方政治败坏的主因或推手。而中唐士人自省风气中,对于吏干之能的强调[3],也形成了地方长官熟悉户籍编制、赋役调节及底层信息的任官理念,豪吏遂成为上下其手、亟待打击整顿的对象。长庆三年(823)元稹《同州奏均田状》曰:"臣自到州,便欲差官检量,又虑疲人烦扰,昨因农务稍暇,臣遂设法各令百姓自通乎实状。又令里正书手等傍为稳审,并不遣官吏擅到村乡。百姓等皆知臣欲一例均平,所通田地,略无欺隐。臣便据所通,悉与除去逃户

---

① 《全唐文》卷六八六,第7028页。

② 鲁西奇《中国古代乡里制度研究》,北京大学出版社,2021年,第6页。

③ 中唐官员对于吏能的重视与开元时期的士人一般理解存有明显的差异,萧颖士作于开元二十九年的《赠韦司业书》曰:"仆从来宦情素自落薄,抚躬量力,栖心有限。假使因缘会遇,射力康衢,正应陪侍从近臣之列,以箴规讽谕为事,进足以献替明君,退足以润色鸿业,决不能作擒奸摘伏,以吏能自达耳。"(黄大宏、张晓芝校笺《萧颖士集校笺》,中华书局,2017年,第75页)

荒地及河侵沙掩等地，其余见定顷亩，然取两税元额地数，通计七县沃瘠，一例作分抽税。"①地方长官对于地方行政的掌控依赖对于地方信息的了解，及以簿记编制为基础的赋役分派。唯有如此，方能弱化对于豪吏群体的依赖。与此同时，则须强化法令规则在地方治理中的作用，以达成对于胥吏群体权责的明确约束，限制其利用法令谋利或享有超越法令的特权。元稹在同州的治理，大体即以上思路。邑客作为寄寓地方且与两京保持关系网络及文化认同的群体，在以假摄为主要制度路径的地方治理中，自然延续了压制胥吏的为政策略。

李商隐《为荥阳公桂州署防御等官牒·李克勤》曰："右件官，始在宦途，便彰政术。琼枝瑶萼，且异于良伦；黄绶青袍，尚淹于末路。属吾属县，有令旷官。芒蝎既蠹于良材，硕鼠又妨于嘉穗。匪闻让畔，遽至盈庭。聿求可人，用革前弊。其在推公以分疆理，洁己以抑奸豪。使麻不争池，桑无竞陇。蒋琬沉醉，未如巫马之戴星；王衍清谈，岂若韩棱之去霅？勉修实效，勿徇虚名。苟善否之有闻，于赏罚而何吝？事须差摄修仁县令。"②李克勤在假摄修仁县令之前即有任官经历，且政绩较佳，对于地方治理诸问题应有较为真切的体会。在此差摄官牒中，李商隐既强调了实务之能及勤于吏治的必要，同时又言及洁己奉公及抑制奸豪的为政德性与举措。虽然官牒作为日常政府公文不免有模式书写的倾向，但无论是刻意的强调，抑或惯习使然，"奸豪"均是地方治理中的难题。而若放大邑客所含摄的群体，考察曾有寄寓经历而终有幸升入中高层的官僚群体，则抑制豪吏的举措可屡见于文本书写。如《唐故中散大夫秘书监致仕上柱国赐紫金鱼袋赠左散骑常侍东平吕府君墓志铭并序》载吕让事迹曰：

先府君讳让，字逊叔，其先炎帝之胤也……府君七岁在潭

① 周相录校注《元稹集校注》，第997页。
② 刘学锴、余恕诚校注《李商隐文编年校注》，第1404页。

州,七日之内继失怙恃,号慕如成人……二十三,进士上第,解褐秘书省校书郎,以支使佐故相国彭原李公程于鄂岳……公佐三府,倅三镇,皆以重德大度,仪刑宾阶。三原剧邑多豪强,公春秋三十有三,人以为难,既下车,杖桀黠者一,他皆屏束。大旱环都,公精诚祈祷,独注甘泽。大京兆刘公栖楚手札称美。东海远皇都三千余里,承平不轨之后,人多不知法制,州无律令,无紫极宫。公下车则命备写而创置之,揭以碑铭,连境知教。去豪右,恤惸独,收葬枯骨一万余所,招复流庸五千余户。未数月报政,周岁乞留,清在人谣,著于州状。宾客自远而至,日月相属。①

吕让自二十三岁中举至六十三岁病逝,有近四十年的仕宦生涯,有着丰富的使府及州县的任职经历,明了地方社会的运作逻辑。在其子对其仕宦生涯的回眸中,抑制豪右是值得一书再书的重要政绩。无论是近畿之地,还是东海之滨,地方豪强均是地方社会有效治理的对抗力量。虽然此种书写并不必然反映基层社会的现实,但并不影响"豪吏束手"作为官员政绩之重要参照的位置。《故亳州临涣县丞赵府君墓志铭并序》曰:"孤弱云苏,奸豪泯息。"②《唐故宣歙池等州都团练观察处置等使通议大夫宣州刺史兼御史大夫上柱国赐紫金鱼袋赠礼部尚书陆府君墓志铭》曰:"斥繁冗之黠吏,定贫富之户籍。"③《唐故处州刺史李君墓志铭并序》曰:"始至,创造籍簿,民被徭役者,科品高下,鳞次比比,一在我手,至当役役之,其未及者,吏不得弄。"④凡此,均可见出此一治理模式的影响。而"豪吏束手"缘于地方长官的为政理念而外,也因在争夺地方官吏任职资格的过程

① 周绍良编《唐代墓志汇编》,第2334页。
② 周绍良编《唐代墓志汇编》,第1519页。
③ 胡可先、杨琼编《唐代诗人墓志汇编》,第309页。
④ 吴在庆校注《杜牧集系年校注》,第734页。

中，邑客对于假摄之权的诉求，能够得到姻旧关系网络与王廷制度的支持①，从而实际降低了豪吏假摄地方州县主要职任的概率②，形成事实上对于豪吏地方影响力的限制。

　　"豪吏束手"指向以王廷为主导的基层社会秩序的构建，无论是地方治理的现实，抑或是纸上的构拟，作为地方秩序的引领者或重建者，"邑客"均须承担对于基层民众庶之教之的职责。这也意味着邑客将实际扮演着地方"名望家"的角色③。"其（孙抃）系出于富春……七世祖曰朴，始徙富春，籍于长安……大中五年，从辟剑南西川节度使杜悰府为掌书记。其子曰长儒，摄彭山县令，既以秩满罢，因家眉山。大治居处，又构造重楼以贮书，日延四方豪彦，讲学其间。于时蜀人号为'书楼孙家'。自尔子孙不复东归，遂占眉山名数。高曾以来，历五代丧乱，晦遁不出，力田以自给，取足而已，不求赢蓄。"④邑客在地方社会逐步的在地化，会自然强化其对于地方社会的认同，即使此种认同的发生需经代际的更迭而方始可能。而地方社会对于邑客的认同，则需要邑客凭借自身的文化与经济诸优势，成为乡里社会利益的维护者，而不仅是王廷控制乡里的工具，或地方利益的争夺者。孙抃的家族经历自中晚唐五代的历史而言，可以视为邑客在地方博弈的过程中，对于地方领袖责任的逐步分担。在此地方新秩序的生成过程中，邑客也自然逐步承担着救济乡里的责任。元稹《与史馆韩郎中书》曰："（甄逢）耕先人旧田于襄之宜城，读书为文，不诣州里……岁穰则施余于其邻里乡党之不能自持者。"⑤符载《邓州刺史厅壁记》曰："夫人君在上，百辟在下，其欲正

---

① 参见唐武宗《加尊号后郊天赦文》，《全唐文》卷七八，第819页。
② 参见周鼎《"邑客"论——侨寓士人与中晚唐地方社会》。
③ 谷川道雄著、马彪译《中国中世社会与共同体》，第280页。
④ 苏颂《朝请大夫太子少傅致仕赠太子太保孙公行状》，王同策等点校《苏魏公文集》，中华书局，1988年，第962页。
⑤ 周相录校注《元稹集校注》，第849页。

生人之性命,敷大中之教化,扶淫僭之风俗,行明白之刑赏。"①无论是利益的分享,还是礼仪教化、风俗整顿,均是邑客对于王廷所倡导的政治伦理的具体实践。在此实践的过程中,邑客与豪吏之间的博弈将会呈现出既对抗又合作的共生形态,这意味着邑客对于地方社会运作逻辑体悟与参与度的深化,其典型的表现即是对于地方"富商大贾"的态度转变。

地方富商大贾的崛起,有王廷安史之乱后榷盐、茶的制度助推,也与地方节镇争夺利源存有关联②。地方富商在势力发展的过程中,会寻求节镇与州县长官不同层面的支持以获取利益,由此,会带来地方治理的难题。与此同时,富商阶层对于地方乡村日常伦理的冲击,"广占良田,多滞积贮"③对乡村利益的侵占及经济的操控,亦引发激烈的社会批评。张籍《野老歌》:"岁暮锄犁倚空室,呼儿登山收橡实。西江贾客珠百斛,船中养犬长食肉。"④姚合《庄居野行》:"客行野田间,比屋皆闭户。借问屋中人,尽去作商贾……如今千万家,无一把锄犁。我仓常空虚,我田生蒺藜。上天不雨粟,何由活烝黎。"⑤在富商所受的诸多批评中,自然有其为富不仁的因素,但更为根本的是对商业之社会功能的认知。相较而言,柳宗元认为"夫富室,贫之母也",故"诚不可破坏。然使其大倖而役于下,则又不可"⑥,其观念更为务实,亦颇有深度。与此同时,韩愈在此类问题上的理解,亦能预示中唐儒学问题回应的方向:"(张)平叔请限商人,盐纳官后,不得辄于诸军诸使觅职掌把钱捉店看守庄硙,

①《全唐文》卷六八九,第7056页。

②周鼎《晚唐五代的商人、军将与藩镇回图务》,《中国经济史研究》2020年第3期,第109—121页。

③《遣使宣抚诸道诏》,宋敏求编《唐大诏令集》卷一一七,第612页。

④徐礼节、余恕诚校注《张籍集系年校注》,中华书局,2011年,第22页。

⑤吴河清校注《姚合诗集校注》,上海古籍出版社,2012年,第282—283页。

⑥柳宗元《答元饶州论政理书》,《柳宗元集》,第832页。

以求影庇。请令所在官吏严加防察，如有违犯，应有资财并令纳官，仍牒送府县充所由者。臣以为盐商纳榷，为官榷盐。子父相承，坐受厚利。比百姓实则校优。今既夺其业，又禁不得求觅职事及为人把钱捉店，看守庄碓，不知何罪，一朝穷蹙之也？若必行此，则富商大贾必生怨恨。或收市重宝，逃入反侧之地，以资寇盗，此又不可不虑也。"[1]地方富民本身即是豪吏的主要来源，与上文所言及之豪吏缺少自我正当化的能力相应，地方富民同样难以通过对于社会舆论与制度规定的影响，主张自身的群体利益。这也意味着具有在地文化优势的邑客，不仅在治生方式上会有"学商人逐什一之利"[2]的选择，而且需在体认富民社会功能的基础上，为其利益保护及相应的政治与文化权力提供更为有效的舆论支持。也正是在此过程中，邑客方能有效地融入地方社会，并与地方有力者共同呼应王朝的伦理诉求、承担地方治理的相应责任。只是，地方社会新秩序的全面达成，已是数百年后的南宋时期[3]。

结　语

邑客在中晚唐社会的出现，既缘于隋唐时期中央—地方关系调整意图下的制度变革，亦是此种制度变革的政治与社会效应。在门第政治的余晖中，作为具有相应政治、文化诸优势的外来群体，邑客对于科举及两京姻旧人际网络的依赖，延续了士族政治生活的旧传统。但科举竞争的圈内压力以及人际网络在代际更迭中的松散倾向，迫使邑客与地方势力在竞争中逐步走向合作共生。邑客在主要

---

① 韩愈《论变盐法事宜状》，刘真伦、岳珍校注《韩愈文集汇校笺注》，第3029—3030页。

② 《太平广记》卷四一三，第3362页。

③ 黄宽重《艺文中的政治》，北京大学出版社，2020年，第16页。

以假摄基层文官的方式治生持家的同时,增进了对于地方社会的体认与理解,并进入经商、营田诸领域,拓展了"所业唯官"的生存选择。在融入地方生活的过程中,邑客对于地方文化、经济、伦理教化诸领域均发挥了不可替代的功能。其与在地有力者的合作实践,逐步生成了两宋而后基层生活的基本权力结构与日常治理模式。在此意义上,邑客的出现意味着中央—地方关系新的调整的可能,也意味着地方新秩序出现的可能。

第五章　中晚唐的文学与儒学转型

　　自儒学思想的演进而言,中晚唐处于汉唐经学向理学转型的过渡期。与唐前期以章句注疏为知识的主要呈现形式不同,此时期的儒学更以对儒学基本问题的重新聚焦,展现出以"理""道"之阐明为取向的运思方式,在知识形态上亦更为倚重分析、批评式的论学方式。而对于天人、人性、身心、言意诸问题的思考,也在万物存在之理据、历史表现背后之逻辑、生命之安顿及良性社会达成之路径等层面形成了与宋代理学间的连续性脉络。虽然在此思想进程中,"子学的兴起"更适应描述这一时期的知识变化,但诗文亦以其对儒学基本问题的考量,成为重要的思想方式。中晚唐文学并非仅是思想的文学投影,同样也是思想生成的重要路径。政治与社会变局中的中晚唐文学,以回眸传统与经典为危机因应的常规方式,从而表现出对古文及比兴传统的明确主张,但佛教尤其是禅宗的影响,却颇为深入而持久,亦提示着儒家诗学对于思想危机的回应需要一个更为深入且更有深度的系统思考。

第一节　天人之际：儒学转型视域下的中唐诗文新变
——以韩愈、柳宗元、刘禹锡为例

　　"天人之际"是儒学的核心问题，在其演化的脉络中，此一问题回应方式的变化与调整，乃是观察儒学变革度的重要标准。对于文学而言，"天人关系"同样也是一个考察其变化的重要视角。在今日通行的《中国文学史》的中唐叙述中，中唐是儒学转型的时代，也是诗文转型的时代，甚至在某种程度上，儒学转型的主导者同时也即是诗文转型的主导者。但是，转型者身份的高度重合却似乎并未能弥合转型叙述的内在分歧，文学研究在描述此段历史变局之时，常停留于"修辞明道""文以载道"的观念层面或"诗歌合为时而作"的价值层面，如此，"回到儒学"即在不经意中替代了"儒学转型"，诗文转型的探究也由此逸出于思想转型之外，而更多聚焦于个性与遭际及形式与技法，转型者似乎成为游走于思想与诗文之间的双面人。在儒学作为知识、价值甚至信仰之基本框架的时代，今日的文学史叙事似乎过早地强调了"文学的纯粹性"，或者说，学科分化过程中对于"文学"边界意识的强化，弱化了文学研究跨界的冲动与自觉。在古典文学研究标示边界的同时，常常会忽视在思想与文学互动的研究中研究理路偏于静态的异中之同，即注重探究文学"为何写""写什么"，而较少触及"思想转型之如何可能"与"文学转型之如何可能"间的内在关联。如此，"作为一种思想方式的文学"即难以在常态的研究框架中获得关注，文学研究视野中的"思想转型"也多少存有浮虚之弊。对于应对问题而生的思想而言，思想的转型通常表现为"核心问题"理解方式的变异,而此种变异恰恰构成文学转型的重要推力。中唐儒学的转型,最为根本的表现即为"天人"关系的新变,故而中唐诗文的转型也应在此分析框架中尝试探究合理解释的可能。

一　天人相仇:韩愈的诗文之"奇"

天宝末年的历史事件打破了李唐王朝精心维持的民族、地域与阶层间的脆弱平衡,知识与思想世界惯于在"察天象以明人事"的天人感应框架中建立帝国日常生活秩序的言说方式,似乎也失去了自然合理的有效性。虽然在一般的知识与信仰世界,甚或在帝国的日常行政话语中,"天人感应"的影响依旧,但精英阶层却敏锐地感受到一个新的思想时代的来临,无论是静水流深的历史大势,还是迫在眉睫的现实需要,八世纪下半叶以来的主流的知识、思想与信仰需要一个更为稳定的逻辑起点[1]:

> 人之坏元气阴阳也亦滋甚:垦原田,伐山林,凿泉以井饮,窾墓以送死,而又穴为偃溲,筑为墙垣、城郭、台榭、观游,疏为川渎、沟洫、陂池,燧木以燔,革金以镕,陶甄琢磨,悴然使天地万物不得其情,佁佁冲冲,攻残败挠而未尝息。其为祸元气阴阳也,不甚于虫之所为乎? 吾意有能残斯人使日薄岁削,祸元气阴阳者滋少,是则有功于天地者也;繁而息之者,天地之仇也。[2]

天人关系的界定,是儒家价值体系的逻辑起点,故而天人关系的讨

---

[1] "进入9世纪后,以往人类与自然界、超自然界未分化的状态开始向人类从自然界、超自然界中独立、分化出来的时期过渡。"妹尾达彦《韩愈与长安:9世纪的转型》,《唐史论丛》2007年第9辑,第6页。
[2] 柳宗元《天说》,《柳宗元集》,第442页。

论所展现的新的关系结构方是决定儒学转型的深层因素。韩愈在此段天论中，近乎极端地认为天与人交相残。虽然质疑天命、呼天詈天在唐前的诗文书写中屡见不鲜，但书写者的哀伤与愁怨并不指向对天意之理解的根本颠覆，甚至所传递的恰恰是对天意的肯认。韩愈愤激而决绝的表述自然可以在"失意者之怨愤"的框架中寻得一不失合理的解释，只是此种看似合理的解释最易强调某种观念或思想产生的原因，而忽视其历史效应的差异，并进而敉平言说背后的微妙分歧。在"百代之中"的中唐叙事中，韩愈拥有崇高的历史地位，但作为儒学转型的典范人物，其历史功绩却无法在"建立道统"与"攘斥佛老"的一般表述之外另获认可。与此相应，文学史中对于韩愈诗文之"奇"的探究，也常止步于个性与遭际的分析，而鲜少注意到思想转型对于文学书写的深层影响。虽然在韩愈的诗文书写中，原有的天人关系结构影响犹存，特别是当其言说受限于公共身份之时，但在某种意义上，韩愈诗文"尚奇"的特点，可以视作其天论在诗文中的自然展现。

　　"天人相残"拉开了天与人的距离，分化的感觉打破了诗文书写中的"心物同一"之感①，盛唐的书写者可以在瞬间把握世界的全体，但在天人关系已生变态的中唐，书写者似乎丧失了把握世界整体的自信，依赖于个体经验与知觉，成为描述所领会对象的基本方式②：

> 吾闻京城南，兹维群山围。东西两际海，巨细难悉究。山经及地志，茫昧非受授。团辞试提挈，挂一念万漏。欲休谅不能，粗叙所经觏……吁嗟信奇怪，峛崺能化贸。前年遭谴谪，探

① 邓小军《盛唐诗的文化特质》，胡晓明选编《唐诗二十讲》，华夏出版社，2009年，第45—46页。
② 参见川合康三著，刘维治、张剑、蒋寅译《终南山的变容——中唐文学论集》，上海古籍出版社，2007年，第79页。

历得邂逅。初从蓝田入，顾眄劳颈脰。①

诗人欲描述城南的名山，但山脉绵延，植被丰茂且气候多变的南山似乎在拒绝着诗人的打量与窥探，即使诗人有机缘一入南山时，身在此山的诗人也只能聚焦于细部，铺排而下的"或如"句式，使诗如赋，但诗人却没有汉赋书写者通常具有的对于世界通盘把握的自信，不断描述南山的尝试，似乎使诗人迷失在南山繁复的物象中，南山的整体观感自无从言及。整全的世界逸出了诗人的视界，但天人相残的分化意识却自然会增强天人之间的边界意识，另一层次上的"整全世界"便由此成为诗人获得稳定感的补偿方式。"下视禹九州，一尘集毫端"（韩愈《杂诗》），诗人承认所生活于其中的世界复杂、多样难以把握，但在观念的世界中，诗人可以设想一个外在的观察视角，只是渺如一尘的"九州"依然拒绝着诗人切近把握的可能，在天人相残的关系框架中，相抗、相残才是天人关系的基本样态：

> 双鸟海外来，飞飞到中州。一鸟落城市，一鸟集岩幽。不得相伴鸣，尔来三千秋。两鸟各闭口，万象衔口头。春风卷地起，百鸟皆飘浮。两鸟忽相逢，百日鸣不休。有耳聒皆聋，有舌反自羞。百舌旧饶声，从此恒低头。得病不呻唤，泯默至死休。雷公告天公，百物须膏油。自从两鸟鸣，聒乱雷声收。鬼神怕嘲咏，造化皆停留。草木有微情，挑抉示九州。虫鼠诚微物，不堪苦诛求。不停两鸟鸣，百物皆生愁。不停两鸟鸣，自此无春秋。不停两鸟鸣，日月难旋辀。不停两鸟鸣，大法失九畴。周公不为公，孔丘不为丘。天公怪两鸟，各捉一处囚。百虫与百鸟，然后鸣啾啾。两鸟既别处，闭声省愆尤。朝食千头龙，暮食千头牛。朝饮河生尘，暮饮海绝流。还当三千秋，更起鸣相酬。②

---

① 韩愈《南山诗》，钱仲联集释《韩昌黎诗系年集释》，第432—433页。
② 韩愈《双鸟诗》，钱仲联集释《韩昌黎诗系年集释》，第836页。

沉默三千年的双鸟，再次聚首鸣叫时，自然界乃至人类社会原有的生命节奏陡然失序。双鸟对抗着造化的力量，甚至对抗着人世间的伦理秩序，在原有秩序的制定者与遵守者看来，双鸟自然是亟待惩处的破坏者，但食量惊人、气魄宏大的双鸟似乎又冥冥中暗示着另一种秩序的可能，"三千年一出世"的预言，与"五百年有圣人出"的期待何其相似！在相残与相抗的紧张中，"天"原有的神圣与神秘开始遭遇"去魅"的挑战：

> 问天主下人，薄厚胡不均？天曰天地人，由来不相关。吾悬日与月，吾系星与辰。日月相噬啮，星辰踏而颠。吾不汝之罪，知非汝由因。且物各有分，孰能使之然？有子与无子，祸福未可原。鱼子满母腹，一一欲谁怜？细腰不自乳，举族长孤鳏。鸱枭啄母脑，母死子始翻。蝮蛇生子时，坼裂肠与肝。好子虽云好，未还恩与勤。恶子不可说，鸱枭蝮蛇然。有子且勿喜，无子且勿叹。①

天人各有其命，本不相关，"天"原有的神圣与神秘不过为世人之愚见，"去魅"之天的本来面目充斥着丑怪、恐怖甚至匪夷所思的变形。高华、雅洁——曾经为世人向往的理想世界至此崩塌，天人之间的距离被拉平为天高地下的空间差异。虽然以李唐而言，"想象世界"的变形书写亦非自韩愈始，但"风月宝鉴"的彻底翻转却完成于韩愈。后世在阐释韩愈诗文之"奇"时，常试图自韩愈的个性与人生经历中寻得解释，但如此的解读即使有其合理性可言，却难免将体现书写者深度思考的主体自觉转化为一种对于生活的自发回应。"天人关系"的全新解读为韩愈提供了独特而不乏深度的观察视角。由于能见人之所不见，见人之所不能见，韩愈的诗文书写自然而然地突破了原有的题材空间，也自然而然地创造了逸出典范的美学

---

① 韩愈《孟东野失子》，钱仲联集释《韩昌黎诗系年集释》，第675页。

趣味。"退之诗，大抵才气有馀，故能擒能纵，颠倒崛奇，无施不可；放之则如长江大河，澜翻汹涌，滚滚不穷；收之则藏形匿影，乍出乍没，姿态横生，变怪百出，可喜可愕，可畏可服也。"①由于天人相残，人之位置由此而得提升，也因天人相抗，生命的光彩成就于生命的力度：

> 庙令老人识神意，睢盱侦伺能鞠躬。手持杯珓导我掷，云此最吉余难同。窜逐蛮荒幸不死，衣食才足甘长终。侯王将相望久绝，神纵欲福难为功。夜投佛寺上高阁，星月掩映云曈昽。猿鸣钟动不知曙，杲杲寒日生于东。②

永贞元年，韩愈由阳山量移江陵，途径衡岳，拜谒岳庙。庙令老人欲韩愈执杯问卜以求神佑，但以"神仙有无何渺茫"的韩愈拒绝了老人的善意。"杲杲寒日生于东"虽不能如"海日生残夜"同享大名，但"我生有命不在天"的自信却跃然纸面。"方今天下风俗尚有未及于古者，边境尚有被甲执兵者，主上不得怡，而宰相以为忧。仆虽不贤，亦且潜究其得失。致之乎吾相，荐之乎吾君，上希卿大夫之位，下犹取一障而乘之。若都不可得，犹将耕于宽闲之野，钓于寂寞之滨，求国家之遗事，考贤人哲士之终始，作唐之一经，垂之于无穷，诛奸谀于既死，发潜德之幽光，二者将必有一可。"③作为诗人，韩愈"规模背时利，文字觑天巧"，与造化争功；作为文儒，韩愈希图达则行道、穷则著书，以承斯文于不坠，无论人生得意抑或失意，即使远贬潮州，晚年的政治生涯跌至低谷时，韩愈依然未曾忘却立功、立言的人生理想。

天人相残，故而其斗而胜者即为天人秩序的设定者。在韩愈的

---

① 陈应鸾《岁寒堂诗话校笺》，巴蜀书社，2000年，第55页。
② 韩愈《谒衡岳遂宿岳寺题门楼》，钱仲联集释《韩昌黎诗歌系年集释》，第277页。
③ 韩愈《答崔立之书》，刘真伦、岳珍校注《韩愈文集汇校笺注》，第687—688页。

圣人谱系构建中，著名竹帛者无一不是在混沌与混乱中制定秩序、为人世生活开出新貌者。"古之时人之害多矣。有圣人者立，然后教之以相生养之道。为之君，为之师，驱其虫蛇禽兽而处之中土。寒然后为之衣，饥然后为之食。木处而颠，土处而病也，然后为之宫室。为之工以赡其器用，为之贾以通其有无，为之医药以济其夭死，为之葬埋祭祀以长其恩爱，为之礼以次其先后，为之乐以宣其湮郁，为之政以率其怠倦，为之刑以锄其强梗。相欺也，为之符玺斗斛权衡以信之；相夺也，为之城郭甲兵以守之。害至而为之备，患生而为之防。今其言曰：圣人不死，大盗不止；剖斗折衡，而民不争。呜呼！其亦不思而已矣！如古之无圣人，人之类灭久矣。何也？无羽毛鳞介以居寒热也，无爪牙以争食也。"①个体的生命的原态也如混沌的自然一般，故而生命的展开也是自我修炼的过程。生命修养需游于《诗》《书》之源、行于仁义之途，以"尚志"为根柢，以"直养"为工夫②，只是在社会群体生活中，行于仁义之途者鲜，行于利禄之途者众，尚志养气者常困苦而寂寞，即使志向贞定如韩愈者，在人生低落时亦有喟叹、抱怨以及借酒消愁之举。人与天的相抗以及作为其转化形式的人与他人、人与传统以及人与惯习的相抗，造成了韩愈生命的高度紧张感。对"自我"的珍视，恰恰需要借助对于自我的嘲弄与戏谑，方能在文字的世界中消弭紧张，安顿身心。"驳杂之讥，前书尽之，吾子其复之。昔者夫子犹有所戏，《诗》不云乎：'善戏谑兮，不为虐兮。'《记》曰：'张而不弛，文武不能也。'恶害于道哉！吾子其未之思乎？"③在天人分化的世界中，诗人只能依赖自我的感受与判断去重新理解所生活于其中的世界，由此，日常生活的空间与

---

① 韩愈《原道》，刘真伦、岳珍校注《韩愈文集汇校笺注》，第2页。
② 参见邓国光《文章体统——中国文体学的正变与流别》（上海古籍出版社，2013年）第二十三节。
③ 韩愈《重答张籍书》，刘真伦、岳珍校注《韩愈文集汇校笺注》，第562页。

事件即成为自我感受、判断与书写的稳定的起点——中唐的诗文开始了一个"回家"的时代。书写者在回向日常、回向自我的过程中①，注目并把玩着生命的细节与常态，只是这个时代尚未能找到有效勾连、平衡庭院生活与公共世界的渠道，故而日常的书写以及对自我的戏谑中，总会展露出难以掩藏的紧张与失落。

二　天人不相与：柳宗元诗文的"骚怨"与"孤独"

永贞元年，柳宗元被贬邵州，旋改永州，至楚极南之地。在其人生的最后十数年中，除宪宗元和十年一返京师外，柳宗元一直生活在遥远而荒僻的南方。这位背负家族振兴之望而弱冠之年即有大名的永贞政坛新星，在复杂的宫廷政治斗争中被迅速边缘化。由北而南的空间位移虽然让失意的诗人郁郁满怀，但其诗文却在南方的山水中大开声色，诚如韩愈之言，是其所幸矣，抑其所不幸矣！在今日的唐研究中，柳宗元是足以和韩愈并肩而立的人物，甚至在文学史的主流叙述中，柳与韩是有着大体相近之理念的同一场文学运动的主倡者。虽然，文学史的主流叙事并未忽略柳、韩之间在思想与文学甚至政治理念上的差异，但当此种差异之分析同样聚焦于个性与遭际等层面时，"柳韩差异"依然缺乏一个稳定的逻辑起点。对韩愈生命样态存有巨大影响的《天说》，不见于韩集而存之于柳集，此场天人论的思想事件，实由柳韩之间的一场对话所引起。相比于韩愈的愤激与决绝，柳宗元的天说似乎更为平和、理性：

> 彼上而玄者，世谓之天；下而黄者，世谓之地；浑然而中处者，世谓之元气；寒而暑者，世谓之阴阳。是虽大，无异果蓏、痈痔、草木也。假而有能去其攻穴者，是物也，其能有报乎？繁而

① 参见刘顺《回向自我：中唐文儒的危机应对与儒学转型》，《南昌大学学报》2013年第4期，第32—40页。

息之者,其能有怒乎? 天地,大果蓏也;元气,大痈痔也;阴阳,大草木也,其乌能赏功而罚祸乎? 功者自功,祸者自祸,欲望其赏罚者大谬;呼而怨,欲望其哀且仁者,愈大谬矣。子而信子之仁义以游其内,生而死尔,乌置存亡得丧于果蓏、痈痔、草木耶?①

天地不过一"大果蓏"而已,无关于人间的存亡得丧。无识无知的果蓏,生于天地之间,但其生则自然而生,死亦自然而死②。人生于天地之间,亦不过如旅者暂居于某一逆舍而已,佛屠居不居桑下,决于佛屠,桑树又何来留恋与爱憎。天人本不相与,天人之遇,偶然耳! 相较于韩愈的天人相残,柳宗元的天人之说减却了天人相抗的可能,但天人不相与的关系认定,依然揭破了神意之"天"的面纱,只是,当"天"转化为自然元气之聚合时,人在天地自然之中获得安顿也就成为不可能。"永州于楚为最南,状与越相类。仆闷即出游,游复多恐。涉野有蝮虺大蜂,仰空视地,寸步劳倦;近水即畏射工沙虱,含怒窃发,中人形影,动成疮痏。时到幽树好石,暂得一笑,已复不乐。"③柳宗元了知蝮虺、大蜂诸物生于南楚之地,不过天地元气之偶然赋形,本无意与人为敌,但天人的分化却强化了个体在天地之间的过客感。相较于李白"以天地为逆旅,以百代为过客"为人类所共有的过客之感,柳宗元的过客感是体之于身的具体而切实的孤独与无安顿之感。行走于永州山水之间的诗人,似乎很难找到一片可以久观久留的风景,著名的山水游记常常试图标识空间位置,向南多少步、再折向北复多少步的惯常写法,逗露出寻觅风景的诗人忧心忡忡,似乎他要标明的地理坐标不是为了诗文的阅读者,而恰恰是为了防止书写者本人迷失于这片"其境过清不可久居"的南方

---

① 柳宗元《天说》,《柳宗元集》,第442—443页。
② 参见柳宗元《复吴子松说》,《柳宗元集》,第465—466页。
③ 柳宗元《与李翰林建书》,《柳宗元集》,第801页。

山水中。

在儒学"天人"关系的经典表述中,道德领域论"力"不论"命",事功领域论"力"亦论"命",即所谓尽人力而听天命之谓。但至柳宗元《天说》强调天人不相与,则论"命"之说遂失立足之空间。故而,相较于韩愈天说对于人之位置的提升,柳宗元更多了一份"虽千万人吾往矣"的担荷:"千山鸟飞绝,万径人踪灭。孤舟蓑笠翁,独钓寒江雪。"(《江雪》)作为原型的《离骚》之渔夫本为和光同尘之人,但在柳氏的笔下独钓寒江的渔夫,在孤绝荒寒的天地之间却隐然有担荷天地之伟力。后世予此诗之解读夥矣、众矣,但善解唐诗如而庵者曰:"余谓此乃子厚在贬时所作,以自寓也。当此途穷日短,可以归矣,而犹依泊于此,岂为一官所系耶? 一官无味如钓寒江之鱼,终亦无所得而已矣,余岂效此渔翁者哉!"①而庵论唐诗每多卓识,未知此语抑有激而发,抑识力不足、难探古人之心曲。相较而言,钱穆先生论"孤"之说,可谓柳氏知音,"二则'为仁由己',人生大道,正贵从孤往独行之士率先提倡……尊孤亦即为善群……群居人生中必贵有孤立精神,故言仁又必兼及义……此一孤,正即每一人之心,乃群道之大本大源所在。"②寂寞于天地之间的独行者,不是滔滔乱世中的忍情者,也非藏身山林求仙问药的"为我"者。饵药久寿,无视天下滔滔,不过为一己独善之小事,相比于天下之福祉,有泰山鸿毛之差,故而士君子立于天地之间,当秉中道而行,以"利安元元"为急务,然士君子欲望有用于世则当明"理"知"势":

　　　　夫天下之道,理安,斯得人者也。使贤者居上,不肖者居下,而后可以理安。今夫封建者,继世而理。继世而理者,上果

---

① 徐增《而庵说唐诗》,《四库全书存目丛书》集部第396册,齐鲁书社,1997年,第648页。
② 钱穆《群与孤》,《晚学盲言》,台北联经出版事业股份有限公司,1998年,第472—481页。

贤乎？下果不肖乎？则生人之理乱未可知也。将欲利其社稷，以一其人之视听，则又有世大夫世食禄邑，以尽其封略。圣贤生于其时，亦无以立于天下，封建者为之也。岂圣人之制使至于是乎？吾固曰："非圣人之意也，势也。"①

天下之道，要在贤愚上下之序，但人类社会在复杂互动中所形成的历史局势亦有非圣贤所不能承而受之者。处上位者"私其力于己也，私其卫于子孙"者众，然亦有"其情虽私、其制却公"者，故而士君子之有为者，可不慎欤！天人不相与的生活世界中，秩序只能来自贤能者的创制，与此相类，个体所面对的天地自然也同样需要秩序的赋予。"永州实惟九疑之麓，其始度土者，环山为城。有石焉，翳于奥草；有泉焉，伏于土涂。蛇虺之所蟠，狸鼠之所游，茂树恶木，嘉葩毒卉，乱杂而争植，号为秽墟。韦公之来既逾月，理甚无事，望其地，且异之。始命芟其芜，行其涂，积之丘如，蠲之浏如。既焚既酾，奇势迭出，清浊辨质，美恶异位。"②在柳宗元的观察与感受中，相比于土平水清、人物阜盛的中州，南方是一个有待赋予秩序的蛮荒之所。故而，在柳氏的山水游记中，诗人通常不是一个欣赏名胜的观光者，而是一个风景的发现与制造者。掩藏在混乱之下的"风景"，经诗人的芟之、刈之，别生新貌。诗人在创制的风景里游饮坐赏，向南方标示着一种典雅的生活方式，也标示着南北之间的文化位差。当南方的风景与此种"标示"共同在场之时，便有了借诗人之笔留名天地之间的可能。天人不相与的框架中，人成为秩序的创制者与意义的赋予者，人的情感在某种意义上即成为自然的情感："楚越之郊环万山兮，势腾踊夫波涛。纷对回合仰伏以离迾兮，若重塘之相褒。争生角逐上轶旁出兮，其下坼裂而为壕。欣下颓以就顺兮，曾不亩平而又高。沓云雨而渍厚土兮，蒸郁勃其腥臊。阳不舒以拥

---

① 柳宗元《封建论》，《柳宗元集》，第74—75页。
② 柳宗元《永州韦使君新堂记》，《柳宗元集》，第732—733页。

隔兮，群阴沍而为曹。侧耕危获苟以食兮，哀斯民之增劳。攒林麓以为丛棘兮，虎豹咆嚄代狴牢之吠嗥。胡井眢以管视兮，穷坎险其焉逃。顾幽昧之罪加兮，虽圣犹病夫嗷嗷。匪兕吾为柙兮，匪豕吾为牢。积十年莫吾省者兮，增蔽吾以蓬蒿。圣日以理兮，贤日以进，谁使吾山之囚吾兮滔滔？"①相比于盛唐诗人处理情景关系"情景分离、景先情后"的典型样态，大历以来的诗作则展现出情景相融、以情主景的书写尝试②。虽然，此种尝试并不必然伴随有"天人关系"的理论自觉，但自然展露的时代风气，却为"天人论"的历史价值添加了必不可少的注脚。在这篇著名的《囚山赋》中，楚越之交的重叠万山，压迫着如居井底的柳宗元，似乎要尝试成为关系互动中的主导者，但来自山水之形、阴阳之气、腥臊之气、鸟兽之音的压抑与恐惧，其实不过是失意彷徨而无路可行的诗人怨苦躁动内心的外在投影。在这个逐渐凸显个体感受与判断以理解生活世界的时代，去魅之"天"似乎越来越失去在天人互动中的影响力，但去魅之"天"依然以自我的沉默拒绝着去远而又窥探着其秘密的加魅之人："《语》云，仁者乐山。自昔达人，有以朝市为樊笼者矣，未闻以山林为樊笼也。宗元谪南海久，厌山不可得而出，怀朝市不可得而复，丘壑草木之可爱者，皆陷阱也，故赋《囚山》。淮南小山之辞，亦言山中不可以久留，以谓贤人远伏，非所宜尔，何至以幽独为狴牢，不可一日居哉？"③虽然柳宗元的诗歌在表现自然之时有着超出同代人的冷静与克制，但有距离的风景却无法真正接纳与安顿愁肠百结的失意者，诗人"若为化得身千亿，散上峰头望故乡"，但遥远的长安真的就是诗人的故乡，又抑或地处雍州的帝都真的就是诗人的故乡？

---

① 柳宗元《囚山赋》，《柳宗元集》，第63—64页。
② 参见蒋寅《百代之中：中唐的诗歌史意义》（北京大学出版社，2013年）第六部分。
③ 《柳宗元集》，第63页。

三　天与人交相胜:刘禹锡诗文的
"悲健"与"理致"

袁枚《随园诗话》卷七论唐宋诗之别曰:

> 余尝铸香炉,合金、银、铜三品而火化焉。炉成后,金与银化,银与铜化,两物可合为一;惟金与铜,则各自凝结:如君子小人不相入也。因之,有悟于诗文之理。八家之文,三唐之诗,金、银也,不搀和铜、锡,所以品贵。宋、元以后之诗文,则金、银、铜、锡,无所不搀,字面欠雅驯,遂为耳食者所摈,并其本质之金、银而薄之,可惜也!……刘禹锡不敢题"糕"字,此刘之所以为唐诗也。东坡笑刘不题"糕"字为不豪,此苏之所以为宋诗也。人不能在此处分唐、宋,而徒在浑含、刻露处分唐、宋,则不知《三百篇》中,浑含固多,刻露者亦复不少。此作伪唐诗者之所以陷入平庸也。①

袁枚以唐、宋诗之分为雅俗之别,不取日常题材、不以俗字入诗的刘禹锡,在东坡眼中非诗人之豪者,但却是袁枚眼中典型的李唐诗人。与此相较,轻俗的元、白与奇丑的韩、孟均逸出了唐诗的书写传统。故而,在某种意义上,身处百代之中、偶亦好奇的刘禹锡成为唐诗书写传统的延续者。中唐是一个遵循典雅、对称与均衡的美学趣味遭受"元和之风尚怪"之挑战的时代,也是一个旧秩序与权威瓦解而亟待重建的时代。只是,在中唐变局中崩塌的并不只是某一王朝或某一时期的秩序与权威,而是一个思想时代与一种特定传统的终结。无论原有的传统在一般思想、知识与信仰的世界中的活力如何,精英的思想与知识世界无疑展现出了全新的样态。均衡与对称是生

---

① 袁枚撰、顾学颉校点《随园诗话》,人民文学出版社,1982年,第227页。

命的常态，由此，当秩序与权威被挑战时，重建即成为必要，同样，当一个时代的美学趣味过于求变、求奇时，重建典范与均衡的冲动也随之而生：

> 故曰：天之所能者，生万物也；人之所能者，治万物也。法大行，则其人曰："天何预人邪？我蹈道而已。"法大弛，则其人曰："道竟何为邪？任天而已。"法小弛，则天人之论驳焉。今以一己之穷通，而欲质天之有无，惑矣！余曰：天恒执其所能以临乎下，非有预乎治乱云尔；人恒执其所能以仰乎天，非有预乎寒暑云尔。生乎治者，人道明，咸知其所自，故德与怨不归乎天；生乎乱者，人道昧，不可知，故由人者举归乎天。非天预乎人尔。①

如果说中唐时期的秩序与权威的崩溃，自理论层面而言，对应着原有的宇宙空间观念也即天人关系结构在动荡时代解释力的衰退，那么重建秩序的努力自然也须从作为儒学价值逻辑起点的天人关系入手，天人之论成为中唐颇有影响的思想事件，其原因正在于此。在刘禹锡看来，天人各有所能，无论是"阴骘"之说，还是"自然"之说，均为一孔之见，有激之论。

相较于韩愈与柳宗元过于强调天人的分化甚至对抗，刘禹锡的天说在分梳天人分界的同时，强调了天人之间的正向态的勾连。如此，韩、柳天人论中无法为人类提供价值依托的"天"，在刘禹锡的天论中重新成为人之为人的起点：

> 愚独心有概焉，以为君子受乾阳健行之气，不可以息。苟吾位不足以充吾道，是宜寄馀术百艺以泄神用，其无暇日，与

---

① 刘禹锡《天论上》，陶敏、陶红雨校注《刘禹锡全集编年校注》，第1687页。

得位同。①

个体生命的美好来自上天的赐予,故而人之为人在其诞生之日即秉承上天之善意,生命的过程理应"用天之利,立人之纪",不断拓展上天的善意以开出有序而不乏温情的世间生活。面对中唐的纷乱,刘禹锡尝试在天人各有分限、复相关联的思路中,构建秩序重建的逻辑起点。因为"天"的尊严与善意仍存,故而在刘禹锡的诗文书写中,虽然偶有涉及丑禽恶木,但相比于韩愈不断突破边界的丑奇,刘禹锡的诗中之"奇"更应被视为对"美人香草"传统的回归;相比于不断尝试去赋予自然以秩序的柳宗元,刘禹锡似乎更擅长在物象的自然样态中寻获诗材。《三唐诗品》论刘氏诗风曰:

> (梦得)五言体杂不一。有如"深春风日静""昔听东武吟"等篇,宛转徘徊,取途乐府;《秋江早发》《谪居悼往》,则结体玄晖;若"水禽残月",模休文之韵思;"楚望苍然",结韩卿之茂体。余或放于言理,失于音调,未求刻意,累在才多也。《女几》作楚挽之哀词,《泰娘》谱新声之凄奏,七言此其选矣。《聚蚊》《百舌》,托意深微,亦得乐府遗意。律体独多,莹瑕间采。②

天人间的"交相"与"还互",奠定了刘禹锡诗文书写中对于天地自然之象的基本态度,也自然决定了其诗文取材的范围及其美学风格。在韩柳与元白风靡元和的主调中,向古典美学风格致敬的刘禹锡在某种意义上是位守旧者,但《天论》在尊重传统之外的新变,同样也推动了刘禹锡诗文书写的变化,在这场思想与诗文发生裂变的智力考量中,刘禹锡拥有无可替代的历史位置。

在汉儒的"天人感应"理论中,"察天象以明人事"是勾连天人关

---

① 刘禹锡《答道州薛郎中论方书书》,陶敏、陶红雨校注《刘禹锡全集编年校注》,第1762页。
② 宋育仁《三唐诗品》卷二,张寅彭主编《清诗话三编》,第6830页。

联的重要方式,但在刘禹锡的《天论》中,天象的影响已然衰退:"或曰:'古之言天之历象,有宣夜、浑天、《周髀》之书,言天之高远卓诡,有《邹子》。今子之言有自乎?'答曰:'吾非斯人之徒也。大凡入乎数者,由小而推大必合,由人而推天亦合。以理揆之,万物一贯也。'"①尝试"用天之利"之人,当知物中有数,事中有势,可见者、可感者万端,但可见者背后可以思理而致的"天理"才是"立人之纪"得以可能的保证。究天人之际,所以明古今之变,只是打动刘禹锡的已不再是历史中交替上演的个体的人与事:

> 西晋楼船下益州,金陵王气漠然收。千寻铁锁沉江底,一片降幡出石头。人世几回伤往事,山形依旧枕寒流。今逢四海为家日,故垒萧萧芦荻秋。②
>
> 山围故国周遭在,潮打空城寂寞回。淮水东边旧时月,夜深还过女墙来。③

刘禹锡的诗歌中,让人动容的似乎不再是历史兴亡中个体的悲欢离合,"人世几回伤往事"的苍凉与"潮打空城寂寞回"的黯然惆怅以及"犹过无穷往来人"的感喟,所欲诉说的是宇宙人生的体验与思索。只是,善于利用动与静、多与少、大与小、常与变等矛盾言说难以言说的宇宙人生的刘禹锡④,在往来无穷的宇宙与朝生暮死的人生中感受到的,尚有"病树前头万木春"的生机与希望。个体生命虽然无法逃脱生老病死的历史周期,但人类的社会生活却是一个"芳林新叶催陈叶"、亘亘长新的过程。个体在自我的生命过程中应乘势而

---

① 刘禹锡《天论下》,陶敏、陶红雨校注《刘禹锡全集编年校注》,第1694页。

② 刘禹锡《西塞山怀古》,陶敏、陶红雨校注《刘禹锡全集编年校注》,第565—566页。

③ 刘禹锡《石头城》,陶敏、陶红雨校注《刘禹锡全集编年校注》,第671页。

④ 参见刘顺《中唐文儒的诗文新变》,《安徽师范大学学报》2013年第6期,第743—750页。

为，无忝所生：

> 骥伏枥而已老，鹰在鞲而有情。聆朔风而心动，眄天籁而神惊。力将瘼兮足受绁，犹奋迅于秋声。①

此赋作于会昌元年（841），已入生命暮景的诗人，在其辞世前一年依然用诗笔向世人表白志在千里的老骥之心。"自古逢秋多寂寥，我言秋日胜春朝。"（《秋词二首》之一）殊非有"诗豪"之称的刘禹锡故作强者之态，"千淘万漉虽辛苦，吹尽狂沙始到金"中所传递的人生之理，已足以让诗人区别于虚枵作态的大言者。因为对于天人之理的了悟，偶有怨愤的诗人相比于韩柳更多一份平和的理性：

> （元和元年）宰相贬崖州。予出为连州，途至荆南，又贬朗州司马。居九年，诏征，复授连州。自连历夔、和二郡，又除主客郎中，分司东都。明年追入，充集贤殿学士。转苏州刺史，赐金紫。移汝州，兼御史中丞。又迁同州，充本州防御、长春宫使。后被足疾，改太子宾客，分司东都。又改秘书监分司。一年，加检校礼部尚书兼太子宾客。行年七十有一，身病之日，自为铭曰：不夭不贱，天之祺兮；重屯累厄，数之奇兮。天与所长，不使施兮；人或加讪，心无疵兮。寝于北牖，尽所期兮；葬近大墓，如生时兮。魂无不之，庸讵知兮！②

会昌二年，"今又来"的刘郎在历经宦海风波之后终于走到了生命的终点，临终的诗人虽然感慨天与所长却未得其用，但终日乾乾的生命姿态，已不愧此生。虽然人生"重屯累厄"，但易箦之际的诗人"心无疵兮"，在天人之际寻得价值依托者，终于也在此框架中得到了生命的安顿。

---

① 刘禹锡《秋声赋》，陶敏、陶红雨校注《刘禹锡全集编年校注》，第2173—2174页。
② 刘禹锡《子刘子自传》，陶敏、陶红雨校注《刘禹锡全集编年校注》，第2179页。

结　语

中唐之际的思想变革,给其后的知识人留下了重建"天人"之平衡的历史难题;所幸的是,中唐时期的思者已经给出了重建平衡的走向,在"天人感应"的天人模式已难以回应历史巨变之际,韩愈、柳宗元与刘禹锡重新将"天人"关系带回思想探究的核心地带,并无一例外地将天人关系的天平导向"人"之一极。这是一个儒学"回向自我"以回应历史追问的时代,但此一重建平衡的过程直至宋儒方始完成。"天人感应"模式下的"天人合一"在宋儒的运思之下最终完成了向"以仁为本"的"天人一体"模式的转型。与思想的转型相应,"天人"关系的变化刺激了中唐儒者的诗文书写,题材的拓展、语词的创新、风格的多样以及意象的怪奇让诗文变革的时代异彩纷呈,但是张弛有道的文学同样也要回归平衡。伴随宋儒重建天人关系过程的完成,一个新的天人模式下的宋型文学也逐步确立了迥异于唐型文化的崭新风格。

第二节　文以明道:韩、柳古文书写的 可能与规则及其限度 ①
——以语体为视角

在思想史与文学史研究中,中唐一直是颇受关注的历史时段。"百代之中"的历史定位,无论对于思想转型抑或诗文革新而言,似

---

① 本节内容与安家琪合作。

乎均为适恰的分期框架。传统中国的思想与文学经"中唐"而区界渐趋分明,学分唐宋,文亦分唐宋。韩愈与柳宗元作为中唐思想与文学的标志人物,身后虽略有沉寂,然由宋而下,声名显赫,历久未衰。在此持续聚焦之下,韩柳的诗文新变屡经爬梳,自难有剩义可言。但中国现代学术之成立因白话革新与西学东渐而可能,由此所形成的语词概念、语序语法以及学理逻辑的古今差异,在一定程度上阻断了韩柳诗文研究的古今联系性,从而形成了韩柳研究在20世纪以来的开放空间。20世纪以来,学界多以古文运动指称韩柳及其周边的文学活动,虽然学界于"运动"一词不无争议,但因"古文"见于韩文,且传统文论沿之不改,反无太多争议。百年以来,韩柳诗文研究成果众多,然对"古文"的考辨却似乎难惬人意。"古文"何以成为韩柳危机应对的文体选择?"古文"之"古",若为时间标示,为何于唐人而言,两汉以上方言之为古?而两宋以下又因何不递以朝代为界?"古文"若为"文体"之称,则此"文体"与今日之"文体"又有何差异?而与"古文"相对而言的又是何种对象?为何"骈文"总会成为必被波及的文体?若衡之以中唐而后的文学现实,作为文学史重要现象的古文运动,为何近乎成为一块难以理解的飞地,必待宋人方能再放光彩?诸多问题无疑均指向"古文"存在的必要与可能,以及其所以型构的基本规则,而问题的解答则依赖于能够兼顾文本内外双重视角的概念。由此,语言学界的"语体"当是一个较为均衡的观察视角,韩柳诗文新变的相关问题在此视角之下,亦有局部拓展的可能。

一 语体与文体:语体视角的必要

"文体"在20世纪以来的文学批评中,主要指文章的体裁。但作为现代文论体系中一个静态描述的概念,"文体"在古代文学的具体批评过程中,与传统文论中的"(文)体"一词有着难以弥缝的差异。虽然有学者不断试图多视角、多层次阐释古人的"（文）体"概念,以建立现代"文体"一词的批评合法性①。但领域的横向扩张,既让"文体"一词难堪其负,同时也无法有效解答文体成形的动力与机制以及功能与限度等问题。而体用兼顾的解释思路,虽然注意到"文体"的层次性,但体用之间的过渡带似乎依旧灰暗。如此,某体因何而有某用、某用因何必生于某体等问题,自难得到有效回应。韩柳对于"古文"的理解,既有关于文章的功能,同时也意味着体式上的明确定位。故而,以古文为文体概念,难以说明古文何以具有韩柳所认定的文体功能,又何以能够作为一种与时文相对的文体而成立。与流行的文体概念不同,"语体"一词,因其能够兼顾功能与体式等多维度的问题,对于"古文"无疑具有更强的解释力。

（一）语体与文体功能及其限度

语体是话语交际时,用于标记"说者"与"听者"之间相互关系的产物。语体的成立依赖于语境偏离,必"两极对立而后存在"。"正式与非正式"（书面体/口语体）、"庄典与便俗"（庄典体/白话体）是构成语体的两对基本范畴②。语体在语境中形成,言说所服务的对象、场合、话题以及说者的言说态度共同制约着语体的呈现。而语体的呈现则以韵律与语法为基本手段,这也意味着,韵律与语法的交互作用,将会决定话语行为的语体限度。在语体的制约机制所涉及的四类因素中,尤以对象与话题更为根本,场合与态度的作用一般附着于前者,即使偶尔偏离,由此产生的语体也缺少能产性。对象与话题在语体形成中的作用主要为言说者与所服务对象间"距

---

① 吴承学认为古代"文体"一词,其所指有:体裁或文本类别;具体的语言特征和语言系统;章法结构与表现形式;体要或大体;体性体貌;文章或文学本体（参见吴承学《中国古代文体形态研究·绪论》,北京大学出版社,2013年,第1—4页）。

② 参见冯胜利《汉语韵律诗体学论稿》,第67页。

离"的确定。言说者与所服务对象之间的距离,主要表现为情感的亲疏、身份的尊卑以及时间距离的古今。共时性距离越远,语体的正式度越高;历时性距离越远,语体的庄典度越高,但语体的具体形成则常源于双重甚至三重因素的共同作用。由于"零度距离"只存在于"理想语境",故一切言语活动必有"距离",也即必有语体。文体作为语体单位的组合形式,也必然以语体距离为其形成的基本机制:

> 文之世变,自秦、汉以逮梁、陈间,极矣。乃文有古今之殊,人有优劣之论,固天之降才尔殊耶?亦囿于风气然耶?训、诰、典、谟、誓、命、禁令、诏谕、约法,此上之所以宣示于下者也;章、奏、表、疏、陈请、献纳,下之所以求通于上者也;缄、题、削牍、书、启、简、记,相与往复,而碑勒纪号,镌刻垂示,所以述扬功德。①

作为话语交际的产物,语体通常以话语交际的最小,也即一个相对完整的意义单位为判断对象,涉及词汇、韵律与语法。而文体作为文章的体裁或体式则是较为复杂的语体单位组合,因而文体既可为单一语体,也可以为多重语体。但后者的成立依赖于雅言与常语以及书面语与口语区别的存在。上古汉语因为缺少此种区分度而更易形成单一语体。两汉至唐末五代是雅言与常语及书面语与口语分化逐步清晰的过渡期,多重语体在史书、"笔记小说"以及宗教性的说唱作品中已为常见,但文人书写的主流文体依然以单一语体为主。语体的"拉距"作用制约着言语的话语功能。语体虽非文体,但语体决定着作为文体之基础单位的语词语句的呈现方式,其话语功能也制约甚至决定着文体的功能。文体的语体越单一,功能越为典型,使用范围也更为明确。《文心雕龙·檄移》曰:

---

① 朱荃宰《文通》卷一〇,王水照编《历代文话》,第2832页。

> 檄者，皦也。宣露于外，皦然明白也。张仪檄楚，书以尺
> 二……凡檄之大体，或述此休明，或叙彼苛虐，指天时，审人事，
> 算强弱，角权势……谲诡以驰旨，炜晔以腾说……事昭而理辨，
> 气盛而辞断，此其要也。①

檄文言说双方的语体距离为共时性的极度疏远，故其行文高度正
式，但须明白晓畅，能以气凌人，其遣词造语不能生僻古奥，用典也
不宜过多，过于晦涩。言说双方的语体距离越远，话题则越为正式，
其公共度与公开性即越高——话题与言说双方在语体形成上的作
用有较大的交叉度。

> 养气八法：朝廷宗庙圣贤题宜"肃"；山河军旅宜"壮"；山
> 林仙隐宜"清"；宴乐欢娱通达宜"和"；神怪豪侠幽险宜"奇"；
> 宫苑台榭佳丽宜"丽"；揽古搜玄雅胜宜"古"；登临志士功业宜
> "远"。古养气之法，将此题中此景、此事、此情、此意一一由根
> 生干，由干生节，由节生枝、生叶、生花。②

在"言说双方"与话题的双重制约之下，文体有典型语体，由之而有
典型功能。但由于言说双方语体距离的衡量存有一定的变量，也即
意味着文体存有一定的语体弹性。有意变动语体距离，遂成为书写
者改变文体功能的重要手段。韩愈《毛颖传》为"笔"立传，将日常之
物的地位抬升，推远距离，由此形成诙谐或讽喻效应。书写者对某
类文体，如词与曲自口头向案头的转化，也是借用推远距离以提升
文体典雅度的常见手法。此外，语体的有意混杂亦为改变语体距离
的有效方式。

> 表章自叙以两"臣"字对说，由东坡至汪浮溪多用之。然须

---

① 刘勰著、詹锳义证《文心雕龙义证》，第766—783页。
② 高琦《文章一贯》，王水照编《历代文话》，第2155页。

要审度君臣之间情义厚薄,及姓名眷顾于君前如何,乃为合宜。坡《湖州谢表》云:"知臣愚不适时,难以追陪新进;察臣老不生事,或能牧养小民。"……刘梦得《代窦群容州表》,有"察臣前任事实,恕臣本性朴愚"之句,坡公盖本诸此。近年后生假借作文,不识事体,至有碌碌常流,乍得一垒,亦辄云"知臣""察臣"之类,真可笑也。①

"表"为臣上于君,身份距离至远,语体当庄重典雅。"表"文言臣而不称名,乃是特殊君臣关系的表现②。此外,"臣"而不名的口语对话特性,亦让文本具有了双重语体的混杂效应。口语标示着情感的亲密,可拉近言说双方的语体距离,进而降低语体的庄典度——古今距离的凸显与消弭,其作用机制亦与此相同。然而,文本的语体弹性必有其限度,突破此限度,即为语体失当。"国朝故事,作馆职则如登科,例有谢启。王异除馆职,作启与同舍裴煌如晦,而启中有云:'伏惟某官天泽育物、内恕及人。'其后云:'仰答异恩之赐,次酬洪造之私。'谓洪造如大造也。如晦阅之,惊起,还异启曰:'盛文奉还。'"③"洪造""大造"只可指称天地与君王,王异以此比拟裴如晦的提携之恩,自属比拟不伦,语体失当。然此类语体失当,只是文本的局部问题,可通过相应手法加以消除。此外,语体失当尚有非局部而可称为整体失当的状况存在。此类情形主要表现在主题、场合、态度以及"言说双方"诸项因素的整体失调。"立言贵有体。馆阁著记须有官样。'点窜《尧典》《舜典》字,涂改《清庙》《生民》诗。'一切纤鄙都无所用。山林文字却须有烟霞气,如林和靖辞聘用骈体文,当时又讥其失体矣。微特体式,虽字句亦当相题用之,字句固随

---

①洪迈《容斋随笔》,第780—781页。

②参见尾形勇著、张鹤泉译《中国古代的"家"与国家》,中华书局,2009年,第108页。

③王铚《四六话》卷下,《景印文渊阁四库全书》集部第1478册,第953页。

体式为转变也。如作诗字句,古体不妨奥僻,今体便须雅驯。"①林和靖辞聘用骈体文,已不仅是局部的语体失当,而是文本的整体失当。但语体失当,恰恰是语体完形的契机。同样文本的整体失当,也是文本新变的契机。

(二)语体实现手段的历史性与文体演变及其古今之分

语体生于话语交际,其制约因素的分类与组合越具体多样,则语体的类型越多,人际交往的方式亦越为多样。由于语体是由"正式与非正式(书面体/口语体)"之共时轴与"庄典与便俗(庄典体/白话体)"之历时轴交叉而成的平面,在理论上两极对立之间存在着无限的组合可能。故而,语体的多样化,可视之为语体完形的具体实践。但语体的形成,最终须依赖于韵律与语法等语言学手段,而韵律与语法作为历时性的产物,有其特定的历史样态,这即意味着理论上的无限可能在历史时间中恰恰成为不可能,只有能产性的语体才能对抗时间,成为典型语体。语体自我完形的可能是文体成立的条件,文体作为语体的文本呈现,则是语体存在必要性的重要标尺:

> 焦里堂《易余籥录》曰:商之诗仅存颂,周则备风雅颂,载诸三百篇者尚矣,而楚骚之体,则三百所无也,此屈、宋所以为周末大家,其韦玄成父子以后之四言,则三百篇之余气游魂也。汉之赋为周、秦所无,故司马相如、扬雄、班固、张衡为四百年作者,而东方朔、刘向、王逸之骚仍未脱周、楚之科白矣。其魏晋以后之赋则汉赋之余气游魂也……夫一代有一代之所胜,舍其所胜而就其所不胜,皆寄人篱下者耳。②

---

① 李绂《穆堂别稿》卷四四,《续修四库全书》第1422册,第614页。
② 刘咸炘著、黄曙辉编校《刘咸炘学术论集》(文学讲义编),广西师范大学出版社,2007年,第18—19页。

文体演化是文学史的基本事实,但决定文体演化最为底层的因素,却是韵律单与语法等语言学条件的成立与演化。汉语的韵律演化,经历了由韵素调声向音节调声的转变;声调由周秦之时仅有上声、两汉之时去入始分、至魏晋时方平上去入四声兼备的漫长演化历程[1]:

> 况音区轻重,言判疾徐,声音之学,自古有之。虽四声未辨,字无平仄之分,而两语相承,音有低昂之判……及齐梁之间,文士辈出,盛解音律,始制四声,虽仄韵知区去入,而平音未判阴阳。然诸家之文,善识声韵,五字之中,音韵悉异;两句之内,角徵不同。又谓前有浮声,后须切响,律吕各适物宜,低昂奚容舛节,一简之内,音韵尽殊,偶语之中,轻重悉异。盖叶韵贵调,必同声相应;而摛辞贵偶,必异音相从。是犹箫管之音,首贵克谐,而琴瑟之音,不可专壹。特语末韵词,有谱可凭,句内声病,涉笔易犯。故往往阅之斐然,而诵之拗格。推其失致,厥有二因:一则以拗词自秽,致声失其节;一则以连语相贯,致音涉于同。故宣之于口,或音涉钩鞯;若绳之以文,则体乖排偶。此则彦和所谓"作韵甚易,选和至难"者矣。[2]

"相对重轻律"是人类语言节奏的基本法则。汉字由音节调声,其基本节奏的组成必然为"两语相承,音有低昂之判"。声调的发展,受"以声别义"与"句中之和"的双重驱动。在其影响之下,汉语的韵律单位也经历了由单音节(加拖拍)、双音节、三音节、四音节,以及以"一句"为单位的演化。不同的演化成果对于新语体乃至新文体的成立与流行影响至巨。有汉字的单音节化与词汇的双音节化,方有四言诗与楚辞的成立;有双音节、三音节韵律词的出现方有汉大赋的发展及五言诗的成立;而七言诗兴盛的前提则是四音节复

---

① 参见冯胜利《汉语韵律诗体学论稿》,第138—139页。
② 刘师培《刘申叔遗书》第5册,江苏古籍出版社,1997年,第704—705页。

合韵律词的出现。词、曲与小说的发展则伴随着以"一句"为整体的韵律单位的成立①。韵律单位作为最为基本的语用单位，结合的紧密度越高，则语法与语义的密度随之增强，语词的文学效应也由之提升。此外，语言单位内部与其组合间的齐整度，会决定语体单位与文体正式度的强弱：四言由于二二节拍的组合齐整度最高，以之为基础而形成的四言诗，庄重色彩最浓；而三言因为一二节拍间的比重悬差最大，故正式度最低；其他组合形式的正式度，由基本语体单位前后节拍的比例高低而定。多重语体混合的文体，其正式度则由基本语体前后节拍的比例以及不同语体的比重而定，而以前者影响为大。在词汇与句法上，汉语同样以中古为界分化为区别明显的前后两期：

> 黄梨洲论文云：唐以前句短，唐以后句长；唐以前字华，唐以后字质；唐以前如高山深谷，唐以后如平原旷野。故自唐以后为一大变。②

汉语词汇的演化，在表层是双音节化的压倒性影响，而在底层则是汉语表义规则由"隐含"到"呈现"的变化③，以及由此所激发的副词系统的发展④。汉语词类的分化加速，名词、形容词、动词之间的界限逐步清晰，词类活用现象衰减，汉语已大体完成了由综合性语言向分析性语言转变的历史过程。在此过程中，汉语的词序经历了后

---

① 语言演化与文体演进的关系，参见刘顺《语言演化及语体完形与"一代有一代之文学"》，《上海师范大学学报》2017年第3期。

② 邓绎《藻川堂谭艺》，王水照编《历代文话》，第6101页。关于汉语史分期的描述，可参见方一新《中古近代汉语词汇学》，商务印书馆，2008年，第198页。

③ 参见胡敕瑞《从隐含到呈现（上）——试论中古词汇的一个本质变化》，林焘主编《语言学论丛》第31辑，商务印书馆，2005年，第1—21页。

④ 参见柳士镇《试论中古语法的历史地位》，《汉语史学报》第2辑，上海教育出版社，2002年，第54—61页。

置成分前移以及语法结构从并列向主从转化的巨大变化，新的句式与结构助词"底""的"出现，以"句"为韵律单位的可能性逐步提升，书面语与口语的差距增大，而后者对于文本书写的渗透能力也持续强化①。汉语在中唐时期的巨大变化，造成了上古汉语与近世汉语之间的巨大差异，中唐处于汉语演化的重要过渡期，韩柳诸人于此种转变自然会有清晰之感受。正是在汉语重要转化的前提下，所谓"古文"与今体之间的区划方能成立，这也是为何中唐以两汉为"古"之下限，而后人不以唐宋流行之时文为古文的原因所在：

> 　　唐以前无古文之名，自韩、柳诸公出，惧文之不古，而古文始名。是古文者，别今文而言之也。划今之界不严，则学古之词不类。韩则曰："非三代两汉之书不观。"柳则曰："惧其昧没而杂也""廉之欲其节。"二公者当汉、晋之后，其百家诸子未甚放纷，犹且惧染于时；今百家回冗，又复作时艺弋科名，如康昆仑弹琵琶久染淫俗，非数十年不近乐器，不能得正声也……盖尝论之：古书愈少，文愈古；后书愈多，文愈不古。《商书》浑浑尔，《夏书》噩噩尔，作《诗》者不知有《易》，作《易》者不知有《诗》。下此，《左》《穀》以序事胜，屈、宋以词赋胜，《庄》《列》以论辩胜，贾、董以对策胜，就一古文之中，犹不肯合数家为一家，以累其朴茂之气、专精之神，此岂其才力有所不足、而岁月有所偏短哉？②

韵律与语法手段是文体成立的语言学条件，汉语的古今演化在为不同文体的成立提供可能的同时，也常会连带形成相关文体的语体移

---

① 后置结构的前移，参见柳士镇《试论中古语法的历史地位》；语法结构的变化，参见杨荣祥《"而"在上古汉语语法系统中的重要地位》，《汉语史学报》第10辑，上海教育出版社，2010年，第110—119页。

② 叶元垲《睿吾楼文话》卷一，王水照编《历代文话》，第5376—5377页。

位。曾经日常熟俗的语体会由使用度的下降而雅化,反之,曾经处于边缘的语体也会因之发生相应变化。建立在语体基础上的文体,在语体拉距的作用下,同样也会发生雅俗的位置转换:

> 古器如壶、樽、卮、匜,必不适今人用,然款制浑朴,料精而工细,万万非巧匠所能摹仿。其气象高雅,不在斑烂缺陷。且如古器花文有龙凤蝉鱼者,皆略具形似,不害其雅。汉唐镜背,麟凤花鸟,极其工致,而品反低。试思其故,古工匠极巧,其制器今谓之拙者,不便于人用也。故今之碗盏盘盒,不可为清庙明堂之法物。物之古者,非今人所必用,特以制作方拙,共传以相异耳。果其真能为古文,其议论体格,未有一二谐俗者也。[①]

器物之古,非巧臣所能模仿,则古今雅俗之异,不在技法。以古文而言,文章之古今亦不在技法的巧拙。文章古今之异,在语体变迁,作者于此无措手之处。

古代文论中的文体虽亦有指文章体裁或体式者,但其重要指向之一当为语体。语体单位及其组合方式,决定今日文论中所言及的文章体裁、功能与风格,也决定着文体的古今雅俗的语体移动与语体位置。“语体”是社会生活与文体的过渡带,其既非“文体”,也非非文体,但此种过渡性质,却确保了语体的基础地位与解释效力。以“古文”而言,与骈文相对的、作为文体的古文并不存在,但在语体上作为与骈文相对的“古文”却是存在的。故而,对于韩柳诗文革新而言,语体较之文体无疑是更为适切的考察视角。

二 韩柳“古文”书写的可能与规则

语言演化所产生的拉距作用,在“古文”与今体之间产生了古雅

---

① 张谦宜《絸斋论文》,《续修四库全书》第1714册,第432页。

与常俗的语体区分。常俗因熟而俗,本为体俗而非语俗①,但鄙俗、恶俗之语言与文章的生产尤以常语为便,故今体之俗亦有语俗文俗之意。韩柳"古文"与"今体"对立而生,其存在的必要,在于"古文"可以对治今体的语俗与文俗,而今体之症又难以通过技法改造在内部自我消除。要对治语俗,"古文"须语体复旧,文体因古而雅;欲对治文俗,"古文"之"古"则重在推远语体距离,文体因"正"而雅,语体复旧非必要之途径。

语体的制约机制相较于语体形态的历时变化,似乎古今一如,乃是语体构型中最为稳定的部分。而作为语体实现手段的韵律与语法则历时而变,较不稳定。"古文"的语体复旧,其主要手法即为韵律与语法的复古。由于语体的产生源于人类在漫长时段中的交际互动,特定的语体具有相应稳定的语音、语辞、语序与语法形态,语体复古成功与否,与书写者技法的工拙无多关联。而在文体的层面上,书写者则具有相应的展示空间,前者关乎规则而后者关乎技法:

> 或曰:子前言一切文辞,体裁各异,故其工拙,亦因之而异,今乃欲以书志疏证之法,施之于一切文辞,不自相剌谬耶?
> 答曰:前者所说,以工拙言也,今者所说,以雅俗言也。工拙者系乎才调,雅俗者存乎轨则。轨则之不知,虽有才调而无足贵。是故俗而工者,无宁雅而拙也。雅有消极积极之分。消极之雅,清而无物,欧、曾、方、姚之文是也。积极之雅,闳而能肆,杨、班、张、韩之文是也。虽然,俗而工者,无宁雅而拙。故方、

---

① "文最忌熟,熟则必俗。故士龙'怵他人之我先',退之'惟陈言之务去',习之以为'造言之大端',即书画家亦恶熟,'俗以熟里生'为诀,正谓此也。"(吕留良《吕晚村先生论文汇钞》,《四库禁毁书丛刊》子部第36册,北京出版社,1997年,第115页)

姚之才虽驽,犹足以傲今人也。[①]

古今之变,乃规则之变,但中古之世尚无汉语史之专门研究,语体的古今之变,掩藏于纷繁多变的语言现象之中,唯依赖于阅读者的自行领悟。韩柳不断以读书法提示问学者,无清晰的规则可言,应为原因之一。中唐的"古文"复兴者,似乎在进行着一场捕风捉影的艰难尝试。但对于当下的研究者而言,汉语史学者的研究已较为清晰地描述出"风影"的痕迹,"古文"之"古"的辨别难度已大为缩减。研究者只需大体明了上古汉语的语体特点以及中古汉语的某些重要变化,即可对"古文运动"的可能与限度做出大体准确的判断。

韵律与语法为语体呈现的语言学手段。语体复古,以韵律而言,包含古音、韵部、韵律单位以及韵律单位间的组合方式;以语法而言,则包含字、词、语序与句式。至于语体与语体组合而成段以至成章,则关乎技法的工拙,对文章的雅俗并无根本影响,故不做讨论。虽然形式的古雅并非古文运动的目的所在,但有形式之古,方始有突破今体束缚的可能,文字得以自由,所谓"见道"也始可能。

古音又称上古音,为陆法言《切韵》之前的汉语音韵。上古汉语为综合性语言,词类活用现象较为常见,"以声别义"遂有"本音"与"破读音"之分。中古时期词类分化已趋完成,词类活用已非必要,但采之入语,则可增语体古朴之貌。柳宗元《捕蛇者说》:"募有能捕之者,当其租入。"韩愈《马说》:"食马者不知其能千里而食也。""当"与"食"均为两读之字。此类手法在"古文"中颇为常见。而上古之时,四声未备,平仄不分,自无韵部分类。中古之时,音韵渐成专门学问,韵部分类逐步清晰,汉字各有所属,但每部数量不等,于韵文书写而言,有宽韵、窄韵之分。宽者易用,故相较窄者为俗,古文书写好用"险韵",虽不必为古韵,但其有意拉开与熟俗的

---

① 章太炎《文学论略》,郑振铎编《晚清文选》,中国人民大学出版社,2012年,第704页。

语体距离，与"古文"之精神相近。韩愈善押险韵，因难见巧。柳宗元同样是此中高手，汪森《韩柳诗选》评其《同刘二十八院长述旧言怀感时书事奉寄澧州张员外使君五十二韵之作因其韵增至八十通赠二君子》诗曰："用韵极奇险而无字不典，无意不稳。六麻韵中字几尽矣，而笔力宽绰有余，此可悟长诗用险韵之法。"[1]"古"本含非常之义，险韵因奇而生"古"意，但此法不可常用。对于语体复古而言，其作用与古音大体类似，以点缀生色为主。对语体复古影响较为深远的则是韵律单位及其组合形式的变化。在汉语史研究中，中古作为上古汉语与近世汉语的过渡期，其重要的演化现象之一为四字句的流行。古文运动在韵律单位使用上的基本规则为，相对独立的韵律单位，短不过一，长不过三，而又以单双音节的使用为主。故而，"四字句"即成为古文语体复古所面对的最大障碍。"四字句"的大量使用始于佛经译本，而影响渐及中土文学。"四字句"并非四个单音节汉字的简单并列，而是以一个相对独立的韵律单位的形式出现，并伴随语义与语法密度的增值。七言诗与骈体之四六的成体与发展均依赖于四字句的产生与发展。四字句的主流重音模式为(1324)，数字越大则越重，而四言诗二二节奏的重音模式为(12)(12)。"四字句"的流行，并不只是上古时期的单音节、双音节以及三音节的横向拓展，而是会对四言诗二二节奏的独立性产生巨大影响，并进而弱化双音节在语体构型中的作用。古文的语体复古必须能够有效面对四字句的强势挑战，打破四字句的韵律整体性，由此，以语法制约韵律即为基本手法：

> 皇耆其武，于澨于淮。既巾乃车，环蔡其来。狡众昏嚚，甚毒于醒。狂奔叫呶，以干大刑。皇咨于度，惟汝一德。旷诛四纪，其徯汝克。锡汝斧钺，其往视师。师是蔡人，以宥以釐。度

---

[1] 尹占华、韩文奇校注《柳宗元集校注》，第2700页。

　　　　拜稽首，庙于元龟。既祃既类，于社是宜。①

柳宗元《平淮夷雅》与韩愈《元和盛德诗》有"词严气伟"之誉，乃南
朝以来四言少有之佳作②。魏晋以来，四言诗在汉语双音节化的影
响之下，句法变化的空间被极度压缩，四言诗被逐步定型为庙堂
之音。但汉末以来四字句的发展，则将彻底动摇四言诗的存在基
础。至韩柳时，以语法为手段制约节奏，已是常规手法。在柳诗中，
"其""于""既""乃""甚""以""惟"诸字，既为补足音步，也为形成语
法对韵律节奏的强势。韩愈诗歌成功的方式与柳诗同出一辙。由
于"四字句"第二字与第四字的声调组合以平仄相对为基本模式，改
变此模式也是对抗四字句影响的有效方式：

　　　　《国子司业阳城遗爱碣》，至难学。以序中用四言，厥体如
　　　铭，不过不用韵耳。而铭复四言，读之疑复。韩、柳多有此体，
　　　然亦易辨。铭有韵以限之，法宜循声按节，平仄虽不尽调，然韵
　　　脚调也。序中用四字成句，则可以不调平仄。仄处累仄，读之
　　　暗塞，平处累平，读之铿锵。且一气黏贯而下，可以数句作一句
　　　读。铭则八字一顿，自有节奏，不能读作一气也。③

语法与韵律手法的使用，虽然能有效支持四言二二节拍的独立性，
但在四字句流行的语言环境下，此类手段，无疑会呈现出高度技术
化的特点，刻意为之的痕迹显然。"四言古诗如《舜典》之歌已其始
矣……后惟子厚《皇雅》章其庶几乎？故子西曰：'退之不能作也'。
盖此意模拟太深，未免蹈袭风雅，多涉理趣，又似铭赞文体。世道日
降，文句难古，苟非辞意浑融，性情流出，安能至哉！"④上古汉语向

---

①柳宗元《平淮夷雅》其一，《柳宗元集》，第5页。

②参见吴讷《文章辨体序说》，第30—31页。

③林纾《韩柳文研究法》，商务印书馆，1914年，第82页。

④郎瑛《七修类稿》，《续修四库全书》子部第1123册，第201页。

近代汉语演化，无论是韵律单位容量的增长，还是汉语词汇表义原则自隐含向呈现的过渡，均为修饰成分的存在提供了应有的空间。郎瑛虽然没有对"世道日降，文句难古"做进一步的学理说明，但其感悟式的表述无疑与汉语演化的脉络大体相合。四字句的流行，促成了七言诗与四六文的兴盛，李唐文学两大创获的语言学条件即存于四字句中。七言诗由上四下三两个相对独立的韵律单位构成，而四六文则主要由四字句与六字句组合而成，六字句通常由至少两个韵律单位组合而成，一般组合形式为三音节、双音节加一个间拍成分。由于四六之六并非一个独立的韵律单位，其成形所依赖的双音节、三音节抑或单音节，至两汉时已完全成体，且其语法结构为并列形式，符合语体之古的要求。故而，中唐之时，四六文在形式上难有改造的空间。韩柳对四字句的挑战，乃在于对七言上四下三组合形式的突破：

　　班兰台《封燕然山铭》，文至肃穆，序不以华藻为敷陈，骨气锵然，铭用《楚辞》体，实则非也……吐属不类兰台。然兰台深知铭体典重，一涉悲抗，便为失体，故声沉而韵哑。此诀早为昌黎所得，为人铭墓，往往用七言体，省去"兮"字，声尤沉而哑；其为《朝散大夫尚书库部郎中郑君弘之墓铭》曰："再鸣以文进途辟，佐三府治蔼厥迹。郎官郡守愈著白，洞然浑朴绝瑕谪，甲子一终反玄宅。"此体尤难称，不善用者往往流入七古。七古在近体中，别为古体，以不佻也；然一施之铭词中，则立见其佻。法当于每句用顿笔，令拗，令蹇，令涩。虽兼此三者，而读之仍能圆到，则昌黎之长技也。"再鸣以文"是一顿，谓由进士书判拔萃出身者；"进途"之下用一"辟"字，此狡狯用法也。"佐三府治"又一顿；"蔼厥迹"句以"蔼"字代"懋"字，至新颖。"郎官郡守愈"五字又一顿；其下始着"著白"二字，是文体，不是诗体。"洞然浑朴"四字作一小顿；"绝瑕谪"三字，即申明上四字意。

> 以下"甲子一终"则顺带矣。句仅七字,为地无多,屡屡用顿笔,
> 则读者之声,不期沉而自沉,不期哑而自哑,此法尤宜留意。①

四字句的成体与四声完备且平侧(仄)两分,乃为同一语言现象的正反两面。七言诗尤其是七言近体的发展,需要达成句内诸音节间的异声相从,以及上四下三间的相对独立。在七言中,韩柳对四字句的挑战,依然通过语音与语法的手段加以实现。"拗""蹇""涩"是语音手段的体现,而"折腰句"则是语法手段的典型体现,但其须假语义之助方能生效,与决定语体呈现的语法存有较大差异。

古有古朴、古拙之意,难合时用。虽然古文运动并不以与时相左为根本目的,但古文之古,既然并不放弃语体复古,在语法所包含的字、词、词序以及句式上,同样有其必须遵循的规则。汉语由上古向中古以及近代的演化,其核心变化为表义原则由隐含向呈现的过渡。汉语在词类、词序以及句法句式上的诸多变化均与此相关。故而,古文的语体复古在于逆此趋势而行。以字而言,单音节汉字的生僻与词类活用可增加语义的"隐含"度:

> 余尝综而论之,扬雄之文惟《谏不受单于朝》一书,可与董贾并驾,余皆佶屈不足观。相如之文已非汉文之至者,而雄又逊相如远甚,大抵奇字乃其所长。《汉书》本传所采者,其大较也。六经之文,昭如日星,圣人之道曰中,曰庸,岂惟奇字是尚耶?昌黎之文,海涵地负,无所不有,如《曹成王碑》中:'遝、嗃、剢、鞣、铍、掀、撇、掇、笑、跐、汉、膊、䜩、㨗'等字,乃其学雄惟肖者。②

诗文书写与书法有别,无法借助可视图形展示古今差异。文字之古,在字形上,只能以"生僻"加以标识。韩愈诗文有所谓"字奇语

---

① 林纾撰、范先渊校点《春觉斋论文》,人民文学出版社,1959年,第53—54页。
② 黄本骥《痴学》,《丛书集成续编》第91册,上海书店,1994年,第602页。

重"之评,柳宗元《天对》亦怪奇满眼。字形之古易于辨识,而字义的古今之别,常掩藏于相同的字形之下,须依赖于训诂学的阐明。字义之古亦可提升语体的古雅程度,古文书写故以精小学为要件之一:"子厚之文,古丽奇峭,似六朝而实非六朝;由精于小学,每下一字必有根据,体物既工,造语尤古,读之令人如在郁林、阳朔间;奇情异采,匪特不易学,而亦不能学。"①此外,上古汉语无书面语与口语的明确区分,其所遗留的文字遂有较多语助成分的存在。故而,汉语词性上的虚实之别,也为可加利用的技法之一:

> 练字之法,其以静字作动字用者,如"春风风人,夏雨雨人"之类,人人知之。其当留意于虚字者,尤不可不知也。昔柳子厚论孟子善用助字,其《复杜温夫书》云:"予读'百里奚'一章,其所用助字,开阖变化,令人之意飞动。"子厚所指,盖在"可谓智乎?可谓不智乎?不可谓不智也"及"不贤而能之乎?而谓贤者为之乎"数句。②

语助成分的基础作用,本在于与单音节配合组成一个完整的音步。其位置的移动以及使用频次的变化,源于汉语词汇双音节化的压迫。而汉语双音节化的重要驱动,正是汉语表义原则由隐含向呈现的转变,并由此形成了双音节词汇在偏正、述宾以及动补等三种类型上的数量优势③。古文语体欲与"呈现"保持距离,首先,在单音节与双音节可选的情况下,用单不用双,如"食之"而非"喂养之";其次,在必须用双时,或添加语助成分,如"颓尔""勃如";或使用双声叠韵,如"窈窕""夷犹";或使用叠字,如"阳阳""汤汤"。此外,由于

---

① 林纾撰、范先渊校点《春觉斋论文》,第70页。
② 吴曾祺《涵芬楼文谈》,商务印书馆,1933年,第28页。
③ 参见胡敕瑞《从隐含到呈现(上)——试论中古词汇的一个本质变化》,林焘主编《语言学论丛》第31辑,商务印书馆,2005年,第1—21页。

副词有强化语义的作用,故其使用应受到严格限制。双音节化的作用,同样会体现在语序的组合方式上。疑问代词宾语、否定代词宾语由前置向后置转变,而介宾结构则发生了前移。语序移动,虽方式不同,但经此移动,句中成分的结合更为紧密,也为更多语法成分特别是副词的植入提供了相应的语法空间。古文书写者,为提升语体古雅度则有意保持相应成分的原有位置:

> 丞厅故有记,坏陋污不可读。斯立易楬与瓦墁,治壁,悉书前任人名氏。庭有老槐四行,南墙巨竹千挺,俨立若相持,水㶁㶁循除鸣。斯立痛扫溉,对树二松,日吟哦其间,有问者,辄对曰:“余方有公事,子姑去。”①

中古时期,数量词组与名词组合时,以前附为基本词序已逐步规范。柳宗元则以“槐四行”“竹千挺”等数量词组后附的方式,体现语体的古拙。在韩愈的文中,此类手法亦属常见。词序的变化为汉语主体结构由并列式向主从式的变化提供了可能,汉语主体结构的变化提升了语法的信息容量,但也由此强化了汉语的表义能力。随着语序的变化,汉语长句出现的频次越来越高,主从结构关系也越趋向强化②。古文在句法句式上要对抗“呈现”的强化趋势,首先在于对特殊句式的拒绝,如“把”字结构、“将”字结构与“被”字结构均不应出现于古文之中。此外,对于结构助词“得”“地”“的”、事态助词“了”“来”“去”、动态助词“了”“过”“取”等,也应高度排斥。古文的句法句式,在形式上以维持语法结构的并列为主导目标,古文不回避长句,但其内部结构则须保持并列结构的优势地位:

> 呜呼! 士穷乃见节义。今夫平居里巷相慕悦,酒食游戏相

---

① 韩愈《蓝田县丞厅壁记》,刘真伦、岳珍校注《韩愈文集汇校笺注》,第373页。
② 参见孙锡信主编《中古近代汉语语法研究述要》,复旦大学出版社,2014年,第251页。

征逐，诩诩强笑语，以相取下，握手出肺肝相示，指天日涕泣，誓生死不相背负，真若可信。一旦临小利害，仅如毛发比，反眼若不相识，落陷阱不一引手救，而反挤之，又下石焉者皆是也。①

"今夫"一句，共八十二字，乃韩柳文中少见的长句，但其内部结构则主要以并列为主，与主从式的长句有别。但长句的使用，必然会强化韵律对语法的制约作用，进而形成主从式结构的后来居上之势，故而长句虽然能给古文的句法句式带来独特的修辞效应，但却隐含着自我消解的危险。古文在文体形式上，以长短律为形式原则，但形式的长短不齐，并非古文所特有。古文之古在句式上须有辨识度较高的形式特点。韩柳古文有明显的模仿痕迹，正是辨识度的负面效应：

> 韩昌黎振起八代之衰，为其单行，古文法也。子长为质，上溯周秦，气骨自古，曲折作态，尽乎技矣。其言正直，润色典雅，故超于技。徒谓《平淮西碑》为媲《典》《谟》，《毛颖传》酷似子长，浅之乎！退之有时生割，刻意形容，琢古磨石，未免乎痕。痕亦何累乎退之？斯文后死，存乎其人，不在钩章棘句以为工，不在鄙倍芜累，乃为笃论，为学道之亚也。②

方以智对昌黎虽颇多回护之词，但也不得不承认韩文存有生割模拟的痕迹。如古文多倒语，韩《上宰相书》"麋鹿之与处，猿狄之与居"、《与陈京给事书》"衣食于奔走"均为倒语；《齐物论》在相连数句中频繁使用某字，韩愈《送孟东野序》则全篇用"鸣"共四十处。此类情形也见之于柳文，《天对》拟《骚》，山水诸记则效《山海经》而参以《仪礼》《考工记》及《水经注》③。中古之世，诗赋为甚，韩柳古文可资

---

① 韩愈《柳子厚墓志铭》，刘真伦、岳珍校注《韩愈文集汇校笺注》，第2408页。
② 方以智《文章薪火》，王水照编《历代文话》，第3210页。
③ 参见陈衍《石遗室论文》卷四，无锡民生印书馆，1936年。

取法者唯三代两汉,且前车之鉴未多,腾挪辗转的空间有限。相较而言,北宋时非但语言学条件已大为不同,古文书写的社会风气亦大为不同。故而宋人可取之径宽而唐人之径窄,此亦非个人所能变改者。

古文运动的另一指向,为对治时文的文俗,其意图并非语体在历时性上的复古以求古雅,而是在共时性上的雅正,以内容之正求文章之雅,明道方是古文运动的目的所在。"愈之为古文,岂独取其句读不类于今者耶? 思古人而不得见,学古道则欲兼通其辞。通其辞者,本志乎古道者也。古之道,不苟誉毁于人,然则吾之所为文皆有实也。刘君好其辞,则其知欧阳生也无惑焉。"[1]语体在共时性上的雅正,与历史性的古雅虽有不同,但在形成机制上却有高度的交叉性,即两者均强调推远语体距离。在语体形成机制的四要素中,话语行为所服务的对象与主题依然是能够形成"拉距"的强力因素。

话语行为所服务的对象,或有具体指向,或为一般对象。前者与言说者的距离包含共时轴上的情感与尊卑以及历时轴上的古往今来。言说者身处复杂的话语环境中,若"衡距"有误,则会导致话语失当。本远而求近者易于谄媚;本近而求远者则过于冷漠。但对于中唐时期的生活现实而言,本近而求远,虽有冷眼之讥,比之本远而求近却不过疥癣之疾:

> 投刺干谒,驱驰于要津;露才扬己,喧腾于当代。古之贤良方正,岂有如此者乎! 朝之公卿,以此待士,家之长老,以此垂训。欲其返淳朴,怀礼让,守忠信,识廉隅,何可得也! [2]

奔走仕途者众,但上升之孔道窄,士人为进身计不得不游走权门,仰人鼻息,文字则不得不更多婉转,称誉每为过当。而又有躁进者,既

---

[1] 韩愈《题哀辞后》,刘真伦、岳珍校注《韩愈文集汇校笺注》,第1296—1297页。
[2] 《旧唐书》卷一一九,第3431页。

求而不得,为文好大言欺世。以上两类,均属"衡距"失当,前者因诡而求近,后者则似远而实近。四六文,骈四俪六,以两句为一个语义与韵律的完整体,上下句间可相比成文,也可相对成文。前者可增强语气,宣泄情感,后者则有"上抗下坠"之妙,言多委屈,尤便于尊卑之间的文字往来①。故而,四六文在中唐以及后世的官方及民间献酬文字中,有着难以撼动的位置。四六文,语法语义密度极高,而又进退纡徐,既可扬己之才,复能藏欲于术,诚为极精巧、极应世而又极媚世的文字。古文之古,本不必反骈文,但媚世之文以四六为极致,古文又必然与骈文处于不得不争的位置:

> 独结臣舌,暗抑衔冤。擘眦流血,一辞莫宣。胡为赋授,有此奇偏?眩耀为文,琐碎排偶。抽黄对白,嚄唶飞走。骈四俪六,锦心绣口。宫沉羽振,笙簧触手。观者舞悦,夸谈雷吼。独溺臣心,使甘老丑。罢昏莽卤,朴钝枯朽。不期一时,以俟悠久。旁罗万金,不鬻弊帚。②

韩柳之时,四六文盛,无论庙堂之作抑或社会流行的书仪,均难觅"古文"的踪迹。古文既然无关干禄之术,习者必少。无同气相和,而尤赖个人道德之坚守,故古文修习不得不以修身为入门之径:

> 古文不振,古人之道不行也。古人得六经之要旨,修身慎行,不得已而有言,天下信之,君子许之,然后可以命世而行远。方其措思,一准乎天理人心之正,及其下笔,又有千仞壁立不可摇夺之势。富贵声气,不足以动其心;颠沛流离,不足

---

①"及阅《无邪堂答问》,有论六朝骈文,其言曰:'上抗下坠,潜气内转。'于是六朝真诀,益能领悟矣。盖余初读六朝文,往往见其上下文气似不相接,而又若作转,不解其故,得此说乃恍然也。"(孙德谦《六朝丽指》,王水照编《历代文话》,第8432页)

②柳宗元《乞巧文》,《柳宗元集》,第489页。

以易其守。是非必取法于《春秋》，去取必折衷于先儒。以是
而言，临文但见其冰霜满面，手掣风雷，庶几登作者之坛，列儒
林之班矣。①

修习古文者有一定生命修养，则能于人生的得失进退与生死荣辱应
对得当，于文章而言，即能无躁急谄媚之态。当话语所服务的对象
为无具体的一般对象时，其所涉及的主题多为公共度与可公开度较
高的话题，故而，在此层面上，古文的语体距离由话题决定。话题的
公共性与可公开度，既可为"明道"，亦可为"经世"，前者与后者的区
别在于主题的历时效应。古文修习需修身养性，而尤须提升识见：

> 古文者，古人之文章也。不得古人之心，不知古人之事，
> 不明古人之天文地理万物之变，不辨古人之城郭宫室车旂器物
> 之制，乃欲操而为古人之文，无是理也。欲读书多，何法而可？
> 曰：读经以明圣人之用，读子以择百家之善，（读史）以博古今
> 之变，读集以究文章之体。读其实，无读其虚。……忽其实而
> 取其虚，是倒置也。……苟得其实，则变化在我，何必资于彼
> 哉！……韩子"惟陈言之务去"，此之谓也。②

古文乃传统社会最为自由的文字形式，但文字的自由赖思想的自由
以彰显其"致广大而尽精微"的巨大弹性，而文字的自由则是思想自
由的标尺。古人好言"文章之变，盖与政通"③，今人多以为迂腐之
谈，然自语体观之，却大有意味可言。

---

① 张谦宜《絸斋论文》，《续修四库全书》第1714册，第424页。
② 陈绎曾《文筌》，清李士棻家钞本。
③《全宋文》第三十七册，第53页。

三　韩、柳"古文"书写的限度

"古文运动"在韩、柳身后的较长时间内未能再起波澜，及至北宋欧苏之时，方能于时代风习有切实引导之力。然宋人之古文与韩柳已差异明显，不但其所作古文多平易晓畅，不以怪奇炫人耳目，且古文对于四六文的改造能力，亦非韩柳当日力所能及①。虽然学术史上唐学宋学已有两型之称，汉语史中赵宋亦为近代汉语的确立期，以宋律唐有方凿圆枘之讥，但时间距离的拉远，无疑有助于对韩柳"古文运动"之限度的观察与理解。

"古文运动"既以语体古雅为尚，为文不得不以三代两汉为摹效的对象。三代两汉为上古汉语时期，与作为过渡期的中唐在语音与语法等语言学条件上已颇有不同。于文人书写而言，则"四字句"可谓中古汉语的一大创获。韩柳在此语言学条件下即不得不以降低"四字句"的影响为对治时文的手段，然由此一来，"古文"因"古"而必"奇"必"怪"，韩柳亦难免此弊：

> 《六经》之外，昌黎公其不可及矣。后世有作，其无以加矣。《原道》等篇固为醇正，其《送浮屠文畅》一序，真与《孟子》同功，与《墨者夷》之篇当并观。其它若《曹成王》《南海神庙》《徐偃王庙》等碑，奇怪百出，何此老之多变化也！尝怪昌黎论文，于汉独取司马迁、相如、扬雄，而贾谊、董仲舒、刘向不之及。盖昌黎为文主于奇，马迁之变怪，相如之闳放，扬雄之刻

---

① "三代两汉之前，训诰、誓命、诏策、书疏，无骈俪粘缀，温润尔雅。先唐以还，四六始盛，大概取便于宣读。本朝有欧阳文忠、王舒国叙事之外，自为文章，制作混成，一洗西昆磔裂烦碎之体。厥后学之者，益以众多。况朝廷以此取士，名为博学宏词，而内外两制用之，四六之艺咸曰大矣。"(谢伋《四六谈麈》卷首，《百川学海》本)

深，皆善出奇。董、贾、刘向之平正，非其好也。①

韩愈为文好奇，柳河东似犹过之。"如子厚《贞符》之论、《铙歌》之曲，艰深漫漶，抒虚无不根之文以惑主听，申不敢动怨怼之语以觊天回，岂非师不审而学不勤欤？"②古文既求明道经世之用，过度求奇，自然会提升文本的语义密度，造成理解的障碍，从而走向自我的反面。中唐而后学韩柳者，多走怪奇一路，即可视为古文好奇的遗弊。然在唐代中后期，古文追求语体复古，最大的问题，却在于对当时盛行的四六文缺少影响改造的能力。由于四六文在当日政治与社会中的巨大影响③，古文运动刻意拉远与四六文的距离，无疑无助于提升社会影响力。在四六文改造上，韩柳的影响似乎难以比肩元白一派：

> （王禹偁）前后三直西掖，一入翰林，辞诰深纯，得裁成制置之体；册命庄重，兼典谟训诰之文。《端拱箴》切劘上躬；《待漏记》规警时宰；上《三贤疏》，推原前代之失，不异方今；《请东封赋》前知盛德之事，必行圣代。论议书叙，理极精微；诗歌赞颂，义专比兴。虽在燕闲，或罹忧患。凡有论撰，未尝空言。此其纪事述志之尤最者也。……窃谓文章末流，由唐季涉五代，气格摧弱，沦于鄙俚。国初屡有作者，留意变风，而习尚难移，未能复雅。至公特起，力振斯文，根源于《六经》，枝派于百氏，斥浮伪，去陈言，作而述之，一变于道。后之秉笔之士，学圣人

---

① 王鏊《震泽先生别集》，中华书局，2014年，第41—42页。
② 尹占华、韩文奇校注《柳宗元集校注》，第97页。
③ "骈俪盛于江左，沿于隋唐，逮于西昆。其间学者病之，易以古文。然施之著述，则古文可尚；求诸适用，非骈俪不可也。大而丝纶之所藻绘，小而缄縢之所络绎，莫不以四六为用，食之醢酱，岂可一日无哉？"（吴兑然《圣宋名贤四六丛珠序》，明王宠父子合抄本）

之言,由藩墙而践突奥,系公为之司南也。①

与"古文运动"大体同时,关于制诏诰令的改造也在进行之中,元白均为改造的主要倡导者。与韩柳一派以重奇著称不同,元白有轻俗之号,但以四六文的影响而言,元白实在韩柳之上,这也提示了文章新变的另一途径,即以"俗"变雅。此俗既可指当日流行的语体,也可指因语言演化所产生的新兴语言学形式。欧苏所以能在诸种文体中左右逢源,当得益于此语言学形式的演化。

"古文"在语体上以"古"求雅,容易导致文章晦暗,韩柳对此已有清晰体认,而试图以以"正"求"雅"为古文书写的正途。然语体之"正"虽与个体修养相关,但更决定于个体识见的广度与深度。中唐及而后的儒家学人,无论是归趋于三代两汉以来的传统,还是求之于形而上的性与理,都难以在儒家的正统之外另辟新途。古文本是较为自由的文字形式,但当其为圣人学说保持特殊地位时,古文恰恰封闭了自我的开发性:

> 柳以文与韩并称焉。韩文论事说理,一一明白透彻,无可指择者,所谓贯道之器非欤?柳之达于上听者皆谀辞,致于公卿大臣者皆罪谪后羞缩无聊之语,碑碣等作亦老笔与俳语相半,间及经旨义理,则是非多谬于圣人,凡皆不根于道故也。惟纪志人物以寄其嘲骂,模写山水以舒其抑郁,则峻洁精奇,如明珠夜光,见辄夺目。此盖子厚放浪之久,自写胸臆,不事谀,不求哀……又皆晚年之作,所谓大肆其力于文章者也。②

两宋思想的自由度较高,其文章在传统社会也臻极致。故而思想的自由是古文的灵魂,此灵魂一失,古文必议论陈腐多头巾气,反较骈文为下。古文语体的古雅与雅正,均与个体的修养相关。但作为身

---

① 王同策等点校《苏魏公文集》,第1010—1011页。
② 尹占华、韩文奇校注《柳宗元集校注》,第3617页。

处思想学术传统与社会人际关系双重束缚之下的个体，也难以真正对抗世俗社会的压力，虚与委蛇已良为难能：

> 陶正靖《与赵子闻书》，亦主此旨者，曰：凡古文之用三：明道也，经世也，献酬斯下矣。自韩柳以来，莫之能废。推而上之，如《雅》之有《崧高》《烝民》也，鲁之有《颂》也，皆献酬之作也，然莫不有法焉。所谓法者，非但摛词之雅令也，序致之简节也，称量之不苟也，亦以明道、经世，将于是乎有取焉，以是为不可废而已。由韩柳以来，或因颂以致规，或自抒其愤懑，苟无寄托，则不容强为之言。而丐求者之情不可以终拒，则以简朴应之。此震川以上之家法也。①

语体距离的适度，是"古文"作为文体而必要的条件，当书写者在人际距离，特别是身份距离之间无法有效量距时，古文即难以成为适宜的文体，或难有别异于其所反对的文体之处。韩愈有"文起八代之衰"的称誉，但其文章，除《原道》之类因所服务对象为无具体的一般对象，语体距离的量准较易，故多佳作外，在涉及具体对象的文章上，则以关涉无较高社会身份者的文章更见其妙：

> 韩集赠送之序，美不胜收……至于《送廖道士序》，则把一座衡岳举在半天，几几压落廖师顶上，忽又收回。自"五岳于中州"句，直至"千寻之名材，不能独当(奇)也"句止，使廖师听之色飞眉舞，谓此处定说到山人身上矣。"意必有魁奇忠信材德之民生其间"，廖师必又点首叹息，愧不敢当。忽然闯出"而吾又未见也"句，把廖师一天欢喜撇在霄汉。以下似无文章，乃用迷惑老佛之教，又似所说者皆指廖师，至"未见"云云，直隐于佛老而未见耳。不是全无其人，廖师似已死中得活。忽又有"若

---

① 王葆心《古文辞通义》，武汉大学出版社，2008年，第744页。

不在其身,必在其所与游",则并隐于佛老中者亦都不属廖师身上。廖师考语但得"气专容寂,多艺善游"八字,与道字都无关涉。一篇毫无意味之文,却说得淋漓尽致,廖师亦欢悦捧诵而去,大类乳媪之哄怀抱小儿,佳处令人忽啼忽笑。神品之文,当推此种。①

柳宗元中朝为官时,文多骈俪,至贬谪永州后,与时贵文字犹有俯身乞怜之态。至为柳州刺史,回朝任职的希望已大体破灭,此后的文字方纵横自在乃臻佳境,与韩昌黎并足而立。虽然古文只能在某类文体如议论、序、记中取得成功,而难以成为最为通用的官方文体,但此已是时代之限,而非古文的自我设限。②

结　语

"古文"并非一种相对于骈文或其他诗文而言的文体概念,其所言之"古"乃为语体"古雅"或"雅正"的标识。"古文"所以可能,源于上古汉语与中唐时通行汉语的巨大差异。由此,古文的成功首在对规则的遵守,而非技法的高下。古文本是较为自由的文字,但因书写者身处思想学术传统与社会习俗的双重束缚之下,古文在李唐时难以成为通行的官方文体,也只能在部分文体上寻得突破。唐宋古文的不同,既有语言学条件的不同,也有思想自由度的高低差异。古文书写尤其难以突破限度,但古文的限度,源于传统社会的外在设限,而非其自我的内部设限。

---

① 林纾撰、范先渊校点《春觉斋论文》,第68—69页。
② 杨伯认为,"对道德的强调、对修辞的抵制、历史的断裂感,成为后来文学复古思潮和复古思潮的基本理论基调"(《欲采蘋花不自由:复古思潮与中唐士人心态研究》,第28页),颇具识见,但因为语言学条件的变化与中唐士人所处身的制度环境,"古文"却不免展现出自我否定的面向。

第三节　人兽之间:中晚唐笔记小说中的"形变"书写

　　"形变"作为一种生命现象形诸口耳或见诸文字,发端甚早,脉络绵延,且以"人—兽"尤其是兽向人的形态转化为焦点。在后世有繁盛之称的唐代笔记小说中,"形变"是颇为常见的"异事"及组构小说重要的情节模块。但视"形变"为不经,乃文人笔端之幻设,亦同样是今人唐代文学史研究的基本态度,虽然,此种定位并未影响学界对于唐人笔记小说艺术成就的肯定,但以此种写法多寓家国黍离之悲与个人在世之感[①],却也极易成为一种难以挑战的解读模式。相较于"天人之际"话题所具有的强理论形态,笔记小说中的"人兽之间",似乎并不具备明确的思想史的意义。自先秦以来,在儒家乃至其他不同思想流派的话语表述中,"人禽之辨"一直是理解"人之为人(人性)"的重要视角[②]。"人—兽"形态的转化、关系的组建及其结局走向,于笔记小说而言,多依赖于行文者的想象力,自然可天马行空,超越于现实生活的约束之上;然而此种想象所以可能以及此过程中所展现出的态度、体验与情感乃至想象力本身的层次感觉,却不会与一个时期的生存感受、认知兴趣及理论氛围拉开过远的距离。甚而,笔记小说本身也会成为一种特殊的"作为思想的文本"。

---

① 李剑国《唐五代志怪传奇叙录》,南开大学出版社,1993年,第806页。

② 参见陈科华《春秋以前的人禽关系观》(《伦理学研究》2017年第3期,第60—65页)、《先秦儒家的"人禽之辨"》(《伦理学研究》2019年第3期,第49—55页);杨柳岸《人禽之辨的基本结构与功能——以孟子、朱子和船山为中心》(《中国哲学史》2020年第3期,第36—43页)。

中晚唐于中国思想史而言,并非一个给出典范式回应、以在较长时段内形成笼罩效应的历史时期,其独特的魅力,乃在于建基于生命体验之上的困惑、质疑与反思所打开的思想的开放空间。在中晚唐士人所面临的时代问题中,有着制度、历史、德性等诸多层面,但其核心却依然是"人何以为人"的追问。中晚唐笔记小说中,人兽形变的书写也因此可以视为唐人对于此问题特殊的感受与回应方式。

一 人兽之辨的基本脉络与中晚唐的"心性"问题

"人之所以异于禽兽者几希"①是孟子人性论的核心命题,对此问题的明确及系统解答,在为"惟人万物之灵"②提供理据的同时,也予以自孔子以来人禽之别的表述周密之形式,从而在先秦儒家乃至其他诸思想流派对于"人之为人"的考量中最有影响③。虽然人禽之辨的观察视角,以及将人与动物的区别作为确立人之独特性及群体生活之可能的分析路径,可视为先秦时期知识领域的公共话题,但至孟子,方始将人性视为人禽之辨的深层根源,改变了诉诸经验直观的回应惯习④。其以"四端之心"为人之根本依据的主张,在确保了人之道德性的普遍性的同时,也因其与现实道德情境的相合而易于获得世人的认可,进而成为一种流行的日常知识。虽然以"人性善,兽性恶"的判断所可能导致的对于人性与兽性的人为割裂,在秦汉而下的生活经验与文本记录中,不免遭遇慈乌反哺、羊羔跪乳

---

① 朱熹《四书章句集注》,第293页。
② 孔颖达《尚书正义》,第270页。
③ 参见李智福《人之发现与类之自觉:晚周诸子"人禽之辨"勘会》,《诸子学刊》第14辑,2017年,第19—33页。
④ 杨柳岸《人禽之辨的基本结构与功能——以孟子、朱子和船山为中心》,《中国哲学史》2020年第3期,第36—43页。

等"反例"的质疑,但《礼记·郊特牲》中"禽兽,仁之至,义之尽也"的表述①,并不足以动摇人为天地贵的基本判断。即使禽兽亦有成为具有德性之物的可能,人与兽之间,类与非类的界限依然清晰明确。《荀子·非相》篇言及"人之所以为人者",曰"非特以二足而无毛也,以其有辨也"②。与孟子自四端之心确立人禽之辨相类,荀子同样越过了人的形体特点,以其能够建立有序群体生活的分辨之能,作为人禽之辨的重要分界。然而,在日常的生活经验中,人禽之间的形体之别,依然是相关判断的直接依据。

在先秦至汉魏的著述中,常可见及由人向兽的形体转化,但若剥离人类早期图腾文化的影响③,在人禽之辨成为公共话题而后的日常理解中,缘于形体的转化,行为与性情亦随之而变。《淮南子·俶真训》曰:

> 昔公牛哀转病也,七日化为虎。其兄掩户而入觇之,则虎搏而杀之。是故文章成兽,爪牙移易,志与心变,神与形化。方其为虎也,不知其尝为人也;方其为人,不知其且为虎也。二者代谢舛驰,各乐其成形,狡猾钝惛,是非无端,孰知其所萌? ④

当形体的转化与心、神的转化乃同一过程、形体之分与人禽之辨大体对等时,虽然能够解释形体转化后的行为选择,但无疑会弱化孟子以(四端之)心论性的理论深度。《淮南子》中"代谢舛驰"的形体

①孔颖达《礼记正义》,第803页。
②王先谦《荀子集解》,第78页。
③"综上所述,在'人禽之辨'产生之前,人类对于自身价值的自觉一直笼罩在图腾文化的氛围之中,即使在崇尚'德'性的周代,也只是把动物的灵性德性化,并以此确立了一种以人为主的人禽之'合'的价值关系模式而已。"(陈科华《春秋以前的人禽关系观》,《伦理学研究》2017年第3期,第65页)
④何宁《淮南子集释》,中华书局,1998年,第99—100页。

变化,并未有价值高下之分,其中有着明显的老庄之学的影响①。但在强调人禽之辨的儒家传统中,此种转化却有着明确的价值区分。王充《论衡·无形》曰:"鲁公牛哀寝疾,七日变而成虎;鲧殛羽山,化为黄能,愿身变者,冀[若]牛哀之为虎,鲧之为能乎? 则夫虎能之寿,不能过人,天地之性,人最为贵,变人之形,更为禽兽,非所冀也。"②天地之性,以人为贵,则由人向兽的形体转化,乃是由贵而贱,悖反常态,并非出自变化者的主动选择。故而,只可视之为不知其然,难究其理的"变态",或者乃是源于某种人为的过错而遭受惩罚使然。与之相较,兽向人的形体转化,并不因此被视之为一种价值位阶的提升,相反却成为对于人类社会而言,极具威胁的怪异和反常:

> 孔子叹曰:"此物也,何为来哉? 吾闻物老则群精依之,因衰而至。此其来也,岂以吾遇厄绝粮,从者病乎? 夫六畜之物,及龟、蛇、鱼、鳖、草、木之属,久者神皆依凭,能为妖怪,故谓之'五酉'。五酉者,五行之方,皆有其物。酉者,老也。故物老则为怪矣,杀之则已,夫何患焉?"③

在以类与非类之划分为基本认知方式的知识传统中,物间的异类变化以及物向人形的转化,均为"非常"。此种变异之物,难以在原有的物类格局中获得适恰的位置,而当其以人形介入人伦世界时,更被视为对于人伦秩序的威胁力量,需"杀之则已"。魏晋时期的笔记小说中,最为常见的"形变"书写多以物怪介入并破坏人伦生活为基本情节模式,兽以人形诱惑男女渐成重要的书写主题,而其结局

---

① 王正《先秦儒家人禽之辨的道德哲学意义》,《云南社会科学》2015年第2期,第47—51页。
② 黄晖《论衡校释》,中华书局,1990年,第61—62页。
③ 干宝撰、曹光甫等校点《搜神记》,上海古籍出版社,2012年,第153页。

亦以显现原形甚而被诛杀为主[1]，人与兽之间区分边界及情感投射均大体清晰。

隋唐之际，笔记小说中的兽向人形的转化，依然延续了魏晋以来的书写传统，但也出现了值得关注的变化。在王度《古镜记》中记载一老狸化形之事曰：

> 度又谓曰："汝本老狸，变形为人，岂不害人也？"婢曰："变形事人，非有害也。但逃匿幻惑，神道所恶，自当至死耳。"度又谓曰："欲舍汝可乎？"鹦鹉曰："辱公厚赐，岂敢忘德。然天镜一照，不可逃形。但久为人形，羞复故体。愿缄于匣，许尽醉而终。"度又谓曰："缄镜于匣，汝不逃乎？"鹦鹉笑曰："公适有美言，尚许相舍。缄镜而走，岂不终恩？但天镜一临，窜迹无路。惟希数刻之命，以尽一生之欢耳。"度登时为匣镜，又为致酒，悉召雄家邻里，与宴谑。婢顷大醉，奋衣起舞而歌曰："宝镜宝镜，哀哉予命！自我离形，于今几姓？生虽可乐，死必不伤。何为眷恋，守此一方！"歌讫再拜，化为老狸而死。一座惊叹。[2]

王度及化身为年轻女子的老狸，均未曾为化形为人作道德的辩护，依然以之为"有害"或不当之事。但在狐狸重现本形过程的书写中，却有着对狐狸命运的同情，从而也让老狸之死有了令人扼腕的悲剧意味。当动物向人性的转化具有了一定的价值正当，需区别对待时，一种新的人兽关系即有了产生的可能。与之相应，对于动物生命的尊重，也逐步影响了此时期对于人兽关系的理解。孙思邈《备急千金方·序例》曰："自古名贤治病，多用生命以济危急，虽曰贱畜

---

[1] "异类就不能与人长久相处，更无法有异类婚姻，这是六朝期的异类看法，也是其后精怪变形为人必然遭遇的命运。所以识破真相或真相显现，是情节发展的必然，乃基于变化为人即是非常的论点。"（李丰楙《神化与变异：一个"常与非常"的文化思维》，中华书局，2010年，第125页）

[2] 《太平广记》卷二三〇，第1762页。

贵人,至于爱命,人畜一也,损彼益己,物情同患。夫杀生求生,去生更远。吾今此方,所以不用生命为药者,良以此也。其虻虫、水蛭之类,市有先死者,则市而用之,不在此例。只如鸡卵一物,以其混沌未分,必有大段要急之处,不得已隐忍而用之。能不用者,斯为大哲,亦所不及也。"①与道家对于人禽之辨的驳斥更易展现出精英形态不同,药方中的生命理念无疑有着更为明确的日常知识的特点。但是,此种人兽关系理解上的变化,在唐代前期的主流认知中影响极为有限。"人—兽(夷狄)"间界限清晰、等级分明,依然是此时期对于人性的基本认知。直至安史之乱的发生,动荡时局中对于同类生命虐杀的直接刺激、佛道思想影响之下的认知形式的调整②,及士人特定时期的生存感受,共同强化了此时期对于人性的困惑与质疑,隋唐之际所出现的新的变化,方始成为时代的公共话题。

盛唐、中唐之际的元结在《时化》一文中,论及时代风气对于世道人心的影响曰:

> 於戏! 时之化也,道德为嗜欲化为险薄;仁义为贪暴化为凶乱;礼乐为耽淫化为侈靡;政教为烦急化为苛酷,翁能记于此乎? 时之化也,夫妇为溺惑所化,化为犬豕;父子为悟欲所化,化为禽兽;兄弟为猜忌所化,化为雠敌;宗戚为财利所化,化为行路;朋友为世利所化,化为市儿,翁能记于此乎……时之化也,情性为风俗所化,无不作狙狡诈谩之心;声呼为风俗所化,无不作诌媚僻淫之辞;颜容为风俗所化,无不作奸邪龌促之

---

① 孙思邈撰、魏启亮等点校《备急千金方》卷一,中医古籍出版社,1999年,第2页。

② 陈弱水《唐代文士与中国思想的转型》,第162页;季爱民《中唐洛阳儒、佛二家的复性观念》,《佛学研究》2017年第2期,第194—204页。

色，翁能记于此乎？①

世风窳败，道德仁义与礼乐政教本为人之为人及建立良性生活的基础与路径，但不免沦为谋利争斗的工具；本应有情有序的人伦关系，亦如为欲所驱、以力相争的兽类生存；人之心不可信，人之言不足信，而人之举止亦无人性之尊严可言。在元结对世风的沉痛抨击中，虽然不免有为强化言说效果故为张大其辞的成分，但以人之情性不可依信，以人类之道德仁义及制度规则并不必然带来良性生活的判断，却明确表达了对人性的质疑。虽然在其言辞表述中，依然预设了人兽之间的价值等差，但人向兽跌落的可能与现实，则意味着人禽之间并不存有稳定的界限。在对于人性质疑的时代氛围中，自汉代即已颇受关注的禽兽的德性也被再次强化。孟郊《择友》曰："兽中有人性，形异遭人隔。人中有兽心，几人能真识。古人形似兽，皆有大圣德。今人表似人，兽心安可测。虽笑未必和，虽哭未必戚。面结口头交，肚里生荆棘。好人常直道，不顺世间逆。恶人巧诌多，非义苟且得。"②孟郊以兽中有人性，人中有兽心，形体之别并不足以确立人禽之辨的分界，有此形者，未必有此性。虽然在孟、荀人禽之辨的论述中，形体本非确立人之为人的根本依据，但明确宣称兽有人性，则无疑已相异于孟、荀"人禽之辨"的基本预设。

　　中晚唐士人常哀感于"人心险于山川"③，白居易曰："太行之路能摧车，若比人心是坦途。"④刘禹锡曰："长恨人心不如水，等闲平地起波澜。"⑤李复言《续玄怪录·卢仆射从史》篇更借卢从史之口，

①《全唐文》卷三八三，第3891页。

②《全唐诗》卷三七四，第4213页。

③权德舆《答客问》，郭广伟校点《权德舆诗文集》，第463页。

④白居易《太行路（借夫妇以讽君臣之不终也）》，朱金城笺校《白居易集笺校》，第170页。

⑤刘禹锡《竹枝词》，陶敏、陶红雨校注《刘禹锡全集编年校注》，第551页。

对人世之苦作了极为详尽的描述：

> 人世劳苦，万愁缠心，尽如灯蛾，争扑名利，愁胜而发白，神败而形赢，方寸之间，波澜万丈，相妒相贼，猛于豪兽。故佛以世界为火宅，道以人身为大患。吾已免离，下视汤火，岂复低身而卧其间乎？[①]

对于世道与人心的哀叹，屡见于中晚唐的诗文书写。在以文学书写为社会生活之文本反映的解读思路之下，此种感受的表达乃是大唐盛世落幕，帝国命运日薄西山的文本呈现。虽然如此解读自然有其合理之处，但却难以避免以结果反推过程及原因之惯习的影响，而忽视当世者的生存感受与研究者异代体会之间的差异，以及在文本书写中，认知形式变化[②]与群体审美趣味的影响[③]。故而，以安史之乱后的中晚唐为一个特定的思想多元、且有转向内在之明确趋势的历史时期，应较社会生活与文本书写之间作直接的对应，更具解释效力。在此时期，人心成为在诗文中高频出现的语词，也是理解人之为人的根本依据。皇甫湜《寿颜子辨》曰：

> 若角若鳞，若飞若走，举为其属，不合于是为无知。若草若木，若金若石，举为其属，最灵者人，人之中为心，心之知为神。

---

① 李复言《续玄怪录》，第156页。

② 此种认知方式的表化，既体现于儒家思想中心性之学的兴起，同样也见之于佛教对于中唐士人的影响。参见萧驰《佛法与诗境》，第283—284页。

③ 松原朗在讨论姚合"武功体"的成因时，对学界的已有研究有所反思："很久以来至今，人们都是这样来理解武功体的：所谓武功体就是姚合在任武功小县主簿这个底层小官时，哀叹以其郁郁不得志的境遇为背景所形成的卑贱、贫穷、老病，抒发倦怠之思，并祈愿退隐山林等，以上述三者为主题的一种文学样式。然而，这样的认识，却是基于对武功县主簿这个官职的误解上所形成的。"（松原朗著、张渭涛译《晚唐诗之摇篮：张籍·姚合·贾岛论》，西北大学出版社，2018年，第221—222页）

> 人之生也,质乎土风水火,而心乎知……圣与愚,受于初一也。
> 圣人莹其心而窒其诱,是以能照天下之理,故其心清而定。愚
> 者负其心而薄于外,是以闭天下之理,故其心尘而结。清而定
> 者,离其质也,玲珑乎太虚之中,动而合,则为文王、仲尼;顺而
> 安,则必始终天地。尘而结者,离其质也,狂攘兮太虚之中,转
> 而合于有,则为禽为兽,其于人也,为愚为凡,于草木者,无所不
> 为矣。①

皇甫湜的此篇文字在后世思想史研究中,并无特出的思想史位置,但若将其置入此时期人禽之辨的知识氛围中,则颇有关注的必要。此段文字以"心"之"清而定"与"尘而结",判定圣凡及动植物间的等级差异,并提示了窒欲莹心的提升路径。此外,皇甫湜以人与动植物飞禽走兽同一土风水火为质,已以人为万物之一物。此种认知在韩愈②、李翱处亦有所体现,实可视为此一时期的公共认知③。李翱《复性书》的不同之处,则在于其对于"性"的关注,这也为中唐人性问题的讨论提升了理论的深度:

> 天地之间,万物生焉,人之于万物,一物也,其所以异于禽
> 兽虫鱼者,岂非道德之性全乎哉!受一气而成形,一为物而一

---

① 皇甫湜《寿颜子辨》,《全唐文》卷六八七,第7033页。
② 韩愈《原人》曰:"形于上者谓之天,形于下者谓之地,命于其两间者谓之人。形于上,日月星辰皆天也;形于下,草木山川皆地也;命于其两间,夷狄禽兽皆人也。曰:'然则吾谓禽兽曰人,可乎?'曰:非也。指山而问焉,曰:山乎?曰山可也。山有草木禽兽,皆举之矣……人者,夷狄禽兽之主也。"(刘真伦、岳珍校注《韩愈文集汇校笺注》,第67页)
③ 柳宗元《掩役夫张进骸》:"生死悠悠尔,一气聚散之。偶来纷喜怒,奄忽已复辞。为役孰贱辱?为贵非神奇。一朝纩息定,枯朽无妍媸。"(《柳宗元集》,第1261页)此诗对气之聚散而成生死间偶然不定的表述,也同样展现出中唐人性论辩氛围的影响力。

> 为人，得之甚难也，生乎世，又非深长之年也，以非深长之年，行
> 甚难得之身，而不专专于大道，肆其心之所为，则其所以自异于
> 禽兽虫鱼者亡几矣。昏而不思，其昏也终不明矣。①

人与万物均受气成形，以成形之先而言，并无差异，而一为人一为
物，其中虽有偶然之因素，但受气为人形，已然为命运之馈赠，因而，
为人者理应担负展现生命尊严的生命责任。人与禽兽的区别在于
人可以约束"心"之活动，追求明心复性；而后者虽然与人分有共同
之"性"，但不能明心以复性。李翱《复性书》的出现，意味着儒家心
性理论相对于佛教、道教学说独立性的确立②。至此，中晚唐人禽之
辨中所可能涉及的形、气、心（魂）、性等概念均已出现于不同思想派
别之文本，这既为笔记小说对于人禽之辨的关注提供了时代氛围，
也为其多样的文本想象提供了理论形态的支持。

二　人向兽的形变："兽之所是"与"人之所是"

在中晚唐笔记小说中，人向兽的形体转变是较为常见的故事情
节，但与汉魏以来因行为缺失或道德过错而受惩变形③，及不知其
所以然的形变有所变化之处，则在于人向兽的形变过程中，有着兽
形与人心之间明确的分裂。在此形化而心未化或未尽化的生命过
程中，形变者对于兽的生命有了体之于身的真切感受，人与禽兽由
一气化生而成的一体性，于此类文本中得到了颇为细致的展示。相

---

① 李翱《复性书下》，《全唐文》卷六三七，第6437页。
② 杨儒宾《继成的人性论：道体论的论点》，《中国文化》2019年第2期，第19—
　38页。
③ 此类情节依旧常见于中晚唐笔记小说。如《独异志》卷上记载妇人虐待盲婆
　而变形为狗头人身；《独异志》卷中记载蜀宫人化身为斑蛇、雌虎（《唐五代笔
　记小说大观》，第908页、第930页）。

较于先秦孟、荀更偏好于在兽之所不是中探寻人之所是的考察方式①，中晚唐的人禽之别，似乎更为认同在人兽之同的前提下追索人之为人的依据。而人向兽的形变，也由之成为一种相对新颖的探索方式。

　　李复言《续玄怪录》卷二《薛伟》是唐传奇中的名篇，记录了青城县主簿薛伟在病中魂游而化为东潭赤鲤，因吞钩而为渔人所捕，后杀而为脍之事。文中述及其相关过程曰：

> 　　又谓（张）弼曰："我是汝县主簿，化形为鱼游江，何得不拜我？"弼不听，提之而行。骂之不已，弼终不顾。入县门，见县吏坐者弈棋，皆大声呼之，略无应者。唯笑曰："可畏鱼，直三四斤余。"既而入阶，邹、雷方博，裴啖桃实，皆喜鱼大，促命付厨……我叫诸公曰："我是公同官，今而见擒，竟不相舍，促杀之，仁乎哉？"大叫而泣。三君不顾，而付鲙手。王士良者，方持刀，喜而投我于几上。我又叫曰："王士良，汝是我之常使鲙手也，因何杀我？何不执我白于官人？"士良若不闻者，按吾颈于砧上而斩之。②

李复言以详尽的笔墨描述了赤鲤被钩捕至被斩杀的过程，其中赤鲤多次求救却无人回应、步步走向死亡的感受传递，尤足令人动容。但结尾处"三君并投鲙，终身不食"的表述，若无更为细致的解读，则

---

①"从这个角度看，中西哲学有关人兽之辨的核心理念可以概括为：第一，片面关注人区别于其他动物的本质特征，甚至主张'人性在于兽性所不是'；第二，特别强调人比其他动物优越，甚至主张'人性善兽性恶'。"（刘清平《"人兽之辨"可以休矣》，《湖北大学学报》2020年第3期，第56页）但刘清平的推论，似乎未曾注意中唐时期在人禽之辨上所存在的某些变化。

②《唐五代笔记小说大观》，第441页。

易流于佛教以杀生警示世人的常规认知①。虽然此种理解衡之于中古佛教盛行的社会环境并无明显的不当之处，然而，无论是儒家自先秦以来即有的，面对动植生命时"数罟不入洿池……斧斤以时入山林"②的基本态度，还是流行的佛教禁止杀生的理念，均未能自动植物在身体验的角度去思考其生命权利的有无与强弱，其所传递的更多是避免六道轮回下的果报循环或追求"不可胜食"目的的功利考量，即使有对于动植物生命的尊重与怜惜，所展现的也是人对于动植物生命的道德义务。然而，唐代中晚期指向人之生命的虐杀以及在特定处境中对于无明显道德过错的生命的认定与处理，均提示这是一个相对特殊的思想时刻。

《纂异记》载李隆基为淮西吴元济事上上帝表事曰：

> 王母复问曰："李君来何迟？"曰："为救龙神设水旱之计，作沴淮、蔡，以歼妖逆。"汉主曰："奈百姓何？"曰："上帝亦有此问，予一表断其惑矣。"……其表云："……伏以虺蜴肆毒，痛于淮、蔡。豺狼尚惜其口喙，蝼蚁犹固其封疆。若遣时丰人安，是稔群丑；但使年饥疠作，必摇人心。如此倒戈而攻，可以席卷。祸三州之逆党，所损至微；安六合之疾疢，其利则厚。伏请神龙施水，疠鬼行灾，由此天诛，以资战力。"③

相较于张巡、许远困守睢阳而至人相食难以有效回应的道德困境，淮西被裹挟的数州民众则可被同视为逆党，丧失作为"人之生命"被

---

①"近人汪辟疆则认为《薛伟》'此事当受佛氏轮回之说影响，李复言遂演为此篇，宣扬彼法。'(《唐人小说〈薛伟〉篇后叙》)若从故事所含蓄显示的灵魂不灭、人鱼转生和珍惜生命、禁食荤腥(倘若杀生，就有可能害及友好甚至亲人)等意念来看，佛教气息也确乎不淡。"(董乃斌《人鱼之变窥哲理——唐人小说〈薛伟〉的意义》，《古典文学知识》2003年第3期，第41页)
②朱熹《四书章句集注》，第203页。
③《唐五代笔记小说大观》，第497—498页。

尊重的资格。在中古时期的政治生活中，一旦个体或群体的生命被以"禽兽"视之，既意味着其丧失生命权利，可被便宜处置。甚而，标置一个更难挑战的理由，亦可合理化对无明显道德过错者的生命的剥夺。淮西被裹挟的百姓、睢阳城中被杀而食之的妇孺平民，均是被功利考量的身体。虽然在群体的现实生活中，对于生命的评价是良性社会生活的必然，但作为生命体是否有不被评价所替代的、不可剥夺的价值，在中古时期即使并不必然以理论话语的形态出现，却可以在诸多文本的情感流露中得到一定程度的证实[①]。而在此处境中的人的生命，与薛伟魂游所化的赤鲤似乎并无二致。无论此种生命是否有表达的意愿与能力，都难被有效理解的可能。对于人的生命禽兽化，乃是将常态的由情感、态度、观念及关系与行动诸层面构成的生命，简化为以生存本能为主要表现形式的生命体，并由此降低行动选择中道德情感发生的可能。当面对生命体的处置不再伴随有明确的哀伤、愤怒、怜悯、自责等情感的发生时，行动者便会"心安理得"。故而，压制或漠视生命体作为被"闻"被"见"的可能，即可弱化此种生命体的生命权利。薛伟化鱼的故事，则恰恰形成了某种对反效应。李复言通过一种"亲历"的生命时刻的细节描画，将赤鲤的心理活动、关系网络、情感与体验呈现于读者面前。赤鲤的生命也由此成为一种虽无人形但与人大体相近的生命，对于赤

[①] "达沃尔区分了两种尊重。一种是承认尊重（recognition respect），这是所有人都应得到的尊重，只要是人就有资格得到别人的一种恰当的考虑或承认，无论他的心智程度是高还是低，或者行为水准是优秀还是平庸。另一种是评价尊重（appraisal respect），这是当人们在某些追求和事务上展现出来卓越性时，我们给予他们的尊重……对两个心智程度差别很大的人来说，我们给予他们的承认尊重是一样的；就他们都得到承认尊重这一点来说，他们拥有平等的道德地位。此外，我们也依照他们各自人生成就的不同，对他们做出不同的评价。"（李剑《动物为何拥有权利？——兼论强、弱两种动物权利论》，《哲学动态》2020年第11期，第105页）

鲤的杀害乃是对一种活泼而真实的生命的剥夺。赤鲤由此即具有要求参与其生命处置者承担道德义务的资格，而行动者也自然会因此种行为而产生歉疚、悔恨等指向自我生命的道德情感。故而，李复言即使有故设幻巧以儆世人的写作意图，其独特的视角设置也依然展现出某种独特的思想史意义：一种生命如何才能被视作具有真实生活的生命？而真切的道德情感又如何发生？动物是否具有相应的生命权利，不杀生是否可以不只是一种功利的考量而是建基于对于生命权利的理解？当禽兽同样具有超出于生物学意义上的生命时，对于同类生命的虐待是否还依旧正当？又将如何被正当化？李复言以"以身体之"的生命经验，质疑"人禽之辨"以"人之所是，兽之所不是"的观察惯习，而此种意图在此时期的笔记小说中有着较高频次的展现。中晚唐的独特魅力，恰恰在于这是一个充满真实困惑并寻求答案的思想时刻①。

在孟、荀以来的人禽之辨的主张中，禽兽之所不是者被聚焦于德性、智能以及建基于此之上的群体生活。当面对此类有别的生命时，人虽然具有一定的道德义务，但并不认可动物作为一个具有独立权利的生命体。当人与禽兽之同的体察构成新的认知兴趣时，《薛伟》尝试以亲身体验的方式，明确禽兽作为具有独立权利的生命体，即不会成为孤立的文本。在此时期的笔记小说中，书写者不

---

① 田晓菲有专文讨论中唐时期士人对于"故物"的书写并论及中唐的特殊性："中唐是中国文学史上一个独特和重要的时期，是文化与思想发生深刻变化的时期。在这一时期，出现了对老旧之物悲悯与同情的文字，显示了自我与他者之间关系中的复杂互动。笔者认为，这种情怀和互动在文字中的再现，本身即构成了文化和思想变迁的一部分，是其最引人注目的表现之一。而且，虽然中唐与北宋存在千丝万缕的联系，中唐的这种感伤文化却不能和北宋的好古和收藏的精神等同起来，也不同于有宋一代对各种物类编撰记传和谱录的热衷。"（田晓菲《中唐时期老旧之物的文化政治》，《华东师范大学学报》2020年第4期，第65页）

断尝试去观察禽兽所具有的智力与德性。《太平广记》卷四二九《丁嵩》篇的结尾处，有一段议论文字曰：

> 吁！保全躯命之计，虽在异类，亦有可观者焉。若暴虎之猛悍，况厄陷阱，得人固当恣其狂怒，决裂噬啮，以豁其情。斯虎乃因嵩以图全，而果谐焉，何其智哉！[1]

贞元年间，申州虎多伤人，丁嵩善设陷阱，乃捕得一虎，但丁嵩亦不慎入阱。阱中之虎只是多次阻止众人对于丁嵩的救援，但并未伤害丁嵩，丁嵩遂与虎相约，纵其归山率众离境。丁嵩出阱后，说服申州牧王征，虎得以安全归去，后申州众虎屏迹。动物在日常生活中因生存的磨砺而展现出相应的智能并不鲜见，但超出捕食避险而外，控制情绪并与人形成约定达成意图，已展现出处理复杂事件的能力，在此意义上，书写者对于虎"何其智哉"的感叹，也同样会形成对以智能为人性之判断依据的有效度的质疑。而动物具有德性，则更习见于汉魏以来的文字记载。及至中晚唐时，在人禽并置的对比之下，更易见出其叙述中的别有怀抱：

> 剑南人之采猓㺉者，获一猓㺉，则数十猓㺉可尽得矣。何哉？其猓㺉性仁，不忍伤类，见被获者，聚族而啼，虽杀之，终不去也。噫，此乃兽之状人之心也。乐羊食其子，史牟杀其甥，则人之状兽之心也。[2]

当禽兽具有可以直接观察而得的德性，而人则常做出非德性的行动时，以四端之心确立人类道德的普遍并由此确立人禽之辨的界限也不再自然有效。具备了智能与德性的禽兽，又何尝不是天地之灵。《南柯太守传》结尾处同样有一段议论的文字：

---

[1]《太平广记》卷四二九，第3489页。
[2] 李肇撰、聂清风校注《唐国史补校注》，第299页。

　　嗟乎！蚁之灵异，犹不可穷，况山藏木伏之大者所变化
乎……生感南柯之浮虚，悟人世之倏忽，遂栖心道门，绝弃酒色。[①]

淳于棼梦梦入大槐安国，并于此经历了人生由富贵荣宠而至年老落寞
的生命历程，但大梦既觉，方知梦中所经历的悠长人生，尚不及现世
之半日。淳于棼遂与友人寻觅槐安国的所在，发现了极其复杂精巧
的蚁穴。至此，禽兽具有高度组织化的群体生活，似乎既在梦中的
诸种经验中得以体认，也在现实的蚁穴痕迹中得以证实。虽然《南
柯太守传》成为文学史上的名篇，并不在于其对于中晚唐人禽之辨
理解上的贡献，但李公佐对于禽兽之灵异不可穷尽的感叹，却自然
会对人为天地之灵、最为天地贵的认知产生一定的冲击。

　　当无论是德性、智能，还是能群的社会生活，均不足以构成人禽
之辨的根据时，处于一个思想变动期的中晚唐士人，可能更易感受
到由此而来的痛苦，虽然人禽之辨的艰难或许只是此种在世痛苦独
特的表达形式。《宣室志》所录《李征》篇，讲述了一位化形为虎的李
唐士人的故事，亦为唐代笔记小说的名篇：

　　虎曰："我今不为人矣，安得见君乎？"（袁）傪即诘其事。虎
曰："我前身客吴楚，去岁方还，道次汝坟，忽婴疾发狂走山谷中。
俄以左右手据地而步，自是觉心愈狠，力愈倍，及视其肱髀，则有
釐毛生焉。又见冕衣而行于道者，负而奔者，翼而翱者，磊而驰
者，则欲得而啖之。既至汉阴南，以饥肠所迫，值一人脂然其肌，
因擒以咀之立尽，由此率以为常。非不念妻孥，思朋友，直以行
负神祇，一日化为异兽，有腼于人，故分不见矣。嗟夫，我与君同
年登第，交契素厚。今日执天宪，耀亲友，而我匿身林薮，永谢人
寰，跃而吁天，俯而泣地，身毁不用，是果命乎！"因呼吟咨嗟，殆
不自胜，遂泣。傪且问曰："君今既为异类，何尚能人言耶？"虎

──────────
[①]《太平广记》卷四七五，第3915页。

曰："我今形变而心甚悟，故有撞突，以悚以恨，难尽道耳。幸故人念我，深恕我无状之咎，亦其愿也。然君自南方回车，我再值君，必当昧其平生耳！此时视君之躯，犹吾机上一物。君亦宜严其警从以备之，无使成我之罪，取笑于士君子。"①

李征为皇族后裔，进士科出身，本应有较佳的政治前景，但其性格狂傲，寡合于朋辈同僚，因之影响仕途晋升。后于旅途中狂疾发作，化身为虎。李征形体的转化，心疾乃是其最为直接的诱因。在其为人时，即已长期郁郁，饱受身心分裂的痛苦，至其化身为虎，依然不能达成身与心的调和，只是此时的"心"是人之心还是虎之心？抑或本即无作为实体的"心"，殊非易于回应的问题。《李征》中存有人身与人心的分裂、虎形与人心的分裂，甚而可能存在的虎形与虎心的分裂的多重层次，这也让《李征》一文具有了动人心魄的艺术魅力。

李征化虎的故事焦点似乎不再是传递人有兽心或兽有人心的认知，而是展现出对于"心"之认知复杂化的态势。一方面，"心"依然是人性或兽性的判准，但"心"已不再被视为某种实体，而是可善可恶，一心开两门的体在用中之体。由之，所谓人性之性也难以被视为一种完满具足的实体，这与李翱的复性说之间已存有明显的距离。虽然笔记小说并非理论性的文字，但其依然展现出充分的思考深度②。在此时期，"心疾"成为士人极为常见的集体症候：

①《太平广记》卷四二七，第3478页。

②杨儒宾在讨论"继成的人性论"时的相关论述，可资参照："'继成说'也就意味本心、本性不是圆满具足，它的圆满具足是后发或后得的，因此，也就是不完满的。性体不同于其它物之性体，在于它不封闭于自体的结构内，它在活动中完成自己。性体有待于时间、空间，时间、空间也有待于性体，经由人性的贞一原理与气化结构，永恒与时空共构，完美与欠缺同时具足。人性的完成因此不是在冥契的状态中自我体证而成，它是要介入历史中，介入世界之中，在神秘而永不可及的过程尽处才可见到全宇宙齐登法界的目标。"（杨儒宾《继成的人性论：道体论的论点》，《中国文化》2019年第2期，第38页）

> 起居舍人韦绶以心疾废。校书郎李播亦以心疾废。播
> 常疑遇毒，锁井而饮。散骑常侍李益少有疑病，亦心疾也。
> 夫心者，灵府也，为物所中，终身不痊。多思虑，多疑惑，乃疾
> 之本也。①

"心"成为自我认知及人性反思的核心语词，自然促成或印证了此时期士人群体对于内心世界的探索热情，由此，也可以感受到士人群体所感受的"不确定"所带来的困扰与挑战。身与心分离的焦灼是此时期诗歌中颇为常见的主题②，而离魂、还魂乃至借尸还魂则是笔记小说中的常见情节。但正如诗歌中身心分离与形貌变化所带来的痛苦与虚妄③，身与魂的分离则不断强化身份认同的艰难，此一点在借尸还魂类的故事情节中最为常见：

> 陈蔡间民有竹季贞者，卒十余年矣；后里人赵子和亦卒，
> 数日忽瘥，即起驰出门，其妻子惊，前讯之，子和曰："我，竹季
> 贞也，安识汝？今将归吾家。"既而，语音非子和矣。其妻子随
> 之。至季贞家，见子和来，以为狂疾，骂而逐之。子和曰："我，
> 竹季贞，卒十一年，今乃归，何拒我耶？"其家人聆其语音，果季

---

① 李肇撰、聂清风校注《唐国史补校注》，第159页。

② 诗歌中言及身心分离，在中晚唐颇为常见，如白居易《咏兴五首·池上有小舟》："身闲心无事，白日为我长。我若未忘世，虽闲心亦忙。世若未忘我，虽退身难藏。我今异于是，身世交相忘。"（朱金城笺校《白居易集笺校》，第2000页）罗隐《赠无相禅师》："人人尽道事空王，心里忙于市井忙。唯有马当山上客，死门生路两相忘。"（《全唐诗》卷六六一，第7642页）

③ 荣宠皆惊是言说身心分离之痛楚的常见手法，如罗隐《晚眺》："凭古城边眺晚晴，远村高树转分明。天如镜面都来静，地似人心总不平。云向岭头闲不彻，水流溪里太忙生。谁人得及庄周老，免被荣枯宠辱惊。"而对形貌变化所产生的生命体验的书写，可参见衣若芬《自我的凝视：白居易的写真诗与对镜诗》，《中山大学学报》2007年第6期，第51—57页。

贞也；验其事，又季贞也。[①]

竹季贞死亡十一年后，借里人赵子和的尸体还魂，自然引起两家的惊异，但"竹季贞"以其语音及对往事的记忆，终于取得了家人的身份认可。此事是否荒诞不经暂且不论，其所展现出的在个体身份认同上形体所面临的挑战，却有着极大的延伸解读的空间："我之为我"若须以形体为据，形体则处于不断的变异之中，他人眼中之我身与自我眼中之我身均处此变异之长流中，我身又如何依旧是我身？"我之为我"若须以"其事为验"，何事可据以为验？而生命不止事态万端，"事"与"我"又会构成何种相生相成的样态？而若将此种追问延伸至群体的身份确认时，群体的"肉身"又在何处？群体之"事"又何以抉择？虽然以上诸问题的考量大多不会出现于《宣室志》作者张读的写作意图中，但若将袁郊《甘泽谣·圆观》视作同一类型的文本，则可见出中晚唐笔记小说作为"思想性文本"的特殊价值。

圆观与李源三十年间相交莫逆，一日二人相约游蜀，自荆州出三峡。行次南浦，见妇女数人，"圆观曰：'其中孕妇姓王者，是某托身之所，逾三载尚未娩怀，以某未来之故也。今既见矣，即命有所归。释氏所谓"循环"也。'谓公曰：'请假以符咒，遣其速生，少驻行舟，葬某山下。浴儿三日，公当访临。若相顾一笑，即某认公也。更后十二年中秋月夜，杭州天竺寺外，与公相见之期。'"[②]做此约定后，圆观亡而新儿生。李源依约三日过访，与襁褓之婴一笑为记。后十二年秋八月，李源赴天竺寺，于葛洪川畔见双髻短衣、乘牛叩角而歌《竹枝词》的圆观。二人数语而别，圆观歌而去，辞曰："三生石上旧精魂，赏月吟风不要论。惭愧情人远相访，此身虽异性常存。"《圆观》是唐代笔记小说中的名篇，文中多处可见的佛教语词，对接受者的解读形成了明确的引导效应。接受者在生命的轮回、前生与

① 张读《宣室志》卷六，《唐五代笔记小说大观》，第1036页。
② 《唐五代笔记小说大观》，第543页。

今世的虚实、执着与开悟的难得其中所共同形成的情感氛围中，亦同样有迷离怅惘之感。但若追索"此身虽异性常存"的言中之意，似又有难觅解人之叹。如若将此"性"理解为众生所具有之"佛性"，此佛性既已圆满具足，圆观又何以须与李源有褓襁识前生及天竺寺再会的约定？当转世后的"圆观"再次面临转世，其所谓的"前生"又将如何记取？而圆观的"前世"又是否曾有别样的约定？即使褓襁中的婴儿知晓其前生为作为僧人的圆观，其今生是否可能是圆观生命的重演？或许，所谓常存之"性"，并非一绝对完满具足的实体，而是在流变的人生中，对于"是其所是""是其所应是"，即体而用，稳定而又开放的不尽追索与生命实践。《圆观》独特的艺术美感，不在于为释氏辅教之用，而是在中晚唐特殊的思想氛围中，展现了对"性"之理解的复杂与开放。

三　兽向人的形变与"人之所应是"

由兽而形化为人，在汉魏时期的笔记小说中即是常见的主题。但人—兽间非同为一类的认知，却决定了此时期人伦世界对于兽化形为人的接受态度。"形变"作为非常态，乃是对原有生活秩序产生干扰、威胁，具有破坏性的力量。在变形之兽与人类的交往中，即使存在短暂的平静与谐和，也终将会因兽之性情、意图或原形的暴露，而导致某种惨剧的发生，故事也通常会以兽之"原形"被识破及受到惩罚为结局。大体而言，人最为天地贵，人性之所是，兽性之所不是，依然是理解人禽之辨的基本理念。但在中晚唐的知识氛围中，无论是道家的道性说、佛教的佛性说，还是儒家对于心、气、性诸问题的新理解，均难以不经反思地接受人性与兽性间的截然分辨。在中晚唐笔记小说中，人向兽的形变具有此种知识风习影响的痕迹，而兽向人形化的新变化，也同样参与构成了此时期的思想变局，并在中晚唐道德境况下成为对"人之所应是"的特殊表达方式。

《宣室志》卷十有一则计真与狐所化之李氏女相遇，一起生活二十载并育有多位子女的故事。后李氏有疾，生死之际，临终前两人有一场对话：

> 一日，屏人握生手，呜咽流涕，自言曰："妾自知死至，然忍羞以心曲告君，幸君宽罪宥戾，使得尽言。"已，意悲不自胜。生亦为之泣，固慰之，乃曰："一言诚自知受责于君，顾九稚子犹在，以为君累，尚敢发一口。且妾非人间人，天命当与君偶，得以狐狸贱质，奉箕帚二十年，未尝纤芥获罪，惧以他类贻君忧。一女子血诚自谓竭尽。今日永去，不敢以妖幻余气托君，念稚弱满眼，皆世间人嗣续。及某气绝，愿少念弱子心，无以枯骨为仇，得全肢体，瘗之土中，乃百生之赐也。"言终，又悲恸，泪百行下。生惊恍伤感，咽不能语，相对泣良久。以被蒙首，背壁而卧，食顷无声。生遂发被，见一狐死被中。生特感悼之，为之敛葬之，制皆如人。礼讫，生径至陕，访李氏居，墟墓荆棘，阒无所见，惆怅而还。①

在汉魏时期的笔记小说中，青年男性与兽变形而来的女性相遇，通常意味着某种劫难的开始。在此种关系模式中，化形之兽对于男性并无情感的真实投入，而是以美色相诱惑，达成某种目标。男性虽为人，但终究只是被兽所物化的工具或中介。计真与李氏女的相遇则展现出与此模式相异的形态，这也是中晚唐笔记小说的重要创获。两人的日常相处有着不异于正常男女两性间的相亲相爱，甚而，正是对于共同生活真切的情感投入，方才形成了此故事感动人心的艺术魅力。在日常的人际交往中，个体对于他人的行动会产生相应的情感反应，又可称之为反应态度。反应态度既可指向他人，亦可指向自我。反应态度包含憎恨、感觉、宽恕、义愤、蔑视、愧疚及

---

① 《唐五代笔记小说大观》，第1072页。

成年人之间彼此的爱①。反应态度的存在,意味着彼此间对于道德情感的感受及判断能力的存在。当狐女具有对于计真的爱、对于子女的顾念以及对自我形容的羞愧,即具有与人同样的反应态度,其不是物、不是禽兽,而已然为人。即使不借助反应态度的相关理论,即以交往关系中真实情感的存在,已可判断彼此对于生命"物化"的拒绝。在中晚唐的诗歌及笔记小说中,对于故物的怜惜与旧物的化形也是常见的主题。而所谓故物、旧物乃是与使用者长期相伴之物,产生于过程中的情感,则让物具有了某种超出其形态与功能的"非物"的意味。人与动物的相处,同样会展现出在长期共同生活经历中对其生命的怜爱与尊重。在此意义上,对物化的拒绝,即是对"物"之"生命"的认可。当人与人之间以市道相交时,即是彼此生命的物化,故而,在对"物"之生命的尊重中,应隐含着人际间亦当如之的渴望。

沈既济的《任氏传》同样讲述了一段狐女与男性之间的情爱生活。在相遇之始,狐女即向郑六亮明身份,并做出了对于此段情感的承诺:"(任氏)对曰:'凡某之流,为人恶忌者,非他,为其伤人耳。某则不然,若公未见恶,愿终己以奉巾栉。'"②后郑六之外兄韦崟见任氏美艳无双,欲行非礼,任氏初则坚拒,兼以情理说之,终于坚守了对于郑六的承诺。当任氏在旅途中丧于猎犬之口后,沈既济的文字颇有哀感顽艳之力:"郑子衔涕,出囊中钱,赎以瘗之,削木为记。回睹其马,啮草于路隅,衣服悉委于鞍上,履袜犹悬于镫间,若蝉蜕然。唯首饰坠地,余无所见。女奴亦逝矣。"任氏现形奔命至命丧犬口,全出郑生意外,而一切又似电光火石,追恨无由。昔日佳人已委身黄土,而马啮草依旧,鞍上衣装如旧,一切似真如幻。沈既济进而

---

① 李剑《动物为何拥有权利?——兼论强、弱两种动物权利论》,《哲学动态》
  2020年第11期,第102—110页。
②《太平广记》卷四五二,第3693页。

论曰："嗟乎，异物之情也，有人道焉！遇暴不失节，徇人以至死，虽今妇人有不如者矣。惜郑生非精人，徒悦其色而不征其情性。向使渊识之士，必能揉变化之理，察神人之际，著文章之美，传要妙之情，不止于赏玩风态而已。惜哉！"[1]徒悦其美色，是沈既济对于郑六的批评。郑六是否接受沈氏的批评且不论，忽视情性只见其色，于女性而言，同样可视之为"物化"，即将女性视作一种形态美艳之物，而非活泼独立的个体生命。由此嗟叹，即可见出沈既济对于任氏作为"人"的生命的尊重——《任氏传》与《宣室志》之"计真"乃是相近观念之下的同一类型的人兽婚恋故事。

当兽具有与人同样或大体接近的反应态度的可能时，兽类的生命与人之间虽然有形体之异，然如李氏女以狐狸形体为贱质的认知，却不再必然有效。《任氏传》中，任氏对自己由狐狸形化而来并不讳言，亦并未如李氏女以其本形为贱质，实可视作在人兽形体认知上可能存在的新变化。而《太平广记》"天宝选人"条则更见形化者对于本形的眷恋：

> 妻怒曰："某本非人类，偶尔为君所收，有子数人，能不见嫌，敢且同处，今如见耻，岂徒为语耳。还我故衣，从我所适。"此人方谢以过言，然妻怒不已，索故衣转急。此人度不可制，乃曰："君衣在北屋间，自往取。"女人大怒，目如电光，猖狂入北屋间寻觅虎皮，披之于体，跳跃数步，已成巨虎，哮吼回顾，望林

---

[1]《太平广记》卷四五二，第3697页。沈既济提及变化之理的问题，在中晚唐笔记小说中，曾有数则与此相关的条目。"有内臣因问杨于度，胡狲何以教之而会人言语，对曰：'胡狲乃兽，实不会人语，于度缘饲之灵砂，变其兽心，然后可教。'内臣深讶其说。则有好事者知之，多以灵砂饲胡狲、鹦鹉、犬、鼠等以教之。故知禽兽食灵砂，尚变人心，人食灵砂，足变凡质。"（《太平广记》卷四四六，第3647页）

而往。此人惊惧，收子而行。①

虎女因虎皮为一将入京铨选者所藏，遂嫁之为妻。后重经故地，此人偶有调笑之语，虎女遂怒求虎皮，还形而归山林。数百字的短文，全因虎女的愤慨之言而陡增光彩。虎女对于自己山虎的本形并无任何羞赧或愧耻，能对等相处是其进入人伦生活的前提，一旦基础不复存在，则宁可退归山林。虎女对于人兽间对等地位的坚持，并非否定人兽间的形体差异，而是在形异中对于人性兽性本不异的信从。当人兽之别需要在一气化生、形殊性不殊的基础上再作考量时，如何确立生命的独立价值以及如何通过自我的选择实现适性的安顿②，作为书写的主题出现于诗文之中，即是水到渠成之事。

代宗广德中，落第举子孙恪游于洛中，与袁氏相识结为夫妇。孙恪原本极为贫困，因袁氏之力而得富足。后孙恪表兄以其遇妖，遂授其宝剑以降伏袁氏。孙恪携剑而归然踌躇不觉，为袁氏所察，袁氏遂曰："子之穷愁，我使畅泰，不顾恩义，遂兴非为。如此用心，则犬彘不食我余，岂能立节行于人世耶？"③孙恪表兄张生欲降伏袁氏的理由，乃是"大丈夫未能事人，焉能事鬼"；且以孙恪必将身受其祸④。其所主张的认知基础依然是人兽之间的等级差异，及兽以人

①《太平广记》卷四二七，第3479页。
②"形异性不异"在中晚唐时期，应可被视作一种流行的共有知识："梵志者，生于西域林木之上，因以梵志为名。其言虽鄙，其理归真，所谓归真悟道，徇俗乖真也。诗云：'欺诳得钱君莫羡，得了却是输他便。来往报答甚分明，只是换头不识面。'又曰：'天公未生我，冥冥无所知。天公忽生我，生我复何为？无衣遣我寒，无食令我饥。还尔天公我，还我未生时。'又曰：'我肉众生肉，形殊性不殊。元同一性命，只是别形躯。苦痛教他死，将来作已须。莫教阎老断，自想意如何？'"（范摅《云溪友议》卷下，《唐五代笔记小说大观》，第1316页）
③裴铏《传奇》，《唐五代笔记小说大观》，第1145页。
④裴铏《传奇》，《唐五代笔记小说大观》，第1145页。

形介入人伦生活乃是非常态的威胁。但袁氏对于孙恪的追问，却是孙恪难以回应的难题：如若人兽之辨在于人性之善，知恩而不能回报或恩将仇报，其德性体现于何处？其与禽兽又有何种区别？更遑论慈鸟义兽的存在。十余年后，孙恪为张万顷幕府所辟，遂举家而往。途中，袁氏每见青松高山，即怅望良久。至端州，袁氏因其家旧门徒僧惠居峡山寺，遂议游访。入寺后，袁氏如游故地：

> 及斋罢，有野猿数十，连臂下于高松，而食于生台上，后悲啸扪萝而跃。袁氏恻然。俄命笔题僧壁曰："刚被恩情役此心，无端变化几涅沉。不如逐伴归山去，长啸一声烟雾深。"乃掷笔于地，抚二子，咽泣数声，语恪曰："好住！好住！吾当永诀矣！"遂裂衣化为老猿，追啸者跃树而去；将抵深山，而复返视。恪乃惊惧，若魂飞神丧。①

袁氏在家庭与山林之间抉择的艰难，颇似人在"名教"与"自然"之间的难得其中的痛苦。虽然袁氏最终回归山林，可以解读为对于适性与自由的眷恋②；但若将之置于人禽之辨的结构中予以考量，则化形为人，进入人伦生活，且已可谓达成世人眼中之美满幸福，终究不及曾经呼朋唤友、相啸于山林的生活。人有人的世界与生活样态，兽有兽的世界与生活样态，越界的追慕或参与并不一定意味着快适与自由。在同时期的作品中，《申屠澄》也是一位女性感于芳林碧草，终还形而去的故事，虽艺术成就不及《孙恪》，但同一类型作品

---

①裴铏《传奇》，《唐五代笔记小说大观》，第1146页。

②"裴铏信仰道教，曾在洪州西山修道，道号'谷神子'。他通过猿精袁氏的野性复原，表达的正是道家崇尚自然、回归自然的思想。"（崔际银《"天性"与"人性"的交锋——读唐人小说〈孙恪传〉》，《名作欣赏》2008年第6期，第28页）

的出现，却可作为一种生命感受或思想观念存在的确证[1]。在《潇湘录·嵩山老僧》中，有脱却僧衣，还归山林的鹿[2]；《潇湘录·楚江渔者》中有自江畔垂钓者，还归本形的猿[3]，虽以上文本有明显的模仿造作的痕迹，却可见出某种观念的影响。山林野兽尚有抉择的怅惘与遗憾，生存于人伦关系中的个体，则更难有平衡的能力。在此意义上，《孙恪》等类的故事，又是表达如何在人性责任及生命安顿之间达成平衡的难题。对于中晚唐的士人而言，无论是"吏隐""中隐"，均是一种难免留有遗憾的尝试，如何打叠身心，在以天下之忧乐为忧乐中获得身心的安顿，将在对孔颜之乐的持续追问中得到相应的理论解答与生命践履，而对于人性的理解也因之将展现出新形态。

结　语

自思想史的演进脉络而言，中晚唐是一个极为独特的历史时期。笔记小说虽然在个体真实上，有着难以回避的缺憾，但笔记小说的主题关注、情感、态度及其所体现的观念，依旧是理解一个时段极为适恰的文本。由于笔记小说好设奇幻、多载异事的特点，人

---

[1] "澄罢官，即罄室归秦，过利州，至嘉陵江畔，临泉藉草憩息。其妻忽怅然谓澄曰：'前者见赠一篇，寻即有和。初不拟奉示，今遇此景物，不能终默之。'乃吟曰：'琴瑟情虽重，山林志自深。常忧时节变，辜负百年心。'吟罢，潸然良久，若有慕焉。澄曰：'诗则丽矣，然山林非弱质所思，倘忆贤尊，今则至矣，何用悲泣乎？人生因缘业相之事，皆由前定。'后二十余日，复至妻本家，草舍依然，但不复有人矣。澄与其妻即止其舍，妻思慕之深，尽日涕泣。于壁角故衣之下，见一虎皮，尘埃积满。妻见之，忽大笑曰：'不知此物尚在耶！'披之，即变为虎，哮吼拿攫，突门而去。澄惊走避之，携二子寻其路，望林大哭数日，竟不知所之。"（《太平广记》卷四二九，第3487—3488页）

[2] 《太平广记》卷四四三，第3625页。

[3] 《太平广记》卷四四六，第3643页。

兽形变的诸多可能在此得到了多重样态的展演。在对人兽形变的书写中，中晚唐对于人兽之辨的理解呈现出与汉魏旧传统的明显差异，从人性与兽性之同观察人性，逐渐成为此时期的新风习。虽然在笔记小说乃至更为正式的诗文中，均难言对于人性问题有了可视为共识的答案，但中晚唐人建基于生命体验之上的困惑、反思与渴望，却强化了人性问题的真实度与焦灼感，并由此决定了宋儒人性论构建的大体方向。

第四节　中晚唐诗歌中的
"身—心"与"心—事"

　　"题材的日常化"是中晚唐诗歌书写一个极易观察的文本现象，并在数十年来的唐代文史研究中得到了不同方式、不同层面的确认。而对于身体形态、身体事件以及感觉经验的描摹与记述，则是"日常化"最常聚焦的领域①。此一问题的研究，其路径选择，偏好诗歌与思想及社会的唐宋转型说的交叉重叠②，并由此确立中晚唐诗歌的诗学史与思想史位置。此种渐趋成熟的研究理路，形成了见道不明的中晚唐士人痛苦漂泊的身心困境至宋人终获安顿的强大共

---

① 曹逸梅《中唐至宋代诗歌中的南食书写与士人心态》，《文学遗产》2016第6期，第68—77页；周剑之《从"意象"到"事象"：叙事视野中的唐宋诗转型》，《复旦学报》2015第3期，第48—55页；侯体健《幻象与真我：宋代览镜诗与诗人自我形象的塑造》，《文艺研究》2020年第8期，60—70页；刘顺《宋儒"身体诗学"刍论》，《北方论丛》2011年第5期，第14—17页。

② 朱刚《从"先忧后乐"到"箪食瓢饮"——北宋士大夫心态之转变》，《文学遗产》2009年第2期，第54—63页；孟二冬《中唐诗歌之开拓与新变》，北京大学出版社，2006年；刘宁《唐宋之际诗歌演变研究》，北京师范大学出版社，2002年。

识。而在此共识之下,或不免忽视中晚唐士人的身心困境,既是需要回应的具体问题,同时也是反思问题本身的重要契机。身心的痛苦漂泊展现出自我认知与认同的艰难,亦提示自我的认知与认同必然发生于其中的问题结构,进而为问题的有效回应指明方向,甚而预设了问题解决的限度。对于宋人而言,中晚唐诗歌日常书写的意义,其要点并非有关人生困境的具体展示,而是"自我"生成于"身—心"与"心—事"结构中的强调。在一个思想转型的历史时刻,一般意义上的"文学"通常并不以系统的理论思考为言说方式,但其对于生存体验、知识氛围与时代风习的书写,却可成为问题聚焦与回应的特殊方式,而这也正是"作为一种思想方式的文学"的独特价值所在①。

一 此身何足恋:中晚唐诗歌中的身体感

在人与世界的关系中,既有关于世界是什么以及还可以是什么的认知考察,亦有关于世界应当是什么的价值认定,而身体对于世界的感受则以"意味着什么"充当了两者之间的中介②。对于世界的感受依赖于身体感官的感受能力,并与感官能力及偏好生成于其中的文化及地域环境存有密切关联的一体性。身体感受不仅为体之于身的被动体验,亦会形成改变与规范世界,让世界适应于人的重要动力与判断依据。身是有心之身,也是在特定时空中的身体,故而,身体感受与认知及价值维度间存在浑融交叉的过渡地带。当身体感受未被刻意强调,或表现为对外部世界的接纳甚或喜好时,个

①刘顺《天人之际:中唐时期的"天论"与诗歌转型——以韩愈、柳宗元、刘禹锡为例》,《文艺理论研究》2015年第1期,第130—138页。
②刘梁剑《感受与中国哲学如何做事——对"事"哲学的方法论考察》,《哲学动态》2020年第3期,第46—54页。

体与世界之间的关系即自然、融洽，于个体而言，生活世界的意义与意味明确而正当。但当身体感受被凸显甚而成为一个时期知识群体的言说风习时，如何重建个体与生活世界之间的平衡，则会由之成为时代的思想问题。而在中晚唐诗歌中，北人南贬则是身体感受凸显的重要契机。

元和年间，尚在贬所的柳宗元因韩愈所作《毛颖传》，遂有《读韩愈所著毛颖传后题》，其文曰：

> 大羹玄酒，体节之荐，味之至者。而又设以奇异小虫、水草、楂梨、橘柚，苦咸酸辛，虽蜇吻裂鼻，缩舌涩齿，而咸有笃好之者。文王之昌蒲菹，屈到之芰，曾皙之羊枣，然后尽天下之奇味以足于口。独文异乎？[①]

韩愈《毛颖传》以史笔而戏谑为文，士人间颇有批评之声，而柳宗元以饮食之味取譬为言，称扬韩文。柳文本为论文而发，但其对于饮食之味的态度，在士人流动性较强，尤其是北官南贬事件频发的中晚唐，却是一个有趣的考量士人身体感受的个体案例。在同一时期，韩愈有《答柳柳州食虾蟆》诗，其中亦有对于南食的态度："虾蟆虽水居，水特变形貌……居然当鼎味，岂不辱钓罩？余初不下喉，近亦能稍稍。常惧染蛮夷，失平生好乐。而君复何为，甘食比豢豹？猎较务同俗，全身斯为孝。哀哉思虑深，未见许回棹。"[②] 相对于常态的叹老嗟卑的感受表达，异域中的身体感受无疑更为具体而特殊。与在南多年，且再次入南为柳州刺史的柳宗元已可大体接受南方奇特的饮食不同，韩愈虽然早年即有南贬阳山的经历，但直至元和末期再贬潮州，似乎依然无法适应南方独特的饮食习惯。短暂的在南经历及其与长安政坛高层较为融洽的关系，让韩愈对于南方的

---

① 《柳宗元集》，第570页。
② 钱仲联集释《韩昌黎诗系年集释》，第1138—1139页。

饮食多了一种俯视的过客姿态。同样的姿态亦见之于白居易《东南行一百韵》,诗曰:"鼎腻愁烹鳖,盘腥厌脍鲈。锺仪徒恋楚,张翰浪思吴。"①"鼎腻""盘腥"是南食在个体感官上所产生的令人恶心、厌恶,试图疏离的身体感受。此种身体感官上的排异感,会影响个体的情绪并通常会展现于个体的肢体语言②,进而影响其对于所处身之地的接受程度,这也自然凸显了身体与地域间的一体关联性。

　　南食在北人感官接受中"丑怪""腥""腻"的形象,强化着南方边缘与野蛮的文化角色,自然会成为北人进入南方进而接受南方的障碍。与饮食之上的味觉、视觉的凸显相应,南方气候、物种以及在地族群的语音、服饰的诸种特性,同样被北人所打量,并印证着业已存在于文本及口耳相传中的典型认知。柳宗元《与李翰林建书》曰:"永州于楚为最南,状与越相类。仆闷即出游,游复多恐。涉野有蝮虺大蜂,仰空视地,寸步劳倦;近水即畏射工沙虱,含怒窃发,中人形影,动成疮痏。"③南方异于中原的气候特点,滋生了众多颇具攻击力而令北人胆寒的物种。在"愁""闷""烦"诸身体感觉中,希望能一散襟怀的北人,难以在此独特环境中获得相应的排解与调适。当身体感觉不断提醒北人相对于在地特殊的感觉偏好与感觉能力时,身体感觉生成于文化传统与地域环境中的维度,便会转化为焦点认知,而凸显身体感觉的社会与文化意味。在中原士人的南方认知中,南方得地气之偏,为"卑湿"之地,不能如中州之地高爽清淑,易引发疾病,不宜久居④。独特的地理条件,滋生着令北人闻之

---

① 朱金城笺校《白居易集笺校》,第966页。

② 余舜德《体物入微:物与身体感的研究》,台湾"国立清华大学"出版社,2008年,第6—7页。

③ 《柳宗元集》,第801页。

④ 于赓哲《疾病、卑湿与中古族群边界》(《民族研究》2010年第1期,第63—71页)一文,描述了"南土卑湿"产生的地理、文化诸因素,并考察了此观念在文化交往进程的变迁脉络,可参看。

色变的蛊毒，北人流贬所去往的南方遂为蓄蛊之地。至中晚唐时，岭南、巴蜀取代长江中下游，与福建一起成为北人眼中蓄蛊的核心区域。韩愈、元稹、白居易、柳宗元诸人的诗文中，于"尤病中州人"的蛊毒，存有清晰可感的共同畏惧①。此种体验，因言说者在南生活的经历而具有较高的真实度。但蓄蛊作为一种具有巫术色彩的实践技术，自秦汉以来虽屡见之于载籍，其发生的重点地域亦不断迁转流移，并整体表现出由北而南的移动趋势②，真相却依旧扑朔迷离③。故而，文本记录中，作为一种与特定地域、特定人群相关，具有可操作性的地方性技术的蓄蛊，更有可能是环境、地方病和地域文化诸因素叠加而生的文化表征。蓄蛊的想象产生于不同层级文化的接触之中，而更易成为边缘文化被接纳或主动融入主流程度高低的标准。晚唐时期，陆龟蒙虽并未有在岭南、巴蜀等地的居留经历，但并不妨碍其《奉和袭美寄琼州杨舍人》诗认为琼州"人多药户生狂蛊"④，并由之产生对于南土的感官体验。

中晚唐时期的南土，以其独异的地理、族群及文化诸因素，将因不同际遇进入南土的士人，置入一个极为陌生的生活世界之中，并

---

① 柳宗元《种白蘘荷》："皿虫化为疠，夷俗多所神。衔猜每腊毒，谋富不为仁。蔬果自远至，杯酒盈肆陈……华洁事外饰，尤病中州人。"（《柳宗元集》，第1227页）韩愈《永贞行》："怪鸟鸣唤令人憎，蛊虫群飞夜扑灯。"（钱仲联集释《韩昌黎诗系年集释》，第333页）元稹《送崔侍御之岭南二十韵》："试蛊看银黑，排腥贵食咸。"（周相录校注《元稹集校注》，第336页）白居易《送客春游岭南二十韵》："须防杯里蛊，莫爱囊中珍。"（朱金城笺校《白居易集笺校》，第1067页）

② 于赓哲《蓄蛊之地：一项文化歧视符号的迁转流移》，《中国社会科学》2006年第2期，第191—204页。

③ "蛊有多种，罕能究悉，事关左道，不可备知。"（刘俊文《唐律疏议笺解》，第1300页）

④ 《全唐诗》卷六二五，第7230页。

由此挑战了北来者曾经的对于身体感受的谙熟。由于人类的身体感虽然存有先天官能的维度,但其在具体生活经验中的展开,同时也是一个感受能力与方式不断生成变化的过程。身体感受在为社会生活所建构的同时,也因其与象征隐喻的关联而为社会意义的构成提供基础①。视觉中卑湿、瘴气频发、丑恶物种丛聚的南土,是蓄蛊之地、蛮夷之区;味觉与触觉中的腥、腻、滑,则在中土中和、清淡、整洁的映衬下,展现着所在之地的野蛮、无序、文明等级的低下。北人对于南土的文化边缘位置的认知,自然可以表现为置身于外的观念上的认知,但身在其中的身体感受并非只是对于观念的印证,身体感受固化或强化某种流行的观念,同样顽固地提示,身体感受的顺应与适应,方是融入某一群体或在地化最基础、最终极的指标。但此点认知,于中晚唐的认知氛围而言却颇为陌生。

　　关注身体在个体进德修身及社会文化中的作用,是儒家自先秦以来即已确立的思想传统。儒家对于身体的认知,自理论形态而言,孟、荀之时即有较为系统的"践形观"与"礼仪观"。前者主张生命与道德合一,强调人身乃精神化的身体;后者则重在说明人之身体与社会建构间的关联②。与老、庄在"身—心"关系上表现出明确的贬抑或超越身体的态度不同,孟、荀以身心一体为其共识。但

---

① 康斯坦茨·克拉森认为:"当我们检视不同文化里与感觉相关的意义时,会发现感觉成为潜在的象征聚集地。视觉可能与逻辑推理或者巫术相连;味觉往往被用作审美差异或性体验的隐喻;气味经常代表着神圣或者罪恶、政治权力或社会排斥;这些感觉的意义和价值形成了社会认可的'感觉模式',社会成员以此来理解世界或者将感官知觉和概念转译成特定的世界观。持有不同的某一感官价值的社会成员可能会对这一感官模式提出挑战,感官模式提供基本知觉范式供人们遵循或反抗。"(C.Classen, *Foundations for an Anthropology of the Senses?* International Social Science Journal, Vol.49, Issue 153,1997:402)

② 杨儒宾《儒家身体观》,台湾"中央研究院"文哲研究所,2008年,第8页。

魏晋以来，自然与名教之争中，《淮南子》以形、气、神为人之构成三要素的观念逐步流行，在为魏晋士人"放浪形骸""遗其形骸""土木形骸"①的方式选择提供思想支撑的同时，也导致了身与心分化的共识化。身体被简化为名教体系所束缚且终有其尽的有限的形体，身与心被置换形与神，神为主宰，而形则是神留驻其中的居所。此种认识与中唐盛行的禅宗以身体为贪嗔痴毒之来源的观念②，共同构成了韩柳元白及其后士人处理身心问题的背景知识。《续玄怪录》中卢从史的一段言论，大体可视为中晚唐士人对于身心关系的基本理解。卢曰："人世劳苦，万愁缠心，尽如灯蛾，争扑名利，愁胜而发白，神败而形羸，方寸之间，波澜万丈，相妒相贼，猛于豪兽。故佛以世界为火宅，道以人身为大患。吾已免离，下视汤火，岂复低身而卧其间乎？"③人生于世，无论如何认知与评价世界，均需身体感官的参与。而身体感的后天生成，依赖于身体的劳作实践及其与周边环境的互动，故体之于身的身体感受在影响认知与评价生活世界的同时，也自然会受到周边世界器物与文化环境的影响。作为能力的身体感具有明确的认知与价值的维度④。但身体自身的

---

① 刘伶认为"土木形骸，遨游一世"（龚斌校释《世说新语校释》，第503页）；皇甫谧《玄守论》："苟能体坚厚之实，居不薄之真，立乎损益之外，游乎形骸之表，则我道全矣"（《晋书》卷五一，第1410页）；王羲之《兰亭集序》："夫人之相与，俯仰一世，或取诸怀抱，悟言一室之内，或因寄所托，放浪形骸之外"（《晋书》卷八〇，第2099页）；卢谌《赠刘琨并书》"遗其形骸，寄之深识……邈矣达度，唯道是杖"（萧统《文选》卷二五，上海古籍出版社，2011年，第1183—1184页）。

② 张学智《中国哲学中身心关系的几种形态》，《北京大学学报》2005年第3期，第5—14页。

③ 李复言撰、程毅中点校《续玄怪录》，第156页。

④ 余舜德《体物入微：物与身体感的研究》，第16页。

结构^①、身心两分的表述习惯以及感受中所明确传递出的认知尤其是价值评价的维度,却常不免凸显身体感受与心理感受之间的分别。卢从史"万愁缠心"的表述,即是在自然表述的惯习之下,将某种身心一体的感受归向个体内在的心理感受,由之也可以看出中晚唐在身—心关系上对于心灵主宰位置的认可。李肇《唐国史补》曰:"起居舍人韦绶以心疾废,校书郎李播亦以心疾废。播常疑遇毒,镶井而饮。散骑常侍李益少有疑病,亦心疾也。夫心者,灵府也,为物所中,终身不瘳。多思虑,多疑惑,乃疾之本也。"^②以心为灵府,在身心二分的认识结构中,在明确心灵主宰能力的同时,会不免弱化对于身体感受与欲求正当性的关注,而以心灵对于身体的规训与说明作为心灵调适的基本方式,但也由此抑制了身—心问题拓展的可能。

白居易《自诲》诗曰:"物有万类,锢人如锁。事有万感,热人如火。万类递来,锁汝形骸。使汝未老,形枯如柴。万感递至,火汝心怀。使汝未死,心化为灰。乐天乐天,可不大哀!"^③佛以世界为火宅,人处其中饱受贪嗔痴之苦。白居易《自诲》以身处纷繁物事之中的生命,难得自由与宁静,亦苦痛非常,实有佛教影响的痕迹。由于中古士人的思想世界中,并无相对纯粹的知识维度的认知兴趣,白居易所感受到的束缚与痛苦,更多来自对名利的渴求、对欲望的追逐及身体生老病死所产生的人生易老、生命有限的遗憾。故而,其

---

① "在身体缺场的现象学中,无论是身体表层抑或是身体的内部都处于'缺场'或'隐性'状态中。'表层身体'在其'绽出''出窍'之中是缺场的,如在看的眼睛不会看到自己在看……而'深度身体'在其正常的运作中也是处于'隐性'状态下的……绽出之身的缺场、隐性之身的隐退性与不可见性使得人的心灵活动看似是一种非肉体的、非'具身的'活动,在此意义上,莱德说,身体自身的结构导致了它的'自身—遮蔽'。"(陈立胜《宋明儒学中的"身体"与"诠释"之维》,商务印书馆,2019年,第8页)
② 李肇撰、聂清风校注《唐国史补校注》,第159页。
③ 朱金城笺校《白居易集笺校》,第2640页。

《逍遥咏》曰："亦莫恋此身,亦莫厌此身。此身何足恋? 万劫烦恼根。此身何足厌? 一聚虚空尘。无恋亦无厌,始是逍遥人。"① 身体为万劫之根,不仅在身体欲望的多样与难以满足,也在于身体与欲望的同一,身体即是欲望之源。但如此对于身体的理解,却超出了身心二分框架下对于身体的理解。日常理解的身体虽然会产生欲望与感受,却并不导致超出基本欲望及具有明确文化意味的身体感受的出现。当白居易以身体为烦恼之根时,其实即已潜在利用了身与心之间的一体性。只是当身体尚未成为必须予以正式应对的问题时,原有的身—心关系的理解即自然有效。在此观念之下,寒饿、疾病与衰老的身体常常成为被打量和戏谑的对象。

《六一诗话》曰:"孟郊、贾岛皆以诗穷至死,而平生尤自喜为穷苦之句。孟有《移居》诗云:'借车载家具,家具少于车。'乃是都无一物耳。又《谢人惠炭》云:'暖得曲身成直身。'人谓非其身备尝之,不能道此句也。贾云:'鬓边虽有丝,不堪织寒衣。'就令织得,能得几何? 又其《朝饥》诗云:'坐闻西床琴,冻折两三弦。'人谓其不止忍饥而已,其寒亦可忍也。"② 身体的寒饿本是真切的具身感受,但也是最易缓解的身体的不适感。对此种身体感觉的书写本难以形成对原有感觉模式的挑战,书写者也会因对此感觉的言说而被视为具有乞儿之态的陋于闻道者③。相较于盛唐"业就功成见明主,击钟鼎食坐华堂"④、"男儿百年且荣身,何须徇节甘风尘"⑤ 的进取姿态,中晚唐士人多了一份难以摆脱的愁闷,也缺少了对于政治生活与自我

---

① 朱金城笺校《白居易集笺校》,第625—626页。
② 何文焕辑《历代诗话》,第266—267页。
③ "唐人工于为诗,而陋于闻道。孟郊尝有诗曰:'食荠肠亦苦,强歌声无欢。出门即有碍,谁谓天地宽!'郊耿介之士,虽天地之大,无以容其身,起居饮食,有戚戚之忧,是以卒穷以死。"(魏庆之《诗人玉屑》,第478页)
④ 李颀《缓歌行》,《全唐诗》卷一三三,第1349页。
⑤ 李白《少年行》,瞿蜕园、朱金城校注《李白集校注》,第548页。

生命的明确信念。盛唐诗人并非不言穷病,却极少对于穷病的具体
描述,而惯于将其作"一般化"的处理,使之成为共有的生命经历。当
身体感受被推远距离成为某种似乎外在于身的"知识"时,个体所置
身于其中的意义体系即具有较高的稳定性。身体感受的凸显成为群
体性的"事件",一般发生于主流的意义体系表现出解释力弱化的历
史时期,身体感的凸显即成为意义体系亟待调整的信号。在此意义
上,孟郊、贾岛对于身体感受的书写虽有乞儿之态,但自思想演进的
视角观之,却自有其不可忽视的影响。相较之下,韩愈的病体书写似
乎更等而下之。其《遣疟鬼》诗曰:"屑屑水帝魂,谢谢无余辉。如何
不肖子,尚奋疟鬼威?乘秋作寒热,翁妪所骂讥。求食欧泄间,不知
臭秽非。医师加百毒,薰灌无停机;炙师施艾炷,酷若猎火围;诅师毒
口牙,舌作霹雳飞;符师弄刀笔,丹墨交横挥。"[1]"欧泄""臭秽"应是
《遣疟鬼》中令人眼花缭乱的诸多身体感觉中最相左于士人群体日常
惯习的文本呈现。这并非"道在屎溺"的提点,而是真实的身体感受。
虽然"题材的日常化"是更为通行的关于中唐诗歌特点的描述,但"日
常化"须经由身体感觉的书写方始可能。在此意义上,中唐是以言说
身体感受为群体风习的历史时期。频繁书写、体验类型多样且偏于
不适之感的身体表达,对于尝试缓解生命的孤独漂泊以安顿生命的
士人而言,意味着生命问题的解决需要价值理解上的转变,也更需要
身体感诸能力的提升。中晚唐士人,在此身体实践与思想演进的进
程中,似乎依旧将重心置于"心",也即价值理解的诠释之上,并尝试
由之改变身体感受的意愿、类型与方式。韩愈如之[2],白居易亦如之。

---

[1] 钱仲联集释《韩昌黎诗系年集释》,第264页。

[2] 韩愈《赠刘师服》诗曰:"羡君齿牙牢且洁,大肉硬饼如刀截。我今呀豁落者
多,所存十余皆兀臲。匙抄烂饭稳送之,合口软嚼如牛呞。妻儿恐我生怅望,
盘中不钉栗与梨。只今年才四十五,后日悬知渐莽卤。朱颜皓颈讶莫亲,此
外诸余谁更数。"(钱仲联集释《韩昌黎诗系年集释》,第843页)

白居易《效陶潜体诗十六首》其十五曰：

> 南巷有贵人，高盖驷马车。
> 我问何所苦，四十垂白须？
> 答云君不知，位重多忧虞。
> 北里有寒士，甕牖绳为枢。
> 出扶桑藜杖，入卧蜗牛庐。
> 散贱无忧患，心安体亦舒……
> 贵贱与贫富，高下虽有殊。
> 忧乐与利害，彼此不相逾。
> 是以达人观，万化同一途。
> 但未知生死，胜负两何如？
> 迟疑未知间，且以酒为娱。①

在白居易数量众多有关人生出处选择的诗歌中，对于庄子齐物与郭象适性逍遥的借助手法极为常见。虽然自思想史的演进脉络而言，白居易并不一定具有跻身点将录的资格，但其对于人生价值理解与人生出处的反复吟唱，于中晚唐社会而言，却具有将以上观念常识化的独特价值。当名利的获取并不必然带来生命的快适与安顿，高车驷马相较于甕牖绳枢，亦只是人生的一种选择而已。甚而在白诗中每每流露的对于藜杖蜗庐的赞赏，甚为清晰地表达了他的选择倾向。正如达官厚禄的价值选择对应着高车驷马的行为方式及显赫荣耀的身体感受，甕牖绳枢则是贫寒单弱然心安体舒的生活。但后者作为生活方式的主动选择，同时也是身体形象的有意制作："此身不要全强健，强健多生人我心。"②瘦弱单寒、携杖而行的身体并非杜甫、韩愈笔下真实的病体，而是以柔弱之姿以求自我生命之安顿

---

① 朱金城笺校《白居易集笺校》，第307页。
② 白居易《罢药》，朱金城笺校《白居易集笺校》，第936页。

逍遥的生命经验与智慧。此种身体姿态的表达重心不在于主流的伦理及价值认知,而更强调身体性的"举止意义"①,并在其后的诗学进程中成为一种典型的身体形态②。但价值意义的别生新解,在身体的疾病尤其是衰老的压迫之下,常常不得不以戏谑的应答与力求安之若命的姿态加以应对。

　　白居易六十四岁时,有《览镜喜老》诗曰:"今朝览明镜,须鬓尽成丝。行年六十四,安得不衰羸。亲属惜我老,相顾兴叹咨。而我独微笑,此意何人知? 笑罢仍命酒,掩镜捋白髭。尔辈且安坐,从容听我词。生若不足恋,老亦何足悲?"③对镜与写真是唐人自我观看的主要方式,也是观看者将容颜的变化作为时序变迁之参照的特殊时刻。观看者由之而引发诸如自我理解上诸层次的落差,均以对此容颜图像化的感知为基础④。元和五年,时为翰林学士的白居易有《自题写真》诗,并有"静观神与骨,合是山中人"的感叹,而这也是留存至少十五首写真诗与对镜诗的白居易在此类诗作中最为习见的情感表达。无论是在自我观看时,表达知足知命的坦然,还是面对容颜衰老时的委顺任运,白居易尝试通过对于生命得失与生死的理解,以达成身心之调适的努力一以贯之。但此种以老庄及禅学为底色的以理遣之,却以对身体能力的压抑及对身体认知的平面化为代价,而难以真正成为时代问题的有效应对。蔡启曰:

　　　　子厚之贬,其忧悲憔悴之叹,发于诗者,特为酸楚。闵己伤志,固君子所不免,然亦何至是,卒以愤死,未为达理也。乐天

①参见杨儒宾、张再林主编《中国哲学研究的身体维度》,第161页。

②沈金浩《"一枝藤杖平生事"——宋代文人的杖及其文化蕴涵》,《中国社会科学》2007年第1期,第157—167页。

③朱金城笺校《白居易集笺校》,第2058页。

④参见衣若芬《自我的凝视:白居易的写真诗与对镜诗》,《中山大学学报》2007年第6期,第51—57页。

> 既退闲，放浪物外，若真能脱屣轩冕者，然荣辱得失之际，铢铢
> 校量，而自矜其达，每诗未尝不着此意，是岂真能忘之者哉！①

柳宗元死于南土，宋人以之未为达理，而退闲洛阳履道坊的"达者"
白乐天，同样也是宋儒眼中的未能达理者。相较于白居易以齐同
荣辱得失安顿身心，宋儒则认可物之不齐，"泥空终是著，齐物到头
争"②，颜子箪食瓢饮而不改其乐，乃在于可以身体之、以身行之的
达理。"东坡性喜嗜猪，在黄冈时，尝戏作《食猪肉诗》云：'黄州好猪
肉，价贱等粪土。富者不肯吃，贫者不解煮。慢着火，少着水，火候
足时他自美。每日起来打一碗，饱得自家君莫管。'此是东坡以文滑
稽耳。"③苏轼被贬黄州，亦为身处南土，虽湖北去中原较近，物候环
境不难适应，但制作猪肉却是一个颇有代表性的士人如何适应逆境
的案例。在宋人的诗文中，发现新的食材，适应新的物味，制作新的
食品，展现新的身体技能，是表达诗人穷居自乐的习见技法④。于此
也可看出，宋人对于身心问题的回应，并不以对于公共世界的疏离、
齐万物之不齐为首选，更在意具有发现与制作能力的身体。其对于
物之意义的转化，并不仅限于观念层面，而着意于在行动中对于物之
意味的转化。与此同时，对于容颜的自我打量，也更强调其所展现出
的生命气象⑤，这同样也是在行动中生成且自然展现的身体性能力。

---

① 郭绍虞辑《宋诗话辑佚》，中华书局，1980 年，第 393 页。

② 程颢、程颐撰、王孝鱼点校《二程集》，第 33 页。

③ 何文焕辑《历代诗话》，第 351 页。

④ 曹逸梅《中唐至宋代诗歌中的南食书写与士人心态》，《文学遗产》2016 年第 6
期，第 68—77 页。

⑤ 宋代人物画兴起，宋儒充分意识到配以画像赞的人物画像所具有的宣传感化
作用。至南宋，以朱熹为代表的南宋道学家推崇的画像和所撰画像赞还体现
了他们对道学谱系的思考，并展现了关于"圣贤气象"的范本。参见顾歆艺
《揽镜自鉴及彼此打量——论画像与南宋道学家的自我认知及道统传承的确
立》，《南京大学学报》2014 年第 2 期，第 107—125 页。

　　身体感受能力的提升及其对于异域适应能力的提升,既是个体承担生命责任、安顿自我身心,同时也是发现异域,改造异域,实现不同地域间文化交流的必由路径。曾巩《送李材叔知柳州序》曰:"谈者谓南越偏且远,其风气与中州异,故官者皆不欲久居,往往车船未行,辄以屈指计归日……其风气吾所谙之,与中州亦不甚异。起居不违其节,未尝有疾;苟违节,虽中州宁能不生疾邪? 其物产之美,果有荔子龙眼蕉柑橄榄,花有素馨山丹含笑之属,食有海之百物,累岁之酒醋,皆绝于天下。人少斗讼,喜嬉乐,吏者唯其无久居之心,故谓之不可。如其有久居之心,奚不可邪?"①个人与群体的生存无法脱离具体的文化地域,积聚了体验与历史乃至语言与思想的地域,必然成为制约身体感生成的内在因素②。故而,一个曾经被视为畏途的异域,成为宜居的乐土,必然以个体身体感的适应为前提。而身体能力的适应过程,也常成为不同文明间交互影响的重要渠道。曾经居于文化边缘位置的南土,在"文明化"的进程中,同样会影响或改造在地身体的感受能力与感受模式。这也意味着身心之间的平衡,乃是身心互动交互影响且必然借助于身体、表现于身体的过程。只有在身之心、有心之身方能真正回应生存的难题,在生命的行动(事)中达成生命的安顿。故而,真实、日常的生命即是"身—心"一体的绽开过程。而这也意味着在身之心与有心之身,必然是行动中做事的身体,心在事上是生命绽开的另一面向。

二　世间人事有何穷:中晚唐诗歌中的"心—事"

　　"事"为人之所"作",举凡有明确目的、特定步骤与方式的人的

---

①曾巩《元丰类稿》卷一四,《四部丛刊初编》本。
②张连海《感官民族志:理论、实践与表征》,《民族研究》2015年第2期,第55—
　67页。

行动均可以称之为"事"①。由于"事"展开于人与物、人与他人的关系结构中,并同时是"人—物""人—人"关系的具体化②,在宽泛的意义上,"事"即包含了"物"。做事是人认知、理解、感受、体悟及评价与改造物(自然、动植物)与人(自我、他人、群体)的过程。在此过程中,人所面临的既有认知维度的有关应该如何做的挑战,同时也须面对效用维度及价值维度的质询,并因此而体验到所谓人生的百味。中晚唐诗歌中书写人生之"事"有着可称之为流行风习的时代趣味,但将"事"频繁置于"心—事"的结构之下,其意图并非否定做事本身即是"心"所指引的人之活动,而是意在强调如何理解"事",也即其所关涉的物与人的价值与意味,方是其关注的焦点。

"物",无论是自然动植物,抑或人造之物,均有其名、形、用而各归其类,并于其中被赋予浓淡不等、超越于其物理功能之上的价值与意味。物在归类中各得其序,故而,正如"身—心"关系的新解源于身体感觉的凸显,"物"之意味的变化同样也产生于难以归类之"物"的频繁出现。"物怪"作为日常秩序的破坏者,在被人识破原形后,常以物质形态的消毁为终结。而若"物怪"为有生命之物变幻而来,回归本形即意味着死亡。在此"物怪"的形灭过程中,少有行动者情感上的起伏与波动,多视之为当然,至杨隋王度之《古镜记》方有变化的痕迹。但此种痕迹随后消隐,及入中唐,方再次成为一种值得关注的文本现象③。人对于"物"的情感投射,成为思想变化加剧、共识性弱化的中唐时认知与重新思考自我的一个不可忽视的起点。

宪宗元和十年,白居易被贬为江州司马,后置庐山草堂,其《素

---

① 熊十力《原儒》,《熊十力全集》第6卷,湖北教育出版社,2001年,第333—334页。
② 杨国荣《人与世界:以事观之》,生活·读书·新知三联书店,2021年,第28页。
③ 田晓菲《中唐时期老旧之物的文化政治》,《华东师范大学学报》2020年第4期,第53—65页。

屏谣》即作于此时："素屏素屏,胡为乎不文不饰,不丹不青？当世岂无李阳冰之篆字,张旭之笔迹,边鸾之花鸟,张璪之松石？吾不令加一点一画于其上,欲尔保真而全白。吾于香炉峰下置草堂,二屏倚在东西墙。夜如明月入我室,晓如白云围我床。我心久养浩然气,亦欲与尔表里相辉光。尔不见当今甲第与王宫,织成步障锦屏风。缀珠陷钿帖云母,五金七宝相玲珑。贵豪待此方悦目,然肯寝卧乎其中。素屏素屏,物各有所宜,用各有所施。尔今木为骨兮纸为面,舍吾草堂欲何之？"[①]屏风本为人造之物,取其屏挡遮蔽之用。然"物"进入人之生活世界,本身即是被认知并被赋予不同价值与意味之理解的过程,"物"因其质地、外观、功能、稀缺度及制作的工艺难度,而承担着不同的政治、道德、审美及实用性的各类功能,从而体现出深浅浓淡不等的人化的印迹。在人改变"物"的同时,"物"也改变着人之自我呈现及人际交往的方式。"物"的人化与人的"物"化乃是同一过程的不同面向。与柳宗元《蝜蝂传》中重在对人之取物不餍、"贪取滋甚"的抨击不同[②],白居易的《素屏谣》则着意于"物"之价值理解上的新诠释。在《素屏谣》中,白居易知晓世人对于屏风的装饰之习与在此爱好或品味之下"物"所具有的超越其"用"之上的社会功能,但白居易在并不缺少迎合此种风习之可能的境况之下,依然选择"不令加一点一画于其上",并以此作为物之"保真"的方式。虽然,物之"保真全白"的有意书写有着极为明确的取譬连类的意图,但"物性"的问题,也自然会因之而成为需要回应的问题。

　　在人的生活世界中,"物"有自然之物与人造之物的区分,故而,物之"保真"于两者之间即应存有相应的差异。于前者而言,物

---

① 朱金城笺校《白居易集笺校》,第2635页。

② "今世之嗜取者,遇货不避,以厚其室,不知为己累也,唯恐其不积。及其怠而踬也,黜弃之,迁徙之,亦以病矣。苟能起,又不艾。日思高其位,大其禄,而贪取滋甚,以近于危坠。"(《柳宗元集》,第484页)

之"保真"并不意味着"物"脱离于人的世界。即使是无何有之乡的大木，也需有人寝卧其下，方得以为无用而久存的散木。只有进入人的世界，"物"方能"明白"于人心。"物性"综合了人对物的感受、认知与评价，既有关于人对物之性状与物之理的认知，亦关涉人对物之生命的关切及物对人的意味①。物性的具体理解受限于人之意愿，但更决定于人之能力以及一个时代整体的知识状况。白居易《蟠木谣》中对于蟠木几"不伤尔朴，不枉尔理"②的承诺，是对人加之于物上的过度劳作的拒绝，也是对"物"在与人相关的历史过程中沉重的价值承载的疏离。柳宗元《种树郭橐驼传》中对于植木应"顺木之天，以致其性焉尔"③的说明、《宥蝮蛇文》基于一气化生及赋形偶然的认知，表达对于蝮蛇生命的怜悯；中晚唐笔记小说如《任氏传》《孙恪》等篇目中对于动物生命德性、能力的赞美，同样可置于此时期"物性"考量的知识氛围之下。"物"与人同为一气化生，有其独立的存在价值，人对物所作出的美丑、善恶乃至有用无用的感知与评价，并不具有天然的正当性。对于"物性"的理解，虽易偏于在"前人化"的自然与素朴中，感受与体验"物"的存在。但对于必然经由人化过程的"物"而言，其存在的现实形态并未有唯一正确的适恰或正当可言，而更依赖于人对于物的诠释。在此意义上，"物性"的体认与体悟，乃是认知与价值领域一种知识生产的尝试。诠释者以此达成对传统观物之方式的挑战，并相应实现对"物"之意义的转化。白居易《新小滩》诗云："石浅沙平流水寒，水边斜插一渔竿。江南客见生乡思，道似严陵七里滩。"④水边斜插的鱼竿，并非意在垂钓，

---

① 乔清举《王阳明"心外无物"思想的内在义蕴及其展开——以"南镇观花"为中心的讨论》，《哲学研究》2020年第9期，第49—58页。

② 朱金城笺校《白居易集笺校》，第2635页。

③ 《柳宗元集》，第473页。

④ 朱金城笺校《白居易集笺校》，第2509页。

而是以人之活动的介入,转化对小滩的感受与认知。诗题《新小滩》之"新",是石浅沙平且有荒寒之意的小滩,在此鱼竿斜插的介入活动中,获得了与旧日不同的、在猝然相遇中为其所召唤吸引的鲜明感受。

自然之物可不依赖于人而存在,但人造之物却必须经由明确的人化过程。人造之物自其存在伊始,即具有明确的制作意图、功能定位与价值意味。人造物产生于特定的生活世界,为相应的人群所使用,并与自然物一起经历生命的周期。对于人造物之物性的理解,在中晚唐时期的思想世界中,其特异之处,不在于对于提示物之过度占有易于导致人之本性的迷失,亦不是对于物之功能演变的知识考古的兴致。中晚唐对于人造物更偏好对于"物"之曾经经历的生活世界的追忆与悬想,并在过程中体悟物之意味。故而,物之"古"与"故",方是人造物之"物性"的焦点①。

物之"古"自然包含了时间在先之意,在日常的使用中,亦有仅强调时间遥远的用例,古物即是距今时间跨度较大时期的器物。但在狭义上,古物之所以成为"古"物,却源于其曾经"作为某物"存在于其中的生活世界已然不在。即使作为器物其功能大体无损,但予以其"作为某物"之定位的世界的消失,改变了其作为某物的存在方式②。如"鼎"大多存在于今日的博物馆中,虽然其依然具有一定的符号及实用功能,但"鼎"于今日的世界而言,已是"古物"。古物对于后世而言,乃是构建历史脉络与构拟场景、事件,体悟历史以及人类之命运的物质依据与特定契机。相较于李贺《长平箭头歌》的"白

---

① 孟郊《秋怀》是中唐最为明确肯定"古"之价值的诗作,诗曰:"忍古不失古,失古志易摧。失古剑上折,失古琴亦哀。夫子失古泪,当时落灌灌。诗老失古心,至今寒皑皑。古骨无浊肉,古衣如薜苔。劝君勉忍古,忍古销尘埃。"(华忱之等校注《孟郊诗集校注》卷四,人民文学出版社,1995年,第162页)

② 李溪《"古物"何以在场?——以中古时期的"隐几"为中心》,《上海文化》2021年第4期,第72—82页。

翎金髇雨中尽，直余三脊残狼牙"①，杜牧的《赤壁》虽不及其怪奇幽冷，但全诗的历史感却为前者所不及。而孟浩然《与诸子登岘山》虽然有对作为古物的羊祜碑的书写，但更偏于"人事有代谢，往来成古今"②的常规感叹。《赤壁》诗曰："折戟沉沙铁未销，自将磨洗认前朝。东风不与周郎便，铜雀春深锁二乔。"③诗人在赤壁古战场见到了一只锈迹斑斑的折戟，随后认出其为三国时期的旧物。赤壁之战的历史往事因此折戟，被诗人所追忆、体悟并应之而生对于历史与人生的感悟。古物中凝聚着曾经活动于此的古人，其行动的方式、条件、意图、结局以及与此相关的体验与命运。古物生成于具体的时空之下，与具体的人与事存有直接的关联，但古物的"物"性不仅指向对于具体的人与事的认知与评价，亦引发超越于具体事件之上的历史哲学意味的体悟与认知。"六朝文物草连空，天澹云闲今古同"④，杜牧对于人事成败之必然与偶然乃至人力的可为与不可为的体悟与言说，是对古物之"物性"极佳的表现⑤。而"故"物，对于观看之人而言，是曾经亲熟而后因所有者或物本身的变化，脱离了原有使用关系的器物。故物虽然亦有可能与重大的历史事件存有关联，从而使其具有如同古物一般的价值与意味，但其最为核心的功能，却在于唤起观看之人对于生命经历的回忆，从而获得对某种亲密关系的再度体验。

　　贞元年间，韩愈为李观破碎的砚台作了一篇名为《瘗破砚铭》的奇特铭文，其文曰：

---

① 王琦等评注《三家评注李长吉歌诗》，上海古籍出版社，2011年，第158页。

② 佟培基笺注《孟浩然诗集笺注》，上海古籍出版社，2015年，第23页。

③ 吴在庆校注《杜牧集系年校注》，第501页。

④ 杜牧《题宣州开元寺水阁阁下宛溪夹溪居人》，吴在庆校注《杜牧集系年校注》，第352页。

⑤ 参见邝龑子《"多少楼台烟雨中"——从杜牧诗看自然之道中的历史感》，《南开学报》2016年第5期，第31—51页。

　　　　陇西李观元宾始从进士贡在京师，或贻之砚。既四年，悲
　　欢穷泰，未尝废其用。凡与之试艺春官实三年，登上第。行于
　　褒谷间，役者刘胤误坠之地，毁焉。乃匦归，埋于京师里中。昌
　　黎韩愈，其友人也，赞且识云："土平质，陶平成器。复其质，非
　　生死类。全斯用，毁不忍弃。埋而识之，仁之义。砚乎砚乎，与
　　瓦砾异。"①

李观在获赠砚台之后的四年中，实现了科举登第的梦想，但砚台却
在其后的一次旅行中，因为仆人的失误而损毁。其命运像极韩愈
《短灯檠歌》中在主人荣耀时刻来临之际被冷落、丢弃于墙角的短灯
檠②。只是前者命运的转折并非来自所有者本人主动的选择，而多
了一份造化弄物的无奈。李观将破碎的砚台带回长安，并以颇具仪
式感的方式将其葬于居所之地下。韩愈为此物及此事所感，而有以
上的葬铭。砚源于土，经陶人之手而成砚，破碎失其用，不同于有生
命者的终结。但四年间，在使用中所建立的人与物间的亲密关系，
却让陶砚似乎成了个体生命之荣辱得失、悲欢喜乐的见证者，也由
此成为别有意味之物。对此"意味"之物的观照，遂具有了观照者自
我认知、自我反思的意味。

　　牛僧孺的《玄怪录》构拟了宝应年间一位名为元无有之人的一
段奇遇，文曰："时兵荒后，人户逃窜，入路旁空庄……至堂中，有四
人，衣冠皆异，相与谈谐，吟咏甚畅……其一衣冠长人曰：'齐纨鲁缟
如霜雪，寥亮高声为予发。'其二黑衣冠短陋人曰：'嘉宾长夜清会
时，辉煌灯烛我能持。'其三故弊黄衣冠人，亦短陋，诗曰：'清泠之
泉俟朝汲，桑绠相牵常出入。'其四黑衣冠，身亦短陋，诗曰：'爨薪
贮水常煎熬，充他口腹我为劳。'无有亦不以四人为异，四人亦不虞
无有之在堂隍也，递相褒赏，虽阮嗣宗《咏怀》亦不能加耳。 四人迟

①刘真伦、岳珍笺注《韩愈文集汇校笺注》，第2713页。
②钱仲联集释《韩昌黎诗系年集释》，第524—525页。

明方归旧所,无有就寻之,堂中惟有故杵、烛台、水桶、破铛,乃知四人即此物所为也。"①元无有的经历,在中晚唐的笔记小说中并非特例。此类故事的叙事情节简单而大多雷同。某人因特殊机缘进入人去楼空的庭院,在庭院中遇见数位作衣冠士子貌者吟诗唱和,诗中通常会流露出"物"之本貌的信息。在天明之际,吟诗唱和者会还归其"故物"的本来面貌。"物"因主人的离去成为"故物","故物"好吟诗,然其作平平却好相互吹嘘,目空当世。故事情节展开至此,处身于中晚唐科举文化之下的士人应不难体会到,牛僧孺笔下的"故物",正是此一群体的写照。科举的制度性效应导致乡论(乡里社会)在成士过程中作用的空前弱化②,士人离乡萃处京畿颇类似于因主人离开居所而成为"故物"的故杵、烛台,而好吟诗、颇自负、相互吹嘘则更是饱受浮薄之讥的科举士人的群体像。其归于本形亦对应着在激烈的竞争中大多数的失意者。元无有类型的故事,其所尝试重温或重现的并非男女情爱中的亲密关系,而是一种令人鼻酸的群体性生命经验的回顾。对"故物"略带戏谑的观看,同时也是对自我所归属之群体像的重新打量与反思。

　　无论是对古物抑或故物,唐人的观物中有着强烈的情感投射及自我认知与理解的明确意愿。相较之下,极为关注观物之法的宋人,则似乎多了一种明理中的情感距离。邵雍曰:

> 心者性之郭郭也。心伤则性亦从之矣。身者心之区宇也,身伤则心亦从之矣。物者身之舟车也,物伤则身亦从之矣。是知以道观性,以性观心,以心观身,以身观物,治则治矣,然犹未离乎害者也。不若以道观道,以性观性,以心观心,以身观身,以物观物,则虽欲相伤,其可得乎……况观物之乐复有万万者焉。虽死生荣辱转战于前,曾未入于胸中,则何异四时风花雪

---

① 牛僧孺撰、程毅中点校《玄怪录》卷五,第46—47页。
② 参见王德权《为士之道:中唐士人的自省风气》,第69—108页。

月一过乎眼也？①

邵雍的"以物观物"与程颢的观鱼及"窗前草不除，见其生意"，是观物者对于物之理与天理的体认。然无论如何观物，终究不离"心—物"的关系结构，所谓以物观物，亦终是"以我观物"②。相较于中晚唐人于"物"之上的伤痛与怅惘，"寓意于物"、不"留意于物"③的宋人，虽多了一份生命的洒脱与淡然，但对胸襟、气象的生命境界的追慕，却抑制了人与物间情感体验的生成与表达。中晚唐人于"物"上所表达的情绪、情感与意味体验，让此时期的诗歌具有了浓郁的集体感伤的时代风格，也让处于此种情感文化中的亲历者对"事"的意义有了明确的质疑。

　　穆宗长庆元年，赴夔州刺史任的刘禹锡在途经鄂州时与刺史李程赠答酬唱，其《重寄表臣二首》之二曰："世间人事有何穷？过后思量尽是空。早晚同归洛阳陌，卜邻须近祝鸡翁。"④这是一首如若掩去作者，即难以被归入刘禹锡名下之七言近体。在漫长的生命及政治生涯中，有从事盐铁转运等实务经历且受杜佑较大影响的刘禹锡，与韩柳、元白在诗歌风格与历史认知上有着明显的差异⑤。对于人生与历史的认知，实难以让刘禹锡道出人事无穷而尽是空的感慨！但偶一流露的人生疲惫与空幻的感觉，亦是中晚唐时期的整体

① 邵雍《伊川击壤集序》，郭彧整理《伊川击壤集》，中华书局，2013年，第2页。
② 王夫之《思问录·内篇》曰："言无我者，亦于我而言无我尔。如非有我，更孰从而无我乎！于我而言无我，其为淫遁之辞可知。大抵非能无我，特欲释性流情，恣轻安以出入尔……我者，大公之理所凝也……于居德之体而言无我，则义不立而道迷。"（王夫之著、王伯祥点校《思问录》，中华书局，2009年，第20—21页）
③ 苏轼《宝绘堂记》，孔凡礼点校《苏轼文集》，中华书局，1986年，第356页。
④ 陶敏、陶红雨校注《刘禹锡全集编年校注》，第479页。
⑤ 参见刘顺《刘禹锡文集中的历史与政治》，《人文论丛》2020年第2辑，第279—294页。

氛围使然。元和十三年(818)，白居易自江州司马转任忠州刺史，途中诗赠其弟曰：

> 老见人情尽，闲思物理精。
> 如汤探冷热，似博斗输赢。
> 险路应须避，迷途莫共争。
> 此心知止足，何物要经营……
> 无妨隐朝市，不必谢寰瀛……
> 多知非景福，少语是元亨。
> 晦即全身药，明为伐性兵。
> 昏昏随世俗，蠢蠢学黎甿。
> 鸟以能言缚，龟缘入梦烹。
> 知之一何晚？犹足保余生。[1]

白居易在元和初即因翰林学士的任命而进入宪宗朝的核心政治圈，本有极佳的政治前景，但元和时期白居易的仕途并不平坦，其内心亦颇为落寞。在其后外贬江州司马的数年中，白居易逐步形成了其后半生对于官场与人生的基本态度，也磨练出了一套仕途生存的应对技巧。在后以"中隐"为名的生存选择中，白居易的知足保全左右了其对于"事"的理解。其《自在》诗曰："安泰良有以，与君论梗概。心了事未了，饥寒迫于外。事了心未了，念虑煎于内。我今实多幸，事与心和会。内外及中间，了然无一碍。所以日阳中，向君言自在。"[2]白诗中所言"事了"之事，是与日常生活物质获取相关的诸种行动，这也是白居易对于"事"的典型理解。"事"在此理解中，遂成为人生之不得不然的行动及其效果。无论是出于生理的需求、情

---

[1] 白居易《江州赴忠州至江陵以来舟中示舍弟五十韵》，朱金城笺校《白居易集笺校》，第1140页。
[2] 朱金城笺校《白居易集笺校》，第2081页。

感的投射,抑或职业身份、道德责任,在不得不如此的感受之下,做"事"成为必须应对而又产生痛苦、压抑及束缚感的生命过程。杜牧《书怀》曰"秖言旋老转无事,欲到中年事更多"①,赵嘏《寄归》曰"早晚相酬身事了,水边归去一闲人"②,言语中所流露的自是人生不得不与事周旋的无奈。而自人类之群体而言,即使是出于解民倒悬、应天顺人的行动选择,同样难逃如烟如梦的价值虚无之感。韦庄《上元县》曰:"南朝三十六英雄,角逐兴亡尽此中。有国有家皆是梦,为龙为虎亦成空。"③刘沧《长洲怀古》曰:"千年事往人何在,半夜月明潮自来。"④无论是自个体全身之术而言的多为多祸,还是自历史维度之天命与人力而言,积极作为主动做事,在此时代的整体氛围中,并不是值得肯定的生活态度。由于做事的过程,虽制约于人心,亦受限于行事者的实践技能,但同时也是人之诸种能力丰富、深化、发展与提升的过程。以"无事"为目标,自然存有主张者对于社会制度与文化诸层面柔性的反抗,然其代价却是人生的丰富性与社会文明的丰富与提升⑤。自此亦可见出韩愈倡导"百年讵几时,君子不可闲"⑥,刘禹锡、柳宗元强调士人进德修业中及物理民之维度,在中唐及其后的时代风习中的重要价值⑦。而宋儒更以"夫事外

---

① 吴在庆校注《杜牧集系年校注》,第1224页。

②《全唐诗》卷五四九,第6403页。

③ 聂安福笺注《韦庄集笺注》,第148页。

④《全唐诗》卷五八六,第6843页。

⑤ 参见杨国荣《"事"与人的存在》,《中国社会科学》2019年第7期,第27—42页。

⑥ 韩愈《读皇甫湜公安园池诗书其后二首》,方世举编年笺注《韩昌黎诗集编年笺注》,第174页。

⑦ 参见刘顺《中唐韩、柳诗文中的人性与政治》,《思想与文化》第27辑,2020年,第157—187页。

无心,心外无事"①,并由此形成与中晚唐之间的承续与变化。中晚唐士人对于"身—心"及"心—事"的流行理解,亦自然会产生在生命状态上以"事了"之"闲"为取向的时代风习,并由之衍生出另一层次的问题。

三　不觉百年半,何曾一日闲:
中晚唐诗中的忙与闲

"忙"在日常的理解中,有指忙于某事不得空闲的忙碌之意;有指状态表现的匆忙、忙乱意;又有内心无定、纷乱不知所措的茫然之意②。虽然诗歌文本中的对于人事的感受与评价,并不必然代表着言说者真切的体验与态度,但自流行的表达方式亦可见出一个时期为特定群体所共享的感知模式。当中晚唐士人习于在诗中以"事了""无事"为人生之愿望,且明确拒绝作一"忙人"时,对于身之不得闲暇、行事不得从容与内心难得安宁的拒绝,即自然导向愿为"一闲人"的生命态度。

白居易《闲坐看书贻诸少年》诗曰:"雨砌长寒芜,风庭落秋果。窗间有闲叟,尽日看书坐。书中见往事,历历知福祸。多取终厚亡,疾驱必先堕。劝君少干名,名为锢身锁。劝君少求利,利是焚身火。

---

① 程颢、程颐撰、王孝鱼点校《二程集》,第263页。
② 徐时仪《"忙"和"怕"词义演变探微》:"就人的心理活动而言,当人们感到无法应付或无计可施时才会忧虑和害怕,故'忙'可以表示一种内心茫然不知所措的慌乱状态……由于人们处于茫然不知所措时难免会手忙脚乱,故由心理上的'茫然不知所措'义引申又有行动上的'慌张、忙乱'义……盖人们在慌张、忙乱之时往往会感到急迫,故'忙'又引申有'急遽、匆促'义……由'忙'的'急遽、匆促'义进一步引申则有了现在常用的表示'事情多,没有空闲'义。"(《中国语文》2004年第2期,第161—162页)

我心知已久，吾道无不可。所以雀罗门，不能寂寞我。"①人生的忙
碌有迫于衣食、拘于职任等因素的不得不然，而若后者尚可在特定
情形之下予以放弃，迫于衣食而忙却是难以摆脱的生存状态。"杜
子美身遭离乱，复迫衣食，足迹几半天下……夫士人既无常产，为饥
所驱，岂免仰给于人，则奔走道途，亦理之常尔。王建云：'月行一年
十二月，强半马上看圆缺。百年欢乐能几何，在家见少行见多。不
缘衣食相驱遣，此身谁愿长奔波。'"②中晚唐的士人或因科举，客
居长安奔走权门；或因入幕而游走地方；或因职任而迁转漂泊③。地
理空间上的频繁位移、人际关系重组的艰难、物质资源的匮乏以及
适应在地风土的挑战，均让此一群体对于人生的忙碌、繁忙大多有
着真实的体验。廖有方曾在宝鸡的旅店中为仅有一面之缘的病亡
士人料理身后事，并留诗为记曰："嗟君殁世委空囊，几度劳心翰墨
场。半面为君申一恸，不知何处是家乡。"④廖有方笔下客死他乡的
举子，在中晚唐颇为惨烈的竞争压力之下⑤应非特例。李洞科场
失意流落，寓蜀而卒⑥；魏人公乘亿因科场困顿，"夫妻阔别积十余
岁"⑦；张宗颜"贫无以事丧，乃与其兄东下至汴，出操契书，奴装自
卖"⑧；孙樵《寓居对》言其长安生活之艰难曰："矧远来关东，囊装销
空。一入长安，十年屡穷。长日猛赤，饿肠火迫。满眼花黑，晡西方

①朱金城笺校《白居易集笺校》，第2487页。

②葛立方《韵语阳秋》，何文焕辑《历代诗话》，第653页。

③参见胡云薇《千里宦游成底事，每年风景是他乡——试论唐代的宦游与家庭》，《台大历史学报》第41期，2008年，第65—107页。

④《太平广记》卷一六七，第1222页。

⑤参见傅璇琮《唐代科举与文学》，陕西人民出版社，2003年，第1—22页。

⑥傅璇琮主编《唐才子传校笺》第4册，第218页。

⑦王定保撰、姜汉椿校注《唐摭言校注》卷八，第165页。

⑧沈亚之《与李给事荐士书》，《全唐文》卷七三五，第7588—7589页。

食。暮雪严冽，入夜断骨。穴衾败褐，到晓方活。"[1]治生的艰难会直接体现于身体之上，在使身体感受饥寒乃至疾病、孤独的同时，也常使身体被迫进入一种持续劳作的状态，如同白居易笔下的"农者劳田畴"[2]，身处此生活境遇者实无多少选择可言。"尽说无多事，能闲有几人？"[3]"《遁斋闲览》云：诗人类以解官归隐为高，而谓轩冕荣贵为外物，然鲜有能践其言者。故灵彻答韦丹云：'相逢尽道休官去，林下何曾见一人。'赵嘏云：'早晚粗酬身事了，水边归去一闲人。'若身事了，则仕进之心益炽，愈无归期矣。"[4]身处局外者，或许会嘲笑唐人利禄之心炽而多言不由衷。但若与其身处同一境地，知其非利禄不能养亲活身，则对其"忙人常扰扰，安得心和平"[5]的感叹，应有较为同情的理解。在不得不忙中，对于"闲"的言说，虽或不能至，但理应包含了对于摆脱"忙"的真实诉求。颜回箪食瓢饮不改其乐，在中唐时已受到一定的关注，但其焦点却是"不贰过"之解读[6]，而非宋儒所着力阐释的"乐在其中"。此与中晚唐士人的生存处境及时代的感知模式之间，应存有较大的关联。

"闲"之语义由"閑"与"閒"融贯而生，閑有规范与防闲之义，"既表达'当为'（应该），也表达着'勿为'（禁止、不作为、不劳作）"；閒本指间隙，引申而为闲暇，"大都指人的存在状况及相应的精神状

①《全唐文》卷七九五，第8331页。

②白居易《老热》，朱金城笺校《白居易集笺校》，第2043页。

③张籍《闲居》，余恕诚、徐礼节整理《张籍集系年校注》，第272页。

④王楙撰、王文锦校注《野客丛书》，中华书局，1987年，第97页。

⑤韩偓《闲兴》，吴在庆校注《韩偓集系年校注》，中华书局，2015年，第315页。

⑥韩愈《省试颜子不贰过论》："故惟圣人无过。所谓过者，非谓发于行，彰于言，人皆谓之过而后为过也，生于其心则为过矣。故颜子之过，此类也。不贰者，盖能止之于始萌，绝之于未形，不贰之于言行也。"刘真伦、岳珍笺注《韩愈文集汇校笺注》，第529页。

况:无事、无任务、无责任、无压力、悠闲、从容,等等"①。于此,"闲"即是"忙"之暂时中止、停歇的空隙,是"身忙"的休歇、"心忙"的反思与调节,从而重新确立"忙"之方向与意义的契机,并同时包含了对于"忙"之方式的予以调适以及能够调适的可能。

中晚唐诗歌中的"闲",在"当为"的意义上,大多指向"朝饥有蔬食,夜寒有布裘"②与朱门华宴之间的抉择。白居易《凶宅》诗曰:"长安多大宅,列在街西东。往往朱门内,房廊相对空。枭鸣松桂枝,狐藏兰菊丛。苍苔黄叶地,日暮多旋风。前主为将相,得罪窜巴庸。后主为公卿,寝疾殁其中。连延四五主,殃祸继相踵……凡为大官人,年禄多高崇。权重持难久,位高势易穷。骄者物之盈,老者数之终。四者如寇盗,日夜来相攻。假使居吉土,孰能保其躬?"③白诗所言的"凶宅"非某一特定的宅院,而是某一类型的宅院。宅院之凶不在镇宅避忌的"风水"诸因素,甚而亦无关于宅院主人之德行。禄高、权重等"四寇",并非均由行动者的行为招致而来,而是群体生活之制度结构必然伴随的现象,在此意义上,"四寇"所扮演的是制度与文化性的角色,从而与蔬食布囊构成了并列相参、难得其中的两种生活。中晚唐的政治生活尤其是高层政治,在政治观念、人事变动、权力分享等问题上,常会引发极为惨烈的政治事件。贬谪与死亡所产生的荣辱无定、人生空幻之感,让置身其中的中晚唐人少了一份宋代士人的自信与从容④,反而多出了一种及时行乐的意味。"咸通时代物情奢,欢杀金张许史家。破产竞留天上乐,铸山争买洞中花。诸郎宴罢银灯合,仙子游回璧月斜。人意似知今日

① 贡华南《论忙与闲——进入当代精神的一个路径》,《社会科学》2009年第11期,第105—112页。

② 白居易《永崇里观居》,朱金城笺注《白居易集笺校》,第273页。

③ 朱金城笺注《白居易集笺校》,第9页。

④ 参见埋田重夫著、王旭东译《白居易研究——闲适的诗想》,西北大学出版社,2019年,第18页。

事,急催弦管送年华。"①在制度与文化难以变改,甚至未能成为反思对象时,中晚唐士人对于"忙"的言说,不免会倒向对个体人生的道路选择及与其相伴随的展开方式、心态体验的考量。

白居易《自题小园》诗曰:

> 不斗门馆华,不斗林园大。
> 但斗为主人,一坐十余载。
> 回看甲乙第,列在都城内。
> 素垣夹朱门,蔼蔼遥相对。
> 主人安在哉? 富贵去不回。
> 池乃为鱼凿,林乃为禽栽。
> 何如小园主,挂杖闲即来。
> 亲宾有时会,琴酒连夜开。
> 以此聊自足,不羡大池台。②

小园的主人是有闲之人,虽小园占地有限,非朱门深宅,亦少名花异木,却不妨碍其常有此园,并于其中会朋聚友得琴酒之乐。而朱门甲第的主人,奔竞名利之途,虽有此园林,却不能得游居之乐。朱门华园于其主人而言,似乎如同不知餍足的蜗蝓所背负的又一重物。但白居易的两难在于,其明知于个体而言,"忙"之必然。惟有在与物、与人以及与文化传统不同方式的劳作中,个体才能获得"自我"的实现,"闲"只是"忙"之中的间隙,而非"忙"的彻底终止,无所事事中的无聊、愁闷、缺少身份与价值认同更不易承受。当"忙"本身带来忙碌、疲惫、无意义感时,"闲"理应成为对所操忙之事反思的契机。只是白居易诗中常将两种生活选择与生活样态并置的处理方式,难以展现"忙"的广度与深度,也更容易将"闲"理解为与"忙"相

---

① 韦庄《咸通》,聂安福笺注《韦庄集笺注》,第76页。
② 朱金城笺注《白居易集笺校》,第2475页。

对的生活选择，从而也窄化了对于"闲"的理解。对于安、稳、慵、懒、幽的过度言说，让"闲"无法真正成为"忙"的间隙。"无事"的闲，割裂了事与心、自我与他人之间的一体性，并有滑为另一种"忙"的危险。贡华南于此类型的"忙"曾有论述曰：

> 我们还看到另一种走出"忙"的方式，即停止劳作，无所事事。不过，我们亦见到对此方式深深的警惕与浓重的忧虑。《广雅》："怕，静也。"展示出二者内在的相关性。学者对此亦有精彩的考察："'怕'字的本义为'憺怕、无为'……，'怕'则由'憺怕无为'义取代了'怖'的俗音普嫁反演变而成为表'畏惧、害怕'义的常用词。"二者之盘结乃因为"静""憺怕无为"，或者说无所事事被理解为"畏惧、害怕"之根，也被当作"畏惧、害怕"的重要原因。"忙"由"怕"出，停止忙（"静""无为"）则归于"怕"。可见，"忙"与通常所说的"不忙"（"静""无为"）都与"害怕"纠缠在一起。①

白诗以及中晚唐诗所吟咏之"闲"，多与庭舍茅屋或水边林下的"边缘"空间相关。其闲散、闲适、闲放，亦多意味着对于公共事务疏远及社会角色的淡化，而不免有一种刻意展演的意味。此种类型之"闲"因其"无事"的标榜，而易于滋长以"做事、有为"为俗务的心态，并最终使得"无事"者成为缺少做事能力的旁观者与局外人。蔡启以白乐天于"荣辱得失之际，铢铢校量，而自矜其达"②；埋田重夫则在白居易对于闲适的反复吟咏中感受到其内心深处激烈的情感冲突，不同时代的接受者对此问题的相近理解，共同表达了对于白居易所标示的生命之"闲"的质疑。

在中晚唐诗的"闲"之言说中，老庄与禅宗的影响颇易体认。这

①贡华南《汉语思想中的忙与闲》，生活·读书·新知三联书店，2015年，第12页。
②郭绍虞辑《宋诗话辑佚》，第393页。

也让唐诗之"闲"有了过于追求离事之虚静的弊病。在私人空间中，简化复杂的"事"的世界，个体虽然能够获得一定的自由与闲适之感，然"闲愁最苦"[①]，自我身份与价值的认同、身心的安顿终究无法实现于此离事之"闲"。相形之下，宋儒在事境之中言说孔颜之乐，则提示着一种更为适恰的方式："凡说所乐在道，以道为乐，此固学道者之言，不学道人固不识此滋味。但已得道人，则此味与我两忘，乐处即是道，固不待以彼之道乐我之心也。孔、颜之心，如光风霁月，渣滓浑化，从生至死，都是道理，顺理而行，触处是乐。行乎富贵，则乐在富贵，行乎贫贱，则乐在贫贱，夷狄患难，触处而然。盖行处即是道，道处即是乐，初非以道为可乐而乐之也，故濂溪必欲学者寻孔、颜所乐何事，岂以其乐不可名，使学者耽空嗜寂，而后为乐邪？"[②]孔颜之乐，其乐不依赖于对外在事物与环境的拣择，而是顺理而行自然安乐。故而，人生之"闲"自"应当"而言，要在心不驰骛，心有主宰，故宋儒主"敬"[③]。心有主宰则无论事境之逆顺，均可不忙乱、不慌张，气定而神闲。但宋儒在德性之知与见闻之知上的分歧与偏重，却不免有着同样销知入心的危险，从而弱化了对于做事的复杂及其对于个体人生与人类历史之重要意味的认知。行事中的气定神闲，既需要内心对于"应为"（正当）的坚守，同样也需要行事者知晓如何行事的规则、技法，如何判断行事的适恰契机并对行事之效应有着相应的预判。故而，"闲"是行事者的得心应手、成竹在胸，依赖于行事者在行事经验中磨砺而成，运之于心而体之于身的

①辛弃疾《摸鱼儿》，邓广铭笺注《稼轩词编年笺注》，上海古籍出版社，2011年，第68页。

②陈埴《木钟学案》，黄宗羲《宋元学案》卷六五，中华书局，2007年，第2095页。

③"心之为物，至虚至灵，神妙不测，常为一身之主，以提万事之纲，而不可有顷刻之不存也。一不自觉而驰骛飞扬，以徇物欲于躯壳之外，则一身无主，万事无纲。虽其俯仰顾盼之间，盖已不自觉其身之所在。"（朱熹《晦庵集》卷一四，《景印文渊阁四库全书》集部第1143册，第237页）

综合能力。"闲"是"忙"的理想态,也是"忙"内在否定性的维度。

　　"闲"在行事者的总是"忙"中偶露真容,然当其成为一种被高频言说、并予以模仿的行为方式时,其业已呈现为另一种"忙"。由于中晚唐诗作对于"闲"之言说多离事言"闲",故而偏于生命之"静"与"弱"。皮日休《酒病偶作》:"郁林步障昼遮明,一炷浓香养病醒。何事晚来还欲饮,隔墙闻卖蛤蜊声。"①陆龟蒙《闲书》:"病学高僧置一床,披衣才暇即焚香。闲阶雨过苔花润,小簟风来薤叶凉。南国羽书催部曲,东山毛褐傲羲皇。升平闻道无时节,试问中林亦不妨。"②病弱的身体、冷寂而相对封闭的环境、独特味觉效应且有宗教意义的焚香,是对白居易以"整顿衣巾拂净床,一瓶秋水一炉香"③言说闲居生活之方式的延续。"忙"中之"闲",也是"事"中之闲,其本应在为行事者的自我认知与反思提供契机的同时,亦有助于人对物以及他人更深切的同情与体认。但病与静之中的"闲",虽然能够展现出某些特定之物的意味,也能拓展其对人情世态的体味,却不免缺少了罗大经《鹤林玉露》所言说之"闲"的生机与活力:

　　　　唐子西诗云:"山静似太古,日长如小年。"余家深山之中,每春夏之交,苍藓盈阶,落花满径,门无剥啄,松影参差,禽声上下。午睡初足,旋汲山泉,拾松枝,煮苦茗啜之。随意读《周易》《国风》《左氏传》《离骚》《太史公书》及陶杜诗、韩苏文数篇。从容步山径,抚松竹,与麂犊共偃息于长林丰草间。坐弄流泉,漱齿濯足。既归竹窗下,则山妻稚子,作笋蕨,供麦饭,欣然一饱。弄笔窗间,随大小作数十字,展所藏法帖、墨迹、画卷纵观之。兴到则吟小诗,或草《玉露》一两段。再烹苦茗一杯,出步溪边,邂逅园翁溪友,问桑麻,说秔稻,量晴校雨,探节数时,相

①《全唐诗》卷六一五,第7149页。
②《全唐诗》卷六二四,第7215页。
③白居易《道场独坐》,朱金城笺注《白居易集笺校》,第2553页。

与剧谈一饷。归而倚杖柴门之下，则夕阳在山，紫绿万状，变幻顷刻，恍可人目。牛背笛声，两两来归，而月印前溪矣。[①]

山静日长的村居生活，在唐子西、罗大经的笔下，其所以令人有悠然山林之想，并不在于罗大经在此段文末对于驰猎声利之场的感慨。而是行文中村居之"闲"的滋味，日常、平淡而又真切，将读者召唤而入此山野的世界，与山野中人一同闲步、闲读、闲话、闲看。在视觉、听觉、味觉、嗅觉的真切体味中，阅读此段文字，不是经历一段日常的生活，而是对"闲"有了身在其中的体认。山居者，与物悠然相遇，不造作、不刻意，随其节奏或生或落，或悲或喜，而卒得与自然万物之千姿百态照面之乐。于诗文于经史于书于画不存功利之想，于山林农人、牛背牧童无贵贱智愚之分，至此，罗大经已用文字建立了一个生机勃郁、人己和洽、人物相成的世界，此种悠"闲"世界方见天理流行、万物欣荣，方得"闲"之一种真滋味。

结　语

中唐是一个令人着迷的特殊时期，这是一个问题丛脞却少有共识性结论的"不确定"时代。其所产生的问题以及回应方式，对其后的思想与生活世界常常存有显隐交织的影响链条。无论是自转型的视角观察其间的断裂，还是自连续性的角度观察其内在承续的脉络，似乎均可言之成理。于此亦可见出中唐思想世界的层次感与丰富度，晚唐则处于中唐的光环之下而与之成为一个可以整体视之的历史时段。在此时期，诗歌中对于身体感受的书写、对自我身体的观看与戏谑，终结了曾经流行的熟读离骚痛饮酒的名士文化，放浪形骸的通性表达被自我身体的真实感受所替代，而所谓诗歌题材的

---

① 罗大经撰、王瑞来点校《鹤林玉露》，中华书局，1997年，第304页。

日常化也主要经此路径方得可能。在对身体感受的体认中，"身—心"成为再被考量的焦点问题，"在身之心"遂有被共识化的倾向。在身之心即为行事之心，但"心—物"及"心—事"的再问题化，在中晚唐特定的历史语境中，却形成了对于古物、故物颇为强烈的情感投射。在感伤的氛围中，"了事""无事"成为中晚唐人回应生存压力的主流方式，而这一点也抑制了中晚唐人对于"事"之理解的深广度，也让"无事"之"闲"有了滑向另一种"忙"的危险。而宋儒则在中晚唐人所展开的问题平面上有了更具理论与实践深度的回应，从而在事实上形成了两者之间的连续脉络。

第五节　中晚唐时期的以理言道及言意之辨与诗文观念

"理"在先秦两汉不同思想流派的文本中有着极高的使用频次，其语义涉及物理、事理、治理、原理、规则诸层面而以政治生活为核心领域，乃是此时期思想世界的基本概念[1]。魏晋而后，虽至王弼、郭象之时，重总体之理与分殊之理，为宋儒"理一分殊"之先导，然自一般的文本书写而言，"理"之影响则有衰退的迹象。李唐时，成玄英"孤鸣先发"，自心性论与本体论的进路释"理"，将理等同于道，已为最高范畴[2]。及时入中唐，"理"在儒家及一般文本中使用频次

---

[1] 参见邓国光《先秦两汉诸子"理"义研究》，《诸子学刊》第1辑，2007年，第269—317页。

[2] 陈鼓应《"理"范畴理论模式的道家诠释》，景海峰编《传薪集》，北京大学出版社，2004年，第427—446页。

与位置的再次提升,则是儒学由唐入宋的重要表征①。相较于在问题焦点领域上由"礼乐"转向"心性"的描述②,根本范畴的变化无疑更能提示思想方式变化的动因与力度。而语词的使用以及问题论辩方式的调整,也常会在各类文本中留下可以清晰观察的痕迹与脉络,故而,更为适宜体察言说者对于问题的感知、体验与思考并由之勾勒思想演变的过程与影响。韩愈的《原道》是唐宋儒学史上一篇重要文字,然其以"仁与义为定名,道与德为虚位"③,曾引发后儒之批评,以其为近于佛老。但即使不考量韩愈此种论述所可能存在的言说传统④,原道而以"道为虚位"所形成的表层逻辑的紧张,更可能意味着言"道"方式的变化,而"道"在儒学思想史上的位置逐渐为"理"所取代,亦可佐证"道为虚位"并非个人见道不深的妄语,而是思想演进的内在理路使然。在与韩愈大体同时及稍后的柳宗元、刘禹锡、张籍乃至杜牧、李商隐等人的文集中,一种"以(论)理为言道"的言说方式,业已成为知识领域的新风习。言意之辨,在此风习形成的过程中,既是作为助缘的方法,也因之被再度问题化。中晚唐士人在言—意关系问题上,对于"言如何尽意"的聚焦,深化了对于

---

① 钱穆《王弼郭象注易老庄用理字条录》曰:"昔程伊川有性即理也之语,朱晦庵承之,乃谓天即理。《论语》获罪于天。《集注》亦解作获罪于理,大为清儒所讥。陆王改主心即理。要其重视理字,则程朱陆王无大别。故宋学亦称理学。然考先秦古籍理字,多作分理条理文理解,抑或作治理言,实未尝赋有一种玄远的抽象观念,有形上学之涵义,如宋儒所云云也。"(钱穆《庄老通辨》,生活·读书·新知三联书店,2016年,第404页)

② 中唐时期儒学问题领域的变化,参见陈弱水《唐代文士与中国思想的转型》,第290—356页。

③ 刘真伦、岳珍校注《韩愈文集汇校笺注》,第1页。

④ 《野客丛书》之"原道中语"条:"韩退之《原道》有曰:'道与德为虚位。'或者往往病之,谓退之此语似入于佛老。仆谓不然。退之之意,盖有所自,其殆祖后汉徐幹《中论》乎? 幹有《虚道》一篇,亦曰:'人之为德,其犹虚器与? 器虚则物注,满则止焉。故君子常虚其心而受之。'"(第190—191页)

理(道)的认知,同时也强化了诗文与理的内在关联。而在此思想演变的过程中,唐代中后期的政治文化对于词臣的崇尚,则提供了极为重要的社会氛围与制度条件①。

一 以论理为言道的知识风习

"道"作为形上、终极之概念,其位置的确立自先秦已然,但在中国传统思想的展开过程中,"道"并不由之而为最为核心的范畴。相较于"形名""体用""本末""有无"诸概念,"道"被言及的频次乃至在思想纷争中所实际扮演的角色,均有明显的相对边缘的特点。故而,所谓"以论理为言道",并非"理"取代了"道"曾经占据的位置与角色,而是以论理为言道的基本方式,其所实现的是由"以形(名)言道""以体言道"向"以理言道"的思想方式的转变抑或转型②。此种转型至宋儒方始完成,处此进程中的中晚唐士人,则以其知识风习展现出思入中途的时代特点。在此过程中,除却啖助、赵匡等"春秋学派"明确主张"不全守周典,理必然矣"的释经原则而外③,韩愈、柳宗元与刘禹锡无疑处于此思想转型的枢纽位置。三人以不同方式强化了作为常理之"道"对于生活世界的关注,并以分析论辩的论理方式推进了对于"道"之理解的系统与深化,在提升"人"之能动与主体地位的同时,追求对于"公理"的明述,也自然延伸至对于言与理(意)之关系的再考量。

---

① 参见陆扬《清流文化与唐帝国·序论》,第1—16页。
② "由'形'到'体'到'理'所标识的乃是对事物认识由外在的分类(类)、事物内在的根据(故),到事物间内在秩序、内在关联及对人的意味(理),这个向事物深处不断推进的过程同时也是一个逐渐远离视觉,深度超越视觉而推进味觉思想的过程。"(贡华南《味觉思想》,生活·读书·新知三联书店,2018年,第6页)
③ 对于中唐春秋学派在唐宋儒学转型中的影响,可参见何俊《从经学到礼学》,上海人民出版社,2021年,第75—108页。

韩愈《送浮屠文畅师序》与《原道》大体前后，其论曰：

> 民之初生，固若禽兽夷狄然。圣人者立，然后知宫居而粒食，亲亲而尊尊，生者养而死者藏。是故道莫大乎仁义，教莫正乎礼乐刑政。施之于天下，万物得其宜；措之于其躬，体安而气平。尧以是传之舜，舜以是传之禹，禹以是传之汤，汤以是传之文武，文武以是传之周公。孔子书之于册，中国之人世守之。[1]

韩愈所言之"道"，即其所谓圣人所"教之相生养之道"[2]。但韩愈即以"道为虚位"，故于"道"之语义未多申论，而聚焦于仁义、礼乐、刑政等伦理及文物制度诸领域。因圣人所教示之"道"，个体的德性提升乃至世间万物各得其序，均由之而得以可能。尧舜相传的道统谱系，是"道"存在于历史时间中的佐证；孔子书之典册，则意味着"道"超越于时间而得以保存流传，经典并非"道"之糟粕。书可载道，则言可言道、言可尽道乃是合理的推定。韩愈既回应了老庄之学对于言道关系的主张，也将"道"之问题的讨论转而为形下领域"仁义""礼乐"诸问题的考量，"道"也由此呈现出聚焦事理、情理、物理的"理"化之趋向。其《谢自然诗》曰："人生处万类，知识最为贤；奈何不自信，反欲从物迁。往者不可悔，孤魂抱深冤；来者犹可诚，余言岂空文。人生有常理，男女各有伦。寒衣及饥食，在纺织耕耘。下以保子孙，上以奉君亲。苟异于此道，皆为弃其身。"[3]在韩愈的认知中，有"道"的世界，男女有伦，循理而为。此种人生常理即是"此道"，"道"已然被视之为"理"。此种思路在柳宗元处同样有明确的体现。其《驳复仇议》主张"达理而闻道"[4]，无论是"达理即

---

[1] 刘真伦、岳珍校注《韩愈文集汇校笺注》，第1074页。
[2] 刘真伦、岳珍校注《韩愈文集汇校笺注》，第2页。
[3] 钱仲联集释《韩昌黎诗系年集释》，第29页。
[4] 《柳宗元集》，第104页。

闻道"，抑或"达理以闻道"，"理"成为明道的条件，而实际转换了问题关注的焦点。此外，如韦处厚《进六经法言表》曰："理道之极，备于六经"①；杨虞卿《上穆宗疏》曰："理道备闻矣"②；蒋防《授李廓门下侍郎平章事制》曰："参酌理本，燮和化源"③、《授柳公绰襄州节度使制》曰："思宏至理，畅合元元"④；李商隐《为荥阳公桂州署防御等官牒》曰："夫专于雷同，则无以贵吾道；苟务从派别，则无以致人和。允执厥中，惟理所在"⑤，均可见出"理"对于政治生活领域的聚焦，并逐步以"本""至"诸语词侵蚀了"道"的原有语义空间，而使之空洞化。"理"和"道"在行文中的频繁对举及共组成词，乃是"理"之影响抬升的文本印记。虽然，"理"在文本中的使用，或有避高宗之讳的考量，但高宗非不祧之主，对其名的避讳有时而尽。中晚唐时期因避讳而以"理"代"治"已非必须。同时，此时的文集中，"治"的使用亦颇为常见，即同一人之文集，"治""理"兼用也非殊例。而"理""治"的语义差异以及"理"之出现频次的提高，无论其是否为"治"之替字，均可视为"理"影响提升的有效佐证。

　　"理"之影响提升的历史进程中，相较于韩愈对于道统谱系的构建、对于社会生活的关切，柳宗元的独特贡献，首先在于其以分析论辩的说理方式深化了"道"的相关认知，"道"的结构也由此得到系统的展现，这也是以论理为言道在方法上的影响。其《守道论》曰："物者，道之准也。守其物，由其准，而后其道存焉。苟舍之，是失道也。凡圣人之所以为经纪，为名物，无非道者。命之曰官，官是以行吾道云尔。是故立之君臣、官府、衣裳、舆马、章绶之数，会朝、表著、

----

①《全唐文》卷七一五，第7342页。
②《全唐文》卷七一七，第7380页。
③《全唐文》卷七一九，第7401页。
④《全唐文》卷七一九，第7401页。
⑤刘学锴、余恕诚校注《李商隐文编年校注》，第1409页。

周旋、行列之等，是道之所存也。则又示之典命、书制、符玺、奏复之
文，参伍、殷辅、陪台之役，是道之所由也。则又劝之以爵禄、庆赏之
美，惩之以黜远、鞭扑、梏拲、斩杀之惨，是道之所行也。"①自魏晋以
来，"因用得体""因体显用"的体用双诠法，即是经典诠释与儒道互
释的重要方法②。但与魏晋时期以"体"为一物之"所以然"、物类之
"所以然"，乃至描述终极实在之本体所展现出的整全样态不同，柳
宗元对于"道"之论述虽然在形式上借用了体用双诠的言说方式，却
并未因之赋予"道"终极实在的本体地位，甚而，被"理"化的"道"只
是物(事)理、诸物之间的关联与秩序以及社会生活的具体法则。但
柳宗元对于"道之所存""道之所由""道之所行"的分析性解读，在为
道之认知与践履提供具体框架与路径的同时，也扩张了"道"论的知
识性维度。然若"道"或"理"只为具体对象或领域的秩序、原理或规
则，则不免言人人殊的困境，而难以承担为价值领域奠基的思想任
务。故而，"大中之道"的提出，自思想的内在逻辑而言，即是柳宗元
试图将"道"予以普遍化的尝试。

　　柳宗元《断刑论下》言及"经权之道"曰：

　　　　果以为仁必知经，智必知权，是又未尽于经权之道也。何
也？经也者，常也；权也者，达经者也。皆仁智之事也。离之，
滋惑矣。经非权则泥，权非经则悖。是二者，强名也。曰当，斯
尽之矣。当也者，大中之道也。离而为名者，大中之器用也。
知经而不知权，不知经者也；知权而不知经，不知权者也。偏知
而谓之智，不智者也；偏守而谓之仁，不仁者也。知经者，不以
异物害吾道；知权者，不以常人怫吾虑。合之于一而不疑者，信

---

① 《柳宗元集》，第82页。
② 甘祥满《玄学背景下的魏晋南北朝〈论语〉学研究——从〈论语集解〉到〈论语
　义疏〉》，《中国哲学史》2007年第1期，第5—11页。

于道而已者也。[①]

董仲舒《春秋繁露·循天之道》篇有"中者，天地之美达理也"的表述，应可视为柳宗元中道思想的源头之一[②]。柳宗元以"当也者，大中之道"，其所认可的终极之"道"，乃是有关于"所当然"，即正当性的形式原则。常态与变态、通则与例外须在"正当性"的根本原则的约束之下，而"大中之道"则是不离具体情境的"所当然"。但"大中之道"以"大中"言道，有其明确的及物取向，而这既是思想转型中的必然，也是柳宗元试图强化"道"具体之普遍维度的意图使然。无论是"大中之道"的认知与阐明，抑或其在现实生活中的运作与践履，"大中之道"均依赖于人之态度与能力。故而，柳宗元的贡献亦在于对人之主体与能动性的强调。"道"之结构的展开，同时也是其认知与践履之复杂与限度的逐步展现。行动者能否有效践履"所当然"的行动原则，依赖于"仁与智"。"仁"意味着行动者对于"爱人"之生命责任的承担，而"智"则主要指向行动者的判断力。故而，相较于确定的形式原则，"道"之"所存""所由""所行"无疑更为曲折繁杂。"法小弛，则是非驳。赏不必尽善，罚不必尽恶。或贤而尊显，时以不肖参焉；或过而僇辱，时以不辜参焉。故其人曰：'彼宜然而信然，理也。彼不当然而固然，岂理邪？天也。福或可以诈取，而祸或可以苟免。'人道驳，故天命之说亦驳焉。法大弛，则是非易位。赏恒在佞，而罚恒在直。义不足以制其强，刑不足以胜其非，人之能胜天之具尽丧矣。"[③]"人之道"乃"宜然而信然之理"，其既为宜然之正当，又"信然"而明白确实。故"是非"，所当然与否之是非及实然与所以然之是非（真伪），是"人之道"最为重要的层面。"常谈即至理，安事非常情。"[④]

————————

① 《柳宗元集》卷一，第91页。

② 苏舆撰、钟哲点校《春秋繁露义证》卷一六，第444页。

③ 刘禹锡《天论上》，陶敏、陶红雨校注《刘禹锡全集编年校注》，第1686—1687页。

④ 刘禹锡《寓兴二首》其一，陶敏、陶红雨校注《刘禹锡全集编年校注》，第897页。

大道易简，但"人之道"如何能够行之于世间而形成良序的群体生活，却并非易事。"尝闻履忠信，可以行蛮貊。自迷希古心，妄恃干时画。巧言忽成锦，苦志徒食蘗。平地生峰峦，深心有矛戟。曾波一震荡，弱植果沦溺。"①道不离事，但事既关涉实然及所以然的是非之"知"，也关联行动目标的"应当"与行动方式的适宜。制度与规则、心态与惯习、诉求与能力、机遇与资源诸元素重叠构成了事之展开的具体情境，也由之决定了因事行道的艰难②。故而人虽为"倮虫之长，为智最大"③，但"徒言人最灵，白骨乱纵横"④却是难以回避且频繁出现的历史景象，这也自然会强化此时期士人对于"空言大道"的拒斥。

柳宗元《与吕道州温论非国语书》曰：

> 近世之言理道者众矣，率由大中而出者咸无焉。其言本儒术，则迂回茫洋而不知其适；其或切于事，则苛峭刻覈，不能从容，卒泥乎大道。甚者好怪而妄言，推天引神，以为灵奇，恍惚若化而终不可逐。故道不明于天下，而学者之至少也。⑤

大中之道，既为"当也"，也是"宜也"之道。主张正当与追求适宜的"大中之道"，有着明确的行事用世的目标指向。大中之道的践行，以对社会生活诸层面的综观与体认为基础，而大中之道的言说方式亦明晰平易，不离日用常行，不故为怪论奇谈。行于事、验于事是"大中之道"与近世诸人所言之理道最为根本的差异。中唐发生于韩愈、柳宗元、刘禹锡之间的天人之论，其间虽有具体观念上的差异，但天人相分却可视为三人间的共识，而人及其群体生活则自然

---

① 刘禹锡《游桃源一百韵》，陶敏、陶红雨校注《刘禹锡全集编年校注》，第286页。
② 参见杨国荣《心物、知行之辨：以"事"为视域》，《哲学研究》2018年第5期，第47—57页。
③ 刘禹锡《天论下》，陶敏、陶红雨校注《刘禹锡全集编年校注》，第1694页。
④ 华忱之等校注《孟郊诗集校注》卷一〇，人民文学出版社，1995年，第461页。
⑤ 《柳宗元集》，第822页。

成为关注的重心。刘禹锡《天论下》曰："答曰：'吾非斯人之徒也。大凡入乎数者，由小而推大必合，由人而推天亦合。以理揆之，万物一贯也……动类曰虫。倮虫之长，为智最大，能执人理，与天交胜。用天之利，立人之纪。纪纲或坏，复归其始。'"[①]以理揆之，万物一贯，但唯有人能推之。人能够理解万物之实然，也能观察推理而得万物之间的内在关联与结构，进而构建合理的万物秩序，但人之所以能够与天交胜，又依赖于群体生活之纪纲的确立。社会生活的道理的追索、言说与践履，是人之立于天地之间而能参天尽物的根本。相较之下，对于自然之理的认知既是一个补足知识图景的过程，也是人对于自然世界之秩序与意义的赋予过程。

　　"理"以人而言，要在仁义；以物而言，则重在数与势："舟中之人未尝有言天者，何哉？理明故也……舟中之人未尝有言人者，何哉？理昧故也……水与舟，二物也。夫物之合并，必有数存乎其间焉。数存，然后势形乎其间焉。一以沉，一以济，适当其数，乘其势耳。彼势之附乎物而生，犹影响也……吾固曰：以目而视，得形之粗者也；以智而视，得形之微者也。乌有天地之内有无形者耶？古所谓无形，盖无常形耳，必因物而后见耳，乌能逃乎数邪？'"[②]刘禹锡以数与势为理解物际关系的要义，也是其建立有关自然世界之整体知识图景的基本结构。"理"于人世而言有正当性的维度，但自自然世界而言则为实然与所以然的考量，故而，相较于魏晋时期以"体"言道所建立的天人以及人物之间的贯通性的理解，"理"的兴起，在强化所当然维度之意义的同时，也一定程度上形成了天人及人物之间的割裂。自然世界是缺少价值维度的，是一个有待赋予秩序与意义的世界。柳宗元《宥蝮蛇文》曰："且彼非乐为此态也，造物者赋之形，阴与阳命之气，形甚怪僻，气甚祸贼，虽欲不为是不可得也。是

---

① 陶敏、陶红雨校注《刘禹锡全集编年校注》，第1694页。

② 刘禹锡《天论中》，陶敏、陶红雨校注《刘禹锡全集编年校注》，第1691—1692页。

独可悲怜者,又孰能罪而加怒焉?汝勿杀也。"①蝮蛇外形丑陋,非是其自行选择的结果,而是出于造物赋形的自然而然。物类纷杂,各有其形,各有其适应生存之方式,此是物类之实然与所以然,然惟经人之活动,物类之世界方有当然与否之问题。韩愈《鳄鱼文》曰:"昔先王既有天下,列山泽,网绳擉刃,以除虫蛇恶物为民害者,驱而出之四海之外。及后王德薄,不能远有,则江汉之间尚皆弃之以与蛮夷楚越;况潮岭海之间,去京师万里哉?鳄鱼之涵淹卵育于此,亦固其所。"②在王化的体国经野的版图中,为民害者遂为恶物而被放逐边远四夷之地。有王化之处,方始有良性的生活秩序,反之则是"蛟螭与变化,鬼怪与隐藏,蚊蚋与利觜,枳棘与锋铓"③的荒怪杂乱的世界。而人之去往边地既是因失当而受惩责,也是敷显王化的机遇。在柳宗元的南方山水游记中,最为常见的结构文本的方式,即为对于边地"风景"的发现与制作,人同样承担着对于自然之物的秩序制定的责任④。这也是同时期去往边地的士人惯常的有关自我身份与职责的定位。"理"的建立与明确依赖于人的社会践履与分析认知,同样也需要以"明辨""明述"为要求的言说。故而,"理"范畴的确立过程,即是言"理"(意)关系展现出新变态的特殊时刻。

　　魏晋时期,"体"对于"形"范畴的取代,既是中国传统思想自所然向所以然的深化,同时,也是"体之融合"取代形之感通的过程。"作为方法论的'体'范畴之应用,不再强调由分而通,而是强调由体到体之间的融合。"⑤而相较于"体"所指向的对于他人它物存在处境与存在感受的理解与认同,中唐韩柳诸人所言之"理"更强调对于

①《柳宗元集》,第497页。

②刘真伦、岳珍校注《韩愈文集汇校笺注》,第2752—2753页。

③元稹《人道短》,周相录校注《元稹集校注》,第691页。

④参见刘顺《个体记忆与文化生产:柳宗元的南方生活——以诗文为中心的考察》,《山东师范大学学报》2013年第3期,第53—63页。

⑤贡华南《味觉思想》,第118页。

条件、原理、规则、秩序、目标诸条目的客观说明。"凡吾与子往复，皆为言道。道固公物，非可私而有。假令子之言非是，则子当自求暴扬之，使人皆得刺列，卒采其可者以正乎己。"①柳宗元认为"道固公物"。韩愈曰："凡吾所谓道德云者……天下之公言也。"②因为"道"之为公言、公物，故而必以明晰的公开表达为基本方式，且须经过知识群体的论辩驳难以及理民及物的实践经验，方能成为一种具有公共知识之品格的"理"或"道"。其与讲求澄怀味道的体知、体认与体悟之间，在表达方式与表达的明晰程度上存有明显的差异。论理以言道，也由之与清议及清谈拉开了距离。开成元年(836)，杜牧以监察御史分司洛阳，见旧时城阙，有《故洛阳城有感》，诗曰："一片宫墙当道危，行人为汝去迟迟。荜圭苑里秋风后，平乐馆前斜日时。锢党岂能留汉鼎，清谈空解识胡儿。千烧万战坤灵死，惨惨终年鸟雀悲。"③汉末名士以清议影响时局，魏晋清谈则好玄远而遗世务，两类群体于世事时局均非有效的应对方式。空言大道，或以"道"不可言，故以玄默之姿态为标榜，好作拈花微笑，故为高深，均会回避或掩盖问题回应的可能与必要。此外，高悬目标理想，忽视在历史时间中展开的事件所面对的具体限制，视逻辑可能与经验可能为无二，亦为其常态的表现方式。无论是以不言为言抑或果于立言，言理而能尽殊非易事。"噫！古之言理者，罕能尽其说。建一言，立一辞，则麤陁而不安，谓之是可也，谓之非亦可也，混然而已。教于后世，莫知其所以去就。明者慨然将定其是非，则拘儒瞽生相与群而咻之，以为狂为怪，而欲世之多有知者可乎？夫中人可以及化者，天下为不少矣，然而罕有知圣人之道，则固为书者之罪也。"④世之言理

---

①柳宗元《与杨诲之第二书》，《柳宗元集》，第857页。
②韩愈《原道》，刘真伦、岳珍校注《韩愈文集汇校笺注》，第1页。
③吴在庆校注《杜牧集系年校注》，第332页。
④《柳宗元集》，第97页。

者虽众，但建辞立言不能明断是非，不能立定脚跟自圆其说，却为常态。甚而，执惯常之见而质疑甚至攻击思想上的别解新见，进而导致圣人之道难知难行。所幸，圣人之道具载于典册，也即以言论理言道，以言尽理尽道，乃是经验的可能，"言如何尽意（道）"方是言意之辨的核心问题①。对于"道"的悬置，将知识群体的兴趣焦点转向对于理的考索与明辨的尝试，这既是此一时代的士人群体在巨变之下重建确定性的努力使然，也与唐代中后期政治文化中的词臣崇尚对于语言之能的高度自信存有密切关联。

二　言可尽意与作为方法的言意之辨

言意关系的讨论，先秦诸子已多有涉及，而尤以老庄之论最为特出②，然此时期思想领域的共有话题乃为形名之学。虽然在言说目的上存有道德评判以为政治运作之工具与知识论或逻辑学上之认知的分歧③，但"形""名"作为思想基本范畴的地位，决定了此时期思想领域的目标取向。"形"重外在分际，形名之学所讲求的依形制名及以名责实，是认识对象并赋予其政治、伦理意义的过程。在中国思想展开的此一阶段，以形名为建立规范、秩序的工具，进而建

---

① 此种理解在道家的注疏中亦有接近的表述，如成玄英曰："夫至理虽复无言，而非言无以诠理，故试寄言，仿象其义。"（郭象注、成玄英疏、曹础基等整理《庄子注疏》内篇《齐物论第二》，中华书局，2011年，第43页）但成氏之疏依然强调了言不能尽意的基本判断，与中唐韩、柳诸人的理解有着根本差异。

② 《墨子·经上》曰："循所闻而得其意，心之察也……执所言而意得见，心之辩也。"（吴毓江撰、孙启治点校《墨子校注》，中华书局，1993年，第481页）《论语·卫灵公》曰："辞达而已矣。"（朱熹《四书章句集注》，第169页）关于此一问题，参见才清华《言意之辨与语言哲学的基本问题——对魏晋言意之辨的再诠释》，上海人民出版社，2013年，第13—28页。

③ 曹峰《中国古代"名"的政治思想研究》，上海古籍出版社，2017年，第6—7页。

立知识领域及伦理生活的基本框架与规则,是时代对于思想世界的明确期待①。而言意之辨的考辨则须至此框架与规则产生解释力的困境之时,才能真正成为一种具有重大意义的思想问题或方法。

　　言意之辨起于汉魏名学,自魏晋而成为中国思想中的重要话题,其流行之初即有言可尽意与言不尽意及得意忘言三说并辔通衢②。但言尽意论之影响渐趋衰微,而言不尽意与得意忘言之说则一时为盛。此两说之间虽存有差异,然俱以言为工具,故不免被视为同调。言不尽意及得意忘言本以得意为鹄的,作为方法的影响要甚于其本身作为有待考辨的问题。故而,在言意之辨的相关言说似乎逐步常识化的过程中,言语应对的机辩及言说行为本身的美感韵味更易引发时人的关注。《世说新语·言语》:"钟毓、钟会少有令誉。年十三,魏文帝闻之,语其父钟繇曰:'可令二子来。'于是敕见。毓面有汗,帝曰:'卿面何以汗?'毓对曰:'战战惶惶,汗出如浆。'复问会:'卿何以不汗?'对曰:'战战栗栗,汗不敢出。'"③钟毓、钟会二人以少年捷于应对而受称誉,王粲"辩论应机"④、繁钦"文才机辩"⑤,裴楷更以"侯王得一以为天下贞"⑥化解晋武帝探策得一的尴尬。在应机当对的过程中,言说者的应机捷对之才方是关注的重点,而时入东晋,清谈之风盛而屡见对于语言之美感韵味的叹赏。《世说新语·文学》曰:"丞相与殷共相往反,其余诸贤,略无所关。既彼我相尽,丞相乃叹曰:'向来语,乃竟未知理源所归,至于辞喻不

①周晓露《从"名"看〈老子〉的哲学突破》,《哲学研究》2020年第3期,第62—69页。

②在此三种主张中,言不尽意在曹魏之时最为流行,颇具共识之意味。参见汤用彤《魏晋玄学论稿·言意之辨》,上海古籍出版社,2001年,第24—26页。

③龚斌校释《世说新语校释》,第134页。

④《三国志》卷二一,第599页。

⑤《三国志》卷二一,第603页。

⑥龚斌校释《世说新语校释》,第152页。

相负。正始之音,正当尔耳。'"①王导过江主"言尽意论",不以清言见长,然清言不知理源所归而赞赏辞喻之美,却多少偏离了清言的"得意"之旨趣。《世说新语·文学》又载:"支道林、许掾诸人共在会稽王斋头。支为法师,许为都讲。支通一义,四座莫不厌心。许送一难,众人莫不抃舞。但共嗟咏二家之美,不辩其理之所在。"②清言的参与者既不以"理之所在"为关注的重心,"理"在清言中的位置自然不及言辞本身的韵味。殷浩"辞条丰蔚,甚足以动心骇听"③、王濛(长史)以"韶音令辞"自许④,凡此种种,均可见出曾为玄学之基本问题的本末有无之论,在东晋时已难有正始、元康、永嘉时期的影响力⑤,而玄学的衰落,自然会连带言意之辨的边缘化,《世说新语》中对于音辞本身的称誉实可视为此种变化的另一佐证。但对于音辞之美的关注,却与"轮扁斫轮""道可道非常道"一起强化了"言不尽意"对于日常观念的影响,进而掩盖了南北朝时期"言尽意"实际存在的接受效应⑥。

及时入李唐,言意之辨虽然依旧在佛道两教的经典注疏与日常

----

① 龚斌校释《世说新语校释》,第409页。
② 龚斌校释《世说新语校释》,第444页。
③ 龚斌校释《世说新语校释》,第421页。
④ 龚斌校释《世说新语校释》,第1043页。
⑤ 汤用彤先生在《魏晋玄学论稿·魏晋思想的发展》将魏晋思想分为四期:"(一)正始时期,在理论上多以《周易》《老子》为根据,以何晏、王弼作代表。(二)元康时期,在思想上多受《庄子》学的影响,'激烈派'的思想流行。(三)永嘉时期,至少一部分人士上承正始时期'温和派'的态度,而有'新庄学',以向秀、郭象为代表。(四)东晋时期,亦可称'佛学时期'。"(第120页)
⑥《续高僧传》卷五《梁扬都光宅寺沙门释法云传》有"学徒海凑,四众盈堂,金谓理由言尽,纸卷空存"(道宣撰、郭绍林点校,中华书局,2014年,第161页)的记载。虽然对于书籍的态度有所保留,但"金谓理由言尽"则可见对于言能尽意的认可依然具有较大的影响力。

传法活动中保有影响[①]，但于主流的思想世界而言，言意之辨无论是作为方法抑或作为问题，在一个经学并未受到根本挑战而思想的危机亦只是少数人敏锐感受到的时期，均难以得到再次走向思想前台的机遇。相较而言，自玄宗时期逐步兴起而中唐之后备受关注的清流文化[②]，却强化着文学在政治社会生活中的巨大影响力，也自然加固着言可尽意的共识。张说《中宗上官昭容集序》曰：

> 臣闻：七声无主，律吕综其和；五彩无章，黼黻交其丽。是知气有壹郁，非巧辞莫之通；形有万变，非工文莫之写。先王以是经天地，究人神，阐寂寞，鉴幽昧，文之辞义大矣哉！[③]

张说长于章表奏疏，当世有"大手笔"之誉，对于文学在国家政治生活中的作用有着极为亲切的体认。在此篇序文中，文章有经天地、究人神之功用，已囊括天地万物。有形、无形在巧辞、工文者的笔下均有适恰之表现。虽然言意之辨有关之"意"与"尽"之诸问题，魏晋清谈并未作有条理而系统的分析，但对于"意"关涉之对象与领域作有形与无形的区分，却可视为此一时期的共识。由于有形之物，依形制名，名是否尽意有客观的对象可为印证，故较少分歧。而无

---

① "古之学者非有大过人者，惟能博观约取，知宗而妙用耳。唐沙门道宣兼通三藏，而精于持律。持律，小乘之学也，而宣不许人呼以为大乘师。枣柏长者力弘佛乘，而未尝一语及单传心要。方是时，曹溪之说信于天下，非教乘之论所当难。宣公甘以小乘自居，枣柏止以教乘自志，竟能为百世师者，知宗用妙而已。"（释惠洪著、释廓门贯彻注、张伯伟等点校《注石门文字禅》卷二六《题隆道人僧宝传》，中华书局，2012年，第1511页）成玄英曰："夫至理虽复无言，而非言无以诠理，故试寄言，仿象其义。"（郭象注、成玄英疏、曹础基等整理《庄子注疏》内篇《齐物论第二》，第43页）

② 陆扬《清流文化与唐帝国》下编《唐代的清流文化——一个现象的概述》，第213—263页。

③ 熊飞校注《张说集校注》，第1318页。

形之物,则领域甚广,举凡人之感知、评价、想象、推理、复杂事件及
历史之理解、形上之体、道的追索与体味,均不脱其范围①。因其无
具体之形,其作为客体之状态、结构、性质等本即有难以明确把握的
维度,而其对于人之感受、价值与意味的影响,又存有极大差异的可
能,故其"尽"与"不尽"并不在于有客观外在的标准可为印证,而是
能够在不违背基本事实的前提下,形成一种具有共识效应的解释话
语。在无形之领域,"尽"更意味着一种适恰的、有效的、正当的乃至
新颖别致的言说效果②。张说对于文学之功能的揄扬,因其在李唐
政坛及文场的崇高地位及其作为清流文化早期引领者的特殊,而在
八世纪及其后较长时期内保有极高的影响。

　　李唐中后期以词臣崇尚为核心的清流文化对于士人的文才、识
度诸方面有着极为严苛的要求,若以唐代取士制度为参照,博学宏
辞的选拔标准大体近之。李商隐《与陶进士书》于此论曰:

　　　　夫所谓博学宏辞者,岂容易哉! 天地之灾变尽解矣,人事
　　之兴废尽究矣,皇王之道尽识矣,圣贤之文尽知矣,而又下及虫
　　豸草木鬼神精魅,一物已上,莫不开会。此其可以当博学宏辞
　　者邪? 恐犹未也。设他日或朝廷或持权衡大臣宰相,问一事,

---

① 徐复观《释诗的比兴——重新奠定中国诗的欣赏基础》对于"意"有如下解读,
　可参看:"意有余之'意',决不是'意义'之意,而是'意味'之意。'意义'之意
　是以某种明确的意识为其内容,而'意味'之意则并不包含某种明确意识,而
　只是流动着的一片感情的朦胧缥缈的情调。"(《中国文学论集》,台湾学生书
　局,1980年,第114页)
② 才清华颇为留意对于"尽"的考察,其在解读王弼所言之"言不尽意"时说:
　"若根据文字对仗的文法来理解,则'尽'当与'著'的含义相近。'著'意为'显
　著''显露','尽'也可从'著'的这一意义上理解,也不必一定将'尽'理解为
　'极尽''穷尽''充分至极'等义。王弼用'尽'字倾向于强调'言''象'的表意
　功能。"(《言意之辨与语言哲学的基本问题——对魏晋言意之辨的再诠释》,
　第135页)

诘一物，小若毛甲，而时脱有尽不能知者，则号博学宏辞者，当
其罪矣！①

博学宏辞科乃李唐科举制度中制科之一种，本为天子下诏为选拔
特殊人才所设，也是李唐士子获取起家之美职的重要途径，故而有
"大国光华"之称②，为世瞩目、人称为难。"博学宏辞科"需要应试
者具备广博的知识、敏锐的政治识度，更需要其具有过人的文笔，故
而能通过此科选拔者，多为一时之良选。由此而产生的对于知识、
识度与文才的崇尚，无疑会强化社会诸群体对于语言之能的信赖心
理。而此种社会风气中，地方的掌书记与王廷的知制诰又为文士之
翘楚。

韩愈《徐泗濠三州节度掌书记厅壁记》曰：

> 书记之任亦难矣！元戎總齐三军之事，统理所部之阽，以镇
> 定邦国，赞天子施教化。而又外与宾客四邻交，其朝觐聘问，慰
> 荐祭祀祈祝之文，与所部之政，三军之号令升黜，凡文辞之事，皆
> 出书记。非宏辩通敏兼人之才，莫宜居之。然皆元戎自辟，然后
> 命于天子。苟其帅之不文，则其所辟或不当，亦其理宜也。③

节度掌书记是地方节帅的重要幕僚，地方之日常行政、庆吊礼仪及
政治文化之培育养成，举凡与文书行政相关者，均为其分内之责。
由于掌书记在地方节镇的重要影响，及其进入王廷政治高层的极高
概率，掌书记实可视为具有独特光环的政治人物。曹丕《典论·论
文》曾有"盖文章，经国之大业"的表述，揄扬文章在体国经野中的重
要影响。但魏晋南朝以来，独特的皇权变态④、玄言清谈之风的兴

---

① 刘学锴、余恕诚校注《李商隐文编年校注》，第435页。
② 王定保撰、姜汉椿校注《唐摭言校注》卷一三，第276页。
③ 刘真伦、岳珍校注《韩愈文集汇校笺注》，第348页。
④ 田余庆《东晋门阀政治》，第279—283页。

盛以及阶层升降中所形成的心理效应①，却压制了文学政治功能的展现，也使得在后世接受中，曹丕的言说更多被视为一种有关文学之用的修辞性表达。然李唐中后期对于文学在政治生活中作用的体认，却提示了曹丕的观念存有另外理解的可能。在对于王廷知制诰的形象书写中，李唐文士有着较地方掌书记有过之而无不及的称誉。刘禹锡为令狐楚所作之文集序曰："呜呼！咫尺之管，文敏者执而运之，所如皆合。在藩耸万夫之观望，立朝贲群寮之颊舌，居内成大政之风霆。导畎浍于章奏，鼓洪澜于训诰。笔端肤寸，膏润天下。文章之用，极其至矣！"②文章于唐代中后期的文士而言，既是政治生活之形式化、合法化、荣耀化及公共性得以成立的要件，也是作为政治行动的重要方式。令狐楚有地方掌书记及王廷知制诰的双重经历，可谓唐代中后期的典型词臣。在为令狐楚所作文集序言中，刘禹锡对于"文敏者"极尽称誉之能事，"盖文章，经国之大业"殊非纸上之具文，而是唐人关于文学功能的时代共识。

　　晚唐时，李商隐为李德裕制集所作序言，则可为此种共识在唐代中后期的延续提供文本的佐证。其序曰："惟公蕴开物致君之才，居元弼上公之位，建靖难平戎之业，垂经天纬地之文，萃于厥躬，庆

---

① "魏晋时期，皇帝为更加有力地操控朝政运作，在禁中新设中书机构以典掌机密事务。这一变革引发了朝臣的普遍不满，因此项制度而手握重权的中书监、令被指斥为谄媚逢迎的佞幸。世入南朝，监、令的职责转移至中书舍人，皇帝以寒人任此职，更是让作为官僚集团主体的士人感到不可接受，代表这一阶层立场的《宋书·恩幸传》《南齐书·幸臣传》《梁史·权幸传》由此诞生。南朝式士族政治的终结以及中央官制的演进，才最终平息了社会舆论与历史书写对中书官员的长期讨伐。这一历史进程展现了新制度被社会认可之前的曲折经过。"（黄桢《中书省与"佞幸传"——南朝正史佞幸书写的制度背景》，《中国史研究》2018年第4期，第94页）

② 陶敏、陶红雨校注《刘禹锡全集编年校注》，第2154页。

是全德。"①在一个视文学有"经天纬地"之能的时代,很难设想"言
不尽意"具有成为士人群体之常识的可能。即使在常规的士人间的
唱和往来,亦可见出对于言能尽意的信赖。李贺《高轩过》曰:"云
是东京才子,文章巨公。二十八宿罗心胸,元精耿耿贯当中。殿前
作赋声摩空,笔补造化天无功。庞眉书客感秋蓬,谁知死草生华
风。"②"笔补造化"是士人文才的极高称誉,其中所流露出的对于语
言能力的自信,不是少数人的自我标识,而是一个时代氛围的影响
使然。虽然佛教对于教外别传、不立文字所存有问题的反思,会提
升语言在其知识脉络中的位置③,但对于唐代中后期士人而言,似
乎不过是在加固其原有的关于言意关系的理解,其思想史的意义颇
为有限④。

---

① 李商隐《太尉卫公会昌一品集序》,刘学锴、余恕诚校注《李商隐文编年校注》,
　　第1681页。
② 王琦等评注《三家评注李长吉歌诗》,第154页。
③《注石门文字禅》卷二五《题宗镜录》曰:"旧学者日以惝惚,绝口不言。晚至者
　　日以窒塞,游谈无根而已。何从知其书、讲味其义哉?脱有知之者,亦不以为
　　意,不过以谓祖师教外别传、不立文字之法,岂当复刺首文字中耶?彼独不思
　　达磨已前,马鸣、龙树亦祖师也,而造论则兼百本契经之义,泛观则传读龙宫
　　之书。"(第1463页)
④ 李贵《言尽意论:中唐—北宋的语言哲学与诗歌艺术》一文对于佛教内部对于
　　语言理解的转向有如下论述:"本来,禅宗不相信语言能把握存在、传承大道,
　　甚至要求取消语言,对语言持虚无主义的态度。但是,葛兆光对9至10世纪
　　禅思想史的研究表明,这个时期佛教的知识、思想与信仰世界发生了一个深
　　刻的'语言学转向'。这个转向'从思想深层看,是语言从承载意义的符号变
　　成意义,从传递真理的工具变成真理本身,大乘佛教关于真理并不是在语言
　　中的传统思路,在这时转了一个很大的弯子,似乎真理恰恰就在语言之内'。
　　周裕锴师对禅宗语言史的考察也表明,受同时代儒家言意观的影响,宋代禅
　　宗也走向了语言之途,认为语言是心的显现,把语言作为得道浅深的征候,相
　　信言能传道。于是,'无字禅'变成了'文字禅',禅宗从'不立文字'(转下页)

　　当言能尽意、文可经纬天地成为一个时代的共识时，并不意味着言意之辨作为方法的影响的彻底失效，甚而，在唐代中后期其作为方法的角色有着被强化的趋势。陆淳《春秋集传微旨序》曰："故《春秋》之文通于《礼经》者，斯皆宪章周典可得而知矣。其有事或反经而志协乎道，迹虽近义而意实蕴奸；或本正而末邪，或始非而终是。贤智莫能辨，彝训莫能及，则表之圣心，酌乎皇极，是生人已来，未有臻斯理也。岂但拨乱反正，使乱臣贼子知惧而已乎？今故掇其微旨，总为三卷，三《传》旧说，亦备存之。其义当否，则以朱墨为别。其有与我同志思见唐虞之风者，宜乎齐心极虑于此，得端本清源之意，而后周流乎二百四十二年褒贬之义，使其道贯于灵府，其理浃于事物，则知比屋可封，重译而至，其犹指诸掌尔。"[1]陆淳是唐中期啖、赵春秋学的代表人物之一，其所撰之序中明确提及对于《春秋》三传以"当义与否"为标准的去取原则。虽然对于《春秋》的经典地位，陆淳依然信从，但对于释经之作的重新考量，则颇近于魏晋玄学借助言意之辨的方法对于章句之学的超越。"《春秋》三传束高阁，独抱遗经究终始"[2]，言意之辨作为方法给了解读者面对文本时相应的空间。无论是面对经典之章句注疏时对于文本的质疑与超越，还是面对承载圣人之意的经典文本，对于圣人"微言大义"的解读，实际上均赋予了解读者"不离文字亦不执文字"之态度的正当与合理。言可尽意并不意味着唯有一种言说方式成为"意"之正确或正当的表达，而是在相信言可尽意的前提下，以"准确""正当""适当""有效"诸原则为标准，衡量一种言说适恰的位置。在此意义上，

　　（接上页）变成了'不离文字'。其中'文字禅'的公开倡导者、主张禅教合一的惠洪最集中地体现了这种语言观，他坚信语言文字本身完全能传达义理，甚至书面文字对理解义理也构不成任何障碍。"（《文学评论》2006年第2期，第63页）

[1] 陆淳撰、柴可辅点校《春秋集传微旨序》，第5页。

[2] 韩愈《寄卢仝》，钱仲联集释《韩昌黎诗系年集释》，第782页。

"尽"是一个遵循规则又保持开放的可能,但如此,并非是说语言是一个在不断试错中达到对于"意"的无限接近,而是在言说中,"意"保持着开放理解的可能①。正如对于历史的理解,不同时期因为认知条件与方式的变化,总会呈现出新的理解的可能,但前后理解的差异,均是对于历史之"意"的适恰解读,后者并不比前者更接近"历史之意"。也正是在不断解读的尝试中,言说方式与所言说之意均得到了具有"知识增量"的累积增长。故而,勿陈陈相因、人云亦云方是言尽意的恰当方式。

韩愈《答李翊书》曰:

> 仁义之人,其言蔼如也。抑又有难者,愈之所为,不自知其至犹未也。虽然,学之二十余年矣。始者非三代两汉之书不敢观,非圣人之志不敢存。处若忘,行若遗,俨乎其若思,茫乎其若迷。当其取于心而注于手也,惟陈言之务去,戛戛乎其难哉!其观于人也,不知其非笑之为非笑也。如是者亦有年,犹不改,然后识古书之正伪,与虽正而不至焉者,昭昭然白黑分矣。而务去之,乃徐有得也。当其取于心而注于手也,汩汩然来矣。其观于人也,笑之则以为喜,誉之则以为忧,以其犹有人之说者存也。如是者亦有年,然后浩乎其沛然矣。②

在古典文学的常规解读中,"惟陈言之务去"多被认为是韩愈独特的书写方式。然而,对于身处中唐特定危局中的韩愈而言,此种主张,不过是在"道不行于天下"之际追求言以尽道(言以明道)的特定目

---

① 牟宗三对于"尽"的解读,强调了实践的维度,但所言稍欠分疏。其曰:"《系辞传》所言,是解悟的'尽',孟、荀、《中庸》、《说卦》所言,是践履的'尽'。……故解悟的'尽'即是践履的'尽',而践履的'尽'亦即是解悟的'尽'。此即是儒家所说的'尽',而在此'尽'中所尽的'意',即儒家性命天道之'意'也。"(《才性与玄理》,广西师范大学出版社,2006年,第213—214页)

② 刘真伦、岳珍校注《韩愈文集汇校笺注》,第700页。

的使然。也即唯有去陈言,才能有圣人之道(理)的恰当呈现。其
所去之陈言,焦点不在于排偶对仗等流行的言说方式,而是摆脱对
于圣人之道的流行的理解与言说,"古文"则不过是在以理言道的
知识风习下一种适恰的言说方式而已。言可尽意支撑了"务去陈
言"的必要与正当,也由此强化了韩愈独异于众人的自别意识,及
其对于古书真伪与"至与不至"之判断的自信。韩愈《论语笔解》释
《论语・为政》曰:"先儒皆谓寻绎文翰由故及新。此是记问之学,
不足为人师也。吾谓'故'者,古之道也,'新',谓己之新意,可为新
法。"①韩愈欲"作唐之一经,垂之于无穷"②,须以言可尽意为前提,
但也正是因为作为方法的言意之辨所提供的解读空间,韩愈稍显独
异的处世姿态与文本书写遂遭到相应的批评。裴度《寄李翱书》曰:
"观弟近日制作大旨,常以时世之文,多偶对俪句,属缀风云,羁束声
韵,为文之病甚矣,故以雄词远志,一以矫之。则是以文字为意也。
且文者,圣人假之以达其心,达则已理,穷则已非,故高之、下之、详
之、略之也……故文人之异,在气格之高下,思致之浅深,不在其碟
裂章句,隳废声韵也……昌黎韩愈,仆识之旧矣。中心爱之,不觉惊
赏,然其人信美材也。近或闻诸侪类,云恃其绝足,往往奔放,不以
文立制,而以文为戏,可矣乎! 可矣乎! 今之作者,不及则已,及之
者,当大为防焉耳。"③同样认可文章应追求辞达、理穷,但裴度并不
认可言说方式上对于偶对俪句的过度批评,而以韩愈的书写方式已
有以文为戏的成分,不足取法。裴度、韩愈对于书写形式的理解有
着显著的分歧,然自言意之辨的内在逻辑而言,并无绝对的高下优
劣之分。甚而,在对待不同的思想流派尤其是面对佛教的挑战时,
韩愈的决绝与柳宗元、刘禹锡的包容变通之间,也同样有其内在的

①韩愈、李翱《论语笔解》卷上,《景印文渊阁四库全书》经部第196册,第5页。
②韩愈《答崔立之书》,刘真伦、岳珍校注《韩愈文集汇校笺注》,第688页。
③《全唐文》卷五三八,第5462页。

运思逻辑。刘禹锡《赠别君素上人》曰："曩予习《礼》之《中庸》,至
'不勉而中,不思而得',悚然知圣人之德,学以至于无学。然而斯
言也,犹示行者以室庐之奥耳,求其径术而布武,未易得也。晚读佛
书,见大雄念物之普,级宝山而梯之,高揭慧火,巧镕恶见,广疏便
门,旁束邪径,其所证入,如舟沿川,未始念于前而日远矣,夫何勉而
思之邪? 是余知突奥于《中庸》,启键关于内典。"①刘禹锡称扬佛典
在修行路径与程式上的对于儒学的启示,柳宗元则强调佛教在社会
治理中的重要作用。而此种对于非儒学因素接受的自我正当化,同
样有着言意之辨的影响的存在。故而,唐代中后期虽然是一个以言
尽意及儒家思想为主流认同的历史时段,但也由之呈现出解答方式
上的不同选择与颇为多样的回应方式,这既形成了李唐中后期精彩
纷呈的思想世界,也同样提升了言如何尽意作为问题的共识度,进
而深化了此时期对于书写技法及言意关系的理解。

三　言尽意论下的文学观念

古文主张的兴起以及中晚唐诗歌相较于盛唐的巨大变化,乃是
李唐文学史上极易观察的文学现象。在"中唐为百代之中"的判断
被视为常识的唐宋文学研究中,唐宋两型文化的分判,却不免压制
了对于中唐与宋代文化之间连续性的观察与体认,也多少会忽视形
式上的相近所隐含的内在理路上的差异,尤其是"古文"在唐宋间所
呈现出的不同形态②。而若以言意之辨作为解读两宋文学的一种视

①陶敏、陶红雨校注《刘禹锡全集编年校注》,第333页。
②邓绎《藻川堂谭艺》曰:"黄梨洲论文云:'唐以前句短,唐以后句长;唐以前字
　华,唐以后字质;唐以前如高山深谷,唐以后如平原旷野。故自唐以后为一大
　变。'"(王水照编《历代文话》,第6101页)黄梨洲的判断业已指出唐宋文之间
　的差异,但"唐宋古文八大家"称谓的流行却弱化了对其内部差异的考察。

角,言尽意无疑是宋人最为明确的共识之一[1],"理"则更是两宋思想与文学中的核心范畴[2]。然而,于唐代中后期的士人群体而言,以上两点,同样是最为熟悉不过的共同认知。这也意味着唐宋间虽然存在着明显的转型与断裂,在内在理路与意图取向上却有着难以回避的一致性。唐代中后期在文学观念上的变化以及美学风格的变化,并不尽然能自盛世的落幕这一外缘性的分析得到全部的解答。毕竟一个重视言理而尽的群体氛围之下,对于人事物态作笼统观照的认知方式,已不再具有自然而然的正当性[3],而在对人情、物理、可能与不可能、路径与方法等问题的细致推敲之下,一种新的诗文风格的产生,也有其必然如此的理由。

当以理言道成为路径的自觉时,李唐中后期诗文书写及文学观念中"理"出现的频次,便自然会由之提升。其表现之一,即是"理"成为诗文所表达的重要的人生理念。活动于德宗宪宗时期的权德舆乃是主要的发端者,其《晨坐寓兴》曰:"清晨坐虚斋,群动寂未喧。泊然一室内,因见万化源。得丧心既齐,清净教益敦。境来每自惬,

---

① 对于此问题的讨论,可参见李贵《言尽意论:中唐—北宋的语言哲学与诗歌艺术》,《文学评论》2006年第2期。

② 贡华南《味觉思想》,第134—135页。在唐宋文论研究领域,周裕锴《宋代诗学通论》(上海古籍出版社,2007年)、张健《知识与抒情:宋代诗学研究》(北京大学出版社,2015年)等研究均注意到了自文道或诗道的层面讨论"道"之影响,但也常会忽视"道"与"理"间的差异及其思想史的意义。

③ 川合康三论及此种变化,有如下表述:"限定于一部分,或者通过部分的积累而将全体描绘殆尽,这种中唐的态度与盛唐诗人用有限的语言把握全体形成鲜明的对比。由此可以看出盛唐和中唐看问题方式的差异了吧?盛唐时人们的视野扩展到了不可企及的地方,瞬间就把握了世界的全体。他们之所以能够这样,恐怕是因为那种超越个人的文化结构保证了人和世界间稳定的和谐关系。到中唐时期,这种认识世界的结构似乎已经解体,中唐文人只能在个人的经验、知觉的基础上去领会对象了。"川合康三著,刘维治、张剑、蒋寅译《终南山的变容——中唐文学论集》,第79页)

理胜或不言。亭柯见荣枯，止水知清浑。悠悠世上人，此理法难论。"①"理"有客观之物理、事理的意味，人生天地间，"和静有真质，斯人称最灵。感物惑天性，触理纷多名。"②感物触理，"理"有明确的认知维度的涵义。但权德舆的诗文更偏好内心不为情欲所动的"理智"以及"理"所代表的人生智慧。《晨坐寓兴》中的"理胜"，既可以是理智对于情感、欲望的制约与规训，由此达至内心的平静；亦可以是因为对于人、事、物、道诸"理"的明了，而明确自我的身份与责任。偏于前者，不免有落入禅道的枯寂，易于成为纷繁时局中的袖手之人；而后者方是儒家在确立世界之为实有的同时，以"正当""应当"来强化"理"之参天尽物维度的解读取向。在权德舆所身处的中唐时期，"理"有着两歧理解的可能，故而白居易有不断以"理"自遣的频繁表达，《与杨虞卿书》曰："人生未死间，千变万化，若不情恕于外，理遣于中，欲何为哉！仆之是行也，知之久矣。自度命数，亦其宜然。凡人情，通达则谓由人，穷塞而后信命。仆则不然。"③久经宦海浮沉，最终选择以中隐方式退归洛阳的白居易，习于在诗文中以白话家常的方式言说其对人生之"理"的理解与践履。只是当"理"之理解中缺少对于所以然、所正当的深度追问与体认时，不免会流向对于事态与结果的顺应，这虽可降低个体与外在世界之间的紧张感，却不免弱化对于物理、事理诸问题的认知热情，也同样会降低"所应当"内在的层次感④。宋儒所尝试构建的儒学价值的坚守与生命安顿之间的平衡，在此时期的诗文中，尚难有可视为典范的文本。

────────────

① 郭广伟点校《权德舆诗文集》，第16页。

② 郭广伟点校《权德舆诗文集》，第15页。

③ 朱金城笺注《白居易集笺注》卷四四，第2772页。

④ 在中晚唐的诗文中，言及人生理念之理，常难在儒学价值观念与安顿身心之间得其平衡。如韩偓《闲居》曰："厌闻趋竞喜闲居，自种芜菁亦自锄。麇鹿跳梁忧触拨，鹰鹯抟击恐粗疏。拙谋却为多循理，所短深惭尽信书。刀尺不亏绳墨在，莫疑张翰恋鲈鱼。"（吴在庆校注《韩偓集系年校注》，第326页）

　　缘于"理"在此时期影响的抬升，唐代中晚期的诗文理论出现了凸显以言理与理尽与否为文章之要旨及水准高下之判断的现象，此亦"理"之影响的另一表现。韩愈《答李翊书》曰：

> 气，水也；言，浮物也。水大而物之浮者小大毕浮，气之与言犹是也。气盛，则言之短长与声之高下者皆宜。虽如是，其敢自谓几于成乎？虽几于成，其用于人也奚取焉？虽然，待用于人者，其肖于器邪？用与舍属诸人。君子则不然，处心有道，行己有方。用则施诸人，舍则传诸其徒，垂诸文而为后世法。如是者，其亦足乐乎？其无足乐也！[1]

韩愈以"气"言文，此观念的要点在于，文章之气脉、气势乃至气象，均与"理"有着一体两面的关系。刘勰《文心雕龙·风骨》所明确言及的"思不环周，索莫乏气，则无风之验也"[2]，可以视作韩愈以"气"论文，主张"其事信，其理切"之先导[3]。"气盛"，即为作文者对于物理、事理、情理以及宜然与正当等因素的极佳的综观能力。以唐人的观念言之，即学、才、识兼长方能有此生命之样态与文章之表现。柳宗元《杨评事文集后序》同样自"理"言文："文有二道：辞令褒贬，本乎著述者也；导扬讽喻，本乎比兴者也。著述者流，盖出于《书》之谟、训，《易》之象、系，《春秋》之笔削，其要在于高壮广厚，词正而理备，谓宜藏于简册也。"[4]虽然"理"可以《易》《书》等儒家经典为依据，然经典文本本有由史而经的过程，其因事而生之言论，时易世变难以直接挪用。故而韩柳诸人虽可"本之《书》"以求其质，本

---

[1] 刘真伦、岳珍校注《韩愈文集汇校笺注》，第701页。

[2] 刘勰著、詹锳义证《文心雕龙义证》，第1055页。

[3] 韩愈《至邓州北寄上襄阳于頔相公书》："故其文章言语与事相侔。惮赫若雷霆，浩汗若河汉；正声谐韶濩，劲气沮金石；丰而不余一言，约而不失一辞；其事信，其理切。"（刘真伦、岳珍校注《韩愈文集汇校笺注》，第619页）

[4] 《柳宗元集》，第579页。

之《诗》以求其恒，本之《礼》以求其宜，本之《春秋》以求其断，本之《易》以求其动，此吾所以取道之原也"①，但适宜、应当等形式性的法则之外，具体情境中的物理、事理与情理则需要书写者更为小心谨慎的为文心态与依经立义的能力。故而，柳宗元论文亦自"理"而及气，但其所言之气，相较韩愈，更偏重书写时的心理与行文技法②。刘禹锡《唐故衡州刺史吕君集纪》以吕温讲论"按是言，循是理，合乎心而气将之，昭昭然若揭日月而行"③，同样也是自"理"与"气"为议论、为文的考量标准，追求文章的合理以明圣人之道。此外，裴度主张行文讲"气格""理穷则已"，杜牧文章"以意为主，以气为辅"④均可视为中晚唐以理论道的风气使然。

中晚唐诗文风格的变化，有书写者生存体验的影响，但感受与认知方式的变化，影响却更为根本。高棅《唐诗品汇总序》曰：

> 大历、贞元中，则有韦苏州之雅淡，刘随州之闲旷，钱、郎之清赡，皇甫之冲秀，秦公绪之山林，李从一之台阁，此中唐之再盛也。下暨元和之际，则有柳愚溪之超然复古，韩昌黎之博

---

① 柳宗元《答韦中立论师道书》，《柳宗元集》，第873页。
② 《答韦中立论师道书》："故吾每为文章，未尝敢以轻心掉之，惧其剽而不留也；未尝敢以怠心易之，惧其弛而不严也；未尝敢以昏气出之，惧其昧没而杂也；未尝敢以矜气作之，惧其偃蹇而骄也。抑之欲其奥，扬之欲其明，疏之欲其通，廉之欲其节，激而发之欲其清，固而存之欲其重，此吾所以羽翼夫道也……参之穀梁氏以厉其气……参之太史公以著其洁，此吾所以旁推交通而以为之文也。"（《柳宗元集》，第873页）
③ 陶敏、陶红雨校注《刘禹锡全集编年校注》，第1800页。
④ 杜牧《答庄充书》："凡为文以意为主，气为辅，以辞彩章句为之兵卫，未有主强盛而辅不飘逸者，兵卫不华赫而庄整者。四者高下圆折，步骤随主所指，如鸟随凤，鱼随龙，师众随汤、武，腾天潜泉，横裂天下，无不如意。苟意不先立，止以文彩辞句，绕前捧后，是言愈多而理愈乱，如入阛阓，纷纷然莫知其谁，暮散而已。"（吴在庆校注《杜牧集系年校注》，第884页）

> 大其词，张、王乐府，得其故实，元、白序事，务在分明，与夫李
> 贺、卢仝之鬼怪，孟郊、贾岛之饥寒，此晚唐之变也。降而开成
> 以后，则有杜牧之之豪纵，温飞卿之绮靡，李义山之隐僻，许用
> 晦之偶对，他若刘沧、马戴、李频、李群玉辈，尚能黾勉气格，特
> 迈时流，此晚唐变态之极，而遗风余韵，犹有存者焉。①

相较于以"燕许大手笔"为典范的盛唐文以及高华壮阔的盛唐诗，中晚唐的诗文则展现出了明显的以时段与群体为区分的差异，而自风格而言，却不免多了几分书写者与外在世界的紧张以及其对于自我能力的质疑。虽然开天盛世已然落幕的现实可以提供合理的外部解释，但安史之乱后李唐王朝依然维系了一百余年的统治，且在德宗时期即实现了关中安全体系的重建，在一个较长的历史时期内，唐王朝虽然面临着诸多的挑战，但安定与繁盛依然是时人的基本印象②。而若以书写者个体的生存体验为解释依据，姚合对于武功体的开创又会产生此种解释的反证③。毕竟诗文书写的传统、流行的趣味以及书写意图均会影响具体的书写行为，故而，即使注意到诸多社会性因素的存在，也不应忽视思想范式转型的影响。高棅对于中晚唐诸多诗人的批评，如若置于"以论理为言道"的认知风习之下，则可视之为以上诸人"务去陈言""成一家之言"的自觉追求。韩愈称赞东野"规模背时利，文字觑天巧"④、称赞张籍"险语破鬼

---

① 高棅编选《唐诗品汇》，上海古籍出版社，1993年，第40—41页。
② 韦庄《咸通》："咸通时代物情奢，欢杀金张许史家。破产竟留天上乐，铸山争买洞中花。诸郎宴罢银灯合，仙子游回璧月斜。人意似知今日事，急催弦管送年华。"（聂安福笺注《韦庄集笺注》，第76页）
③ 参见松原朗著、张渭涛译《晚唐诗之摇篮：张籍·姚合·贾岛论》，西北大学出版社，2018年，第199—250页。
④ 韩愈《答孟郊》，钱仲联集释《韩昌黎诗系年集释》，第56页。

胆"①;李贺诗有"笔补造化"之语,皎然《诗式》云"与造化争衡"②,
《又玄集》有"夺造化而云雷喷涌,役鬼神而风雨奔驰"③之表述,密
集的对于言语能力的称扬背后,是对于言可尽意的共识所衍生出的
不同个体或群体的言尽意的尝试以及由之而形成的中晚唐诗坛的
多样图谱。"言如何尽意"随之成为具有较高聚焦效应的话题,并集
中呈现于诗论领域。

　　"理"包含实然、所以然与所当然诸层次,"尽理"与否亦有不同
的参照标准,故而言可尽意、言能尽理虽在逻辑上可视为一个合理
的判断,但具体言述过程中的"尽理"实非可轻易达成之目标。皎然
《诗议》曰:"或曰:诗不要苦思,苦思则丧于天真。此甚不然。固须
绎虑于险中,采奇于象外,状飞动之句,写冥奥之思。夫希世之珠,
必出骊龙之额,况通幽含变之文哉? 但贵成章以后,有其易貌,若不
思而得也……且文章关其本性,识高才劣者,理周而文窒;才多识微
者,句佳而味少。是知溺情废语,则语朴情暗;事语轻情,则情阙语
淡。巧拙清浊,有以见贤人之志矣。"④"尽理"需要言说者对于物与
事的把握,对于人之认知特点、能力与限度的理解,同样也需明了接
受传统与惯习的影响,故而,立言者须经历艰难的观察、体认与构思
等过程,方有对"理"的深入的把握。文学作为艺术之一种,其书写
对象的选取,理应是可引发共同关切的物与事,但此种关切在保证
其真挚度的同时,需要具有独特的意味,也即文学所关切的对象,虽
然具有产生共同关切的可能,却必须在书写之时有着一定的陌生效
应,无论是言说的对象领域,抑或言说的方式⑤。由此,书写者必然

①韩愈《醉赠张秘书》,钱仲联集释《韩昌黎诗系年集释》,第391页。
②皎然著、李壮鹰校注《诗式校注》,人民文学出版社,2003年,第1页。
③聂安福笺注《韦庄集笺注》,第456页。
④皎然著、李壮鹰校注《诗式校注》,第376页。
⑤参见陈嘉映《无法还原的象》,华夏出版社,2005年,第202页。

面临着陈言务去的挑战。但因为书写者的"陈言务去"需要通过对接受者有效的接受机制方能实现书写意图，"苦思"为文，然成章之后却须"有其易貌"，识高而才劣即不能以适恰的方式适应接受者的接受能力与接受偏好；而才多者，虽然熟悉典故与传统，但若不能别有新解，陈陈相因、旧调重弹便难以产生感发人心的诗学效果。《诗格》曰："夫置意作诗，即须凝心，目击其物，便以心击之，深穿其境。如登高山绝顶，下临万象，如在掌中。以此见象，心中了见，当此即用……凡属文之人，常须作意。凝心天海之外，用思元气之前，巧运言词，精练意魄。所作词句，莫用古语及今烂字旧意。改他旧语，移头换尾，如此之人，终不长进。为无自性，不能专心苦思，致见不成。"[1]诗文创作，需要创作者内心的虚静，但此虚静殊非内心的空无一物，而是对于外在纷扰的摒除，得以聚焦于所欲书写的对象。在此过程中，属文者对于物与事的构拟，并非仅为对其某种样态的简单摹写，而是在对物之为物、事之为事综观的基础上，既可达成对物、事之实然的把握，同样亦可传递其对于书写者与接受者的意味。《诗式》主张"两重意已上"[2]为诗道之极，《金针诗格》强调"诗有内外意"[3]，均涉及象与意（理）关系的处理。

《诗格》曰：

> 理入景势者，诗不可一向把理，皆须入景，语始清味。理欲入景势，皆须引理语，入一地及居处，所在便论之。其景与理不

---

[1] 张伯伟《全唐五代诗格汇考》，第162—164页。

[2] "评曰：两重意已上，皆文外之旨，若遇高手如康乐公览而察之，但见情性，不睹文字，盖诣道之极也。"（皎然著、李壮鹰校注《诗式校注》，第42页）

[3] 《金针诗格》："（诗有内外意）一曰内意，欲尽其理。理，谓义理之理，美、刺、箴、诲之类是也。二曰外意，欲尽其象。象，谓物象之象，山月、山河、虫鱼、草木之类是也。内外含蓄，方入诗格。"（张伯伟《全唐五代诗格汇考》，第351—352页）

> 相惬，理通无味……景入理势者，诗一向言意，则不清及无味；一向言景，亦无味。事须景与意相兼始好。①

"理"是书写者内心的感知、体认、评价与推理，也即综合而言的物、事对于体知者的意味。诗歌需要在外在的物象、事态、义理与内在的意味之间达成某种均衡，以使得接受者在熟悉中自然进入陌生的物情事态以及新奇甚或怪异的非常的情、理世界。在此意义上，"景"（物态与常情）充当了跨越熟悉与陌生之间的桥梁，而理（意）则是一种相对陌生但终将被共识化的情感与智慧。刘禹锡《董氏武陵集纪》曰："片言可以明百意，坐驰可以役万景，工于诗者能之。风雅体变而兴同，古今调殊而理冥，达于诗者能之。工生于才，达生于明，二者还相为用，而后诗道备矣……余不得让而著于篇，因系之曰：'诗者，其文章之蕴邪！义得而言丧，故微而难能；境生于象外，故精而寡和。千里之谬，不容秋毫。非有的然之姿，可使户晓，必俟知者，然后鼓行于时。'"②刘禹锡以上诗论，乃是唐代中晚期文学观念之系统而精深的绝佳证明。诗歌之道，在言与意、心与物、古与今、才与识之间关系的大体均衡与适恰，也是景与意、习常与新异之间的自然连接与过渡。然以上之意图均需通过语言方始可能，刘禹锡论及了"义得而言丧"的重要，但所谓言丧、忘言，乃是语言对于物、事、情、理的恰当言说。在此言说中，语词消隐而物事情理则以其适宜的方式出场。唯有在适恰、工巧的言说中，语词方能消隐。正如在对象的巧妙剪裁中方能有象外之境。《诗评》曰："夫缘情蓄意，诗之要旨也。一曰高不言高，意中含其高；二曰远不言远，意中含其远。三曰闲不言闲，意中含其闲。四曰静不言静，意中含其静。……诗之言为意之壳，如人间果实，厥状未坏者，外壳而内肉也。如铅中金、石中玉、水中盐、色中胶，皆不可见，意在其中。使天下人

---

① 张伯伟《全唐五代诗格汇考》，第157—158页。
② 陶敏、陶红雨校注《刘禹锡全集编年校注》，第1569页。

不知诗者，视至灰劫，但见其言，不见其意，斯为妙也。"①语言不仅是表达、传递"意"之便宜的工具，同样也是构建与理解"意"的路径。在《诗评》的理解中，言与意如同果壳与果肉间的一体关系，虽然果壳与果肉在特定的目的之下可以分离，正如身体感受可被分析解读为听觉、视觉等焦点化的感官感受。但果壳与果肉一同生长于果实成熟的生命过程中，无两者相互脱离而为果实者。意识无法独立于语言而成为具有可交流知识意义上的意识，而感官所接受的诸多材料在未被意识所产生的概念系统接纳之前亦无所谓之意义可言。故而，诗之言说，不仅在于提供一种情感、事理意义上的新异解读，其尤要处，更是提示语言与物更为内在的关系。然也惟此，诗歌总会有"必俟知者"的感叹。罗大经读杜甫绝句"迟日江山丽，春风花草香。泥融飞燕子，沙暖睡鸳鸯"曰："上二句见两间莫非生意，下二句见万物莫不适性。于此而涵泳之，体认之，岂不足以感发吾心之真乐乎！大抵古人好诗，在人如何看，在人把做甚么用。如'水流心不竞，云在意俱迟''野色更无山隔断，天光直与水相通''乐意相关禽对语，生香不断树交花'等句，只把做景物看亦可，把做道理看，其中亦尽有可玩索处。大抵看诗，要胸次玲珑活络。"②一流的诗句与诗作，让事物自身如其本然地出场，接受者在其"的然之姿"中，以其自身的学养、体验与识度感受语言的内意与外意，进而实现语言所言之物、所言之理由陌异而常态的过程。

四　结语

唐代中期思想世界所出现的以论理为言道的认知新风，源于中唐士人对于时代与思想危机之压迫的回应。"道"的虚化与"理"

---

①张伯伟《全唐五代诗格汇考》，第500—501页。
②罗大经撰、王瑞来点校《鹤林玉露》，第149页。

成为思想方式的核心范畴,是此时期最易观察的现象。"理"关涉于物、事之实然、所以然以及所应然,指向事、物的原理、条理、秩序、规则、义理以及道理诸层面。唐代中后期的知识世界也由此呈现出以"理"论文的明确倾向,作为人生态度与理念之理及一般之"理"成为文本书写与文学观念中的重要内容,而"陈言之务去"及"与造化争衡"则是"理"范畴化对于唐代中后期文学之影响的另一明证。"言能尽意"大体可视为此时期的基本共识,言意关系的再问题化以"如何尽意"为焦点,也深化了同时期文论在技法与观念诸层面的讨论。由此,也更易见出唐宋之间在思想方式之根本范畴及其衍生问题上的连续性。

第六节　禅宗"意境"观念对儒家诗论的挑战与理学的回应

佛教对中国思想与日常生活的影响,自然并不以诗及诗论为其主要路径,"意境"观念的生成亦不乏本土思想的助缘,但禅宗空观却是李唐诗学"意境"观念生成的认识论的基础[①]。而佛教的本土化及其传法方式变化过程中对于诗歌体式的借用,在提升"意境"文本呈现度的同时,也借助诗歌的易于传播的特性,强化了佛家基本理论参与构成时代文化风习的力度,并由此形成对于原有的认知传统与社会心理的挑战。禅之"意境"与中晚唐人生存体验的叠加,加剧了时人的空幻感,改造了士人认知世界与日常生活的知识结构。空幻、如梦之感,不再只是个体诗人的美学趣味与生命体悟,而成为一

[①] 张节末《意境的古代发生与近现代理论展开》,《学术月刊》2005年第7期,第87—95页。

个时代流行的群体情绪。世界的实有与空幻、价值的有据与无据以及历史与人生之意义的确然与虚无,已不再是仅依赖于经验与传统即可得到有效解答的难题。但在挑战来临时,借助经验与传统,却是最为常见的回应方式。故而,中晚唐儒家对于"意境"的回应,更多体现出对于经验与传统的倚重,宋儒则在此脉络之下走向对于深层理据与逻辑的思考,并由此改造了禅宗的"意境",形成了具有明确儒学性格的意境观念。

一　意境之"意"与中晚唐儒学回应的内在缺陷

"意境"及其相关问题,在自二十世纪初至今的百余年中,形成了明确的学术史脉络,并被视为有关中国艺术之特性的重要判准[①]。于此问题的讨论,多聚焦于情景关系、意象及意境与境界及意境之同异以及意境之溯源,百年来,虽成果丰硕,但亦难掩分歧。即使某一时期所形成的似可视为共识的结论,也难以在意象、物境、情景、意境、境界等概念间形成贯通而明晰的解释[②]。在诸多研究成果中,张节末、萧驰与黄景进的工作,因其对于中国诗学演进脉络的谙熟及对佛教义理的细密剖判,展现出极高的学理含量。而张、萧二人对于现象空观在意境生成中作用的强调,则更为意境的讨论标示了可行的路径[③]。这也意味着,意境问题的讨论,需要具备明确的历

① 肖鹰《意与境浑:意境论的百年演变与反思》,《文艺研究》2015年第11期,第5—17页。

② 参见朱志荣《论意象和意境的关系》,《社会科学战线》2016年第10期,第128—134页;《再论意象和意境的关系》,《贵州社会科学》2020年第2期,第61—66页;《三论意象和意境的关系》,《东吴学术》2020年第6期,第5—11页。

③ 张节末《禅宗美学》,北京大学出版社,2006年;萧驰《玄智与诗兴》,台北联经出版股份有限公司,2011年;萧驰《佛法与诗境》,中华书局,2005年;黄景进《意境论的生成——唐代意境论研究》,台湾学生书局,2004年。

史脉络感,亦需要对于"意—境"作清晰的语词考察。如此,方能对中晚唐儒家诗学对于禅宗的回应何以力度有限,有较为真切入里的理解。由于禅宗教义及宗派的绵密与繁杂,以及张、萧二人的实质贡献,本论题无意亦无力重构禅宗"意境"观念的生成过程,而是在学界已有研究的基础上,将焦点置于"意"之诠解及儒学对禅宗之影响的回应之上。

　　在百余年来的有关"意境"语义的研究中,以"境"之语义的阐发为理解焦点,是极为明显的路径偏好。对其语义考察,大体既能注意到其历史语义的演进,自先秦至李唐,有着细密的文本爬梳,同时,也能言及"境"在精神层级与类型领域上的不同指称,允为详密[1]。黄景进更是对"境"作了极为细致的区分,认为有:外物、诗之景物、艺文作品所提供的经验范围、风格类型与造诣层级、人生体悟、诗法等六种语义[2]。然对于"境"之语义的考察,虽有助于明了不同文本中的同一语词之语义,却似乎无力回应"意境"理解上的根本分歧。而魏晋以来佛教文献对于"境"之使用,则常关联心、识诸语词。如僧肇《维摩诘所说经·文殊师利问疾品》:"空虚其怀,冥心真境,妙存环中。"[3]吉藏《中观论疏》卷二《因缘品》:"温法师用心无义。心无者,无心于万物,万物未尝无。此释意云:经中说诸法空者,欲令心体虚妄不执,故言无耳,不空外物,即万物之境不空。"[4]及玄奘译《成唯识论》,于识与境之关系有更为细密的论述:

---

[1] "中国古代的'境'字本于'竟',本指乐曲的终止,后来引申为土地的疆界……汉代以后,因用以指土地的疆界,加'土'字偏旁,为'境',是指现实中的空间界限。中国自古有将'境'字引申到精神领域的用法。借指精神的领域和层次,包括广度与深度。"(朱志荣《三论意象和意境的关系》,《东吴学术》2020年第6期,第6页)

[2] 参见黄景进《意境论的形成——唐代意境论研究》,第227—238页。

[3] 僧肇等注《注维摩诘所说经》,上海古籍出版社,1990年,第98页。

[4] 《大正新修大藏经》第42册,台北新文丰出版公司,1983年,第29页。

　　"识"谓了别，此中识言亦摄心所，定相应故。"变"谓识体，
转似二分，相、见俱依自证起故，依斯二分施设我、法，彼二离此
无所依故。或复内识转似外境，我、法分别熏习力故，诸识生时
变似我、法。此我、法相虽在内识，而由分别似外境现。诸有情
类无始时来，缘此执为实我实法，如患、梦者，患、梦力故，心似
种种外境相现，缘此执为实有外境。愚夫所计实我实法都无所
有，但随妄情而施设，故说之为假，内识所变似我似法，虽有而
非实我、法性，然似彼现，故说为假。外境随情而施设，故非有
如识，内识必依因缘生故，非无如境，由此便遮增、减二执。境
依内识而假立，故唯世俗有，识是假境所依事故，亦胜义有。①

　　唯识论主张"万法唯识"，以世间万物为阿赖耶识中种子变现之产
物，乃人的心识之作用。外境由内识转化而出，因为内识的虚妄分
别作用，而被认之为实有；内识之作用有其三分或四分的结构，即
见分、相分、自证分及证自证分。虽然，唯识学因其忠实于原典本来
面目，且注重概念思维、逻辑推论的思想方法，而难以有效的在地
化②。但其对心识的细致分析，却极易以一种简洁流行的方式，流布
于一般的思想世界，进而成为日常生活中的基本共识。禅宗于唯识
宗为别派，据《续藏经》记载，在禅宗史上有划时代影响，对其后禅宗
史具有论题引导之力的马祖道一曰："诸法所生，唯心所现，凡所见
境，唯是见心"；《太平广记》所载录唐代各类释氏辅教之文中，对于
"发心""转心""至心"等语词的高频使用；唐代传奇中对于个体意志

① 玄奘译、韩廷杰校释《成唯识论校释》，中华书局，1998年，第2页。
② "释迦之教义，无父无君，与吾国传统之学说，存在之制度，无一不相冲突。输
　入之后，若久不变易，则决难保持。是以佛教学说，能于吾国思想史上，发生
　重大久远之影响者，皆经国人吸收改造之过程。其忠实输入不改本来面目
　者，如玄奘唯识之学，虽震动一时之人心，而卒归于消沉歇绝。"（陈寅恪《冯友
　兰中国哲学史下册审查报告》，《金明馆丛稿二编》，第283页）

的称扬,凡此,均可见出唐人对于"心""意"的关注。因而,以唐人在意境的理解上注重"意"的影响,当不是毫无依据的推论。但流行的有关意境的分析,却少有将"意"作为问题予以讨论者。1922年出版印行的丁福保《佛学大辞典》中,对"境"有如下释义:"心之所游履攀缘者,谓之境。如色为眼识所游履,谓之色境。乃至法为意识所游履,谓之法境。"①丁著曾多次印行,故"离心无境"应可视为"境"之理解上的基本认知。但百年来意境理论的讨论,却大多忽视了自"心"解"境"的可能。即使有所涉及,也多将"心"笼统理解为日常意义上的心理、心境、心态,极少留意"心"之结构与功能及其在"境"之生成中的影响。虽然心与意存有差异,然自具"了别"功能的意识活动的角度而言,两者却有高度的重合。故而,离心无境亦可转化为离意无境,"意境"的分析需要转换视角,考量"意"之功能与影响。

意识活动有见分、相分、自证分与证自证分的四分结构,《成唯识论》曰:"相分是所缘,见分名行相,相、见所依自体名事,即自证分……复有第四证自证分。此若无者,谁证第三?心分既同,应皆证故。又自证分应无有果,诸能量者必有果故。"②见分为意向活动,相分是意向对象,自证分是自身意识,而证自证分则是对自身意识的认识。自证分是意识活动发生时直觉的自身意识,无意向对象,见分与证自证分则有其意向对象。故而,"意境"之"意",既可指意识活动的相关内容,亦可包涵意识以自身为对象所形成的认知。另据《成唯识论》中"心所"之说,"了别"的意识行为"心"必然有"心所"伴随。"心所"共五十一种,其中遍行心所五种,即触、作意、受、想、思。遍行心所伴随心识活动而必然发生。"触"与"作意"的分别源于意向活动的强度,而受、想、思则近于感受、感知(洞见、体悟)及意欲(意志)。"一方面,按照《成唯识论》的说法,'心所'之所以

---

① 丁福保《佛学大辞典》,文物出版社,1984年,第1247页。
② 玄奘译、韩廷杰校释《成唯识论校释》,第134—135页。

被称为'心所',主要是因为'恒依心起,与心相应,系属于心,故名心所'。就此而论,'心所'可以是某种心态、心境等等,它们随心而起,但不一定是意向行为,即不一定与对象相关,而更可能只是一种心理的或精神的状态,或意识行为中的某个成分,譬如注意力的成分或要素。然而另一方面,如果我们仍然遵照《成唯识论》的说法来理解,即'心、心所……各有三分',那么'心所'就是一种伴随心识而产生并属于心识行为的意向行为,即指向对象的行为,例如看见青色并感觉舒适,或者看见钱财并生起贪念。"[1]无论"心所"是否为属于心识的意向行为,遍行心所的存在,则无疑提示作为意识内容的"意"必然包含主次有别、强弱不等的认知(洞见、体悟)、感受及意欲的成分。在此意义上,物境、情境、意境的分别,则是同一意向行为中"心所"之主次与强化差异所致。

王昌龄《诗格》言"诗有三境"曰:"一曰物境。二曰情境。三曰意境。物境一。欲为山水诗,则张泉石云峰之境,极丽绝秀者,神之于心,处身于境,视境于心,莹然掌中,然后用思,了然境象,故得形似。情境二。娱乐愁怨,皆张于意而处于身,然后弛思,深得其情。意境三。亦张之于意而思之于心,则得其真矣。"[2]物境与情境自意向活动而言,均可称为意境[3]。然王昌龄于物境、情境而外,特别论及意境,则意境须相区别于物境、情境。"物境"以"处身于境"追求了见其象,此种意向活动以认知为主导,而感受、意欲次之;"情境"以"处之于身"求"深得其情",故以感受为主导,而意欲、认知次之;"意境"则"思之于心",以"意"为意向对象,而指向对于自身意识的

---

[1] 倪梁康《关于事物感知与价值感受的奠基关系的再思考——以及对佛教"心—心所"说的再解释》,《哲学研究》2018年第4期,第119页。

[2] 张伯伟《全唐五代诗格汇考》,第172—173页。

[3] "境非独谓景物也。喜怒哀乐,亦人心中之一境界。"(王国维《人间词话》,人民文学出版社,2005年,第193页)

反思。因此,意境之"意"多有关于宇宙人生的洞见与体悟。同出王昌龄之手的《论文意》曰:"意须出万人之境,望古人于格下,攒天海于方寸。诗人用心,当于此也。"①"意"含摄古今、收纳江海天地,无限包容,故"意"欲出万人之境,须见识、体悟超越流俗而后方始可能。在此意义上,意境作为区别于物境、情境的语词,已具有特定的语义内涵。

　　"意"之洞见、体悟,以指意向对象的认知、感受、意欲为基础,但须经对自身意识的省察,方始可能。也即"意"的生成,依赖先天而有的"了别"之能,更决定于生命经验的厚薄与省思能力的高低②。其洞见中必然包含宇宙人生的天机意趣,或历史人生的厚重苍茫;而其对于宇宙、历史与人生的体悟中,亦必然包含有关于前者的洞见。因为生命自我的不断省思,对于外境与内境的认识与体悟的能力遂有不断提升的可能,其理想的状态即是从心所欲而不逾矩③。故而,"意境"在特指的意义上,意味着精神已达成超越流俗的层次与高度。"意境"与"境界"在精神层级意义上的相通,既可指具体意境中的洞见与体悟,亦可指意境之生成本身所提示的精神层级。皎然《诗式》论"取境"曰:

　　　　评曰:或云,诗不假修饰,任其丑朴。但风韵正,天真全,即名上等。予曰:不然。无盐阙容而有德,岂若文王太姒有容而有德乎?又云,不要苦思,苦思则丧自然之质。此亦不然。夫不入虎穴,焉得虎子。取境之时,须至难至险,始见其句。成

① 张伯伟《全唐五代诗格汇考》,第162页。
② 此处的省思能力,近于常用的理性能力,包含理论理性及道德理性,理论理性用于认识论,道德理性用于伦理学。
③ "有造境,有写境,此理想与写实二派之所由分。然二者颇难分别。因大诗人所造之境,必合乎自然,所写之境,亦必邻于理想故也。"(王国维《人间词话》,第191页)

篇之后，观其气貌，有似等闲不思而得，此高手也。有时意静神王，佳句纵横，若不可遏，宛如神助。不然，盖由先积精思，因神王而得乎？①

皎然论"取境"，以须至难至险，始见其句，即其中必有个人苦心孤诣而达至的体悟与见识，方始能有气貌等闲的文本呈现。此与个体生命境界的提升实为同一过程。故而，诗歌之意境的生成，以诗人对于历史人生的洞察与体悟为基础。因洞察与体悟之别，于"意境"遂有不同理解与展现的可能。"意境"进入中国诗学虽因佛教之力，然此观念产生之后，却有其自身的演变脉络②。

　　禅宗的意境观念，以色空、无住、刹那诸义为其生成的认识论条件。"意境"因此是一种特定的对于宇宙人生的体验与观察之法。徐增《而庵说唐诗》评王维《鸟鸣涧》曰：

　　　　"人闲桂花落"，心上无事人，浩然太虚，一切之物皆得自适其适。见花开，则开之而已；见花落，则落之而已。人自去闲，花自去落，各有本位，互不侵犯。吾读此五字，觉此身不在堪忍世界中也……夜静即是大雄氏入涅槃之时，春山空即是大雄氏成佛之境。右丞精于禅理，其诗皆合圣教。有此五个字，可不必更读十二部经矣……人闲花落是行所无事，夜静山空是天下太平。此时不识不知，色空俱泯，鸟栖于树，树忘于鸟，忽焉月起，光射树间，皎如白昼，惊我山鸟。惊字从夜静想出，亦是心上无事人觉得如此，非嫌月出也，花既由他落，月岂不由他

---

① 张伯伟《全唐五代诗格汇考》，第232页。

② "中唐受洪州禅之泽最著的诗人白居易，其所谓'闲适诗'竟表现了禅宗影响全然不同的两个方面。其中循其生活慵懒之节奏而带有絮聒性质的那一类作品，是断然与以'境'为诗体的意旨相违的。晚年白居易能够突破'感物'模式，以'外物不可必，中怀须自空'看空物、我，诗自境生，并以'能转物'而创造了'意'中之'境'。"（萧驰《佛法与诗境》，第287页）

出哉……试看三千大千世界中，可少得那一件乎？"时鸣春涧
中"，夫夜非鸟鸣之时，而时适在月出之夜，鸟见月则惊，惊斯
鸣，鸟未尝有心而鸣，人亦何尝有心而听？人既无心，何知是
鸟？何知是在春涧之中？而不知惟其无心，方知是鸟鸣，方知
是鸣于春涧之中也。余盖尝与世人相处矣，世人之心忙，每为
一事，闻见都不亲切；又尝与至人相处矣，至人之心闲，不用知
识，事事无一错过，故知之也。①

而庵的议论有着明显庄玄化的痕迹，对于"无事""心闲"的频频致
意，也可见出祖师禅的影响，虽并不尽然合乎《鸟鸣涧》所欲传递的
禅意②，然其以不识不知、色空俱泯，相忘方得相亲，心闲方可"亲
切"，却是对禅宗意境于中国诗学之贡献极为精彩的概括。诗中之
人是于相而离相、于物于人非利害、无对待的无相自我；其"不识不
知"故能闻见"亲切"，能得人、鸟、花、月之真昧，而此处之"真"，亦
是禅宗空观在现量（现象直观）中心识的玲珑剔透；时间在此现象直
观中，已不再是相续的世俗时间，而是于念而无念的刹那③。桂花之
落，不是发生于生长周期的自然时刻，乃是在此直观的刹那，见此花
落之相。虽然在意境的生成中，本有心闲、无事的法喜禅悦及提示
一种"观法"的意义，但当色空、无相、刹那等观念借助诗歌的传播，
成为一种简易而流行的知识形式与生命趣味时，却会产生对原有的

---

① 徐增《而庵说唐诗》卷七，《四库全书存目丛书》第396册，第635—636页。
② 张节末以"现象空观"解读《鸟鸣涧》曰："在王维看来，自然即便极动，它本质上
　也是极静，为空之眼当下之所观，无须假借任何反思或忆念。诗中的自然，已
　然失去了哲学上的本体性和体验上的亲和性，它不再是泛神论的'浑沌'（庄
　子），不再是作为自然之本的'无'（王弼）或'和谐'（嵇康），也不再是非本体又
　无以名言的'玄冥之境'（郭象），它仅是纯粹直观之'空'。空并非自然的本体，
　亦非无关自然的另一实体，它只是纯粹直观下同体于自然现象的本质。"（张节
　末《意境的古代发生与近现代理论展开》，《学术月刊》2005年第7期，第91页）
③ 参见萧驰《佛法与诗境》，第283—284页。

诗学传统与社会心理的强势冲击。

　　观念的产生与流行虽然会受到社会生活的制约,但其并非仅为政治社会的心灵投影,而具有一种影响政治社会之现状与走向的能力。故而,当一种理论、观念或方法业已深植时人的心灵世界,动摇或改变了曾经的认知结构与认知惯习,便自然会产生对社会生活的形塑效应。禅宗意境观念的现象直观,以泯能所、弃判断的不识不知以及刹那直觉中对于时间之流的跳出,向以感物言志、取譬连类为特点的儒家诗学提出了强势的挑战。虽然儒家诗学并不必然需要回应此种挑战,但当意境观念的传播与中晚唐人的生存体验相叠加时,其所产生的影响,业已使得中晚唐人的知识结构与社会心理产生了巨大的变化。无论是否忠实于禅宗意境观念的原貌,受其影响者,多难免在心境上产生对于无事、自了的认同倾向,对于人生、历史也常表现出无法克制的如梦如幻之感。即使是出身显赫、仕途亦可称畅达的杜牧,在其有关历史的认知中,亦不免"鸟去鸟来山色里,人歌人哭水声中"[①]的怅惘。后世在论及中晚唐诗,每每言及其与盛唐的差异,且多慨叹中晚唐气象的衰飒[②]。至此,儒学展现出积极回应的姿态,已是时代的必然要求。但禅宗意境观念有其异于儒学的认识论基础,故而,儒学的回应若期待能够持久而有效力,即需要在认识论的层次上,于色空、无相、刹那等禅宗理念所相关诸问题有着深刻的学理应答。虽然意境观念的流行冲击了儒家感物言志的诗学传统,但儒家诗学若要能够为社会人生提供稳定的支撑,却

---

① 杜牧《题宣州开元寺水阁阁下宛溪夹溪居人》,吴在庆校注《杜牧集系年校注》,第352页。

② "昔人编诗,以开元、大历初为盛唐,刘长卿开元、至德间人,列之中唐,殊不解其故。细阅其集,始知之。刘有古调,有新声。盛唐人无不高凝整浑,随州短律,始收敛气力,归于自然,首尾一气,宛若面语。其后遂流为张籍一派,益事流走,景不越于目前,情不逾于人我,无复高足阔步,包括宇宙,综览人物之意。"(贺裳《载酒园诗话又编》,郭绍虞编选、富寿荪校点《清诗话续编》,第321页)

无法以政教诗学旧传统的再确认为首要选择。于此,也可见出中晚唐儒学的回应何以无法改变诗风衰飒的趋势。

　　韩愈是中唐坚定而决绝的辟佛者,其在主张"人其人、火其书、庐其居"的同时,也标举感物缘情的诗学传统。其《送孟东野序》曰:"大凡物不得其平则鸣……人之于言也亦然,有不得已者而后言。其歌也有思,其哭也有怀。凡出乎口而为声者,其皆有弗平者乎……人声之精者为言,文辞之于言,又其精也,尤择其善鸣者而假之鸣。其在唐虞,咎陶、禹其善鸣者也,而假之以鸣。夔不以文辞鸣,又自假于《韶》以鸣。夏之时,五子以其歌鸣。伊尹鸣殷,周公鸣周。凡载于《诗》《书》六艺,皆鸣之善者也。"①人之假文辞而言其思、其怀,源自物感情迁的不得已。惟其能鸣,故有真实的关切而能承担延续与创造文明的责任。韩愈"不得其平则鸣"的主张,自儒家感物言志的诗学传统而言,乃是对已有观念的重申,但在中唐的思想与社会背景下,韩愈的努力无疑有着重新确立儒家政教诗学位置与影响的意图。而若回眸李唐自武德以来的主流文论,主张风雅比兴的政教诗学一直是主调宏音②。中唐而后,政教诗学依然是此时期政论、文论的常规表述。韩愈的观念在其前后的不同时期,均可寻得大体相近的同调者。独孤及《检校尚书吏部员外郎赵郡李公中集序》曰:"公之作本乎王道,大抵以五经为泉源,抒情性以托讽,然后有歌咏;美教化,献箴谏,然后有赋颂。"③白居易《与元九书》曰:"人之文《六经》首之。就《六经》言,《诗》又首之。何者?圣人感人心而天下和平。感人心者莫先乎情,莫始乎言,莫切乎声,莫深乎义。"④皮日休《松陵集序》曰:"诗有六艺,其一曰比。比者,定物之

---

①刘真伦、岳珍校注《韩愈文集汇校笺注》,第982—983页。
②参见罗宗强《隋唐五代文学思想史》,第170页。
③《全唐文》卷三八八,第3946页。
④朱金城笺校《白居易集笺校》,第2790页。

情状也。则必谓之才,才之备者,于圣为六艺,于贤为声诗。"①但在此主张前后相继的声浪中,即使诗僧所作的诗格类著作中也可见到对于比兴传统的强调②,禅学的影响明显抬升及政治与社会生活的保守格局的日趋明确,却更能影响诗歌的时代风格,中晚唐诗风趋于寒俭衰飒,对自我内心感受与体验的关注已取代家国天下成为诗歌书写的新风习。虽然儒学对于诗教传统的重申,并不仅为应对佛教的挑战,但无法遏制佛学的影响,却提示其应对思路所可能存在的缺陷。儒学需要在认识论的层面为世界的存在提供理据、为自我生命的安顿提供稳定的根基、为历史的认知提供更有效的观法,也需要在时间的理解上为"连续"提供超越于经验之上的可能。在中唐之后的文论中,值得注意的是"道"已广受关注,且"《春秋》三传束高阁,独抱遗经究终始"(韩愈《寄卢仝》),表现出回归经典并超越经典的学术新变,预示了儒家形上学构建的自觉③。而与之同时,儒家学人对于"心性"的关注,更为清晰地展现出与佛道争衡的姿态。

李翱《复性书》上篇曰:"道之极于剥也必复,吾岂复之时耶?吾自六岁读书,但为词句之学。志于道者四年矣,与人言之,未尝有是我者也。南观涛江入于越,而吴郡陆傪存焉,与之言之。陆傪曰:'子之言,尼父之心也。东方如有圣人焉,不出乎此也,南方如有圣人焉,亦不出乎此也。惟子行之不息而已矣。'呜呼!性命之书虽存,学者莫能明,是故皆入于庄、列、老、释,不知者谓夫子之徒不足以穷性命之道,信之者皆是也。有问于我,我以吾之所知而传焉,遂书于书,以开诚明之源,而缺绝废弃不扬之道,几可以传于时,命曰

---

① 《全唐文》卷七九六,第8351页。
② 僧人虚中《流类手鉴》"物象流类"条,有非常细密的说明,如:"残阳、落日,比乱国也。昼,比明时也。夜,比暗时也。"(张伯伟《全唐五代诗格汇考》,第418页)
③ 陈弱水《唐代文士与中国思想的转型》,第64页。

《复性书》,以理其心,以传乎其人。"①陈弱水认为,在魏晋以来的思想格局中,儒学偏于社会治理,佛、老则重心性之学,三者间互补相成,形成外儒内佛及外儒内佛的基本态势②。虽然内外两分的框架不免简化实际生活,也会忽视作为一种有关宇宙人生的系统思想,其影响自然会遍及人类生命的各基本层面,但若以思想之区分性的时代特点而言,却大体可信。刘禹锡曰"儒以中道御群生,罕言性命,故世衰而寖息;佛以大悲救诸苦,广启因业,故劫浊而益尊"③,以"性命"之学的缺乏建树,作为儒学不能振起于政治社会渐趋衰败之历史时期的缘由。李翱立志于心性之学,然"与人言之,未尝有是我者也",亦可见中唐儒学虽有复兴儒道的风气,于形上学的构建却并无明确的群体自觉。对于李翱的《复性书》,朱熹认可其对《中庸》的发现,但并不认可其心性之学:"所谓灭情以复性者,又杂乎佛老而言之,则亦异于曾子、子思、孟子之所传矣。"④朱熹在儒家心性之学已然细致深密且成为士人思想格局之基本构成时所给予的评价,多少忽视了李翱在中唐时期孤明独发的贡献。朱熹自然不会忽略,借鉴不同流派的观念、问题与方法是思想生成的常规路径,其对于《复性书》的批评,更在于李翱以"诚"言性,但对于如何确立"诚"的本体地位并无考量,故难以建立儒家的形上之学,而其灭情以复性的思路,也不足以支撑建立内圣外王贯通一体之学的思想意图。即使如此,李翱的《复性书》在中唐所开拓的路径,对于儒学复兴依然有着无可替代的贡献。陈善《扪虱新话》曰:"退之《原道》辟佛老,欲人其人、火其书、庐其居。于是儒者咸宗其语。及欧阳公作《本论》,

① 郝润华、杜学林校注《李翱文集校注》,中华书局,2021年,第15—16页。
② 参见陈弱水《唐代文士与中国思想的转型》,第66—97页。
③ 刘禹锡《袁州萍乡县杨岐山故广禅师碑》,陶敏、陶红雨校注《刘禹锡全集编年校注》,第1547页。
④ 朱熹《中庸集解原序》,朱熹删定《中庸辑略》,《景印文渊阁四库全书》经部第198册,第558页。

谓莫若修其本以胜之，又何必人其人、火其书、庐其居也哉！此论一出，而《原道》之语几废。"①欧阳修以"修本"为辟佛的适恰方式，不认可韩愈过于决绝的主张。然其所言之"本"，乃以礼乐制度之学为儒学之"本"，并非形上本体之本，虽有其影响，然于佛学却不过"攻其皮毛"②而已。儒学对于佛教乃至时代危机的应对，须以本体之学的建立为根本，诗歌风格的整体变化也由之方始可能，于此亦可见出李翱的历史贡献。

二　天理与生生之境

从经学向理学的过渡，在知识形态上表现出越趋明晰的，对于分析、批判式的论学方式的倚重。理学以对万物存在之理据、历史表相背后之逻辑、生命之安顿及良序社会达成之路径的考量，形成了区别于汉唐经学的明体达用之学③。而在此思想进程中，佛学无疑扮演了极为重要的对话者的角色。理学自易学转出，以自然为其学说之基础，并由之建立形而上的本体之学，即有回应佛学色空之论的明确意图。儒学形上本体的建立，也为一种别异于禅宗有关宇宙人生之识见与体悟的生成，提供了认识论的基础。唐型的"意境"观念因新类型的产生而扩容生新，于中国诗学影响更为深远。

在被称为理学开山之作的周敦颐《太极图说》中，"无极而太极""诚""立人极"已成为其学说的核心概念。濂溪由此建立其关于万物生化的宇宙论及为宇宙人生确立意义之根据的价值形上学，并在宇宙论及价值形上学之间形成圆融贯通的一体关系。相较于李

---

① 陈善《扪虱新话》，戴建国主编《全宋笔记》第5编第10册，大象出版社，2012年，第87页。
② 罗大经撰、王瑞来点校《鹤林玉露》，第195页。
③ 参见何俊《从经学到理学·引言》，上海人民出版社，2021年，第1—11页。

翱以诚言性,周敦颐则尝试以太极与"诚"同质、同体的方式,赋予"诚"明确的本体意义①。然周敦颐"无极而太极"之说,有近于道家之处,易生"有生于无"的解读。故至张载《正蒙·太和篇》即以"太极"为"太虚":

> 知虚空即气,则有无、隐显、神化、性命通一无二,顾聚散、出入,形不形,能推本所从来,则深于《易》者也。若谓虚能生气,则虚无穷,气有限,体用殊绝,入老氏"有生于无"自然之论,不识所谓有无混一之常;若谓万象为太虚中所见之物,则物与虚不相资,形自形,性自性,形性、天人不相待而有,陷于浮屠以山河大地为见病之说。此道不明,正由懵者略知体虚空为性,不知本天道为用,反以人见之小因缘天地。明有不尽,则诬世界乾坤为幻化。幽明不能举其要,遂蹠等妄意而然。不悟一阴一阳范围天地、通乎昼夜、三极大中之矩,遂使儒、佛、老、庄混然一途。语天道性命者,不罔于恍惚梦幻,则定以"有生于无",为穷高极微之论。入德之途,不知择术而求,多见其蔽于诐而陷于淫矣。②

张载以万物生化为气之聚散,气有有形无形之别,但无形之气亦属于有,故万物生化不能自无而有,而实为自有而有③,所谓有无实只是幽明而已。太虚为无形之气,气为有形之气,太虚聚而为气,气聚而为万物,气散复归于太虚。而"一物两体,气也;一故神,两在故不

---

①参见陈来等著《中国儒学史·宋元卷》,北京大学出版社,2011年,第106—129页。

②章锡琛点校《张载集》,第8页。

③"天地乃本有之物,非心所能生也。若曰心能生天之形体,是乃释氏想澄成国土之余论,张子尝力排之矣。"(《朱子全书》第23册,第3403页)

测。两故化,推行于一。此天之所以参也。"[①]"不能无感者谓性"[②]"感而遂通者神"[③],"神"是气本有的能动的本性,贯通阴阳两气,两气鼓荡相感,化生万物。其聚其散,皆因"神"而然,即"惟神为能变化,以其一天下之动也。"[④]万物各有客形,但不碍其虚体;虚体常在,亦不以众形为幻。老庄以有生于无,乃是未经批判,基于自然经验的论断;佛教以世间万相为幻相,则体与形相离。于张载而言,气贯通形上形下,神化不测,化生万物,物有聚散,然间万物非幻化之相,生化之过程恒久不息。"至诚,天性也;不息,天命也。人能至诚则性尽而神可穷矣。"[⑤]"感"真实无妄而自不能已,人因气感而生,若能"真实无妄",有德性之善,有智性之明则自然可尽性穷神,参天两地。如此,人之生命的价值遂奠基于生命生成之本身,即气聚而生即是天性的至诚不息,生命的生长应以符合生命生长的方向为原则,而以尽性穷神为其具体的展开,"存,吾顺事;没,吾宁也。"[⑥]

张载以一气贯通力排佛学色空之说,但"气散复归太虚",却不免有陷入轮回的危险,而难以与佛教的生死观念截然区分。程颐遂另立新说:"近取诸身,百理皆具。屈伸往来之义,只于鼻息之间见之。屈伸往来只是理,不必将既屈之气,复为方伸之气。生生之理,自然不息。如复言七日来复,其间元不断续,阳已复生,物极必返,其理须如此。有生便有死,有始便有终。"[⑦]在二程看来,张载的"形溃返原"之说,有将天地化生限于循环往复之气的解读可能,从而弱化了"生生"恒久不息的本然之性,而无法在逻辑上为新新不已、生

---

① 章锡琛点校《张载集》,第10页。
② 章锡琛点校《张载集》,第22页。
③ 章锡琛点校《张载集》,第201页。
④ 章锡琛点校《张载集》,第18页。
⑤ 章锡琛点校《张载集》,第63页。
⑥ 章锡琛点校《张载集》,第63页。
⑦ 王孝鱼点校《二程集》,第167页。

生不穷奠定稳定的基础。故而,二程认可个体生命的死亡为往而不反,然个体的寂灭乃是天地生生之理充分实现自我的环节。"因为如果不是从一己的形气之私上起见,我们将会发现每一个个体生命无非是天地生生之理的体现。而天地生生之理,如果不是每一刻都在创生着全新的生命,而是要'资于既毙之形,既返之气',那么生生之理就有断绝灭息的可能。"①相较于"存,吾顺事;没,吾宁也",有着对存、没二分的表述,程颢则更强调生与死的一体。"死生存亡皆知所从来,胸中莹然无疑,止此理尔。孔子言'未知生,焉知死',盖略言之。死之事即生是也,更无别理。"②生死一体,既是从一生命的终结是生生之理的必然环节言,亦是自具体之生命而言,死亡不是生命要到往的终点,而是内在于生的过程,生中有死;而死亡则意味着一种新的形态出现的可能,故死中有生。生与死相对而互为条件,并可相互转化,天地之间存在着作为普遍原理的互为条件的对立与分别。"天地万物之理,无独必有对,皆自然而然,非有安排也。每中夜以思,不知手之舞之,足之蹈之也。"③程颢对于"无独必有对"的强调,确保了感应或相互作用的真实与普遍。普遍感应或相互作用的存在,使得生生不已的天理有了具体实现的可能,而这也构成了其自家体贴出来的"天理"的重要环节。"'生生之谓易',是天之所以为道。天只是以生为道,继此生理者,即是善也。善便有一个元底意思。'元者善之长',万物皆有春意,便是'继之者善也'。'成之者性也',成却待他万物自成其性须得。"④天之道即生生变易之道,也即生生之理。

　　程颢对于生生之理的体贴,既源于直接的生命经验,也是彻底

---

① 陈来等著《中国儒学史·宋元卷》,第189页。

② 王孝鱼点校《二程集》,第17页。

③ 王孝鱼点校《二程集》,第121页。

④ 王孝鱼点校《二程集》,第29页。

的逻辑推论使然。生生之理即体即用，因其生生不已，"一定则不
能常矣"[1]，故其在肯定的同时，必然同时持续的否定[2]。对于具体
事物而言，肯定（聚）为主导；于生生之化而言，则否定（散）为趋势。
"天地之化育，万物之生成，凡有者皆聚也。有无动静终始之理，聚
散而已。"[3]万物有其始终，但生生之理恒久不息。至此儒家已在世
界之实有的问题上，建立了系统而周密的学说，从而形成了对于佛
学色空之论的强势回应。"《乐记》已有'灭天理而穷人欲'之语，至
先生始发越大明于天下。盖吾儒之与佛氏异者，全在此二字。吾儒
之学，一本乎天理。而佛氏以理为障，最恶天理。先生少时亦曾出
入老、释者几十年，不为所染，卒能发明孔、孟正学于千四百年无传
之后者，则以'天理'二字立其宗也。"[4]当一种有关宇宙人生的识见
与体悟具有稳定认识论根基时，即有了成就新的"意境"观念的可
能。而若对此进行分疏性的解读，则首先重在对于宇宙人生的识见
之上。"明道书窗前有茂草覆砌，或劝之芟，曰：'不可！欲常见造物
生意。'又置盆池蓄小鱼数尾，时时观之，或问其故，曰：'欲观万物自
得意。'"[5]在生机盎然的天地间，观物以见生意，以悟生生之理，迥
然有别于禅宗在现象直观的寂寥清净中勘破我执与法执所追求的
心灵的澄净。沩山灵祐禅师说法云："夫道人之心，质直无伪，无背

---

[1] 王孝鱼点校《二程集》，第861页。
[2] "一切存有都有维持其自身同一性的倾向，但此种确定的自身同一性，又必然
来自无法完成、无法确定的否定和限定。对任一具体的存有来说，其他的存有
都在其自身同一性得以维持的无限的否定和限定当中。这种彼此否定和限定
的关系，就是散这一倾向的来由。但某一存有对另一存有的否定和限定的反
面，又构成了对另一存有的肯定，而这就是聚这种倾向的根源。"（杨立华《一
本与生生：理一元论纲要》，生活·读书·新知三联书店，2018年，第26页）
[3] 王孝鱼点校《二程集》，第931页。
[4] 黄宗羲《宋元学案》卷一三，第569页。
[5] 黄宗羲《宋元学案》卷一四，第578页。

无面,无诈妄心。一切时中,视听寻常,更无委曲,亦不闭眼塞耳,但情不附物即得。从上诸圣,只说浊边过患,若无如许多恶觉情见想习之事,譬如秋水澄渟,清净无为,澹汩无碍。唤他作道人,亦名无事人。"①在禅宗的空观中,常见鉴、水、灯、月诸喻相,以水鉴之明表达心境的明净澄澈,虽于相而离相。若冲禅师有诗曰"碧落静无云,秋空明有月。长江莹如练,清风来不歇。"②然朱熹则认为,若以心物如镜影,"则性是一物,物是一物,以此照彼,以彼入此也"③,体用相离。而生生不已的世界却相感共生、体用一源④。万物各有其态、各有其理,然万理归于一理,即生生之理⑤。故有关宇宙人生的识见,要在于生意中体悟生生之理,体悟生生不已的大化流行。

　　生生不已的大化流行并无确定的目的,亦无主宰,但生命的无尽萌生却是天地间的根本倾向。"一阳复于下,乃天地生物之心也。先儒皆以静为见天地之心,盖不知动之端乃天地之心也。非知道者,孰能识之?"⑥二程以"动之端"为天地之心,乃是此一由至静而有动之萌生时刻最能体现天地生生的根本倾向⑦。宇宙万物有始

---

① 普济著、苏渊雷点校《五灯会元》卷九,中华书局,2006年,第521页。

② 普济著、苏渊雷点校《五灯会元》卷一六,第1039页。

③ 朱熹《答廖子晦》,《朱子全书》第22册,第2079页。

④ "'体用一源'者,自理而观,则理为体、象为用,而理中有象,是一源也;'显微无间'者,自象而观,则象为显、理为微,而象中有理,是无间也。先生后答语意甚明,子细消详,便见归著。且既曰有理而后有象,则理象便非一物。故伊川但言其一源与无间耳。其实体用显微之分则不能无也。"(朱熹《答何叔京》,《朱子全书》第22册,第1841页)

⑤ "问:'某尝读《华严经》,第一真空绝相观,第二事理无碍观,第三事事无碍观,譬如镜灯之类,包含万象,无有穷尽。此理如何?'曰:'只为释氏要周遮,一言以蔽之,不过曰万理归于一理也。'"(王孝鱼点校《二程集》,第195页)

⑥ 王孝鱼点校《二程集》,第819页。

⑦ 唐纪宇《不已、生生与对待——〈程氏易传〉中的天道观》,《周易研究》2020年第2期,第39—46页。

有终,生必有死,然生生之理无一刻止息,其能聚而有物之生,其必散而有物之可生,如此而成日新无已的大化流行。受此影响的诗歌意境生成,遂以见出"生意"为常规。"杜少陵绝句云:'迟日江山丽,春风花草香。泥融飞燕子,沙暖睡鸳鸯。'或谓此与儿童之属对何以异。余曰,不然。上二句见两间莫非生意,下二句见万物莫不适性。于此而涵泳之,体认之,岂不足以感发吾心之真乐乎!大抵古人好诗,在人如何看,在人把做甚么用。如'水流云不竞,云在意俱迟''野色更无山隔断,天光直与水相通''乐意相关禽对语,生香不断树交花'等句,只把做景物看亦可,把做道理看,其中亦尽有可玩索处。大抵看诗,要胸次玲珑活络。"[1]"生生之理"与现实世界显微无间。但正如生生之理中,肯定与否定,聚与散的相互内在,生生的世界中并不尽为泥融沙暖、鸢飞鱼跃的生命图景。在万物的共生中,有着万物之间的相互限制以及不可避免的以它物之生命为自我生命之养料的残酷。虽然自生生之理观之,如此亦是理之必然。但对于弱小生命的怜悯,对相互救助的称许、对生命消亡的不忍,却正如"动之端"体现了天地生生的根本倾向,散为聚提供了可能,为生命的日新提供了可能,但聚才是生命的根本。故而,在诗歌中,对于"生意"的书写与体悟,不尽是对生生之理无抉择的接受,而偏重于对生命适性、和谐的感知,正是此根本倾向的自然流露。

　　生生不已的世界"无独必有对"且有其根本倾向,故而,在时间的理解上,同样别异于禅宗以当下(刹那)为表现的对于时间的分割。在禅宗的时间观念中,绵延的时间之流缘于心有所住而生的妄见,在纯粹直观中只有前后不相继的当下(刹那),所谓世间万有的成住坏灭同样缘于心识的未能澄明。但在理学的思想体系中,并无前后可以断割的"当下","当下"只有具有自我肯定与否定的双重维度,方能成为当下,只有能够成为过去的、来自未来的才能成

---

[1] 罗大经撰、王瑞来点校《鹤林玉露》,第149页。

为当下。于此,王夫之有着极为明晰的表述:"有已往者焉,流之源也,而谓之曰过去,不知其未尝去也。有将来者焉,流之归也,而谓之曰未来,不知其必来也。其当前而谓之现在者,为之名曰刹那(谓如断一丝之顷);不知通已往将来之在念中者,皆其现在,而非仅刹那也……故相续之谓念,能持之谓克,遽忘之谓罔,此圣狂之大界也。"[1]在理学的世界中,时间是一个环环相续的链条,共同构成了生生之理自我实现的生命过程。元亨利贞既相区别,又相互内在。但亦正如生生之理以聚为根本倾向,环环相续的时间链条亦以体现此倾向的"时刻"为其端要。"犹春夏秋冬虽不同,而同出于春:春则生意之生也,夏则生意之长也,秋则生意之成,冬则生意之藏也。自四而两,两而一,则统之有宗,会之有元,故曰:'五行一阴阳,阴阳一太极。'又曰:'仁为四端之首,而智则能成始而成终;犹元为四德之长,然元不生于元而生于贞。盖天地之化,不翕聚则不能发散也。仁智交际之间,乃万化之机轴。此理循环不穷,吻合无间,故不贞则无以为元也。'"[2]元生于贞,贞下启元,此一开启,即是生命的独特之"几"。人之识见自然体现于有知"几"之能。张栻《和宇文正甫探梅》曰:"天与孤清迥莫邻,只应空谷伴幽人。千林扫迹愁无那,一点横梢眼便亲。顾影莫惊身易老,哦诗尚觉句能新。几多生意冰霜里,说与夭桃自在春。"[3]"几"是生命萌生之初,将形未形的时刻,而非草长莺飞一片生机盎然的生长之时。故而,能在枯寂中见生意,在凝寒中见春意,方是能够见"几"知"几"。所以一点梅花、一抹远有近无的草色,能够成为表达新意境之诗歌的偏爱。自生命之生长而言,有其"几",而若自生命体之相互感应影响而言,亦有其"几"。然此"几",与人事之善恶及兴亡治乱关联紧密,有着明确的价值意

---

① 王夫之《尚书引义》卷五,中华书局,2009年,第132页。
② 《朱子语类》卷六,第109页。
③ 张栻《南轩集》卷四,明嘉靖元年刘氏翠岩堂慎思斋刻本。

义,与生命的安顿及历史意义的确立相关,故将其讨论并入下节。

　　活泼的世界是一个"无山隔断""与水相通""禽对语""树交花"的世界,相感共生,故其生机无限,而相感的世界即是一个异类万千的大生命体。"天地阴阳之变,便如二扇磨,升降盈亏刚柔,初未尝停息,阳常盈,阴常亏,故便不齐。譬如磨既行,齿都不齐,既不齐,便生出万变。故物之不齐,物之情也。而庄周强要齐物,然而物终不齐也。"[1]万物之不齐,物之本然,也是生生之理的恒久不息的运化使然。

　　　　理之在天下,犹元气之在万物也。一气之春,播于品物,其根其茎,其枝其叶,其华其色,其芬其臭,虽有万而不同,然曷尝有二气哉! 理之在天下,遇亲则为孝,遇君则为忠,遇兄弟则为友,遇朋友则为义,遇宗庙则为敬,遇军旅则为肃。随一事而得一名,名虽至于千万,而理未尝不一也。气无二气,理无二理。然物得气之偏,故其理亦偏;人得气之全,故其理亦全。惟物得其偏,故茇之不能为薰,茶之不能为荠,松之不能为柏,李之不能为桃。各守其一而不能相通者,非物之罪也,气之偏也。至于人则全受天地之气,全得天地之理,今反守一善而不能相推,岂非人之罪哉。[2]

世间万有虽然同源于生生之理,但其现实形态却有类际与同类之间的千差万别。自理、气而言,万物一体,感应相通;自物之性而言,则边界清晰各有其性,也即万物之生,各有其规则与原理,而物类之间各有边界,纷繁而不失秩序则有其条理[3]。虽然生生之理并无明确

---

[1] 王孝鱼点校《二程集》,第32—33页。

[2] 吕祖谦《左氏博议》,《景印文渊阁四库全书》经部第152册,第320—321页。

[3] "理有能然,有必然,有当然,有自然处,皆须兼之,方于理字训义为备否……能然必然者,理在事之先;当然者正就事而直言其理;自然则贯事理言之也。四者皆不可不兼该,而正就事言者尤见理直截亲切,在人道为有力。"(陈淳《北溪大全集》,《景印文渊阁四库全书》集部第1168册,第550—551页)

的目的论指向,但现实的物类之间却有等级的差异。人因得天理之
全与气之全,而为万物之灵,并使得自然世界由之具有明确的价值
意味。此种等差基于血缘之近推廓而及不同物类,产生"事"上的次
第与厚薄之别。

"理一分殊","事"变无穷,故欲于事上识见生生之理,又谈何
容易。"或问:'学必穷理。物散万殊,何由而尽穷其理?'子曰:'诵
《诗》《书》,考古今,察物情,揆人事,反覆研究而思索之,求止于至
善,盖非一端而已也。'"①惟其能够考量古今,体察物情,揆度人事,
方能体悟生生之理,得其闲而为无事之人。故闲人、无事人,遂成为
表达识见的常见意象。程颢《秋日偶成》云:"闲来无事不从容,睡
觉东窗日已红。万物静观皆自得,四时佳兴与人同。道通天地有形
外,思入风云变态中。富贵不淫贫贱乐,男儿到此是豪雄。"②苏轼
《春日》曰:"鸣鸠乳燕寂无声,日射西窗泼眼明。午醉醒来无一事,
只将春睡赏春晴。"③"闲"之语义由"閑"与"閒"融贯而生,"閑"有规
范与防闲之义;"閒"本指间隙,引申而为闲暇④,闲是忙的间隙,也
应是对于事有真切之知的从容。然风习鼓荡之下,以闲、无事相标
榜,却不免有导致"闲"成为另一种人生之"忙"的危险。于宇宙人生
能有一定的识见,已殊非易事。然人为万物之灵,其于宇宙人生的
识见,并不仅止步于天理与物理的体察,而必然会有其明确的价值
诉求。这即意味着,新"意境"的生成,必然关联于生命的价值安顿,
并由此为人生与历史奠定稳定的基础。

---

① 王孝鱼点校《二程集》,第1191页。

② 王孝鱼点校《二程集》,第482页。

③ 冯应榴辑注,黄任轲、朱怀春校点《苏轼诗集合注》,第1275页。

④ 贡华南《论忙与闲——进入当代精神的一个路径》,《社会科学》2009年第11
期,第105—112页。

三　人生之乐与兴亡之运

在佛教中国化的进程中,以利他、入世为精神宗旨的大乘佛教,表现出更趋明确的入世化与人生化的倾向,肯定人生、主张自信自尊的同时,亦强调宗教修悟与克尽人伦的统一。虽然,作为中国化的佛教宗派,禅宗教义与原始佛教时期以人生皆苦、人生处于轮回苦境的认知观念,业已保有明确的距离,但并未由之否定苦、空在认识论上的影响。故而,宋儒在回应禅宗之挑战时,强调"佛学只是以生死恐动人"(《二程集》),虽可能是出于应对策略的考量而给予佛学标签式的简化,然自一般知识世界对佛学的理解而言,并不突兀。"苦""空"之说,有其伦理教化之功,但却无法为"有"与"善"提供稳定的根基。当以中道御当世的儒学,只被视为一种世俗的社会治理之学时,"善"便成为根底不固的传统中的共识。如此,生命在现世的安顿将难以面对是否迷头认影、随俗乡愿的质疑,而成为不易实现的梦中之想;古往今来的历史,亦将被视为治乱更迭的不尽循环,而无法被赋予真实的价值内涵。当儒学面对佛学的挑战时,回眸传统与依赖经验,均无法达至回应挑战所要求的彻底性[①]。唯有儒学以生生之理的确认,为现实世界的实有提供超越的根基时,生命的安顿与历史的价值方由此获得稳定的根基。

程颢在说明"何谓善"时曰:"'生生之谓易',是天之所以为道也。天只是以生为道,继此生理者,即是善也。"而"继此生理者"需要对于生生之理有真切的体悟,同时能于生命的过程中对善之事有

[①]"人生有极端处境、个人或公共生活本质上有伦理两难,依既定伦理绝不可解者。伦理、法律如无神圣性之保证,亦必将式微。宋学成就,归根结底就是在性理而非仅仅传统权威层面重新论证儒家伦理。"(丁耘《判摄与生生之本——对道体学的一种阐述》,《哲学动态》2020年第12期,第37—50页)

真诚的践履。"生生之理"虽然不即是"事"中具体的"当然之理",但却是当然之理超越的根据,也是理解与解决伦理困境与纷争的至高判断标准。生生之理以"动之端"为根本倾向,世间万物以生命的维护、生长为根本倾向,合乎此倾向即为"善"。但万类共生,一物之生长,不免以它物为质料,遂由之而有不同的"当然之理"的冲突与纷争。何以解决争端,须以"生生之理"为据,寻找达成共识的可能。在现实的世界中,缘此生长倾向的先天之"善",获取须有限度,反抗自然正当,遂形成对抗与合作一体的生命样态。人与万物均秉有此生长倾向,然人得气理之全,故于此倾向有更为深刻的认知与体悟,且能跨越形体与类别之限制而推廓及于天下万物。"天理云者,这一个道理,更有甚穷已? 不为尧存,不为桀亡。人得之者,故大行不加,穷居不损。这上头来,更怎生说得存亡加减? 是他元无少欠,百理具备。"①"天理"作为普遍而永恒的生生之理,必有其流行而呈现为具体的物之性理。人受此天命而有其性理,"然而唯人气最清,可以辅相裁成,'天地设位,圣人成能',直行乎天地之中,所以为三才。天地本一物,地亦天也。只是人为天地心,是心之动,则分了天为上,地为下,兼三才而两之,故六也。"②个体之性源自天理,个体别异纷繁,但作为实有,则是道德伦理生发的条件,并为道德的客观与普遍提供了现实的支撑。然个体之性须经心的作用方能有光辉盛大之显现。故人所以为天地之心,要在心之灵明。

邵雍《伊川击壤集自序》曰:"性者道之形体也,性伤则道亦从之矣。心者性之郛郭也,心伤则性亦从之矣。身者心之区宇也,身伤则心亦从之矣。物者身之舟车也,物伤则身亦从之矣。是知以道观性,以性观心,以心观身,以身观物,治则治矣,然犹未离乎害者也。不若以道观道,以性观性,以心观心,以身观身,以物观物,则虽

---

① 王孝鱼点校《二程集》,第31页。
② 王孝鱼点校《二程集》,第54页。

欲相伤,其可得乎! 若然,则以家观家,以国观国,以天下观天下,亦从而可知之矣。予自壮岁业于儒术,谓人世之乐何尝有万之一二,而谓名教之乐固有万万焉,况观物之乐复有万万者焉。虽死生荣辱转战于前,曾未入于胸中,则何异四时风花雪月一过乎眼也?"①邵雍以器物之喻,建构了道、性、心、身、物之间的相互关系。虽然并未特别突出心的作用,然其对名教之乐及观物之乐的自得,却与周敦颐对于"寻孔颜之乐"的指点②,共同形成了对佛教以"苦"论世的正面应对。邵雍所言之乐,并非口体之乐的得以满足,而源于名教的认知、践行与制作以及在观中对于万物一理与物有其理的考量与体悟。一体与万殊中,有能然、必然、当然与自然的不同维度。人生欲达成"乐"之境界,即能化当然为自然,而尤赖"心"之作用。"学者须先识仁。仁者,浑然与物同体。义、礼、知、信皆仁也。识得此理,以诚敬存之而已,不须防检,不须穷索。若心懈则有防,心苟不懈,何防之有? 理有未得,故须穷索。存久自明,安待穷索? 此道与物无对,大不足以名之,天地之用皆我之用。孟子言'万物皆备于我',须反身而诚,乃为大乐。若反身未诚,则犹是二物有对,以己合彼,终未有之,又安得乐?"③"识"是心的作用,所谓识仁,首先在于对秉天命而有的生长倾向的直觉。此种内在于人心的生长倾向即为人所本有的道德之心,也即仁之端。道德之心会在道德境遇中给予行动一个方向的指导,同时,道德之心在面对宇宙万物时,同样会自我呈现,赋予宇宙万物以价值与意义④。其次,心具有自我反思的能力,可以在日常生活中不断省察,以提升对道德伦理问题的认知与践行

---

① 郭彧整理《伊川击壤集》,中华书局,2013年,第2页。

② "昔受学于周茂叔,每令寻颜子、仲尼乐处,所乐何事。"(王孝鱼点校《二程集》,第16页)

③ 王孝鱼点校《二程集》,第16—17页。

④ 杨泽波《儒家生生伦理学引论》,商务印书馆,2020年,第4页。

能力。

　　相较而言,程颢虽然认可读书、考史、行事在道德践履中的作用,然以"存久自明,安得穷索",却不免有稍觉简易之过。后世以大程近心学一系,当因其以易简工夫体万物一体之境有关。而作为理学一系核心人物的朱熹,则颇为注重后天经验的价值。朱熹《孟子章句·尽心章》曰:

> 不贰者,知天之至,修身以俟死,则事天以终身也。立命,谓全其天之所付,不以人为害之……愚谓尽心知性而知天,所以造其理也;存心养性以事天,所以履其事也。不知其理,固不能履其事;然徒造其理而不履其事,则亦无以有诸己矣。知天而不以夭寿贰其心,智之尽也;事天而能修身以俟死,仁之至也。智有不尽,固不知所以为仁;然智而不仁,则亦将流荡不法,而不足以为智矣。①

在宋明理学的内部分疏中,心学一系,不以"生生之理"为善,而以"继此者善",故"善"只就万物现实存在的维度而言。其工夫论的重心亦不在格物致知,而是通过对识痛痒的当下生机的体知达至"万物一体",并由之使得"生生之理"显现于心,且在行动中呈现为不同的"当然之理"。理学一系,则以生生之理为善,恶的来源为气质;其工夫论强调通过格物致知转化气质,从而使得生生之理呈现于具体之"事"②。因为对格物致知的强调,朱熹尤其注重"智"的作用。"智"作为心之能,可以在认知、省察中提升对于物理、事理以及伦理、道德等批判分析的水准,从而在"仁"所指示的方向上,行事而合乎"当然之理"。正因"智"的作用,故"一旦豁然贯通焉,则众

---

① 朱熹《四书章句集注》,第349页。
② 参见段重阳《"继之者善也":万物一体与天理的发生机制》,《道德与文明》
　　2022年第1期,第81—89页。

物之表里精粗无不到，而吾心之全体大用无不明矣。"①当达至此一境地，遂有当然即自然而随心所欲不逾矩矣。虽然，心学、理学之间存有诸多认识上的分歧，但化当然为自然的可能性上却有着一致的理解。

理学通过对于何谓善、如何实践善以及当然是否即为自然等问题的系统回应，为个体生命意义的安顿问题奠基了坚实的基础。人生之乐，在于对于合乎生生之理的生长倾向的坚持，是成己成物的过程。此过程须依赖于后天颇为艰辛的明心养性与格物穷理的过程，知与行的统一以及化当然为自然的实现，均非易于达成的人生目标。然因合理与正当所带来的安顿与愉悦，却足以使得生命在不同的境遇中不随俗而迁，"修身以俟死"。至此，理学已通过理论的回应与生命的践履，以人生之"乐"的能然与实然回应了佛教对于世间皆苦的认定。而理学之乐，乐在成己成物的人生践履，亦根本不同于禅宗的追求自心清净或随缘洒脱的开悟与解脱。禅宗的于相而离相的无相之我，也被理学以圣贤气象相标榜的无私之我的光芒所掩盖。中晚唐诗歌中常见的自性清净之境或随缘自在之境，其流行度已逐步让位于新的在生命大化之流中，体认生生之理的人生之境。船子和尚偈云："千尺丝纶直下垂，一波才动万波随。夜静水寒鱼不食，满船空载月明归。"②栖白《寄南山景禅师》云："一度林前见远公，静闻真语世情空。至今寂寞禅心在，任起桃花柳絮风。"③船子和尚的空寂与栖白的心无所住，将在思想的新变中成为诗学的旧传统。程颢《偶成》云："云淡风轻近午天，望花随柳过前川。旁人不识予心乐，将谓偷闲学少年。"④杨万里《闲居，初夏午睡起二绝句》

---

① 朱熹《四书章句集注》，第7页。
② 普济著、苏渊雷点校《五灯会元》卷五，第275页。
③ 《全唐诗》卷八二三，第9362页。
④ 王孝鱼点校《二程集》，第476页。

云:"梅子留酸软齿牙,芭蕉分绿与窗纱。日长睡起无情思,闲看儿童捉柳花。"①类似程明道、杨诚斋心胸透脱,于万物一体有真切体认的诗作,两宋儒者所在多有,然其风格多以清新淡雅为主。此外,能于生命的困境之中转悲为健,尤为宋诗之特色。吴乔《围炉诗话》曰:

> 子瞻诗美不胜言,病不胜摘。大率多俊迈而少渊渟,得瑰奇而失详慎,多粗豪滑稽草率,又多以文为诗。然其才古今独绝。子瞻《闻子由不赴商州》曰:'惟有王城最堪隐,万人如海一身藏。'《倅杭》云:'南行千里成何事?一听秋涛万鼓音。'《过海》云:'空余鲁叟乘桴意,粗识轩辕奏乐声。九死南荒吾不恨,兹游奇绝冠平生。'如此胸襟,真天人矣。公诗本一往无余,徐州后更恣纵。如《贾耘老水阁》云:'爱酒陶元亮,能诗张志和。青山来水槛,白雨满渔蓑。泪垢添丁面,贫低举案蛾。不知何所乐?竟夕独酣歌。'写旷怀蕴藉。黄州诗尤不羁,'小屋如渔舟,濛濛水云里'一篇,最为沉痛。'雨中看牡丹,依然暮还敛',亦自惜幽姿,尤有雅人深致。其清空而妙者,如'野阔牛羊同雁鹜,天长草树接云霄','古琴弹罢风吹座,山阁醒时月照杯','狙公欺病来分栗,水伯知馋为出鱼','床下雪霜侵户月,枕中琴筑落阶泉',俱佳。②

无论是在观物之生意中体悟天理,而得其从容之闲趣;还是以此安顿内心,面对生命的困境而犹豁达通透,理学无疑真正树立了一种全新的诗歌之境。随着理学在知识领域影响的拓展,其所建立的有关宇宙人生的思想体系,亦必然会以更为简洁而流行的方式,进入日常生活,从而改变受色空观念所影响的知识风习与社会心理。

个体的生命安顿,虽依赖于个体的格物致知、明心见性,但作为

---

① 辛更儒笺校《杨万里集笺校》,中华书局,2007年,第189页。
② 郭绍虞编选、富寿荪校点《清诗话续编》,第607—608页。

与他人共在的生命,必然会涉及对于群体生活的考量。而若群体生活有其明确的价值,则过往的历史即不只是生生死死、世代相替的无尽轮回。若历史无价值,个体即无法建立有意义的现实生活,其所谓生命的安顿亦不过是将人之生命与木石同等。在理学对生生之理的体认中,有着明确的对于历史价值予以确认的理论思考。

> 凡读史,不徒要记事迹,须要识治乱安危与兴废存亡之理。且如读高帝一纪,便须识得汉家四百年终始治乱当如何,是亦学也。[1]
> 读史须见圣贤所存治乱之机,贤人君子出处进退,便是格物。[2]

二程强调对于"治乱之机"与"出处进退"的认知,在汉唐而来强大的史学传统中并无太多特出之处。即以中唐史学而言,对于历史兴亡的认知,如杜佑等人已将焦点转向典章制度,而非初唐史学中较为流行的对于政治人物德性的关注。二程的零星表述,并无越出传统之处。但历史兴亡更替的文本及现实经验与色空观念的叠加,则常会使得世人对于历史的感怀中,有着无法驱散的空幻如梦之感。即使识见高超如杜牧亦不能免之。"六朝文物草连空,天澹云闲今古同。鸟去鸟来山色里,人歌人哭水声中。深秋帘幕千家雨,落日楼台一笛风。惆怅无因见范蠡,参差烟树五湖东。"[3]杜牧的咏史深邃而混茫[4],动人心魄。然无论给出多少关于历史人物的评价,或有关于历史兴亡的体悟,如若无法给出一个超越于历史之上的解读,

---

[1] 王孝鱼点校《二程集》,第232页。
[2] 王孝鱼点校《二程集》,第258页。
[3] 杜牧《题宣州开元寺水阁阁下宛溪夹溪居人》,吴在庆校注《杜牧集系年校注》,第352页。
[4] 参见邝龑子《"多少楼台烟雨中"——从杜牧诗看自然之道中的历史感》,《南开学报》2016年第5期,第31—51页。

历史的价值即使在经验上有效,也无法获得稳定的依据。理学重分析、批评的思维方式,使得宋人的咏史有明显的好议论、好翻案的特点。如王安石《严陵祠堂》"汉庭来见一羊裘,默默俄归旧钓舟。迹似磻溪应有待,世无西伯可能留。崎岖冯衍才终废,索寞桓谭道不谋。勺水果非鳣鲔地,放身沧海亦何求"①,此类咏史的题材选择与风格,宋诗中所在多有,但对于人物及德性的关注,却多少影响了其史观的深度。

理学所面对的挑战,在朱熹的历史观念中,始有更见深度的回应。"道之在天下者未尝亡,惟其托于人者或绝或续,故其行于世者有明有晦,是皆天命之所为,非人智力所能及也。夫天高地下,而二气五行纷纶错糅,升降往来于其间,其造化发育,品物散殊,莫不各有固然之理,而最其大者,则仁、义、礼、智之性,君臣、父子、昆弟、夫妇、朋友之伦是已。是其周流充塞,无所亏间,夫岂以古今治乱为存亡者哉!然气之运也,则有醇漓判合之不齐;人之禀也,则有清浊昏明之或异。是以道之所以托于人而行于世者,惟天所界,乃得与焉,决非巧智果敢之私所能亿度而强探也。"②朱熹论述历史有邵雍"元会运世"影响的痕迹,但其常自"势"之体察立论,有事势、时势等,而以"理势"最为关键。"理势"既包含了事势与时势所包含的事件发展的现实与必然,也明确了连接事实与价值的诉求③。历史的兴亡有其非人类所能彻底明了的"气运"影响的因素,但无论历史展现出何种形态,道(理)则亘古如新,仁义礼智之性、君臣夫妇之伦无一日或歇。故而,历史不只是人来人去的流转与治乱兴亡的更替,而是人对于道的承续。虽然道的呈现有晦明之分,然历史却由

①李壁笺注、高克勤点校《王荆文公诗笺注》,上海古籍出版社,2010年,第969页。
②朱熹《江州重建濂溪先生书堂记》,《朱子全书》第24册,第3739—3740页。
③参见赵金刚《朱熹的历史观》,生活·读书·新知三联书店,2018年,第178—179页。

之有了明确的价值。对于道的承续，意味着人生存于古往今来的传统中，生活于以家庭为中心的关系结构中，历史是时间的承续，也是空间的展开[1]。历史因圣贤、经典、礼乐的存在而具有明确的价值即文明创造的意味，人生于天地与世代之间，当学为圣贤，尽仁尽智，知几识几，以理成势，使得历史朝向符合价值的方向前进。朱熹《闻二十八日之报喜而成诗七首》其一云："胡马无端莫四驰，汉家元有中兴期。旆裘喋血淮山寺，天命人心合自知。"[2]天命人心即是历史承续的依据所在，天道不亡、人心不灭，历史则必以拨乱归治为其根本趋向。"昨夜扁舟雨一蓑，满江风浪夜如何？今朝试卷孤篷看，依旧青山绿树多。"[3]

结　语

禅宗有关色空、无相之我、刹那的观念为唐诗意境说的生成提供了认识论的基础。意境说的流布与中晚唐人生命体验的叠加，形成了此一时段气象衰飒的诗风，亦改造了时代的知识风气与认知惯习。故而，儒学对于佛教的挑战，自诗学领域而言，即为在新的认识论的基础上转化意境说的内涵。不同于中晚唐儒学依赖于现实经验与回眸传统的路径，理学则以天理的体贴为新的意境说的生成提供了认识论条件，也使得宋型的意境说具有了对于宇宙万物新的识见与体悟，生命的安顿与历史的价值亦有了稳定的基础。而意境说在"唐—宋"间的转化或扩容，则提醒自"意"的视角考量意境理论的必要，由此意象、意境、境界诸语词方能得到较贯通性的理解。

---

[1]参见孙向晨《生生：在世代之中存在》，《哲学研究》2018年第9期，第113—125页。

[2]《朱子全书》第20册，第289页。

[3]朱熹《水口行舟二首》其一，《朱子全书》第20册，第553页。

结　语

　　"文学"因于"无"而缘于"史"[1]，乃为在世者欲弥补生存论之匮乏而所生发之语言形式。儒学亦同为体"有"而用"无"的思想形式。二者关联之根本处，实在于共以人文精神为依托，指向理想的人生模式。惟中国文明进程之独特，"文学"的主流形态常为儒学所笼罩，为其话语体系内部问题之一。中国文学的发展流变，在展现文学与儒学精神内在关联的同时，亦以其时代特征的变化，展现儒学应对调整的历史脉络。陆象山在论及孟子于儒学贡献时曰："夫子以仁发明斯道，其言浑无罅缝，孟子十字打开，更无隐遁。"象山所言乃为表彰孟子之学摄性于仁、摄仁于心，挺立人之真正主体性[2]。其"十字打开"一语，实为儒学人文构架的绝佳表述：在世者处此十字交叉之点，与天、地、群、物动态呼应，参天两地、民胞物与，既指向超验之天道，亦关涉人伦之生活。儒学之体"有"即为其"道"以为体，以强调自身形象之关注、社会责任之承担与合理生活之追求为

---

[1] 此"无"乃属人之生存论匮乏，是为人对于生命状态的悬欠感，亦为人之自由的不满足状态，类似于海德格尔所言之无所怕之"畏"。而文学自本体言之正因此"无"而可能。然其展现于具体之时空，为特有之人事激荡而发，此其缘于"史"也(可参见王乾坤《文学的承诺》，生活·读书·新知三联书店，2005年)。吴炫先生于其《否定主义美学》(北京大学出版社，2004年)中所论及之"本体性否定"与此可相参照。

[2] 参见牟宗三《心体与性体》，上海古籍出版社，1999年。

其时代共性；用"无"，则指儒学随不同时空所面临社会问题的不同，自我调整积极应对而又展现出不同的时代精神，处于儒学话语体系内部的"文学"也因此而代有差异。

初盛唐儒学为传统礼乐儒学的高峰期，其特质实为以政治儒学之思考为主，而关涉生命（心性）儒学，即以人性本善、人情不远为根基，构建合理的政治模式，并敷而广之为温情脉脉的人间生活。有唐士人融终极关切与现实关切为一，以积极入世之情怀与理性之思索，应对经南北长期分立后，华夏再次走向一统的历史转折期的复杂社会局势，成就了足为传统社会政治之典范的贞观之治，亦造就了唐代文化（文学）的高峰，在凸显自身责任意识的同时，彰显了华夏文化的特性①。自其内在脉络观之，初盛唐儒学乃为承汉代经学之旧，而加以反本开新之结果。汉为儒家经学的确定期，经学的确定，乃"道"与"势"相互摩荡的结果。"依经立义"乃汉儒话语意义生成的主要方式，其目的在于保持"道""势"相合之际，"道"于"势"的超越性。然两汉之时，士人生存处境已较春秋战国时以知识见重天下且可朝秦暮楚为不逮。君"势"相迫，士人言说遂呈"主文谲谏"之特征，比兴成此时期文学的根本大法。虽比兴之名属先秦旧说，然其精神乃由汉儒而彰。比兴之特质在于将草木鸟兽的表现性功能，由虚无缥缈的鬼神之乡引向伦常日用之生命世界（胡晓明语），并合政治与伦理为一。《诗》由之而成"经夫妇、成孝敬、厚人伦、美教化、移风俗"的经典。此既有关于殷周之际人文思想的兴起，亦与儒家士人独特的言说方式相关联，而实为儒学应对时代之变化使然。比兴中所含之心物生命的共感，层累衍生出兴象、兴会等诗学要素。而其所隐摄的政治关切与忧患意识，于两汉以降之士人影响甚巨，鼓荡而成诗歌重风重雅之传统。初盛唐儒士所承汉代经学之旧，

---

① 儒学在唐代的发展流变证明了儒学思想具有强大的凝聚共识与极高的调整应对的能力，但也表现出其无法在根本上解决政治合理化问题的不足。

义疏学的诠释方式而外，要在于自觉体认汉儒的政治关切与忧患意识，并将汉儒以道义相期、反对暴政之精神继续推行于政治实践及知识世界。其反本开新之处，则在于"人性说"上越汉儒（官方经学）之说而接榫先秦，肯认人性之善及人欲、人情的合理与美好。唐初儒学亦在自我调整以重建儒学社会解释力的反思与挣扎中展露缕缕温情。与汉以"比兴"为核心特征相较，初盛唐的文学历经"雅正"、"颂媚"、"风""雅"之合奏的复杂过程，终发展而至以"大手笔"与"兴象浑融"为其核心特征的盛唐文学。此既与士人积极进取、极度自信所形成的时代氛围相关，亦为人性、人道精神的影响使然。"大手笔"王霸尽在，既是中古时期文书行政下的文章典范，也是大国气象的文本表达。"兴象浑融"则汲历代抒情之长，化心、物为一元，融情、景于一体，实乃中国传统抒情诗内在品格的高度成熟。盛唐文士气盛、情真，发而为诗，心与物、群与己，遂一片透明、澄澈、自由、温暖。殷璠曰："夫文有神来、气来、情来"，为盛唐诗歌达声律风骨兼备完美境界的绝佳说明。礼乐体系之内，文学、政教与个体心灵世界之关系平衡而融洽。作为传统儒学前期代表之礼乐儒学至盛唐达其高峰。但时代的变化，府兵制、科举制等诸种制度的调整，在士人的身份自觉、家庭责任的承担等问题上留下了鲜明的印迹。中央—地方结构关系的调整，所改变的不仅是士人及其家庭追求制度身份的适应方式，同时也影响了原有的门第传统及其在地域社会的影响力。在某种意义上，安史之乱所呈现出的族群间的冲突，乃是初唐特别是武则天至玄宗时期制度变化的连带效应。

安史乱起，唐代社会遭遇巨变，盛唐落幕。此时期儒学的核心话题开始自礼乐转为制度、道德及人性诸问题，即尝试自制度层面重建王朝的政治秩序，并同时将士人为士的德性养成，由外在之约束而转为人心之自觉，传统儒学步入心性儒学的历史阶段。而历史意识的强化，也在士人的政治思考与人性考量中留下了鲜明的印迹。盛唐、中唐之际儒学经典诠释方式的变化以及核心话题的转

换,乃是中唐文儒面对中央权威失坠而民众文化心理已然变改时的
积极应对之举。学术转型暗流涌动与李唐社会以"知制诰"为文士
之极任的社会心态相叠加,原有话语体系内部文学与政教及个体心
灵世界的平衡被重新打破,"文、道相离"似乎成为此时代士人的群
体共识,而佛学对于文学影响的提升亦是易于观察的思想现象。于
此时局之下,倡导"文以载道",强化"文"在国家社会治理中的作用,
又成一代士人之共识。中唐儒者秉"独抱遗经究终始""究天人之
际、成一家之言"的诚意,试图拯天下之溺,形成了此时期子学兴盛
的局面,并试以人力之锻炼争胜于盛唐之天工,求新求变、尚奇尚怪
遂成中晚唐主流诗风。而文章领域,元稹、白居易依托知制诰的制
度身份,倡导"与三代同风"的制诰变革,以体式的革新及话语训诫
功能的强化,应对宪宗而后的历史危局;韩愈、柳宗元则通过对古文
的强调,追求文章的"古雅"与"雅正"。虽然不同群体的主张与路
径选择不免存有差异,但士人在复杂的政治情态之下,试图重整政
治秩序的意图却大体接近。惟国势变衰,结党营私之风盛,加之禅
宗色空观念的流布,多重压力之下,士人多有应对无力的群体感受。
以诗安顿心灵虽为中晚唐诗人的常规选择,但诗作多悲情沉郁,难
以自释,此实与中唐文儒所强调之以文明道、以道救世的初衷相违。
至宋儒挺立,上承中唐文儒,以士之自觉、自重与自尊,合文苑传统
与儒林传统为一,达成文苑、儒林与理学之间的新平衡。诗、道合二
为一,"学诗如学道"(黄山谷语),诗能明道、道在诗内,道内化为士
人安身立命之支柱的同时,亦内化于诗歌艺术的创制之中,政治、
道德与哲学化合于审美[①],中国诗学自先秦两汉孕育至此而又生新
境。转悲为健,尚意尚趣之宋诗遂得以与唐诗花当叶对、并立诗苑,
儒学的发展亦迎来新的历史契机。

————————

[①] 参见胡晓明《中国诗学之精神》第三章。

参考文献

一、古籍

白居易著、朱金城笺校《白居易集笺校》，上海古籍出版社，2016年

班固撰《汉书》，中华书局，2006年

遍照金刚撰、卢盛江校考《文镜秘府论汇校汇考》，中华书局，2015年

岑参撰、廖立笺注《岑嘉州诗笺注》，中华书局，2004年

刘开扬笺注《岑参诗集编年笺注》，巴蜀书社，1995年

陈广宏、侯荣川编校《稀见明人诗话十六种》，上海古籍出版社，2014年

陈尚君辑校《全唐文补编》，中华书局，2005年

陈衍著，郑朝宗、石文英校点《石遗室诗话》，人民文学出版社，2004年

陈子昂撰、徐鹏校点《陈子昂集》，上海古籍出版社，2013年

丁放撰《元代诗论校释》，中华书局，2020年

丁福保编《历代诗话续编》，中华书局，1983年

董诰等编《全唐文》，中华书局，1996年

杜甫著、仇兆鳌注《杜诗详注》，中华书局，2004年

徐定祥注《杜审言诗注》，上海古籍出版社，1982年

杜佑撰《通典》，中华书局，2003年

范晔撰《后汉书》，中华书局，2011年

房玄龄等撰《晋书》，中华书局，1996年

傅璇琮主编《唐才子传校笺》，中华书局，2002年

傅璇琮等编《唐人选唐诗新编》，中华书局，2014年

高棅编选《唐诗品汇》，上海古籍出版社，1993年

高适著、刘开扬笺注《高适诗集编年笺注》，中华书局，1981年

郭绍虞编选、富寿荪校点《清诗话续编》，上海古籍出版社，2016年

韩愈著，刘真伦、岳珍校注《韩愈文集汇校笺注》，中华书局，2010年

何文焕辑《历代诗话》，中华书局，1981年

胡震亨著《唐音癸签》，上海古籍出版社，1981年

计有功辑撰《唐诗纪事》，上海古籍出版社，1955年

皎然著、李壮鹰校注《诗式校注》，人民文学出版社，2003年

李白著、王琦注《李太白全集》，中华书局，2015年

李白著，瞿蜕园、朱金城校注《李白集校注》，上海古籍出版社，2018年

李德裕著，傅璇琮、周建国校笺《李德裕文集校笺》，中华书局，2018年

李鼎祚《周易集解》，书目文献出版社，1988年

李昉等编《文苑英华》，中华书局，2003年

李昉等编《太平御览》，中华书局，2006年

李昉等编《太平广记》，中华书局，2003年

李吉甫撰、贺次君点校《元和郡县图志》，中华书局，2005年

徐定祥注《李峤诗注　苏味道诗注》，上海古籍出版社，1995年

李绅著、卢燕平校注《李绅集校注》，中华书局，2009年

李希泌主编《唐大诏令集补编》，上海古籍出版社，2003年

李学勤主编《十三经注疏》，北京大学出版社，1999年

李延寿撰《北史》，中华书局，2003年

李延寿撰《南史》，中华书局，2003年

李肇撰、聂清风校注《唐国史补校注》，中华书局，2021年

令狐德棻等撰《周书》，中华书局，2003年

刘勰著、范文澜注《文心雕龙注》，人民文学出版社，1958年

刘勰著、詹锳义证《文心雕龙义证》，上海古籍出版社，2011年

刘昫等撰《旧唐书》，中华书局，2002年

刘禹锡著、瞿蜕园笺证《刘禹锡集笺证》，上海古籍出版社，2018年

刘禹锡撰,陶敏、陶红雨校注《刘禹锡全集编年校注》,中华书局,
　　2019年

刘知己撰、浦起龙通释《史通通释》,上海古籍出版社,2009年

柳宗元撰《柳宗元集》,中华书局,2000年

柳宗元撰,尹占华、韩文奇校注《柳宗元集校注》,中华书局,2013年

卢照邻著、祝尚书笺注《卢照邻集笺注》,上海古籍出版社,2011年

陆德明撰、黄焯汇校《经典释文汇校》,中华书局,2006年

陆贽撰、王素点校《陆贽集》,中华书局,2006年

骆宾王著、陈熙晋笺注《骆临海集笺注》,上海古籍出版社,1985年

马端临撰《文献通考》,中华书局,1986年

孟浩然著、佟培基笺注《孟浩然诗集笺注》,上海古籍出版社,2015年

欧阳修、宋祁等撰《新唐书》,中华书局,2003年

彭定求等编《全唐诗》(增订本),中华书局,1999年

皮锡瑞著《经学通论》,中华书局,2003年

皮锡瑞著《经学历史》,中华书局,2004年

阮元校刻《十三经注疏》,中华书局,2003年

沈佺期、宋之问撰,陶敏、易淑琼校注《沈佺期宋之问集校注》,中华
　　书局,2006年

沈约撰《宋书》,中华书局,2003年

司马光编撰《资治通鉴》,中华书局,1997年

司马迁撰《史记》,中华书局,1999年

宋敏求编《唐大诏令集》,中华书局,2008年

《唐宋史料笔记丛刊》,中华书局

王弼撰、楼宇烈校释《王弼集校释》,中华书局,2009年

王勃著、蒋清翊注《王子安集注》,上海古籍出版社,1995年

王昌龄著、李云逸注《王昌龄诗注》,上海古籍出版社,1984年

王昌龄著,胡问涛、罗琴校注《王昌龄集编年校注》,巴蜀书社,2000年

王定保撰、姜汉椿校注《唐摭言校注》,上海社会科学院出版社,

2003年

王夫之撰《读通鉴论》，中华书局，2008年

王夫之等编《清诗话》，上海古籍出版社，2015年

王绩著、韩理洲校注《王无功文集》，上海古籍出版社，1987年

王鸣盛撰、黄曙辉点校《十七史商榷》，上海古籍出版社，2013年

王水照编《历代文话》，复旦大学出版社，2007年

王通著、张沛校注《中说校注》，中华书局，2013年

王溥撰《唐会要》，中华书局，2017年

王钦若等编纂《册府元龟》，中华书局，2003年

王维撰、陈铁民校注《王维集校注》，中华书局，2005年

魏收撰《魏书》，中华书局，2003年

魏征、令狐德棻撰《隋书》，中华书局，2002年

吴兢撰、谢保成集校《贞观政要集校》，中华书局，2003年

吴云、冀宇校注《唐太宗全集校注》，天津古籍出版社，2004年

萧颖士著，黄大宏、张晓芝校笺《萧颖士集校笺》，中华书局，2017年

萧子显撰《南齐书》，中华书局，2003年

谢榛、王夫之著《四溟诗话 姜斋诗话》，人民文学出版社，2001年

《新编诸子集成》，中华书局

徐松撰、孟二冬补正《登科记考补正》，北京燕山出版社，2003年

严可均辑《全上古三代秦汉三国六朝文》，中华书局，1999年

严羽著、郭绍虞校释《沧浪诗话校释》，人民文学出版社，2005年

杨炯著、祝尚书笺注《杨炯集笺注》，中华书局，2016年

姚思廉撰《梁书》，中华书局，2003年

姚思廉撰《陈书》，中华书局，2002年

元结、殷璠等编《唐人选唐诗（十种）》，上海古籍出版社，1978年

元稹著、周相录校注《元稹集校注》，上海古籍出版社，2011年

章学诚撰、叶瑛校注《文史通义校注》，中华书局，1985年

张伯伟撰《全唐五代诗格汇考》，凤凰出版社，2002年

张九龄撰、熊飞校注《张九龄集校注》,中华书局,2008年

张寅彭主编《清诗话三编》,上海古籍出版社,2014年

张说撰、熊飞校注《张说集校注》,中华书局,2013年

赵璘撰《因话录》,古典文学出版社,1957年

赵翼撰《瓯北诗话》,人民文学出版社,1998年

赵翼撰、王树民校证《廿二史札记校证》,中华书局,2005年

郑樵撰《通志》,中华书局,2017年

钟嵘著、曹旭集注《诗品集注》,上海古籍出版社,2011年

周绍良编《唐代墓志汇编》,上海古籍出版社,1992年

周绍良、赵超主编《唐代墓志汇编续集》,上海古籍出版社,2001年

二、专著

《唐代文学研究》(第6—11辑),广西师范大学出版社

《唐研究》(第1—24辑),北京大学出版社

蔡瑜《唐诗学探索》,台北里仁书局,1998年

曹峰《中国古代"名"的政治思想研究》,上海古籍出版社,2017年

岑仲勉《郎官石柱题名新考订》,中华书局,2004年

岑仲勉《唐人行第录》,中华书局,2004年

岑仲勉《唐史余瀋》,中华书局,2004年

查屏球《唐学与唐诗——中晚唐诗风的一种文化考察》,商务印书馆,2000年

陈伯海《唐诗汇评》,浙江教育出版社,1995年

陈伯海《唐诗学引论》,东方出版中心,1996年

陈飞《唐代试策考述》,中华书局,2002年

陈怀宇《动物与中古政治宗教秩序》,上海古籍出版社,2012年

陈来《古代思想文化的世界——春秋时代的宗教、伦理与社会思想》,生活·读书·新知三联书店,2002年

陈良运《中国诗学体系论》,中国社会科学出版社,1998年

陈良运《中国诗学批评史》，江西人民出版社，2003年

陈明《儒学的历史文化功能——以中古士族现象为个案》，中国社会
　　科学出版社，2005年

陈弱水《唐代文士与中国思想的转型》，广西师范大学出版社，
　　2009年

陈弱水《隐蔽的光景——唐代的妇女文化与家庭生活》，广西师范大
　　学出版社，2009年

陈弱水著，郭英剑、徐承向译《柳宗元与唐代思想变迁》，江苏教育出
　　版社，2010年

陈尚君《唐代文学丛考》，中国社会科学出版社，1997年

陈尚君《唐诗求是》，上海古籍出版社，2018年

陈世骧著、张晖编《中国文学的抒情传统：陈世骧古典文学论集》，生
　　活·读书·新知三联书店，2015年

陈苏镇《〈春秋〉与“汉道”——两汉政治与政治文化研究》，中华书
　　局，2011年

陈铁民《王维论稿》，人民文学出版社，2006年

陈贻焮《杜甫评传》，上海古籍出版社，1982年

陈寅恪《唐代政治史述论稿》，上海古籍出版社，1999年

陈寅恪《寒柳堂集》，生活·读书·新知三联书店，2001年

陈寅恪著、陈美延编《金明馆丛稿初编》，生活·读书·新知三联书
　　店，2001年

陈寅恪著、陈美延编《金明馆丛稿二编》，生活·读书·新知三联书
　　店，2001年

陈寅恪《元白诗笺证稿》，生活·读书·新知三联书店，2001年

陈寅恪《隋唐制度渊源略论稿》，商务印书馆，2011年

陈引弛《中古文学与佛教》，商务印书馆，2017年

程千帆《唐代进士行卷与文学》，上海古籍出版社，1980年

程千帆等《被开拓的诗世界》，上海古籍出版社，1990年

程元敏《春秋左氏经传集解序疏证》,台湾学生书局,1991年

戴伟华《地域文化与唐代诗歌》,中华书局,2006年

戴伟华《唐代使府与文学研究》,广西师范大学出版社,2007年

邓丹《汉语韵律词研究》,北京大学出版社,2010年

邓小军《唐代文学的文化精神》,文津出版社,1993年

邓小军《诗史释证》,中华书局,2004年

邓小南主编《唐宋女性与社会》,上海辞书出版社,2003年

杜晓勤《初盛唐诗歌的文化阐释》,东方出版社,1997年

杜晓勤《齐梁诗歌向盛唐诗歌的嬗变》,北京大学出版社,2009年

方一新《中古近代汉语词汇学》,商务印书馆,2010年

冯胜利《汉语韵律句法学》,商务印书馆,2013年

冯胜利《汉语韵律诗体学论稿》,商务印书馆,2015年

冯时《中国古代的天文与人文》,中国社会科学出版社,2006年

冯友兰《中国哲学史》,华东师范大学出版社,2000年

傅绍良《唐代谏议制度与文人》,中国社会科学出版社,2003年

傅璇琮《唐代科举与文学》,陕西人民出版社,2003年

傅璇琮《唐代诗人丛考》,中华书局,2003年

干春松《制度儒学》,上海人民出版社,2006年

高敏《秦汉魏晋南北朝史论考》,中国社会科学出版社,2004年

葛晓音《汉唐文学的嬗变》,北京大学出版社,1990年

葛晓音《诗国高潮与盛唐文化》,北京大学出版社,1998年

葛晓音《八代诗史》,中华书局,2007年

葛晓音《先秦汉魏六朝诗歌体式研究》,北京大学出版社,2012年

葛兆光《中国思想史》,复旦大学出版社,1998—2001年

葛兆光《中国禅思想史——从6世纪到9世纪》,北京大学出版社,
　　2000年

葛兆光《思想史研究课堂讲录:视野、角度与方法》,生活·读书·新
　　知三联书店,2005年

葛兆光《汉字的魔方:中国古典诗歌语言学札记》,复旦大学出版社,2016年

顾建国《张九龄年谱》,中国社会科学出版社,2005年

顾建国《张九龄研究》,中华书局,2007年

过常宝《先秦文体与话语方式研究》,中华书局,2016年

何怀宏《选举社会及其终结:秦汉至晚清历史的一种社会学阐释》,生活·读书·新知三联书店,1998年

侯旭东《宠:信—任型君臣关系与西汉历史的展开》,北京师范大学出版社,2018年

侯旭东《什么是日常统治史》,生活·读书·新知三联书店,2020年

胡阿祥《魏晋本土文学地理研究》,南京大学出版社,2001年

胡宝国《汉唐间史学的发展》,北京大学出版社,2014年

胡鸿《能夏则大与渐慕华风:政治体视角下的华夏与华夏化》,北京师范大学出版社,2017年

胡戟等编《二十世纪唐研究》,中国社会科学出版社,2002年

胡可先《唐代重大历史事件与文学研究》,浙江大学出版社,2007年

胡可先《新出石刻与唐代文学家族研究》,北京大学出版社,2017年

胡平《未完成的中兴:中唐前期的长安政局》,商务印书馆,2018年

胡晓明《中国诗学之精神》,江西人民出版社,2001年

胡晓明《诗与文化心灵》,中华书局,2006年

华喆《礼是郑学:汉唐间经典诠释变迁史论稿》,生活·读书·新知三联书店,2018年

黄景进《意境论的形成——唐代意境论研究》,台湾学生书局,2004年

黄留珠《中国古代选官制度述略》,陕西人民出版社,1989年

黄一农《社会天文学史十讲》,复旦大学出版社,2004年

黄永年《六至九世纪中国政治史》,上海书店出版社,2004年

黄永武《中国诗学思想篇》,巨流图书公司,2009年

黄云鹤《唐宋中下层士人研究》,河北人民出版社,2006年

黄正建主编《中晚唐社会与政治研究》,中国社会科学出版社,2006年

江晓原《江晓原自选集》,广西师范大学出版社,2001年

姜广辉主编《中国经学思想史》(第一、二卷),中国社会科学出版社,
　　2003年

蒋绍愚《唐诗语言研究》,语文出版社,2008年

蒋寅《大历诗人研究》,北京大学出版社,2007年

蒋寅《百代之中:中唐的诗歌史意义》,北京大学出版社,2013年

金观涛、刘青峰《观念史研究:中国现代重要政治术语的形成》,法律
　　出版社,2009年

赖瑞和《唐代基层文官》,中华书局,2008年

赖瑞和《唐代中层文官》,中华书局,2011年

赖瑞和《唐代高层文官》,中华书局,2017年

劳思光《新编中国哲学史》,广西师范大学出版社,2005年

雷戈《秦汉之际的政治思想与皇权主义》,上海古籍出版社,2011年

李碧妍《危机与重构:唐帝国及其地方诸侯》,北京师范大学出版社,
　　2015年

李德辉《唐代文馆制度及其与政治和文学之关系》,上海古籍出版
　　社,2006年

李浩《唐代三大地域文学士族研究》,中华书局,2008年

李浩《唐代关中士族与文学》,中国社会科学出版社,2003年

李宏图《语境·概念·修辞——欧洲近代思想史研究的方法与实
　　践》,复旦大学出版社,2016年

李剑国《唐五代志怪传奇叙录》,南开大学出版社,1993年

李金河《魏晋隋唐婚姻形态研究》,齐鲁书社,2005年

李洛旻《贾公彦〈仪礼疏〉研究》,台湾万卷楼图书有限公司,2017年

李孝聪主编《唐代地域结构与运作空间》,上海辞书出版社,2003年

廖宜方《唐代的历史记忆》,台大出版中心,2011年

林庚《唐诗综论》,清华大学出版社,2006年

林晓光《王融与永明时代：南朝贵族及贵族文学的个案研究》，上海古籍出版社，2014年

刘后滨《唐代中书门下体制研究——公文形态、政务运行与制度变迁》，齐鲁书社，2004年

刘俊文《唐律疏议笺解》，中华书局，1996年

刘宁《汉语思想的文体形式》，华东师范大学出版社，2012年

刘浦江《正统与华夷：中国传统政治文化研究》，中华书局，2017年

刘顺《中唐文儒的思想与文学》，中国社会科学出版社，2013年

刘万川《唐代中书舍人与文学》，人民出版社，2017年

刘咸炘《推十书》，成都古籍书店，1996年

刘跃进《门阀士族与永明文学》，生活·读书·新知三联书店，1996年

刘泽华《中国政治思想史集》，人民出版社，2008年

刘泽华《中国政治思想史》，浙江人民出版社，2020年

卢盛江《文境秘府论研究》，人民文学出版社，2013年

陆扬《清流文化与唐帝国》，北京大学出版社，2016年

罗宗强《隋唐五代文学思想史》，中华书局，2003年

罗宗强《魏晋南北朝文学思想史》，中华书局，2006年

吕思勉《两晋南北朝史》，上海古籍出版社，2005年

吕思勉《隋唐五代史》，上海古籍出版社，2005年

马元龙《精神分析：从文学到政治》，人民出版社，2011年

马自力《中唐文人之社会角色与文学活动》，中国社会科学出版社，2005年

马宗霍《中国经学史》，商务印书馆，1998年

毛汉光《中国中古社会史论》，上海书店出版社，2002年

毛汉光《中国中古政治史论》，上海书店出版社，2002年

毛蕾《唐代翰林学士》，社会科学文献出版社，2000年

梅家玲《汉魏六朝文学新论》，北京大学出版社，2004年

蒙文通《经史抉原》，巴蜀书社，1995年

蒙文通《中国史学史》，上海人民出版社，2006年

孟二冬《中唐诗歌之开拓与新变》，北京大学出版社，2006年

牟发松主编《社会与国家关系视野下的汉唐历史变迁》，华东师范大
　　学出版社，2006年

牟润孙《注史斋丛稿》，中华书局，1987年

聂永华《初唐宫廷诗风流变考论》，中国社会科学出版社，2002年

潘桂明《中国佛教思想史稿》，江苏人民出版社，2009年

彭国忠主编《唐代试律诗》，黄山书社，2006年

彭庆生《初唐诗歌系年考》，北京大学出版社，2012年

齐治平《唐宋诗之争概述》，岳麓书社，1984年

钱穆《国史大纲》，商务印书馆，1996年

钱志熙《唐前生命观与文学生命主题》，东方出版社，1997年

钱钟书《管锥编》，中华书局，1996年

钱钟书《谈艺录》，中华书局，1996年

乔秀岩、叶纯芳《文献学读书记》，生活·读书·新知三联书店，2018年

乔秀岩《义疏学衰亡史论》，生活·读书·新知三联书店，2018年

曲景毅《唐代"大手笔"作家研究》，中国社会科学出版社，2015年

瞿同祖《中国法律与中国社会》，中华书局，1981年

任半塘《唐声诗》，上海古籍出版社，2006年

任半塘《唐戏弄》，上海古籍出版社，2006年

尚定《走向盛唐》，中国社会科学出版社，1994年

尚永亮《唐五代逐臣与贬谪文学研究》，武汉大学出版社，2007年

沈睿文《唐陵的布局——空间与秩序》，北京大学出版社，2009年

施蛰存《唐诗百话》，华东师范大学出版社，2001年

史念海《唐代历史地理研究》，中国社会科学出版社，2003年

孙英刚《神文时代：谶纬、术数与中古政治研究》，上海古籍出版社，
　　2014年

汤一介、李中华主编《中国儒学史》，北京大学出版社，2011年

汤用彤《汉魏两晋南北朝佛教史》，中华书局，1955年

汤用彤《魏晋玄学论稿》，上海古籍出版社，2001年

唐长孺《魏晋南北朝史论丛》，生活·读书·新知三联书店，1955年

唐长孺《魏晋南北朝史论拾遗》，中华书局，1983年

唐长孺《魏晋南北朝隋唐史三论》，武汉大学出版社，1992年

唐长孺著，朱雷、唐刚卯选编《唐长孺文存》，上海古籍出版社，
　　2006年

田余庆《东晋门阀政治》，北京大学出版社，2005年

万绳楠《陈寅恪魏晋南北朝史讲演录》，贵州人民出版社，2007年

王汎森《权力的毛细管作用：清代的思想、学术与心态》，北京大学出
　　版社，2015年

王力《汉语诗律学》，中华书局，2015年

王力平《中古杜氏家族的变迁》，商务印书馆，2006年

王明珂《游牧者的抉择：面对汉帝国的北亚游牧部族》，联经出版事
　　业股份有限公司，2009年

王明珂《华夏边缘：历史记忆与族群认同》，浙江人民出版社，2013年

王明珂《反思史学与史学反思：文本与表征分析》，台北允晨文化实
　　业股份有限公司，2015年

王水照《王水照自选集》，上海教育出版社，2000年

王小甫《中国中古的族群凝聚》，中华书局，2012年

王勋成《唐代铨选与文学》，中华书局，2001年

王云路《中古汉语词汇史》，商务印书馆，2010年

王云路《中古汉语论稿》，中华书局，2011年

闻一多《唐诗杂论》，中华书局，2009年

吴承学《中国古代文体学研究》，人民出版社，2011年

吴承学《中国早期文体观念的发生》，三联书店（香港）有限公司，
　　2019年

吴光兴《八世纪诗风：探索唐诗史上"沈宋的世纪"（705—805）》，社会科学文献出版社，2013年

吴丽娱《唐礼摭遗：中古书仪研究》，商务印书馆，2002年

吴丽娱《终极之典：中古丧葬制度研究》，中华书局，2012年

吴丽娱主编《礼与中国古代社会》，中国社会科学出版社，2016年

吴夏平《唐代中央文馆制度与文学研究》，齐鲁书社，2007年

吴先宁《北朝文化特质与文学进程》，东方出版社，1997年

吴相洲《唐诗创作与歌诗传唱关系研究》，北京大学出版社，2004年

吴在庆《唐代文士的生活心态与文学》，黄山书社，2006年

吴在庆《唐代文士与唐诗考论》，厦门大学出版社，2006年

吴宗国《唐代科举制度研究》，辽宁大学出版社，1992年

萧驰《佛法与诗境》，中华书局，2005年

萧驰《玄智与诗兴》，联经出版事业股份有限公司，2011年

萧驰《圣道与诗心》，联经出版事业股份有限公司，2012年

萧公权《中国政治思想史》，商务印书馆，2011年

萧华荣《中国诗学思想史》，华东师范大学出版社，1996年

邢义田《天下一家——皇帝、官僚与社会》，中华书局，2011年

徐冲《中古时代的历史书写与皇帝权力起源》，上海古籍出版社，2012年

徐复观《中国文学精神》，上海书店，2004年

徐建委《文本革命：刘向、〈汉书·艺文志〉与早期文本研究》，中国社会科学出版社，2017年

徐晓峰《唐代科举与应试诗研究》，北京大学出版社，2015年

徐兴无《经纬成文：汉代经学的思想与制度》，凤凰出版社，2015年

许道勋、徐洪兴《中国经学史》，上海人民出版社，2006年

许总《唐宋诗宏观结构论》，人民文学出版社，2006年

严耕望《唐仆尚丞郎表》，中华书局，1986年

严耕望《严耕望史学论文选集》，中华书局，2006年

严耕望《中国政治制度史纲》，上海古籍出版社，2017年

严耕望《唐代交通图考》，北京联合出版公司，2021年

阎爱民《汉晋家族研究》，上海人民出版社，2005年

阎步克《品位与职位》，中华书局，2002年

阎步克《服周之冕——〈周礼〉六冕礼制的兴衰变异》，中华书局，2009年

阎步克《中国古代官阶制度引论》，北京大学出版社，2010年

杨伯《欲采蘋花不自由：复古思潮与中唐士人心态研究》，南开大学出版社，2010年

杨大春《身体、语言·他者》，生活·读书·新知三联书店，2007年

杨乃乔《悖立与整合——东方儒道诗学与西方诗学的本体论语言论比较》，文化艺术出版社，1998年

杨权《新五德理论与两汉政治——"尧后火德"说考论》，中华书局，2006年

杨儒宾《儒家身体观》，台湾"中央"研究院中国文哲研究所，2008年

杨树达《汉代婚丧礼俗考》，上海古籍出版社，2009年

杨树增、马士远《儒学与中国古代散文》，中国社会科学出版社，2017年

叶维廉《中国诗学》，人民文学出版社，2006年

殷学国《青山青史：中国诗学渔樵母题研究》，东方出版中心，2017年

余恕诚《唐诗风貌》，安徽大学出版社，1997年

余英时《士与中国文化》，上海人民出版社，2003年

余英时《论天人之际：中国古代思想起源试探》，中华书局，2014年

俞志慧《君子儒与诗教：先秦儒家文学思想考论》，生活·读书·新知三联书店，2005年

郁贤皓《唐刺史考全编》，安徽大学出版社，2000年

郁贤皓、胡可先《唐九卿考》，中国社会科学出版社，2003年

袁行霈、丁放《盛唐诗坛研究》，北京大学出版社，2012年

詹福瑞《中古文学理论范畴》，中华书局，2005年

张宝三《五经正义研究》，华东师范大学出版社，2010年

张弓主编《敦煌典籍与唐五代历史文化》，中国社会科学出版社，2006年

张广达《文本、图像与文化流传》，广西师范大学出版社，2008年

张国刚《唐代藩镇研究》，中国人民大学出版社，2010年

张海沙《初盛唐佛教禅学与诗歌研究》，中国社会科学出版社，2001年

张文昌《制礼以教天下：唐宋礼书与国家社会》，台大出版中心，2012年

张跃《唐代后期儒学》，上海人民出版社，1994年

赵鼎新《社会与政治运动讲义》，社会科学文献出版社，2012年

赵和平《敦煌表状笺启书仪辑校》，江苏古籍出版社，1997年

赵汀阳《历史·山水·渔樵》，生活·读书·新知三联书店，2019年

赵贞《唐宋天文星占与帝王政治》，北京师范大学出版社，2016年

郑显文《唐代律令制研究》，北京大学出版社，2004年

郑毓瑜《六朝情境美学综述》，台北里仁书局，1997年

郑毓瑜《引譬连类：文学研究的关键词》，生活·读书·新知三联书店，2017年

周濂《现代政治的正当性基础》，生活·读书·新知三联书店，2008年

周雪光《中国国家治理的制度逻辑——一个组织学的研究》，生活·读书·新知三联书店，2017年

周勋初主编《唐人轶事汇编》，上海古籍出版社，1995年

周勋初《魏晋南北朝文学论丛》，江苏古籍出版社，1999年

周一良《魏晋南北朝史札记》，中华书局，1985年

周一良、赵和平《唐五代书仪研究》，中国社会科学出版社，1996年

周振鹤《汉书地理志汇释》，安徽教育出版社，2006年

周祖谟《问学集》，中华书局，2004年

朱伯崑《易学哲学史》，北京大学出版社，1986—1988年

朱刚《唐宋"古文运动"与士大夫文学》，复旦大学出版社，2013年

朱国华《权力的文化逻辑——布迪厄的社会学诗学》，上海人民出版
　　社，2017年

朱国华《文学与权力》，华东师范大学出版社，2006年

朱晓农、焦磊《教我如何不想她——语音的故事》，商务印书馆，
　　2013年

邹逸麟《中国历史地理概述》，上海教育出版社，2007年

F.R.安克斯密特著、周建漳译《历史表现》，北京大学出版社，2011年

阿甘本著、吴冠军译《神圣人——至高权力与赤裸生命》，中央编译
　　出版社，2016年

阿莱达·阿斯曼著、袁斯乔译《记忆中的历史——从个人经历到公
　　共演示》，南京大学出版社，2017年

巴菲尔德著、李剑译《危险的边疆——游牧帝国与中国》，江苏人民
　　出版社，2020年

包弼德著、刘宁译《斯文：唐宋思想的转型》，江苏人民出版社，
　　2017年

彼得·伯克著、郝名玮译《制造路易十四》，商务印书馆，2017年

卜正民等著、张光润等译《杀千刀：中西视野下的凌迟处死》，商务印
　　书馆，2013年

蔡宗齐著、陈婧译《汉魏晋五言诗的演变：四种诗歌模式与自我呈
　　现》，北京大学出版社，2015年

川合康三著、刘维治、张剑、蒋寅译《终南山的变容：中唐文学论集》，
　　上海古籍出版社，2007年

戴维·斯沃茨著、陶东风译《文化与权力：布尔迪厄的社会学》，上海
　　译文出版社，2006年

恩斯特·康托洛维茨著、徐震宇译《国王的两个身体》，华东师范大

学出版社,2017年

福柯著,刘北成、杨远婴译《疯癫与文明:理性时代的疯癫史》,生活·读书·新知三联书店,2003年

福柯著,谢强、马月译《知识考古学》,生活·读书·新知三联书店,1998年

冨谷至著,刘恒武、孔李波译《文书行政的汉帝国》,江苏人民出版社,2013年

伽达默尔著、洪汉鼎译《真理与方法:哲学诠释学的基本特征》,上海译文出版社,2004年

高友工、梅祖麟著,李世跃译《唐诗三论》,商务印书馆,2013年

谷川道雄著、李济沧译《隋唐帝国形成史论》,上海古籍出版社,2004年

谷川道雄著、马彪译《中国中世社会与共同体》,中华书局,2002年

洪业著、曾祥波译《杜甫:中国最伟大的诗人》,上海古籍出版社,2014年

胡司德著、蓝旭译《古代中国的动物与灵异》,江苏人民出版社,2016年

吉川幸次郎著、章培恒等译《中国诗史》,复旦大学出版社,2001年

金子修一著,徐璐、张子如译《中国古代皇帝祭祀研究》,西北大学出版社,2018年

卡西尔著、甘阳译《人论》,上海译文出版社,2004年

凯瑞·帕罗内著、李宏图等译《昆廷·斯金纳思想研究:历史·政治·修辞》,华东师范大学出版社,2005年

昆廷·斯金纳著,奚瑞森、亚方译《现代政治思想的基础》,译林出版社,2011年

林·亨特著、汪珍珠译《法国大革命中的政治、文化和阶级》,华东师范大学出版社,2011年

麦大维著,张达志、蔡明琼译《唐代中国的国家与学者》,中国社会科

　　学出版社,2019年

妹尾达彦著、高兵兵等译《隋唐长安与东亚比较都城史》,西北大学
　　出版社,2018年

内藤湖南著、夏应元等译《中国史通论》,社会科学文献出版社,
　　2004年

皮埃尔·诺拉编、黄艳红等译《记忆之场:法国国民意识的文化社会
　　史》,南京大学出版社,2019年

平田昌司著、张弘泓译《文化制度和汉语史》,北京大学出版社,
　　2016年

平野显照著、张桐生译《唐代文学与佛教》,贵州大学出版社,2013年

浅见洋二著,金程宇、冈田千穗译《距离与想象:中国诗学的唐宋转
　　型》,上海古籍出版社,2013年

松浦友久著、孙昌武、郑天刚译《中国诗歌原理》,辽宁教育出版社,
　　1990年

苏费翔、田浩著,肖永明译《文化权力与政治文化——宋金元时期的
　　〈中庸〉与道统问题》,中华书局,2018年

特伦斯·鲍尔等编、朱进东译《政治创新与概念变革》,译林出版社,
　　2013年

维克多·克莱普勒著、印芝虹译《第三帝国的语言》,商务印书馆,
　　2013年

巫鸿著,郑岩、李清泉译《中国古代艺术与建筑中的“纪念碑性”》,上
　　海人民出版社,2009年

小野泽精一等编,李庆译《气的思想:中国自然观与人的观念的发
　　展》,上海人民出版社,2014年

辛嶋静志著,裘云青、吴蔚琳译《佛典语言及传承》,中西书局,
　　2016年

扬·阿斯曼著,金寿福、黄晓晨译《文化记忆:早期高级文化中的文
　　字、回忆和政治身份》,北京大学出版社,2015年

以赛亚·伯林著,胡自信、魏钊凌译《观念的力量》,译林出版社,
　　2019年

以赛亚·伯林著,潘荣荣、林茂译《现实感:观念及其历史研究》,译
　　林出版社,2011年

宇文所安著,陈引驰、陈磊译《中国"中世纪"的终结:中唐文学文化论
　　集》,生活·读书·新知三联书店,2006年

宇文所安著、贾晋华译《初唐诗》,生活·读书·新知三联书店,
　　2004年

宇文所安著、贾晋华译《盛唐诗》,生活·读书·新知三联书店,
　　2004年

三、学位论文

兵界勇《唐代散文演变关键之研究》,台湾大学2005年博士论文

李瑞《唐宋都城的空间形态》,陕西师范大学2005年博士论文

李小山《李翱生平与思想研究》,西北大学2009年博士论文

林伯谦《韩柳文学与佛教之关系》,台湾东吴大学1993年博士论文

刘汉初《六朝诗发展论述》,台湾大学1983年博士论文

吕博《"君之大柄"与"圣人之履"——政治视野下的唐代礼仪问题研
　　究》,武汉大学2014年博士论文

王别玄《韩愈碑祭文中的生死观研究》,南华大学2009年博士论文

王宁《云溪友议校注》,厦门大学2009年博士论文

谢敏玲《韩愈之古文变体研究》,台湾政治大学2006年博士论文

杨为刚《唐代"长安—洛阳"文学地理与文学空间研究》,复旦大学
　　2009年博士论文

张安福《唐代农民家庭经济研究》,首都师范大学2006年博士论文

张其贤《"中国"概念与"华夷"概念的历史探讨》,台湾大学2009年
　　博士论文

张蜀蕙《书写与文类——以韩愈诠释为中心探究北宋书写观》,台湾

政治大学2000年博士论文

张玮仪《元祐迁谪诗作与生命安顿》,台湾成功大学2009年博士
　　论文

朱德军《唐代中原藩镇研究》,陕西师范大学2009年博士论文

四、期刊论文

蔡瑜《论"声音之道与政通"的意涵及其运用在诗评中的演绎过程》,
　　《台大文史哲学报》1996年第44期

蔡宗齐《七言律诗节奏、句法、结构新论》,《学术月刊》2017年第2期

陈飞《唐代进士科"策体"发微——"内容体制"考察》,《文学评论》
　　2014年第5期

陈飞《唐代明经试策文本所见相关制度考释》,《文献》2014年第6期

程苏东《〈毛诗正义〉"删定"考》,《文学遗产》2016年第5期

仇鹿鸣《五星会聚与安史起兵的政治宣传——新发现燕〈严复墓志〉
　　考释》,《复旦学报》2011年第2期

仇鹿鸣《从〈罗让碑〉看唐末魏博的政治与社会》,《历史研究》2012
　　年第2期

仇鹿鸣《权力与观众——德政碑所见唐代的中央与地方》,《唐研究》
　　第19卷,2013年

代国玺《汉代公文形态新探》,《中国史研究》2015年第2期

邓小南《走向"活"的制度史——以宋代官僚政治制度史研究为例的
　　点滴思考》,《浙江学刊》2003年第3期

丁放、袁行霈《唐玄宗与盛唐诗坛——以其与道家与道教的关系为
　　中心》,《中国社会科学》2005年第4期

丁放《元代诗学与盛唐气象》,《北京大学学报》2015年第5期

方诗铭《释"张角李弘毒流汉季"——"李家道"与汉晋南北朝的"李
　　弘"起义》,《历史研究》1995年第2期

胡敕瑞《从"隐含"到"呈现"(上)—试论中古词汇的一个本质变

化》,《语言学论丛》第31辑,2005年

胡敕瑞《从隐含到呈现(下)——词汇变化影响语法变化》,《语言学论丛》第38辑,2009年

胡可先《上官氏家族与初唐文学——兼论新出土〈上官婉儿墓志〉的文学价值》,《求是学刊》2014年第5期

黄楼《唐德宗"奉天定难功臣""元从奉天定难功臣"杂考》,《魏晋南北朝隋唐史资料》第24辑,2008年

黄玉顺《儒家的情感观念》,《江西社会科学》2014年第5期

黄桢《中书省与"佞幸传"——南朝正史佞幸书写的制度背景》,《中国史研究》2018年第4期

雷闻《唐代帖文的形态与运作》,《中国史研究》2010年第3期

李丹婕《承继还是革命——唐朝政权建立及其历史叙事》,《中华文史论丛》2013年第4期

李永《宗庙与政治:武则天时期太庙体制研究》,《学术月刊》2017年第8期

刘青海《论李白的批评家身份和批评体系——以他对玄宗诗坛的批评为中心》,《文艺理论研究》2012年第1期

刘淑芬《玄奘的最后十年——兼论总章二年改葬事》,《中华文史论丛》2009年第3期

刘顺《语言演变及语体完形与"一代有一代之文学"》,《上海师范大学学报》2017年第3期

刘顺《汉语史的挑战:〈文化制度和汉语史〉对古代文学研究的启示》,《古代文学理论研究》第46辑,2018年

罗世平《天堂法像——洛阳天堂大佛与唐代弥勒大佛样新识》,《世界宗教研究》2016年第2期

罗新《十六国北朝的五德历运问题》,《中国史研究》2004年第3期

罗祎楠《中国国家治理"内生性演化"学理探索——以宋元明历史为例》,《中国社会科学》2019年第1期

妹尾达彦《韩愈与长安——9世纪的转型》,《唐史论丛》第9辑,2007年

孟彦弘《"姑息"与"用兵"——朝廷藩镇政策的确定与实施》,《唐史论丛》2010年

潘忠伟《五经正义与北朝经学传统》,《哲学研究》2008年第5期

钱志熙《唐人比兴观及其诗学实践》,《文学遗产》2015年第6期

乔东义《孔颖达的易象观与审美意象的建构》,《哲学研究》2011年第4期

尚永亮《柳宗元古近体诗与表述类型之关联及其创作动因》,《文学遗产》2011年第3期

孙少华《周秦汉唐经典文本的"记录传统"与"诠释义法"》,《复旦学报》2016年第1期

孙正军《二王三恪所见周唐革命》,《中国史研究》2012年第4期

唐雯《唐国史中的史实遮蔽与形象建构——以玄宗先天二年政变书写为中心》,《中国社会科学》2012年第3期

汪春泓《论山水诗与陈郡谢氏之关系——兼论"庄、老告退,而山水方滋"》,《文学遗产》2015年第6期

王秀臣《"礼仪"与"兴象"——兼论"比""兴"差异》,《文学评论》2011年第4期

魏斌《"伏准赦文"与晚唐行政运作》,《中国史研究》2006年第1期

魏斌《唐代赦书内容的扩展与大赦职能的变化》,《历史研究》2006年第4期

吴相洲《杜诗"沉郁顿挫"风格含义辨析》,《陕西师范大学学报》2007年第5期

吴振华《论柳宗元唐雅的现实意义及其艺术特点》,《文学遗产》2014年第3期

许结《从"礼法"到"技法"——赋体创作论的考述与省思》,《中国社会科学》2016年第10期

闫月珍《作为仪式的器物——以中国早期文学为中心》,《中国社会科学》2017年第7期

阎步克《"品位—职位"视角中的传统官阶制五期演化》,《历史研究》2001年第2期

游自勇《墨诏、墨敕与唐五代的政务运行》,《历史研究》,2005年第5期

查正贤《论杜诗中自陈作诗的现象》,《北京大学学报》2012年第6期

张达志《从史馆到中书——中唐李景俭案的政治空间》,《魏晋南北朝隋唐史资料》第32辑,2015年

张一南《唐代早期山东士族的古体诗》,《南京大学学报》2018年第1期

张勇《"东山法门"与盛唐诗坛》,《古代文学理论研究》第39辑,2014年

赵敏俐《中国早期诗歌体式生成原理》,《文学评论》2017年第6期

周善策《国家礼仪与权力结构:试论唐朝前半期陵庙礼之发展》,《历史研究》2010年第5期

周善策《封禅礼与唐代前半期吉礼的变革》,《历史研究》2015年第6期

周兴陆《刘勰"文德"论新探》,《文艺理论研究》2015年第1期

周雪光《黄仁宇悖论与帝国逻辑——以科举制为线索》,《社会》2019年第2期

朱海《唐玄宗御注孝经考》,《魏晋南北朝隋唐史资料》第20辑,2003年

祝尚书《论初唐四杰骈文的"当时体"》,《文学遗产》2017年第5期